Kommunale Selbstverwaltung und Lokale Governance vor dem Hintergrund des europäischen Integrationsprozesses

SPEYERER SCHRIFTEN ZUR VERWALTUNGSWISSENSCHAFT
Herausgegeben von Rainer Pitschas

Band 8

PETER LANG
Frankfurt am Main · Berlin · Bern · Bruxelles · New York · Oxford · Wien

Petra Pfisterer

Kommunale Selbstverwaltung und Lokale Governance vor dem Hintergrund des europäischen Integrationsprozesses

PETER LANG
Internationaler Verlag der Wissenschaften

Bibliografische Information der Deutschen Nationalbibliothek
Die Deutsche Nationalbibliothek verzeichnet diese Publikation in der Deutschen Nationalbibliografie; detaillierte bibliografische Daten sind im Internet über <http://www.d-nb.de> abrufbar.

Zugl.: Speyer, Dt. Hochsch. für Verwaltungsw., Diss., 2008

Gedruckt auf alterungsbeständigem,
säurefreiem Papier.

ISSN 1862-250X
ISBN 978-3-631-59100-0

Printed in Germany 1 2 3 4 5 7

www.peterlang.de

Für Dalma und ihre Freunde

.... die Nase im Wind und Freiheit im Sinn. Panta rhei.

Vorwort

Die nachfolgende Schrift wurde im Juli 2007 an der Deutschen Hochschule für Verwaltungswissenschaften in Speyer als Promotionsarbeit eingereicht. Mehrere Menschen haben zu Ihrer Entstehung und kontinuierlichen Entwicklung wesentlich beigetragen, denen ich an dieser Stelle von Herzen danken möchte.

Mein besonderer Dank gilt meinem Doktorvater Professor Dr. Rainer Pitschas, der die Entwicklung der Arbeit unvoreingenommen, vorbehaltlos, ermutigend und kritisch gefördert hat. Professor Dr. Gunnar Schwarting möchte ich für seine inhaltlichen Anregungen, weiterführenden Hinweise und nicht zuletzt für die Erstellung des Zweitgutachtens danken.
Frau Bundesministerin a. D. Dr. Sonja Stiegelbauer hat es in Ihrer Funktion als Sondergesandte des Generalsekretärs des Europarates in Bosnien und Herzegowina ermöglicht, dass ich einen guten Einblick in die fachliche Arbeit des Europarates in Bosnien und Herzegowina und die laufenden Gesetzgebungsverfahren zu Lokaler Selbstverwaltung bekommen habe. Sie hat mich zudem bei der Gewinnung von Ansprechpartnern hilfsbereit unterstützt. An dieser Stelle meinen herzlichen Dank.

Mag. Larissa Vetters und Dipl. Verw. wiss. Markus Rapp waren Diskussionspartner für Teile und Thesen der Arbeit. Für ihren wertvollen fachlichen Rat und Beistand sowie ihre freundschaftliche Unterstützung bedanke ich mich.
Bei den Teilnehmerinnen und Teilnehmern des Doktorandenkolloquiums von Professor Dr. Pitschas an der Deutschen Hochschule für Verwaltungswissenschaften Speyer möchte ich mich auf diesem Wege ebenfalls für die konstruktiven Beiträge und die weiterführenden Diskussionen bedanken.
Das Deutsch-französische Institut (dfi) in Ludwigsburg hat sich als wahrer „Fundus“ französischer Literatur für Themen mit Kommunalbezug erwiesen. Zugleich waren die Mitarbeiter des dfi Ansprechpartner für äußerst fachkundige Auskünfte und Recherche.

In aller Deutlichkeit hebe ich hervor, dass die Arbeit in dieser Form nur durch das mehr als einjährige Stipendium der Stiftung zur Förderung begabter Studierender und des wissenschaftlichen Nachwuchses möglich war. Für das ausgesprochene Vertrauen bedanke ich mich.

Meinem Arbeitgeber, der Arbeitsgemeinschaft für wirtschaftliche Verwaltung, AWV e.V. in Eschborn möchte ich für die eingeräumte zeitliche Flexibilität danken, die mir die Vorbereitung von Disputation und Drucklegung des Skripts sehr erleichtert hat.

Mein besonderer Dank gilt schließlich meiner Mutter Renate Pfisterer, die mich durch die Zeit meiner Studien in jeder Hinsicht wesentlich und aufrichtig unterstützt hat und die am Entstehen und Gelingen der Arbeit immer großen Anteil genommen hat.

Plochingen, im Dezember 2008 Petra Pfisterer

Vorwort

Die vorliegende Arbeit von Petra Pfisterer thematisiert nationale Rechtsgrundsätze Kommunaler Selbstverwaltung und ihre Anbindung an die politik- und verwaltungswissenschaftliche Governancediskussion. Im Mittelpunkt steht die Betonung der lokalen Sphäre der Demokratie und ihrer Bedeutung im nationalen Staatsaufbau. Inhaltlich erörtert wird dieser Zusammenhang im dritten Teil der Arbeit im Rahmen einer Fallstudie zu lokalen Governance- und Selbstverwaltungsstrukturen in Bosnien und Herzegowina.
Kalay, der Landeschef von Bosnien und Herzegowina in der Österreichisch-Ungarischen Monarchie hatte bereits 1906 die These aufgestellt, dass nur derjenige den Balkan verstehen würde, der auch dort eine Zeit lang gelebt hat.
Frau Pfisterer kam 2004 in einer Zeit nach Bosnien und Herzegowina, in der wohl jeder internationale Helfer noch an die Zukunft des Staates Bosnien und Herzegowina glaubte: Demokratisierung, Rechtsstaatlichkeit und Menschenrechte sollten Einkehr halten. Beständig stehen in Bosnien und Herzegowina Fragen einer europäischen Integration an prominenter Stelle: So wird jeder oberflächliche Beobachter sagen, dass dieses Ziel deutlich mit der Unterzeichnung der Stabilisierungs- und Übereinkunftsprotokolle der Europäischen Union am 16. Juni 2008 erreicht wurde, und auch Bosnien und Herzegowina auf dem Weg zur Europäischen Union ist. Aber all die gelisteten Forderungen, die von UN, Europarat, OSCE und dem Büro des Hohen Repräsentanten zur Aufarbeitung vorgelegt wurden, waren der Versuch der Annäherung dreier verfeindeter Völker, die ausgerechnet durch den Friedensvertrag von Dayton zusammen geschweißt worden waren. Multiethnizität und Multikulturalität waren den Grauen des letzten Krieges 1992 – 1995 zum Opfer gefallen. Wie soll sich vor diesem Hintergrund ein Zusammenleben positiv gestalten? So zeichnet beispielsweise der derzeitige Premierminister der Republika Srpska, Milorad Dodic, die Zukunft der Republika Srpska allein wesentlich rosiger, als im Staatengefüge von Bosnien und Herzegowina.
Die Fallstudie von Frau Pfisterer legt die rechtlichen Rahmenbedingungen zugrunde und befasst sich mit Veränderungen und ihren Auswirkungen im rechtlichen Rahmen Kommunaler Selbstverwaltung und Lokaler Governance. Dies steht vor dem Hintergrund, dass nur eine koordinierte Hinführung der internationalen Organe mit den drei Völkern an einem gemeinsamen Verhandlungstisch sitzend, langsame Veränderungen herbeiführen kann. Der Gedanke, die Ausgestaltung demokratischer Prozesse aus einem lokalen Blickwinkel heraus zu betrachten, ist vielversprechend und setzt an der Notwendigkeit lokaler Aufgabenerfüllung und der konkreten Versorgung der Bevölkerung mit Leistungen an.
Es wird deutlich, dass ein Einleben der Menschen in die neuen Strukturen bürgerschaftlicher Teilhabe erfolgen soll, andererseits steht die Auseinandersetzung mit neuen rechtlichen und institutionellen Strukturen durch Verwaltung und künftig auch die Gerichte selbst an.
Auch eine daraus entstehende positive Dynamik würde Impulse für die Zukunft setzen.

Wien, im Oktober 2008 Dr. Sonja Stiegelbauer

Inhaltsverzeichnis

Abkürzungsverzeichnis

Abb.	Abbildung
Abs.	Absatz
AdCF	Assemblée des Communautés de France
adels	Association pour la démocratie et l´éducation locale et sociale
ADF	Assemblée des Départements de France
AFCCRE	Association Francaise du Conseil des Communes et Régions d'Europe
AMF	Association des Maires de France
AMGVF	Association des Maires de Grandes Villes de France
AMVB	Association des Maires des Villes et Banlieues de France
APVF	Association des Petites Villes
ARF	Association des Régions de France
Art.	Artikel
ATR (loi)	Administration Territoriale de la République
Aufl.	Auflage
BBE	Bürgernetzwerk Bürgerschaftliches Engagement
BBR	Bundesamt für Bauwesen und Raumordnung
BGBl.	Bundesgesetzblatt
BGH	Bundesgerichtshof
BMVBS	Bundesministerium für Verkehr, Bau und Stadtentwicklung
bpb	Bundeszentrale für politische Bildung
bspw.	Beispielsweise
BT-Drs.	Bundestagsdrucksache
BVerfGE	Entscheidung/en des Bundesverfassungsgerichts
CA	Communauté d´Agglomération
CC	Communauté de Communes
CCRE	Conseil des Communes et Régiones d'Europe
CdC	Code des Communes
CDR	Comité Des Régions
CDU	Christlich Demokratische Union
CEMR	Council of European Municipalities and Regions
CGCT	Code Générale des Collectivités Territoriales
CSU	Christlich-Soziale Union
CU	Communauté Urbaine
CV	Communauté de Villes
d. h.	Das heißt
DATAR	Délégation à l´Aménagement du Territoire et à l´action Régionale
DCTP	Dotation de Compensation de la Taxe Professionnelle
DDR	Deutsche Demokratische Republik
ders.	Derselbe
DGCL	Direction Générale des Collectivités Locales
DGD	Dotation Globale de Décentralisation
DGE	Dotation Globale d'Equipement
DGF	Dotation Globale de Fonctionnement

dies.	Dieselben
DIfU	Deutsches Institut für Urbanistik
DLT	Deutscher Landkreistag
DOM	Départements d'outre- mer
DÖV	Die Öffentliche Verwaltung
DPA	Dayton Peace Agreement
DST	Deutscher Städtetag
DStGB	Deutscher Städte- und Gemeindebund
DSU	Dotation de Solidarité Urbaine
dt.	Deutsch
DVBl.	Deutsches Verwaltungsblatt
e. V.	Eingetragener Verein
ebd.	Ebenda
EC	European Commission
ECKS/ECK	Europäische Charta der Kommunalen Selbstverwaltung
Ed./Eds.	Herausgeber
EG	Europäische Gemeinschaft
EGV	EG-Vertrag
ELAN	European Local Authorities Network
endg.	Endgültig
EPCI	Etablissement Public de Coopération Intercommunale
Erg.	Ergebnis
ESI	European Stability Initiative
et al.	Et alii (und andere)
etc.	Et cetera
EU	European Union / Europäische Union
EUI	European University Institute
evtl.	Eventuell
EVV	Europäischer Verfassungsvertrag
EZFF	Europäisches Zentrum für Föderalismusforschung
f. / ff.	(Fort-) folgende
fak.	Fakultativ
FBiH	Föderation Bosnien und Herzegowina (Federacija Bosna i Hercegovina)
FDP	Freie Demokratische Partei
Feb.	Februar
FN	Fußnote
FNMR	Fédération Nationale des Maires Ruraux
FPA	Federation Privatization Agency
GG	Grundgesetz
ggf.	Gegebenenfalls
GGO	Gemeinsame Geschäftsordnung der Bundesministerien
GIP	Groupement d'Intérêt Public
GO-BT	Geschäftsordnung des Deutschen Bundestages
h. M.	Herrschende Meinung
HDZ	Croatian Democratic Union (Hrvatska Demokratska Zajednica)

Hrsg.	Herausgeber
i. S.	Im Sinne
i.V.m	In Verbindung mit
ICG	International Crisis Group
IFOR	Implementation Force (NATO)
insbes.	Insbesondere
J.O	Journal Officiel
KGRE	Kongress der Gemeinden und Regionen Europas
KGST	Kommunale Gemeinschaftsstelle für Verwaltungsmanagement
KM	Konvertible Mark
LED	Local Economic Development
LOADT	Loi d'orientation pour l'aménagement et le développement durable du territoire
LPB BW	Landeszentrale für Politische Bildung Baden – Württemberg
LSG	Local Self Government / Local Self Governance
m. E.	Meines Erachtens
m. w. N.	Mit weiteren Nachweisen
Mdl./mdl.	Mündlich/mündlich
Mio.	Million/en
Mrd.	Milliarde/n
N°	Nummer
NATO	North Atlantic Treaty Organization
NGO	Non-Governmental Organization
No.	Nummer
Nov.	November
NPM	New Public Management
Nr.	Nummer
o. A.	Ohne Angabe
OECD	Organisation for Economic Cooperation and Development
OHR	Office of the High Representative
OPNV	Öffentlicher Personen Nahverkehr
OSCE	Organization for Security and Co-operation in Europe
p.	Seite
PfP	Partnership for Peace
PIC	Peace Implementation Council
PIF	Privatization Investment Fund
PMO	Privatization Monitoring Commission
pol.	Politisch
pp.	Seiten
PPP	Public Private Partnership
PRSP	Poverty Reduction Strategy Paper
PVS	Politische Vierteljahresschrift
R.G.E	Rat der Gemeinden Europas
Rd.Nr.	Randnummer
RGRE	Rat der Gemeinden und Regionen Europas
Rn.	Randnummer

RRE	Rat der Regionen
RS	Republika Srpska
S.	Seite
SAN	Syndicat d'Agglomération Nouvelle
SDA	Party of Democratic Action (Stranka demokratske akcije)
SDS	Serbian Democratic Party (Srpska demokratska stranka)
SFOR	Stabilization Force (NATO)
SGB	Sozialgesetzbuch
SGAE	Secrétariat Général des Affaires Européenne
SGCI	Secrétariat Général du Comité Interministériel pour les questions de coopération économique européenne
SIVOM	Syndicat Intercommunal à Vocation Multiple
SIVU	Syndicat Intercommunal à Vocation Unique
SMEs	Small and Medium-Sized Enterprises
sog.	Sogenannt
SP	Stability Pact
SPD	Sozialdemokratische Partei Deutschlands
Stv.	Stellvertreter / stellvertretend
Tab.	Tabelle
TH	Taxe d'Habitation
TP	Taxe Professionnelle
TPU	Taxe Professionnelle Unique
u.a.	Und andere / Unter anderem
u.U.	Unter Umständen
UN	United Nations
UNDP	United Nations Development Program
UNHCR	United Nations High Commissioner for Refugees
US	United States
USAID	United States Agency for International Development
v. H.	Vom Hundert
VAT	Value-Added Tax (Mehrwertsteuer)
Verl.	Verlag
Vgl.	Vergleiche
VVE	Entwurf des Verfassungsvertrages
WB	World Bank
z. B.	Zum Beispiel
Ziff.	Ziffer

Abbildungsverzeichnis

Tabellenverzeichnis

I Untersuchungsgegenstand und zentrale Fragestellung der Arbeit: Kommunale Selbstverwaltung vor den Herausforderungen Lokaler Governance im europäischen Integrationsprozess

1 Inhaltliche Referenzpunkte und Forschungsinteresse

Die vorliegende Arbeit verbindet die zwei Themenbereiche:

(1) Kommunale Selbstverwaltung und
(2) den lokalen Governancegedanken

vor dem Hintergrund des europäischen Integrationsprozesses. Es entsteht ein erweiterter Blickwinkel, der neben den Inhalten der Begrifflichkeiten die Auseinandersetzung mit Interdependenzen in theoretischer und praktischer Perspektive berücksichtigt. Wo genau liegen die Anknüpfungspunkte zwischen den Themenfeldern und wie lassen sie sich argumentativ verbinden? Könnte oder sollte ein „Reframing" Kommunaler Selbstverwaltung im Europäischen Integrationsprozess unter Governancegesichtspunkten erfolgen? Inwiefern bildet das Rechtsprinzip Kommunale Selbstverwaltung einen „Frame" für Lokale Governance?
Governance in Verbindung mit Kommunaler Selbstverwaltung zu betrachten, heißt inhaltlich zwei Ansätze aufzugreifen, die auf den ersten Blick nur begrenzt kompatibel scheinen. Kommunale Selbstverwaltung verfügt in den nationalen Diskussionen der Rechts- und Politikwissenschaften über langjährige Traditionen, wogegen Governanceansätze facettenreich, neueren Datums und aus unterschiedlichsten Wissenschaftsbereichen sind. Die nachfolgenden Ausführungen gehen daher von einem konkret herzuleitenden Kern Lokaler Governance aus und versuchen, eine gemeinsame inhaltliche Schnittmenge zwischen dem Kommunalen Selbstverwaltungsgedanken und Governance aufzuzeigen.
Genauso wenig wie es eine allgemein gültige Definition für Governance bzw. Lokale Governance gibt, besteht eine allgemein gültige Theorie Kommunaler Selbstverwaltung. Daher wird dargestellt, wie sich in den Nationalstaaten Deutschland und Frankreich das Bild Kommunaler Selbstverwaltung im Zeitlauf wandelt. Kommunale Selbstverwaltung und Lokale Governance als „Wahlverwandtschaft" zu betrachten ist der Versuch, nationale Werte und Traditionen in den Zusammenhang mit einem Konzept zu stellen, das zwar als Modekonzept gilt, jedoch eine griffige verwaltungswissenschaftliche Konzeption zur Erklärung politischer Entwicklungen darstellen kann.

Was den Europäischen Integrationsprozess anbelangt, ist Europa mit seiner friedensichernden Wirkung und seiner Völker verbindenden Funktion ein positiver Wert an sich. Der europäische Integrationsprozess setzt als Rahmen politischer Entwicklungen für die lokale Ebene Zeichen. Drei Aspekte sind mit dem Gedanken einer „Einheit in Vielfalt"[1] innerhalb Europas verbunden:

[1] Eigenständigkeit und Vielfalt, Integration und Gleichheit sind Elemente zentripetaler und zentrifugaler föderaler Entwicklung. Vgl. SCHULTZE, R.: Föderalismus, 1996, S. 156.

(1) Die Vielfalt an Gestaltungsoptionen innerhalb des politischen Gesamtsystems, mit denen eine Anerkennungskultur nationaler Strukturen des Gemeinwesens verbunden ist.
(2) Die Offenheit, Unterschiede zu benennen und vor einem theoretischen Hintergrund systematisch zu erfassen.
(3) Das Betrachten bestehender Differenzen politischer Ordnungen mit dem Ziel des Lernens in Bezug auf künftigen Wandel und unter Wahrung dessen, was sich als stabil erwiesen hat[2].

Mit seinem Fokus auf Kommunale Selbstverwaltung als ersten wesentlichen Bezugspunkt setzt der vorliegende Beitrag ausschließlich bei den kleinsten Einheiten territorialer Organisation, den Gemeinden, an. Das Gemeindewesen wird als

„Resultat des ineinander verschränkten Prozesses von kommunaler Praxis und theoretischer Reflexion"[3]

gesehen. Innerhalb dieser Prozesse werden Kontroversen vor transnationalem Hintergrund aufgegriffen und mit dem Gedanken einer Weiterentwicklung unter Governancegesichtspunkten dargestellt. Die Gemeinden und Städte sind Integrationsfaktor der Europäischen Union mit eigenem Steuerungs- bzw. Governancepotential. Handlungsfähige kommunale Einheiten können aufgrund ihrer Bürgernähe ihren Beitrag zur Europäischen Integration leisten und angesichts der Globalisierung entsprechend ihrer historischen Entwicklung einen eigenen Beitrag zu Demokratie, Solidarität und Gemeinwohl in die Diskussion einbringen.[4]

Kommunale Selbstverwaltung kann leichtfasslich und nationenübergreifend definiert werden als

„verantwortungsbewusste und verantwortliche Regelung der örtlichen Angelegenheiten für und mit den Mitgliedern einer Gemeinschaft von Bürgerinnen und Bürgern"[5].

Inhaltlich werden mit ihr und dezentraler Aufgabenwahrnehmung ein Bündel positiver Effekte[6] verbunden:
Dies beginnt mit dezentraler Problembewältigung vor Ort und einer sachgerechten, dezentralen und bürgernahen Aufgabenerledigung. Daneben ist eine aktive Gestaltung der Politik durch die Mitwirkung und aufgrund der Initiative der Bürgerinnen und Bürger ein zentrales Argument, welches für die Kommunale Selbstverwaltung angeführt wird. Kommunale Selbstverwaltung umfasst den Aufbau einer Vertrauensgemeinschaft, ge-

---

[2] Zum Modell europäischer Rechtskultur mit einem Verständnis von Recht, das Recht nicht ausschließlich als Machtgebot, sondern dessen Rückbindung auf normative Werte wie Gemeinwohl betont. STOLLEIS, M.: Europa, 2005, S. 37.
[3] SCHÖBER, P.: Selbstverwaltung, 1999, S. 65.
[4] „Je aktiver die kommunale Ebene in den europäischen Entscheidungsprozess eingebunden ist, um so mehr wird auch in der Reflexwirkung ihre integrative Rolle deutlich" AMELN, R. VON: Rolle, 2004, S. 19.
[5] Vgl. STAAK, M.: Entwicklungstendenzen, 1991, S. 69.
[6] Entsprechende Grundlagen in der französischen Diskussion unter Betonung der identitätsstiftenden Funktion der Kommune, bürgernaher Verwaltung und der Funktion der Gemeinde als „Keimzelle der Demokratie". Vgl. MABILEAU, A.: Kommunalpolitik, 1996, S. 40 / S. 41 / S. 42.

gründet auf Solidarität und Toleranz[7]. Wesentlich ist der Gesichtspunkt der Demokratie[8], der verknüpft ist mit Lernprozessen und dem Aufbau einer lokalen Solidargemeinschaft[9]. Positive Qualität Kommunaler Selbstverwaltung entsteht dadurch, dass sie in der Lage ist, die Selbstbestimmung ihrer Bürgerinnen und Bürger zu sichern bzw. zu leisten.[10] Solidarität innerhalb einer Gemeinschaft steht für ein Menschenbild, das dem Menschen sowohl eine individuale als auch eine soziale, verbundene Natur zuspricht. Die jeweils nächsthöhere oder nächstgrößere Gemeinschaft wie Familie, Nachbarschaft, die Kommune bis hin zum Staat und überstaatlichen Gemeinschaften, schützen das Recht des Einzelnen.[11]

Konkret erfolgt im Rahmen dieser Arbeit die Darstellung von Modellen Kommunaler Selbstverwaltung in Deutschland und Frankreich.[12]

In Deutschland erfährt Kommunale Selbstverwaltung historisch betrachtet eine Betonung im 19. Jahrhundert. Die Realisierung der Idee von Freiheit besteht im Spannungsfeld zweier Inhalte: Der Freiheit der Gemeinden *vom* Staat und der Freiheit der Gemeinden *im* Staat.[13] Kommunale Selbstverwaltung zeigt sich in ihrer Entwicklung ferner als Sphäre der Selbstentfaltung und Weiterentwicklung von Ideen, beispielsweise dem Gedanken einer freiheitlichen Sphäre verbunden mit Rechtsstaatlichkeit, bis hin zur Entwicklung der Selbstverwaltung im demokratischen Werden.[14]

In Weiterentwicklung inhaltlicher Bezüge wird seit Jahrzehnten zu Recht in nationalem Rahmen auf die Gefährdung der Kommunalen Selbstverwaltung[15] aufmerksam gemacht und umfangreiche Reformen werden angemahnt.

Frühzeitig wurden durch die Rechtswissenschaft - ausgehend von einer „Aushöhlung der Kommunalen Selbstverwaltung" - einzelne Schutzmechanismen für die Kommunale Selbstverwaltung angesichts weitreichender Europäischer Integration diskutiert[16]. Zunehmend steht die Einschränkung des kommunalen Handlungsspielraums durch eine Einengung des finanziellen Spielraums der Kommunen im Vordergrund und weniger die Einschränkungen aufgrund eines Aufgabenentzugs durch übergeordnete

---

[7] Zum Bestehen eines Beziehungsverhältnisses zwischen persönlicher Freiheit und Teilhabe des Einzelnen an der Gemeinschaft als übergeordnetem Verband in historischem Bezug. Vgl. KLAGES, H.: Selbstverwaltung, 1983, S. 43.

[8] ALEXIS DE TOCQUEVILLE gilt als „Entdecker" moderner Demokratie. Demokratie als theoretischer Untersuchungsgegenstand und Teil der Staatstheorie vgl. MARTI, U.: Wirkungsgeschichte, 2004.

[9] MENTZ, U.: Weg, 2004, S. 24 ff.

[10] Dies umfasst die Kontrolle der Verwaltenden und die Partizipation der Verwalteten. Vgl. GRAUHAN, R.: Verwaltung, 1970, S. 374 ff.

[11] WICHMANN, J.: Subsidiarität, 1998, S. 8 / 9. Vgl. WEBER, B.: Subsidiaritätsprinzip, 2004, S. 208.

[12] MABILEAU spricht von „gouvernement local", das in der deutschen Ausgabe seiner Schrift mit „lokale Selbstverwaltung" übersetzt wird. Vgl. MABILEAU, A.: Kommunalpolitik, 1996, S. 7 / 8. Die Bezeichnung „lokale Selbstverwaltung" oder auch Kommunale Selbstverwaltung wird für die nachfolgenden Ausführungen für das französische kommunale System übernommen, ohne dass eine inhaltliche Gleichsetzung mit dem deutschen kommunalen System oder Kommunaler Selbstverwaltung nationaler Prägung erfolgt.

[13] Vgl. SCHÖBER, P.: Selbstverwaltung, 1999, S. 51 / 52.

[14] DREIER unterscheidet in bezug auf die dynamische Entwicklung von Selbstverwaltungskonzeptionen in europäischem Kontext unterschiedliche Entwicklungsstufen als Ergebnis eines historischen Prozesses. Kommunale Selbstverwaltung ist kein Endpunkt, sondern Teil laufender Fortentwicklung. Vgl. DREIER, V.: Faktor, 1997, S. 88 ff.

[15] Stv. STERN, K.: Europäische Union, 1996, S. 27 ff. Inhaltlich zur europäischen Entwicklung vgl. EUROPABÜRO DES DEUTSCHEN STÄDTETAGES (Hrsg.): Jahresbericht, 2004.

[16] Ausführlich MARTINI, A.: Gemeinden, 1998, S. 134 ff.

Ebenen[17]. Insbesondere mangelnde finanzielle Ressourcen[18] schränken Handlungsrahmen und Gestaltungsmöglichkeiten der Kommunen ein. In Diskussionen wird darüber hinaus die Beeinträchtigung der kommunalen Ebene im Prozess der „Glokalisierung" des lokalen Handlungsrahmens betont[19].

Die gemeindliche Entwicklung erfolgt vor dem Hintergrund, dass die Gemeinden in Deutschland mehr als territoriale Unterteilungen des Staates sind. Ein politisch starkes System Kommunaler Selbstverwaltung[20] ist der Ausgangspunkt für das Gestalten und Sicherstellen des politischen, sozialen und kulturellen Raumes der Gemeinde.[21] Wesentlich ist über Konzepte der Erneuerung das politische System vor Ort flexibler, offener, transparenter und glaubhafter zu gestalten. In Konsequenz werden Entwicklungsmöglichkeiten relevant, welche die Tragfähigkeit der Konzeption Kommunale Selbstverwaltung insgesamt erhöhen.[22]

Die kommunale Ebene ist in Deutschland und Frankreich denselben Tendenzen[23] wie einer sich ändernden Sozialstruktur, der absehbaren demographischen Entwicklung, der sich wandelnden Wirtschaftsstruktur oder der Globalisierung[24], ausgesetzt. Die Gemeinden stehen vor entsprechenden praktischen Herausforderungen, zu deren Lösung mittel- und langfristig orientierte Reformansätze zwischen Bewahrung und Fortschritt erforderlich sind. Ausgehend vom Grundgedanken der Republik als unteilbare Einheit wurde in Frankreich lange gezögert, die Akteure und kommunalen Institutionen als Gesamtheit anzuerkennen.

Die lokale Ebene und das lokale System fand in den 70er Jahren des vergangenen Jahrhunderts Aufmerksamkeit, bzw. ab 1982 mit einer Anerkennung der lokalen Sphäre insgesamt.[25] Vorangegangen war eine Stellung des Staates als Träger der Gemeininteressen, der den politischen Bereich kontrollierte. Prägend war eine diachronische

---

[17] Weiteres Stichwort der Diskussion ist der „goldene Zügel". Ausführlich SAUBERZWEIG, D.: Entwicklungstendenzen, 1991, S. 53 f.

[18] Einengung des finanziellen Spielraums vgl. SOMMERMANN, K.: Kommunen, 2005, S. 68., Entwicklung kommunaler Einnahmen und Ausgaben und Ursachenanalyse vgl. SCHWARTING, G.: Haushaltskonsolidierung, 2006, S. 50 – 53, DStGB (Hrsg.): Dokumentation No. 48, 2005, S. 7/8.

[19] Vgl. PAMME, H.: Selbstverwaltung, 2004, S. 92.

[20] Zur Rolle lokaler Verwaltung in einzelnen Politikbereichen BÖNKER, F. / WOLLMANN, H.: Role, 2004, S. 4 ff.

[21] Das Wesen der Gemeinde ist mehr als örtlicher Zusammenhalt. Von Bedeutung ist eine Identifizierung mit der rechtlich verfassten Gemeinde. Vgl. PÜTTNER, G.: Zukunft, 2005, S. 303.

[22] Kritisch ELLWEIN, T.: Selbstverwaltung, 1998, S. 38.

[23] Daten zur Demographie vgl. Statistisches Bundesamt www.destatis.de - (05.07.2007) bzw. www.statistikportal.de - (05.07.2007). Eine Internetplattform für vielfältige Informationen und Praxishilfen für Kommunen u. a. zum Wohnen im Alter bietet das Forum Seniorenarbeit in NRW unter www.forum-seniorenarbeit.de - (05.07.2007). Vierteljährlich erscheint die Informationsschrift "Demographische Forschung aus erster Hand" des Max-Planck-Institutes für demographische Forschung www.demografische-forschung.org - (05.07.2007). „Zukunftsradar 2030" ist ein Projekt der Zukunftsinitiative Rheinland-Pfalz, das für die Auswirkungen des Demographischen Wandels erste Handlungsstrategien entwickelt. www.zukunftsradar2030.de - (05.07.2007).

[24] Die Gemeinden können eine Rolle als "mitgestaltendes Subjekt" und "Bindeglied zwischen Globalisierung und Lokalisierung" einnehmen. AMELN, R. VON: Rolle, 2004, S. 31.

[25] MABILEAU, A.: Kommunalpolitik, 1996, S. 7. Vgl. zu den originären politisch-gouvernementalen Kapazitäten der Gemeinden auch die Ausführungen von EBERLEIN, B.: Abschied, 1997, S. 67.

Sichtweise mit Beziehungen zwischen Zentrum und Peripherie, welche auf einem Normen- und Kontrollsystem beruhten und lange Zeit lokale Interessen und deren Einbettung in eine Gemeinwohlkonzeption nicht berücksichtigt haben.[26] Die begriffliche Referenz auf „Kommunale Selbstverwaltung" mit Blick auf Frankreich und Deutschland wird nicht inhaltlich synonym genutzt, sondern ist Ausgangspunkt dafür, die spezifischen Entwicklungspfade des französischen und deutschen Systems herauszuarbeiten.[27]

Als zweiter bedeutender Bezugspunkt wird die theoretische Diskussion um Governance im Hinblick auf die kommunale Ebene aufbereitet und es werden Schnittmengen zwischen Lokaler Governance und Kommunaler Selbstverwaltung dargestellt.
Vor dem Hintergrund der europäischen Integrationsentwicklung wird die kommunale Ebene als Teil des europäischen Mehrebenensystems und europäischer Verflechtungs- und Verschränkungszusammenhänge der politischen Ebenen unter dem Gesichtspunkt „Lokale Governance" thematisiert. Hierzu werden bestehende Governanceansätze als Erklärungs- oder Erläuterungsmodi herangezogen.
Die Entwicklung des Bezugsrahmens Lokaler Governance erfolgt über zwei Zugänge:

(1) Bezugsrahmen von Governance im lokalen politischen System:
Hierunter wird die gebietskörperschaftlich - gemeindliche, institutionelle[28] und die lokale gemeindliche politische Dimension verstanden. Das lokale politische System wird beleuchtet im Hinblick auf Elemente von Governance. Von Bedeutung ist der Zusammenhang, in dem Governance diskutiert wird und die Frage, was sich jeweils inhaltlich und konzeptionell hinter der Begrifflichkeit „Governance" auf lokaler Ebene in gemeindlichem Bezugsrahmen verbirgt.
(2) Europäischer Bezugsrahmen der Governancediskussion:
Der europäische Bezugsrahmen umfasst die Betrachtung des Gesamtsystems mit kommunalen, regionalen, nationalen und supranationalen Institutionen und Ebenen.[29] Mit dem Mehrebenenansatz entsteht das Bild einer vertikalen Teilung und Gliederung in Ebenen, die einen erweiterten Bezugsrahmen für die Ausführungen der Arbeit darstellt. Vor dem Hintergrund der bestehenden Governanceansätze wird untersucht, inwieweit bei der zugrunde liegenden Logik des europäischen Gesamtsystems[30] die kommunale Ebene Berücksichtigung gefunden hat bzw. argumentativ finden kann.

---

[26] MABILEAU, A.: Kommunalpolitik, 1996, S. 16 / S. 18.
[27] „Lokales System" bezeichnet in der französischen Entwicklung die dreifache territoriale Verwaltung der Regionen, Departements und der Kommunen. MABILEAU, A.: Stadt, 1993, S. 64.
[28] Der Begriff der institutionellen Dimension rekurriert auf einen politischen und dynamischen Institutionenbegriff, der eine „Institution" als ein in einer Gesellschaft anerkanntes Regelsystem begreift. Institutionen lenken das Verhalten des Einzelnen und haben koordinierende Funktion, um kollektives Handeln zu ermöglichen. Vgl. Definition BENZ, A.: Institutionentheorie, 2004, S. 19.
[29] Seit den 80er Jahren hat sich ein Wandel vollzogen. Die Entwicklungslinien zu einem „Europa der Kommunen" war nach dem Leitbild des „Europa der Regionen" entstanden, mit dem auf die Bedeutung subnationaler Einheiten aufmerksam gemacht wurde. Vgl. HEBERLEIN, H.: Europa, 1995, S. 9 ff. und RENGELING, W.: Garantie, 1990, S. 29.
[30] Wird von „europäischem Bezugsrahmen" gesprochen, dann bezieht sich dieser für die Untersuchung immer auf alle Ebenen des europäischen Systems, begonnen bei der kommunalen, der regionalen, nationalen und der supranationalen Ebene.

Die Arbeit setzt dazu an, die Governancethematik der kommunalen und der europäischen Diskussion zu verknüpfen. Thematisiert werden rechtliche und politische Strukturen der Governance, durch welche in der Praxis aktuelle Politiken gestaltet und effektiver umgesetzt werden können.

Folgende vier Fragenkreise geben den Rahmen der Ausführungen vor:

1 Wie kann innerhalb der Nationalstaaten vor dem Hintergrund zunehmender Verflechtung ein dynamisches Konzept Kommunaler Selbstverwaltung unter Berücksichtigung Lokaler Governance dargestellt werden? [31]

2 Wie harmonisieren die Verflechtungsmöglichkeiten zwischen der kommunalen Ebene und höheren Ebenen mit den Konzepten Kommunaler Selbstverwaltung und Lokaler Governance?

3 Wie wandelt sich der Blick auf Lokale Governance[32] und Kommunale Selbstverwaltung unter Berücksichtigung des Einflusses der europäischen Integrationsprozesse?

4 Welche Erkenntnisse ergeben sich für Governancekonzeptionen und Kommunale Selbstverwaltung unterschiedlicher nationaler Prägungen? Welcher neue Begriff von "Lokaler Governance" i. S. von Steuern, Regeln, Teilhabe und institutioneller Systemorientierung ergibt sich speziell für die Kommunen im europäischen Gesamtkontext?

Die Einbeziehung der Governancegesichtspunkte bietet umfangreichen Nutzen, der zum einen in den Governanceansätzen selbst liegt, zum anderen durch deren Anbindung an die Kommunale Selbstverwaltung entsteht.

Was die inhaltliche Verknüpfung von Governance und Kommunaler Selbstverwaltung betrifft, bietet sie sich mit den folgend aufgeführten Argumenten an:

---

[31] Dies schließt eine Aufarbeitung des Governancegedankens in Relevanz zur kommunalen Ebene und zur Kommunalen Selbstverwaltung ein.

[32] Auch der Begriff Lokale Governance wird von der kommunalen rein gebietskörperschaftlichen Sicht und Bezogenheit gelöst und erfährt eine Erweiterung um die vertikale Perspektive. Rechts- oder Verfassungssysteme werden nicht als statische, sondern als dynamische Ordnungsmuster betrachtet.

Tab. 1 – Nutzen der Anbindung der Paradigmen Kommunale Selbstverwaltung und Governance

Mögliche Vorteile	**Inhaltliche Erläuterung**
Verknüpfung von politikwissenschaftlicher und juristischer Betrachtungsweise	Eine detaillierte Bindung und Abwägung von politikwissenschaftlicher (Governance) und juristischer Sichtweise (Kommunaler Selbstverwaltung) fand bisher noch nicht statt. Kommunales Handeln steht unter dem Gesichtpunkt der Legitimation, die durch den rechtlichen Rahmen vermittelt wird, insofern untersteht auch Lokale Governance einer rechtlichen Bindung, welche zu erfassen ist.
Verengung, Zusammenführung und Weiterentwicklung der theoretischen Konzeption von Governance aus kommunaler Perspektive	Über das Bewusstwerden der Zusammenhänge zwischen horizontaler und vertikaler Sichtweise wird die Bedeutung von Kooperation und Interessenausgleich gestärkt. Der Governancediskussion gelingt es, auf die Funktionslogik und Steuerungszusammenhänge des europäischen Systems hinzuweisen und diese zu untermauern.[33]
Erfassung vertikaler, ebenenübergreifender Bezüge und horizontaler Bezüge des lokalen Systems	Es entsteht ein erweiterter Fokus auf das europäische System. Die tatsächliche Funktions- und Wirkungsweise wird unter kommunalem Bezug reflektiert. Verflechtungszusammenhänge und Einflussmöglichkeiten werden dargestellt. Mehrere Erklärungsebenen werden erfasst und unter dem Gesichtspunkt des Governanceparadigmas integriert. Zu unterlegen ist, ob und in welchem Umfang das kommunale Selbstverwaltungsparadigma durch Mehr- und Überörtlichkeit eine Erweiterung erfahren kann.
Erfassung unterschiedlicher politischer Dimensionen	Neben Polity-Aspekte als institutionenorientierte Gesichtspunkte, treten Politics-Aspekte, wie sie sich durch die Sicht auf politische Prozesse oder Verfahren politischer Entscheidungsfindung ergeben.
Prozesse und Dynamik	Prozesshaftigkeit und dynamische Elemente der lokalen Ebene werden in den Vordergrund gerückt im Vergleich zu einer rein auf rechtliche Rahmenbedingungen fokussierten Sichtweise. Auch die Europäische Integration wird prozessorientiert als „ermöglichende" Struktur gesehen, welche neue Einflussmöglichkeiten für die Kommunen bieten kann.

[33] Zur zunehmenden Bedeutung vertikaler Beziehungen MANGIAMELI, S.: Role, 2006, S. 461.

Mögliche Vorteile	Inhaltliche Erläuterung
Nationenübergreifender Blickwinkel auf Lokale Governance und Kommunale Selbstverwaltung	Dadurch, dass sowohl die vertikale als auch die horizontale Dimension von Lokaler Governance wahrgenommen wird und bei der horizontalen Dimension gleichzeitig das deutsche und das französische Modell, eröffnet sich eine nationenübergreifende Perspektive.
Entwicklung eines Rahmen- oder Basiskonzepts kommunaler Einbindung in höherstufige Politikprozesse	Ausgehend von den Verfassungen / historischen Entwicklungen in Frankreich und Deutschland und bestehenden Parallelen / Divergenzen soll der Frage nach einem Rahmen- oder Basiskonzept von Einbindungsmechanismen der Kommunen in das europäische Gesamtsystem nachgegangen werden.
Konkretisierung horizontaler und vertikaler Lokaler Governance in der Zusammenschau mit der Europäischen Charta der Kommunalen Selbstverwaltung	Ergänzend zur nationenübergreifenden Perspektive erfolgt eine europäische Sicht auf Kommunale Selbstverwaltung, wie sie in der Europäischen Charta der Kommunalen Selbstverwaltung angelegt ist. Die Anbindung erfolgt an die im nationalen Kontext erörterten Kriterien Lokaler Governance.

Quelle: Eigene Ausarbeitung und Darstellung.

Im Ergebnis soll durch die Kombination eines politikwissenschaftlichen Ansatzes wie dem Governancegedanken und der Kommunalen Selbstverwaltung eine Zusammenschau möglich werden. Die politikwissenschaftliche Aufarbeitung der lokalen Governancediskussion bildet den Rahmen, um zu einem Verständnis europäischer Entwicklung zu kommen. Die Übergänge innerhalb der rechts- und politikwissenschaftlichen Zugänge sind fließend, denn neben politikwissenschaftliche Argumente tritt beispielsweise eine rechtswissenschaftliche Komponente, welche sich auch mit der konkreten Umsetzung der europäischen Integrationsbemühungen in europäisches oder nationales Recht befasst.[34]

Die vorangegangenen Ausführungen führen auf die der Arbeit zugrunde liegende Ausgangsthese hin, dass sich für die Betrachtung der Bedeutung der kommunalen Ebene im europäischen Gesamtsystem der Blickwinkel auf Kommunale Selbstverwaltung nationaler Prägungen ändern und erweitern muss. Dazu wird argumentiert, dass es zu einer inhaltlichen Verschiebung und Betonung von und auf Elemente kommt, wie sie im Rahmen der Governanceansätze aktuell sind. Wie sich die Zusammenhänge und das Zusammenspiel zwischen Kommunaler Selbstverwaltung und Lokaler Governance innerhalb des europäischen Gesamtsystems gestalten, wie und an welchen Stellen sich die Konzepte anbinden lassen, wird im Rahmen dieser Arbeit erörtert.

[34] JOERGES nennt als einen Gesichtspunkt neuerer Entwicklung im Bereich des Rechts die Karriere des Mehrebenenansatzes. In der konstitutionellen Debatte solle die Rechtswissenschaft den Fokus stärker auf eine heterarchische institutionenorientierte Sichtweise legen. Vgl. JOERGES, C.: Law, 2002, S. 28 ff.

Statt Abgrenzung einzelner Wissenschaftsbereiche erfolgt ein Hinschauen, das ohne „Gleichmacherei“ das Verbindende betont. Der Governancegedanke kann an dieser Stelle als Vehikel dienen, mit dem ein bewusster Blick auf die Ausprägungen der nationalen Systeme angesichts unterschiedlicher historischer, juristischer und politischer Entwicklungslinien ermöglicht wird.[35]

2 Aufbau der Arbeit und methodisches Vorgehen

Die Gliederung der Arbeit folgt der Argumentation der bisherigen Ausführungen. Der Bezugsrahmen (Gliederungspunkt II 1 – 3) des Governanceparadigmas stellt die Governancediskussion in unterschiedlichen Wissenschaftsbereichen dar und zeichnet den Governanceansatz aus Sicht des lokalen politisch-administrativen und des europäischen Systems nach. Ziel ist es, Lokale Governance als Anbindung von horizontaler, lokaler und vertikaler Mehrebenen- und Netzwerkperspektiven zu verorten.

Lokale Governance und Kommunale Selbstverwaltung werden in nationalen Verwaltungs- und Institutionensystemen thematisiert (III A) und es wird auf die kommunalrelevanten Steuerungs- und Wirkungsmechanismen eingegangen. Bedeutsam sind die spezifischen Entwicklungslinien, Merkmale und Modelle der jeweiligen Nationalstaaten (Gliederungspunkt III). Speziell bei der Deskription des deutschen Modells Kommunaler Selbstverwaltung wird auf bedeutende Modelle, wie das klassische Modell, aber auch auf Weiterentwicklungen, wie das Kompensationsmodell oder das Funktionale Modell eingegangen. Kompensationsmodell und Funktionales Modell stellen in der nationalen Diskussion Mindermeinungen dar. Ihr Beitrag ergibt sich dessen ungeachtet argumentativ für die europäische Dimension der Diskussion und nicht im Sinne einer „Reanimation“ für eine nationale Erörterung. Der Blick sowohl auf das deutsche als auch auf das französische Modell ist an dieser Stelle aufschlussreich, da die Unterschiede in Rolle und Funktion des Staates, bezogen auf die Gemeinden, deutlich werden. So steht historisch betrachtet auf französischer Seite eine Durchdringung und Betonung des Staates, auf deutscher Seite dagegen historisch Form und Umfang einer Abgrenzung der kommunalen Ebene vom Staat.
Vertiefend wird das Steuerungsgefüge zwischen Staat und Gebietskörperschaften aus kommunalem Blickwinkel betrachtet. In einem dritten Schritt wird auf die Eigendynamik und mögliche Selbststeuerungsmechanismen der beiden lokalen Systeme in Frankreich und in Deutschland eingegangen. Das Ziel besteht nicht darin, eine schließende Betrachtung unter dem Gesichtspunkt von Konvergenz oder Divergenz herbeizuführen, sondern über die Betonung der Eigendynamik der lokalen Systeme eine spätere Verknüpfung von lokal orientierten Governanceansätzen mit Ansätzen im europäischen Bezugsrahmen schaffen zu können. Der argumentative Weg führt über historische Entwicklungslinien in den Nationalstaaten. Lokale Governance und die Dynamik der nationalen Systeme wird aus ihrer nationalstaatlichen Tradition heraus dargestellt. Hierbei ist unter demokratietheoretischen Gesichtspunkten die Beteiligung der Bürger und ihre Einbeziehung in das lokale politische System relevant und wird herausgearbeitet. Die Einbindungsprozesse zwischen Bürgern, Rat und Verwaltung sind auch im

---

[35] Kritisch zur Frage der prinzipiellen Vergleichbarkeit unterschiedlicher kommunalpolitischer Systeme vgl. GILBERT, C.: Aspekte, 1988, S. 14 ff. Konkrete Darstellung des Umfanges und der Unterschiedlichkeit des institutionellen Rahmens WOLLMANN, H. / BOUCKAERT, G.: State, 2006, S. 15 / 16.

Zusammenhang mit Verwaltungsreformen – insbesondere der Einführung der Neuen Steuerungsinstrumente oder neueren Ansätzen wie „Public Governance" oder „Local Modern Governance"- zu beurteilen. Denn hierbei stellt sich die Frage der Auswirkungen der Neuen Steuerungsinstrumente auf die Bürgerbeteiligung und das lokale System in besonderer Weise. Auch das Verhältnis von Rat zu Verwaltung wird näher betrachtet. Das „strenge Modell" Kommunaler Selbstverwaltung wird geöffnet für Argumente der politikwissenschaftlichen Diskussion, welche es ermöglichen, Elemente wie Demokratie und ihre Bedeutung[36] sowohl vor einem nationalen als auch vor einem europäischen Hintergrund zu diskutieren.
Ziel der zugrunde liegenden Fragestellung ist, zu erfassen, inwieweit idealtypische Modelle der kommunalen Ebene kommunale Selbststeuerungsmechanismen betonen. Bedeutsam ist, inwieweit sich aus der Betrachtung einzelner bereits bestehender Modelle und deren Spiegelung in kommunaler Realität, Optionen im Hinblick auf eine Weiterentwicklung Kommunaler Selbstverwaltung ableiten lassen.
Im Ergebnis lässt sich eine gemeinsame Schnittmenge von Kommunaler Selbstverwaltung und lokalem Governanceansatz ableiten, wobei ebenso kritische Bereiche des Zusammenwirkens von Governance und Kommunaler Selbstverwaltung bestehen.
Die Darstellung von Lösungs- und Gestaltungsoptionen im lokalen politisch–administrativen System schließen die Ausführungen dieses Kapitels.

Gliederungspunkt B fügt den zunächst auf die nationalen Rahmen bezogenen Ausführungen die europäische Ebene hinzu und befasst sich mit der Frage, wie Kommunale Selbstverwaltung und Lokale Governance im europäische Verwaltungs- und Institutionensystem verortet sind. Wie funktionieren kommunale Interessenwahrnehmung und Beteiligungsmechanismen auf europäischer Ebene? In Abschnitt B 1 gewinnt die Illustration von Verknüpfungen und Einflusswegen zwischen Ebenen und Akteuren an Bedeutung. Interessenvertretung, wie sie einerseits über institutionalisierte Interessenvertretung wie den Ausschuss der Regionen stattfindet, aber auch verbandliche Wege der Interessenwahrnehmung, werden aufgegriffen und unter dem Gesichtspunkt Lokaler Governance diskutiert.
Eine Würdigung unter dem Aspekt der inhaltlichen Bestimmung und Zuordnung der Interessenvertretung ist bedeutsam. Entscheidend wird, wie gemeindliche Interessenvertretung von der Vertretung von Partikularinteressen abzugrenzen ist oder abge-

[36] Für das Hintergrundverständnis des demokratieorientierten Diskurses sind die drei normativen Modelle von HABERMAS von Bedeutung, welche unterschiedliche Verständnisse der Rolle des demokratischen Prozesses bei staatsbürgerlichen Konzeptionen veranschaulichen. Die republikanische Konzeptionalisierung von Staat und Gesellschaft betont die politische Meinungs- und Willensbildung der Bürger und sieht die Gesellschaft im Staat eingebettet. Demokratie wird mit politischer Selbstorganisation der Gesellschaft in Verbindung gebracht. Die liberale Auffassung betont die Überbrückbarkeit der Trennung von Staatsapparat zu Gesellschaft und die Normierung der Wirtschaftsgesellschaft. Als drittes Modell setzt HABERMAS die Diskurstheorie, mit der er das liberale und das republikanische Modell verbindet und auf neue Weise zusammenfügt. Der politische Meinungs- und Willensbildungsprozess wird zentral. Wichtiges Element ist, dass die Verwirklichung einer deliberativen Politik von der Institutionalisierung von Verfahren abhängt, die als Verständigungsprozesse gesehen werden. HABERMAS, J.: Modelle, 1972, S. 11 – 24. Klassische Demokratietheorie verbunden mit der Idee „einer über Gesetze programmierten Selbsteinwirkung" und darin enthaltenen Schranken HABERMAS, J.: Volkssouveränität, MERKUR, 1989, S. 471.

grenzt werden kann, indem dargelegt wird, in welchem Umfang sie gemeinwohlorientierte Interessen[37] vertritt.
Abschnitt B 2 analysiert, welche grundlegenden Mechanismen und Verknüpfungen der Beeinflussung zwischen europäischer und kommunaler Ebene bestehen. Es handelt sich hierbei zunächst um eine Darstellung der europäischen Normsetzung unter Governance- und Steuerungsgesichtspunkten. Relevant sind daneben auch „weiche" Mechanismen, wie Konsultationsprozesse, oder die mit dem Weissbuch Europäisches Regieren verbundenen kommunalrelevanten Instrumente. Die einzelnen Instrumente werden aufgezeigt und hinsichtlich ihrer Relevanz bewertet.
In Abschnitt C werden Weiterentwicklungen und Perspektiven der Kommunalen Selbstverwaltung auf supranationaler Ebene und ihre Implikationen für die Kommunen untersucht. Kommunale Selbstverwaltung und Lokale Governance werden als Elemente transnationalen Wandels und transnationaler Integration betrachtet. Beide Begriffe werden aus diesem Grunde in das Gefüge des europäischen Integrationsprozess gestellt und als Elemente des strukturellen Wandels im Zusammenhang mit Verfassungs- und Reformvertrag sowie transnationalen Integrationsprozessen erörtert.
Zunächst werden die Wegmarken zwischen Verfassungsvertrag und Reformvertrag mit Blick auf den jeweiligen Kommunalbezug dargestellt. Was hätte sich durch die Inhalte des Europäischen Verfassungsvertrags für die Gemeinden und ihre Kompetenzen geändert? Welche Mechanismen der Beteiligung bzw. der Kompensation sind darin enthalten und wie sind diese zu bewerten? Ist zum jetzigen Zeitpunkt eine Übernahme in den Reformvertrag ersichtlich?
Als weiterer Gesichtspunkt einer europäischen Weiterentwicklung wird auf die Europäische Charta der Kommunalen Selbstverwaltung (ECKS) eingegangen, die unter mehreren Gesichtspunkten vor dem Hintergrund transnationaler Europäischer Integration von Interesse ist:

(1) Sie öffnet den national orientierten Fokus von Frankreich und Deutschland um eine übergreifende Perspektive und ist insofern relevant, als sie Elemente enthält, die einen aus Abstimmungsprozessen entstandenen „Mindeststandard" Kommunaler Selbstverwaltung und Lokaler Governance darstellen.
(2) Die Thematisierung der Europäischen Charta der Kommunalen Selbstverwaltung verdeutlicht, dass ein lediglich auf die Mitgliedstaaten der Union retrospektivisch orientierter Blickwinkel in Fragen Lokaler Governance und Kommunaler Selbstverwaltung zu eng ist. Diese Anschauung wird weiterführend gestützt und unterlegt durch das Praxisbeispiel zur Entstehung Lokaler Selbstverwaltung und Lokaler Governance in Bosnien und Herzegowina.

In Konsequenz stellt die Befassung mit der Europäischen Charta der Kommunalen Selbstverwaltung eine Überleitung in weiterem Rahmen eine Konkretisierung hin zu Gliederungspunkt C 3, dem Praxisbeispiel zu Fragen des Aufbaus kommunaler Selbstverwaltungsstrukturen und Lokaler Governance in Bosnien und Herzegowina, dar.
Methodisch erfolgt für Bosnien und Herzegowina eine Orientierung an den für Frankreich und Deutschland erarbeiteten Kriterien und Inhalten Lokaler Governance und Kommunaler Selbstverwaltung und eine Orientierung an den Inhalten der Europäi-

---

[37] Es wird ein Gemeinwohlbegriff zugrunde gelegt, bei dem das Gemeinwohl nicht von einem „wissenden Staat" a priori festgelegt wird, sondern bei dem Prozesse zu Gemeinwohl führen. Dies kann über formelle Mechanismen geschehen, über interagierende Akteure bzw. Elemente direkter Demokratie.

schen Charta der Kommunalen Selbstverwaltung in ihrem lokalen Governancebezug. Diese Vorgehensweise soll es ermöglichen systematisiert darzustellen, wie Lokale Selbstverwaltung und Lokale Governance in Bosnien und Herzegowina als postjugoslawischer Nachkriegsgesellschaft verwirklicht werden, welche Aspekte Berücksichtigung gefunden haben bzw. auf welche Bereiche künftig ein besonderes Augenmerk gelegt werden muss.
Die Anbindung an die Europäische Union und den Europarat erfolgt im Falle Bosnien und Herzegowinas dadurch, dass sich das Land in einem Annäherungsprozess an die Union befindet und dass Europäische Kommission und Europarat im Hinblick auf die als notwendig erachteten Reformziele eng kooperieren.

Die Schlussbetrachtung (Gliederungspunkt IV) fasst die Ergebnisse der Arbeit zusammen und versucht einen Ausblick in theoretischer Hinsicht im Sinne eines Lokalen Governanceansatzes zu geben, der die wesentlichen Aspekte Lokaler Governance und Kommunaler Selbstverwaltung zusammenfasst und bündelt. Aus dem Zusammenfügen der Überlegungen resultiert eine Sichtweise, die nicht tagespolitische oder tagesaktuelle Positionen widerspiegelt, sondern konkrete Verantwortlichkeiten zu klären und zu begründen sucht. Die Ausgangsthese wird mit Argumenten unterlegt und dargestellt, wie Kommunale Selbstverwaltung und Lokale Governance durch die Gesamtschau eine jeweilige Erweiterung erfahren können und an welchen Inhalten die Erweiterung konkret ansetzt.

Was die Methodik der Arbeit anbelangt, so ist vorab festzuhalten, dass die kommunale Ebene oder das lokale politisch-administrative System im europäischen System in politikwissenschaftlicher vertikaler Perspektive in den Bereichen empirische Befunde und theoretische Analyse wenig bearbeitet ist und fächerübergreifende Analysen nur in geringem Umfang stattfinden.
Als notwendig hat es sich für die Bearbeitung erwiesen, die Fragen zur Entwicklung Kommunaler Selbstverwaltung und Lokaler Governance auf ein breites Fundament politischer Theorienkonzeptionen zu stellen. Hinter konkreten rechtlichen Strukturen öffnen sich Türen zu Grundsatzfragen des Verfassungsstaates wie Demokratie, Rechtsstaatlichkeit oder auch nach staatsleitenden Prinzipien und Leitbildern, welche in die Ausführungen eingebunden werden.

Vor diesem abstrakten Hintergrund zieht sich wie ein roter Faden die Anbindung und Wechselwirkung zwischen Governance und Kommunaler Selbstverwaltung als Rechtsprinzip durch die Arbeit. Es entsteht ein methodisches Spannungsfeld, das bereits daraus resultiert, dass ein politik- und verwaltungswissenschaftlicher Ansatz in Beziehung zu einem Rechtsprinzip wie Kommunale Selbstverwaltung gesetzt wird. Notwendigerweise erfolgt stets eine Positionsbestimmung zwischen den einzelnen, theoretischen Modellen und der Bezugnahme auf die kommunale Praxis. Die theoretischen Zugänge von Governance, die Plausibilisierung von Governance über Leitbilder auf gemeindlicher Ebene, die Funktion von Kommunaler Selbstverwaltung als rechtlichem institutionellem Rahmen kommunalen Handelns, und gleichzeitig die argumentative Berücksichtigung von Modellen Kommunaler Selbstverwaltung, welche ursprünglich an bestehenden Differenzen zwischen Selbstverwaltungsrecht und kommunaler Praxis ansetzten, erfordern besondere Beachtung. Die einzelnen Gliederungspunkte greifen diese Aspekte mehrfach und jeweils gesondert auf.

Der Blick über den nationalen „Tellerrand“ hinaus erfolgt im Zusammenhang mit der Analyse kommunaler Strukturen in den beiden Nationalstaaten Frankreich und Deutschland. Jeder Ansatz, der einen vergleichenden Anspruch enthält stößt sich bei rechtlichen Fragen an der Äquivalenz, was ein weiteres Spannungsfeld verdeutlicht: Terminologie und Rechtsdogmatik sind national geprägt und es besteht jeweils eine eigene Rechtssprache, die vor einem heterogenen geschichtlichen und (rechts-) kulturellen Hintergrund steht. Auch für die Wahrnehmungen politischer oder rechtlicher Entwicklungen besteht die Gefahr einer Wahrnehmung nach nationalen Mustern.[38] Die Aufgabenstellung wird aus diesem Grund dahingehend bearbeitet, dass die Rechtsordnungen lediglich schwerpunktbezogen betrachtet werden, und der nationalstaatliche Bezug stets gewahrt bleibt. Maßgebliche Referenzpunkte sind die verfassungsrechtlichen Regelungen, die vor ihrem historischen Entwicklungshorizont entfaltet werden.

Insgesamt ist die Methodik der Arbeit analytisch deskriptiv unter Verwendung und Analyse von Primär- und Sekundärliteratur. Relevante Monographien, Zeitschriften, Periodika, Veröffentlichungen Europäischer Institutionen und ergänzend Stellungnahmen kommunaler Verbände, welche Teil der rechtswissenschaftlichen und politikwissenschaftlichen Diskussion sind, werden herangezogen. Insgesamt ist die Verfügbarkeit an Literatur in den einzelnen Wissensbereichen sehr heterogen. Einzelne Themen, wie das Subsidiaritätsprinzip oder Föderalismus sind einerseits umfangreich bearbeitet, erleben jedoch andererseits in regelmäßigen Zeitabständen eine Renaissance angesichts neuerer Entwicklungen.[39] Weitere Bereiche, wie beispielsweise die Entwicklung lokaler Selbstverwaltungsstrukturen in Bosnien sind bisher in der Literatur lediglich unzureichend aufgearbeitet worden und in dem darzustellenden europäisch-lokalen Governancebezug „Neuland“.
Lohnend ist, dass sich bezogen auf die integrationstheoretischen Ansätze und speziell zu Fragen von Demokratie und Legitimität im WorldWideWeb eine eigene „supranationale“ Diskussionskultur entwickelt. Die Beiträge veranschaulichen die lebhafte Diskussion über europäische Themen und Theorienbereiche. Ähnliches gilt für die Darstellung einzelner Positionen im Zusammenhang mit der Erarbeitung des Entwurfs des Europäischen Verfassungsvertrages, welche seitens des Europäischen Konvents in bisher nicht gekannter Weise öffentlich gemacht worden sind. Zeitnah und inhaltlich transparent lässt sich die Entwicklung kommunalrelevanter Projekte, beispielsweise der Aufbau eines Subsidiaritätsnetzwerkes seitens des Ausschusses der Regionen oder politische Prozesse, wie in nationalem Rahmen die Föderalismusreformen I und II, im WorldWideWeb nachvollziehen.

Auch die landesbezogene Entwicklung Bosnien und Herzegowinas wird auf den offiziellen Seiten des Europarates, der Europäischen Kommission und Nichtregierungsorganisationen dokumentiert, so dass für Bosnien und Herzegowina soweit vorhanden ebenfalls auf Dokumente des WorldWideWeb zurückgegriffen wurde. Sich mit diesen

---

[38] Zur Methodik der Rechtsvergleichung grundlegend und kritisch BRAGA, S.: Methode, 1983, S. 99 / 100 / 103.

[39] Die Föderalismusdiskussion wurde durch die Rede des ehemaligen Außenministers FISCHER an der Humboldt Universität in Berlin erneut angestoßen, das Subsidiaritätsprinzip erfuhr eine erneute Betonung im Vorfeld der Arbeiten des Verfassungskonvents. Föderalismusdiskussion vgl. FISCHER, J.: Staatenverbund, 2000 und FISCHER, J.: Rede, 2000.

erweiterten Informations- und Literaturangeboten inhaltlich argumentativ auseinander zu setzen, ist methodisch ein weiteres wichtiges Anliegen der Arbeit.
Die Betrachtung ist insgesamt weder rein juristisch noch rein politikwissenschaftlich oder historisch. Sie wählt einen übergreifenden, kontextorientierten Ansatz. Soweit möglich, sollen Parallelen zwischen den einzelnen Gebieten – beispielsweise zwischen historischen Entwicklungen und deren Reflexion in der Politikwissenschaft oder zwischen der rechtswissenschaftlichen Beurteilung Europäischer Integration und Politikwissenschaft – aufgezeigt werden.

Auf die Arbeit zu Bosnien und Herzegowina wurde inhaltlich bereits eingegangen, methodisch verfolgt sie bewusst einen eigenen Ansatz. Es ist ausdrücklich nicht das Ziel, die lokale Struktur Bosnien und Herzegowinas, die sich nach Umwälzungen und Brüchen im Aufbau befindet und rapidem Wandel unterliegt, vergleichend neben das deutsche oder französische Modell zu stellen.
Der Gedanke besteht darin, die gefundenen Grundmuster Lokaler Governance aus der Strukturierung des Status Quo in den nationalen Kontexten Deutschlands und Frankreichs und die Muster Lokaler Governance aus der Europäischen Charta der Kommunalen Selbstverwaltung in den gesetzlichen Regelungen in Bosnien und Herzegowina wieder zu finden. Um die Argumente schrittweise zu entwickeln, wird die faktische inhaltliche Gestaltungskraft der Europäischen Charta der Kommunalen Selbstverwaltung als gemeinsamer Referenzpunkt auf Bosnien und Herzegowina bezogen, wenn es um die Transformation von institutionellen Strukturen oder Verwaltungsstrukturen in Bosnien und Herzegowina geht. Der Blick auf Bosnien und Herzegowina sollte auch angesichts der Bemühungen Bosnien und Herzegowinas hin zu Europäischer Integration Bedeutung bekommen.[40]

[40] Die drei klassischen Europäisierungsthesen institutionalistischer Argumentation zum Verständnis von Dezentralisierung in Mittel- und Osteuropa, rationales, konstruktivistisch oder policy - analytisches Erklärungsprogramm werden für die konkrete Beschreibung Bosnien und Herzegowinas als nicht einschlägig betrachtet. Europäisierung wird bewusst nicht als unabhängige Variable definiert. Bewertung bestehender Ansätze grundlegend BAUER, M. W. / PITSCHEL, D.: Europäisierung, 2006, S. 44 – 56.

Abb. 1 – Schematische Darstellung der Forschungsbezüge

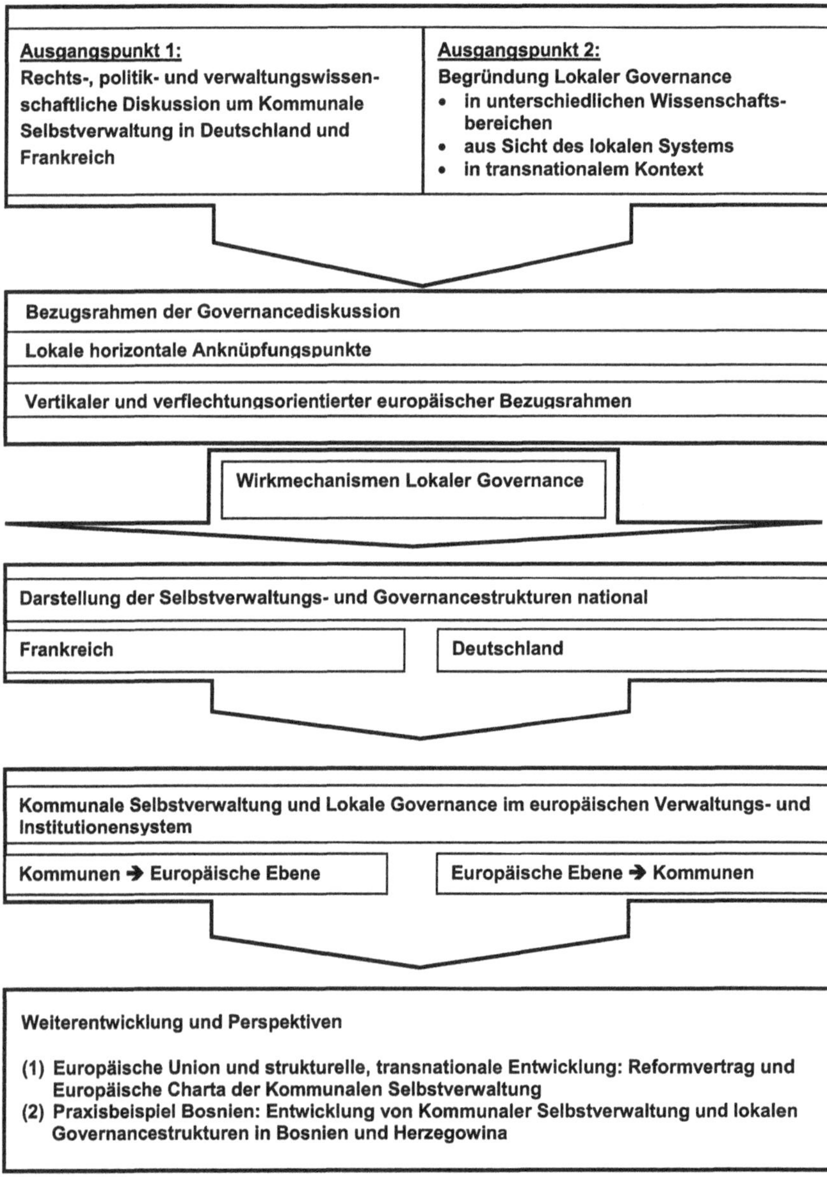

II Bezugsrahmen der Governancediskussion – Verortung Lokaler Governance

1 Die Governancediskussion in unterschiedlichen Wissenschaftsbereichen

1.1 Analyserahmen: Theorienbezug in Abhängigkeit von Erklärungsebene, politischer Dimension und Forschungsgegenstand

Die Arbeit nähert sich den einzelnen Fragestellungen vor dem Hintergrund der Governanceansätze, systematisch bezogen auf den europäischen bzw. den lokalen Kontext. Angesichts der bestehenden Theorienvielfalt[41], die sich auf das europäische Institutionensystem bezieht, wird deutlich, dass

(1) die Theorien zur Erklärung des europäischen Institutionensystems ein großes Maß an Komplexität aufweisen und über ein hohes Abstraktionsniveau verfügen,
(2) es keine einzelne allgemein gültige Theorie zur Erklärung des europäischen Institutionensystems oder gar der europäischen Entwicklung gibt,
(3) die bestehenden Theoriensysteme in ihrer Konstruktion von Explanandum und Explanans die subnationalen Ebenen nicht ausreichend berücksichtigen.

Der Frage nach der theoretischen Verortung der Kommunen im System Europäischer Integration soll daher über die Darstellung von Entwicklungstrends im Bereich europäischer Integrationstheorien von Intergouvernementalismus und Neofunktionalismus, von föderaler Theorie bis hin zu den Gedanken eines Mehrebenensystems nachgegangen werden. Die subnationalen Bezüge der einzelnen Theorien werden herausgearbeitet. Durch den Entwicklungszusammenhang der Theorien Europäischer Integration erfolgt eine Hinleitung zu Governanceansätzen und Governancegesichtspunkten.
Im Ergebnis wird die bestehende Theorienvielfalt europäischer Bezüge verengt auf die Berücksichtigung der kommunalen Ebene. Europäische Integrationsansätze werden nach kommunalrelevanten Kriterien strukturiert und:

(1) nach der Erklärungsebene im politischen System rückgebunden. Im vorliegenden Fall handelt es sich um die kommunale Ebene, für die unter dem Gesichtspunkt „Lokale Governance" das lokale politisch-administrative System beleuchtet wird.
(2) nach dem zu untersuchenden Forschungsgegenstand selektiert. Es wird versucht, die Governancediskussion an die Kommunale Selbstverwaltung anzubinden und diese Anbindung argumentativ über die Ebenen des politischen Systems weiterzuführen.

[41] Grundlegend zu Theorienentwicklung, Paradigmenwechseln und der Konfrontation der "großen Theorien" mit einer Theorienvielfalt. BENZ, A: Konfrontation, 1997, S. 12, S. 14.

1.2 Darstellung der Grundannahmen der politik- und verwaltungswissenschaftlichen Governancediskussion

In der Literatur werden Governancetheorien bzw. Governanceansätze kontrovers diskutiert, denn Governance eilt der Ruf voraus

„one of the most fashionable concepts in contemporary political discourse“[42]

zu sein.

Bereits die Begrifflichkeit des „Governance“ findet eine reiche und inflationäre Verwendung in der Literatur, womit sich bereits andeutet, dass sich die Erschließung des Governancebegriffes aufwändig darstellt.
Unbestritten spielt Governance heute in mehreren Wissenschaften und Arbeitsbereichen eine Rolle. Die Ursprünge des Governancebegriffes sind betriebswirtschaftlicher Natur.[43] Aktueller denn je wird „corporate governance“ genannt, wenn die Beziehungen zwischen Eigentümern und Management eines Unternehmens diskutiert oder Leitungs- und Verwaltungsstrukturen analysiert werden.[44]

Eingang hat der Governancebegriff[45] in die politikwissenschaftliche Diskussion über die „Internationalen Beziehungen“ gefunden. Hier befasst er sich mit der Beschreibung von Beziehungen zwischen Staaten, insbesondere von Formen der Interaktion und Kooperation von Regierungen, Verwaltungen und transnationalen gesellschaftlichen Akteuren. In Abgrenzung vom klassischen Begriff des „Government“[46] ergibt sich das folgende Bild von Governance:

---

[42] SCHMITTER, P.: European Union, 2001, S. 1.
[43] Ursprung, Anwendungsbereiche vgl. KLENK, T. / NULLMEIER, F.: Governance, 2004, S. 79 ff.
[44] Zur spezifischen Entwicklung im öffentlichen Sektor vgl. OECD (Organisation for Economic Cooperation and Development): Guidelines, 2005.
[45] Eine einheitliche Definition des Governancebegriffes gibt es nicht. Die relevanten Merkmale werden zitiert nach BENZ, A.: Governance, 2004, S. 16 / 17 / 25.
[46] LOVAN, MURRAY UND SHAFFER beschreiben Government als „power over“ und Governance als „power to“ und stellen auf diese Weise die Öffnung für Interessennetzwerke dar. Komplexität öffne sich zu einem interaktiven Modell, in dem sich die Rolle der Regierung wandelt zur Koordination von Policy-Netzwerken mit einer Betonung auf Verhandlungsprozesse. Vgl. LOVAN, R. / MURRAY, M. / SHAFFER, R.: Governance, 2005, S. 3 ff.

Tab. 2 – Government und Governance als Perspektiven der Politikwissenschaft

	Government (Staat versus Markt bzw. Gesellschaft)	**Governance (Staat, Markt und Netzwerke als komplementäre Steuerungsformen)**
Polity	• Fokussierung auf Staat, Mehrheitsdemokratie und Hierarchie als wichtigste Institutionen	• Institutionelle Struktur und Regelsysteme, die Elemente von Hierarchie, Verhandlungssystemen und Wettbewerbsmechanismen verbinden • Netzwerke, Überschreiten von Organisationsgrenzen
Politics	• Wettbewerb zwischen Parteien um Machterwerb und zwischen Interessengruppen um Einfluss • Konfliktregelung durch Entscheidung der zuständigen staatlichen Organe und Durchsetzung staatlicher Entscheidungen	• Konflikte zwischen regierenden / leitenden und regierten / betroffenen Akteuren • Steuerung und Koordination im Kontext institutioneller Regelsysteme • Verhandlungen staatlicher und / oder gesellschaftlicher Akteure • Anpassung institutioneller Regelsysteme
Policy	• Gesetzgebung (Ge- und Verbote) • Verteilung öffentlicher Leistungen	• Verständigung (in Netzwerken und Gemeinschaften), Kompromisse, Tauschgeschäfte • Koproduktion kollektiver Güter • Netzwerkmanagement • Institutionenpolitik (Management des institutionellen Wandels)

Quelle: Auf Grundlage von BENZ, A.: Governance, 2004, S. 21.

Daneben wurde Governance mit dem Aufkommen der Good Governance Konzeption Ende der achtziger Jahre bei der Erstellung von Kriterien Guten Regierens durch die Weltbank[47] relevant und ist im Bereich der Entwicklungshilfe nach wie vor – wenn auch von sich wandelnder - Bedeutung[48].

Da es keine einheitliche Definition des Governancebegriffes gibt[49], gewinnen Faktoren, wie der jeweilige institutionelle und strukturelle Kontext besondere Bedeutung. Auch unterschiedliche Modi der Governance wie Self-Governance bzw. Co-Governance sind relevant, ebenso wie die Frage nach Steuerungselementen und Steuerungsebenen oder Governanceordnungen[50]. Für die weitere Argumentation wird für den Bereich der

[47] Stv. KÖNIG, K.: Gouvernanz, 1998, S. 230 ff. Das zugrunde liegende Verständnis von Governance ist mehrdimensional und entfaltet sowohl einen Wirkungsbezug zum effektiven Verwaltungsmanagement als auch bei der Thematik der Bürgermitverantwortung. Vgl. PITSCHAS, R.: Dezentralisierung, 2001, S. 132 / 133.

[48] Vgl. HILL, H.: Governance, 2005, S. 220 ff.

[49] Detailliert KOOIMAN, J.: Governance, 2006, S. 149 – 171. Ergänzend mit einer Betonung der Abgrenzung zwischen Staat und Gesellschaft und Participatory Governance HEINELT, H.: Policies, 2002, S. 22 / 23.

[50] KOOIMAN, J.: Governance, 2006, S. 168.

Politik- und Sozialwissenschaften auf eine Definition von Governance zurückgegriffen, die den abstrakten Kern des Begriffes und die wesentlichen Inhalte verdeutlicht. Demzufolge bezieht sich Governance auf: [51]

(1) Handeln: Hierbei geht es um Steuern, Koordinieren und das Managen von Interdependenzen.
(2) Institutionen: Institutionalisierte Regelsysteme, beispielsweise Marktmechanismen, Hierarchie oder Verhandlungsregeln.
(3) Interaktionsmuster: Interaktionsmuster und Modi kollektiven Handelns wie Netzwerke[52] oder Koalitionen.
(4) Prozesse, welche Organisationsgrenzen überschreiten: Politik ergibt sich aus dem Zusammenwirken von staatlichen mit nicht-staatlichen Akteuren bzw. aus der Zusammenarbeit von Akteuren innerhalb und außerhalb von Organisationen.

Aus diesen definitorischen Elementen wird deutlich, dass Governance in den Politik- und Verwaltungswissenschaften im Kern sowohl akteurs- und handlungsorientiert, als auch institutionen- und regelorientiert ist[53] und sowohl Prozesse als auch Strukturen berücksichtigt. Diese prinzipielle Offenheit erleichtert es, Fragestellungen mit dem „Handwerkszeug“ unterschiedlicher Wissenschaften zu bearbeiten und übergreifend unter dem Gesichtspunkt der Governance zu verknüpfen.

2 Der Governanceansatz aus Sicht des lokalen politisch-administrativen Systems

2.1 Ursprung und inhaltliche Herleitung Lokaler Governance auf lokaler Ebene

Wie passt der Governanceansatz zur lokalen Ebene und zu lokaler Politik und wie und in welchem Umfang wird die Begrifflichkeit „Governance“ verwendet?
Für eine inhaltliche Annäherung sind mehrere Wege denkbar:
Erstens kann über eine Darstellung der kommunalpolitischen Diskussion und der lokalen Politikforschung der vergangenen Jahrzehnte, ausgehend von der dargestellten Definition, den einzelnen Inhalten von Governance auf lokaler Ebene nachgespürt werden, um auf diese Weise ein Bild Lokaler Governance zu entwickeln.

---

[51] Nach BENZ, A.: Governance, 2004, S. 25.
[52] Für den Begriff des Netzwerkes gibt es keine allgemein gültige Definition. SCHWEIZER führt unterschiedliche Definitionen von Netzwerken zusammen und sieht ein Netzwerk als ein aus einer definierten Menge an Akteuren bestehendes Gebilde. Akteure sind über bestimmte soziale Beziehungen miteinander verbunden, wobei die Strukturen des Netzwerks Einfluss auf das Handeln der Akteure haben. Netzwerke dienen ferner als Modell zur Erklärung politischer Einflusschancen. Vgl. SCHWEIZER, S.: Steuerung, 2003, S. 162 ff. Governance gewinnt an Bedeutung als Netzwerkmanagement oder als Management von Regeln, mit denen öffentliche Politik entwickelt und implementiert wird. KJAER, A.: Governance, 2004, S. 57.
[53] Mehrere Mechanismen erbringen Steuerungsleistungen, sowohl ein hierarchisches Schema als auch heterogene Steuerungssysteme mit mehreren Steuerungssubjekten / Koordinationsmechanismen. KENIS, P. / SCHNEIDER, V.: Kontrolle, 1996, S. 10.

Zweitens sind die Kommunen[54] Teil der gesamtstaatlichen Entwicklung und spiegeln Trends hinsichtlich der Einbeziehung gesellschaftlicher Interessen, Strukturen und Akteure auf kommunaler Ebene wider. Gleichzeitig stehen sie in Wechselwirkung mit höheren Politikebenen und sind gesamtstaatlichen Einflüssen ausgesetzt.[55] Auch hieraus ergeben sich Hinweise auf die Art und Weise und die Einbettung Lokaler Governance. Für den als erstes genannten Bereich der Kommunalpolitik[56] herrschte in den 60er und 70er Jahren in Deutschland eine demokratietheoretisch orientierte Debatte vor. Ab den 80er Jahren dominierte dagegen eine effizienzorientierte Diskussion, die weit in die 90er Jahre hineinreichte. Die Verflechtung von Politik und Verwaltung, das Zusammenwirken zwischen politischen Organen und Verwaltungsapparat, kommunale Entscheidungsprozesse[57] bzw. der Zusammenhang zwischen Kommunalverfassung und Entscheidungen wurden diskutiert. In den 90er Jahren setzte eine Welle der Vereinheitlichung der Kommunalverfassungen ein, die Änderungen in nahezu allen Flächenländern[58] mit sich brachte und direktdemokratische Elemente einführte.[59] Mit Blick auf die kommunalen Entscheidungsprozesse zeichnete sich eine weitere Entwicklung ab: Durch den wachsenden Veränderungsdruck entstand der Ruf nach Verwaltungsmodernisierung, kooperativen Demokratieelementen und einer Stärkung des bürgerschaftlichen Engagements.[60] Die genannten kommunalpolitischen Fragestellungen lassen sich in enger Anbindung an den Governancebegriff nach obiger Definition im Sinne einer Betonung der kommunalen Institutionen und Strukturen des politisch-administrativen Systems, der Akteure Rat, Verwaltung und Bürger sehen, auch wenn sie in der kommunalpolitischen Debatte nicht unmittelbar als „Governance“ etikettiert wurden.[61] Die Öffnung der Kommunalpolitik hin zum gesellschaftlichen Umfeld hatte und hat in der lokalen Politikforschung in Deutschland einen großen Stellenwert[62].

---

[54] Der Begriff der Kommune wird im Rahmen der Arbeit synonym zu „Gemeinde“ oder „Stadt“ verwendet und meint damit die „Einheitsgemeinde“. Die Gemeinde im Sinne mehrstufiger Organisationshoheit wird für die Nationalstaaten nicht unterschieden oder thematisiert. Im Detail BOGNER, W.: Organisationseinheiten, 2007, S. 248.

[55] KJELLBERG argumentiert diesbezüglich, dass die Reformen auf lokaler Ebene die Antwort auf die Expansion der öffentlichen Sphäre sind und Ergebnis von Interventionen der Regierungen in die Gesellschaft. Vgl. KJELLBERG, F.: Values, 1995, S. 41 – 50.

[56] Kommunalpolitik wird für die weiteren Ausführungen definiert als „Politik des kommunalen Gemeinwesens, die nach Aufgaben und Mitteln zur Zielverwirklichung sucht, wobei sich die Aufgaben der Kommunen aus ihrer Stellung zu ihren Bürgern und zum Staat ergeben“. Kommunalpolitik im engeren Sinne sind die Aufgaben, welche die Gemeinde für sich selbst erfüllt. Kommunalpolitik enthält eine Fürsorgepflicht und Elemente des bürgerschaftlichen Engagements. Zur Definition vgl. BLUME, W. VON: Kommunalpolitik, 1912, S. 224 / 225 ff.

[57] Vgl. GABRIEL, O.: Bürgerbeteiligung, 1989, S. 129 ff.

[58] Zur Entwicklung insbesondere in den neuen Ländern vgl. KLEINFELD, R. / NENDZA, A.: Reform, 2005.

[59] Erkenntnisleitende Frage „Do institutions matter?“. Varianz bei Bürgerbegehren im Hinblick auf Regelungsdetails und Sachfragen in den Ländern vgl. MITTENDORF, V. / REHMET, F.: Bürgerbegehren, 2002, S. 220 ff. Die Arbeit der Räte soll durch angemessene Beteiligungsverfahren gemeinwohlorientiert ergänzt werden. Beteiligung der BürgerInnen auf freiwilliger Basis unter Beachtung örtlicher Gegebenheiten. Vgl. DEUTSCHER STÄDTETAG: Städte, 2003, S. 105 / 106.

[60] Übersicht zu den einschneidenden Veränderungen BOGUMIL, J.: Entscheidungsprozesse, 2002, S. 39 ff.

[61] Lokale Politikforschung in Deutschland nahm eine institutionenbezogene Sicht ein. Vgl. HEINELT, H. / MAYER, M.: Politikforschung, 2001, S. 71.

[62] Dies schließt Interaktionen zwischen öffentlichen und privaten Akteuren ein, eine Ausdehnung des Politischen in die (Stadt-) Gesellschaft hinein und deliberative Formen der Partizipation. Zur Begrifflich-

Stichwort hierzu ist die Diskussion von „Participatory Governance“. In ihrem Rahmen werden institutionelle Systeme betrachtet, Partizipation gleichwohl im Kontext von Konsultation und Verhandlung, Willensbildung und Entscheidung strukturiert.[63] Im Kontext von Participatory Governance erfährt die Civil Society eine Funktion als Organisationsmodus bzw. interaktives Modell für Participatory Governance.[64]
In diesem Punkt bestehen Parallelen zur Diskussion der Kommunalpolitik in ihren Bezügen zur lokalen Governancediskussion in Frankreich: Die Argumentation zielt auch für Frankreich darauf ab zu untermauern, dass sich aus dem Wandel des Wesens lokaler Politik und aufgrund der Dezentralisierungsprozesse in den letzten Jahrzehnten ein zunehmend erstarkendes System lokaler horizontaler kommunaler Governance entwickelt. Die Anbindung Lokaler Governance findet in Frankreich ebenfalls an frühere Konzeptionen und politische Praxis statt, wobei argumentiert wird, dass die lokalen Regierungen weniger bürokratisch und einförmig, jetzt strategisch und flexibel agieren. Auch in Frankreich lassen sich – ohne den Wandel der politischen Diskussion zu leugnen – Ansatzpunkte früheren politischen Engagements nachweisen, die mit dem Label „local governance“ versehen werden könnten.[65]
Was die Beziehungsstruktur zwischen lokaler Ebene und nationaler deutscher Staatlichkeit anbelangt, bestehen enge Anbindungen an ein sich wandelndes Staatsverständnis. So änderte sich das Bild des autonom handelnden, traditionellen Staates mit hierarchischen Steuerungselementen mit dem Fortschreiten gesellschaftlicher und auch ökonomischer Entwicklung. Das traditionelle deutsche Grundverständnis von Staatlichkeit sah vor, dass mit Staatlichkeit nicht die Herrschaft der Gesellschaft über den Staat verbunden ist, sondern eine getrennte Konzeption von Staat und Gesellschaft[66]. Dies schließt das Vorhandensein von Mechanismen gegenseitigen Ausgleichs und gegenseitiger Begrenzung ein.[67] Staatliche Entwicklungsschritte gestalteten sich unter den Stichworten „Pluralistischer Verhandlungsstaat“, „aktive Politik“ und „funktionaler Staat“[68]. In neueren Diskussionen kommt dem Staat eine „Arenafunktion“ zu, und das Verhältnis des Staates zur Gesellschaft wird stärker thematisiert: Die funktionale Differenzierung in der Gesellschaft führt dazu, dass hierarchische Steuerung sich durch den kooperierenden und mit nichtstaatlichen Akteuren agierenden Staat

---

keit des Participatory Governance vgl. HEINELT, H.: Governance, 2004, S. 31 / 35. GBIKPI und GROTE sehen in der Beteiligung der von Regelungen betroffenen Menschen einen Lösungsansatz für eine verbesserte Akzeptanz von aus den Entscheidungsprozessen entstehenden Lösungen. Vgl. GROTE, J. R. / GBIKPI, B.: Government, 2002, S. 18.

[63] HEINELT, H.: Policies, 2002, S. 25.

[64] LOVAN, R. / MURRAY, M. / SHAFFER, R.: Governance, 2005, S. 5.

[65] Gleichzeitig wird ein Mangel an Untersuchungen konstatiert, die einen Vergleich zwischen der Arbeit auf lokaler Ebene früher und heute ermöglichen und damit eine Antwort auf die Frage, ob Governance oder Netzwerkbildung wirklich neu sind. Vgl. DE BARROS, F.: Local, 2004, S. 61 / 62.

[66] AUSSCHUSS DER REGIONEN: Demokratie, 1999, S. 71. Spezifisch für die Entwicklung des historisch - deutschen Verständnisses von Staatlichkeit vgl. HEGEL, G.: Staat, 1983, S. 238 – 252. Der Staat gilt als „Wirklichkeit der sittlichen Idee“ und als das „an und für sich Vernünftige“, S. 242. Staatliche Reformen, die Sonderwegdebatte und die „organische Reform“ als schrittweise Verbesserung i. S. eines preußisch – deutschen Reformweges sind komplementär mit diesem Staatsbild. Zur „organischen Reform“ im Gegensatz zur französischen Entwicklung FEHRENBACH, E.: Napoleon, 1997, S. 156.

[67] In älteren Quellen ist die terminologische Unterscheidung zwischen Staat und Gesellschaft nicht immer eindeutig. So kann Staat auch als Teil der Gesellschaft verstanden werden. Vgl. Ausführungen OPPENHEIMER, F.: Staat, 1912, S. 113.

[68] BÖHRET, C. / KONZENDORF, G.: Sein, 1995, S. 17 ff., insbes. S. 24.

nach und nach wandelt[69]. Mit dem Leitbild des „aktivierenden Staates“[70] geht es um die Unterstützung bürgerschaftlicher Eigeninitiative bei gleichzeitiger Sicherung von Grundbedürfnissen, wie öffentliche Infrastruktur oder Bildung. So entsteht das Bild einer „Verantwortungsgemeinschaft“[71] zwischen Staat und Bürgern.
Unter Steuerungsgesichtspunkten ergibt sich eine komplexe Regelungsstruktur mit staatlichen, gesellschaftlichen und ökonomischen Elementen und unterschiedlichen Wirkungsmechanismen.[72] Dies ist nicht gleichbedeutend mit einer vollständigen Auflösung hierarchischer Steuerung, zeigt hingegen die Bedeutung des Wandels im Partizipationsgeschehen zwischen Staat und Bürgern auf. Hatten in den 70er Jahren noch die Bürgerinnen und Bürger Mitwirkung eingefordert, so bieten mittlerweile Staat und Verwaltung seinen bzw. ihren Bürgern Partizipationsmöglichkeiten.[73] Künftig dürfte staatliches Handeln noch stärker auf die Mobilisierung gesellschaftlicher Kräfte ausgerichtet sein, um Mechanismen zur Selbststeuerung der Gesellschaft zu fördern.[74] Der aktivierende Staat sollte in den relevanten Handlungsfeldern als „Ermöglicher“ und nicht als „Erzwinger“ agieren.[75]
In enger Anbindung an das Leitbild des aktivierenden Staates wird die Rollenverteilung zwischen Staat, privaten Akteuren und Drittem Sektor unter dem Stichwort des „Gewährleistungsstaates“ thematisiert und eine neue Arbeits-, Funktionen- und Verantwortungsteilung zwischen den genannten Akteuren diskutiert.[76] Der Wandel des Aufgabenverständnisses und der Aufgabenerfüllungsmodi wird argumentativ unterlegt mit Gewährleistungsverantwortung und Regulierungsverantwortung des Staates, der gefordert ist, organisatorische bzw. regulative Maßnahmen zu treffen. Daraus resultiert eine „graduelle Veränderung“ der Staatlichkeit mit einem Staat als Wahrer des Gemeinwohls, bei gleichzeitiger Nutzung bürgerschaftlicher Gemeinwohlkompetenz.[77]

Bevor auf die staatliche Entwicklung in Frankreich eingegangen wird, ist ein Bild staatlichen Wandels im transnationalen Kontext „vor die Klammer“ zu ziehen, welche das Spannungsfeld unterschiedlicher staatlicher Entwicklung in Deutschland und Frankreich zu berücksichtigen ermöglicht. Im Rahmen aktueller Diskussion, wie der These der „Zerfaserung von Staatlichkeit“[78], wird die Auffassung vertreten, dass Staaten grundlegenden gemeinsamen Veränderungstrends wie der Globalisierung unterliegen,

---

[69] Staat als Element im Geflecht innergesellschaftlicher Verhandlungsbeziehungen SCHARPF, F.: Handlungsfähigkeit, 1992, S. 108.
[70] Detailliert zu den Ursprüngen des Konzepts KLEINDIEK, R.: Modernisierung, 2001, S. 18.
[71] PITSCHAS, R.: Staats- und Verwaltungsmodernisierung, 2002, S. 14.
[72] Vgl. BOGUMIL, J.: Staatsaufgaben, 2003, S. 57 ff, insbes. S. 59.
[73] HIMMELMANN, G.: Staat, 2003, S. 108. Zur Unterscheidung von Bürgerengagement und Partizipation: Unter Partizipation werden Aktivitäten von Personen mit dem konkreten Ziel der Beeinflussung von Entscheidungen bzw. direkte Mitwirkung an Entscheidungsprozessen verstanden. Bürgerengagement ist die Teilhabe am Gemeinwesen. GABRIEL, O.: Bürgergemeinde, 2002, S. 142, 144 ff. Partizipation lässt sich in einem zweiten Schritt abschichten, als parteibezogene Aktivität, themenspezifische Partizipation, Output – orientierte Partizipation bis hin zu illegalen Protestaktivitäten gegen die lokale Politik vgl. GABRIEL, O.: Bürgergemeinde, 2002, S. 145.
[74] BANDEMER, S. VON / BLANKE, B. / HILBERT, J.: Staatsaufgaben, 1995, S. 59.
[75] HEINZE, R. G. / OLK, T.: Bürgerengagement, 2001, S. 22.
[76] SCHUPPERT, G.: Gewährleistungsstaat, 2005, S. 48 ff. Die Frage des Gemeinwohls wird im Zusammenhang mit lokalen Governancemechanismen im Verwaltungs- und Institutionensystem Deutschlands und Frankreichs nochmals gesondert aufgegriffen.
[77] Vgl. SCHUPPERT, G.: Gewährleistungsstaat, 2005, S. 19 / S. 20.
[78] GENSCHEL, P. / ZANGL, B.: Zerfaserung, 2007, S.10 - 19.

und dass sich Staat und Staatlichkeit in Nationalstaaten auseinander entwickeln. Staatlicher Wandel kann auf unterschiedliche Antriebskräfte zurückgeführt werden. Der Bogen reicht von einer Auffassung von Staatlichkeit, die aufgrund externer Faktoren Objekt des Wandels ist, bis zu einer Anschauung von Staat, die diesen selbst als Subjekt und kontrollierendes Element versteht. Fruchtbar scheint demgegenüber der Weg einer Zwischenlösung, einem Zusammenspiel von externen und internen Faktoren, welche die Transformation von Staatlichkeit auslösen.[79] Der Zerfaserungsprozess wird als sektorspezifisches Phänomen gedeutet, mit Tendenzen hin zu einer internationalisierten Entscheidungskompetenz, einer privatisierten Organisationskompetenz und einer dem Staat verbleibenden Letztverantwortung.[80]
Konvergente und divergente nationalstaatliche Entwicklungstrends könnten nebeneinander bestehen, ohne dass sich die nationalstaatlichen Systeme – hier inhaltlich die Beziehungsstrukturen zwischen lokaler und staatlicher Ebene - Frankreichs oder Deutschlands angleichen müssten. Sieht man in der deutschen Entwicklung Parallelen, beispielsweise in der Konzeption des aktivierenden Staates auf allen Verwaltungsebenen, so kann nicht davon ausgegangen werden, dass grundsätzlich ein Modell paralleler Entwicklung den dominanten Modus der Politikerneuerung in unterschiedlichen Nationalstaaten darstellt.
So wurde im französischen Kontext argumentiert, dass keine wirkliche Teilung zwischen lokalen politischen Arenen und nationaler politischer Arena stattfindet.[81] Der Staat verkörpert das Gemeininteresse. Erst die Dezentralisierungsreform ab 1982 richtete die Aufmerksamkeit auf eine politische „Lokalgewalt" und leitete einen Wandel ein zwischen Zentrum und Peripherie.[82] So veränderte sich in Frankreich die Rolle des Staates dahingehend, dass die Staatskrise eine Rücknahme des Staates[83] förderte und ein stärkerer „Rückgriff auf Kollektive" unterhalb der nationalen Ebene erfolgte, indem sich der Staat aus der öffentlichen regionalen und lokalen Verwaltung zurücknimmt.[84] Mit der Dezentralisierungsreform ab 2002 treten in einem weiteren Schritt neben administrative Dezentralisierung Aspekte einer politischen Dezentralisierung in das lokale System, deren Elemente und Auswirkungen es zu untersuchen und zu veranschaulichen sind.[85]
Deutlich wird für Frankreich, dass der Begriff „Gouvernance"[86] auch die Methodik der Regierung und der politischen Führung umfasste und auf diese Weise ein auf das politisch-administrative System bezogener begrifflicher Bezug bestand.

---

[79] Vgl. hierzu die Arbeiten / Veröffentlichungen des Forschungsbereichs 597 der Universität Bremen unter dem Stichwort der Erklärung des Wandels von Staatlichkeit unter www.sfb597.uni-bremen.de - (20.06.2007).
[80] GENSCHEL, P. / ZANGL, B.: Zerfaserung, 2007, S. 10 ff.
[81] THOENIG, J.: Government, 2006, S. 56.
[82] SCHRÖTER, E.: Staats- und Verwaltungsreformen, 2001, S. 428 ff.
[83] Nach dem Zweiten Weltkrieg hatte sich in Frankreich eine traditionell starke Rolle des Staats herausgebildet. Hinter dem Stichwort der „Planification" steht das Konzept des starken Staates, der die Spielregeln bestimmt und die Wirtschaftsentwicklung vorantreibt. Vgl. HÜBNER, U. / CONSTANTINESCO, V.: Einführung, 1994, S. 115. Ver- und Entstaatlichung, „dirigisme" und „planification" mit wirtschaftspolitischen Interventionen und einem hohen Anteil staatlicher Unternehmen bis Mitte der 80er Jahre. SCHRÖTER, E.: Staats- und Verwaltungsreformen, 2001, S. 427.
[84] THOENIG, J.: Politik- und Verwaltungsmanagement, 1998, S. 197 / 198.
[85] Zur Unterscheidung von administrativer und politischer Dezentralisierung PITSCHAS, R.: Dezentralisierung, 2001, S. 127 / S. 129.
[86] THOENIG, J.: Politik- und Verwaltungsmanagement, 1998, S. 198. Mit weiteren Nachweisen CHEVALLIER, J.: Gouvernance, 2003, S. 203.

Aufgaben des Zentralstaats gegenüber den lokalen Gebietskörperschaften bestehen in der Schaffung eines rechtlichen Rahmens und der Legalitätskontrolle, der Koordinierung der Aktivitäten der Gebietskörperschaften, in der Schlichtung von Kompetenzstreitigkeiten und im Finanzausgleich.[87] Local Governance, als auf das lokale Gemeinwesen bezogene sozialwissenschaftliche Begrifflichkeit, tritt in der französischen Diskussion zunächst im Zusammenhang mit der hohen Zahl der Gemeinden und dem erheblichen Ausmaß kommunaler Kooperationen auf[88], und erst nach und nach als „steering", als neuer Anspruch, welcher den Bedarf an Verhandlungsprozessen individueller, kollektiver und auch ökonomischer Akteure verdeutlicht, [89] während „Gouvernement Local" sich auf eine institutionalistisch orientierte Sichtweise bezieht.[90] Zunehmend erfolgt nun unter dem Gesichtspunkt des „Gouvernance Territoriale" eine Anbindung an die lokale Sphäre und das Verhältnis lokaler Akteure, seien sie nun privat, öffentlich oder verbandlich. Als Besonderheiten der Konzeption „Gouvernance Territoriale wird herausgestellt, dass der Prozess der Koordination von Akteuren, Partizipationsbeziehung, auch Staat und Gesellschaft im Koordinationsmodus in den Vordergrund des Interesses rückt.[91]
Die konkrete ökonomische und sozialräumliche Entwicklung ging in Frankreich zunächst von den Ende der 60er Jahre entwickelten Modellen zur Wirtschaftsplanung und Regionalentwicklung mit Paris als treibender Kraft aus.[92] Drei wichtige Faktoren waren es schließlich, welche die kommunale Entwicklung bis zu den 90er Jahren antrieben[93]:

1. Der Aufstieg der Städte ab den 60er Jahren in Folge der Stadtentwicklung.
2. Der sich in einigen Städten abzeichnende Generationenwandel kommunaler Räte und Bürgermeister, welche die Bedeutung lokaler Politik und einer eigenständigen lokalen Sphäre anerkannten.[94]
3. Dezentralisierungsbestrebungen zwischen 1981 und 1985. [95]

Seit den 80er Jahren nimmt die Zahl der gemeinsam von mehreren Gebietskörperschaften finanzierten Aktivitäten zu, und die Zahl der co–finanzierten Investitionen beläuft sich auf über 30 v. H. der Ausgaben. An dieser Stelle findet „die Dissoziation zwischen kommunalem Territorium und dem Gegenstand öffentlicher Konkurrenz" statt, ein Ansatz zur Integration unterschiedlicher Lebenssektoren und Lebenssphären[96]. Eine Patchworkstruktur der Aufgabenerfüllung entsteht. Auch zwischen Staat und Gebietskörperschaften werden vertragliche Regelungen geschlossen, mit dem Ziel, Dienstleistungen zu verbessern bzw. im Bereich der Infrastrukturprogramme. Grundla-

---

[87] SCHILD, J.: Politik, 2006, S. 113.
[88] NEGRIER, E.: Powershift, 2003, S. 176.
[89] ORANGE, G.: Administration, 2006, S. 118.
[90] Vgl. LE GALÈS, P.: Gouvernement, 1995, S. 58.
[91] Die Kommunen werden im Rahmen des „Gouvernance Territoriale" als Teil des lokalen, komplexen Systems wahrgenommen, mit Blick auf die Evolution des Systems und als Teil eines sozialen Konstrukts. Vgl. LELOUP, F. / MOYART, L. / PECQUEUR, B.: Gouvernance, 2004, 1 – 5, S. 13.
[92] Die Frage ist, inwieweit speziell die Großstädte eine Funktion als „Motor" des Wachstums wahrnehmen konnten vgl. MABILEAU, A.: Stadt, 1993, S. 64 ff.
[93] THOENIG, J.: Politik - und Verwaltungsmanagement, 1998, S. 204 ff.
[94] HOFFMANN-MARTINOT, V.: Europa, 2003, S. 77, WOLLMANN, H.: Draft report, 2005, S. 8.
[95] Kritisch MABILEAU, A.: Kommunalpolitik, 1996, S. 18.
[96] THOENIG, J.: Neues Politik- und Verwaltungsmanagement, 1998, S. 208.

gen des Verfahrens finden sich bereits in der Konzeption von 1965, den Métropoles d'Equilibres.[97]
Theorienbezogen politikwissenschaftlich wurde die Entwicklung von Konzepten begleitet, wie der „Pouvoir Périphérique"[98], „Filière Croisée" oder „Régulation Croisée"[99], welche das Funktionieren des französischen verhandlungsbezogenen Systems zwischen Staat und lokalen Gebietskörperschaften erklären wollten[100], die Häufung der Mandate oder Politiknetzwerke.[101]
Die genannten Aspekte machen deutlich, dass der Staat in Frankreich maßgeblicher Initiator politischer Erneuerung darstellt. Insbesondere die Gesetzesänderungen im Rahmen der Dezentralisierungsreform 1982 stellen einen Meilenstein des Änderungsprozesses weg von einer Stellung als Vollzugsorgan des Staates dar. Positiv formuliert erfolgte eine „Rückkehr zum Lokalen".[102]

Was folgt aus der gesamtstaatlichen Entwicklung in Frankreich und Deutschland für die jeweilige kommunale Ebene? Zusammenfassend und für beide Nationen gültig kann festgehalten werden, dass sich erstens im Bereich der Kommunalpolitik Elemente und Inhalte aus der Governancediskussion traditionell wieder finden und Untersuchungsgegenstand wissenschaftlicher Forschung waren oder sind. Zweitens spiegeln die Kommunen als Teil einer umfassenderen nationalen Entwicklung Trends, bezogen auf die Inkorporierung gesellschaftlicher Interessen wider und Lokale Gover-nance gewinnt auch auf diesem Wege erheblich an Bedeutung. Prozesse der Governance sind also keineswegs neu, desto dringender stellt sich die Frage nach der Weiterentwicklung faktischer Governance bzw. nach den aus ihr resultierenden Konsequenzen[103] Leitbilddiskussionen und die generelle Frage der Steuerungsfähigkeit des zentralen Staates gegenüber gesellschaftlichen Problemen haben auch auf die nachgeordneten Ebenen Auswirkungen. Auf kommunaler Ebene finden im deutschen Rahmen Konzepte, wie der aktivierende Staat oder der Gewährleistungsstaat aufgrund der Nähe zu den Bürgern praktische Resonanz in Leitbildern, wie der Bürgerkommune oder der Gewährleistungskommune. Das in den 90er Jahren über die Neuen Steuerungsinstrumente vermittelte Verständnis des Bürgers als Kunden erfährt auf kommunaler Ebene einen erneuten Wandel.[104]

---

[97] MABILEAU, A.: Stadt, 1993, S. 68.
[98] PIERRE GREMION argumentiert beispielsweise, dass Zentralisierung nicht zum Verschwinden lokaler Macht geführt hat. Vgl. GREMION, P.: Pouvoir, 1976, S. 12. In den 70er Jahren ist insbesondere das Centre de Sociologie des Organisations (CSO) als Forschungsschule zur Verwaltungsorganisation mit organisationssoziologischen Bezügen hervorgetreten. http://www.cso.edu/home.asp - (20.06.2007). Inhaltlich wird ein Zusammenspiel zwischen den lokalen Notabeln und den Vertretern des Zentralstaats konstatiert, das zwischen Konfliktaustragung und Komplizenschaft pendelt. HOFFMANN-MARTINOT, V.: Europa 2003, S. 75.
[99] Die Forschung des CSO hat auch deshalb große Bedeutung, da sie den Weg für Fragen subnationaler Machtzentren im Schatten der äußeren Fassade einer strikten Über- und Unterordnung öffnete. Auf diese Weise entstand Raum für die Analyse wechselseitiger Einflussmechanismen. Das Paradigma der «Régulation Croisée» wurde weiterentwickelt in Richtung der Untersuchung von Interdependenzen zwischen Zentrale und Basis und der Entstehung informeller Beziehungsstrukturen. Vgl. EBERLEIN, B.: Abschied, 1997, S. 38 ff.
[100] HOFFMANN-MARTINOT, V.: Republic, 2002, S. 10.
[101] HOFFMANN–MARTINOT, V.: Republic, 2003, S. 160.
[102] Vgl. MABILEAU, A.: Kommunalpolitik, 1996, S. 31, S. 33.
[103] In diesem Sinne CLARKE, S.: Evolution, 2003, S. 99.
[104] ZIELINSKI, H.: Modernisierungsprozesse, 2000, S. 195 / S. 200.

2.2 Horizontale und binnenkommunale Dimension Lokaler Governance: Definition und Verortung anhand kommunaler Leitbilder und Entwicklungszusammenhänge

Ebenso wenig, wie es eine allgemein gültige Definition von Governance gibt, besteht eine allgemein gültige Definition Lokaler Governance. Allein die Begrifflichkeit der Governance variiert und wird durch Adjektive wie „participatory", „public" oder „network" weiter differenziert, indem Betonungen unterschiedlicher Aspekte vorgenommen werden. Gleichwohl entstand die Diskussion Lokaler Governance in einer Situation, in der sich Umweltbedingungen wie Globalisierung, wirtschaftliche Entwicklung und demographische Trends[105] unmittelbar auf die Kommunen auswirkten. Globale „Erschütterungen" werden genannt, um die Entwicklung von „local government" zu „local governance" zu untermauern[106] und stehen neben den genannten nationalstaatlichen Trends.

Der Bogen zum Verständnis des lokalen Governancebegriffs und seinen Inhalten soll aus diesem Grund in der nationalen Diskussion anhand der Entwicklung idealtypisch formulierter kommunaler Leitbilder erfolgen. Die Leitbilder entfalten einen Blick auf Lokale Governance von der Ordnungskommune über die Dienstleistungskommune bis hin zu neueren Modellen, wie der Bürgerkommune, der Bürgergesellschaft oder der Gewährleistungskommune[107]. Es besteht eine Verbindung zwischen Leitbildern und kommunalen Reformen im Sinne einer „losen Koppelung". Leitbilder können daher in einem weiteren Sinne verstanden werden als Orientierungsmodelle für die einzelnen Städte und Gemeinden.[108] Sie zeigen konzeptionelle Grundgedanken auf. Sie schließen sich nicht gegenseitig aus, sind allerdings nur eingeschränkt als komplementär zu betrachten und nicht im Sinne einer chronologischen Reihenfolge aneinander gefügt.[109]

---

[105] Die Auswirkungen der demographischen Entwicklung mit ihrer Ausdifferenzierung in unterschiedliche einzelne Teilaspekte gelten mittlerweile neben Fragen des Städteumbaus bzw. der Stadtentwicklung als Hauptaufgaben in Groß- und Mittelstädten vgl. BRETSCHNEIDER, M. / DEUTSCHES INSTITUT FÜR URBANISTIK (DIfU): Hauptaufgaben, 2007, S. 17.

[106] ANDREW, C. / GOLDSMITH, M.: Government, 1998, S. 102 – 106.

[107] Leitbilder verdeutlichen die Abfolge von Orientierungsvorstellungen. Zur Verwendung des Begriffes, zum Zusammenhang von Akteuren, Steuerungsformen und Zielen vgl. BAER, S.: Schlüsselbegriffe, 2004, S. 232 ff.

[108] Zusammenhang zwischen Leitbildern und ihrer Umsetzung vgl. JANN, W.: Governance, 2005, S. 38.

[109] Handlungslogik der Modelle Bürgerkommune – Dienstleistungskommune: Bei der Bürgerkommune dominiert die politische Logik, die „Logik der Solidarität", bei der Dienstleistungskommune die ökonomische Logik. WINKEL, O.: Bürgerkommune, 2003, S. 101 / S. 102.

Tab. 3 - Idealtypische kommunale Leitbilder[110], Fokus und Governancelogik[111]

Leitbild 1 – Ordnungskommune	
Ziel	**Rechtstaatlichkeit**
Fokus	**Juristisch** ➢ Klassisches Staats- und Bürokratiebild
Stichworte	➢ Obrigkeitsstaat ➢ Legalität ➢ Stabilität
Steuerungs- und Governancelogik[112]:	**Hierarchische Steuerung**
Verwaltungsintern	➢ Geschäftsverteilung ➢ Dienstweg ➢ Aktenmäßigkeit der Verwaltung
Verhältnis von Verwaltung, Rat, Bürger und Wirtschaft im politischen und administrativen System	➢ Recht ➢ Verwaltungsakt ➢ Satzung ➢ Politische Beamte ➢ Konditionale Programmierung (wenn / dann)

110 Die verwendete Literatur wird für die einzelnen Schaubilder in den Fußnoten nachgewiesen.

111 Grundlage BANNER, G.: Kirchturmshorizont, 1998, S. 3. Kennzeichen der Bürokratie und Schwerpunkte der Handlungsmaximen vgl. REINERMANN, H.: Politik- und Verwaltungsmanagement, 1998, S. 36.

112 Der Begriff der Governance wird auch im Zusammenhang mit dem Hierarchie- bzw. Bürokratiemodell im Anschluss an MAX WEBER als sog. „Governance – Klassiker" gebraucht. Vgl. SCHUPPERT, G.: Regieren, 2006, S. 8 ff.

Leitbild 2 – Dienstleistungskommune	
Ziel	**Wettbewerb, Management**[113] ➢ Kommunale Leistungserfüllung ➢ „Responsive Verwaltung“[114]
Fokus	**Ökonomisch** ➢ Markt ➢ Bürger und Unternehmen als Kunden ➢ Privatisierung
Stichworte	➢ Entbürokratisierung ➢ Serviceorientierung ➢ Neue Dienstleistungsformen
Steuerungs- und Governancelogik[115]**:**	**Unterschiedliche Dimensionen der Steuerung / Governance**
Verwaltungsintern	➢ Kontraktmanagement, Budgets, dezentrale Ressourcenverantwortung, operatives Controlling, ➢ Output - Steuerung über Produkte ➢ Leistungsvergleiche
Verhältnis von Verwaltung, Rat, Bürger, Wirtschaft im politisch–administrativen System	➢ Steuerung über Wettbewerb ➢ Qualitätsmanagement ➢ Kundenorientierung ➢ Serviceleistungen ➢ Ursprünglich Trennung „Was“ und „Wie“ zwischen Rat und Verwaltung, die heute relativiert wird.[116]

[113] Ergänzend zur Einführung von Managementstrukturen in der französischen Diskussion: Die Gemeinden haben Bilanzen ihrer Tochterfirmen offen zu legen, das Rechnungswesen orientiert sich am Industriekontenrahmen, Arbeit mit Vermögenswerten und wirtschaftliche Ergebnisse sind relevante Themen. Vgl. THOENIG, J.: Politik- und Verwaltungsmanagement, 1998, S. 214. Die NPM - Bewegung setzt in Frankreich in Relation zum Gesamtstaat früh ein. Städte werden als Unternehmen gesehen, („Ville Entrepreneurial“ oder „Ville Stratège“). Ebenso finden sich Controllingverfahren (Contrôle de Gestion) und Reformbestrebungen i. S. eines Contracting Out. WOLLMANN, H.: Reformen, o. A., S. 11 / 12. bzw. umfassend KUHLMANN, S.: Verwaltungsreform, 2004, S. 28 ff. In Frankreich hat NPM weniger Gewicht, die Entwicklung verläuft im Sinne eines inkrementalen Wandels. THOENIG, J.: Modernizing, 2006, S. 55. Zum Konzept der „Ville Entreprenieurial“ von LE GALÈS aus dem Jahre 1993, das mit eigenständiger Strategiefähigkeit argumentiert vgl. auch EBERLEIN, B.: Abschied, 1997, S. 276.

[114] Responsive Verwaltung im Zusammenhang mit der Öffnung des Modernisierungsdiskurses vgl. PAMME, H.: Dienstleistungsunternehmen, 2000, S. 132.

[115] Governance bezieht sich zunehmend auf ein weiterführendes Steuerungsverständnis, welches das Ineinandergreifen der Steuerungsmodi darstellen will.

[116] Zur Realität der Unterscheidung FREY, B. / KLEINFELD, R.: Interessen, 1997, S. 34.

Leitbild 3 – Bürgerkommune[117]	
Ziel	➢ Leistungserfüllung ➢ Sozialer Zusammenhalt und partizipative Elemente
Fokus **Stichworte**	**Politisch**[118] ➢ Bürgerschaft ➢ Örtliche Gemeinschaft ➢ Gemeinwohl, Partizipation, Kooperation[119]
Steuerungs- und Governancelogik:	**Erweiterte Steuerungsdimension / Governance**
Verwaltungsintern	➢ Erweiterte Steuerungsmodi
Extern	➢ Gemeinschaft in Kombination mit Markt und Hierarchie ➢ Netzwerke und kooperatives Handeln[120]
Verhältnis von Verwaltung, Rat, Bürger und Wirtschaft im politisch-administrativen System	➢ Bürger als politischer Mitgestalter, Auftraggeber, Kunde[121] ➢ Bürger als Coplaner und Coproduzent[122] ➢ Flexibilisierung der Steuerungsinstrumente, Management des Wandels ➢ Berücksichtigung von Anpassungserfordernissen von Politik und Verwaltung bei sich ändernden Umweltbedingungen.

[117] Basismodell vgl. BOGUMIL, J. / HOLTKAMP, L.: Bürgerkommune konkret, 2002. Die Bürgerkommune wird einerseits als Reformmodell und deskriptiv etabliert, andererseits als Analyseinstrument des Wandels lokaler Entscheidungsprozesse. BOGUMIL, J. / HOLTKAMP, L.: Bürgerkommune, 2005, S. 128.

[118] Organisation von Bürgerengagement vgl. VOGELGESANG, K. / LÜBKING, U. / ULBRICH, I.: Selbstverwaltung, 2005, S. 355 / S. 356.

[119] Bürgerbeteiligung durch Kooperation definiert als Beteiligung der Bürgerinnen und Bürger an Planungs-, Entscheidungs- und Produktionsprozessen öffentlicher Leistungen vgl. NASCHOLD, F. / OPPEN, M. / WEGENER, A.: Spitzeninnovationen, 1998, S. 68 / S. 69.

[120] Zur Konzeption kooperativer Verantwortlichkeit, strukturbasierend auf Partnerschaft und Netzwerken kooperativer Zusammenarbeit und Entscheidungsfindung. Netzwerkgovernance als eigenständiger Modus der Governance vgl. PITSCHAS, R.: Publicness, 2006, S. 108 / S. 109.

[121] Einzelne Rollen des Bürgers BOGUMIL, J. / HOLTKAMP, L. / SCHWARZ, G.: Reformmodell, 2003, S. 39 ff.

[122] PAMME, H.: Selbstverwaltung, 2004, S. 98.

Leitbild 4 – Gewährleistungskommune[123]	
Ziel	**Leistungserfüllung** ➢ Kooperative Aufgabenerfüllung
Fokus	**Politisch**[124] ➢ Trias: Staat, Wirtschaft, Bürgerschaft ➢ Örtliche Gemeinschaft
Stichworte	➢ Bürgerschaftliche Gemeinwohlkompetenz ➢ Liberalisierung, Deregulierung, Privatisierung ➢ Partizipation und Kooperation[125]
Steuerungs- und Governancelogik:	**Erweiterte Steuerungsdimension / Governance**
Verwaltungsintern	➢ Hierarchie plus Steuerungsmodi der Dienstleistungskommune modifiziert
Verhältnis von Verwaltung, Rat, Bürger und Wirtschaft im politisch-administrativen System	➢ Kommune stellt Aufgabenerledigung sicher ➢ Kommune kooperiert bei der Aufgabenerfüllung mit Dritten ➢ Unterschiedliche Steuerungs-, insbesondere Kontrollmodi ➢ Regulierungsverantwortung, evtl. Kontraktwesen ➢ Kommune als Auftraggeber muss Leistungserbringung steuern und überwachen, daher ▪ Flexibilisierung der Steuerungsinstrumente ▪ Modifizierte Steuerungs- und Governancekultur ▪ Monitoring des Leistungsprozesses ▪ Anpassungserfordernisse bei sich ändernder Umwelt

[123] Konzept des Gewährleistungsstaats grundlegend SCHUPPERT, G.: Gewährleistungsstaat, 2005, insbes. S. 23, 38, 39. GRETSCHMANN, K.: Gewährleistungsstaat, 2005, 189 ff. Der Staat erstellt die Leistungen nicht selbst. Die Anbindung zwischen Gewährleistung und Governance erfolgt am Partizipationsgedanken. Zur Entwicklung eines optimalen Steuerungsmixes vor dem Hintergrund des Bedeutungsverlustes hierarchischer Steuerung vgl. die Ausführungen S. 190, 192. Die Gewährleistungskommune wird mittlerweile auch als Ergebnis empirischer Erhebungen diskutiert. Vgl. KILIAN, W. / RICHTER, P. / TRAPP, J.: Einleitung, 2006, S. 10.

[124] Organisation von Bürgerbeteiligung vgl. VOGELGESANG, K. / LÜBKING, U. / ULBRICH, I.: Selbstverwaltung, 2005, S. 355 ff.

[125] Bürgerbeteiligung durch Kooperation als Beteiligung der Bürgerinnen und Bürger an Planungs-, Entscheidungs- und Produktionsprozessen öffentlicher Leistungen vgl. NASCHOLD, F. / OPPEN, M. / WEGENER, A.: Spitzeninnovationen, 1998, S. 68 / S. 69.

Der Wandel, der sich in den Leitbildern darstellt[126], ist berechtigterweise verknüpft mit ökonomischen Gedanken, wie sich dies bei der Dienstleistungskommune zeigt. Die Modernisierungsbestrebungen des New Public Management oder der Neuen Steuerungsinstrumente der 90er Jahre unterscheiden sich von den traditionellen Reformen der lokalen Ebene dahingehend, dass sie ihre Grundlage nicht in der Reform des politischen Systems haben. Gleichzeitig werden die klassischen Referenzpunkte „Markt" und „Hierarchie" als archetypische Koordinationsformen durch den Kulturwandel des New Public Management[127] abgelöst. So spricht man zunächst von einem „markt- und managementorientierten Staat".[128] Die Einführung der Neuen Steuerungsmodelle wurde im nationalen Kontext[129] maßgeblich von den Schriften und der Arbeit der Kommunalen Gemeinschaftsstelle für Verwaltungsmodernisierung (KGSt) beeinflusst[130]. Steuerung steht in folgendem Kontext:

(1) Marktnähe und Effizienz: Auflösung der bürokratischen Säulen bei gleichzeitiger Binnenorientierung. Steuerung dient als Teil der Controllingkonzeption zur Führungsunterstützung. Wirtschaftlichkeit, Zielerreichung und Leistungsorientiertheit gelten als Kernpunkte.[131] Der Bürger wird als Kunde verstanden, der ein Anrecht auf eine effiziente Erbringung von Dienstleistungen seitens der Kommunen hat.

(2) Austarierung von politischer Steuerung: Politische Steuerung sollte in einem ersten Schritt über eine Abgrenzung der Verantwortlichkeiten und in einem zweiten Schritt über eine verbesserte Kommunikation zwischen BürgerInnen, Politik und Verwaltung erfolgen.[132] Es wurde eine Entflechtung von Rat und Verwaltung angestrebt. Das „Was" sollte Aufgabe der Politik sein und das „Wie" Aufgabe der Verwaltung. Diese Konzeption wurde kritisch hinterfragt[133]. Ergebnisse einer Untersuchung zur im Rahmen des New Public Managements durchgeführten Umgestaltung des Verhältnisses von Rat zu Verwaltung zeigen, dass lediglich ein geringer Anteil der befragten Kommunen diesen Reformbereich bearbeitet (30 v. H.).[134]

Bei Modellen, welche die Bürgerschaftlichkeit betonen, verbergen sich hinter Titeln wie „von der Zuschauerdemokratie zur Bürgergesellschaft"[135] und „vom Rathaus zum Bür-

[126] Die einzelnen dargestellten Leitbilder stellen inhaltliche Weiterentwicklungen dar und betonen unterschiedliche Gesichtspunkte von Steuerung und Governance.
[127] Vgl. WOLLMANN, H.: Government, 2004, S. 11 ff.
[128] ST. BERNHARDT, B.: Neuorganisation, 2000, S. 2 / 3.
[129] In internationaler Perspektive. Vgl. NASCHOLD, F. / BOGUMIL, J.: Modernisierung, 2000, S. 37 / 38.
[130] Neben Budgetierung und Controlling wurde die Produktorientierung als Steuerungselement der öffentlichen Verwaltung in die Diskussion eingebracht. KGST (Hrsg.): Verhältnis, 1996 und KGST (Hrsg.): Verwaltungscontrolling, 1994. Zum aktuellen Stand der Modernisierung vgl. auch die Erhebungen des Deutschen Instituts für Urbanistik. DIfU (Hrsg.): Verwaltungsmodernisierung, 2005.
[131] KGST (Hrsg.): Verwaltungscontrolling, 1994, S. 3 / S. 11.
[132] KGST (Hrsg.): Verhältnis, 1996.
[133] Notwendigkeit qualitativer Charakteristika der Steuerung, zu befürchtende Einschränkung des Rates, die grobe Abgrenzung zwischen Politik und Verwaltung und die Betonung der Binnensicht wird kritisiert. Vgl. GERSTLBERGER, W. / KNEIßLER, T.: Reformierung, 2000, S. 156 – 158. Zur Beurteilung der Trennung von „Was" und „Wie" als grundsätzlich richtig, jedoch ergänzungsbedürftig bezogen auf Interaktivität bzw. Rückkopplungsprozesse MURAWSKI, K.: Steuerung, 2002, S. 69 / 70.
[134] Vgl. BOGUMIL, J.: Verwaltungsmodernisierung, 2006, S. 15.
[135] WOLF, G.: Zuschauerdemokratie, 2001, S. 17 ff.

gerhaus“[136] weitere Konzeptionen, welche die Bürgerschaft betonen und Bürgerorientierung und Bürgerengagement[137] voranbringen möchten.[138]
Mit den neuen bürgerorientierten Ansätzen wird ein Bürgertypus verbunden, der nicht am Eigennutz orientiert ist, sondern an einem funktionierenden lokalen Gemeinwesen[139]. Ziel ist, die repräsentative Demokratie, die bis Ende der 80er Jahre dominierender Modus war, zu ergänzen[140] und sowohl eine Stärkung der Effizienz, als auch eine bessere Identifikation der Bürgerinnen und Bürger mit ihrer Gemeinde zu erreichen.[141] Der Zivilgesellschaft kommt an dieser Stelle eine kritische Funktion zu. Sie stellt nicht lediglich eine „harmonische“ Ergänzung dar.[142]

Mit Hilfe der neueren Leitbilder, wie aktuell der Gewährleistungskommune oder der Bürgerkommune, erfährt die Rolle des Bürgers einen erneuten Wandel.
Zusammenfassend haben die tabellarischen Übersichten zwei maßgebliche Gesichtspunkte verdeutlicht, welche für die Governancediskussion auf lokaler Ebene von Bedeutung sind:

(1) Die Dynamik der Weiterentwicklungen: Die Fortentwicklung von der Dienstleistungskommune zu Leitbildern der Bürgerkommune oder der Gewährleistungskommune ermöglicht eine bedeutsame Entfaltung und Weiterentwicklung des Steuerungsgedankens und der Steuerungslogik. Unter dem Gesichtspunkt einer Local Modern Governance[143] entstehen weitere Konzepte, welche die Kommunalpolitik als Prozess interpretieren und den Zusammenhang von Steuerungsprozessen im Zusammenspiel unterschiedlicher Akteure darstellen.[144] Betont wird der Paradigmenwechsel, der das Verhältnis politisch-administratives System und Gesellschaft[145], insbesondere die Bürgerorientierung[146], jedoch auch das Verhältnis zur Privatwirtschaft und Kooperationsmodelle in den Blick nimmt. Keinesfalls kann dieser Paradigmenwechsel losgelöst von den rechtlichen Rahmenbe-

---

[136] BACHOFER, A.: Rathaus, 2001, S. 47.
[137] Grundlegend DEUTSCHER BUNDESTAG: Bericht, 2000.
[138] http://www.wegweiser-buergergesellschaft.de - (20.06.2007) mit Hinweisen zu Themenfeldern und umfangreichen Praxishilfen. Ähnlich das Bürgernetzwerk Bürgerschaftliches Engagement (BBE) unter http://www.b-b-e.de/netzwerk.html - (20.06.2007).
[139] Vgl. GABRIEL, O.: Bürgergemeinde, 2002, S. 139. Ein relevanter Faktor könnte sein, dass neue Motive für Ehrenamtlichkeit entstehen, wie die voranschreitende Auflösung traditioneller gesellschaftlicher Unterstützungsnetze. BOGUMIL, J. / HOLTKAMP, L.: Bürgerkommune, 2005, S. 129.
[140] WOLLMANN, H.: Doppelstruktur, 2004, S. 20.
[141] SINNING, H.: Weg, 2001, S. 30.
[142] Auch die Konzeption „Bürgergesellschaft“ ist kein einheitliches Modell, sondern beruht auf unterschiedlichen ordnungspolitischen Denktraditionen, wie bspw. einem klassisch - liberalen Modell, in dem Staat Machtausübung bedeutet und Bürgergesellschaft freiheitliche Sphäre, oder dem kommunitaristischen Modell solidarischer Gemeinschaften. Vgl. OLK, T.: Sozialstaat, 2001, S. 38 ff. Zugrundegelegt wird ein Bild des Bürgers als Inhaber demokratischer Reife. Es erfolgt eine Anbindung an normative Konzepte der Demokratietheorie. Vgl. GABRIEL, O.: Bürgergemeinde, 2002, S. 139.
[143] Staatsbezogenheit von Modern Governance KOOIMAN, J.: Governance, 2006, S. 160 ff.
[144] STOCK, A.: Governance, 2005. STOCK entwickelt eine Anbindung zwischen systemtheoretischen Ansätzen und organisationstheoretischen Modellen, wie dem Garbage Can Modell.
[145] Wurde bisher gefragt, wie der Staat und seine Einrichtungen gesellschaftliche Probleme lösen können, fragt diese Sichtweise nach der Rolle des politisch-administrativen Systems im Problemlösungsprozess. Vgl. STOCK, A.: Governance, 2005, S. 32.
[146] Vgl. die Ausführungen von SHAW, A.: Framework, 2006, S. 1 – 36.

dingungen des kommunalen politisch-administrativen Systems betrachtet werden, sondern nur im Sinne einer Austarierung von Kommunaler Selbstverwaltung, Kommunalrechtssystemen und Lokaler Governance.

(1) Der Inhalt der Weiterentwicklungen: Neue Steuerungs- oder Governancemodi ergeben eine Sichtweise auf Governance als normative bürgerorientierte Reformkonzeption, welche dem Bürger auch durch sein Engagement und seine Partizipation einen Anteil an der Erbringung des Gemeinwohls zuspricht.

Zunächst wird deutlich, dass mit der Governancediskussion an dieser Stelle eine Relativierung bzw. Erweiterung der Binnenorientierung der Steuerung vorgenommen wird[147]. Bedeutsam ist, dass nicht die in der Praxis kaum realisierbare Optimierung eines bestimmten Steuerungsmodus im Vordergrund steht, sondern positive Effekte durch die Kombination mehrerer Steuerungsmodi im Sinne eines „mix of modes"[148] angestrebt werden, welche unter dem Gesichtspunkt einer vorausschauenden Gestaltung durch haushaltspolitische Instrumente unterlegt werden.[149]
Im Verhältnis zur Verwaltungsmodernisierung nimmt die Verwendung des Begriffes der Governance zwar stetig zu, bedeutsam ist indessen, dass die Begrifflichkeit zunächst als Reformstrategie den Wandel des Leitungs- und Steuerungsgeschehens in Verwaltungsbereichen oder Politikfeldern gekennzeichnet hat[150]. Aufbauend auf Defiziten unzureichender Umsetzung zentraler Steuerung im Rahmen der Neuen Steuerungsinstrumente[151] zielten neuere Ansätze darauf ab, die künftigen Herausforderungen mit größerer Strategiefähigkeit mit verbesserter Umfeld- oder Governancekompetenz für den Politik- und Verwaltungsapparat zu meistern.[152] Führung findet aus der Kommune heraus vernetzend und moderierend zur Gesellschaft hin statt.
Ein weiterer Vorstoß in die genannte Richtung erfolgt im Rahmen der Weiterentwicklung und Ergänzung der Neuen Steuerungsinstrumente zu einem strategischen Management, das sich an der Entwicklung einer funktionsfähigen politischen Steuerung orientiert.[153] In besonderer Weise kommt diese Entwicklung zum Tragen, wenn Städte

[147] Governance hat in diesem Zusammenhang die Funktion, Lücken oder noch bestehende Probleme, wie sie sich in der Auseinandersetzung mit Modellen der Neuen Steuerungsinstrumente ergeben, zu füllen bzw. zu lösen. Governance lediglich als „Reaktion" auf die Erfahrungen mit dem Neuen Steuerungsmodell gesehen. Vgl. BREETSCH, S. / DUVAL, M.: Entwicklung, 2004, S. 27.

[148] JANN, W. / WEGRICH, K.: Governance, 2004, S. 204 ff. Zu unterscheiden sind einzelne Problemfelder der Steuerung und gesamtgesellschaftliche Gesichtspunkte ebenso wie Probleme einzelwirtschaftlicher Steuerung, wie die Ausgestaltung eines Informationssystems oder Beteiligungs-, Finanzierungs- und Kooperationsstrategien. Vgl. BUDÄUS, D.: Gewährleistung, 2003, S. 33 / 34.

[149] So gewinnt unter strategischen Gesichtspunkten die Gestaltung der Finanzpolitik unter Berücksichtigung von Kriterien des Risikomanagement an Bedeutung. SCHWARTING, G.: Risikomanagement, 2006, S. 947 – 951.

[150] Vgl. KLENK, T. / NULLMEIER, F.: Governance, 2004, S. 41.

[151] Kritisch JANN, W.: Instrumente, 2004, S. 15 ff. Empirische Ergebnisse BOGUMIL, J. / KUHLMANN, S.: Verwaltungsmodernisierung, 2004, S. 51 / 53 / 56 ff. und KUHLMANN, S.: Evaluation, 2004, S. 377 ff.

[152] BANNER, G.: Modernisierung, 2002, S. 76. Die Verwaltung wird als politikgesteuertes Unternehmen betrachtet, dessen Modernisierung als Anpassung des kommunalen politisch-administrativen Systems gesehen wird. Wandel finde von sektoraler Führung zu integraler Führung als Abkehr vom traditionellen Organisationsmodell (kommunale Aufgaben nach fachlichem Zusammenhang hierarchisch abgebildet) hin statt. S. 80 f. / 87 f.

[153] WEGENER, A.: Kriterien, 2002, S. 16. Notwendigkeit für Kommunen Beteiligungsmanagement als Steuerungsaufgabe aufzugreifen vgl. SCHWARTING, G.: Beteiligungsmanagement, 2006;

und Gemeinden Gewährleistungsfunktionen für öffentliche Leistungen wahrnehmen, und die Aufgabenerledigung über Partnerschaften mit Dritten im Rahmen eines Public Private Partnership erledigt wird.[154] Lokale Governance ist einerseits Politikmodus und andererseits systembezogen in seiner Orientierung auf die Gesamtsteuerung.[155]

Der Wandel der Leitbilder zeigt parallel den Übergang zu partizipativen Politikkonzepten. Konzeptionell findet sich diese Bewegung zu verstärkter bürgerschaftlicher Beteiligung auch im Zusammenhang mit Fragen einer optimierten Leistungstiefenpolitik kommunaler Aufgabenerfüllung. So wird eine Verlagerung (Devolution) zurück in die Gesellschaft diskutiert als Alternative zur klassischen Verwaltung bzw. zur Privatisierung. Anvisiert wird eine neue Partnerschaftskultur, die in ihren Zielsetzungen bewusst auf die Bedürfnisse einzelner Gruppen Rücksicht nimmt.[156]
Im Ergebnis entsteht ein komplexes Gefüge kommunaler Aufgabenerledigung, auch im Sinne von Neuarrangements, die neben die kommunale Kernverwaltung treten.

2.3 Horizontale und kommunenübergreifende Dimension Lokaler Governance

Die nachfolgenden Ausführungen beziehen sich auf die horizontale und kommunenübergreifende Dimension Lokaler Governance. Diese trägt der Tatsache Rechnung, dass Städte und Gemeinden keine geschlossenen räumlichen Gebilde oder Systeme sind, sondern Verflechtungszonen mit sozialen, ökonomischen und politischen Elementen. Die Betonung von Governancegesichtspunkten umfasst horizontal orientiert die folgenden Elemente:
(1) Kommunale Kooperation i. S. kommunaler Zusammenarbeit bei der Aufgabenerfüllung.
(2) Die Perspektive eines „New Regionalism“, wie sie beispielsweise für die Entwicklung in Stadtregionen diskutiert wird.[157]
Unter kommunaler Kooperation bzw. kommunaler Zusammenarbeit versteht man die gemeinsame Wahrnehmung von Aufgaben, zu deren Erfüllung die Gemeinden berech-

---

SCHWARTING, G.: Beteiligungs-Controlling, 2000, S. 65.
[154] Umfassend zum Public Private Partnership - Begriff JOHN-KOCH, M.: Aspekte, 2005, S. 89 ff. DEUTSCHER STÄDTETAG (Hrsg.): Städte, 2003, S. 108 / S. 109. Grundlegend HEINZ, W. (DIfU): Public Private Partnership, 2005.
[155] WOHLFAHRT, N. / ZÜHLKE, W.: Ende, 2005, S. 70 ff. WOHLFAHRT / ZÜHLKE betonen die Sprengkraft externer Faktoren wie Globalisierung für das lokale politische System, das als unter einem Prozess der Entdemokratisierung stehend beachtet wird. Lokale Governance führe die kommunale Demokratie in Richtung Bedeutungslosigkeit der Kommunalparlamente (S. 73). Lokale Steuerungsanforderungen vgl. SACK, D.: Liberalisierung, 2006, S. 31 ff.
[156] Leistungstiefenpolitik NASCHOLD, F. / BOGUMIL, J.: Modernisierung, 2000, S. 63 ff.
[157] ARBEIT, U. / RÖBER, M.: Governance, 2006, S. 267 – 279. Die Diskussion lässt sich im Bereich kommunalpolitischer Forschung nachvollziehen von Community Power Forschung über Regime-Theorie bis hin zu metropolorientierten Fragestellungen und zur Entwicklung eines Meso–Levels. GOLDSMITH, M.: Community, 2006, S. 11 – 31. Eine bedeutende Strömung zielt insbesondere darauf ab, Indikatoren für Good Governance zu entwickeln und richtet sich nach Kriterien wie sie beispielsweise von UN HABITAT oder der Weltbank veröffentlicht wurden. Vgl. STEWART, K.: Governance, 2006, S. 196 – 204.

tigt oder verpflichtet sind.[158] Interkommunale Kooperation gewinnt in der Verwaltungspraxis zunehmend an Bedeutung, da sie trotz bzw. wegen finanzieller Krise und Notlage eine Option darstellt, für die Bürger Dienstleistungen effizient und bürgernah zu erbringen.[159]

Die Anbindung von Kommunaler Selbstverwaltung und Lokaler Governance i. S. kommunaler Kooperation stellt sich für Frankreich so dar, dass sich unter dem Begriff der „Intercommunalité" bzw. der ÉPCI (Établissement Publics de Coopération Intercommunale) unterschiedliche klassische kommunale und institutionalisierte Kooperationsformen verbargen bzw. verbergen, welche in Teilen bereits auf das Jahr 1890[160] zurückgehen. Änderungen, welche die Funktionen betreffen, wurden mit dem Gesetz vom 13. August 2004 vorgenommen.[161] Ohne die Ergebnisse der weiteren Darstellung vorwegzunehmen wird deutlich, dass die interkommunale Zusammenarbeit angesichts der hohen Zahl an Gemeinden ein wesentliches Strukturmerkmal französischer Lokaler Governance darstellt. Neben den institutionalisierten kommunalen Kooperationen gibt es mehrere Formen nicht - institutionalisierter Kooperation, bei denen gesellschaftliche oder wirtschaftliche Akteure in die Zusammenarbeit einbezogen sind.

Auffallend ist in Frankreich die Diskussion nach dem Verhältnis zwischen der Entwicklung, dem Bestehen und der Anpassung kommunaler Kooperationsformen und dem Scheitern territorialer Reform.[162] Unabhängig von der Frage, inwiefern die Interkommunalität ein Sonderweg war und ist, um eine Gebietsreform zu umgehen, stellt sie mit der ihr eigenen Entwicklungsdynamik einen bemerkenswerten Unterschied zur deutschen Entwicklung dar, welcher unter dem Gesichtspunkt Governance gesondert thematisiert werden soll.

Für die deutsche Situation treten in Anbindung an die Regelungen des Art. 28 Abs. 2 Grundgesetz[163] (GG) die folgenden zwei Aspekte hervor:

(1) Organisationshoheit: Den Gemeinden wird im Rahmen ihrer Organisationshoheit nach Art. 28 Abs. 2 GG die Möglichkeit strategischer Entscheidung in der Wahl des „ob" und im Rahmen der Gesetze des „wie" kommunaler Kooperation ermöglicht. Art. 28 Abs. 2 GG wird auch als Argument für die Wahlfreiheit in der Organisationsform herangezogen.[164]
(2) Örtlichkeitsgrundsatz: Es besteht die Tendenz seitens der Gemeinden, kommunale Wirtschaftstätigkeit unter Überschreitung der Gemeindegrenzen wahrzunehmen.

---

[158] Vgl. ADRIAN, U. / HEGER, J. / COBURGER – BECKER, C.: Handbuch, 2006, S. 176.
[159] DEUTSCHER STÄDTE- UND GEMEINDEBUND (DStGB) (Hrsg.): Dokumentation Nr. 61, 2006, S. 3.
[160] BODINEAU, P. / VERPEAUX, M.: Histoire, 1997, S. 66 ff.
[161] Loi n° 2004-809 du 13 aout 2004, relative aux libertés et responsabilités locales, J.O n° 190 du 17 août 2004, S. 14545.
[162] Vgl. die Ausführungen von VERPEAUX zum Projekt Loi Marcellin im Jahr 1971, VERPEAUX, M.: Origines, 2002, S. 10.
[163] Grundgesetz für die Bundesrepublik Deutschland, vom 23. Mai 1949 (BGBl. S. 1), zuletzt geändert durch Gesetz vom 28. August 2006 (BGBl. I S. 2034).
[164] DEUTSCHER STÄDTE- UND GEMEINDEBUND (DStGB) (Hrsg.): Dokumentation 51, 2005, S. 4.

Lokale Governance spielt bei interkommunaler Kooperation insofern eine Rolle, als

(1) Governance im Kontext von Steuerung im Bereich der Aufgabenerledigung und im Hinblick auf ein integriertes Steuerungskonzept steht. Für die Kommunen ergibt sich eine Aufgabenerfüllung, die im Sinne einer zwischengemeindlichen Koordination Selbststeuerungsmechanismen und den inhaltlichen Willen Steuerung aktiv zu wollen, enthält. Zu betrachten ist an dieser Stelle auch die Eigendynamik der aufgabenerledigenden Organisation, für die französische Diskussion auch die Art und Weise ihrer Finanzierung oder generell demokratiebezogene Gesichtspunkte.
(2) interkommunale Kooperation als Alternative zur Privatisierung diskutiert wird[165], woraus sich in Abhängigkeit von der Art der Privatisierung Auswirkungen auf die kommunalen Steuerungsmöglichkeiten ergeben. Auch Fragen der Gewährleistung können tangiert werden.
(3) sich ein faktischer und rechtspolitischer Zusammenhang daraus ergibt, dass eine gemeinsame Interessenlage zwischen Lokaler Governance und den Inhalten und Zielen Kommunaler Selbstverwaltung besteht.
(4) sich für Lokale Governance eine Schnittstelle und Anbindungen zu Europäischer Governance, i. S. der europäischen Steuerung durch Recht in einzelnen Politikbereichen ergeben.[166]

Neben dem kommunalen Kooperationsaspekt für die Aufgabenerfüllung reicht die interkommunale Kooperation in ihrer Wirkung auch über die kooperierenden Kommunen hinaus und kann auf diese Weise neben lokalen auch regionale Bezüge gewinnen. Vor diesem Hintergrund kann Lokale Governance beispielsweise auch Analyserahmen von Verwaltungspolitik und Verwaltungsorganisation in Stadtregionen werden, bei denen ein mehrdimensionaler Steuerungs- bzw. Koordinationsbegriff zugrunde gelegt wird[167]. Formal entstehen zunehmend neue Lösungsansätze, die nicht die kommunalen Strukturen insgesamt in Frage stellen, sondern raum- oder auch aufgabenbezogen Lösungen bieten.[168]

---

[165] DÜSTERDIEK, B.: Kooperationen, 2006, S. 280.

[166] Dies zeigt sich in der Diskussion zum europäischen Vergaberecht bzw. bei den Dienstleistungen von allgemeinem wirtschaftlichem Interesse.

[167] ARBEIT und RÖBER argumentieren mit territorialer, funktionaler und sektorübergreifender Koordination und unterscheiden Governance in der Kernstadt selbst und in der Metropolregion innerhalb des Verflechtungsraumes. Vgl. ARBEIT, U. / RÖBER, M.: Governance, 2006, S. 271.

[168] Für die deutsche Situation BREMEIER, W. / BRINCKMANN, H. / KILIAN, W.: Beteiligungsmanagement, 2006, S. 118. Erfolgreiche Beispiele der Zusammenarbeit im Bereich der Raumordnung wurden innerhalb eines Projekts des Forschungsprogramms „Modellvorhaben der Raumordnung" (MORO) des Bundesministeriums für Verkehr, Bau und Stadtentwicklung (BMVBS) und des Bundesamtes für Bauwesen und Raumordnung (BBR) dokumentiert. Vgl. kommKOOP: Erfolgreiche Beispiele interkommunaler Kooperationen. Dokumentationen des MORO - Wettbewerbs 2005 / 2006. http://www.bbr.bund.de/nn_23566/DE/Veroeffentlichungen/Sonderveroeffentlichungen/Downloads/kommKOOP/DL__kommKOOP,templateId=raw,property=publicationFile.pdf/DL_kommKOOP.pdf - (13.06.2007). Beispiele für regionale / kommunal bezogene Alternativen www.wohnregion-bonn.de - (13.06.2007) bzw. www.masterplan-ruhr.de - (13.06.2007).

3 Der Governanceansatz in europäischer Perspektive: Europäische Ausdifferenzierung und Verflechtung

3.1 Transnationaler Kontext der Kommunen unter Governance – Gesichtspunkten

Bezieht man den transnationalen Kontext der Kommunen unter Governancegesichtspunkten in die Betrachtung mit ein, wird Governance in dreifacher Hinsicht relevant:

(1) Ebenenorientierte Sichtweise: Interdependenzen der kommunalen Ebene[169] mit der europäischen Ebene gewinnen an Bedeutung. Inhaltlich ergibt sich die Notwendigkeit einer Koordination nicht zuletzt spiegelbildlich aus der Rolle der Kommunen bei der Umsetzung und Ausführung des Rechts.
(2) Akteursorientierte oder netzwerkorientierte Sichtweise: Relevant sind die Verflechtungen zwischen Akteuren und netzwerkartige Strukturen, die kommunale Akteure berücksichtigen und einen institutionellen Rahmen bilden. Es handelt sich um „institutionalisierte" Strukturen der Koordination und Kooperation.
(3) Möglichkeiten dezentraler Kontextsteuerung[170] und die Rolle reflexiven Rechts: Zugrunde liegt, dass Kontextsteuerung möglich ist, Handeln angestoßen werden kann und eine sinnvolle Kombination von Selbstorganisation und Kontextsteuerung möglich ist. Reflexives Recht stellt ein Mittel der Organisation dar, das auch die Verfahren der Verhandlungssysteme beeinflussen kann.[171]

Der Governancebegriff ist für die nachfolgenden Ausführungen auch mit Blick auf Europa einzugrenzen. Aus diesem Grunde wird das Governanceparadigma zunächst in engem Bezug zur Erläuterung europäischer Entwicklung dargestellt. Diese Betrachtungsweise grenzt sich von klassischen Ansätzen zur Erklärung der Europäischen Integration - Neofunktionalismus und Intergouvernementalismus[172] - ab und bezeichnet eine Entwicklung, die sich mit der Analyse und dem Funktionieren des europäischen Systems, Verflechtungsbeziehungen und den Zusammenhängen eines „Mehrebenensystems"[173] befasst. Hatte sich die erste Generation der Europäisierungsforschung mit einer vertikalen hierarchischen von oben nach unten gerichteten Perspektive beschäftigt bzw. den Einfluss des Rechts und dessen Umsetzung analysiert, so befasst sich

[169] Ausgehend vom Weissbuch Europäisches Regieren (S. 13/45) wird die kommunale Ebene als faktische „Ebene" behandelt. KOMMISSION DER EUROPÄISCHEN GEMEINSCHAFTEN: Regieren, 2001.
[170] Unter Kontextsteuerung versteht man die Veränderung im Handlungsumfeld der Steuerungsadressaten, was dazu führen soll, dass diese ihr Verhalten freiwillig ändern. Vgl. MAYNTZ, R.: Steuerung, 2001, S. 40. Grundfrage, wie die zentrifugale Dynamik moderner Gesellschaften in konstruktive bzw. viable Bahnen geleitet werden könnte vgl. WILLKE, H.: Supervision, 1997, S. 72.
[171] Zu Rolle und Möglichkeit dezentraler Kontextsteuerung vgl. DOSE, N.: Trends, 2003, S. 21.
[172] Theorienentwicklung vgl. FABER, A.: Integration, 2005, S. 113 ff.
[173] Der Begriff des Mehrebenensystems kommt ursprünglich aus der Politikwissenschaft und ist im Bezug auf das politische System und eine Rechts- und Herrschaftsordnung zu verstehen, die von Verzahnung und Zusammenarbeit mehrerer Gebietskörperschaften und Akteure lebt. Zu Herkunft und Verwendung des Begriffes detailliert SCHLIESKY, U.: Gestalt, 2003, S. 60.

ein Teil der neueren Forschung mit der Union als Arena.[174] Unter Arena kann man einen Kontext aus institutionellen Regeln verstehen, in dem die einzelnen Akteure zusammenwirken. So existieren Verhandlungssysteme, die Akteure mehrerer Organisationen umfassen.[175] Daraus ergibt sich folglich, dass auf allen Ebenen und über die politischen Ebenen hinweg politische Organe und Akteure um Entscheidungskompetenzen aber auch Einflussmöglichkeiten ringen. Da in der Europäischen Union kein Entscheidungszentrum existiert, das Steuerung allein über Hierarchie[176] erreichen kann, ist eine Dynamik zu erkennen, bei der Akteure aus unterschiedlichen Teilsystemen versuchen, miteinander zu verbindlichen Entscheidungen zu kommen.[177]
Im Folgenden wird dargestellt, wie der Governanceansatz an die bestehenden Theorien anknüpft. Das Ziel ist aufzuzeigen, warum Governanceansätze argumentativ gute Möglichkeiten bieten, subnationale kommunale Akteure thematisch zu integrieren und auf diese Weise einen thematischen Anschluss der europäischen Governancediskussion an die lokale Ebene zu finden.

3.2 Anknüpfungspunkte des Governanceparadigmas an die klassischen Paradigmen europäischer Integration: Neofunktionalismus und Intergouvernementalismus

3.2.1 Darstellung der Grundannahmen der klassischen Paradigmen

Die traditionellen politikwissenschaftlichen integrationstheoretischen Ansätze werden vom Dualismus zwischen Neofunktionalismus und Intergouvernementalismus bestimmt. Für den Neofunktionalismus hat ERNST B. HAAS[178] große Bedeutung, dessen Überlegungen auf den funktionalistischen Ansatz von DAVID MITRANY zurückgehen.[179] Eine den frühen Forschungsarbeiten zugrunde liegende Leitfrage war, ob die Europäische Integration darauf abzielt, die Nationalstaaten zu überwinden, oder ob die zwischenstaatliche Interessenpolitik dominiert[180]. Zentral war der Gedanke, inwieweit sich aus dem Eigengewicht der supranationalen Ebene Spillover - Effekte zu neuen

174 GOETZ, K. H.: Auswirkungen, 2004, S. 143. Arenafunktion wird bezogen auf die horizontale Dimension d. h. die Mitgliedstaaten.

175 Verhandlungssysteme in hierarchischen Strukturen vgl. BENZ, A.: Governance, 2005, S. 101 ff.

176 Europäische Governance als Kombination hierarchischer Koordination (vertikal) und nicht-hierarchischer Koordination (transgouvernemental/horizontal) unter Betonung hierarchischer Governance „Bringing Hierarchy (Back) In". BÖRZEL, T.: Governance, 2005, S. 613 – 642. Besonders zu nennen ist an dieser Stelle als „dritter Weg" der Koordination und weiche Alternative die Methode der offenen Koordinierung, die im März 2000 über den Rat von Lissabon Eingang in das europäische politische System gefunden und auf allen Ebenen in einzelnen Politikbereichen eine Koordinierungsfunktion ausgelöst hat. Nationale Domänen werden in einen europäischen Kontext eingebettet. Vgl. BERNSDORFF, N.: Methode, 2006, S. 329, 330.

177 JACHTENFUCHS, M. / KOHLER-KOCH, B.: Regieren, 1996, S. 23 ff.

178 HAAS, E.: Uniting, 1968. Vertiefend vgl. WELZ, C. / ENGEL, C.: Traditionsbestände, 1993, S. 129 ff. oder JACHTENFUCHS, M. / KOHLER-KOCH, B. (Hrsg.): Regieren, 1996, S.17 ff.

179 Verwirklichung von Frieden über ein integriertes Europa vgl. PUCHALA, D.: Order, 1974, S. 165.

180 Für die Neofunktionalisten galten die in den 70er Jahren sich entwickelnden europäischen Institutionen als Entstehungsort politischer Autorität jenseits des nationalen Staates. Inhaltlich wurden die verbesserten Problemlösungsfähigkeiten des zu damaliger Zeit neu entstehenden politischen Systems thematisiert.

Aufgabenbereichen hin ergeben, und eine Spirale europäischer Integration erkennbar wird.[181] Werden supranationale Autoritäten geschaffen, kommt es zu einem Wandel von Erwartungshaltungen und Verhalten. Der Neofunktionalismus betrachtete nicht lediglich Kooperationsaspekte zwischen Staaten in Teilbereichen, sondern einen Prozess regionaler politischer Integration, von dem angenommen wurde, er würde in ein neues politisches System münden, ohne dass dadurch notwendigerweise die nationale Identität der Mitgliedstaaten gefährdet würde[182]. Es erfolgte die Betonung der Eigendynamik des politischen Systems, des Kompetenzzuwachses und des Souveränitätstransfers.[183]

Das zweite theoretische Paradigma ist der Intergouvernementalismus, der die Staaten als wichtigste Akteure begreift. Die Entwicklung der Union hat demgegenüber deutlich gemacht, dass der Blick ausschließlich auf die Union als Rahmen für eine geordnete, dauerhafte, zwischenstaatliche Kooperation zu eng ist. Politische Integration ist mehr als eine Form der Zusammenarbeit zwischen Staaten[184]. Betrachtet man Intergouvernementalismus und Supranationalität jeweils als Pole, so trat in den 90er Jahren die Frage nach den Ausdifferenzierungen zwischen den beiden Paradigmen in den Vordergrund. Darauf bauten Ansätze auf, die sich mit der Erfassung der Union entweder als supranationale Einheit oder als intergouvernementales Verhandlungssystem beschäftigten und sich konzeptionell auf bestimmte Policy-Bereiche bezogen[185]. Die Evolution der Union in ihrem institutionellen und legislativen Kontext – auch unter Berücksichtigung einzelner Politikbereiche – gewann an Bedeutung[186].
Diese Vorgehensweise korrespondiert mit der tatsächlichen Entwicklung der Nationalstaaten, die sich nicht innerhalb eines europäischen Ganzen zugunsten einer supranationalen Einheit aufgelöst haben.

3.2.2 Historische und rechtswissenschaftliche Bezüge der klassischen Paradigmen

Wird die Europäische Integration strukturiert nach den unterschiedlichen zeitlichen Phasen ihrer Entstehung, so treten Parallelen zwischen historischer Entwicklung und politikwissenschaftlicher Diskussion zutage. Der dem Schuman-Plan zugrunde liegende und von CHURCHILL forcierte Friedensplan versuchte, gemeinsame ökonomische Interessen zu bündeln. Gleichzeitig sollte Integration über Spillover -Effekte verwirk-

[181] STONE SWEET, A. / SANDHOLTZ, W.: Integration, 1997, S. 300.
[182] WELZ, C. / ENGEL, C.: Traditionsbestände, 1993, S. 142.
[183] EICHENER, V.: Entscheidungssystem, 2000, S. 11 ff.
[184] WELZ, C. / ENGEL, C.: Traditionsbestände, 1993, S. 153.
[185] Dargestellt vgl. FLIGSTEIN, N. / MC NICHOL, J.: Terrain,1997.
[186] Offensichtlich wurde, dass eine simple Charakterisierung der EU als "intergouvernemental" oder "supranational" nicht ausreichend, und ein einseitiger Fokus auf intergouvernementale Verhandlungen oder auf die Untersuchung von Policy nicht weitreichend genug ist, um die Dynamik der Europäischen Integration zu erklären. Bedeutend war, dass sich die Perspektive zunehmend von der Vorstellung eines "Endzustands", einer bestimmten Finalität, differenzierte. Im Ergebnis ließen sich weiterhin für beide Paradigmen Anhaltspunkte finden. FLIGSTEIN und MC NICHOL haben argumentiert, dass in 13 von 17 Politikbereichen transnationale Gruppen und die Kommission maßgebliche Handlungsspielräume hatten, was das Argument der Eigendynamik der supranationalen Ebene stützt. Vgl. FLIGSTEIN, N. / MC NICHOL, J.: Terrain, 1997, S. 32 f.

licht werden. Andererseits kann aus Schwierigkeiten in der Zusammenarbeit ersehen werden – als Beispiel kann DE GAULLES Politik des leeren Stuhles genannt werden - dass die Mitgliedstaaten nach wie vor erheblichen Einfluss ausübten[187]. STANLEY HOFFMANN, der "Vater des Intergouvernementalismus", kritisierte dann auch die Neofunktionalisten, indem er DE GAULLES Leitbild "Europe de Patries" theoretisch widerspiegelte[188].

Die Rückkopplung der Theorien zu historischen Bezügen ist unter zwei Gesichtspunkten relevant:

(1) Einer Darlegung der Zusammenhänge zwischen politischer Theorie und der Entstehung und Weiterentwicklung europäischer Institutionenbildung.

(2) Der Untersuchung von Konvergenz und Kohärenz zwischen rechtswissenschaftlicher Sichtweise, europäischer Institutionenbildung und deren Entsprechung in der politikwissenschaftlichen Theorie.

Was die erste Frage anbelangt, so hat GIERING[189] in den 90er Jahren den Gedanken der Parallelität zwischen historischer Entwicklung und deren Widerspiegelung in der politischen Theorie aufgegriffen und argumentiert, dass sich den einzelnen Reformphasen auf europäischer Ebene bestimmte Grundsatzdebatten in der Politikwissenschaft zuordnen lassen.

Parallel zur politikwissenschaftlichen Diskussion zwischen Intergouvernementalismus und Supranationalismus legte die rechtswissenschaftliche Diskussion ihren Schwerpunkt auf Fragen, wie die

(1) konzeptionelle Erfassung und normative Einordnung des Europarechts selbst: Zum einen wurde die Qualität des europäischen Rechts im Verhältnis zu den Mitgliedstaaten diskutiert und zu erfassen versucht. Zum anderen wurde analysiert, wie sich die „Integration durch Recht" gestaltete.[190]

(2) Einordnung der Rechtsordnung zwischen Bundesstaat und Staatenverbund oder Staatenbund[191]: Die Europäische Union wirkt wie eine internationale, zugleich supranationale oder präföderale Organisation, welche sich zwischen den beiden Polen Bundesstaat und Staatenbund[192] bewegt. Gewachsen ist in den Jahren ihrer Entwicklung eine komplexe Rechtsordnung, die sich von Völkerrecht und Staatsrecht abhebt. Sie überwölbt die nationalen Rechtsordnungen und durchdringt alle Ebenen.

---

[187] „Wer hinausgeht, der muss auch wieder hereinkommen" – Die Krise des leeren Stuhles. Vgl. BRUNN, G.: Einigung, 2004, S. 144 ff.

[188] WELZ, C. / ENGEL, C. Traditionsbestände, 1993, S. 54.

[189] Auf diese Weise sollte der Nachweis geführt werden, dass die Theorienentwicklung dem Zeitlauf folgt. Er versucht Konvergenzen oder Komplementaritäten der Schwerpunkte der integrationstheoretischen Ansätze zu erklären. Vgl. GIERING, C.: Europa, 1997, S. 13 ff.

[190] Vgl. JOERGES, C.: Recht, 1996, S. 73.

[191] EICHENER, V.: Entscheidungssystem, 2000, S. 14.

[192] Zur Unterscheidung von Bundesstaat und Staatenbund: Unter Bundesstaat versteht man die "staatsrechtliche Verbindung mehrerer Gliedstaaten zu einem Gesamtstaat auf der Grundlage einer Bundesverfassung" wogegen unter Staatenbund eine „auf einen völkerrechtlichen Vertrag gegründete Verbindung souveräner Staaten" zu verstehen ist, welche Staatsqualität nicht i. S. der drei – Elemente – Lehre inne hat. HENNEKE, H.: Kommunen, 1998, S. 14 / 15.

(3) Durchdringung der nationalen Rechtsordnung durch das Europäische Recht und Verflechtungsbeziehungen, die sich hieraus ergeben.[193]

Trotz der beschriebenen Parallelen von Rechtswissenschaft und Politikwissenschaft im Bereich der theoretischen Erfassung der Europäischen Integration besteht eine faktische fundamentale Asymmetrie in beiden Bereichen. Sie beruht darauf, dass die Europäische Integration in der Europäischen Union - konkret im rechtlichen Bereich - weiter vorangeschritten ist als die Integration im politischen Bereich. Konzeptionell erfolgt eine Brücke zwischen Rechtswissenschaft und politischer Theorie in neueren Ansätzen eines „deliberativen Supranationalismus". Transnationales Recht wird demnach möglich, da in Europa eine Verrechtlichung horizontaler und vertikaler Interdependenzen verschiedener Entscheidungsebenen über Regeln und Prinzipien entsteht, welche Koordination transportiert, ohne zu einer Vereinheitlichung von Politik und Recht zu führen. Eine weitere Strömung entwickelt normative Kriterien für neue Formen nicht-regierungsgebundenen Regierens.[194]

3.3 Anknüpfungspunkte an die Föderalismustheorie

3.3.1 Definition und Grundannahmen der Föderalismustheorie

Der Föderalismus selbst hat als politisches Ordnungsprinzip in Deutschland eine lange Tradition, wobei weder über seinen Inhalt Konsens herrscht noch eine verbindliche Definition besteht[195]. Eine Annäherung an den Föderalismusbegriff erfolgt bei BADURA, der ihn als

„Prinzip und Leitbild der Gesellschaftsorganisation und der Politik, das durch verschiedenartige Formen sozialer, staatlicher und internationaler Einigung, Verbindung und Zusammenarbeit verwirklicht werden kann"

definiert.[196]

Der Begriff des Föderalismus entstammt historisch dem lateinischen foedus = Bündnis und bedeutet ursprünglich die Einigung differenzierter, grundsätzlich gleichberechtigter politischer Gesamtheiten, die zu gemeinschaftlichem Zusammenwirken verbunden werden. Speziell die deutsche Staatsrechtslehre verwendet den Begriff des Föderalismus weitgehend synonym zu Bundesstaatlichkeit als Möglichkeit der Staatsgestaltung mit gebietsbezogenen Merkmalen. Allerdings divergieren die Vorstellungen über Föderalismus oder „government by federation"[197] in der Europäischen Union unter den einzelnen Nationalstaaten stark. So versteht der angelsächsische Sprachgebrauch Föde-

[193] Relevant ist dieser Gesichtspunkt auch im Rahmen der Reformdiskussion für die Frage nach dem Verhältnis zwischen nationaler Verfassung und europäischer Verfassungsordnung.
[194] Zur Darstellung der Konzeptionen des deliberativen Supranationalismus und seiner Elemente zusammenfassend JOERGES, C. / BRAAMS, B. / EVERSON, M.: Wende, 2007, S. 24 ff.
[195] MÄNNLE, U.: Grundlagen, 1997, S. 3. Man missverstehe das Wesen des Föderalismus, wenn man in ihm lediglich ein Relikt aus der „ideologisch - politischen Rumpelkammer" verstehe und verkenne mögliche innerstaatliche oder europäische Gestaltungsoptionen vgl. GRUNER, W.: Föderalismus, 1998, S. 53.
[196] BADURA, P.: Rechtfertigung, 1999, S. 53.
[197] Zur Begrifflichkeit des „government by federation" RIKER, W. H.: Federalism, 1996, S. 9 ff.

ralismus in einem bündnisorientierten Wortsinn als Kompetenzübertragung auf eine höhere Einheit, die von den Bündnisgliedern durch einen Zusammenschluss gebildet wird. "Federal" steht in einem Bedeutungszusammenhang mit "vereinigend" oder "sich verbündend", während die föderale Orientierung Europas den Pluralismus zwischen den Staaten und eine Verschränkung der Gewalten der Mitgliedstaaten mit jeweiligen europäischen Kompetenzen betont.[198]
Fremd scheinen auch deutsche und französische Leitvorstellungen zum Föderalismus.[199] Der Gedanke an eine föderale Europäische Union wird von Befürwortern des französischen Nationalstaatsmodells in Teilen als Verrat an der französischen Nation verstanden[200]. Der deutsche Föderalismus wird an dieser Stelle auch als Institut zur tendenziellen Entmachtung der Nation gesehen, die dem Westen Deutschlands von den Siegermächten auferlegt wurde. Allerdings verkennt diese Sichtweise die Spuren „eigenständiger“ – wenn auch nicht föderaler - Organisation, die sich über Jahrhunderte über Kurfürstentümer und Reichstädte zieht.[201]
Besondere Bedeutung gewannen die unterschiedlichen Vorstellungen zwischen Deutschland und Frankreich erneut im Jahr 2000, als der damalige Außenminister FISCHER den Begriff der Föderation in den Zusammenhang mit der europäischen Integration stellte[202]. Mit den Gedanken zur Finalität der Union wurde ein „zentraler Nerv“ auf französischer Seite getroffen und das Thema Föderalismus verstärkt diskutiert.[203] Verschiedene nationale historische Traditionen führen hierbei auch zu einem unterschiedlichen Verständnis von Europäischer Integration selbst.
Eng damit verbunden ist die Frage nach der Anbindung von Kommunaler Selbstverwaltung bzw. der kommunalen Ebene an die Föderalismuskonzeption. Für die deutsche Diskussion ist der Föderalismus zunächst als wesentliches Element der deutschen Verfassung relevant, um die Strukturen und die Systematik der deutschen Staatlichkeit aufzuzeigen. Das Schicksal des Föderalismus ist dagegen nicht notwendigerweise mit der Kommunalen Selbstverwaltung verknüpft. Kommunale Selbstverwaltung wirkt lediglich ergänzend im föderativen Staatsaufbau. Auch die bundesstaatliche Ordnung ist nicht die einzige denkbare föderative Rechtsform[204].
Für die Kommunale Selbstverwaltung deutscher Prägung eröffnet sich die zu bearbeitende übergeordnete Problemdimension gleichwohl darin, dass sich das politische Kräftefeld, in dem sich die Kommunale Selbstverwaltung innerhalb eines Netzes aus nationalem Föderalismus, Politikverflechtung und ebenenübergreifender Aufgabenverantwortung mit ihrem eigenen Gestaltungswillen befindet, zu verschieben droht[205]. Der Blick auf die europäische Ebene und das europäische Institutionensystem gewinnt aus diesem Grunde im Kontext von Föderalismusaspekten besondere Bedeutung und soll daher vertiefend unter spezifisch deutschem Blickwinkel betrachtet werden.

---

[198] Vgl. HERTEL, W.: Formen, 2000, S. 16.
[199] VAILLANT, J.: Principe, 2003, S. 3. «La décentralisation n´est pas le fédéralisme» vgl. LACHAUME, J.: Commune., 1997, S. 6.
[200] MARHOLD, H.: Strukturen, 2000, S. 6 / 7. Vgl. SIRJACQUES, M.: Frankreich, 1998, S. 102.
[201] AMMON, G. / HARTMEIER, M.: Zentralismus, 1996, S. 12 ff.
[202] „Europäische Föderation“ vgl. VERNET, D.: L` objective , 2000.
[203] Nachweis der Diskussion FISCHER – CHEVENEMENT und der innenpolitischen Diskussion in Frankreich SCHILD, J.: Nizza, 2000; SCHARPF, F.: Diversité, 2002, S. 609 und MARTENS, S.: Fédéralisme, 2003, S. 22 – 38. Zur Frage der Zielfixierung / Finalität SCHNEIDER, H.: Zukunft, 2004, S. 196.
[204] MAZAN, S.: Prinzip, 1996, S. 10.
[205] LEIDINGER, A.: Entwicklungstendenzen, 1991, S. 62.

3.3.2 Föderalismus und Europäische Integration

Eine zentrale Frage der europäischen Diskussion liegt im Bereich der Zuordnung von Kompetenzen und Ressourcen im Verhältnis mehrerer – mindestens zweier - Ebenen zueinander. Zunächst fragt eine Europa bezogene Argumentationsweise, wie ein bestehendes föderales System in ein ebenfalls mehrgliedriges Obersystem integriert wird. Fragen nach den Auswirkungen der Verflechtungsbeziehungen zwischen den einzelnen Handlungsebenen treten in den Vordergrund. In der föderalistisch orientierten Theorie existieren eine Vielzahl an Hypothesen, die den einzelnen politischen Handlungsebenen jeweils unterschiedliches Gewicht einräumen.[206]

Von weitreichender konkreter Bedeutung ist schließlich, einem modernen Verständnis von Föderalismus neben seiner Bedeutung als organisatorisches Aufbauprinzip im europäischen Bezug eine Funktion als Rechtsprinzip zuzusprechen. Neben die Zuordnung von Kompetenzen und Ressourcen treten Arrangements, welche die Ausgestaltung der Beziehungen mehrerer Ebenen bestimmen[207]. Institutionen und Regelungen, ein bestimmtes Maß an Autonomie und die Festlegung von Verantwortungsbereichen werden ebenfalls zentral, wie eine angemessene Balance zwischen Dezentralisierung und Zentralisierung[208]. Über Modelle wie die „supranationale Föderation" oder „supranationaler Föderalismus" soll die Komplexität des Systems erfasst bzw. ein normativer Zugang eröffnet werden.[209]

Die nachfolgenden Ausführungen sehen Föderalismus bezogen auf eine Betonung der subnationalen Ebenen, insbesondere der lokalen Ebene in Deutschland und Frankreich. In den vergangenen Jahren haben in Frankreich subnationale Interessen, allem voran die Regionen, stetig an Bedeutung gewonnen, ohne allerdings Gesetzgebungskompetenzen zu haben, oder den anderen territorialen Gebietskörperschaften übergeordnet zu sein. Es wird mit sog. „Konvergenzprozessen" in den Mitgliedstaaten argumentiert. Einerseits sind dies Regionalisierungstendenzen in Frankreich als eher zentral orientiertem Staat, während andererseits in Deutschland von moderater „Re-Zentralisierung" die Rede ist[210], nunmehr abgelöst von Maßnahmen zur Entflechtung im Zusammenhang mit der Föderalismusreform I.

Im Grunde sind Strukturprinzipien wie der deutsche Föderalismus identitätsstiftend und Meinungen zum Föderalismus, wie auch seine Ablehnung, im Denken der Menschen stark verwurzelt. Die Ordnung Europas wird also weder nach deutschem föderalem noch nach französischem Modell erfolgen.[211]

Diskussionswürdig sind vor europäischem Hintergrund maximal Modelle einer „Verschiebung" die nationalen Strukturen Raum belassen. Gleichzeitig ist angesichts der Europäisierung von Rückwirkungen auf die innere Struktur der Nationalstaaten auszugehen, welche über das föderale Paradigma oder föderale Kriterien thematisiert werden können.

---

[206] KOPP, R.: Föderalismus, 1992, S. 177 ff.

[207] In diesem Zusammenhang als Diskussion des Bund – Länder Verhältnisses und den Handlungsmöglichkeiten der Länder vgl. HRBEK, R.: Auswirkungen, 1997, S. 12 – 21.

[208] Die Frage ist, wie "appropriate balance" in Ländern aussehen kann, welche sich in einem Transformationsprozess befinden. Vgl. SAUNDERS, C.: Arrangements, 1996, S. 63.

[209] Vgl. BOGDANDY, A. VON: Föderalismus, 1999, S. 10 / 43 ff.

[210] HESSE, J.: Ordnung, 2000, S. 12 ff.

[211] AMMON, G. / HARTMEIER, M.: Zentralismus, 1996, S. 27.

3.3.3 Beurteilung des Erklärungsgehalts der Föderalismusdiskussion unter kommunalen Bezügen

Betrachtet man die genannten Argumente, dann lässt sich im Hinblick auf ihr Erkenntnisinteresse und ihre Aktualität hinsichtlich der Integrationstheorien und der Stellung der kommunalen Ebene im Gesamtsystem das Folgende ableiten:

(1) Es besteht ein politisches Interesse im Hinblick auf Diskussionsansätze, die sich mit dem Endziel föderaler Entwicklung mit fortschreitender Europäischer Integration auseinandersetzen. Die föderale Theorie kann hierbei zum Verständnis für die Europäische Union und ihre Entwicklung beitragen. Sie liefert insofern den Gesamtkontext für weitergehende Fragen, wie der Stellung und Verortung der kommunalen Ebene im Gesamtgebilde Europäische Union.

(2) Angesicht des sich verschiebenden politischen Kräftefeldes gewinnt die Föderale Theorie in dem Maße an Bedeutung, wie sie die Konzentration von Macht thematisiert[212]. Dadurch wird ein Kernstück demokratischer Theorie der Dezentralisation angesprochen.[213] Normative Werte werden in Diskussionen eingebracht, die darstellen, dass gerade die lokalen Einheiten als „Schule der Demokratie“ tiefgehende Funktion auch im Hinblick auf die Legitimation von Macht innehaben.[214]

(3) Haben institutionelle Verfasstheit und föderale Struktur in Deutschland Auswirkungen auf den politischen und ökonomischen Output[215], wirft dies für die kommunale Ebene Fragen effizienter Leistungserstellung innerhalb der bestehenden föderalen Ordnung auf.

(4) Ein modernes Verständnis von Föderalismus wird über seine Bedeutung als staatsorganisatorisches Aufbauprinzip hinausgehen und Föderalismus als Rechtsprinzip würdigen. Relevant wird dies im Vergleich politischer Verfassungen und ihrer jeweiligen institutionellen Verankerung.

Eine argumentative Hinführung von der Föderalismusdiskussion zum Governanceparadigma lässt sich thematisch wie folgt begründen:

(1) Theorie der Politikverflechtung im europäischen System als Zwischenschritt:
Im Zusammenhang von nationalstaatlichen Strukturen und Europäischer Integration wurde die Theorie der Politikverflechtung auch im europäischen Kontext thematisiert[216]. Entscheidungsmuster der Europäischen Gemeinschaft, wie sie ähnlich in der Analyse von Bund und Ländern auftraten und Entwicklungslinien des Föderalismus nationaler Prägung wurden in ihrer vertikalen Verflechtungsdimension auch im europäischen Kontext diskutiert[217]. Die Argumentation zur Poli-

---

[212] Vgl. hierzu auch HESSE, J. / WRIGHT, V.: Europe 1996, S. 376 / 377. Der Aspekt der Konzentration von Macht schließt auch den Aspekt ein, inwieweit Macht zentral konzentriert ist bzw. dezentrale Elemente mit Machtanteilen bestehen.

[213] Die politisch-demokratische Funktion von Selbstverwaltung ist gekoppelt an ein Verständnis von Dezentralisation, welches die vertikale Gewaltenteilung betont und die Anbindung an Bürgerschaftlichkeit. M. w. Nachweisen SCHOCH, F.: Stand, 2006, S. 16 / 17.

[214] Zur angemessenen Balance zwischen Zentralisierung und Dezentralisierung, zwischen „self rule“ und „shared rule“ vgl. SAUNDERS, C.: Arrangements, 1996, S. 63.

[215] Vgl. HESSE, J. / WRIGHT, V.: Europe, 1996, S. 378 ff.

[216] Vgl. SCHARPF, F: Introduction, 1997, S. 521 – 538.

[217] SCHARPF, F.: Optionen, 1994, S. 11 ff.

tikverflechtung löst sich von den neofunktionalistischen Integrationstheorien, da diese das institutionelle Eigeninteresse der Nationalstaaten vernachlässigen. Gleichzeitig versagen intergouvernementale Ansätze, wenn sie rein nationalstaatliche Politik ohne Berücksichtigung subnationaler Akteure und Interessen vorhergesagt haben[218].

(2) Entwicklungstrend Mehrebenensystem und Multi–Level-Governance, ausdifferenzierte Entscheidungsstrukturen und lose Koppelung von Entscheidungsarenen:
Die Tatsache, dass auf der europäischen Ebene eine Politikblockade ausgeblieben ist, kann auf die Ausdifferenzierung von Entscheidungsstrukturen oder ergänzende, flexible Kooperations- und Verhandlungsarrangements zurückgeführt werden[219]. Um den Entwicklungstrend Mehrebenensystem zu erfassen, sollen die folgenden Eckpunkte einer Konzeptionalisierung genannt werden:
- Analysieren der Wirkungen im Mehrebenensystem
- Analysieren der zugrunde liegenden Steuerungs-, Governance- und der Funktionsdynamik des Systems.

Was den erstgenannten Aspekt anbelangt wird argumentiert, dass politische Akteure, staatliche und quasi-staatliche Handlungs- und Steuerungsinstrumente, die teilweise bei den Nationalstaaten oder auch subnationalen Ebenen liegen, verschmelzen könnten[220]. Aufgrund von Akteursinteressen werden Verfahren kollektiver Problemverarbeitung entwickelt. Das europäische System wird anhand von Begrifflichkeiten, wie wechselseitige Anpassung, intergouvernementale Verhandlung, Politikverflechtung und hierarchische Steuerung typisiert. Die Anbindung an Gesichtspunkte der Legitimität wird analysiert.[221]
Dem Gedanken der zugrunde liegenden Steuerungs- oder Governancedynamik innerhalb eines Mehrebenensystems nähert man sich durch einen Blick auf das System an sich: Auf allen Ebenen konkurrieren die politischen Organe um Entscheidungskompetenzen, um regieren zu können[222]. Damit findet ein Paradigmenwechsel zum europäischen Governancegedanken hin statt, mit einer pragmatischen Sichtweise, die gleichzeitig eine realistische Sicht des europäischen Systems mit sich bringt[223]. Die genannten Entwicklungen münden darin, dass sich neuere Arbeiten verstärkt mit der allgemeinen politischen Funktionslogik des europäischen Systems befassen. Unter dem Gesichtspunkt der Funktionsdynamik wird die Entfaltung des europäischen Systems als Prozess von Angleichung und Differenzierung betrachtet. So wird die These diskutiert, dass die Vertiefung der Europäischen Integration mit einer stetigen Ausdifferen-

---

[218] Politikverflechtung in europäischer Dimension wurde folglich als institutionelle Falle zwischen nationaler Souveränität und Europäischer Integration diskutiert. Gegen die Übertragung des Politikverflechtungsansatzes auf die europäische Ebene und ihre Genese zu einer Theorie doppelter Politikverflechtung spricht ihre Entstehungsgeschichte aus den Besonderheiten des nationalen politischen Systems. Vgl. BENZ, A. / EBERLEIN, B.: Regions, 1998, S. 3.
[219] BENZ, A. / EBERLEIN, B.: Regions, S. 2.
[220] Vgl. WESSELS, W.: Europäische Union, 1996, S. 47.
[221] SCHARPF, F.: Notes, 2000, S. 11 ff.
[222] JACHTENFUCHS, M.: Europäische Union,1997, S. 25 ff.
[223] Vgl. LAFFAN, B.: The European Union, 1997, S.1, S. 5 - 7. LAFFAN erläutert die "Betweenness" der Europäischen Union und charakterisiert das Europäische System als lose gekoppelte "collective governance".

zierung der institutionellen Verfahren verbunden ist, und dass sich diese Entwicklung in der gesamten institutionellen Systemstruktur des europäischen Systems nachvollziehen lässt. Unter der Dialektik von Angleichung und Differenzierung schreitet die Integration voran und entwickelt eine hochgradig ausdifferenzierte und verdichtete Systemstruktur.[224]

3.4 Abgrenzung des Governanceansatzes von der klassischen politik- und verwaltungswissenschaftlichen Steuerungstheorie

Häufig wird der Begriff „governance" gleichbedeutend mit „steuern" verwendet. Problematisch wird dies möglicherweise, wenn verkannt wird, dass der Begriff der „Steuerung" in der nationalen politikwissenschaftlichen Diskussion bereits durch eine sich seit den 70er Jahren entwickelnde Theorie politischer Steuerung besetzt ist. Gedanklich finden sich sowohl akteurs- als auch systembezogene steuerungs-theoretische Zusammenhänge in den Sozialwissenschaften.
Der Steuerungsbegriff war klassisch sachbezogen und mit dem Gedanken des Steuerns eines Schiffes auf hoher See befrachtet, was zwei Elemente politischer Steuerung betont [225]:
(1) Die Gesellschaft kann durch Politik über Zielvorgaben zu einem bestimmten Handeln veranlasst werden.
(2) Die Politik verfügt über spezifisches Steuerungswissen, was ihren Status als aus der Gesellschaft herausgehobenes Element rechtfertigt.

Aus den beiden Elementen ergibt sich, dass der akteursorientierte Steuerungsbegriff im Kontext von Planung und Regulierung steht und folglich von aktiver staatlicher Politik. Grundlage des Steuerungshandelns war sowohl die gedankliche Unterteilung in Steuerungsakteure und Steuerungsobjekte als auch die Möglichkeit der Wirkung staatlicher Intervention in gesellschaftliche Strukturen hinein. Das unterlegte Staatsverständnis fußte auf der kontinentaleuropäischen Staatstradition mit einem Begriff von politischem Handeln als Wahrnehmung öffentlicher Interessen und als Gestaltung der Gesellschaft durch Politik. Das Interesse der Steuerungstheorie war zunächst am politischen Output orientiert.[226] Politische Steuerung wurde auf diesem Wege zu einem Begriff, der sich auf die intentionale Handlungskoordination im Zuge einer gemeinwohlorientierten Gestaltung der gesellschaftlichen Verhältnisse bezog.[227] Mit Fortschreiten der Steuerungsdiskussion rückten Themen, wie Adressatenverhalten, einzelne Regelungsfelder und die zugrunde liegende Dynamik des Steuerungsobjekts ebenso in das Blickfeld wie die Frage, inwieweit Steuerbarkeit grundsätzlich angenommen werden kann. Eine zusätzliche Erweiterung der Diskussion hat stattgefunden, indem die Mitwirkung gesellschaftlicher Akteure an der Politikentwicklung im Rahmen der Steuerung thematisiert wurde.[228] Schlagworte sind hierbei der „kooperative Staat",

---

[224] TÖMMEL, I.: Entfaltung, 2001, S. 55 ff.
[225] LANGE, S. / BRAUN, D.: Differenzierung, 1999, S. 23 / 24.
[226] MAYNTZ, R.: Governance, 2004, S. 3 ff.
[227] Thematisiert wird das Verhältnis zwischen Steuerungszielen, Ressourcen und Restriktionen. Anforderungen an den Steuerungsbegriff vgl. SCHARPF, F.: Verhandlungssysteme, 1998, S. 63.
[228] Diskussion zur Steuerungsleistung von Politik vgl. SCHMIDT, M.: Demokratietheorie, 2003, S. 154 / 155.

in dessen Rahmen die Unterscheidung zwischen Steuerungssubjekt und Steuerungsobjekt aufgelöst und ein breiterer Akteursbegriff umfasst wird.[229]
Zugleich löst sich die fiktive Einheit des Staates zugunsten einer internen Betonung unterschiedlicher Regierungs- und Verwaltungsinstitutionen auf, die mit den gesellschaftlichen Teilsystemen in Kontakt stehen. So ergeben sich Verhandlungssysteme in Form von Policy-Netzwerken[230] zwischen Gesellschaft und Staat ebenso wie eine prozedurale Steuerung über Verhandlungssysteme.[231] Mit der Thematisierung des kooperativen Staates begann auch ein Perspektivenwandel, in dessen Rahmen die europäische Ebene[232] und die ihr zugrunde liegende Regelungsstruktur in den Mittelpunkt der Analyse rücken.
An dieser Stelle findet ein „Turning - Point" hin zur Governancediskussion statt. Die Analyse von Strukturen und Wirkungszusammenhängen, welche sich mit der alten Begrifflichkeit nicht in erforderlichem Umfang erfassen ließen, tritt in den Vordergrund.[233] Ein analytischer Begriff von Governance sieht diesen als besondere Form der politischen Steuerung mit dem Inhalt kooperierender Akteure aus Staat und Gesellschaft in Politiknetzwerken.[234] Gleichzeitig findet mit der Diskussion der Politiknetzwerke eine Anbindung zu politikwissenschaftlichen Ansätzen der Interessenvermittlung statt.[235]
Die Besonderheiten des europäischen Systems zu erfassen, ist nicht nur für eine akteursorientierte Sichtweise von Bedeutung, sondern auch vor dem Hintergrund, Erkenntnisse hinsichtlich verbandlicher Aktivitäten und Interessenvermittlung zu gewinnen. Der systemische Rahmen und seine Bedingungen wie Politikfelder, Verfahren, Politikinhalte und Prozessmuster beeinflussen die Aktivitäten der Verbände.[236]
Zusammenfassend resultiert aus den vorangegangenen Ausführungen, dass im Rahmen einer Abgrenzung zwischen Governanceansatz und Steuerungstheorie der Governanceansatz stärker institutionalistisch auf Regelungsstrukturen und deren Wirkung bezogen ist und die Unterscheidung zwischen Steuerungssubjekt und Steuerungsobjekt vernachlässigt wird. Gleichzeitig ist das Governanceparadigma Teil der Policy - Forschung und kompatibel mit dem Begriff des kooperativen Staates und der Einbindung gesellschaftlicher Akteure. Es findet eine gedankliche Öffnung vom unitaristischen, hierarchischen Akteur zu einer Mehrzahl miteinander verbundener Akteure

[229] MAYNTZ, R.: Governance-Theorie, 2004, S. 3 / 4.
[230] Policy - Netzwerke befassen sich mit dem Problem horizontaler Koordination von Aufgaben, welche Zuständigkeiten überschreiten. In der Literatur wird der Policy – Netzwerk Begriff auch im Zusammenhang einer Beteiligung mehrerer administrativer Ebenen und einer Beteiligung von öffentlichen und privaten Kooperationspartnern verwendet. Vgl. MAYNTZ, R.: Steuerung, 2001, S. 41.
[231] LANGE, S. / BRAUN, D.: Differenzierung, 1999, S. 28 / 29 / 32.
[232] Der analytische Rahmen der Steuerungsdiskussion umfasst seit Mitte der 90er Jahre verstärkt die Untersuchung der Auswirkung der Europäisierung auf nationale Steuerungsmuster. Vgl. HOLZINGER, K. / KNILL, C.: Faktoren, 2003, S. 7 ff.
[233] Steuerungstheorieansätze finden sich im Bereich der Staatstheorie, als Gesellschaftstheorie, als Teil der Policy - Analyse und im Sinne einer „steuerungstheoretischen Megatheorie", die versucht, die Beziehungen der Ansätze und Stränge der Steuerungstheorie zu verknüpfen. Vgl. BURTH, H. / GÖRLITZ, A.: Steuerung, 2001, S. 11.
[234] PAPADOPOULOS, Y.: Governance, 2004, S. 217.
[235] Zur Entstehung des Politiknetzwerkkonzeptes RHODES, R.A.W.: Governance, 1997, S. 32 / 33.
[236] SCHUMANN, W.: System, 1994, S. 73 zum Politiknetzwerkbegriff, Grundlagen politikwissenschaftlicher Ansätze der Interessenvermittlung und Pluralismus S. 72 ff. Beeinflussung des systemischen Rahmens auf Verbandsaktivitäten zusammenfassend S. 102 ff.

statt. Sowohl eine Bezogenheit und Orientierung auf die handlungsregelnde Struktur als auch auf den Regelungsprozess ist Teil des Governanceansatzes.[237]
Die Trennung der Begrifflichkeiten Steuerungstheorie und Governanceansatz ist zunächst sinnvoll, um soweit möglich eine klare Gegenüberstellung und Abgrenzung zu erreichen. Positiv ergibt sich aus der Unterscheidung auch die Möglichkeit aus den Steuerungs- und Regelungszusammenhängen Ansatzpunkte beider Perspektiven herauszuarbeiten, bei denen eine gegenseitige Ergänzung zwischen Governance und Steuerungstheorie stattfindet.[238]

3.5 Systematisierung der Forschungsansätze in ihrem Bezug zur Analyse subnationaler Systeme

3.5.1 Bedeutung der klassischen Modelle Europäischer Integration für die kommunale Ebene

Die vorangegangenen Ausführungen haben einen Überblick über die Theoriendiskussion gegeben. Die europäischen Integrationstheorien stellten den Rahmen dar, dessen Inhalte thematisch zum Governanceparadigma hinführen. In einem zweiten Schritt wird nunmehr erläutert, wie subnationales Engagement in diesen Modellen seinen Platz finden kann.
Folgt man der Argumentationsweise von Intergouvernementalismus und Neofunktionalismus, so wird deutlich, dass die Frage, wo die Union in dem beschriebenen Kontinuum zwischen Staatenverbund und Bundesstaat, zwischen Intergouvernementalismus und Neofunktionalismus steht, an Bedeutung verloren hat. An stetiger Relevanz gewann demgegenüber die Frage nach den Konsequenzen des Bestehens zweier konkurrierender Ebenen, der nationalen und der supranationalen Ebene. Diese Weiterentwicklung war maßgebliche Grundlage für vertiefende Fragen nach dem Funktionieren des Systems, da mit ihr Zusammenhänge eines „Mehrebenensystems" in den Vordergrund rückten. In einem weiteren Schritt liegt es dann nahe, die nationale Ebene, als Verbund mehrerer Verwaltungsebenen und Institutionensysteme bestehend, zu betrachten.
Bedeutsam ist, dass sich Ansätze, die in der Literatur als "governance without government" diskutiert werden, von der klassischen Regierungslehre lösen. Mit dem Blick auf die Europäische Union als politisch–administratives System bzw. Mehrebenensystem richtet sich der Fokus neben einer institutionellen Sichtweise verstärkt auf Prozesse und Fragen wie die Handlungsfähigkeit der Union.[239]

---

[237] MAYNTZ, R.: Governance-Theorie, 2004, S. 7 ff.
[238] Wie nahe Governanceperspektive und politische Steuerungstheorie sich sind wird deutlich, wenn man die Ansätze der Weiterentwicklung der Steuerungstheorie betrachtet, die sich kategorisieren lassen nach der Inkongruenz von Problemstrukturen z. B. Denationalisierung, Diskrepanz zwischen Steuerungsbedarf und Steuerungsfähigkeit des politisch-administrativen Systems, nach der Integration gesetzgebungstechnischer Aspekte von Steuerung in die politikwissenschaftliche Steuerungstheorie und der Analyse materieller Steuerungsprobleme. Aus diesen Kategorien leiten sich Ansätze ab, wie die Betonung dezentraler Kontextsteuerung und die Thematisierung der Wirkung reflexiven Rechts oder eine Hinwendung zu Modellen von Koordination, Kooperation und Netzwerken, bei denen der Staat seine Funktion auf neue Weise wahrnimmt. Vgl. DOSE, N.: Trends, 2003, S. 20 /. 21 ff., S. 26.
[239] EICHENER, V.: Entscheidungssystem, 2000, S. 15.

Das intergouvernementale Modell legt den Schwerpunkt auf die nationalen Entscheidungsträger. Subnationale Einheiten werden sich demnach lediglich entlang der nationalen Linien einbringen können. Sucht man demzufolge einen Erklärungsansatz, der die Mitwirkung unterer Ebenen - für die zugrunde liegende Fragestellung die kommunale Ebene - thematisiert, ist der Intergouvernementalismus nur insofern geeignet, als die Rolle der Nationalstaaten als „gatekeeper" betont wird.
Für das supranationale Modell ergibt sich ein weit differenzierterer Argumentationsstrang. Hier wird implizit davon ausgegangen, dass die Europäische Integration die Nationalstaaten transformiert hat, ein neues Institutionengefüge entstanden ist und dass die supranationalen Institutionen Einfluss auf einzelne Policybereiche haben. Wenn nunmehr im Rahmen dieser Entwicklung die europäische Ebene zulasten des Nationalstaates[240] gestärkt wurde oder wird, stellt sich die Frage, welche Handlungsspielräume sich für regionale oder lokale Akteure ergeben. Frühe Ansätze argumentieren, dass es subnationalen Interessen gelingen kann, sich in funktionale Nischen einzubringen, bzw. sich um die supranationalen Organisationen herum zu organisieren.[241] Die aktuelle Entwicklung, die nachgeordneten Regierungs- und Verwaltungsebenen zu stärken und auf ihre ökonomische und politische Handlungsfähigkeit abzuheben oder einzugehen, steht parallel zu den institutionellen Eigeninteressen der europäischen Akteure. Gleichzeitig entzieht sich die Dynamik Europäischer Integration und ihre Auswirkungen auf die subnationalen Ebenen einer eindeutigen Klassifizierung in "Gewinne" oder "Verluste". Unterschiedliche Bewertungen der Situation erscheinen gleichermaßen legitim.
Geht man von einer "Betweenness" zwischen Intergouvernementalität und Supranationalität aus und lehnt man den Gedanken einer Finalität ab, ergeben sich zwei Wege, wie kommunale Interessen bzw. die kommunale Ebene thematisch Berücksichtigung finden können:

(1) Ist nicht die Ermittlung eines Endziels von Integration die zentrale Frage,[242] sondern, wie sich zum jetzigen Zeitpunkt das europäische Institutionengeflecht darstellt, dann ergibt sich eine thematische Anbindung der kommunalen Ebene als territorial organisierte untere Ebene innerhalb des Gesamtaufbaus „Europa" an die europäische Entwicklung.
(2) Geht man weiterhin davon aus, dass sowohl für supranationale Mechanismen als auch für intergouvernementale Mechanismen zu Recht die unterschiedlichsten Anhaltspunkte bestehen, lassen sich die Theorien zu einem heterarchischen Konzept unter Betonung von Prozessen und Interaktionen weiterführen. Neben intergouvernementalen Prozessen stehen weitere Akteure im Interessenvermitt-

---

[240] Zum Begriff des „by-passing the national state" und entsprechenden Konsequenzen für die relevanten Akteure vgl. HESSE, J. / RENZSCH, W.: Thesen, 1991, S. 33.
[241] Vgl. HOOGHE, L.: Mobilisation 1995, S. 7 ff.
[242] Bei den klassischen Integrationstheorien wird im Bereich der abhängigen und unabhängigen Variablen eine Grundannahme dahingehend getroffen, dass die Dynamik der Integration die unabhängige Variable ist. Aussagen über die Einbeziehung der kommunalen Ebene oder kommunaler Interessen zu treffen, ergeben sich höchstens als „Nebenprodukt". Allerdings relativiert sich dies, wenn wie mit dem Mehrebenensystem der Blickwinkel auf das System an sich gerichtet wird mit einem Wandel im Erkenntnisinteresse. Europäische Integration muss nicht notwendigerweise zu einer Vereinheitlichung führen, es ist der Blick auf die unterschiedlichen nationalstaatlichen Systeme und deren Ebenen innerhalb des Gesamtsystems, der zu einer Wahrnehmung „bottom-up" führt. Zu den Modellen wissenschaftlicher Erklärung BURTH, H.: Analyse, 2000, S. 165 ff.

lungsprozess, so dass im Gedanken einer Heterarchie mit grenzüberschreitenden Netzwerkstrukturen und auf Recht basierenden Argumentationsprozessen[243] kommunale Interessenvermittlung in der theoretischen Konzeption Eingang finden könnte.

Im Bereich der Föderalismustheorien, die auf die Europäische Integration bezogen sind, ist keine umfassende Theorie des föderativen Systems in Sicht, welche die Auswirkungen der Europäischen Integration speziell bezogen auf die lokale Ebene ausreichend thematisiert.[244] Auch sind die Ausführungen zum Föderalismus zumeist deskriptiv[245].

3.5.2 Bedeutung des europäischen Governanceparadigmas

Die vorangegangenen Ausführungen haben sich der Governancediskussion der europäischen Ebene dadurch genähert, dass zunächst eine Darstellung der Grundannahmen mit einer definitorischen Eingrenzung erfolgt ist. In einem zweiten Schritt wurde die konzeptionelle Vorentwicklung des Governanceansatzes in theoretischer Hinsicht aufgezeigt und hervorgehoben, wie sich der Governancegedanke von den einzelnen Modellen abhebt. Governance wurde von der klassischen Theorie Politischer Steuerung abgegrenzt und Gemeinsamkeiten zwischen den Ansätzen wurden aufgezeigt.
Der positive Wert der europäischen Governanceansätze ergibt sich in mehreren Bereichen:

(1) Die Politikwissenschaft greift den Governanceansatz in seinem sich wandelnden Kontext auf. Neben die beschriebene begriffliche Erfassung des „Multi–Level-Governance“[246] tritt der Begriff der „Multi–Arena-Governance“[247], des „Governance by Policy Networks“[248] und der „Participatory Governance“. [249]
(2) Die Identifizierung unterschiedlicher Typen der „New Governance“ steht im Vordergrund und daraus resultierende Forschungsbereiche, wie die Anbindung an

---

[243] Grundlagenbezogen mit einer Betonung von Rechts- und nationaler Governancekultur. Der Europäisierungsprozess beziehe die Rechts- und Governance- oder Steuerungskultur der Nationalstaaten ein. SCHUPPERT, G.: Europeanisation, 2006, S. 24 ff.
[244] Zu den Auswirkungen europäischer Integration auf die Nationalstaaten in Abhängigkeit von deren Struktur vgl. SCHMIDT, V.: Europeanization, 2004, S. 133 – 144.
[245] Föderalismus als Gestaltungsprinzip, hinter dem keine geschlossene Theorie stehe. Vgl. MAZAN, S.: Prinzip, 1996, S. 9.
[246] Mehrebenen-Governance wird nicht einheitlich definiert. GUALINI betont den Bezug zur Ebene und sieht diese als „territoriale Einheit ausgestattet mit spezifischen Kompetenzen innerhalb eines souveränen, territorial definierten Nationalstaates“. Vgl. GUALINI, E.: Mehrebenen-Governance, 2006, S. 66. Differenziert argumentiert FOLLESDAL, der Multi–Level-Governance in zwei Bereichen sieht: Einmal vertikal zwischen Staat und supranationaler Ebene und zurück zu subnationalen Einheiten, dann in Kombination mit vertikal / horizontalen Komponenten mit nicht – politischen Akteuren. Im Ergebnis entstehen hieraus auch unterschiedliche normative Begründungen. Vgl. FOLLESDAL, A.: Theory, 2002, S. 3.
[247] Vgl. Ansatz von HÉRITIER, A.: Modes, 2002, S. 2.
[248] Vgl. Ansatz von PETERSON, J.: Networks, 2003.
[249] Diesen Ansätzen ist gemein, dass soziale oder gesellschaftliche Phänomene in einem erweiterten Zusammenhang betrachtet werden.

hierarchische Entscheidungsstrukturen oder die Auswirkungen auf das bestehende Institutionensystem.[250]

(3) Der Governancegedanke steht in einem normativen Wirkzusammenhang. Er ergibt sich dadurch, dass untersucht wird, inwieweit mit dem Governancegedanken Elemente zur Steigerung der Legitimität verbunden sind und wie die Verknüpfung mit Demokratie dargestellt wird.[251]

Die Typisierung von Europäischer Governance ist von Bedeutung vor dem Hintergrund einer vergleichenden Sicht auf unterschiedliche Konzeptionen und Regelungen. Die Sicht auf Multi–Level-Governance vor einem konzeptionellen Hintergrund kann die subnationalen Ebenen mit einbeziehen.[252] Es resultiert eine geschlossene theoretische Konzeption Europäischer Governance.
Was den normativen Wirkzusammenhang anbelangt, entzündet sich ein großer Teil der Diskussion am Umgang mit nationalstaatlichen Werten der Demokratie bzw. der Legitimation und ihrer Bedeutung und Weiterentwicklung oder Wandlung im europäischen Kontext, einem „staatsfixierten Modell" im Gegensatz zu einem „unionsspezifischen Integrationskonzept"[253].

Schließt man an die pointierte Aussage

„If democracy is only about matching the present preference of voters to policy outputs, it is difficult to explain, what is wrong with the EU"[254]

an, dann wird schnell deutlich, dass mit der Union ein neuer Typ eines politischen Systems entstanden ist, welchem Merkmale traditioneller demokratischer Governance mit traditioneller Legitimität fehlen. Gleichzeitig werden politische Entscheidungen auf die europäische Ebene transferiert, was die Frage nach demokratischen Institutionen und Prozessen in den Mittelpunkt des Interesses rückt. Demokratie aus intergouvernementalen Aspekten abzuleiten verkennt die supranationale Dynamik.[255]
Die Inhalte der Begrifflichkeit der „Funktionslogik" der Integration sind von besonderem Interesse. Sie stehen im Gesamtkontext einer Stärkung der supranationalen Integrationsdynamik bei gleichzeitiger Ausdifferenzierung der intergouvernementalen Systemstruktur. Eine supranational orientierte Erklärung der Dynamik kann daher auch subnationale Akteure über Vernetzungs- und Koppelungsprozesse mit einbeziehen[256]. So sind im Hinblick auf die kommunalbezogene Fragestellung die Ausgestaltungen der

---

[250] HÉRITIER, A.: Modes, 2002, S. 2.
[251] HÖRETH, M.: Commission, 2001, C 94.
[252] HOOGHE, L. / MARKS, G.: State, 2003, S. 6 ff. bzw. HOOGHE, L. / MARKS, G.: Types, 2001. HOOGHE und MARKS nehmen eine idealtypische Typisierung von Konzepten der Multi–Level–Governance vor.
[253] Vgl. BIEBER, R.: Demokratie, 1998, S. 11 ff.
[254] FOLLESDAL, A. / HIX, S.: Deficit, 2002, S 22.
[255] HÖRETH, M.: Commission, 2001. JOERGES stellt als Verfahren den Rückgriff auf nationale Traditionsbestände vor dem Hintergrund dar, dass die Nationalstaaten und deren Rechtssysteme zunächst selbst die Voraussetzungen internationaler oder transnationaler Kooperation gesetzt haben. In einem zweiten Schritt wäre demnach zu klären, wie gemeinschaftliche Herrschaft aussehen kann, die von demokratisch verfassten Staaten angestrebt wird. Vgl. JOERGES, C.: Gesetz, 2001, S. 4 ff.
[256] TÖMMEL, I.: Entfaltung, 2001, S. 76.

Koppelungselemente und Prozesse[257] ebenso relevant, wie die Dynamik der Entfaltung der Funktionslogik unter Berücksichtigung der kommunalen Ebene.
Was die Dynamik der Entfaltung der Funktionslogik anbelangt, stellt sich die Frage nach Rückkoppelungsprozessen zwischen kommunaler Ebene und europäischen Akteuren.
Gleichzeitig ergibt sich eine Anbindung an Governance dadurch, dass die pluralistische Einflusslogik modifiziert wird. Es sind nicht nur die Verbände, welche i. S. von Pressure Groups agieren, sondern Europäische Institutionen wie die Kommission, die auf Verbände im Bereich der Politikformulierung und Implementation zugehen und versuchen, die Partizipationsprozesse zu strukturieren.[258] Konstatiert man diese Prozesse als Ko-Evolution von staatlicher Politik und verbandlicher Interessenvertretung[259], dann wird deutlich, dass kommunale Einflussstrukturen eine mehrfache Legitimation aufweisen können.
Besondere Relevanz gewinnt für die Kommunen das Multi-Level-Governance Modell. Da die Kommunale Selbstverwaltung oder die kommunale Ebene bisher nur unzureichend in einer politikwissenschaftlichen Theorie Europäischer Governance eingebunden ist, besteht eine mögliche Vorgehensweise darin, den Ansatz der Multi–Level-Governance, der zunächst auf die Frage der Verteilung der Staatsgewalt gerichtet war[260] und dann maximal auf die Regionen bezogen wurde unter territorialen Gesichtspunkten auf die kommunale Ebene auszudehnen.[261]
Das Modell der Multi-Level-Governance würde das supranationale Modell und in gewisser Weise auch das intergouvernementale Modell ergänzen. Die subnationalen Akteure haben eine ergänzende Rolle inne, hierarchische Beziehungen werden schwächer gewichtet und die Betrachtung von Interdependenzen zwischen den Ebenen gewinnt an Bedeutung.[262]

Da Governance auf europäischer Ebene Steuerung ohne Regierung im herkömmlichen Sinne als Steuerungszentrum bedeutet, könnte sich auch für kommunale Akteure die Möglichkeit eröffnen, sich in die politische Diskussion einzubringen und Interessen und Argumente in höherstufigen Politikprozessen geltend zu machen, um so letztlich einen Beitrag zur Governance des Gesamtsystems zu leisten. Damit trennt man sich von der traditionell - föderalistischen Vorstellung voneinander abgrenzbarer Ebenen zugunsten einer Perspektive, weg von einem Stufen- oder Ebenenmodell und hin zu einem Modell ebenenunabhängiger Arenen. Gleichzeitig relativiert sich die Vorstellung

---

[257] Wie gestaltet sich die pluralistische Einflusslogik innerhalb des Systems der Europäischen Union? EICHENER argumentiert, dass der Dualismus von Staat und Gesellschaft, von Regierung und Interessenvertretung abgelöst wurde von einem System der Ko-Evolution von Politik und verbandlicher Interessenvertretung. Gleichzeitig bemüht sich die Europäische Kommission, die verbandlichen Interessen in die supranationalen Prozesse von Politikformulierung und Politikimplementation zu integrieren. Vgl. EICHENER, V.: System-Entwicklung, 2001, S. 95.
[258] Debatte um Beitrag organisierter Interessen zur europäischen Demokratie als Teil eines „inszenierten" Diskurses vgl. EISING, R. / KOHLER-KOCH, B.: Interessenpolitik, 2005, S. 56.
[259] Vgl. Begrifflichkeiten EICHENER, V.: System-Entwicklung, 2001, S. 85, 95 / 96.
[260] GUALINI, E.: Mehrebenen-Governance, 2006, S. 70.
[261] Hier ist darzulegen, welcher Schwerpunkt bei einzelnen Untersuchungsdesigns gewählt wurde. Wird Governance als two – level - game beschrieben, dominiert der intergouvernemental orientierte Ansatz zur Beschreibung der Auswirkungen der Integration auf die subnationale Ebene.
[262] HOOGHE, L.: Mobilisation, 1995, S. 7 ff.

von Top–Down oder Bottom–Up Prozessen hin zu Gesellschaft, gesellschaftlichen Gruppen oder auf öffentlich-institutionelle Akteure gerichtete Prozesse.

Mit dieser Argumentation könnte eine Anbindung zwischen der europäischen Multi–Level-Governance Diskussion und den Ansätzen Lokaler Governance in vertikaler Perspektive geschaffen werden. Zielt man darauf ab, die bestehenden Möglichkeiten der Kommunen sich in europäische Prozesse einzubringen entsprechend theoretisch konzeptionell zu verankern, dann

(1) müssten sich Strukturen und institutionelle Settings im gesamt-europäischen System nachweisen lassen, die geeignet sind, kommunale Interessen zu transportieren und die Vorteile für das Gesamtsystem entstehen lassen. Unter diesem Gesichtspunkt erfolgt nachfolgend eine Diskussion subnationaler Vertretungsmöglichkeiten, wie des Ausschusses der Regionen bzw. eine Konkretisierung der Instrumente, wie sie im Rahmen des Weissbuches Europäisches Regieren geschaffen wurden.
(2) gewinnt die Frage nach bestehenden Interdependenzen zwischen den Akteuren, Institutionen und Ebenen an Bedeutung. Besondere Berücksichtigung müssten neue und flexible Kooperationsformen finden.
(3) könnte auf (1) und (2) aufbauend dargestellt werden, inwiefern sich aus der genannten Entwicklung Tendenzen in Richtung „Vereinheitlichung“ aus dem nationalen Kontext stammender Einflussmöglichkeiten ergeben.
(4) rückt nicht zuletzt auch eine akteursorientierte Perspektive in den Vordergrund, die hinterfragt, welche Eigenschaften die Akteure mitbringen müssen, um sich etablieren zu können[263] und ihre Ziele effektiv verfolgen zu können.

[263] HOOGHE, L.: Mobilisation, S. 4.

4 Schlussfolgerungen: Lokale Governance im europäischen System: Anbindung horizontaler lokaler und vertikaler Mehrebenen- bzw. Netzwerkperspektive

Die vorgenommene Entwicklung, Begründung und Herleitung Lokaler Governance versucht drei Perspektiven zu verbinden:

1. Die horizontal orientierte, territorial gebietswirtschaftliche Perspektive der kommunalen Ebene bezogen auf die Gemeinden.
2. Eine vertikale Mehrebenenperspektive, die bei den Kommunen ansetzt.
3. Einen Ansatz, der akteursorientiert oder mit netzwerkartigen Strukturen und Verflechtungsbezügen oder Arenen argumentiert.

Lokale Governance dient als Instrument, mit dem diese Zusammenhänge thematisch verknüpft werden können. Indem an weitere institutionelle Arrangements des kommunalen politischen Systems angeknüpft oder die Inhalte des Weissbuches Europäisches Regieren betrachtet werden, wird der lokale Governanceansatz vom abstrakten theoretischen Modell zu einem Ansatz, welcher der konkreten Beschreibung spezifischer kommunalrelevanter institutioneller Strukturen und Prozesse – eines organisatorischen und konzeptionellen Wandels - dient. Einmal erfolgt eine Anknüpfung an Governance als Konzept, das für normative Prägungen offen ist und Initiativfunktion entfalten kann. Zum Zweiten eröffnet sich eine funktional orientierte Anschauung von Governance, indem Governance herangezogen wird, um Koordinations- und Regelungsformen zu beschreiben. Inhaltlich ist sowohl der staatliche Bereich der Governance im Zusammenspiel von Politik und Verwaltung als auch die Partizipation der Bürger, also ein gesellschaftsbezogener Bereich Lokaler Governance relevant.
Die vorangegangenen Ausführungen haben den theoretischen Kontext und die begriffliche Verwendung des lokalen Governancebegriffes nachgezeichnet, Inhalte Lokaler Governance anhand der modellhaften Leitbilddiskussion der kommunalen Ebene nachvollzogen und Lokale Governance in das europäische Gesamtsystem theoretisch und konzeptionell an– und einzubringen gesucht.
In einem weiteren Schritt wird Lokale Governance anhand unterschiedlicher Kriterien systematisiert. Die Ausformungen verdeutlichen die Vielfalt und mögliche Kombinationen Lokaler Governance und sollen eine Klassifizierung einzelner Formen oder Verwendungszusammenhänge Lokaler Governance erleichtern. Sie ergeben sich aus der vorangegangenen Darstellung kommunaler theoretischer Leitbilder und den aus den europäischen Integrationstheorien einbindbaren Elementen Lokaler Governance. Auf diese Weise soll ein Deutungsrahmen für Lokale Governance angeboten werden, der es ermöglicht:

1. Spezifika nationaler Systeme gedanklich zu verorten.
2. Verschiebungen innerhalb eines nationalen Systems oder unterschiedliche Schwerpunkte zu erfassen und zuzuordnen.
3. Anhand der Verschiebungen eine Konklusion in Bezug auf eine mögliche Europäisierung von Lokaler Governance zu treffen.
4. Ein aufeinander beziehen lokaler Governancestrukturen von Staaten vorzunehmen.

Die Auswahl der Kriterien ist selektiv und hat sich an dem für das gemeindliche System bisher für Deutschland und Frankreich Dargestellten orientiert.

Tab. 4 - Kriterien Lokaler Governance im gemeindlich–europäischen Bezug

Kriterien		Ausformungen	
Funktionale Orientierung		Horizontal	
		Vertikal	
Einbezogene Ebene/n und institutionelle Systeme	Ausgangs-system	Einzelne Kommune	
		Mehrere Kommunen / territoriale Gebietskörperschaftlichkeit	
		Kommunale Ebene	
		Kommune in körperschaftlich territorialem oder institutionalisiertem Verband	
		Kommunen im Netzwerk – ebenenabhängig	
		Kommunenintegrierendes Netzwerk – ebenenabhängig	
		Kommunenintegrierendes Netzwerk – ebenenunabhängig	
	Bezogenes System	Einzelne Kommune	
		Mehrere Kommunen, territoriale Gebietskörperschaftlichkeit	
		Kommunale Ebene	
		Kommunen im körperschaftlich territorialen oder institutionalisierten Verband	
		Höhere Ebene/n national	
		Höhere Ebene supranational	
		Netzwerk – ebenenabhängig	
		Netzwerke – ebenenunabhängig (Arena)	
Dominanter Systembezug Von Lokaler Governance		Politisch / politisch-administrativer System-bezug	Bürgermeister
			Bürgermeister plus Verwaltungsapparat
			Politisch–administratives System
		Pol.– admin. System erweitert um bürgerschaftliches Engagement	
		Politisch–administratives System erweitert bürgerschaftlich partizipativ	
		Politisch–administratives System erweitert um Ökonomie	
Relevante/r Politik– und Leistungsbezug		Input	
		Entscheidung	
		Output	
Handlungsbezug		Normgerichtetheit	
		Nutzenorientierung	
Aufgabenbezug		Sektororientierter Aufgabenbezug	
		Querschnittsorientierter Aufgabenbezug	
Wesentliche Demokratie-bezüge		Repräsentativ	
		Partizipativ	Gemeinwohlorientiert
			Partikularorientiert

Quelle: Eigene Ausarbeitung.

III Wirkmechanismen Lokaler Governance

A Lokale Governance in nationalen Verwaltungs- und Institutionensystemen

1 Modelle kommunaler Systeme in Europa

Vor dem Hintergrund der vorangegangenen Ausführungen muss die lokale Ebene im Kontext komplexer intergouvernementaler und supranationaler Interaktionssysteme[264] betrachtet werden. Ausgangspunkt ist die Stellung der Kommunen im nationalen Staatsaufbau. Für den europäischen Raum gilt, dass die Strukturen der Selbstverwaltung – wie auch im bundesdeutschen Fall – zumeist länger bestehen als der Nationalstaat selbst[265]. Innerhalb Europas lassen sich drei idealtypische Modelle Kommunaler Selbstverwaltung ableiten, wie sie am prägnantesten in Frankreich, Deutschland und Großbritannien verwirklicht sind und welche die Gestaltung der Beziehung zwischen Zentral- und Lokalgewalt verdeutlichen[266]. Diese Modelle berücksichtigen ausschließlich die inneren nationalen Strukturen der Mitgliedsländer.
HESSE unterscheidet zwischen dem Französischen Modell, dem Englischen Modell und einer Nord- und Mitteleuropäischen Variante (Modell 3), die im Einzelnen wie folgt gekennzeichnet sind:

Abb. 2 – Modelle Kommunaler Selbstverwaltung

Modell 1 **Französisches Modell**	**Modell 2** **Englisches Modell**	**Modell 3** **Nord- und Mitteleuropäische Variante**
✤ lokales Verwaltungssystem folgt dem französischen, napoleonischen Modell ✤ lokale Selbstverwaltung hat Verfassungsstatus ✤ keine eigenständige Aufgabenerfüllung ✤ politische Schwerpunktsetzung auf kommunaler Identität ✤ neben Frankreich auch Italien, Belgien, Spanien und Portugal	✤ kein Verfassungsrang lokaler Verwaltung (nicht auf nationaler Ebene) ✤ keine Aufsicht in der Form einer „Tutelle" ✤ hoher Grad an Autonomie der lokalen Ebene ✤ neben Großbritannien auch Irland, Kanada, Australien und in Teilen die USA	✤ hohe Bedeutung lokaler Kapazitäten bzw. Kompetenzen ✤ dezentraler Ansatz ✤ konstitutioneller Status lokaler Selbstverwaltung ✤ finanzielle Unabhängigkeit ✤ Autonomie in der Politikgestaltung ✤ neben Deutschland auch Österreich, Schweiz, Holland

Quelle: nach Hesse, J. / Sharpe, L.: Government, 1991, S. 606 ff.

[264] Grundlegend zur transnationalen Perspektive HESSE, J. / SHARPE, L.: Government, 1991, S. 603 ff., dargestellte Modelle vgl. S. 606 ff.
[265] Eine besondere Betonung von politischen Strukturen und Prozessen bei CHANDLER, J. (Ed.): Government, 1993. Eine aktuelle Übersicht über Grobstruktur und die Zahl der Gebietskörperschaften in den Nationalstaaten vgl. Council of European Municipalities and Regions (CEMR): Local and regional structures in Europe, http://www.ccre.org/bases/T_599_28_3524.pdf - (05.09.2006).
[266] Vgl. DREIER, V.: Faktor, 1997, S. 81 ff.

Das Modell von HESSE und SHARPE aus den frühen 90er Jahren ist von Bedeutung, da es nach wie vor und weiterführend genutzt wird, um beispielsweise die Abhängigkeit der Entwicklung lokaler Reformen vom Maß kommunaler Autonomie zu untersuchen.[267]
Neuere politische Entwicklungen führen zur Ergänzung der Modellstruktur in den folgenden Bereichen:

1. Modell 1: Frankreich befindet sich in einer weiteren Phase der Dezentralisierung. Daraus resultiert eine Weiterentwicklung des Französischen Modells, da sich die Änderungen in der französischen Selbstverwaltung als gravierend erweisen.
2. Erweiterung der Staatengemeinschaft: Der Beitritt bzw. die Annäherung der osteuropäischen und südosteuropäischen Länder zur bzw. an die Europäische Union. Alle Länder haben die Europäische Charta der Kommunalen Selbstverwaltung[268] ratifiziert, allerdings ist von Besonderheiten der osteuropäischen Systeme auszugehen, die sich auf die folgenden Bereiche beziehen:
   - Transformation ehemals sozialistischer Volkswirtschaften.
   - Aufbau bzw. Restrukturierung dezentraler Verwaltungsstrukturen.

Die ergänzenden Gesichtspunkte stellen eine Relativierung der idealtypischen Modellstruktur dar, die im Rahmen der nachfolgenden Ausführungen inhaltlich Berücksichtigung finden sollen.

2 Begründung der Wahl des deutschen und französischen Systems kommunaler Verwaltung, Analyserahmen und –kriterien für Lokale Governance

Das „Europa der Kommunen" wird getragen von den Eigenheiten und Unterschieden der nationalen Systeme. Die Kenntnis der Unterschiede eröffnet die Möglichkeit, Vor- und Nachteile vor dem Hintergrund historischer und europäischer Entwicklung abzuwägen und eine Auseinandersetzung um normative Inhalte und Lösungen zu führen.[269]

Die deutsche Selbstverwaltung wurde gewählt, da ihr anhand ihrer verfassungsmäßigen Verankerung, des organisatorischen Zuschnitts und der Ausstattung mit Kompetenzen und Finanzen für die Kommunen eine eigenständige Bedeutung in Europa zukommt. Die historische Entwicklung der Selbstverwaltung und normativer Elemente, wie Ehrenamt und Engagement der Bürger, machen die Befassung mit der deutschen Selbstverwaltung besonders lohnend. Der Anschluss erfolgt insbesondere an die in nationalem Rahmen in den Rechtswissenschaften geführte Diskussion um eine Sicherung und den Schutz kommunaler Selbstverwaltungsstrukturen.

---

[267] Arbeit von KERSTING, N. / VETTER, A.: Democracy, 2003, S. 22.
[268] COUNCIL OF EUROPE: Charta, 1985.
[269] In diesem Sinne THADDEN, R. VON: Kommunen, 2003, S. 4 / 5.

Thematisiert wird neben der deutschen Kommunalen Selbstverwaltung, wie sie Art. 28 Abs. 2 des Grundgesetzes (GG) normiert, das französische Modell lokaler Verwaltung mit seinem Dualismus von Dezentralisierung und Dekonzentration.
Allein die statistischen Zahlen zu Gemeindegröße und Einwohnerzahl zeigen für die Gemeindestruktur interessante Unterschiede: 63 Millionen Franzosen, 36.763 Gemeinden, 36 Städte mit mehr als 100.000 Einwohnern und gleichzeitig mehr als 22.000 Gemeinden, in denen weniger als 500 Einwohner wohnen. Demgegenüber weist die deutsche Gemeindestruktur 14.400 Gemeinden und Städte auf, wobei 84 Städte mehr als 100.000 Einwohner haben und lediglich 3.334 Gemeinden weniger als 500 Einwohner.[270]

Gleichzeitig bietet sich das französische Modell als Bezugssystem an, da mit der aktuellen Dezentralisierung in Frankreich Reformen angestoßen werden, welche das System der Gebietskörperschaften, ihre Kompetenzen und die Modalitäten ihrer Kooperation, aber auch die bürgerschaftliche Beteiligung tangieren. Die genannten Gesichtspunkte haben wiederum Auswirkung auf die lokale Governancestruktur in Frankreich und die Dynamik der lokalen Ebene, so dass hiervon ein Erkenntnisfortschritt zu erwarten ist, der sich durch den Blick auf das Trias Bürger, politisch administratives System und Wirtschaft ergibt und der grundlegenden Fragen hinsichtlich von Konvergenzen oder Divergenzen zwischen den beiden Staaten aufkommen lässt.

Ausgangspunkt sind Normierungen der Verfassungen mit dem Ziel darzustellen, ob und in welchem Umfang anhand der nationalen Entwicklungspfade[271] ein vergleichbares Maß an Einbindungsmechanismen der Kommunen in das nationale bzw. europäische Gesamtsystem entsteht. Daneben soll vor diesem Hintergrund ein Blick auf die übergreifende, transnationale Struktur unterschiedlicher Einbindung eröffnet werden. Das Augenmerk ist auf Selbststeuerungsmechanismen der Gemeinden bzw. der kommunalen Ebene und die Modelle kommunaler (Selbstverwaltung) gerichtet. Sie werden in den Kontext europäischer Rahmenbedingungen gestellt. Auf dieser Grundlage soll ein vorsichtiger Ausblick auf künftige Entwicklungsperspektiven und Entwicklungsmöglichkeiten gegeben werden.

Die Anbindung an die nationalen Verfassungs- und Rechtstraditionen möchte den Bezug zu tradierten Staatsverständnissen und der politisch-administrativen Ausgangslage aufzeigen. Länderspezifische Eigenheiten Frankreichs und Deutschlands sind Mittelpunkt der Argumentation. Nicht internationalen Konvergenzen ist das Wort zu reden, sondern eine eigene Dynamik der Entwicklung wird dargestellt, die in nationalen, auch pfadabhängigen historischen Mustern ruht.

---

[270] Nach TÜMMERS, H.: System, 2006, S. 44 ff.
[271] Pfadabhängigkeit lässt sich politikwissenschaftlich in den Kontext des historischen Institutionalismus stellen. Ausführlich SCHRÖDER, E.: Staats- und Verwaltungsreformen, 2001, S. 416 ff.

3 Verortung des deutschen und französischen Modells im nationalen Bezugsrahmen

3.1 Deutsches Modell Kommunaler Selbstverwaltung

3.1.1 Entwicklungslinien, Merkmale und Modelle Kommunaler Selbstverwaltung in Deutschland

3.1.1.1 Historische Entwicklungslinien Kommunaler Selbstverwaltung

Maßgeblicher Bezugspunkt für die Auseinandersetzung mit Kommunaler Selbstverwaltung in unterschiedlichen Rechtsordnungen ist die Berücksichtigung der zugrunde liegenden historischen Entwicklungen. Erforderlich ist die Betrachtung der Gemeinden in ihrer Funktion innerhalb des gesamtstaatlichen Systems. Demzufolge wird zunächst auf die Kommunale Selbstverwaltung in der nationalen Staatstradition eingegangen. Der Begriff der Kommunalen Selbstverwaltung grenzt sich im nationalen Rahmen vom allgemeinen Selbstverwaltungsbegriff ab. Träger der Kommunalen Selbstverwaltung sind in erster Linie die Gemeinden, in begrenztem Umfang auch Gemeindeverbände wie die Landkreise[272], wobei die Landkreise eine Doppelfunktion als übergeordnete Gebietskörperschaft und Gemeindeverband innehaben und gleichzeitig untere staatliche Verwaltungsbehörde sind.[273]
Unabhängig von jeder theoretischen Konzeption und Modellbildung ist die lange Vorgeschichte mit der Tradition Freier Reichstädte, mittelalterlicher Städtefreiheit und genossenschaftlicher Entwicklung als den Vorläufern moderner Selbstverwaltung[274].
Sucht man nach einem umfassenden theoretischen Referenzsystem, wird den Kommunen in den Arbeiten beispielsweise von MARX oder MAX WEBER nur wenig Beachtung geschenkt. Am ehesten könnte man die Gemeinden eingeschränkt unter die Rubrik „legaler Herrschaft“ WEBERS fassen[275], für den die politische Kernfrage das

[272] WAIBEL, G.: Gemeindeverfassungsrecht, 1999, S. 16. Die Arbeit bezieht sich auf die lokalen territorialen Gebietskörperschaften, die Gemeinden als staatsorganisatorische kommunale Grundebene und als unterste gebietskörperschaftliche Einheit. Die spezifische Bedeutung der Gemeinde rechtfertigt die vorgenommene Begrenzung. Gemeindeverbände i. S. des Art. 28 Abs. 2 GG werden nicht gesondert thematisiert. Zweckverbände als verbandartige Zusammenschlüsse bis hin zu Bundkörperschaften ohne Gebietskörperschaftlichkeit werden im Zusammenhang mit kommunaler Kooperation dargestellt. Kommunale Sonderverbände für die landesrechtliche Regelungen bestehen, wie Stadt – Umland Verbände oder Planungsverbände, werden ausschließlich unter dem Gesichtspunkt „Regionale Governance“ angesprochen.

[273] BOGUMIL, J.: Kommune, 2005, S. 517.

[274] Bestehen genossenschaftlicher Dorfgemeinschaften und weitgehend autonomer Städte im mittelalterlichen Feudalstaat. Bürger erkämpften sich vom Stadtherren Rechte. Vgl. SCHÖBER, P.: Selbstverwaltung, 1999, S. 53 ff. Im späten Mittelalter waren Handwerker und Kaufleute in Genossenschaften, in Süddeutschland in Zünften, in Norddeutschland in Gilden / Innungen organisiert. Genossenschaften waren in Stadtverfassungen integriert, Zunftmitglieder hatten Anteil an der Regierung der Stadt. Vgl. BOOCKMANN, H.: Stadt, 1986, S. 294 ff. POHL, H.: Wurzeln, 1983, S. 4 ff. Vom obrigkeitlichen Stadtregiment zu liberaler bürgerschaftlicher Kommunalpolitik. MAY, J.: Stadtregiment, 2000.

[275] Als legale Herrschaft bezeichnet die Lehre von WEBER die rationale, auf den Glauben an eine Legalität gesetzter Ordnungen fußende, Herrschaft. FENSKE, H.: Denken, 1993, S. 704. Kritisch wird eingewandt, dass WEBERS Typologien der Herrschaft das Bürgertum oder das Bürgerliche zu wenig berück-

Verhältnis von Staatsbürokratie und bürokratischer Organisation zu den politischen Führern war[276]. Grundlagentheoretische Überlegungen, wie „Gemeinden" gefasst werden können, könnten demgegenüber am HEGEL'SCHEN Konzept von Wissenschaft ansetzen mit einer Theorie von Gemeindewissenschaft und ihrer Wirklichkeit als Einheit.[277]
Fruchtbar ist die frühe Würdigung der Gemeinden Mitte des 19. Jahrhunderts durch ALEXIS DE TOCQUEVILLE in staatstheoretischer Sicht. TOCQUEVILLE steht in seinen Schriften zwischen einer Kritik *an* und einem Bekenntnis *zur* bürgerlichen Gesellschaft mit einem liberalen Menschenbild. Elemente direkter Demokratie sieht TOCQUEVILLE am Beispiel der Entwicklung in Neuengland verwirklicht, da dort auf öffentlichen Plätzen in Bürgerversammlungen lokale Politik diskutiert wurde. Die Gemeinde gilt nach seiner Lehre als „naturgegeben" bzw. „universelle Existenz" und „Schule der Freiheit", mit dezentraler Organisation.[278] TOCQUEVILLE sieht die Zivilgesellschaft zwischen Religion und Politik stehend. Moralische Politik entstünde demnach auf der Grundlage der Religion und weniger auf Grundlage bürgerlicher Selbstverpflichtung.[279]

Als konkrete "Geburtsstunde" Kommunaler Selbstverwaltung wird der Erlass der preußischen Städteordnung aus dem Jahre 1808 genannt, die eng mit der Person des FREIHERRN VOM STEIN[280] verbunden ist. Gemeinden als Fundament des freien Staates sollten von staatlicher Bevormundung befreit und die Verwaltung ihrer Angelegenheiten in eigener Zuständigkeit ermöglicht werden. "Gemeingeist" und "Bürgersinn" sollten gefördert werden[281]. Das Ehrenamt stand zunächst im Gegensatz zum fürstlichen Obrigkeitsstaat mit seinen Berufsbeamten und schaffte Raum für Bürger, die mit ihrem Ehrenamt Organe des Gemeinwesens und nicht „gemietete Diener eines fürstlichen Herrn" sein sollten[282]. Bürgerschaftliche Verwaltung grenzt sich von obrigkeitlicher Verwaltung ab. Der Schwerpunkt liegt nicht auf der Gemeindefreiheit als solche, sondern auf der Mitwirkung des Bürgers[283] und seiner Eigenverantwortlichkeit für die Geschicke seiner Gemeinde.[284]

Der Gedanke einer freiheitlichen Sphäre auf der Basis der Gedanken von VOM STEIN wurde nicht zuletzt unter BISMARCK als politische Lösung zwischen Obrigkeitsstaat

---

sichtigen. Das rationale Legitimitätskonzept unterschlage das „republikanische Wesen". Vgl. MÜLLER, C.: Problem, 2005, S. 181 ff.

[276] Vgl. WEBER, M.: Politik, 1919, S. 17 ff.

[277] Demnach entstünde die Gemeinde als „Idee", die unmittelbar in der sozialen Wirklichkeit anzutreffen ist. Zur Herleitung einer Gemeindelehre aus den Argumenten bzw. über die Argumente der Staatslehre HEGELS vgl. SCHÖBER, P. Selbstverwaltung, 1991, S. 21 ff.

[278] Direktdemokratie vgl. HABERMANN, G. (Hrsg.): Freiheit, 2005, S. 52 ff. bzw. CAMPAGNA, N.: Moralisierung, 2001, S. 298 / 299.

[279] HERB, K. / HIDALGO, O.: Tocqueville, 2005, S. 132.

[280] Der 250. Geburtstag des Freiherrn VOM STEIN im Jahr 2007 als Anstoß zur Untersuchung, inwiefern die Inhalte seiner Konzeption vor geänderten gesellschaftlichen und staatsrechtlichen Verhältnissen einen nach wie vor modernen Kern enthalten. MEYER, H. Funktional- und Gebietsreformen, 2007, S. 78.

[281] MENGER, C.: Entwicklung, 1983, S. 25 / 26.

[282] PREUSS, H.: Selbstverwaltung, 1912, S. 201.

[283] KRABBE, W.: Stadt, 1989, S. 14 / 15. VOM STEIN grenzt sich von der staatszentrierten Entwicklung der Französischen Revolution ab. Vgl. FRÖHNER, K.: Selbstverwaltung, 1958, S. 10.

[284] Idealtypisch dargestellt bei FRÖHNER, K.: Selbstverwaltung, 1958, S. 13 ff.

und liberalem Bürgertum weiterentwickelt.[285] Die Anbindung einer „Theorie" der Kommunalen Selbstverwaltung an liberales Gedankengut erfolgte ab Mitte des 19. Jahrhunderts. Über liberale Grundströmungen wird Selbstverwaltung der Entfaltungsraum der Gesellschaft und die Gemeinde der Gegenpol oder Kontrapunkt zum Staat. Diese liberale Gemeindetheorie wurde maßgeblich durch VON ROTTECK (1775 – 1840) geprägt, der als Begründer des Dualismus zwischen Staats- und Selbstverwaltung gilt. Nach dieser Lehre ist die Gemeindeverfassung „Erzeugnis der Gesellschaft". [286] Konkret sucht der Ansatz von VON ROTTECK Parallelen zwischen Staatsbildung, bei ihm als „Gesellschaftsvertrag" verwirklicht, und Gemeindebildung. Auch die Gemeindebildung wird bei VON ROTTECK über das Modell des Gesellschaftsvertrags erklärt.[287] Frühe Konzeptionen von Selbstverwaltung sehen die Selbstverwaltung auch als Zwischenelement zwischen Parlament und Staatsverwaltung, wobei eine eigenständige Aufgabenerfüllung unabhängig vom Staat durchaus kritisch betrachtet wurde.[288] Von lokaler Demokratie war der Selbstverwaltungsgedanke zunächst wenig inspiriert, denn es sollten nur diejenigen Bürger wählen dürfen, die auch Ehrenämter übernehmen bzw. wahrnehmen konnten.[289] Die politischen Rechte der Bürger wurden als Pflicht zugunsten des Dienstes für das „staatliche Gemeinwesen" betrachtet.[290] Eine Politisierung und Anbindung an den Gedanken der Parteiendemokratisierung fand ebenfalls erst zu einem späteren Zeitpunkt statt.[291]

Relevant war in der ersten Hälfte des 19. Jahrhunderts darüber hinaus die Einrichtung der Kommunalen Selbstverwaltung als Teil einer Hinwendung zu kapitalistischer Produktion. Kommunale Selbstverwaltung wurde ein Mittel, um politische Entscheidungen an den Bürgerwillen zu binden, statt an Zünfte und Genossenschaften. So wurde Kommunale Selbstverwaltung zur „Vorbedingung der Durchsetzung einer kapitalistischen Produktionsweise"[292].
In der zweiten Hälfte des 19. Jahrhunderts entwickelte sich das Selbstverwaltungsprinzip weiter und war durch zwei Tendenzen geprägt:

1. Dem Erfordernis zur Lösung von sozialen Problemen, die durch die kapitalistische Produktionsweise entstanden waren[293].
2. Die Tendenz der politischen Emanzipation des Bürgertums. Die Versorgung der Bürger umfasste bereits Standards in der Wasserversorgung, bei der Gasversorgung und bei der Versorgung mit Elektrizität. Die Binnenstruktur der Kommunen

---

[285] HEFFTER, H.: Selbstverwaltung, 1969, S. 4 / 5 ff. Mit dem Ende des monarchischen Staates wurde die politische Legitimation von Staat und Gemeinde identisch. Vgl. SCHEUNER, U.: Grundbegriffe, 1981, S. 8.
[286] KRABBE, W.: Stadt, 1989, S. 16.
[287] Vgl. BLICKLE, P.: Kommunalismus, 2005, S. 50.
[288] GNEIST, R.: Verwaltung, 1869, S. 90 / 95 / 125 ff. Vgl. auch KRABBE, W.: Stadt, 1989, S. 18.
[289] GNEIST, R.: Verwaltung, 1869, S. 121.
[290] Zur Lehre von RUDOLF VON GNEIST (1816 – 1895) vgl. GRZYWATZ, B.: Stadt, 2003, S. 96 / 97.
[291] SCHÖBER, P.: Selbstverwaltung, 1999, S. 63 ff.
[292] RODENSTEIN, M.: Thesen, 1974, S. 43. Es kam zu einer Zunahme der Verwaltungsaufgaben im Rahmen der Industrialisierung mit Dienstleistungs- und Ordnungsleistungen. Vgl. PÜTTNER, G.: Verwaltungslehre, 2000, S. 41.
[293] These, dass kommunale Sozialpolitik Geburtsort moderner Sozialstaatlichkeit sei vgl. LANGEWIESCHE, D.: Stadtbürger, 1997, S. 162 ff. Gemeinde als Experimentierfeld für soziales Engagement und Bürgerengagement BOGUMIL, J.: Kommune, 2005, S. 515.

wandelte sich und war geprägt durch einen Rückzug der Honoratioren. Es kam zu einer Zunahme parteilichen Einflusses und Änderungen aufgrund eines modifizierten Wahlrechts.[294]

Einen Gemeinwohlbezug erhält die Lehre der Kommunalen Selbstverwaltung maßgeblich bei LORENZ VON STEIN (1815 – 1890). Demnach ist das Verhältnis von Gesellschaft und Staat durch Konflikte gefährdet, die sich in gesellschaftlichen Auseinandersetzungen niederschlagen. Träger des Gemeinwohls zu sein wird zur Aufgabe des Staates. Selbstverwaltung wird instrumentalisiert, um als Zwischenglied zwischen Gesellschaft und Staat vermittelnd tätig zu sein und einen Ausgleich zu erreichen.[295]
Die staatliche Verantwortung für das Gemeinwohl setzte sich historisch betrachtet kontinuierlich fort, vor dem Hintergrund, dass Demokratie nicht als Ergebnis revolutionärer Umbrüche errungen wurde, sondern freiwillig seitens des Staates Spielräume eingeräumt wurden. Der Staat steht in der nationalen Tradition nicht in der Nähe der Partikularinteressen, sondern für Staatsinteressen. Ein Gesichtspunkt hierbei ist, dass ein starker Rechtsstaat die Privatsphäre des Einzelnen vor übergreifenden Maßnahmen schützt.[296]
In der Weimarer Republik schließlich war die Kommunale Selbstverwaltung Teil verfassungsrechtlicher Regelungen[297]. War vor der Weimarer Reichsverfassung die Kommunale Selbstverwaltung als Gegenpol zum Obrigkeitsstaat diskutiert worden, musste sich das Prinzip Selbstverwaltung innerhalb des Verfassungsstaates Weimarer Republik wandeln, da sie nicht mehr Fremdkörper im Staat, sondern Element des Staates und in das bestehende Staatsganze integriert war[298].

Der Nationalsozialismus stellt eine bedeutende Zäsur in der Entwicklung der Selbstverwaltung dar.[299] Kriegerische Auseinandersetzungen, schlugen sich auf die kommunale Organisationsstruktur nieder und führten zu einem Gestaltwandel.[300] Nach dem Zusammenbruch des nationalsozialistischen Regimes, das die Kommunen als „Leistungsapparatur“, als Weg zur „weisungsgebundenen, nachgeordneten Behörde“ genutzt hatte[301], sah zunächst das Potsdamer Abkommen vor, Kommunale Selbstverwaltung mit dem Ziel eines Wiederaufbaus „von unten nach oben“ einzurichten. Seitens der Alliierten wurden Bürgermeister in den Städten und Gemeinden eingesetzt, die als Verwaltungsinstanz den Alliierten untergeordnet waren.[302] Der Parlamentarische Rat

---

[294] RODENSTEIN, M.: Thesen, 1974, S. 57 / 58.
[295] Der Gedanke, dass sich Gemeinwohl durch die „unsichtbare Hand der Institutionen“ ergebe und nicht aus der „intentio directa“ des Menschen, findet sich auch in der evangelisch – lutherischen Sozialtheorie. Vgl. KOSLOWSKI, P.: Gemeinwohl, 1999, S. 11.
[296] GRIMM, D.: Staat, 1993, S. 40 / 42.
[297] Erst die Weimarer Reichsverfassung führte 1919 in ihrem Artikel 127 eine institutionelle Garantie der Kommunalen Selbstverwaltung ein. WAIBEL, G.: Gemeindeverfassungsrecht, 1999, S. 4.
[298] RODENSTEIN, M.: Thesen, 1974, S. 59.
[299] Von der Eroberung parteipolitischer Positionen bis zur Festigung der Macht vgl. MATZERATH, H.: Zeit, 1981, S. 104.
[300] GOTTO weist anhand des Beispieles der Stadt Augsburg nach, wie eine Stadt einen eigenen Platz innerhalb des regionalen Herrschaftssystems hatte, bei dem lokale Verwaltungsstrukturen als Teil nationalsozialistischer Herrschaftsstrukturen gelten konnten. Vgl. GOTTO, B.: Kommunalpolitik, 2006, S. 423 ff.
[301] LAUX, E.: Selbstverwaltung, 1983, S. 65.
[302] FROTSCHER, W. / PIEROTH, B.: Verfassungsgeschichte, 2005, S. 362. Mit der Besetzung Deutschlands gab es keine arbeitsfähigen Staatsorgane, teilweise arbeiteten auf lokaler Ebene die Verwaltun-

stand im Anschluss daran zwischen September 1948 und Mai 1949 für eine Etablierung der Kommunalen Selbstverwaltung in der Nachkriegszeit. [303]

Drei Entwicklungen Kommunaler Selbstverwaltung sind in der unmittelbaren Nachkriegszeit besonders bedeutsam:

(1) Die Weiterentwicklung der Kommunalen Selbstverwaltung in Abgrenzung zur Weimarer Verfassung: Die Gemeinden werden durch die Regelungen des Grundgesetzes stärker an den Staat gebunden.

(2) Selbstverwaltung als institutionelle Garantie: Die kommunale Selbstverwaltungsgarantie wurde in Form einer institutionellen Garantie in die Verfassung aufgenommen. Allerdings bilden die Kommunen trotz verfassungsrechtlicher Verankerung keine dritte Ebene, sondern sind dem Grundsatz der Zweistufigkeit des Bundesstaates unterworfen.[304] Die von Verwaltungs- und Politikwissenschaftlern gelegentlich angeführte Stellung der Kommunen als eigenständige dritte Ebene, lässt sich formal verfassungsrechtlich kaum begründen[305]. Lediglich strukturell könnte die kommunale Ebene als weitere Ebene des Verwaltungsaufbaus betrachtet werden, mit dem Argument, dass Aufgaben auf die lokale, orts- und bürgernahe Ebene zur eigenverantwortlichen Erledigung übertragen werden.[306]

(3) Die Entwicklung der demokratisch–politischen Funktion der Kommunen: Die Entwicklung der verfassungsgerichtlichen Rechtsprechung seit den 50er Jahren nimmt das Selbstbestimmungsrecht der Bürger auf und sieht Bürgerinnen und Bürger als aktive Beteiligte in lokalen Prozessen. Die demokratisch-politische Funktion besteht insbesondere in Form von Elementen wie Volkssouveränität, demokratischen Wahlen und den Bedingungen einer repräsentativen Demokratie.[307]

In den 60er Jahren führten das gestiegene politische Selbstbewusstsein der Bürgerinnen und Bürger und Krisen, wie die Rezession von 1969 dazu, dass in der juristischen Analyse die Erörterung einer eigenen Legitimationsbasis der Kommunen erfolgte. In der Folge entstand eine umfassende Diskussion über die Auslegung der einzelnen Elemente des Art. 28 Abs. 2 GG, der Inhalte der Selbstverwaltungsgarantie und ihre Funktion als Mindestgarantie, flankiert von Regelungen der Landesverfassungen. Diese Entwicklungen sind maßgeblich für das heutige Verständnis von Kommunaler Selbstverwaltung nationaler Prägung, da sie das klassische Verständnis von Kommu-

---

gen weiter. Im Zuge der Berliner Erklärung vom 05.06.1945 übernahmen die Besatzungsmächte neben der Regierungsgewalt in Deutschland auch die Befugnisse der Gemeinden und Städte. Die Militärverwaltungen beließen die territoriale Gliederung der Gemeinden, setzten jedoch Bürgermeister ein. 1946 fanden die ersten Wahlen von Bürgervertretern nach Kriegsende statt. Vgl. MAURER, H.: Grundlagen, 1996, S. 1 ff.

[303] Erst der Parlamentarische Rat sprach sich für eine Aufnahme Kommunaler Selbstverwaltung in die Verfassung aus. MAURER, H.: Grundlagen, 1995, S. 1039.

[304] BOGUMIL, J.: Kommunen, 2005, S. 516.

[305] SCHÄFER, T.: Selbstverwaltung, 1998, S. 23.

[306] Strukturell im Sinne des mehrstufigen Verwaltungsaufbaus vgl. MAURER, H.: Grundlagen, 1996, S. 8.

[307] Vgl. SCHMIDT-AßMANN, E.: Entwicklungen, 2006, S. 61. Der repräsentativen Demokratie kommt die Aufgabe zu, die Interessen der Bürger zusammenzuführen und „zum Gegenstand eines allgemeinen Interesses zu machen“. Vgl. LANDFRIED, C.: Bürgerinnen, 2006, S. 90.

naler Selbstverwaltung im Rahmen der Regelung des Art. 28 Abs. 2 des Grundgesetzes aufzeigen.

Dem klassischen Paradigma steht ein sich in den 70er Jahren entwickelndes funktionales Paradigma unter dem Stichwort "verfassungstheoretische Neukonzeption" gegenüber. Das traditionelle, „idyllische" Muster der Selbstverwaltung gerät in Wechselbeziehungen mit den Realitäten moderner, sich wandelnder Staatlichkeit mit all ihren Anpassungserfordernissen. Betroffen war die historisch angelegte und nie aus Diskussionen völlig verdrängte Kontrastellung gegenüber dem Staat sowie der gemeindliche Funktionskreis im Trias Staat-Kommunen-Gesellschaft. Bedeutende Ansätze dieser Tradition sind das Modell eines funktionalen Selbstverwaltungsverständnisses von BURMEISTER[308], das Kompensationsmodell, das maßgeblich von BLÜMEL geprägt wurde und das funktionale Modell von ROTERS.[309]

Inhaltlich führte die Finanznot der Gemeinden in der Folge dazu, dass sich die Rechtswissenschaft zunehmend mit Kommunaler Selbstverwaltung unter dem Stichwort „Erosion" oder „Aushöhlung" der Kommunalen Selbstverwaltung konfrontierte. Die Diskussion in den 80er und 90er Jahren ist von diesen Themen geprägt. Gleichzeitig beeinflussten staatliche Gesetze, Planung und Steuerung zusammengefasst unter dem Stichwort "goldener Zügel" den kommunalen Handlungsspielraum. Argumente wie mangelnde Finanzausstattung, Eingriffe in die kommunale Planungs- und Organisationshoheit, Betroffenheit durch Regelungsdichte und Regelungshäufigkeit bei Gesetzen bei gleichzeitiger kommunaler Betroffenheit durch die Europäische Union[310], waren für die thematische Auseinandersetzung prägend. Gedanklich bewegt sich diese Diskussion weitgehend im Rahmen der Grundannahmen des klassischen Selbstverwaltungsverständnisses mit der Betonung rechtlicher Komponenten oder dem Gedanken an einen zumindest abstrakt abgrenzbaren Aufgabenkatalog der Kommunen.[311]

Im Folgenden werden die einzelnen Konzepte Kommunaler Selbstverwaltung, das klassische, das funktionale und das kompensatorische Modell skizziert, da die Unterschiede in den Grundannahmen und Inhalten der Modelle - übertragen auf die aktuelle Entwicklung auf europäischer Ebene - für die Bewertung des kommunalen Engagements auf europäischer Ebene nicht unerheblich sind. In den Entwicklungen der 70er Jahre sind Ideen dargestellt und angelegt, die für das Verständnis von Selbstverwaltung, insbesondere bezogen auf die Grundannahmen der Governancediskussion, in europäischem Rahmen unter funktionalen Gesichtspunkten zunehmend an Bedeutung gewinnen können.

---

[308] BURMEISTER, J.: Neukonzeption, 1977.

[309] Gemeinsamer Referenzpunkt aller drei Modelle ist die Diskrepanz zwischen Verfassungstheorie und Wirklichkeit, die überbrückt werden soll.

[310] Zur Aushöhlung der Kommunalen Selbstverwaltung SAUBERZWEIG, D.: Entwicklungstendenzen, 1991, S. 53 ff. SCHÄFER systematisiert kommunale Betroffenheit durch Einwirkungen der Legislativebene in 19 kommunalrelevanten Bereichen wie Umwelt, Öffentliches Auftragswesen, Kommunale Wirtschaftsförderung, Städtebau, Verkehrspolitik, Regionalpolitik. Vgl. SCHÄFER, T.: Selbstverwaltung, 1998, S. 31 ff.

[311] An dieser Stelle unterscheiden sich zwei Wege der Diskussion Kommunaler Selbstverwaltung. Die juristische Sichtweise betont die Selbstverwaltung als Garantie. Vgl. PÜTTNER, G.: Zukunft, 2005, S. 303. Deutlich ist, dass die kommunalen Aufgaben einem historischen Entwicklungsprozess unterliegen. Vgl. SCHWAB, S.: Selbstverwaltung, 1988, S. 13 ff.

3.1.1.2 Klassisches Modell Kommunaler Selbstverwaltung

3.1.1.2.1 Wesen und Inhalte der Kommunalen Selbstverwaltungsgarantie

Die innerstaatliche Bedeutung Kommunaler Selbstverwaltung hat mehrere Dimensionen. Zum einen findet sich Kommunale Selbstverwaltung in einem weiter gefassten Rahmen mit kommunalpolitischen Gesichtspunkten, zum zweiten ist im juristischen Schrifttum die Diskussion der Kommunalen Selbstverwaltung stark mit Gewährleistungsgesichtspunkten besetzt.
Um die Diskussion um Art. 28 Abs. 2 GG transparent zu machen, soll im Folgenden vorab der Wesensgehalt der Kommunalen Selbstverwaltung[312] dargestellt werden.

Die Formulierung des Art. 28 Abs. 2 S. 1 GG

„Den Gemeinden muss das Recht gewährleistet sein, alle Angelegenheiten der örtlichen Gemeinschaft im Rahmen der Gesetze in eigener Verantwortung zu regeln."

normiert nach allgemeiner Rechtsauffassung durch die Wortwahl "muss das Recht gewährleistet sein" eine institutionelle Rechtssubjektsgarantie der Kommunalen Selbstverwaltung[313]. Diese Einrichtungsgarantie schützt nicht wie die Grundrechte als subjektiv - öffentliche Rechte etwa die Bürger in ihren individuellen Rechten, sondern die Einrichtung von Institutionen[314]. Sie stellt kein Grundrecht oder grundrechtähnliches Recht für die Gemeinden dar. Es handelt sich bei der institutionellen Garantie auch nicht um ein Abwehrrecht gegenüber dem Staat, da die Kommunen selbst Teil des Staatsganzen und Elemente des dezentralen und demokratischen Staatsaufbaus sind[315]. Garantiert wird durch diese Formulierung die abstrakte Existenz der Gemeinden als dezentrale staatliche Verwaltungsebene. Die einzelne Gemeinde ist in ihrer Existenz nicht geschützt. So hat Art. 28 Abs. 2 GG die Gebietsreform der 70er Jahren getragen und trägt die Reformen, die ab den 90er Jahren in den neuen Ländern begonnen wurden.[316]
Nicht unproblematisch ist die Ableitung der inhaltlichen Zielsetzungen, da die Begriffselemente des Gesetzestextes keine allgemein gültigen Definitionen enthalten oder umfassend sind. Prinzipiell lassen sich zwei Vorgehensweisen unterscheiden:
Erstens streben kommunale Wissenschaft und Rechtsprechung danach, das Wesen der Kommunalen Selbstverwaltung durch eine Fragmentierung einzelner Elemente und systematische Umschreibungen zu erfassen. Zweitens wird versucht, den objekti-

---

312 Eine Klassifizierung der Gemeinden kann ausschließlich unter Berücksichtigung der Landesregelungen in den Gemeindeordnungen erfolgen. Soziologisch ergibt sich eine Unterscheidung in städtisch und ländlich, funktional kann von Klein-, Mittel-, Unter-, und Oberzentren gesprochen werden, während rechtlich nach Unterschieden bei den Zuständigkeiten differenziert werden kann, bspw. in Baden – Württemberg nach Gemeinden, Stadtkreisen oder Großen Kreisstädten. WAIBEL, G.: Gemeindeverfassungsrecht, 1999, S. 28 / 29.
313 Die Ausführungen beziehen sich ausschließlich auf die Selbstverwaltung der Städte und Gemeinden.
314 Exemplarisch KRONISCH, J.: Aufgabenverlagerung, 1993, S. 32.
315 SCHÄFER, T.: Selbstverwaltung, 1998, S. 17.
316 Reduzierung der Zahl der kreisangehörigen Gemeinden nach der Gemeindegebietsreform in den Neuen Ländern um 46,8 v. H. Vgl. KUHLMANN, S.: Verwaltungsreform, 2004, S. 21 / 22.

ven Inhalt des Art. 28 Abs. 2 GG durch das Erkennen der grundlegenden Bedeutungen zu veranschaulichen.

Die nach der Lehrmeinung bestehenden Bedeutungen[317] beinhalten:
1. Eine bürgerschaftliche und demokratieorientierte Bedeutung.
2. Eine Bedeutung als juristische Selbstverwaltung.

Inhaltlich wird auf ehrenamtliche Mitwirkung und bürgerschaftliche Beteiligung Bezug genommen[318]. Gemeinden gelten als „Schule der Demokratie". Bürgerinnen und Bürger wirken durch Wahlen, Anhörungs- und Informationsrechte an kommunalen Willensbildungs- und Entscheidungsprozessen mit. Historisch betrachtet haben sowohl die Selbstverwaltung als auch der Gedanke der Demokratie Wurzeln im Genossenschaftlichen.

Eine Affinität zwischen Selbstverwaltung und Demokratie findet sich wie folgt[319]:
1. Im Bereich der Partizipation: Bürgerinnen und Bürger partizipieren über Parteien und Gruppierungen am Gemeinwesen.[320]
2. Integration und Identifikation: Dieser Aspekt schließt den Gedanken der Verringerung der Distanz zum Volk ein.

Was die kommunalen Aufgaben anbelangt, erledigen die Kommunen im Rahmen der Selbstverwaltung öffentliche Aufgaben und treffen eigenverantwortlich Entscheidungen. Die Gemeinden sind gegenüber dem Staat verselbständigte Verwaltungs- und Aufgabenträger, die Aufgaben durchführen und die von Bund und Land nur im Rahmen der Gesetze und unter entsprechend gesetzlich legitimierter Aufsicht reglementiert werden dürfen[321].
Für die kommunalen Kompetenzen und die Aufgabenerledigung durch die Gemeinden gilt, dass das traditionelle Aufgabenmodell „janusköpfig"[322] ist. Art. 28 Abs. 2 GG begründet keinen verbindlichen gegenständlichen kommunalen Aufgabenkatalog.[323] Das "Rastede - Urteil" des Bundesverfassungsgerichts[324] macht deutlich, dass zum We-

---

317 Historische Kontroverse zum Wesen der Kommunalen Selbstverwaltung dargestellt bei PREUSS, H.: Selbstverwaltung, 1912, S. 199 ff.
318 VOGELGESANG, K. / LÜBKING, U. / ULBRICH, I.: Selbstverwaltung, 2005, S. 34.
319 FROTSCHER, W.: Selbstverwaltung, 1983, S. 131 und 132.
320 Kritisch und vertiefend zur Frage, wie sich unter demokratieorientierten Gesichtspunkten das divergierende Sozialprofil der politisch aktiven Bürger niederschlägt. Gender Gap als geschlechterspezifisches Sozialisationsmuster oder Abhängigkeiten zwischen Lebensalter bzw. Bildungsniveau und politischer Partizipation machen deutlich, dass die bestehenden Interessenstrukturen nicht gleichermaßen auf „lokalem Parkett" repräsentiert sind. Vgl. GABRIEL, O.: Bürgergemeinde, 2002, S. 151 ff. Andererseits kann argumentiert werden, dass jeder Bürger gleichermaßen die Möglichkeit hat, zu partizipieren. Zusammenfassend GABRIEL, O.: Bürgergemeinde, 2002, S. 166.
321 „Im Rahmen der Gesetze" verdeutlicht die Gesetzesbindung der Gemeinden. Relevant sind Bundes- und Landesregelungen, bei gleichzeitigem Bestehen kommunaler Eigeninitiative und Ermessen. Vgl. SCHMIDT–EICHSTAEDT, G.: Kommunen, 1994, S. 103.
322 WOLLMANN, H.: Typus, 2004, S. 360.
323 WAIBEL, G.: Gemeindeverfassungsrecht, 1999, S. 17.
324 BVerfGE 79, 127 / 149, S. 128. Die Diskussion um den Aufgabenbestand der Gemeinden an Angelegenheiten der örtlichen Gemeinschaft und ihr Schutz vor einem Entzug von Aufgaben – seitens Kreis- oder Landesbehörde hat die kommunalbezogene verfassungsrechtliche Auseinandersetzung über Jahre hinweg geprägt. Mit weiteren Nachweisen HENNEKE, H.: Schutz, 2002, S. 84 ff.

sensgehalt der Kommunalen Selbstverwaltung die Befugnis gehört, sich aller Angelegenheiten der örtlichen Gemeinschaft, welche nicht durch gesetzliche Regelungen anderen Trägern öffentlicher Verwaltung übertragen sind, annehmen zu können.[325] Daneben resultiert aus dem Verfassungssystem der Bundesrepublik, dass die Kommunen Hauptträger des Vollzugs sind. Sie führen ca. 70 v. H. – 80 v. H. der ausführungsbedürftigen Gesetze aus.[326]
Gleichzeitig wird mit dem System kommunaler Aufgabenerledigung auch eine Ergänzung der horizontalen Gewaltenteilung durch ein vertikales Gewaltenteilungsprinzip vorgenommen. Vertikale Gewaltenteilung lässt sich definieren als „Verteilung der staatlichen Aufgaben auf verschiedene Verwaltungsträger mit je eigener demokratischer Legitimation“[327]. Die Kommunalverwaltung steht unmittelbar unter dem Einfluss ihrer Bürgerinnen und Bürger, was die freiheitlichen und demokratischen Inhalte der Selbstverwaltung in besonderer Weise verdeutlicht und stärkt.
Kompetenzbestimmung und Kompetenzabgrenzungen stehen im Kontext des Grundsatzes gemeindlicher Universalität. Hinsichtlich des gemeindlichen Wirkungskreises formuliert das Grundgesetz "Angelegenheiten der örtlichen Gemeinschaft" und verzichtet an dieser Stelle nicht nur auf eine quantitative, sondern auch auf eine qualitative Benennung der Aufgaben. Im Gegenschluss resultiert daraus für die Kommunen das Recht, sich grundsätzlich aller Angelegenheiten der örtlichen Gemeinschaft annehmen zu können[328] und so ein breites Spektrum und einen breiten kommunalen Wirkungskreis zu erhalten. Allzuständigkeit wird synonym zu einem „Aufgabenzugriffsrecht“ für die Angelegenheiten der örtlichen Gemeinschaft verstanden und somit

„Ausdruck eines materiell verstandenen Prinzips dezentraler Aufgabenansiedlung“[329].

Mit der Allzuständigkeit verknüpft sind die Gemeindehoheiten, welche die Gebietshoheit, Organisationshoheit, Personalhoheit und Planungshoheit und die Finanzhoheit umfassen[330].

Die Bezugsgröße „Angelegenheiten der örtlichen Gemeinschaft“ benennt auch das Tätigkeitsfeld der Bürgerinnen und Bürger in den Kommunen.[331] Es wird auf ihre gemeinsamen Interessen und Anliegen im Zusammenleben in der örtlichen Gemeinschaft Bezug genommen.[332] „Örtliche Gemeinschaft“ ist gleichzeitig Örtlichkeitsgebot und erfährt eine Anbindung an das kommunale Wirtschaftsrecht, so auch die gemeind-

---

[325] BVerfGE 79, 127 / 149, S. 127, Nr. 2. Die Rastede Entscheidung selbst bezieht sich auf das Verhältnis Landkreis zu Kommune.
[326] Auch verwirklichen die Kommunen zwei Drittel aller Investitionen vgl. WOLLMANN, H.: Typus, 2004, S. 360.
[327] MAURER, H.: Grundlagen, 1996, S. 8.
[328] BVerfGE 79, 127 / 149.
[329] HENNEKE, H.: Kommunen, 1998, S. 16.
[330] Erläuterungen / Negativabgrenzung PIEROTH in: JARASS, H. D. / PIEROTH, B. (Hrsg.): Grundgesetz für die Bundesrepublik Deutschland, Kommentar, 2004, S. 670 ff., Rdn. 13, 13a, 15.
[331] NIERHAUS, M.: Selbstverwaltung, 2003, S. 1048, Nr. 40. Die Teilnahme wird den Bürgerinnen und Bürgern gewollt zugestanden.
[332] NIERHAUS, M.: Selbstverwaltung, 2003, S. 1048, Nr. 40. Zum Örtlichkeitsmerkmal auch SANNWALD, R.: Ordnung, 2004, S. 796/797, Rd. Nr. 47 / 51. Kritisch dagegen zur Örtlichkeit in ihrer Raumbezogenheit SCHOLZ in: MAUNZ, T. / DÜRING, G. (Hrsg.): Grundgesetz Kommentar. Art. 28 Abs. 2 GG, 2005, S. 29, Nr. 60 / 61.

liche Daseinsvorsorge. Die gemeindliche Tätigkeit kann eine Ausstrahlung über die eigene Gemeindegrenze hinaus erfahren.[333]

Die zweite bedeutsame Regelung des Art. 28 Abs. 2 S. 1 GG ist die Aufgabenwahrnehmung „in eigener Verantwortung", was sich auf die Modalitäten der Aufgabenwahrnehmung bezieht.[334] Die Eigenverantwortlichkeit enthält die Autonomie in jeder sich für die „Erfüllung einer Aufgabe stellenden sachlichen Entscheidung."[335] Mit dieser Regelung sind die Gemeinden befugt, innerhalb ihres Aufgabenkreises konzeptionell zu arbeiten.[336] Gleichzeitig ist die Eigenverantwortung ein wichtiges Kriterium, das vertikale Dezentralisation deutlich macht und eine organisatorische Funktionentrennung kennzeichnet.[337]

Als weiteres Element ermächtigt Art. 28 Abs. 2 GG die Gemeinden, die Angelegenheiten der örtlichen Gemeinschaft „zu regeln". In enger Anbindung an die Governancediskussion stellt sich die Frage, was der Begriff „zu regeln" umfasst, in besonderer Weise. Die juristische Sichtweise argumentiert, dass die Formulierung nicht nur eine Ermächtigung für normative Regelungen bzw. die „autonome Normsetzungsbefugnis" enthält, sondern nach weiterem Verständnis auch eine Ausdehnung auf die „Art der Aufgabenerledigung" erfährt[338]. Kommunales Handeln steht im Kontext von Handlungs- oder Organisationsformen und unterschiedlichen rechtlichen Handlungsmöglichkeiten, beispielsweise öffentlichrechtlich, privatrechtlich, hoheitlich oder leistend[339]. Das Element „zu regeln" mit der Governancediskussion zu verknüpfen richtet den Fokus auf Entscheidungssituationen. Entscheidungen sind zu treffen, wie beispielsweise die Frage, welche Aufgaben in den gesellschaftlichen Bereich delegiert werden könnten. Sinnvoll ist es darüber hinaus, den Weg der Ausrichtung der Kommune auf bestimmte – noch näher zu erläuternde - Co- oder Metagovernancestrukturen unter das Begriffselement „zu regeln" zu fassen und somit Governance inhaltlich an Kommunale Selbstverwaltung anzubinden.

Was die Abgrenzung zwischen Privatwirtschaft und Kommunalwirtschaft anbelangt, wird argumentiert, dass Art. 28 Abs. 2 GG keine Abgrenzungswirkung entfaltet. Unterlegt wird diese Argumentation durch die Stellung des Art. 28 GG als thematische Subsumierung unter „der Bund und die Länder", also im Bereich binnenstaatlicher Regelungen der Organisation des Gemeinwesens.[340]

---

[333] Zur funktionsbezogenen Betrachtungsweise vgl. SCHOCH, F.: Stand, 2006, S. 37.
[334] Vgl. SCHÄFER, T.: Selbstverwaltung, 1998, S. 20.
[335] RENNERT in: UMBACH, D. / CLEMENS, T. (Hrsg.): Grundgesetz. Mitarbeiterkommentar und Handbuch, 2002, S. 1647, Nr. 130 ff.
[336] RENNERT in: UMBACH, D. / CLEMENS, T. (Hrsg.): Grundgesetz. Mitarbeiterkommentar und Handbuch, 2002, S. 1647, Nr. 130 ff.
[337] HENNEKE, H.: Kommunen, 1998, S. 17.
[338] Mit weiteren Nachweisen LÖWER in: MÜNCH, I. VON / KUNIG, P. (Hrsg.): Grundgesetz-Kommentar, 1995, S. 317, Nr. 82.
[339] Vgl. Darstellung DREIER in: DREIER, H. (Hrsg.): Grundgesetz Kommentar, 1998, Art. 28, S. 536, Nr. 108. Art. 28 Abs. 2 GG. Verfassungsrechtlich ist an dieser Stelle auch das Demokratieprinzip zu berücksichtigen, das die Kontrolle und Einflussnahme des Rates sicherstellen soll. Vgl. VITZTHUM, W. GRAF / KÄMMERER, J. A. (Hrsg.): Bürgerbeteiligung, 2000, S. 18.
[340] Darstellung h. M. OSSENBÜHL, F.: Energierechtsreform, 1998, S. 23 ff. Somit handele es sich nicht um ein Verteilungsprinzip zwischen kommunaler und privatwirtschaftlicher Aufgabenerledigung.

Ein weiterer Begriff, der maßgeblich den Inhalt Kommunaler Selbstverwaltung beschreibt, ist der Begriff der Funktionsgarantie. Unter Funktionsgarantie versteht man die Eigenverantwortlichkeit der Aufgabenerledigung. Aufgabenerledigung "in eigener Verantwortung" besteht darin, dass die Gemeinden Aufgaben, soweit es nach Maßgabe der Rechtsordnung als zweckmäßig erscheint, frei von staatlicher Weisung durchführen können. Dies umfasst, dass die Kommunen Entscheidungen über die Art und Weise der Aufgabenerfüllung treffen. So wird unter "in eigener Verantwortung" allgemein die verfassungsrechtliche Wurzel des kommunalen Autonomieanspruchs verstanden. Eigenverantwortlichkeit bezeichnet die Freiheit der Gestaltung und die Freiheit von Weisungen bei der Wahrnehmung von Selbstverwaltungsaufgaben.[341]

Was die Schranken Kommunaler Selbstverwaltung im nationalen Recht betrifft, so nennt Art. 28 Abs. 2 GG den "Rahmen der Gesetze". Einerseits wird der Staat als Gesetzgeber zu Regelungen ermächtigt, andererseits lässt sich ein Schutz für die Gemeinden vor staatlichen Eingriffen ableiten. Folgerichtig ließe sich aus einem institutionellen Verständnis heraus den Kommunen als Grenze staatlicher Eingriffsermächtigung ein geschützter Kernbereich zusprechen. Die Kernbereichstheorie besagt inhaltlich, dass der Gesetzgeber die Kommunale Selbstverwaltung nicht innerlich aushöhlen darf und das "Essentiale" der Selbstverwaltung geschützt werden muss. Die inhaltliche Bestimmung des Kernbereichs ist problematisch. In der Literatur[342] findet sich hierzu eine institutionelle und eine quantitative Betrachtungsweise. Bei beiden Betrachtungsweisen wird die historische Entwicklung als Bezugspunkt herangezogen und versucht, den gemeindlichen Aufgabenbestand zu ermitteln. Gerade ein historischer Blickwinkel zeigt jedoch, dass es nahezu unmöglich ist, einen verbindlichen gemeindlichen Aufgabenkatalog zu bestimmen[343], um diesen dann in einem zweiten Schritt zu schützen. Tatsache ist, dass die Aufgaben der Kommunen in ihrem Bestand einem dauernden Wandel unterliegen. Für den wichtigen Bereich einer Aufgabenverlagerung auf höhere Ebenen würde gelten, dass den Gemeinden so lange von den höheren Ebenen Aufgaben entzogen werden könnten, "bis sich positiv feststellen ließe, dass der den Gemeinden verbleibende Aufgabenbestand einer Betätigung ihrer Selbstverwaltung keinen hinreichenden Raum mehr belässt"[344]. Im Ergebnis würde das bedeuten, dass die Kommunale Selbstverwaltung vor der Aushöhlung erst geschützt wird, wenn sie kurz vor dem "Exitus" steht[345]. Daraus resultiert die praktische Notwendigkeit, die Kommunale Selbstverwaltung über mehrere Stufen zu schützen: Es sind nicht nur Eingriffe des Gesetzgebers in den Kernbereich zu prüfen, sondern als weitere Stufe auch Eingriffe in den Randbereich[346].

Im Ergebnis ist die Frage des Kernbereichs nach wir vor kritisch, insbesondere da nur undeutlich konturiert ist, was das "Essential" genau einschließt. Es bestehen Unklarheiten, wo die Grenze zwischen Randbereich, der im Vorfeld des Kernbereichs als relative Eingriffsgrenze fungiert, und Kernbereich verläuft und wie der Verhältnismäßigkeitsgrundsatz im Einzelnen wirksam angewandt werden kann. Auch unter prakti-

---

[341] WAIBEL, G.: Gemeindeverfassungsrecht, 1985, S. 26.
[342] Vgl. DÄUBLER, W.: Privatisierung, 1980, S. 99.
[343] THIES, M.: Situation, 1995, S. 31 ff.
[344] BVerfGE 79, 127/148.
[345] LÖWER in: MÜNCH, I. VON / KUNIG, P. (Hrsg.): Grundgesetz-Kommentar, 1995, S. 292, Nr. 48.
[346] LÖWER in: MÜNCH, I. VON / KUNIG, P. (Hrsg.): Grundgesetz-Kommentar, 1995, S. 295, Nr. 41.

schen Gesichtspunkten ist die Frage der Wirksamkeit der Kernbereichstheorie nicht schließend zu beantworten[347].

Ein weiterer grundlegender Gesichtspunkt ist die Frage, ob sich der Vorbehalt lediglich auf die eigenverantwortliche Aufgabenerledigung bezieht oder ob Art und Weise der Aufgabenerledigung und die Angelegenheiten der örtlichen Gemeinschaft selbst diesem Vorbehalt unterstehen. Das Bundesverfassungsgericht dehnt in seiner Rastede Entscheidung den Vorbehalt des Gesetzes auf beide Bereiche, die Universalität und die Eigenverantwortlichkeit, aus[348].
Faktisch kommt es zu einer Verschränkung von Aufgabenbereichen zwischen Kommunen und übergeordneter Ebene, die in den Kommunalverfassungen der einzelnen Länder über das monistische und das dualistische Aufgabengliederungsmodell systematisiert werden.

3.1.1.2.2 Kommunale Aufgaben und Kompetenzabgrenzung

Gemäß dem dualistischen Aufgabengliederungsmodell unterscheidet man kommunale Selbstverwaltungsangelegenheiten und staatliche Auftragsangelegenheiten. Die kommunalen Selbstverwaltungsangelegenheiten werden wiederum in freiwillige und pflichtige Selbstverwaltungsangelegenheiten unterschieden, wobei man bei den Selbstverwaltungsaufgaben vom eigenen Wirkungskreis der Gemeinden spricht und bei den Auftragsangelegenheiten, die vom Staat übertragen werden, vom übertragenen Wirkungskreis. Bayern, Niedersachsen, Rheinland - Pfalz und das Saarland folgen in ihren Gemeindeordnungen einem stärker dualistischen Aufgabengliederungsmodell, während sich die anderen Länder am Weinheimer Entwurf von 1948 orientieren, der eine monistische Aufgabenstruktur vorsieht. In diesem Entwurf wird dem Grundsatz der Einheit der Verwaltung auf Gemeindeebene dadurch Rechnung getragen, dass beim monistischen Aufgabensystem lediglich in weisungsfreie und weisungsgebundene Aufgaben unterschieden wird[349], wobei sich die weisungsfreien Aufgaben noch in weisungsfreie Pflichtaufgaben und freiwillige Aufgaben gliedern. Die Gemeinden nehmen die freiwilligen Selbstverwaltungsaufgaben und die pflichtigen Selbstverwaltungsaufgaben, also die gesetzlich vorgegebenen Selbstverwaltungsaufgaben, in eigener Verantwortung und in ihrem eigenen Wirkungskreis wahr. Zum garantierten Kernbereich der Selbstverwaltung gehören demnach nur diese beiden Aufgabenbereiche.[350]
Nicht die mit der Unterscheidung verbundenen Formalisierungen machen die Unterscheidung relevant, sondern das wohl divergierende Selbstverständnis der Kommune je nach Modell.
Abbildung 3 stellt die Aufgabenbereiche der Kommunen nach dem monistischen und dem dualistischen Modell graphisch systematisiert dar.

---

[347] Vgl. SCHOCH, F.: Stand, 2006, S. 29.
[348] VerfGE 56, 298/309 und BVerfGE. 79, 127/143. Rechtliche Unterschiede zwischen den unterschiedlichen Aufgabenmodellen. Vgl. SCHOCH, F.: Stand, 2006, S. 31.
[349] WAIBEL, G.: Gemeindeverfassungsrecht, 1985, S. 40.
[350] SANNWALD in: SCHMIDT - BLEIBTREU, B. / KLEIN, F. (Hrsg.): Kommentar zum Grundgesetz, 2004, S. 796 / 797, Rd. Nr. 38.

Abb. 3 - Monistisches und dualistisches Modell kommunaler Aufgabenerfüllung

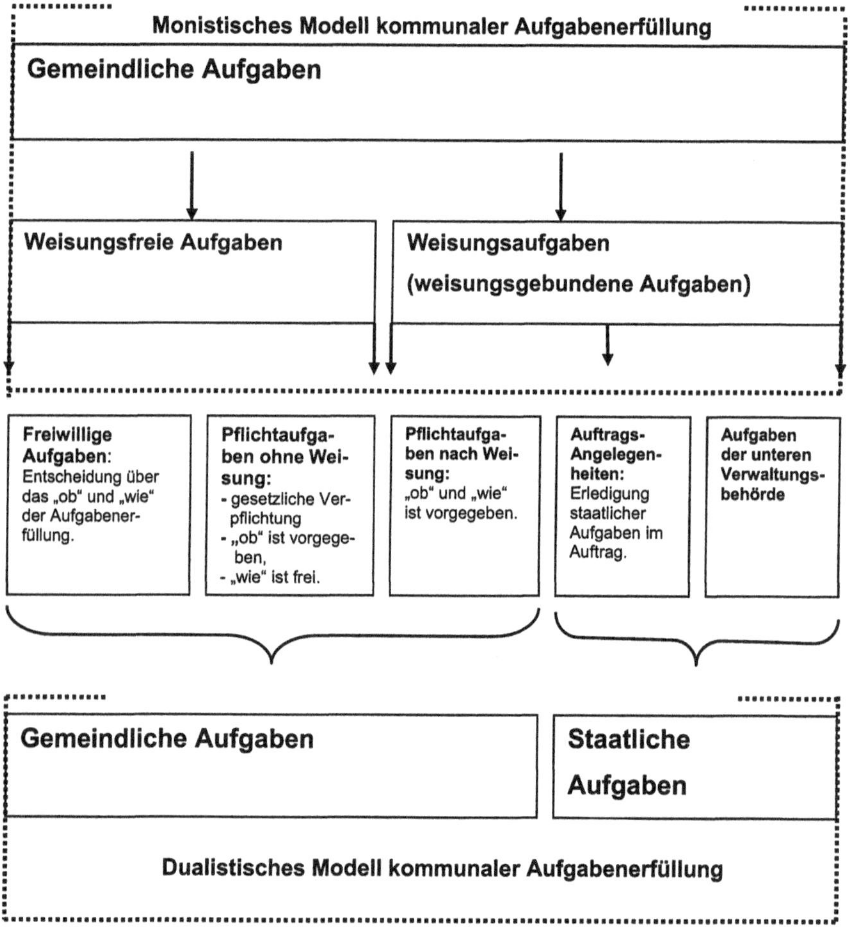

Quelle: Auf Grundlage von REICHERT, B. / GERN, A.: Verwaltungsrecht., 1990, S. 76.

3.1.1.3 Funktionale und kompensatorische Betrachtungsweise

Auf drei Modelle der nationalen Tradition aus den 70er Jahren wird im Folgenden eingegangen, da diese im europäischen Kontext argumentativ unter funktionalen Gesichtspunkten „reaktiviert" werden sollen. Es handelt sich um das Modell eines funktionalen Selbstverwaltungsverständnisses von BURMEISTER[351], den Kompensationsgedanken[352] von BLÜMEL maßgeblich geprägt, und den funktionalen Ansatz von ROTERS.

Ein bedeutender Verfechter eines funktionalen Selbstverwaltungsverständnisses ist BURMEISTER. Das Modell, das er in seiner "Verfassungstheoretischen Neukonzeption Kommunaler Selbstverwaltung" entwarf, geht wie das Kompensationsmodell von BLÜMEL von der genannten Diskrepanz zwischen Verfassungstheorie und Verfassungswirklichkeit aus. Beide Modelle möchten diese Diskrepanz überbrücken, gehen in ihrer Argumentationsweise allerdings unterschiedlich vor.
BURMEISTER unterstellt, dass die Aussagen der klassischen Interpretation der verfassungsrechtlichen Selbstverwaltung nicht in adäquatem Umfang der Stellung und dem Standort der Kommunalverwaltung innerhalb der gesamtstaatlichen Verwaltungsordnung entsprechen. Die klassische Lehre der Kommunalen Selbstverwaltung beharre – so die Kritik - auf ihren prägenden Aussagen und Denkschemata, wie dem Örtlichkeitsmerkmal, der Funktionsgarantie und dem Gesetzesvorbehalt.[353]. Er unterstellt, dass das Gegensatzpaar Staatsverwaltung – Kommunalverwaltung überholt ist und somit auch die aus der Grundrechtsdogmatik entwickelten Begriffe Wesensgehalt und Kernbereich. Auch die Unterscheidung in örtliche und überörtliche Aufgaben und der bereits beschriebene Aufgabendualismus von übertragenen und eigenen Aufgaben entfiele nach dieser Lehre[354].
Speziell beim Örtlichkeitsmerkmal argumentiert BURMEISTER mit örtlicher Relevanz und nicht mit örtlicher Herkunft einer Aufgabe und vertritt eine Mindermeinung, der die Auffassung entgegensteht, dass die Gemeinde als „real existierendes Sozialphänomen" ihren aus der örtlichen Gemeinschaft resultierenden kommunalen Aufgabenkreis hat.[355] Darüber hinaus diskutiert BURMEISTER den in Art. 28 Abs. 2 GG normierten gesetzlichen Regelungsgehalt. Er kritisiert, dass das Tatbestandsmerkmal "im Rahmen der Gesetze" wie eine Eingriffsermächtigung für den Gesetzgeber gehandhabt werde, während gleichzeitig keine präzise Grenzziehung zwischen der gesetzlich disponiblen Randzone und dem Kernbereich kommunaler Selbstverwaltung gezogen werden könne[356]. Diese Thematik sieht BURMEISTER im Gesamtzusammenhang der bundesstaatlichen Kompetenzordnung und versucht über seinen Ansatz unter Berücksichtigung der bundesstaatlichen Problematik des Verhältnisses von Bund zu Gemeinde

---

[351] BURMEISTER, J.: Neukonzeption, 1977.
[352] Kompensationsmodelle werden an dieser Stelle im Zusammenhang mit Wanderungsprozessen öffentlicher Aufgaben auf überörtliche Verwaltungsträger gesehen, grundlegend SCHWAB, S.: Selbstverwaltung, 1988, S. 14 ff.
[353] BURMEISTER, J.: Neukonzeption, 1977, S. 70 ff., S. 88 ff., vgl. auch KRONISCH, J.: Aufgabenverlagerung, 1993, S. 50 ff.
[354] SCHÄFER, T.: Selbstverwaltung, 1998, S. 17.
[355] OLDIGES, M.: Gemeinde, 2005, S. 269 / 270.
[356] BURMEISTER, J.: Neukonzeption, 1977, S. 33 ff.

eine geschlossene Gesamtkonzeption der Kommunalen Selbstverwaltungsgarantie entstehen zu lassen[357]. Vor diesem Hintergrund wird Kommunale Selbstverwaltung zum Staatsorganisationsprinzip, das die örtlich anfallenden Aufgaben den Gemeinden zur eigenverantwortlichen Wahrnehmung überantwortet. BURMEISTER hebt monistisch gedacht die Unterscheidung zwischen eigenem und übertragenem Aufgabenkreis auf und sieht den gemeindlichen Aufgabenbereich als homogen. Allerdings wird durch die Begründung eines eigenen Wirkungskreises die Kommune keinesfalls zur „vor- oder außerstaatlichen Organisationsform der Gesellschaft" und dem Staat gegenübergestellt. Die Gemeinden sind insofern „Staat", als sie über das Grundgesetz als Teil der Länder integriert sind und öffentliche Aufgaben gemeinwohlorientiert wahrnehmen.[358]

Nahezu zeitgleich wurde der Selbstverwaltungsgedanke mit dem Gedanken einer Verfahrensgarantie verknüpft, bzw. wurde begonnen angesichts der Kompetenzverluste der Kommunen den Kompensationsgedanken, bezogen auf Anhörungs- und Beteiligungsrechte an staatlichen Politikbereichen, zu diskutieren. Auslöser des Kompensationsmodells war und ist, dass auf bestimmten Gebieten unvermeidliche Beschränkungen durch entsprechende Mitwirkungsrechte der Gemeinden auf einer anderen Ebene ausgeglichen werden sollten. Dabei handelt es sich nicht um einen Ersatz, sondern um eine Ergänzung der Selbstverwaltungsgarantie.[359]

Das Kompensationsmodell differenziert sich vom funktionalen Selbstverwaltungsverständnis insofern, als es Selbstverwaltung auch über Beteiligungsmöglichkeiten integriert sieht und einen Kernbestand kommunaler Aufgaben, wie man ihn beim klassischen Modell findet, beibehält[360]. Dieses Argument knüpft an den gegen das funktionale Selbstverwaltungsmodell vorgebrachten Kritikpunkt an, dass es sich um ein kompaktes verwaltungswissenschaftliches Modell handele, das im Einzelnen kompatibel mit einem zentralistischen Einheitsstaat sei. Der Trend ging beim Kompensationsmodell bzw. bei Kompensationsmodellen nun dahin, dass eine Doppelabsicherung entstehen sollte, die daraus resultiert, dass erstens der Aufgabenkernbestand gesichert und zweitens als Ergänzung Beteiligungskompensation betrieben wird[361]. Es wird dem Gedanken Rechnung getragen, dass bei abnehmender Relevanz der Eigenverantwortlichkeit über Mitwirkungsmöglichkeiten und Mitverantwortung durch Beteiligungsrechte an höherstufigen Entscheidungsprozessen ein Ausgleich erfolgen kann. Diese „Partizipation" wird gleichzeitig Ausdruck einer neuen Funktion Kommunaler Selbstverwaltung inmitten einer arbeitsteilig organisierten, ausdifferenzierten und horizontal und vertikal verflochtenen Administration und ihrem erhöhten Bedarf an Kommunikation und Konfliktaustragung[362].

---

[357] KRONISCH, J.: Aufgabenverlagerung, 1993, S. 51 / 52.
[358] OLDIGES, M.: Gemeinde, 2005, S. 271.
[359] Zu den möglichen Rollen der Kompensation, Ersatz von Eigenverantwortlichkeit / Kernbestand durch unterschiedliche Mitwirkungsbefugnisse bzw. Schutz der traditionellen Selbstverwaltung und eine zusätzliche Kompensation vgl. MUTIUS, A. VON: Aufgabenerfüllung, 1983, S. 237 ff. und BLÜMEL, W.: Wesensgehalt, 1983, S. 278 ff.
[360] BLÜMEL, W.: Diskussion, 1995, S. 59.
[361] MAGIERA, S.: Selbstverwaltung, 1995, S. 31 ff.
[362] ROTERS, W.: Mitwirkung, 1975, S.17 ff.

ROTERS bringt in seinem Modell ebenfalls das Anliegen vor, das statische Verständnis Kommunaler Selbstverwaltung durch ein „moderneres“ Verständnis Kommunaler Selbstverwaltung zu ersetzen, das dem faktischen staatlich-kommunalen Kooperationsdruck gerecht wird und gleichzeitig die Zusammenarbeit zwischen den Ebenen verdeutlicht[363]. Kommunale Mitwirkung zeigt sich zum einen im Bereich der Gesetzgebung, bei dem durch Geschäftsordnungen Regelungen zur Mitwirkung getroffen werden sollen, zum zweiten durch eine Mitwirkung an Verwaltungsentscheidungen. Anhand eines Katalogs kommunaler Mitwirkungsrechte sieht ROTERS in kommunaler Mitwirkung zwei bedeutende Funktionen erfüllt[364]:

1. Eine lokal orientierte Gestaltungs- und Organisationsfunktion.
2. Eine interlokal, regional und zentral orientierte Rückkoppelungs- und Innovationsfunktion.

Auch bei ROTERS zeigt sich der maßgebliche argumentative Anknüpfungspunkt im Bereich der Eigenverantwortlichkeit und der Allzuständigkeit, mit einer Lösung von einem Begriff von Allzuständigkeit, der synonym zu Alleinzuständigkeit gebraucht wird.[365]
Aus den genannten Funktionen der Mitwirkung ergeben sich aus dem genannten Selbstverwaltungsverständnis die folgenden normativen Aspekte [366]

1. Legitimation örtlicher Gestaltungs- und Planungsentscheidungen.
2. Begründung eines Modells staatlich – kommunaler Kooperationsformen.

Im Einzelnen wird kommunale Mitwirkung relevant im Bereich der planenden Verwaltung und bei vollzugsbezogener Gesetzes- und Verordnungsgebung. So wird von ROTERS das Bild eines Verbundsystems integrierter Planung mit kommunaler Partizipation über Planungsräte, kommunale Räte oder kommunalpolitische Beteiligungsausschüsse beim Bundestag und den Landtagen entworfen.[367] Im Grunde nimmt der leistungsfähigere Träger eine dominante Stellung ein und gewährt dem schwächeren Partner Mitwirkungsmöglichkeiten. Auch hier lässt sich die Auffassung vertreten, dass die zugrunde liegende Konzeption von Selbstverwaltung zu einem zentralistischen Einheitsstaat mit dekonzentrierten Basiseinheiten passt.[368]

Das Modell funktional differenzierter Selbstverwaltung konnte sich nicht durchsetzen, da es als nicht verfassungskonform betrachtet wurde. Seine Argumentation wurde vom Verfassungsgericht nicht angenommen[369]. So wurde argumentiert, dass die von ROTERS in seinem Einheitsmodell festgestellte Inkonsistenz nicht interpretativ zu beheben gewesen wäre, sondern nur durch eine Verfassungsänderung[370].

---

[363] Zum Gedanken wachsender Verflechtungsbeziehungen ROTERS, W.: Mitwirkung, 1975, S. 38.
[364] ROTERS, W.: Beteiligung, 1981, S. 249 ff.
[365] Vgl. KNEMEYER, F.: Gewährleistung, 1983, S. 216 / 217.
[366] Nach KNEMEYER, F.: Dezentralisierung, 1976, S. 381 ff.
[367] KNEMEYER, F.: Dezentralisierung, 1976. S. 381.
[368] KNEMEYER, F.: Gewährleistung, 1983, S. 216.
[369] Vgl. Einschätzung von SCHÄFER, T.: Selbstverwaltung, 1998, S. 18.
[370] KNEMEYER, F.: Dezentralisierung, 1976, S. 381.

Da das Bundesverfassungsgericht in seiner Argumentation dem klassischen Modell folgt, wird es weiterhin stetig in der rechtswissenschaftlichen Diskussion weiterentwickelt werden und bei Diskussionen über die Auswirkungen der Europäischen Integration angeführt. Funktionale und kompensatorische Modelle haben insofern Gültigkeit, als sie Aspekte eines an der Realität gemessenes Bild kommunaler Aufgaben vergangener Jahrzehnte vermitteln, wenn Verflechtungsbeziehungen zwischen Ebenen thematisiert werden. Fraglich ist, wie die europäische Genese im Hinblick auf die klassische Interpretation, aber auch unter dem Gesichtspunkt einer funktionalen Selbstverwaltung bzw. unter dem Kompensationsgedanken zu betrachten ist. Kommunale Selbstverwaltung ist nicht nur Element nationalstaatlicher Entwicklung, sondern Bestandteil einer europäischen Dynamik. So wird man nicht umhin kommen, bei den Theorien Kommunaler Selbstverwaltung die ebenenüberschreitende Dimension oder eine Netzwerkorientierung stärker zu berücksichtigen.

3.1.1.4 Geeignetheit der Modelle für eine ebenenüberschreitende Sichtweise

Was die Geeignetheit der Ansätze für die europäische Diskussion anbelangt, macht die juristische Diskussion deutlich, dass mit der Wahrung der Kommunalen Selbstverwaltung die einzelne Kommune als örtlicher Funktionsraum oder sozialer und politischer Ort sichergestellt werden soll. Auch die Verzahnung normativer Inhalte Kommunaler Selbstverwaltung bezogen auf die Stellung der Bürger ist heute aktueller denn je.

Das funktional orientierte Selbstverwaltungsmodell wurde in den 70er Jahren noch dahingehend kritisiert, dass es gegen den Gedanken der bundesstaatlichen Ordnung verstoße[371]. Heute wird deutlich, dass die Europäische Union die nationale Verfassungsordnung nicht unberührt lässt, sondern wie mit der Erörterung um die Reformen der Europäischen Verträge oder des Weissbuches Europäisches Regieren noch zu zeigen sein wird, aus rechtlicher Sicht überwölbt. Verflechtungselemente nehmen zu. Es ist nicht ersichtlich, weshalb der kompensatorische oder funktionale Grundgedanke im Rahmen der Europäischen Integration nicht geeignet sein sollte politische Realitäten, mit denen das nationalstaatliche System zunehmend konfrontiert wird, zu beschreiben.

Das Kompensationsmodell lässt sich argumentativ gut[372] auf die europäische Ebene übertragen, um eine wie auch immer zu gestaltende Einbeziehung der Kommunen zu untermauern. Ähnliches gilt für die dargestellten Argumente des funktionalen Modells. Ansatzpunkte sind hierbei die noch darzustellenden Eingriffe in die kommunale Aufgabenerledigung durch rechtliche Rahmenregelungen, oder die Aufgaben der Kommunen bei der Umsetzung europäischer Programme und Regelungen.
Für das Kompensationsmodell spricht, dass es eine realistische Darstellung kommunaler Betätigung aufzeigt. Die strikte Trennung zwischen einzelnen Ebenen, oder eine Trennung zwischen Staat und Kommunaler Selbstverwaltung, entspricht nicht der

---

[371] SCHÄFER, T.: Selbstverwaltung, 1998, S.18.
[372] Anderer Ansicht WAHL, R.: Diskussion, 1995, S. 55. WAHL bezweifelt, dass das Kompensationsmodell anwendbar ist, wenn es sich auf das Verhältnis von Einheiten bezieht, die über mehrere Ebenen getrennt sind und dass Mitwirkungsrechte der kommunalen Ebene gegenüber der Europäischen Union erfolgreich greifen könnten.

Wirklichkeit kommunalen Handelns. Der Kompensationsgedanke drängt sich förmlich auf, wenn es für die Gemeinden bzw. ihre Interessenverbände darum geht, ihre Ziele einzubringen[373].

Kritisch sind für den Kompensationsgedanken und das funktionale Modell insbesondere die folgenden Bereiche:

(1) Das Verhältnis von Kompetenzverlust zu Kompensation und funktionaler Mitwirkungsmöglichkeit.
(2) Das Entscheidungsverhalten bei der Mitwirkung und Beteiligung kommunaler Akteure an entfernten Entscheidungen.
(3) Die Beteiligung an höherstufigen Politikprozessen und mögliche negative Auswirkungen auf die Möglichkeiten der Bürger, sich zu beteiligen.
(4) Der Umgang mit der Relativierung des Ebenenbezugs der Kompensationsmodelle und des funktionalen Modells.
(5) Eine Unschärfe aufgrund der Abstraktheit der Begrifflichkeit „Partizipation".[374]

Von besonderer Bedeutung scheint der Fall der Kompensation, bei dem die Gemeinden, deren Kompetenzverluste über Einwirkungsmöglichkeiten kompensiert werden sollen, trotz aller Kompensationsbemühungen an Eigenständigkeit verlieren[375]. Resultieren aus der Weiterentwicklung der europäischen Ebene und zunehmender rechtlicher und institutioneller Integration Kompetenzverluste, ist die prinzipielle Frage zu stellen, ob Mitwirkungsmöglichkeiten einen Ersatz für den Verlust eigener Kompetenzen darstellen könnten oder ob sie das grundlegend sollten.[376] Dies muss insbesondere dann gelten, wenn die höheren Ebenen Kompetenzen an sich ziehen und dann lediglich die Durchführung und Durchsetzung der Aufgabe oder Regelung der niederen Ebene zuweisen[377].

Ein weiterer Bereich, der kritisch zu hinterfragen ist, ist das konkrete Entscheidungsverhalten der kommunalen Akteure bei der Mitwirkung und Beteiligung an entfernten Politikprozessen. Der Modus wandelt sich von eigenverantwortlichem Entscheiden zur Mitwirkungstätigkeit an Prozessen und im institutionellen Entscheidungskontext anderer Einheiten[378]. Gleichzeitig ist es ein wesentliches Merkmal des Kommunalen Selbstverwaltungsverständnisses, dass Entscheidungen selbstverantwortlich getroffen werden und dass auf der anderen Seite das Risiko der Entscheidung und die Verantwortung ebenfalls von der handelnden Ebene und damit in der handelnden Gebietskörperschaft getragen werden. Verflochtene Entscheidungssituationen haben demgegenüber grundsätzlich das Potential, eine egoistische Anspruchshaltung zu fördern, in der nur die eigenen Interessen wahrgenommen werden. An dieser Stelle muss sich der

[373] MAGIERA, S.: Diskussion, 1995, S. 63.
[374] Kritischer Umgang mit dem Begriff der Partizipation vgl. Ausführungen BLÜMEL, der rechtsstaatliche Planung und verfahrensrechtliche Beteiligungen gesondert fasst. Vgl. BLÜMEL, W.: Demokratisierung, 2004, S. 97 ff.
[375] Vgl. die generelle Einschätzung zum Kompensationsgedanken von KLEIN, H.: Diskussion, 1995, S. 48.
[376] Skeptisch in diesem Zusammenhang BÖCKENFÖRDE, E. und BAMBEY, W.: Diskussion, 1995, S. 29 und S. 59.
[377] BÖCKENFÖRDE, E.: Diskussion, 1995, S. 52.
[378] ähnlich WAHL, R.: Diskussion, 1995, S. 56.

Blick darauf richten, wie kommunale Interessen selektiert und über Verfahren in institutionelle Entscheidungskontexte eingebunden werden.
Differenziert ist der Gedanke der Kompensation auch für die Bürgerbeteiligung zu sehen. Die Frage ist hierbei, in welchem Umfang die Rechte der Bürger beeinträchtigt werden könnten bzw. ihnen Möglichkeiten der Beteiligung vorenthalten werden. BROHM argumentiert, dass selbst, wenn grundsätzlich bei Kompensation durch Beteiligung der Kommunen die Verluste nicht umfassend kompensiert werden oder die Gemeinden weniger Selbstverwaltungsaufgaben und verstärkt Pflichtaufgaben wahrnehmen, die Bürgerbeteiligung nicht notwendigerweise beeinträchtigt werde. Argument hierfür ist, dass Bürgerbeteiligung auch durch eine stärkere Beteiligung am Vollzug entstehe. Gleichzeitig entgegnet BROHM dem Vorwurf der Aushöhlung der Selbstverwaltungsgarantie dadurch, dass er argumentiert, dass durch die Partizipationsmöglichkeiten der Gemeinden an höherstufigen Politikprozessen das Gemeindeinteresse kollektiviert und in einer generellen Form zur Geltung gebracht werde, was wiederum die Bürgernähe stütze[379]. Ein partizipativer demokratiebezogener Diskussionsstrang von der kommunalen zur europäischen Ebene wird mit dieser Argumentation jedoch nicht entwickelt.
Die vorangegangenen Ausführungen und die angeführten Argumente verdeutlichen die unterschiedlichen Standpunkte. Darauf aufbauend wird nun in einem weiteren Schritt versucht, Kompensation bzw. Partizipation der Kommunen an höherstufigen Politikprozessen konzeptionell politik- bzw. verwaltungswissenschaftlich zu erfassen und eine Anbindung an das europäische Institutionensystem zu schaffen.
Die Vertretung von Partikularinteressen in der Politik findet sich in der Pluralismusdiskussion[380] und im Lobbying auf europäischer Ebene.[381] Interessenvertretung macht im Bereich der kommunalen Interessenvertretung von jeher von sich geltend, über einen „demokratischen Mehrwert“ gegenüber Lobbyisten mit partikularen Anliegen zu verfügen. Das „demokratische Plus“ resultiert aus der verfassungsrechtlichen Stellung der Kommunen und der prinzipiellen Verpflichtung der Kommunen gegenüber dem Gemeinwohl.[382]

Generell ist mit dem Begriff der „Kompensation“ kritisch umzugehen. Einerseits könnte es durch die Annahme eines Partizipationsmodells statt eines Kompensationsmodells

[379] BROHM, W.: Diskussion, 1995, S. 58.

[380] Pluralismus ist Mittel zur Beschreibung und Analyse von Interessenpolitik und kann definiert werden als „ein System der Interessenvermittlung, dessen wesentliche Bestandteile in eine nicht näher bestimmte Anzahl verschiedener, freiwilliger, in Wettbewerb stehender, nicht hierarchischer und autonomer (was die Art und den Umfang des Interesses betrifft) Gruppen organisiert sind. Diese Gruppen besitzen weder eine besondere staatliche Lizenz, Anerkennung oder Unterstützung, noch sind sie auf staatliche Initiative hin gebildet worden und unterliegen staatlicher Kontrolle hinsichtlich der Rekrutierung von Führungspersonal oder der Interessenartikulation. Außerdem können sie kein Repräsentationsmonopol innerhalb der von ihnen vertretenen Bereiche in Anspruch nehmen.“ SCHMITTER, P.: Interessenvermittlung, 1979, S. 95.

[381] In Zahlen ausgedrückt werden nach Schätzungen ca. 0,5 bis 1,0 Millionen Akteure genannt (aus Industriekonzernen, Nicht-Regierungsorganisationen, Forschungszentren oder Körperschaften etc.), die in Kontakt mit europäischen Institutionen treten. Vgl. EUROPÄISCHES PARLAMENT / GENERALDIREKTION WISSENSCHAFT: Arbeitsdokument, 2002, S. 29.

[382] Ein weiterer Gesichtspunkt ist, dass kommunale Beteiligung im Vorfeld von europäischen Rechtsakten sich positiv auf die Durchführung auswirkt. Zum einen kann das kommunale „Know-how“ frühzeitig von unten nach oben eingebracht werden, zum anderen haben die Spitzenverbände eine Vermittlungsfunktion bei der Implementation.

gelingen, die Beteiligungsmöglichkeiten der Kommunen als eigenen positiven Wert darzustellen. Der Begriff der „Partizipation“ würde deutlich machen, dass nicht der Ausgleich von zugefügten Beschränkungen mit dem Ziel einer Kompensation möglichst auf „Null“ gemeint sein kann, sondern auch eine Weiterentwicklung und Ausweitung kommunaler Handlungs- und Gestaltungsspielräume vor europäischem Hintergrund. Allerdings muss, was die Möglichkeiten der Partizipation anbelangt, stark differenziert werden zwischen:

1. den Phasen, in denen Partizipationsmöglichkeiten bestehen
2. den kommunalrelevanten Bereichen
3. den konkreten umsetzungsrelevanten Inhalten und der Art und Weise der Einbeziehung der kommunalen Akteure oder der kommunalen Ebene.

Über diese Gedanken nähert man sich Schritt für Schritt der lokalen, ebenenübergreifenden Governancediskussion an, zu der sich an dieser Stelle Parallelen zeigen. Nachfolgend wird auf die Verflechtungszusammenhänge zwischen den Gebietskörperschaften bzw. zwischen Staat und Gebietskörperschaften näher eingegangen.

3.1.2 Verflechtung zwischen den Gebietskörperschaften bzw. Staat und Gebietskörperschaften aus kommunaler Sicht

3.1.2.1 Kommunale Kooperation

Bisher wurde die konkrete kommunenübergreifende Dimension Lokaler Governance in horizontaler Sichtweise definiert als:

(1) Kommunale Kooperation als interkommunale Zusammenarbeit bei der Aufgabenerfüllung.[383]
(2) „New Regionalism", „Metropolitan Governance"[384] oder „Urban Governance"[385] im Entwicklungskontext von Stadtregionen.[386]

Für die deutsche Konstellation kommunaler Kooperation treten das Verhältnis von Kommunaler Selbstverwaltung in Anbindung an das Selbstverwaltungsprinzip des Art. 28 Abs. 2 GG, die Aspekte kommunaler Organisationshoheit und der Örtlichkeitsgrundsatz, besonders hervor.

Was die Organisationshoheit betrifft, wird den Gemeinden nach Art. 28 Abs. 2 GG die Möglichkeit strategischer Entscheidung in der Wahl des „Ob" und im Rahmen der Gesetze des „Wie" kommunaler Kooperation ermöglicht. Art. 28 Abs. 2 GG wird auch als Grundlage für die Wahlfreiheit der Organisationsform herangezogen.[387] Allerdings ist die kommunale Organisationsbefugnis nicht als Prinzip kommunaler Eigenorganisation zu verstehen, nach dem staatliche Vorgaben einer spezifischen Rechtfertigung bedürfen. Gesetzgeber bzw. kommunalbezogenes Organisationsrecht setzen den Kommunen unter Einhaltung der Kern- und Randbereichsformel Grenzen.[388]

Der Örtlichkeitsgrundsatz[389] ist aufgrund der Tendenz seitens der Gemeinden, kommunale Wirtschaftstätigkeit unter Überschreitung der Gemeindegrenzen wahrzunehmen, gesondert zu thematisieren. Die politikwissenschaftlichen und juristischen Dis-

---

[383] Interkommunale Zusammenarbeit ist nicht gesetzlich definiert und erfährt seine Ausformung durch die kommunale Praxis und kommunalbezogene Erörterungen. Inhaltliche gesetzliche Vorgaben werden durch den Landesgesetzgeber getroffen. Vgl. auch HORN, L.: Zusammenarbeit, 2006, S. 193.
[384] Metropolitan Governance etabliert sich als eigener Forschungszweig, innerhalb dessen Problembereiche städtischer Entwicklung wie beispielsweise sozialräumliche Prozesse thematisiert werden. SCHUPPERT, G.: Rivalität, 2006, S. 42.
[385] Hinter diesen Konzepten steht die Absicht, über neue Kooperationsformen kommunale Aufgaben in regionaler Einbettung unter Beibehaltung des kommunalen Bezugs zu lösen. HILL, H.: Governance, 2006, S. 155 ff.
[386] ARBEIT, U. / RÖBER, M.: Governance, 2006, S. 267 – 279. HILL, H.: Governance, 2006, S. 155 ff.
[387] DEUTSCHER STÄDTE- UND GEMEINDEBUND (DStGB) (Hrsg.): Dokumentation 51, 2005, S. 4. In Teilen wird das Recht der Gemeinden auf Wahlfreiheit der Organisationsform bzw. die Aufgabenübertragung auf gemeinsam geführte Verbände als kommunales Kooperationsrecht und damit eigenständiges Hoheitsrecht der Gemeinden vertreten. WAIBEL, G.: Gemeindeverfassungsrecht, 1999, S. 22.
[388] BVerfG, Beschluss des Zweiten Senats vom 26.10.1994 – 2 BvR 445/91, Nr. 1 und 2, in: DVBl. vom 15. März 1995, S. 290 – 296.
[389] Verengen lässt sich die Diskussion durch das rechtssystematische Argument, dass im Zusammenhang mit den Regelungen des Art. 28 Abs. 2 GG nicht primär das Verhältnis zwischen Kommune und Privaten, sondern die Verteilung innerstaatlicher Zuständigkeiten angesprochen ist. Vgl. HEILSHORN, T.: Gebietsbezug, 2003, S. 21 / 22.

kussionen sind hinsichtlich des kommunalen Gebietsbezugs äußerst kontrovers. Die objektive Rechtsinstitutsgarantie[390] des Art. 28 Abs. 2 GG spricht von allen Angelegenheiten der örtlichen Gemeinschaft. Diese werden als Bedürfnisse und Interessen angesehen, die in der örtlichen Gemeinschaft wurzeln. Damit tritt ein räumlicher Aspekt in den Vordergrund, der sich über zwei Argumentationsstränge[391] darstellen lässt:

Die erste Argumentation geht davon aus, dass die gemeindliche Betätigung auf das Gemeindegebiet beschränkt ist und eine grundsätzliche territoriale Beschränkung vorliegt. Gebietsüberschreitungen werden an strenge Vereinbarungen gekoppelt. Dieses „territoriale Trennsystem“ mag für den Bereich hoheitlicher Tätigkeit der Gemeinden durchaus geeignet sein, um den Bürgern Rechtssicherheit über transparente Zuständigkeitsregeln zu vermitteln. Die zweite Argumentation koppelt das Merkmal der Örtlichkeit nicht an territoriale Gesichtspunkte, sondern an den Begriff der Gemeinschaft, für welche die Kommune eine Leistung erbringt.
Speziell mit dem ersten Argumentationsstrang geht eine Sichtweise konform, welche das Selbstverwaltungsrecht anderer Gemeinden als territoriales Ausschlussprinzip anerkennt. Auf diese Weise entsteht ein „Nebeneinander“ kommunaler Aufgabenwahrnehmung und Zuständigkeiten.[392] Zu folgen ist jedoch einem Ansatz, der den Örtlichkeitsgrundsatz nicht als strenges Territorialprinzip sieht, das die Gemeinden daran hindert über ihr Gemeindegebiet hinaus wirtschaftlich zu handeln. Nach h. M wird daher eine Betätigung im öffentlichen Interesse, die sich ortsübergreifend darstellt, als grundsätzlich zulässig erachtet.[393]

Daraus folgt weiterführend für Kommunale Selbstverwaltung bezogen auf die kommunale Aufgabenerledigung und in Anbindung an Lokale Governance, dass[394]

(1) durch die Einbindung der Kommunen in übergeordnete Governancezusammenhänge der Aufgabenerledigung ein integriertes und zwischen Gemeinden abgestimmtes Governancekonzept erforderlich wird. Für die Kommunen ergibt sich eine Aufgabenerfüllung, die im Sinne einer Koordination Selbststeuerungsmechanismen enthält und den inhaltlichen Willen Steuerung aktiv anzustreben voraussetzt.
(2) ein faktischer und rechtspolitischer Zusammenhang dadurch entsteht, dass sich eine gemeinsame Interessenlage zwischen Governance und den Inhalten und Zielen Kommunaler Selbstverwaltung ergibt. Effektivität, Effizienz und Wirtschaftlichkeit stehen im Einklang mit den Werten der Kommunalen Selbstverwaltung, wie die Versorgung mit Dienstleistungen und öffentlichen Leistungen.

---

[390] Unter Rechtsinstitutsgarantie versteht man die institutionelle Garantie und den Schutz eigenverantwortlicher Wahrnehmung des kommunalen Aufgabenbereichs. PÜNDER, H. / WALDHOFF, C.: Finanzrecht, 2006, S. 5.
[391] Ausführlich HEILSHORN, T.: Gebietsbezug, 2003, S. 96 / 97 ff..
[392] HEILSHORN, T.: Gebietsbezug, 2003, S. 138.
[393] H. M. vgl. TOMERIUS, S.: Betätigung, 2004, S. 17 – 20.
[394] Alle drei genannten Aspekte sind ein Spiegel kommunaler Wirklichkeit, in der Stadt - Umland Kooperationen und regionale Kooperationen als bedeutend eingestuft werden und in ihrer Bedeutung vor klassische kommunale Themen wie Verkehrs- oder Wohnungswesen oder Verwaltungsmodernisierung gestellt werden. Vgl. BRETSCHNEIDER, M. / DEUTSCHES INSTITUT FÜR URBANISTIK (DIfU): Hauptaufgaben, 2007, S. 17.

(3) sich für Lokale Governance und Kommunale Selbstverwaltung eine Schnittstelle zu Europäischer Governance, i. S. der europäischen Steuerung durch Recht ergibt.[395]

Die Abstimmung zwischen Gemeinden erfolgt im Sinne interkommunaler Kooperation. Gängige Formen kommunaler Zusammenarbeit sind der Zweckverband, öffentlich rechtliche Vereinbarungen, die kommunale Arbeitsgemeinschaft, die privatrechtliche Gesellschaft oder der privatrechtliche Vertrag bzw. sonstige Rechtsformen wie der Verwaltungsverband, die Verwaltungsgemeinschaft oder die Anstalt des öffentlichen Rechts. Landesrechtliche Regelungen[396] treffen detaillierte Vorgaben zu kommunaler Zusammenarbeit, wobei sich Unterschiede zwischen den Organisationsformen im Einzelnen ergeben:

1. Bei der Aufgabendurchführung: „Mandatiert" steht im Gegensatz zu „delegiert". Mandatierung bedeutet die gemeinsame Durchführung einer Aufgabe im Gegensatz zu einer Zuständigkeitsübertragung (Delegation). Mit der Zuständigkeitsübertragung geht die komplette Aufgabe, einschließlich die mit ihr verbundenen Rechte und Pflichten auf die Kommune über, welche die Aufgabe übernimmt.[397]
2. Bei der Frage, ob mit der Regelung zu kommunaler Zusammenarbeit eine neue Körperschaft geschaffen wird.

In der kommunalen Praxis ergibt sich die folgende Häufigkeit einzelner Rechtsformen:

Tab. 5 - Rechtsformen interkommunaler Kooperation in der Praxis

Bezeichnung der Rechtsform	Anteil in Prozent
Öffentlich – rechtliche Vereinbarung	27,7
Zweckverband	21,7
Arbeitsgemeinschaft	21,2
Privatrechtliche Gesellschaft	10,4
Privatrechtlicher Vertrag	7,8
Andere Rechtsform	11,1

Quelle: DEUTSCHER STÄDTE- UND GEMEINDEBUND (DStGB) (Hrsg.): DStGB – Dokumentation. 51, 2005, S. 10.

[395] Dies zeigt sich in der Diskussion zum europäischen Vergaberecht bzw. bei den Dienstleistungen von allgemeinem wirtschaftlichen Interesse.
[396] Auf die Unterschiede zwischen den landesverfassungsrechtlichen Vorgaben und Regelungen als Feinstrukturen wird nicht eingegangen.
[397] DÜSTERDIEK, B.: Kooperationen, 2006, S. 280 / 281.

Die Formen der Kooperation stellen sich inhaltlich wie folgt dar:[398]

1. Die öffentlich–rechtliche Vereinbarung dient dem Betrieb öffentlicher Einrichtungen und basiert auf einem öffentlich–rechtlichen Vertrag, bei dem eine Aufgabe übertragen wird, ohne dass ein neuer Rechtsträger entsteht. Die öffentlich–rechtliche Vereinbarung kann sowohl delegiert als auch mandatiert sein. Die o.g. Zahlen verdeutlichen, dass die öffentlich–rechtliche Vereinbarung die häufigste Form interkommunaler Kooperation darstellt, gefolgt vom Zweckverband.
2. Der Zweckverband ist eine Körperschaft des öffentlichen Rechts, die Angelegenheiten im Rahmen der Gesetze auf Grundlage einer Satzung in eigener Verantwortung verwaltet. Die kommunale Aufgabe selbst geht an den Zweckverband über.[399]
3. Die kommunale Arbeitsgemeinschaft als öffentlich-rechtliche Rechtsform auf Grundlage eines öffentlich–rechtlichen Vertrages ist nur in einigen Ländern möglich. Sie dient der Beratung und Koordinierung zwischen Kommunen.
4. Wie die kommunale Arbeitsgemeinschaft ist auch die Anstalt des öffentlichen Rechts nicht in allen Ländern möglich. Sie stellt eine Alternative zu Regie- und Eigenbetrieben dar, ebenfalls zu privatrechtlichen Eigen- und Beteiligungsgesellschaften. Ansatzpunkt ist der Gedanke, die Vorteile einer öffentlich–rechtlichen Rechtsform mit den Vorzügen einer privaten Rechtsform zu verbinden. Nach Maßgabe der einschlägigen landesgesetzlichen Regelungen können sowohl freiwillige als auch pflichtige Aufgaben übertragen werden.
5. Privatrechtliche Organisationsformen kommen in Frage, wenn die Aufgabe nicht originär hoheitlich ist. Die gemeinsame Aufgabenerledigung kann in Form einer GmbH, eines Vereins oder in Form einer privatrechtlichen Vereinbarung erfolgen.

Zusammenfassend wird deutlich, dass für die deutschen Kommunen traditionell mit dem Recht politischer Selbstverwaltung die wirtschaftliche Selbstorganisation verbunden[400] ist und die Möglichkeit, zwischen unterschiedlichen Organisationsmodellen kommunaler Leistungserbringung zu wählen. Möglichkeiten interkommunaler Zusammenarbeit werden als bedeutende Elemente der kommunalen Organisationshoheit und Entscheidungsfreiheit betrachtet. Den rechtlichen Rahmen schafft vorderhand der jeweilige Landesgesetzgeber.

Aufbauend auf dem für Lokale Governance und Kommunale Selbstverwaltung bisher Gesagten gilt für den kommunalen Kooperationsaspekt, dass interkommunale Kooperation in ihrer Wirkung auch über einzelne kooperierende Kommunen hinausreichen und auf diese Weise neben lokalen auch regionale Bezüge erhalten. Gründe für diese interkommunalen Kooperationen können neben funktionaler Verflechtung auch Ungleichgewichte in der Lastenverteilung zwischen Städten oder Städten und Umland

[398] Nach DEUTSCHER STÄDTE- UND GEMEINDEBUND (DStGB) (Hrsg.): Dokumentation 51, 2005, S. 8 ff., S. 10.
[399] So sind Zweckverbände beispielsweise in Baden – Württemberg Körperschaften des öffentlichen Rechts mit Aufgabenbezug und ohne Gebietsbezug. WAIBEL, G.: Gemeindeverfassungsrecht, 1999, S. 247.
[400] Vgl. AMBROSIUS, G.: Entwicklung, 2002, S. 22.

sein bzw. großräumige Problemlagen oder Handlungserfordernisse aufgrund internationalisierten Wettbewerbs zwischen Großstädten.[401]
Vor diesem Hintergrund wird Lokale Governance Teil eines Analyserahmens von Verwaltungspolitik und Verwaltungsorganisation in Stadtregionen. Diskutiert wird Lokale Governance inhaltlich mit dem bereits genannten „New Regionalism" mit mehrdimensionaler Steuerung und Koordination[402]. Politikwissenschaftlich steht lokale Steuerung in Anbindung zu regionaler Steuerung oder Governance in städtischen Agglomerationen bzw. Großstadtregionen.[403] „Metropolitian Governance", „Urban Governance", „Urban Management", „Regional Governance"[404] oder „New Regionalism" sind Schlagworte hierzu.[405] Konzeptionell wird darauf abgezielt, neue Konzepte und Instrumente im Einklang mit der wirtschaftlichen Entwicklung, geänderten Umweltbedingungen und politischer Partizipation in soziopolitischem Umfeld zu finden.[406] Neue Formen auch indirekter Steuerung oder eine Re-politisierung des Reformprozesses unter Einbeziehung zivilgesellschaftlichen Engagements sind aus kommunaler Perspektive zu betrachten.[407]

Die Sichtweise auf Metropolregionen knüpft an die Stadt – Umland Problematik an und betrachtet Aspekte, wie die politischen Auswirkungen der Suburbanisierung, geopoliti-

---

401 Vgl. KASPER, A.: Regionalkreise, 2006, S. 589.

402 ARBEIT und RÖBER argumentieren mit territorialer Koordination, funktionaler Koordination und sektorübergreifender Koordination und unterscheiden Governance in der Kernstadt selbst und in der Metropolregion innerhalb des Verflechtungsraumes. Vgl. ARBEIT, U. / RÖBER, M.: Governance, 2006, S. 271.

403 Metropolitan Governance vgl. BLATTER, J.: *Governance*, 2005, S. 35.

404 Zum Begriff und seiner Anbindung an eine raumwissenschaftliche Perspektive PÜTZ, M.: Governance, 2006, S. 39 ff.

405 Als Kommunalverband besonderer Art kann die Region Hannover bezeichnet werden, die zum 1. November 2001 als Gebietskörperschaft aus den Gemeinden des Landkreises Hannover, der kreisfreien Stadt Hannover und dem Kommunalverband Großraum Hannover gebildet wurde. Dabei ist die Region Hannover Teil der Metropolregion Hannover-Braunschweig-Göttingen. Vgl. § 1 und 2 des Gesetzes über die Region Hannover vom 05. Juni 2001, Nds. GVBl. Nr. 16 vom 15.06.2001, S. 348, und http://www.metropolregion-hbg.de/scripts/contentbrowser.php3 - (15.07.2007).
Eine ähnliche Entwicklung ist für die Region Aachen absehbar, in der die Verbandsversammlung des Zweckverbandes StädteRegion Aachen am 21.11.2006 einstimmig das Signal zur Bildung der StädteRegion Aachen gegeben und die künftigen Aufgaben und Finanzierungsmodalitäten ab 2009/2010 festgelegt hat. Die Entscheidung zu den Aufgaben, zum Personalübergang sowie zur Finanzierung wurde ebenso vom Rat der Stadt Aachen, dem Kreistag des Kreises Aachen sowie den Räten der kreisangehörigen Kommunen abschließend gefasst. Beim Landesgesetzgeber soll ein Antrag zum Erlass eines StädteRegion Aachen-Gesetzes gestellt werden. Mit der nächsten Kommunalwahl 2009 soll bereits ein unmittelbar demokratisch legitimierter Aufgabenträger realisiert sein, der räumlich die Stadt Aachen und die Kommunen des Kreises Aachen umfasst. Es ist geplant, dass die neue Institution an die Stelle des Kreises Aachen tritt. Vorangegangen ist ein mehrjährigern Prozess, der 2001 begonnen und im Mai 2004 zur Gründung des Zweckverbandes StädteRegion Aachen als erste institutionalisierte Form führte. Vgl. auch
http://www.staedteregion-aachen.de/allginfos/willkommen_staedteregion.html - (17.07.2007).

406 Insbesondere funktionale Dezentralisierung, Managementmethoden und Privatisierungstendenzen führen zu neuen Modellen Lokaler Governance und lokalen Governments. Vgl. SILVA, C.: Partnership, 2004, S. 73 / 74, S. 80.

407 Argumentative Verortung der Kommunen als Akteure von Regional Governance. WORTMANN, R.: Governance, 2006, S. 307.

sche Fragmentierung und Unterschiede in der Siedlungsstruktur.[408] Relevant ist zunehmend der sozialräumliche regionale Bezug.[409]
Städtisches Governancepotential in Städten mit großer Autonomie bzw. Städte, die als Governancezentren mit eigenen Ordnungsfunktionen bezeichnet werden können, finden sich historisch betrachtet bereits im Bereich mittelalterlicher Städtebünde, wie der Hanse oder den Freien Reichstädten.[410]

Der Übergang von Lokaler Governance zu Regionaler Governance ist fließend. Als großstädtische Governancestrukturen etablieren sich regionale Kooperation, wie Umlandverbände oder Regionalverbände und Regionalkreise, welche eine regionale Entwicklungssteuerung, insbesondere in Bereichen wie Stadt- oder Verkehrsentwicklung voranbringen.[411]

Im europäischen Kontext findet sich der lokale Governancegedanke aktuell im Zusammenhang mit stadträumlicher Entwicklung,[412] integrierten Stadtentwicklungsprogrammen auf lokaler und stadtregionaler Ebene und unter Einbeziehung der Bürger im Rahmen der LEIPZIG CHARTA zur nachhaltigen europäischen Stadt. Die Sicherung und Schaffung von funktionsfähigen Infrastrukturen und städtischen Räumen wird als Gemeinschaftsaufgabe kommunaler, regionaler und nationaler Behörden betrachtet, wozu im einzelnen Aufgaben wie die Modernisierung der Infrastrukturnetze, die Steigerung der Energieeffizienz, eine aktive Innovations- und Bildungspolitik, sowie lokale Arbeitsmarktpolitik und städtebauliche Aufwertungsstrategien sind Stichworte hierzu.[413]

3.1.2.2 Kommunen als Teil höherstufiger Politikprozesse: Kommunale Spitzenverbände auf Bundes- und Landesebene

Die Umwelt der Kommunen gestaltet sich zunehmend komplexer. Haben die vorangegangenen Ausführungen Kommunale Selbstverwaltung und Lokale Governance im Kontext mit interkommunaler Kooperation und stadträumlicher Entwicklung themati-

---

[408] WALTER-ROGG, M.: Areas, 2005, S. 83 / 84, S. 89.
[409] HOFFMANN-MARTINOT, V. / SELLERS, J.: Conclusion, 2005, S. 425 ff. Zur diesbezüglichen Entwicklung in Frankreich HOFFMANN-MARTINOT, V.: Democracy, 2000, S. 262 / 263.
[410] SCHUPPERT, G.: Rivalität, 2006, S. 38 ff.
[411] PRIGGE, R.: Kooperation, 2006, S. 137 ff.
[412] Die Union ist in diesem Bereich mit Programmen wie URBAN I und II, oder nachfolgend URBACT tätig. Im Rahmen von des von der Europäischen Kommission initiierten Programms URBACT beispielsweise treffen sich regelmäßig VertreterInnen von kommunalen und relevanten öffentlichen Organisationen, um thematisch zur Stadtteilentwicklung zu arbeiten und „best practices" weiter zu entwickeln. http://urbact.eu/ - (24.07.2007). Im Juni 2007 wurde URBACT neu aufgelegt. http://urbact.eu/fileadmin/corporate/Official_documents/URBACT_II_OP_30_june_07.doc - (24.07.2007).
[413] Der Austausch zwischen politischen Entscheidungsträgern, Praktikern und Wissenschaftlern auf regionaler, nationaler, lokaler und europäischer Ebene soll durch eine europäische Plattform unterstützt werden, die Benchmark - Studien, Expertengutachten etc. bündelt. Vgl. LEIPZIG CHARTA zur nachhaltigen europäischen Stadt, 24. Mai 2007, insbes. S. 4 - 8. http://www.eu2007.de/de/News/download_docs/Mai/0524-AN/075DokumentLeipzigCharta.pdf - (22.07.2007)

siert, ist nunmehr nicht mehr die einzelne Kommune zentraler Akteur, sondern eine umfassendere, die gebietkörperschaftlichen Grenzen überschreitende Form Lokaler Governance: Die kommunale Vertretung nach Außen über Verbände. Gleichzeitig gewinnt Kommunikation über den nationalen Rahmen hinaus an Bedeutung.

Da die Frage nach der Rolle der kommunalen Spitzenverbände im Kontext von Governance und Kommunaler Selbstverwaltung eine Auseinandersetzung mit den Zielsetzungen der Verbände und ihren traditionellen Entwicklungslinien fordert, werden diese nachfolgend kurz umrissen.
So reicht in Deutschland die nationale Tradition der Kommunalverbände weit ins 19. Jahrhundert zurück. Motiv für ihre Gründung war die Repräsentation politischer Anliegen und Interessen der Kommunen auf staatlicher Ebene.[414] Ab 1855 entstand die Bewegung städtischer Interessenvertretung, die in eine Vielzahl kommunaler Verbandlichkeit mündete.[415] Aufgrund der spezifischen Strukturierung des Kaiserreiches ist erst im Jahr 1905 ein umfassender Spitzenverband gebildet worden. Nach der Zäsur 1945 und dem Neuaufbau deutscher Staatsgewalt waren die kommunalen Spitzenverbände zunächst verboten; die vielfältigen Anforderungen an die Kommunen im Zuge des Wiederaufbaus, die Beseitigung der Kriegsfolgen und der Bedarf an Informationsaustausch zeigte jedoch die Erforderlichkeit zur Bildung kommunaler Spitzenverbände auf. Im Zuge der Bonner Institutionalisierung politischer Organe etablierten sich auch die Spitzenverbände auf Bundesebene neu.[416] Mit Öffnung der Grenzen am 9.11.1989 suchten die Landes- und Bundesverbände den Kontakt zu ostdeutschen Kommunen und boten Unterstützungsleistungen an.

Da die kommunalen Spitzenverbände auf dem Prinzip der Freiwilligkeit beruhen, begründen sie keine „Zwangsmitgliedschaft"; nahezu alle Städte und Gemeinden sind indes organisiert. Unter Spitzenverbänden werden sowohl Bundes- als auch Landesverbände verstanden. Augenblicklich bestehen drei Bundesverbände, der Deutsche Städtetag (DST)[417] 1905 gegründet und ältester Spitzenverband mit der Hauptgeschäftsstelle in Berlin bzw. einer weiteren Geschäftsstelle in Köln[418], der Deutsche Städte- und Gemeindebund (DStGB)[419] in Bonn und Berlin und der Deutsche Land-

---

414 HENNEKE, H.: Interessenvertretung, 2006, S. 265.

415 Aufgrund unterschiedlicher kommunaler Interessen haben die Kommunen seit Beginn mit mehreren Stimmen gesprochen. Konfliktlinien bestanden zwischen Städten und Gemeinden unterschiedlicher Größen oder mit unterschiedlicher Interessenlage. Vgl. SCHWARTING, G.: Städtetag, 2005, S. 4.

416 WEINBERGER, B.: Spitzenverbände, 1981, S. 477. Umfangreiche Darstellung der Zäsur während der Zeit des Nationalsozialismus bis zu den Entwicklungen nach 1945 und neuen Vereinbarungen über die Zusammenarbeit vgl. HENNEKE, H.: Interessenvertretung, 2006, S. 270 – 280. bzw. auch SCHWARTING, G.: Städtetag, 2005, S. 14 ff.

417 http://www.staedtetag.de - (10.07.2007). Im Deutschen Städtetag sind etwa 4700 Städte und Gemeinden mit 51 Millionen Einwohnern zusammengefasst. Davon sind 214 Städte unmittelbare Mitglieder wie die 116 kreisfreien Städte, ebenfalls die Stadtstaaten Berlin, Bremen und Hamburg. Die anderen Städte gehören dem Deutschen Städtetag über seine Landesverbände nur mittelbar an. Außerordentliche Mitglieder sind die elf höheren Kommunalverbände, Regional- und Fachverbände. Eine Liste der unmittelbaren Mitgliedsstädte ist einzusehen auf
http://www.staedtetag.de/10/staedte/nach_namen/index.html - (10.07.2007).

418 ARTICUS, S.: Städtetag, 2007, S. 937.

419 http://www.dstgb.de - (10.07.2007) mit einem Verzeichnis der Mitgliedsverbände unter
http://www.dstgb.de/index_inhalt/homepage/index.phtml - (10.07.2007).

kreistag (DLT)[420] in Berlin, wobei der DStGB und der DLT Dachverbände der einzelnen Landesverbände sind.[421]

Der Zusammenschluss der Landesverbände in Bundesverbände lag nahe, da die Kommunale Selbstverwaltung häufig von der Bundesgesetzgebung betroffen ist. Daneben haben sich die Bundesverbände zu einer Bundesvereinigung der kommunalen Spitzenverbände zusammengeschlossen. Durch die Bundesvereinigung wurde die Möglichkeit vertieft, sich zu übergreifenden kommunalen Problemen gemeinsam zu äußern. Dem Deutschen Städtetag obliegt die Federführung der Bundesvereinigung der kommunalen Spitzenverbände.[422]

Inhaltlich hat sich bei der Interessenvertretung eine beachtliche Entwicklung vollzogen. Die ursprünglich auf Erfahrungsaustausch angelegte Aufgabenstellung der kommunalen Spitzenverbände hat sich gewandelt und unterscheidet zwei Funktionen. Eine direkt auf die Mitglieder gerichtete Funktion, die auf Information der Mitglieder und ihre Beratung gerichtet ist[423] bzw. auf den Austausch zwischen den Mitgliedern über Arbeitskreise und Fachkommissionen[424] und eine Außenfunktion[425], welche die Wahrnehmung der Belange gegenüber Land, Bund und der Öffentlichkeit in den Mittelpunkt ihrer Tätigkeit stellt. Auch die formale Beteiligung an Gesetzgebungsverfahren kann hierunter gefasst werden. Übergeordnete Zielsetzung ist die Bewahrung der Kommunalen Selbstverwaltung. Im Mittelpunkt steht die Beratung der Gebietskörperschaften, das zur Verfügung stellen von Fachinformation und die Pflege des Erfahrungsaustausches.[426] Darüber hinaus können die Spitzenverbände Interessen selektieren, aggregieren und inhaltliche Konflikte zwischen den Mitgliedern entschärfen.[427]
Die Vertretung kommunaler Interessen durch die Spitzenverbände als Außenfunktion findet über Partizipation[428] und Interessenvertretung, Artikulation und Repräsentation

---

420 http://www.kreise.de/landkreistag/start/ - (10.07.2007).

421 Der Deutsche Landkreistag ist föderal organisiert. Seine unmittelbaren Mitglieder sind die Landkreisverbände in den 13 Flächenstaaten. Weitere unmittelbare Mitglieder sind der Landeswohlfahrtsverband Hessen, der Landschaftsverband Rheinland, der Landschaftsverband Westfalen-Lippe, der Verband der Bayerischen Bezirke, der Kommunale Sozialverband Sachsen, der Regionalverband Ruhr, der Kommunale Sozialverband Mecklenburg-Vorpommern und der Kommunalverband für Jugend und Soziales Baden-Württemberg vgl. die Darstellung unter http://www.kreise.de/landkreistag/auswahl-dlt.htm - (10.07.2007).

422 http://www.staedtetag.de/10/wir/spitzenverbaende/index.html - (10.07.2007).

423 http://www.staedtetag.de/10/schwerpunkte/artikel/00008/index.html - (10.07.2007).

424 Für den DST vgl. ARTICUS, S.: Spitzenverbände, 2007, S. 942.

425 M. w. N. RIEDERLE, M.: Spitzenverbände, 1995, S. 12.

426 Aktuell beispielsweise das Internet-Portal des Landkreistages unter http://www.kreise-fuer-integration.de/ - (10.07.2007), das den Erfahrungsaustausch zu Fragen der Migration fördert.

427 REUTTER, W.: Spitzenverbände, 2001, S. 147 / 148.

428 „Partizipation" im Kontext der Arbeit der Kommunalen Spitzenverbände kann als Einbeziehung in den Entscheidungsprozess eines anderen Trägers öffentlicher Aufgaben definiert werden, unabhängig davon, ob dessen Entscheidung beeinflusst werden kann oder nicht. Merkmal von Partizipation ist, dass die partizipierende Seite nicht nur von außen ihre Meinung äußern kann, sondern dass zwischen den Beteiligten ein beidseitiger Austausch stattfindet. Vgl. zur Begrifflichkeit „Partizipation" CZERNY, W.: Partizipation, 1996, 145 ff. CZERNY unterscheidet im Rahmen dieser Partizipation Anhörungs- und nicht bindende Vorschlagsrechte, Mitwirkungsrechte und Mitentscheidungsrechte. S. 151ff.

statt. Ein weiteres Tätigkeitsfeld der Spitzenverbände ist die Presse- und Öffentlichkeitsarbeit.[429]

Als positive Effekte der Arbeit der kommunalen Spitzenverbände wird gemeinhin ihre Entlastungs- und Dienstleistungsfunktion gegenüber ihren Mitgliedern genannt, das Hinarbeiten auf sachgerechte Lösungen und die Erleichterung staatlicher Willensbildung durch das zur Verfügung stellen von Know How.[430]

Die Besonderheit der Spitzenverbände ruht in ihrem „Mandat", ihrer Bezogenheit auf die Kommunale Selbstverwaltung und ihre inhaltliche Anbindung an den Governancegedanken und Kommunale Selbstverwaltung lässt sich wie folgt unter den nachfolgenden vier Gesichtspunkten zusammenfassen:

1. Staatsrechtliche Einbettung der Kommunalen Selbstverwaltung: Die Stellung der Kommunen hat mit der Ein- und Unterordnung der Kommunalen Selbstverwaltung in das gesamte politisch administrative System staatsrechtlich eine Einbettung erfahren[431]. Daraus resultiert, dass kommunale Interessenvertretung als öffentliche Aufgabe mit politischer und sozialer Bedeutung stattfindet. Sie geht in ihren Zielsetzungen über individuelle Belange hinaus. Es wird argumentiert, dass die Gesellschaft oder Teile der Gesellschaft ein unmittelbares Interesse an der Ausübung der Interessenvertretung haben[432].
2. Die sachliche Legitimation der Verbände bezogen auf die gesamtstaatliche Willensbildung bzw. im Rechtsetzungsprozess: Die kommunale Befassungskompetenz wird argumentativ in inhaltlicher Erweiterung bezogen auf die Verbandskompetenz des Art. 28 Abs. 2 S. 1 GG gesehen. Die Anbindung an kommunale Belange erfolgt, wie für die Frage der interkommunalen Kooperation, erneut am Merkmal der Angelegenheiten der örtlichen Gemeinschaft. Ortsbezogene Interessen der Bürgerinnen und Bürger der Kommune werden relevant. Ortsbezogene Interessen können auch dann vorliegen, wenn mehrere Gemeinden das gleiche Interesse haben. Das Interesse wird nach dieser Argumentation nicht überörtlich, sondern „mehrörtlich".[433] Ein Ortsbezug kann bereits im Interesse der Kommunen gesehen werden, künftig nicht von einer bestimmten Regelung oder Maßnahme betroffen zu sein.[434]
3. Kommunale Organisationshoheit: Die Möglichkeit sich in Verbänden zu organisieren ergibt sich des Weiteren aus der kommunalen Organisationshoheit als Teil der kommunalen Kooperationsbefugnis.[435]
4. Wahrnehmung gesamtstaatlicher Verantwortung: Die Kommunale Selbstverwaltung übernimmt durch die Wahrnehmung von Mitwirkungsangeboten ein Teil ge-

---

[429] SCHWARTING, G.: Städtetag, 2005, S. 10, für den DST vgl. ARTICUS, S.: Spitzenverbände, 2007,S. 942 ff..

[430] Einzelne Funktionen vgl. REUTTER, W.: Spitzenverbände, 2001, S. 147 / 148.

[431] REUTTER, W.: Spitzenverbände, 2001, S. 151.

[432] Vgl. CZERNY, W.: Partizipation, 1996, S. 102. REUTTER weist in diesem Zusammenhang allerdings kritisch darauf hin, dass die kommunalen Spitzenverbände nicht die Partizipationsansprüche der Bürger der lokalen Gemeinschaft vertreten oder gesellschaftliche Gruppen, sondern die Interessen der Mitglieder und der Administration der Gebietskörperschaften. Die Aktivbürgerschaft werde nur „indirekt und vermittelt" in das Gesamtsystem einbezogen. Vgl. REUTTER, W.: Spitzenverbände, 2001, Band 5, S. 136.

[433] Vgl. hierzu mit weiteren Nachweisen SCHRADER, C.: Spitzenverbände, 2004, S. 246 ff, S. 281.

[434] SCHRADER, C.: Spitzenverbände, 2004, S. 250.

[435] Vgl. SCHRADER, C.: Spitzenverbände, 2004, S. 280.

samtstaatlicher Verantwortung. Interessenvertretung wird inkorporiert als Teilaspekt übergreifender Verantwortung und gebotener Selbstbeschränkung.[436]

Ein hohes Maß an Komplementarität ergibt sich zwischen dem Gedanken Lokaler Governance im ebenenüberschreitenden Sinn und dem Umgang mit funktionalen Interdependenzen zwischen den Ebenen des politisch – administrativen Systems:
Der Blick auf kommunale Spitzenverbände als intermediäre Organisationen sind in gewisser Weise komplementär zu funktionalen Interdependenzen, welche sich aus der Zuordnung der drei Verwaltungsebenen ergeben. Kommunalen Spitzenverbänden kommt die Aufgabe zu, Funktionsprobleme des politisch-administrativen Systems durch funktionale Ergänzungen des hierarchischen Systems zu vermindern.[437] Es besteht ein Spannungsfeld zwischen Zentralstaat und bürgerschaftlicher, kommunaler Selbstverwaltung, in welches die Verbände vermittelnd eingreifen.

Die Vermittlungsfunktion im Hinblick auf bürgerschaftliche Interessen ist jedoch in einzelnen Politikfeldern noch nicht hinreichend nachgewiesen worden. So ist der materielle Vermittlungsgehalt bürgerschaftlicher Interessen im Sinne einer deliberativen Demokratie auf europäischer oder nationaler Ebene noch nicht hinreichend belegt.

3.1.2.3 Verflechtungs- und Querbezüge aufgrund der Finanzverfasstheit

3.1.2.3.1 Entwicklung und Grundzüge der Finanzverfassung

Nähert man sich dem Thema der Verflechtung zwischen Staat und Gebietskörperschaften aus kommunaler Sicht, dann ist zunächst die Finanzverfassung zentral. Sie gilt als „Spiegelbild der Staatsverfassung", Kernstück bundesstaatlicher Strukturierung[438] und „Fundament des föderalistischen Staates"[439]. Sie ist eine Folgeverfassung mit „dienender Funktion" bezogen auf sonstige verfassungsrechtliche Strukturentscheidungen.[440]

Nachfolgend wird daher der Fokus auf die kommunale Finanzausstattung gerichtet, der rechtliche Rahmen kommunaler Finanzen[441] kurz dargestellt sowie die aktuell vollzogenen kommunalrelevanten Änderungen im Rahmen der Föderalismusreform I erläutert. Das grundlegende Verhältnis von Aufgaben zu Ausgaben wird unter dem Aspekt der Konnexität berücksichtigt, bevor in einem weiteren Schritt die Ergebnisse rückgebunden werden auf die lokale Governancethematik und die Kommunale Selbstverwaltung des nationalen Systems.[442]

---

[436] Auch an dieser Stelle erfolgt eine Abgrenzung vom klassischen Lobbyingbegriff vgl. die Ausführungen von ROTERS, W.: Beteiligung, 1981, S. 292 ff.
[437] REUTTER, W.: Spitzenverbände, 2001, S. 151.
[438] HENNEKE, H.: Kommunen, 1998, S. 27.
[439] Finanzverfassung in weit gefasster Definition umfasst die finanzrechtlichen Regelungen zur Aufgaben-, Ausgaben- und Einnahmeverteilung der einzelnen Aufgabenträger vgl. MITTLER, G.: Reform, 2005, S. 48.
[440] Vgl. MÜCKL, S.: Konnexitätsprinzip, 2006, S. 35.
[441] Die Grundzüge der Verfassung werden bezogen auf das Verhältnis der Kommunen zum Bund bzw. zu den Ländern dargestellt. Das Bund – Länder / Länder – Länder Verhältnis bleibt außen vor.
[442] Grundgesetz für die Bundesrepublik Deutschland in der im Bundesgesetzblatt Teil III, 100 – 1, veröf-

Der Blick auf Verflechtungs- und Querbezüge aufgrund der Finanzverfasstheit richtet sich zunächst auf die übergeordneten Leitgedanken des Finanzsystems. Es stellt sich die Frage, welcher übergeordnete Zweck mit einer bestimmten staatlichen Strukturierung verbunden ist.
Folgende Möglichkeiten[443] stehen sich als Pole gegenüber:

1. Sicherung finanzieller Ressourcen für die Dienstleistungsproduktion.
2. Sicherung finanzieller Ressourcen für die Förderung von lokalen eigenständigen Lösungen einer Dienstleistungsproduktion.

Spricht man den Gemeinden eine Stellung zu, nach der sie den örtlichen Lebensbereich gestalten, resultiert daraus die Erforderlichkeit einer Finanzausstattung, welche es ihnen ermöglicht, eigene Lösungen zu entwickeln.[444]
Der eigene Gestaltungsspielraum drückt sich im Finanzsystem selbst aus, in der Zusammensetzung der Einnahmestruktur und den Steuerungsmöglichkeiten der Gebietskörperschaften bei der Einnahmeerzielung.[445]
Die Entwicklung der nationalen Finanzverfassung hat ihren Ursprung im Mittelalter und im Steuersystem der Städte mit Verbrauchsabgaben, direkten und indirekten Steuern und Torzöllen. „Revolutionärer Schritt" war das erst im Jahre 1920 aufgrund der Kriegslasten durch ERZBERGER eingeführte Verbundsystem mit einer Schlüsselaufteilung auf die Gebietskörperschaften. Eine verfassungsrechtliche Regelung findet sich erstmals im Grundgesetz, wobei in der Verfassung vom 23.05.1949 keine eigenen Steuereinnahmen für die Kommunen beabsichtigt waren. Erst mit Änderung des Art. 106 GG vom 24.12.1956 wurden die Gemeinden in die Finanzverfassung einbezogen. Ein weiterer Schritt war das Finanzreformgesetz von 1969, das Hebesatzrechte für die Realsteuern sicherte.[446]
Mittlerweile verdeutlicht Art. 28 Abs. 2 S. 3 GG darüber hinaus durch die Formulierung

„die Gewährleistung der Selbstverwaltung umfasst auch die Grundlagen der finanziellen Eigenverantwortung; zu diesen Grundlagen gehört eine den Gemeinden mit Hebesatzrecht zustehende wirtschaftskraftbezogene Steuerquelle"

zumindest in gewissem Umfang eine finanzielle Eigenverantwortlichkeit der Kommunen.[447] „Wirtschaftskraftbezogene Steuerquelle" bedeutet an dieser Stelle kein eigenständiges Steuerfindungsrecht, sondern orientiert sich an den relevanten grundrechtli-

---

fentlichten bereinigten Fassung, zuletzt geändert durch das Gesetz vom 28. August (BGBl. I S. 2034).
[443] Nach WEGENER, A. / ARBEIT, U.: Kommunalfinanzen, o. A. Strukturen europäischer Gemeindefinanzierung unter www.kommunaler-wettbewerb.de/kofi - (10.07.2007).
[444] Ähnlich argumentiert WALDHOFF, indem er den Zusammenhang zwischen der Idee der Kommunalen Selbstverwaltung und ihrer finanzwirtschaftlichen Fundamente als korrespondierend zu Regelungen stärkerer Finanzautonomie darstellt. Vgl. WALDHOFF, C.: Entwicklung, 2006, S. 27.
[445] Vgl. WEGENER, A. / ARBEIT, U.: Kommunalfinanzen, o. A., S. 1.
www.kommunaler-wettbewerb.de/kofi - (14.12.2006).
[446] Ausführlich zum geschichtlichen Hintergrund LOHSE, F.: Aufgaben, 2005, S. 109 ff.
[447] Verfassungsrechtliche Regelung, die mit zusätzlichen partiellen und spezifischen Erstreckungs- und Ergänzungsgarantien abgesichert ist. Vgl. PÜNDER, H. / WALDHOFF, C.: Finanzrecht, 2006, S. 6. Es wird vertreten, dass Art. 28 Abs. 2 S. 3 eine zusätzliche Absicherung darstelle, da bereits Art. 28 Abs. 2 S. 1 inhaltlich für eine aufgabenangemessene Finanzausstattung steht. Vgl. MÜCKL, S.: Konnexitätsprinzip, 2006, S. 37.

chen Ausgestaltungen des Art. 105 und Art. 106 GG.[448]
Finanzverfassungsrechtlich können die Kommunen als eigenständige Einheiten betrachtet werden, allerdings stets unter den Einschränkungen des Art. 106 Abs. 9 GG, der normiert, dass die Einnahmen und Ausgaben der Kommunen Teil der Einnahmen und Ausgaben der Länder sind.
Was die kommunale Finanzausstattung anbelangt, ist die bedeutendste kommunale Einnahmequelle die Einnahme durch Steuern. Das Grundgesetz[449] regelt in Art. 104a GG ff. das Finanzwesen des Staates. Im Rahmen des Trennsystems wird die Ertragshoheit für unterschiedliche Steuern zwischen Bund und Ländern aufgeteilt. So regelt Art. 106 Abs.1 GG das Aufkommen der Steuern, die direkt dem Bund zufließen bzw. Art. 106 Abs. 2 GG das Aufkommen der Steuern, die den Ländern zufließen. Das Aufkommen der Einkommensteuer, der Umsatzsteuer, Körperschaftssteuer stehen Bund und Ländern nach Art. 106 Abs. 3 GG gemeinsam zu, die Gemeinden bekommen nach Art. 106 Abs. 5 einen Anteil am Aufkommen der Einkommensteuer zugewiesen. Die Gemeinden haben nach Art. 106 Abs. 6 GG das Recht auf das Aufkommen der Grundsteuer und der Gewerbesteuer sowie das Aufkommen der örtlichen Verbrauchs- und Aufwandsteuern. An diese Regelung ist auch das Recht zur Festlegung von Hebesätzen im Rahmen der Gesetze für die Grund- und Gewerbesteuer gebunden[450]. Allerdings können Bund und Länder durch eine Umlage am Aufkommen der Gewerbesteuer beteiligt werden.
Vom Länderanteil am Gesamtaufkommen der Gemeinschaftssteuern (Körperschaftsteuer, Umsatzsteuer und Einkommensteuer) fließt den Städten und Gemeinden ein seitens der Landesgesetzgebung zu definierender Hundertsatz zu. Eine weitere kommunalrelevante Regelung findet sich in Art. 106 Abs. 8 GG, der festlegt, dass der Bund, wenn er in den Gemeinden besondere Einrichtungen veranlasst, die entweder direkte Mehrausgaben oder Mindereinnahmen verursachen, einen Ausgleich zu schaffen hat, „wenn und soweit den Ländern oder Gemeinden oder Gemeindeverbänden nicht zugemutet werden kann, die Sonderbelastungen zu tragen."[451] Der neu eingefügte Art. 104b GG, der den bisherigen Art. 104a Abs. 4 GG ersetzt[452], ermöglicht es wie bisher dem Bund soweit für ihn Gesetzgebungsbefugnisse bestehen, den Ländern und den Gemeinden für bedeutsame Investitionen Finanzhilfen zu gewähren. Neu wird an

---

[448] HENNEKE, H.: Finanzrecht, 2006, S. 69.
[449] Grundgesetz für die Bundesrepublik Deutschland, vom 23. Mai 1949 (BGBl. S. 1), zuletzt geändert durch Gesetz vom 28. August 2006 (BGBl. I S. 2034).
[450] „Ein guter Tag für die deutschen Städte" – tituliert der Deutsche Städtetag auf seiner Homepage und nimmt damit Bezug auf die am 06.07.2007 beschlossene Unternehmenssteuerreform, die zum 01.01.2008 in Kraft treten wird. Die Kommunen hatten stets die Notwendigkeit der Aufrechterhaltung und Sicherung der Gewerbesteuer als wichtige Steuer der Städte betont. Dieses Ziel wurde grundsätzlich erreicht. Ebenfalls wurde im Zuge der Reform der Anteil von Bund und Ländern an der Gewerbesteuer, die Gewerbesteuerumlage, gesenkt, um auf diese Weise die Steuerausfälle von Städten und Gemeinden zu reduzieren. Genaue Zahlen zu den Auswirkungen der Reform auf die Kommunen sind zum jetzigen Zeitpunkt nicht absehbar, Schätzungen rechnen mit etwa zwei Milliarden Euro Einkommensverlust, eine Aufkommensneutralität für die Kommunen konnte mit der Reform also nicht erreicht werden.
http://www.staedtetag.de/10/presseecke/pressedienst/artikel/2007/07/06/00476/index.html - (07.07.2007).
[451] Die Regelung ist insbesondere wegen der unbestimmten Begrifflichkeiten des Art. 106 Abs. 8 GG problematisch, wie die Frage nach den Kriterien der Zumutbarkeit oder der Frage, wie die „besonderen Einrichtungen" definiert sind.
[452] DEUTSCHER BUNDESTAG/WISSENSCHAFTLICHE DIENSTE: Föderalismusreform, 2006, S. 17 ff.

die Gewährung der Mittel in Art. 104b Abs. 2 eine zeitliche Befristung gekoppelt, ebenso wie eine Prüfung der Verwendung der Mittel.
Was die quantitative Entwicklung der kommunalen Einnahmen betrifft, scheint sich der positive Trend aus 2006 im Jahr 2007 zu bestätigen. Der Anstieg der Ausgaben wurde bereits 2006 auf 1,9 v. H. begrenzt, was mit einer Änderung der Ausgabenstruktur einherging. Im Ergebnis konnte 2006 das Gesamtdefizit der Kommunalhaushalte, das 2005 noch bei 2,3 Mrd. Euro lag, gesenkt werden.[453]

Tab. 6 – Entwicklung der Kommunalfinanzen 2005 bis 2007[454]

Einnahmen / Ausgaben	**2005**	**2006**	**2007**	**2006**	**2007**
	Mrd. Euro			**+ / -**	
Einnahmen	**151,06**	**158,00**	**160,80**	**4,6**	**1,8**
Darunter					
Steuern	54,32	60,60	61,85	11,6	2,1
Darunter					
Gewerbesteuereinnahmen	23,42	27,80	27,52	18,7	-1,0
Einkommensteueranteil	18,54	20,16	21,15	8,8	4,9
Umsatzsteueranteil	2,63	2,77	3,12	5,2	12,6
Nachrichtlich					
Brutto-Gewerbesteueraufkommen	29,19	34,30	33,40	17,5	-2,6
Gebühren	15,92	15,80	15,75	-0,8	-0,3
Laufende Zuweisungen von Land/Bund	42,66	43,10	45,60	1,0	5,8
Investitionszuweisungen von Land/Bund	7,95	7,45	7,45	-6,3	0,0
Sonstige Einnahmen	30,21	31,05	30,15	2,8	-2,9
Ausgaben	**153,35**	**156,25**	**159,50**	**1,9**	**2,1**
Darunter					
Personal	40,89	40,20	40,15	-1,7	-0,1
Sachaufwand	30,34	31,25	32,25	3,0	3,2
Soziale Leistungen	35,45	37,35	38,45	5,3	2,9
Zinsen	4,75	4,71	4,70	-0,8	-0,2
Sachinvestitionen	18,60	18,85	19,55	1,3	3,7
Davon					
Baumaßnahmen	14,33	14,50	15,05	1,2	3,8
Erwerb von Sachvermögen	4,27	4,35	4,50	1,9	3,4
Sonstige Ausgaben	23,31	23,89	24,40	2,5	2,1
Finanzierungssaldo	**-2,29**	**1,75**	**1,30**	**X**	**X**

Quelle: Bundesvereinigung der kommunalen Spitzenverbände: Kommunalfinanzen, 2007, S. 15.

[453] Aktuelle Finanzlage 2006/2007 vgl. DEUTSCHER STÄDTETAG: Finanzlage, 2007.
Vorangegangene Entwicklung kommunaler Einnahmen und Ausgaben, SCHWARTING, G.: Haushaltskonsolidierung, 2006, S. 50 – 53, DStGB (Hrsg.): Dokumentation 48, 2005.
[454] In den Flächenländern (ohne Stadtstaaten) für 2006 / 2007 seitens einer Umfrage der Bundesvereinigung der kommunalen Spitzenverbände erhoben, ohne besondere Finanzierungsvorgänge, ohne kommunale Krankenhäuser.

Den kommunalrelevanten Verflechtungs- und Querbezüge haben sich die vorangegangenen Ausführungen über die Regelungen des Grundgesetzes zur Finanzausstattung im Bereich kommunaler Einnahmen genähert. Die Betrachtung der Einnahme- und Ausgabenstruktur hat einen Überblick ermöglicht, der durch den Blick auf das zugrunde liegende Verhältnis von Aufgaben zu Ausgaben vertieft werden soll. Dafür wird auf zwei streng zu unterscheidende allgemeine Ordnungsprinzipien, das Kausalitäts- und das Konnexitätsprinzip, eingegangen.

Tab. 7 – Ordnungsprinzipien der Finanzverantwortung[455]

Verursacher- oder Kausalitätsprinzip	**Konnexitätsprinzip**
Wer die **Kosten** für eine Aufgabe verursacht, hat sie zu tragen.	Keine Aussagen über Kausalität
Prinzip der Vollzugskausalität: Verwaltungsvollzug verursacht Kosten einer Aufgabe → sie sind von der Stelle zu tragen, welche die Aufgabe vollzieht (administrative Wahrnehmungskompetenz)	**Prinzip äußerer Deckungsgleichheit** Aufgaben und Ausgaben decken sich
Prinzip der Gesetzeskausalität: Gesetz begründet Aufgaben und verursacht deren Kosten → sie sind vom Gesetzgeber zu bezahlen	

Quelle: Darstellung nach Inhalten KIRCHHOF, F.: Maßnahmen, 1996, D 10.

Die Grundentscheidung der Finanzverantwortung erfolgt im Grundgesetz nach Art. 104a Abs. 1 GG nach dem Verursacher- oder Kausalitätsprinzip. Demnach tragen Bund und Länder zunächst i. S. der Vollzugskausalität gesondert die Ausgaben, die sich aus der Wahrnehmung ihrer Aufgaben ergeben. Handeln die Länder im Auftrag des Bundes, trägt der Bund die Kosten. Bundesgesetze, die Geldleistungen gewähren und die durch die Länder ausgeführt werden, können obendrein bestimmen, dass die Geldleistungen zum Teil oder komplett vom Bund übernommen werden. Da die Länder die meisten Verwaltungskompetenzen besitzen sind es entsprechend des zweistufigen Verhältnisses Bund – Länder die Länder, welche im Sinne einer Vollzugskausalität den Hauptanteil der Kosten zu tragen haben.[456]

Die Regelung des Art. 104 a GG bezieht sich zunächst ausschließlich auf das Verhältnis zwischen Bund und Ländern und trägt der Stellung der Kommunen als Teil der Landesebene Rechnung.

Die notwendige Reform der Finanzverfassung wird Teil des zweiten Reformabschnittes der Föderalismusreform in 2007. Bund und Länder werden Wege erarbeiten, das Grundgesetz dahingehend zu ändern, dass die Eigenverantwortung der Gebietskör-

455 KIRCHHOF, F.: Maßnahmen, 1996, D 10.

456 Ausnahme ist die Bundesauftragsverwaltung, bei der dem Prinzip der Gesetzeskausalität gefolgt wird. Vgl. KIRCHHOF, F.: Maßnahmen, 1996, D 40.

perschaften und ihre aufgabenadäquate Finanzausstattung gestärkt werden kann. Am 15. Dezember 2006 beschlossen Bundestag und Bundesrat die Einsetzung einer gemeinsamen Kommission[457] zur Neuregelung der Finanzbeziehungen, deren konstituierende Sitzung am 8. März 2007 stattfand.[458]

3.1.2.3.2 Föderalismusreform – kommunalrelevante Reformen

Nun wurde und wird für die Regelung der Finanzverantwortung unter Einbeziehung der Kommunen das Konnexitätsprinzip mit folgenden Vorteilen verbunden:

(1) Mittel der „Struktursicherung durch Recht"[459] mit den Vorteilen einer Verwirklichung des Verursacherprinzips, das eine Schutzfunktion entfalten kann.

(2) Das Konnexitätsprinzip hat eine fiskalische Funktion, die darin besteht, dass die Finanzausstattung der Gemeinden im Gleichgewicht bleibt[460].

(3) Es ist Argumentationstopos im Zusammenhang mit Aufgabenübertragungen: Das Konnexitätsprinzip wird herangezogen, wenn seitens des Bundes oder des Landes Aufgaben auf die Gemeinden übertragen werden und sich die Frage einer adäquaten Regelung der Lastentragung stellt.[461]

Speziell der dritte Gesichtspunkt, die Aufgabenübertragungen auf die Kommunen seitens des Bundes wurde im Rahmen der Föderalismusreform I bearbeitet.[462] Ständige Gäste mit Rede- und Antragsrecht und ohne Stimmrecht waren drei Vertreter der kommunalen Spitzenverbände, die an den Sitzungen der Föderalismuskommission teilnahmen[463]. Die Entstehungsgeschichte der Föderalismusreform [464] und die maß-

---

[457] DEUTSCHER BUNDESTAG: Antrag, 2006.
Sowohl Bundestag als auch Bundesrat entsenden jeweils 16 Mitglieder sowie 16 Stellvertreter in die Kommission. Von den vom Bundestag entsandten Mitgliedern gehören vier der Bundesregierung an. Mit Rede- und Antragsrecht, und ohne Stimmrecht, sollen stets vier Abgeordnete aus den Landtagen an den Kommissionssitzungen teilnehmen. Die Kommunen sollen in "geeigneter Weise" einbezogen werden. Als zeitliche Zielsetzung für die Reform der Kommunalfinanzen und der Unternehmensbesteuerung wird der 01.01.2008 genannt. HENNEKE, H.: Finanzrecht, 2006, S. 70.

[458] Verlauf und Dokumente sind auf der Homepage des Bundestages einsehbar unter http://www.bundestag.de/parlament/gremien/foederalismus2/drucksachen/kdrs001.pdf - (28.05.2007).

[459] SCHOCH, F.: Schutz, 2004, S. 415 ff.

[460] SCHOCH, F.: Schutz, 2004, S. 415 ff.

[461] MAAS, C.: Entfaltung, 2004, S. 61.

[462] STERN, K.: Revitalisierung, 2004, S. 321. Ab November 2003 hatte sich die „Kommission von Bundestag und Bundesrat zur Modernisierung der bundesstaatlichen Ordnung", bestehend aus 16 Mitgliedern des Bundestages und 16 Mitgliedern des Bundesrates, mit der „Revitalisierung der deutschen bundesstaatlichen Ordnung befasst.

[463] Verfahren und Einsetzung der Kommission vgl. www.bundestag.de - (03.03.2007). Auf der Basis der Arbeit der Kommission hatte sich die große Koalition im Koalitionsvertrag vom 18. November 2005 auf die Reforminhalte verständigt und die notwendige Änderung des Grundgesetzes, flankiert von einem Begleitgesetz mit Folgeregelungen beschlossen. Vgl. DEUTSCHER BUNDESTAG: Gesetzentwurf, 2006. Die nachfolgenden Ausführungen beziehen sich auf die für die Kommunen relevanten Gesichtspunkte im Bereich der Finanzen. Zu den Änderungen der Gesetzgebungsbefugnisse, Neuverteilung der Zuständigkeiten etc. vgl. insbesondere die Begründung des Gesetzes Teil A, S. 7 ff. BUNDESRAT: Drucksache 463 / 06, 2006.

[464] Arbeitsinhalte der Föderalismuskommission, Podcasts, Drucksachen zur Föderalismusreform und Audioaufzeichnungen von Anhörungen vgl.
http://www.bundestag.de/ausschuesse/a06/foederalismusreform/index.html - (24.07.2006).

geblichen Inhalte setzten Schwerpunkte, welche eine spezifisch auf die Kommunen bezogene Perspektive weitgehend außen vor ließ.[465] Dies entsprach letztlich der formalen Regelung, dass sich die Mitglieder der kommunalen Spitzenverbände in den Reformprozess nur beratend einbringen konnten.[466] Im Gefolge von Neujustierung und Neuaustarierung ergaben sich allerdings Änderungen für die Kommunen, die eine erhebliche Tragweite ausweisen.

Zentrale Relevanz hat die durchgeführte Änderung des Art. 84 Abs. 1 GG, der sowohl inhaltliche Neuregelungen als auch eine Klarstellung enthält[467]. Die bisherigen Regelungen im Verhältnis von Bund zu Kommunen gewährten in Art. 84 GG und Art. 85 GG dem Bundesgesetzgeber einerseits nur einen punktuellen Zugriff, da die Organisation des Aufgabenvollzugs grundsätzlich den Ländern obliegt[468]. Bisher – und nach wie vor - regelt Art. 84 Abs. 1 GG, dass die Länder für den Fall, dass sie Bundesgesetze als eigene Angelegenheiten ausführen, das Verwaltungsverfahren bestimmen und die Einrichtung von Behörden regeln, soweit nicht ein zustimmungspflichtiges Bundesgesetz eine andere Regelung trifft. Art. 84 Abs. 1 S. 1 galt bisher als Einfallstor und Durchgriffsmöglichkeit vom Bund auf die Kommunen aufgrund „struktureller Besonderheit".[469] Es kam zu finanziellen Belastungen für die Kommunen, da mit der Normierung keine systemkonforme Regelung eines finanziellen Ausgleiches verbunden wurde[470], wie dies bei den Regelungen zur Konnexität der Fall ist, wenn die Länder beispielsweise den Aufgabenvollzug auf die Kommunen übertragen. Da grundsätzlich zwischen Bund und Gemeinden keine Finanzbeziehungen bestehen, war kein Ausgleichsanspruch gegeben und die bestehenden Konnexitätsregelungen zwischen Kommunen und Ländern haben bei dieser Konstellation nicht gegriffen.[471] Als Beispiel für einen Durchgriff wird der Rechtsanspruch auf einen Kindergartenplatz nach § 24 S. 1 SGB VIII genannt. Hinzu kommt, dass gesetzliche Regelungen sowohl Standards normieren, als auch die Ausgestaltung der Art und Weise der Aufgabenerledigung festschreiben. Neben der übertragenen Kostenlast auf die Kommunen[472] ist noch ein „Aufsatteln" auf bestehende Regelungen möglich, das mit weiteren Kosten belastet sein kann.

Mit der Neuregelung in Art. 84 Abs. 1 S. 5 GG wird nunmehr klargestellt, dass durch Bundesgesetze den Gemeinden und Gemeindeverbänden Aufgaben nicht übertragen

---

http://www.bundestag.de/ausschuesse/a06/foederalismusreform/Drucksachen/index.html -(24.07.2006).
http://www.bundestag.de/parlament/gremien/foederalismus/audio/index.html - (24.07.2006).
http://www.bundestag.de/parlament/gremien/foederalismus/audio/01/index.html - (24.07.2006).

[465] Kritisch BÖHME, R.: Erwartungen, 2004, S. 50 / 51. Demgegenüber positiv HENNEKE, H.: Funktionen, 2007, S. 984. Analytisch zur Bedeutung der Kommunen im Reformprozess SOMMERMANN, K.: Kommunen, 2005, S. 59.

[466] Die Positionspapiere der kommunalen Verbände sind zugänglich unter http://www.bundesrat.de/cln_050/nn_8350/DE/foederalismus/bundesstaatskommission/unterlagen/unterlagen-node.html?__nnn=true - (25.03.2007). Besonders relevant sind unter kommunalen Gesichtspunkten die Arbeitsunterlagen 23, 33, 42, 46, 49, 51, 52, 68, 79, 104, 110, 112 der Bundesstaatskommission.

[467] Eine wesentliche Forderung des DStGB wurde erfüllt vgl. DEUTSCHER STÄDTE UND GEMEINDEBUND (DStGB) (Hrsg.): Dokumentation 53, 2005, S. 5.

[468] Ausführungen KELLER, S.: Kommunen, 2006, S. 105 / 106.

[469] Art. 84 Abs. 1 HS 2 galt als „offene Flanke der Kommunalen Selbstverwaltung" stv. HENNEKE, H.: Folgen, 2004, S. 142 / 143.

[470] HENNEKE, H.: Folgen, 2004, S. 142 und ZIEKOW, J.: Anwendung, 2006, S. 497.

[471] KELLER, S.: Kommunen, 2006, S. 105 / 106.

[472] MAAS, C.: Entfaltung, 2004, S. 64.

werden dürfen.[473] Im Ergebnis werden die Kommunen mit der Neuregelung in finanzieller Hinsicht vor unmittelbaren Aufgabenverlagerungen geschützt.[474] Aufgabenübertragungen auf die Kommunen können nur noch durch Landesrecht erfolgen, wobei die landesrechtlichen Regelungen den Grundsatz der Konnexität jeweils verwirklicht haben.[475] Mit den neuen Regelungen des Art. 84 Abs. 1 GG dürfte ein „Durchreichen" im Verhältnis Bund / Länder auf die Kommunen nicht mehr erfolgen.[476] Die Formulierung des Art. 84 Abs. 1 S. 5 GG, dass durch Bundesgesetz Gemeinden keine Aufgaben übertragen werden dürfen, findet sich analog in Art. 85 Abs. 1 S. 2 GG, bezieht sich an dieser Stelle jedoch auf die Ausführung von Bundesgesetzen im Auftrag.

Auch der neu eingefügte Art. 104 b GG hat für die Kommunen Relevanz: Demnach kann der Bund den Ländern Finanzhilfen für Investitionen der Länder oder ihrer Gemeinden gewähren, was nach Satz 2 nicht für Gegenstände ausschließlicher Gesetzgebung der Länder gilt. Für die Kommunen dürfte auch die neu eingeführte Regelung des Art. 105 Abs. 2 a GG von Interesse sein, der die Befugnis zur Bestimmung des Steuersatzes bei der Grunderwerbssteuer durch die Länder enthält.

Das Verhältnis zwischen den Ländern und den Kommunen ist in den jeweiligen Landesverfassungen geregelt. Dabei unterscheidet man zwischen einem relativen, d.h. gelockerten und einem strikten Konnexitätsprinzip, wobei beim strikten Konnexitätsprinzip die volle Kostenerstattung seitens der Länder zu erfolgen hat[477].

Im Gegensatz zu den „alten" Regelungen zwischen Bund und kommunaler Ebene ist auf Landesebene das Veranlassungsprinzip, eine Koppelung von Gesetzgebung und daraus folgender Finanzierung formal verwirklicht.[478] Das Konnexitätsprinzip ist in allen Ländern verankert, wodurch eine Absicherung der finanzverfassungsrechtlichen Grundlagen der Kommunalen Selbstverwaltung stattfindet. Bezugspunkt ist die Wahrnehmung der einzelnen Aufgaben. Zur Sicherung der aufgabenangemessenen Finanzausstattung hatten sich dabei die folgenden Modelle für das Verhältnis zwischen Kommunen und Ländern ergeben:

[473] Grundgesetz für die Bundesrepublik Deutschland, vom 23. Mai 1949 (BGBl. S. 1), zuletzt geändert durch Gesetz vom 28. August 2006 (BGBl. I S. 2034).
[474] DEUTSCHER BUNDESTAG: Drucksache 16 / 813, 2006, vgl. Erläuterungen, S. 8.
[475] DEUTSCHER BUNDESTAG: Drucksache 16 / 813, 2006, vgl. Erläuterungen, S. 15.
[476] Positive Bewertung des neuen Art. 84 GG vgl. HENNECKE, H.: Statement, 2006, MP3.
Positive Bewertung vor dem Hintergrund bestehender landesverfassungsrechtlicher Regelungen zur Konnexität KIRCHHOF, F.: Statement, 2006, MP3.
[477] Unterscheidung in relatives und striktes Konnexitätsprinzip vgl. DEUTSCHER BUNDESTAG / WISSENSCHAFTLICHE DIENSTE DES DEUTSCHEN BUNDESTAGES: Konnexitätsprinzip, 2004. Beim relativen Konnexitätsprinzip, wie es auf Landesebene in Niedersachsen niedergelegt ist, erfolgt eine Regelung zur Kostendeckung bei einer Veränderung des Aufgabenbestandes. Vgl. ZIEKOW, J.: Anwendung, 2006, S. 489.
[478] Beispiele für die Umsetzung und Einhaltung des Konnexitätsprinzips nach landesrechtlichen Regelungen, in: LANDTAG BADEN-WÜRTTEMBERG: Konnexitätsprinzip, S. 5.

Abb. 4 – Zusammenhang zwischen Aufgaben- und Finanzierungsmodell

Modell / Bundesland	Wahrnehmung der Aufgaben durch die Kommunen	Sicherung der aufgabenangemessenen Finanzausstattung
Modell 1 – Rheinland - Pfalz[479]	Aufgaben des eigenen Wirkungskreises → Aufgaben des übertragenen Wirkungskreises →	Sicherung der erforderlichen Finanzmittel durch den kommunalen Finanzausgleich
Modell 2 – Baden - Württemberg, Nordrhein - Westfalen Sachsen Schleswig – Holstein	Öffentliche Aufgaben → →	Sorge des Landes für Aufgabenerfüllung durch komm. Finanzausgleich Mehrbelastungsausgleich bei Übertragung öffentlicher Aufgaben
Modell 3a - Niedersachsen Thüringen	Aufgaben des eigenen Wirkungskreises → Aufgaben des übertragenen Wirkungskreises →	Kommunaler Finanzausgleich Gesonderte Kostenerstattungspflicht
Modell 3b - Sachsen – Anhalt	Aufgaben des eigenen Wirkungskreises → Pflichtige Selbstverwaltungsaufgaben und Aufgaben des übertragenen Wirkungskreises →	Kommunaler Finanzausgleich Gesonderter angemessener Mehrbelastungsausgleich

[479] Die Modelle sind strukturelle Momentaufnahmen, so ist beispielsweise die Einführung des Konnexitätsprinzips in Rheinland-Pfalz durch eine Änderung des Artikels 49 der Landesverfassung mittlerweile erfolgt. Entsprechend des neuen Art. 49 Abs. 5 wird die konkrete Umsetzung des Konnexitätsprinzips durch ein Gesetz geregelt. Das Konnexitätsausführungsgesetz ist am 16. März 2006 in Kraft getreten. http://www.ism.rlp.de/Internet/nav/d5b/d5b20198-08b7-7d01-73d2-88ada3b7d8f3.htm - (10.08.2007).

Modell / Bundesland	Wahrnehmung der Aufgaben durch die Kommunen		Sicherung der aufgabenangemessenen Finanzausstattung
Modell 4 **Bayern** **Brandenburg** **Mecklenburg - Vorpommern**	Bisherige Aufgaben des eigenen und des übertragenen Wirkungskreises	→	Kommunaler Finanzausgleich
	Übertragung (neuer) öffentlicher Aufgaben	→	Gesonderter entsprechender Mehrbelastungsausgleich
Modell 5a - **Hessen**	Bisherige Aufgaben des eigenen und des übertragenen Wirkungskreises	→	Kommunaler Finanzausgleich
	Übertragung neuer oder Veränderung bestehender Aufgaben	→	Mehrbelastungs- bzw. Entlastungsausgleich bzgl. Gesamtheit der Kommunen
Modell 5b - **Saarland**	Aufgaben des eigenen und des übertragenen Wirkungskreises	→	Aufgabenangemessene Finanzausstattung durch den kommunalen Finanzausgleich
	Staatliche Aufgaben und pflichtige Selbstverwaltungsaufgaben, die bisher vom Land wahrgenommen wurden	→	Sicherung der zur Durchführung der übertragenen Aufgaben erforderlichen Mittel

Quelle: HENNEKE, H.: Finanzgarantien, 2004, S. 173.

Die Abbildung macht die Unterschiedlichkeit der landesrechtlichen Regelungen im Detail deutlich. Der Finanztransfer findet unabhängig von dem jeweiligen Aufgabenmodell – monistisch oder dualistisch – statt.

Als Zwischenfazit ergeben sich aus den vorangegangenen Ausführungen zu den Verflechtungs- und Querbezügen bezogen auf Kommunale Selbstverwaltung und Lokale Governance die folgenden Positionen:

1. Ausgangspunkt einer Diskussion der Verflechtungs- und Querbezüge aufgrund der Finanzverfasstheit war die Orientierung an übergeordneten Leitgedanken des Finanzsystems. Grundgedanke war hierbei, dass dem verfassungsrechtlich stark ausgestatteten System Kommunaler Selbstverwaltung in Art. 28 Abs. 2 GG eine „qualitative und quantitative" faktische (verfassungs-) rechtliche Absicherung kommunaler Einnahmen entsprechen würde. Gedanklich ist zwischen einer allgemeinen Finanzausstattungspflicht des Landes zu trennen, welche sich auf den kommunalen Aufgabenbestand richtet und den Regelungen, die sich aus dem Konnexitätsprinzip ergeben. Das Konnexitätsprinzip ist auf konkrete Aufgaben gerichtet, die entweder übertragen wurden oder übertragen werden sollen. Das Konnexitätsprinzip setzt auf adäquate Kostenregelungen.[480]

2. Die Strukturkrise kommunaler Finanzausstattung[481] führt zu der Frage, wie kommunale Aufgaben erfüllt werden können, wenn viele Kommunen nicht über die erforderlichen Mittel verfügen, um allein die Ausgaben des übertragenen Wirkungskreises zu finanzieren.[482] Was die konkreten Finanzmittel anbelangt, so zeigen die statistischen Daten eine langsame Konsolidierung. Unter dem Gesichtspunkt Kommunale Selbstverwaltung ist zu berücksichtigen:
   - dass die Sicherung aufgabenangemessener Finanzausstattung besonders dringlich ist, wollen die Kommunen weiterhin ihre freiwilligen Aufgaben adäquat erfüllen.
   - dass ein starkes Konnexitätsprinzip die Möglichkeit darstellt, die Kommunen in ihrer eigenverantwortlichen Aufgabenerfüllung zu stärken und dem Subsidiaritätsprinzip zu entsprechen.[483] Mit den getroffenen Regelungen zur Konnexität seitens der Länder wurden die Weichen gestellt, um mit dem Erstarken der öffentlichen Haushalte auch den Kommunen wieder bessere Gestaltungsmöglichkeiten in der Aufgabenerfüllung und der freien Gestaltung des lokalen politischen Systems zu geben. Kritisch kann angemerkt werden, dass zwar nunmehr jedes Bundesland die Konnexität vollzogen hat, Defizite werden nichtsdestoweniger bei der Judikatur bemängelt.[484]

3. Die formale Errechnung einer kommunalen Finanzausstattung, Mindestausstattung, „freie Spitze" etc. welche die Eigenverantwortlichkeit der Aufgabenerfüllung nach Art. 28 Abs. 2 GG gewährleistet, ist inhaltlich[485] komplex. Modelle der

---

[480] Ausführliche Darstellung MÜCKL, S.: Konnexitätsprinzip, 2006, S. 50.

[481] Hervorzuheben ist die Bedeutung der originären Abgabenerhebung als Teil der primären Finanzausstattung. Ebenso besteht die Tendenz in den Kommunen, Steuern nicht nur fiskalisch orientiert zu erheben, sondern im Rahmen einer Lenkungsfunktion. KRONISCH, J.: Finanzausstattung, 2003, S. 152.

[482] SCHOCH, F.: Schutz, 2004, S. 412.

[483] LANDTAG BADEN - WÜRTTEMBERG: Konnexitätsprinzip, 2004, S. 2. Der Bereich der Eigenverantwortlichkeit ist für die Kommunen von großer Bedeutung, da er die politischen Spielräume des lokalen politischen Systems umreißt.

[484] MÜCKL, S.: Konnexitätsprinzip, 2006, S. 54.

[485] Recht als „Struktursicherungsfunktion" und Grundlage zur Gewährung einer Mindestausstattung. Die

Ermittlung eines kommunalen Existenzminimums relational gesehen zum Gesamtbudget bestehen zwar, sind in der Umsetzung allemal problematisch. Das Konzept der Autonomiequote[486], die als Summe der Ausgaben für freiwillige Selbstverwaltung im Verhältnis zu den sonstigen Ausgaben gesetzt werden, trifft den Informationsbedarf des Rates bezüglich der freiwilligen Aufgaben und könnte zu einer relevanten Kennzahl werden.[487]

Für den strukturellen Wandel im Verhältnis von Kommunen zu Bund brachten die Kommunen ihre Interessen bei der jeweiligen Landesregierung ein, die dann über den Bundesrat kommunale Belange einbringt. Im Föderalismusreform - Begleitgesetz[488] wurden erforderliche Änderungen einzelner Gesetze, wie des Gesetzes zur Lastentragung im Bund – Länder - Verhältnis bei Verletzung von supranationalen oder völkerrechtlichen Verpflichtungen (Lastentragungsgesetz – LastG) oder des Gesetzes über die Zusammenarbeit von Bund und Ländern in Angelegenheiten der Europäischen Union niedergelegt. Von mittelbarer Bedeutung für die Kommunen ist die Änderung des Gesetzes über die Zusammenarbeit von Bund und Ländern in Angelegenheiten der Europäischen Union, bei denen eine Stärkung der Verhandlungsposition der Länder bei ausschließlichen Zuständigkeiten der Länder vorgenommen wurde. Daneben wurde eine praktische Verbesserung der europapolitischen Zusammenarbeit von Bund und Ländern beschlossen, die Abstimmungen im Vorfeld vorsieht.

Eine positive Bilanz für die Kommunen kann dahingehend gezogen werden, dass durch die Neuregelung des Art. 84 Abs. 1 GG der grundgesetzlichen Stellung der Kommunen entsprochen wird. Sind die Kommunen vor Aufgabenübertragungen geschützt, die ohne finanziellen Ausgleich vorgenommen werden, verbessert dies die Möglichkeiten der Finanzplanung und ermöglicht eine konsequentere Wahrnehmung der Aufgaben des eigenen Wirkungskreises i. S. einer horizontalen kommunalen Governance. Die neu gefundene Regelung entfernt nicht die Kommunen vom Bund, sondern entspricht der grundgesetzlichen Stellung der Kommunen. Die Schutzfunktion der Länder gegenüber den Kommunen wird hervorgehoben[489] und gleichzeitig die Landesorganisationsgewalt gestärkt.[490]

Kritisch bleibt im Zuge der Föderalismusreform I als Ergebnis für die Kommunen, dass deren strukturelle Forderungen wie die Ergänzung des Art. 28 Abs. 2 GG um die Garantie einer finanziellen Mindestausstattung oder verbindliche Anhörungsrechte, ver-

---

Mindestausstattung steht im Kontext eines unantastbaren Kernbereiches zur Erledigung der Pflichtaufgaben plus ein Mindestmaß finanzieller Ausstattung zur Erledigung freiwilliger Aufgaben unter Berücksichtigung sparsamer und wirtschaftlicher Haushaltsführung. Zur aufgabenangemessenen Finanzausstattung im Randbereich für die Erfüllung weiterer freiwilliger Aufgaben vgl. NIERHAUS, M.: Anspruch, 2005, S. 16, S. 21 ff.

[486] Rechnerische Absicherung vgl. LOHSE, F.: Aufgaben, 2005, S. 121 ff.

[487] Mit neueren Managementsystemen könnte vor der Produktrechnung eine exakte Aufteilung der Gemeinkosten bzw. der querschnittsbezogenen Kosten erfolgen.

[488] BUNDESRAT: Beschluss des Bundesrates, Föderalismusreform-Begleitgesetz, Drucksache 463 / 06 (Beschluss) vom 07.07.2006.

[489] Schutzfunktion vgl. HENNECKE, H.: Statement, 2006.

[490] Auch wird die Bedeutung des landesverfassungsrechtlichen Konnexitätsgrundsatzes verstärkt. Vgl. HEISTER–NEUMANN, E.: Föderalismusreform, 2006, S. 88.

ankert im Grundgesetz, außen vor blieben.[491] Eine Stärkung vertikaler Lokaler Governance kam im Rahmen der Föderalismusreform I nicht zu Stande. Als „Left - Over“ aus der Föderalismusreform I verbleibt die kommunale Position – hier formuliert seitens des DStGB -, dass eine Klarstellung bezüglich Art. 84 Abs. 1 S. 7 GG erforderlich ist. Auf die Änderungen bestehender Leistungsgesetze und Leistungserweiterungen soll Art. 84 Abs. 1 S. 7 GG ebenfalls Anwendung finden, ebenso wie für die Umsetzungsgesetzgebung aufgrund europäischer Vorgaben.[492]

3.1.2.4 Verbundsystem von kommunalbezogener Kontrolle und Aufsicht

Die nachfolgenden Ausführungen betonen die Wechselwirkungen der Governancedynamik mit der Kontrollsystematik der kommunalen Gebietskörperschaften. Argumentativ wird wie folgt vorgegangen:

1. Der Kontrollbegriff wird innerhalb des kommunalbezogenen Rahmens dargestellt.
2. Die Relevanz des Kontrollbegriffs wird in Beziehung gesetzt zu Kommunaler Selbstverwaltung.
3. Der Kontrollbegriff wird in einem Zwischenschritt auf politische Kontrolle in und von Kommunen bezogen.
4. Die Anbindung von politischer Kontrolle zur Governancediskussion wird erläutert.
5. Die sich aus der lokalen Governancediskussion entwickelnden weiterführenden Ansätze werden beleuchtet.

Systematisiert wird zunächst ein Analyserahmen eines kommunalbezogenen Kontrollbegriffs aufgezeigt, der nicht an Nationalstaatlichkeit gebunden ist.

Darauf aufbauend werden einzelne Kriterien zur Strukturierung von Kontrolle und Aufsicht aufgezeigt, wobei bereits bei der Auswahl eine Selektion nach für die Governancediskussion fruchtbaren Kriterien gewählt wurde. Die gerichtliche Rechtskontrolle wird im Rahmen der Arbeit nicht behandelt.

---

[491] KELLER, S.: Kommunen, 2006, S. 112 ff. Mit weiteren Nachweise zu vorangegangenen Versuchen, ein Anhörungsrecht zu verankern BLÜMEL, W.: Mitwirkung, 1997, S. 338.

[492] DEUTSCHER STÄDTE- UND GEMEINDEBUND (DStGB): Erwartungen, 2007, S. 2.

Tab. 8 - Analysekriterien für kommunalbezogene Kontrolle und Aufsicht

Kriterien/ Bezeichnung	Ausformung	
Ebenenbezug	Vertikal	
	Horizontal	
	Netzwerk	
Gegenstand	Ergebnis	
	Verfahren	
	Systemzusammenhang	Politisch – administrativ
		Administrativ
		Lokales System Bürgerschaft
		Lokales System Ökonomie
Ansätze	Planungskontrolle	
	Entscheidungskontrolle	
	Vollzugskontrolle	
	Ergebniskontrolle / Realisierungskontrolle	
Maßstäbe	Rechtmäßigkeit	Ex – ante (beratend, kooperativ)
		Ex – post (Rechtsbewahrung)
	Zweckmäßigkeit	
	Technischer Qualitätsbezug / Funktionsbezug	
	Strukturorientierte Machtbalance	
Phasenbezug	Vorgeschaltet	
	Begleitend	
	Nachträglich	
	Zyklisch	
Akteure	Intrakommunal (Eigenkontrolle)	Administratives System
		Politisch – administratives System im engeren Sinne (Bürgermeister und Rat)
		Politisch – administratives System erweitert um Bürgerschaft und Öffentlichkeit mit Kontrollfunktion (intrakommunal i. S. von Gebietsräumlichkeit)
	Extrakommunal	Staatliche Fremdkontrolle, Rechtsaufsicht und Fachaufsicht
Instrumente	Berichtspflichten	
	Informationspflichten	
	Anzeigepflichten	
	Rechnungslegung	
Aufsichts- bzw. Kontrollzweck	Sicherstellung ordnungsgemäßer Aufgabenerledigung/ Rechtmäßigkeit	
	Wirtschaftlichkeit / Effizienz	
	Zielerreichung	

Quelle: Eigene Darstellung, teils eigene Kriterien, teils selektiv nach SCHMIDT–ASSMANN, E.: Verwaltungskontrolle, 2001, S. 14 ff.

Die Darstellung macht deutlich, dass „Kontrollordnungen“[493] bestehen, die unter unterschiedlichsten Gesichtspunkten systematisiert werden können.

Bezogen auf die kommunal- und Governance relevante Fragestellung bietet sich zunächst eine Differenzierung nach extrakommunaler und intrakommunaler Kontrolle an. Es ist festzuhalten, dass es im nationalen Rahmen keine allgemein gültige Definition oder Begriffsbestimmung von „Kontrolle“ gibt. Mehrere Begrifflichkeiten werden synonym verwendet, darunter insbesondere auch der Begriff der „Aufsicht“ im Bereich der staatlichen Kontrolle.[494] Hervorgehoben muss werden, dass der Begriff der Aufsicht als Korrelat des Selbstverwaltungsrechts des Art. 28 Abs. 2 GG gilt. Neben das überwachende Element tritt gleichzeitig ein „kooperativ – schützendes Element“, das den Staat aus einer partnerschaftlichen Position heraus handeln lässt.[495] Ein Aufsichtsrecht ist in den Fällen der Ausführung von Bundes- und Landesaufgaben gegeben, wobei der Vorbehalt in Art. 28 Abs. 2 GG auf die gesamte Verwaltungstätigkeit der Gemeinde bezogen ist, variierend nach der kommunalen Aufgabenart.[496] Die Staatsaufsicht ist Angelegenheit der Länder, staatliche Kontrolle ist extrakommunal.[497]

Die traditionelle Kontrolle als Fremdkontrolle[498] richtet sich an Recht- und Zweckmäßigkeitsgesichtspunkten aus. Grundgedanke ist eine hierarchische Steuerung. Intrakommunale Kontrolle bezieht sich demgegenüber auf die Aufsicht des Bürgermeisters über die Mitarbeiter als Dienstaufsicht, bzw. auf seine Beanstandungsrechte bzw. Widerspruchspflichten gegenüber Ratsbeschlüssen. Auch Kontrollrechte des Gemeinderats werden hierunter gefasst.[499] Intrakommunale Kontrolle bedeutet Eigenkontrolle auch insoweit, dass wechselseitige Kontrollmechanismen zwischen Bürgermeister und Gemeinderat umfasst sind, sie kann unter dem Gesichtspunkt einer Machtbalance also sowohl politische als auch rechtliche Kontrolle enthalten.[500] Die Regelung der Kontrolle ist Angelegenheit der Länder, so dass hierzu unterschiedliche rechtliche Ausformungen in den Gemeindeordnungen bestehen.[501]

Anknüpfungspunkt für beide Arten der Kontrolle ist in der nationalen Diskussion Art. 28 Abs. 2 GG unter den Gesichtspunkten:

---

[493] Begriff der Kontrollordnungen vgl. SCHMIDT–AßMANN, E.: Verwaltungskontrolle, 2001, S. 14 / S. 15. Kontrollparameter werden genannt, die sich nach unterschiedlichen Kriterien analysieren lassen.

[494] KNEMEYER spricht von Kommunalaufsicht im Zusammenhang mit präventiver Schutz- und Beratungsaufsicht bzw. Rechts-, Fach-, und Sonderaufsicht. Vgl. KNEMEYER, F.: Staatsaufsicht, 2007, S. 219.

[495] KLIMANT, J.: Funktionen, 1992, S. 10.

[496] Argumentation VOGELGESANG, K. / LÜBKING, U. / ULBRICH, I.: Kommunalaufsicht, 1998, S. 33 ff.

[497] VOGELGESANG, K. / LÜBKING, U. / ULBRICH, I.: Kommunalaufsicht, 1998, S. 49 / S. 51 / S. 52.

[498] Staatstradition und Staatslehre mit Wurzeln in der Weimarer Zeit sehen den Staat als den Individuen und Verbänden übergeordneten Verband mit Sonderstellung. Mit Nachweisen KAHL, W.: Staatsaufsicht, 2000, S. 214 ff.

[499] WAIBEL, G.: Gemeindeverfassungsrecht, 1999, S. 229. Der Gemeinderat kann dabei der Exekutive zugerechnet werden, da die kommunale Vertretungskörperschaft nationaler Tradition als Verwaltungsorgan Teil der kommunalen Selbstverwaltung ist. Aufgrund des Fehlens einer Gesetzgebungskompetenz ist sie kein Parlament im eigentlichen Sinne. BOGUMIL, J.: Kommune, 2005, S. 516.

[500] SCHMIDT–AßMANN, E.: Verwaltungskontrolle, 2001, S. 18.

[501] VOGELGESANG, K. / LÜBKING, U. / ULBRICH, I.: Kommunalaufsicht, 1998, S. 54.

1. Ausgestaltung staatlicher Aufsicht: Die Ausgestaltung staatlicher Aufsicht weist unter entwicklungsorientierten, historischen Gesichtspunkten einen inhaltlichen Bezug zur Entstehung kommunaler Handlungs- und Gestaltungsspielräume auf.[502] Die Unterscheidung zwischen Rechtsaufsicht und Fachaufsicht setzt direkt am Aufgabentypus an und prüft im Rahmen der Rechtsaufsicht die Gesetzmäßigkeit, im Rahmen der Fachaufsicht die Gesetzmäßigkeit und die Zweckmäßigkeit.[503] Es wird argumentiert, dass für Selbstverwaltungsaufgaben nur die Rechtsaufsicht des Staates gegeben ist, politische oder Zweckmäßigkeitserwägungen können nicht durchgesetzt werden.[504]

2. Eigenverantwortlichkeit: Die im Rahmen des Art. 28 Abs. 2 GG gefundene Formulierung „in eigener Verantwortung" deutet darauf hin, dass die Gemeinden in ihrem originären institutionellen Rahmen verantwortlich sind und daneben in einem zweiten Bezug dem Staat. So haben sich kommunale Vollzugsorgane gegenüber der Volksvertretung zu verantworten, welche wiederum gegenüber den Bürgern verantwortlich ist.[505] Gleichzeitig ist beim Begriff der Eigenverantwortlichkeit die Nahtstelle zum dualistischen Verständnis Kommunaler Selbstverwaltung angesprochen. Die Entwicklungslinien Kommunaler Selbstverwaltung verlaufen so, dass die Gemeinden nach und nach in den staatlichen Bereich „hineinwuchsen", wobei historisch gesehen mit Selbstverwaltung auch eine Distanz zum Staat umfasst war.[506]

3. Bürgerschaftliche Dimension: Betrachtet man die Kommunale Selbstverwaltung in ihrer bürgerschaftlichen, gesellschaftlichen Dimension, so enthält sie kooperative Elemente und eine kooperative Zusammenarbeit zwischen den Organen der Gemeinde und den Bürgern. Die Bindung an Regelungen fordert gegenläufig auch den Aufbau eines eigenen kommunalen Kontrollsystems, das die bürgerschaftliche Dimension mit umfasst.

4. Reichweite und Form der Kontrolle: Aussagen zu Reichweite und Form der Kontrolle sind abhängig vom zugrunde liegenden Staatsverständnis, welches in den vergangenen Jahrzehnten zwei Grundströmungen, ein formal - etatistisches, und ein material – pluralistisches Staatsbild kannte.[507] Formal etatistisch bezeichnet ein Staatsbild, das auf einem „substanzhaften" Staat fußt, während die material – pluralistische Sicht zu der i.w.S. auch die korporativ – dezentrale Staatsauffassung gehört, eine differenziertere Sicht auf den Staat vertritt. Daraus resultieren auch Unterschiede im Verständnis von Staatsaufsicht. Die Staatsaufsicht aus material – pluralistischer Sicht ist tendenziell kommunalfreundlicher als die formal – etatistische, die lediglich in Akzenten zwischen Staatsverwaltung und Selbst-

---

[502] ROHDE, C.: Gemeinderat, 2003, S. 35 ff.
[503] Abgrenzung: Inhalte der Fachaufsicht sind die Gesetzmäßigkeitskontrolle wie bei der Rechtsaufsicht, zusätzlich die Zweckmäßigkeit i. S. einer fachgerechten Aufgabenerledigung. WAIBEL, G.: Gemeindeverfassungsrecht, 1999, S. 230 / 231.
[504] BULL, H.: Verwaltungsrecht, 2000, S. 74, Rd.Nr. 152.
[505] PÜTTNER, G.: Verantwortlichkeit, 1981, S. 437.
[506] KAHL, W.: Staatsaufsicht, 2000, S. 444 – 447.
[507] KAHL hat die unterschiedlichen Strömungen umfassend hergeleitet. Mit weiteren Nachweisen KAHL, W.: Staatsaufsicht, 2000, S. 286 – 289.

verwaltung differenziert.[508] In einem weiteren Sinne bezieht sich die Schutzfunktion des Staates auch auf die Kommunen, im Sinne einer Förderung der Kommunalen Selbstverwaltung, was die Instrumente der Förderung und Beratung als vorgelagerte Aufsichtsmittel betont.[509]

Für die nachfolgenden Ausführungen wird bewusst nicht ausschließlich ein staatlich bezogener Kontroll- bzw. Aufsichtsbegriff verwendet. Über einen Zwischenschritt werden die Inhalte der Begrifflichkeit politischer Kontrolle nach KEVENHÖRSTER[510] aufgegriffen, um die politische Determinante von Kontrolle und Aufsicht zu verdeutlichen. Das Modell von KEVENHÖRSTER aus den 80er Jahren soll die Basis sein, um Weiterentwicklungen des politischen Status Quo der letzten Jahre darzustellen und konzeptionellen Änderungsbedarf zu verdeutlichen.

---

[508] KAHL, W.: Staatsaufsicht, 2000, S. 288 / 289.
[509] KNEMEYER, F.: Staatsaufsicht, 2006, S. 223 / 224. / 227.
[510] KEVENHÖRSTER, P.: Kontrolle, 1981, S. 441 – 454.

Politische Kontrolle gestaltet sich nach KEVENHÖRSTER wie folgt:

Abb. 5 – Politische Kontrolle und Aufgabenerfüllung

Politische Entscheidungen			
Formale Struktur		Materieller Gehalt	
Rechtmäßigkeitskontrolle • Übereinstimmung des Handlungsablaufs mit Rechtsnormen • Gesetzesbindung • Rechtmäßigkeit • Vorschriften der Gemeindeordnungen der Länder • Staat beanstandet gesetzeswidrige Maßnahmen • Befugnisse staatlicher Behörden • Allgemeine Kommunalaufsicht - Prüfung der Gesetzmäßigkeit mit Beanstandungs-, Informations- und Anordnungsrecht - Fachaufsicht über Fremdverwaltungsangelegenheiten - Sonderaufsicht als sondergesetzliche Regelung.	**Wirtschaftlichkeitskontrolle** • Kommunale Finanzwirtschaft • Prüfung von Sparsamkeit und Wirtschaftlichkeit einschließlich eine Kosten- und Wirksamkeitsprüfung • ausgeführt durch das Rechnungsprüfungsamt, das Jahresrechnung, Kasse und Wirtschaftlichkeit prüft.	**Richtungskontrolle** • Teil der Gemeindeordnungen • Legislatorische Programmsteuerung • Materieller Gehalt von Politik • Zielorientierung • Sicherstellung der Führungs- und Steuerungsfunktion der politischen Mehrheit der Vertretungskörperschaften • Politische Verzahnung von Verwaltung und Vertretungskörperschaft.	**Erfolgskontrolle** • Teil der Wirkungsforschung • Implementationsforschung • Policy - Output Forschung.

Quelle: Grundlage politischer Entscheidungsbegriff KEVENHÖRSTER, P.: Kontrolle, 1981, S. 442 ff.

Nach dem Modell von KEVENHÖRSTER stehen Rechtmäßigkeits- und Wirtschaftlichkeitskontrolle Richtungs- und Erfolgskontrolle gegenüber[511]. Mit dem damit verbundenen umfassenden Begriff der Kontrolle erfolgt positiv eine Betonung politischer Entscheidungen und eine Orientierung am kommunalen Aufgabenbestand. Im weiteren Sinne ist das politische Umfeld der Aufgabenerfüllung mit der zugrunde liegenden Organisation, Funktion und den Verfahrensweisen des Aufgabenträgers maßgeblich und die Handlungsspielräume bei der Aufgabenerfüllung in Abhängigkeit von der Art der Aufgabe.

Ab den 90er Jahren kam es durch die Reformentwicklungen und –diskussionen zu folgenden Weiterentwicklungen und Änderungen auf lokaler Ebene, die Teil eines sich wandelnden Verhältnisses von Staat und Gesellschaft sind und welche die lokalbezogene Kontrolle und Aufsicht betreffen[512].

1. Änderungen auf Grundlage der Privatisierungstrends. Auswirkungen ergeben sich in Abhängigkeit von der getroffenen Privatisierungsform[513]. Steuerungsaufsicht ergibt sich als Folgeproblem von Organisationsprivatisierung.[514]
2. Binnenmodernisierungstendenzen der Gemeinden im Leistungs- und Finanzplanungssystem, auch der Wandel von der Kameralistik zur Doppik, werden verbunden mit dem Aufbau eines umfassenderen Controllings und Berichtswesens. Konsequenzen für das interne Kontrollkonzept entstehen aus dem Übergang zu Konzepten des Neuen Verwaltungsmanagements, der Einführung der Doppik, auch aufgrund der Orientierung an Output – Steuerung. Neue Kontrollformen[515] mit einer stärkeren Gewichtung bisher scheinbar nachrangiger, ökonomischer Ziele wie Effizienz sind entstanden.[516] Diese Formen müssen weiter- und fortentwickelt werden.
3. Sozialwissenschaftliche Modernisierungsforderungen, welche an der Frage der Steuerungsfähigkeit des politischen Systems ansetzen[517].
4. Rechtswissenschaftliche Modernisierungsforderungen, da deutlich wird, dass eine modernisierte Kontrolltheorie notwendig wird, die neben traditionellen Staatsaufsichtsformen weitere Grundtypen einer Steuerungs- und Gewährleis-

---

[511] Vgl. KEVENHÖRSTER, P.: Kontrolle, 1981, S. 443.
[512] Gesichtspunkte eins bis vier nach KAHL, W.: Staatsaufsicht, 2000, S. 308 ff.
[513] Zur Unterscheidung zwischen formaler und materieller Privatisierung vgl. SCHEELE, U.: Privatisierung, 1993, S. 43. Unter formaler Privatisierung bzw. Organisationsprivatisierung versteht man, dass der Staat entweder eine juristische Person des Privatrechts gründet bzw. sich beteiligt. Das Unternehmen erfüllt die staatliche oder kommunale Aufgabe, die Kompetenz verbleibt beim öffentlichen Träger. (S. 43 / 44). Im Rahmen materieller Privatisierung liegt die Gewährleistungsverantwortung beim Staat, der das öffentliche Interesse zu wahren hat und Rahmenregelungen vorgibt. Vgl. LÜDER, K.: Verwaltungskontrolle, 2001, S. 53.
[514] Funktion von Aufsicht auch als Gewährleistung einer einheitlichen Steuerung vgl. SCHUPPERT, G.: Verwaltungswissenschaft, 2000, S. 899.
[515] Zur Unterscheidung der Begriffe Steuerung und Kontrolle aufgrund einer stärkeren Ziel- und Ergebnisbezogenheit des Steuerungsbegriffs vgl. HOFFMANN–RIEM, W.: Verwaltungskontrolle, 2001, S. 333.
[516] LÜDER, K.: Verwaltungskontrolle, 2001, S. 53 ff. / S. 55. Tendenz der Betonung von Ergebniskontrolle und Systemkontrolle.
[517] Ausgangspunkt sind die Besonderheiten, die in modernen entwickelten Gesellschaften liegen und die unter dynamischen Gesichtspunkten analysiert werden sollen. WILLKE, H.: Systemtheorie, 1993, und DOSE, N.: Trends, 2003, S. 21.

tungsaufsicht[518] stellt oder eine dynamische Perspektive, welche die Rolle der Öffentlichkeit betont und Information als Steuerungsfaktor sieht[519].

Die Perspektive Lokaler Governance zeigt sich sowohl in der intrakommmunalen Aufsicht als auch in der extrakommunalen staatlichen Aufsicht. Zusammenfassend ergeben sich Entwicklungen in den folgenden Bereichen:

(1) Systematische Entwicklungen und Trends ergeben sich im Bereich staatlicher Aufsicht mit einem Entzug hierarchischer Kontrolle (Privatisierung oder Beteiligung Privater). Deutlich werden Kompensationserfordernisse i. S. von Kontrollformen, die spezifische Kooperationsverhältnisse[520] berücksichtigen. Dies macht eine Pluralisierung des Kontrollsystems erforderlich, ein sich Trennen von punktuellen Kontrollen oder Stichproben zu einem Blick auf das kommunale System gesamt.

(2) Im Bereich intrakommunaler Kontrolle wird ein Wandel deutlich, der sich auf folgende Kontrollaspekte intrakommunaler Kontrolle erstreckt:
   - Die neue Funktion lokaler Öffentlichkeit: Unter dem Aspekt der Transparenz ergeben sich verbesserte Kontrollfunktionen durch Bürger, jedoch auch durch lokale Medien.
   - Partizipative Beteiligungsmöglichkeiten fordern ein Sicherstellen der Umsetzung der Ergebnisse von Beteiligungsverfahren. In Abhängigkeit von den gesetzlichen Verfahren können die lokale Öffentlichkeit oder Bürgerinnen und Bürger eingebunden werden.
   - Es ergibt sich eine wachsende Bedeutung der Eigenkontrolle. Bürger suchen alternative Formen zur Sicherstellung einer Zielerreichung, wenn beispielsweise im Bereich freiwilligen Engagements Dienste oder Leistungen von Bürgergruppen oder von Bürgern erbracht werden.

Die nachfolgende Tabelle fasst die Änderungen und Trends tabellarisch zusammen. Grundlage sind die als relevante Kriterien benannten Elemente Lokaler Governance, die abschließend in Bezug zum Kontrollbegriff gesetzt werden.

---

[518] Der Rollenwechsel des Staates wird anhand der Betonung der Gewährleistungsaufsicht deutlich vgl. SCHUPPERT, G.: Verwaltungswissenschaft, 2000, S. 899 ff.

[519] Zur dynamischen Perspektive PITSCHAS, R.: Verantwortungskooperation, 2002, S. 263. Denkbar ist auch eine Steuerungskonzeption, welche Detailkontrolle aufgibt zugunsten eines „Korridors der rechtlich zulässigen Zweckverwirklichung und Mittelverwendung". HOFFMANN-RIEM, W.: Finanzkontrolle, 2001, S. 78. Verfahren, die als mehrere Phasen umfassende Entscheidungsprozesse abgebildet werden vgl. SCHMIDT-AßMANN, E.: Verwaltungskontrolle, 2001, S. 24 / 25. Kontrolle steht im Zusammenhang mit kybernetischen Regelkreisen und Prozessen bestehend aus Planung, Vollzug und Kontrolle. SCHMIDT, J.: Wirtschaftlichkeit, 2006, S. 73 – 75.

[520] SCHMIDT-AßMANN, E.: Verwaltungskontrolle, 2001, S. 30.

Tab. 9 - Lokale Governance im Spiegel kommunaler Aufsicht und Kontrolle

Kriterium Lokaler Governance	**Ausdifferenzierung**	**Kriterium der Kontrolle**
Funktionale Orientierung	Horizontal Vertikal	➢ Ebenenbezug von Kontrolle, ➢ intrakommunale Kontrolle als horizontal bezogene Kontrollfunktion, ➢ extrakommunale Kontrolle als vertikale Kontrolle.
Einbezogene Ebene/n und institutionelle Systeme	Intrakommunal Extrakommunal Netzwerk	Klärungsbedarf insbesondere bei Netzwerk-Orientierung von Kontrolle, da Kontrolle Distanz erfordert.
Dominanter Systembezug Lokaler Governance	Administratives System (Bürgermeister plus Verwaltungsapparat)	➢ Dienstaufsicht, ➢ interne Revision und Prüfung, ➢ enger Begriff von Kontrolle auch als operatives Controlling, ➢ Möglich auch Balanced Score Card Prozesse, Leitprinzipien der kommunalen Verwaltungsorganisation.
	Politisch – Administratives System i. e. S.	➢ Machtbalance im Verhältnis von Bürgermeister zu Gemeinderat, ➢ strategische Zielorientierung durch Gemeinderat als Maßstab für Kontrolle.
	Politisch – Administratives System erweitert bürgerschaftlich	➢ Kontrollfunktion von Öffentlichkeit, bspw. bei der Umweltverträglichkeitsprüfung[521], ➢ Bürgerhaushalt, ➢ Operationalisierung von kommunalen Leitbildern, ➢ Kontrolle durch lokale Medien und Öffentlichkeit, ➢ Kontrolle ist über zunehmende Transparenz kommunaler Prozesse zu erreichen, ➢ Kontroll- und Begleitfunktion des politisch – administrativen Systems, da die Umsetzung der Ergebnisse der Beteiligung evaluiert werden muss. Öffentlichkeit mit Kontrollfunktion lässt sich unterteilen in[522]: • Lokale Öffentlichkeit, allgemeine Öffentlichkeit • Bereichsbezogene fachlich-wissenschaftliche Öffentlichkeit • Interessenbezogene fach- und objektgebundene Öffentlichkeit

[521] KADELBACH, S.: Verwaltungskontrollen, 2001, S. 243 / 244.
[522] Arten der Öffentlichkeit vgl. PÜTTNER, G.: Verwaltungslehre, 2000, S. 372 und 373.

	Politisch – Administratives System erweitert um Ökonomie	➢ Vertragliche Absicherungen, Regelstrukturen im Zusammenhang mit der Gewährleistungsverantwortung des Staates. ➢ Strukturen des Public Privat Partnership erfordern alternative Kontrollmöglichkeiten, um Kontrollverlust bei privater Wahrnehmung einer Aufgabe zu verhindern. Recht bekommt erweiterte Funktion zur Gewährleistung / Sicherstellung des Gemeinwohls.
Relevante/r Politik– und Leistungsbezug	Input	➢ Prozessorientierung von Kontrolle gewinnt an Bedeutung.
	Entscheidung	➢ Rechtsaufsicht, ➢ Fachaufsicht.
	Output	➢ Rechnungslegung, ➢ Unterstützungsmöglichkeiten für Kontrolle durch betriebswirtschaftliche Elemente, auch Controlling.
Handlungstyp	Normgerichtetheit	➢ Hierarchische Orientierung.
	Nutzen- Effizienzorientiert	➢ Betriebswirtschaftliche Orientierung.
Aufgabenbezug	Sektororientierter Aufgabenbezug	➢ Klassische, staatliche Kontrollinstrumente ergänzt.
	Querschnittsorientierter Aufgabenbezug	➢ Entwicklung umfassender Instrumente, welche den querschnittsorientierten Aufgabenbezug erfassen, wird erforderlich.
Dominanter Demokratie-Bezug	Repräsentativ	Repräsentativ: Über Recht steuert das Parlament die Verwaltung. Möglichkeiten parlamentarischen Einflusses über strategische Steuerungsoptionen, wie Zieldefinitionen.
	Partizipativ gemeinwohlorientiert	
	Partizipativ partikularinteressen-orientiert	Kontrollfunktion der Öffentlichkeit.

Quelle: Eigene Ausarbeitung und Darstellung.

3.1.3 Dynamik und Governancemechanismen des lokalen politischen Systems in Deutschland

3.1.3.1 Institutionelle Kriterien und kommunale Verfasstheit: Die Stellung des Bürgermeisters und das Verhältnis von Rat zu Verwaltung

Die „innere Ordnung der Kommunalen Selbstverwaltung"[523], ihre institutionellen Kriterien und ihre Verfasstheit sind von Bedeutung für die kommunalen Entscheidungsprozesse. Die Stellung des Bürgermeisters und das Verhältnis von Rat und Verwaltung sollen daher gesondert aufgegriffen werden. Dargestellt werden die folgenden Gesichtspunkte:

(1) die organisatorisch – institutionellen Rahmenbedingungen
(2) die Orientierung an Sachentscheidungsbefugnissen
(3) der übergeordnete Kontext, der sich durch den Wandel der institutionellen Rahmenbedingungen ergibt
(4) die sich abzeichnende Auswirkung auf Lokale Governance und die Entstehung von Gemeinwohl.

Lokale Governance ist zunächst in binnenkommunaler Dimension angesprochen und bezieht sich auf das politisch–administrative System, insbesondere den Wandel der klassischen institutionellen Strukturen und der mit ihnen verbundenen Forschungszusammenhänge. So ergibt sich ein Wandel des klassischen „Government" hin zu Governance, der sich sehr gut anhand der Modernisierungstendenzen darstellen lässt.

In Deutschland haben sich nach dem Zweiten Weltkrieg vier unterschiedliche Kommunalverfassungssysteme etablieren können, die von den Besatzungsmächten beeinflusst waren.[524] Regelungen treffen die jeweiligen Gemeindeordnungen der Länder. Maßgebliche Kriterien sind:

(1) Angaben über den Vorsitz im Rat
(2) Repräsentation der Gemeinde
(3) Leitung der Verwaltung.

Die einzelnen Verfassungssysteme folgten den nachfolgenden Grundmustern und sollen an dieser Stelle nur in einem kurzen Überblick dargestellt werden, da sie die Basis für die weit reichenden Änderungen der vergangenen Jahre darstellen:

---

[523] PAMME, H.: Selbstverwaltung, 2004, S. 94.
[524] GILBERT, C: Aspekte, 1988, S. 22 ff.

Tab. 10 – Kommunalverfassungssysteme nach dem Zweiten Weltkrieg

Bezeichnung der Verfassung	Herkunft und wesentliche Inhalte
Norddeutsche Verfassung	Hervorgegangen aus der britischen Rechtstradition, hatte Geltung in Norddeutschland / Nordrhein – Westfalen. Sie sah eine strikte Trennung zwischen Politik und Verwaltung vor. Der Stadtdirektor agierte als Chef der Verwaltung, ihm standen der Bürgermeister und der ebenfalls in freier und geheimer Wahl gewählte Rat gegenüber. Die Stellung des Rates dominierte über die ihm untergeordnete Stellung der Verwaltung.
Magistratsverfassung	„Deutscheste bzw. preußischste" aller Gemeindeordnungen. Ursprünge in der Städteordnung des Freiherrn VOM STEIN. Es wurde zwischen einem Verwaltungsausschuss und dem Gemeindevorstand, dem Magistrat unterschieden, sowie der Gemeindevertretung. Der Magistrat agiert als Kollegialorgan und bestand aus dem hauptamtlichen Bürgermeister sowie hauptamtlichen und ehrenamtlichen Stadträten. Die Magistratsverfassung galt nach 1945 in Hessen und Schleswig – Holstein.
Süddeutsche Ratsverfassung	Gemeindeordnung amerikanischen Ursprungs. Der Bürgermeister wurde / wird direkt vom Volk gewählt. Bürger haben die Möglichkeit bei Ratswahlen zu kumulieren und zu panaschieren. Die Süddeutsche Verfassung wurde nach dem Zweiten Weltkrieg in Baden – Württemberg und Bayern eingeführt. Die starke Stellung des Bürgermeister ergab sich aufgrund seiner Position als Leiter der Verwaltung mit organschaftlicher Vertretungsmacht und seiner Funktion als Vorsitzender des Gemeinderates.
Bürgermeisterverfassung	Anbindung an die französische Tradition. Sie kam zunächst in Rheinland – Pfalz und im Saarland zur Anwendung. Das dualistische Prinzip ist sehr ausgeprägt, d.h. die Stellung des Bürgermeisters ist neben dem Rat besonders stark.
Demokratische Gemeindeordnung	In der ehemals sowjetischen Besatzungszone wurde 1946 eine einheitliche „Demokratische Gemeindeordnung" eingeführt, die zunächst an die Regelungen der Weimarer Verfassung anknüpfen konnte.[525] Politische Inhalte Kommunaler Selbstverwaltung wurden durch die Zentralisierungsbewegung in der sowjetischen Besatzungszone und der späteren DDR nahezu aufgegeben.

Quelle: Tabellarische Aufarbeitung GILBERT, C: Aspekte, 1988, S. 22 / 23 Ergänzung PRITZKOLEIT, F.: Kommunalverfassung, 1988, S. 52 ff. Zur Demokratischen Gemeindeordnung vgl. FRERE, E.: Vergleich, 1998, S. 45, FN 1.

Gemeinsam ist den Verfassungstypen (1) bis (4) der hohe Stellenwert des Gemeinderats, der umfassende Kompetenzen wahrnimmt.[526] Die Gemeindevertretung ist Hauptorgan und Pflichtorgan in den Kommunen[527] und im Bereich der Wahrnehmung der

[525] NEUMANN, P.: Bürgerbegehren, 2007, S. 357.
[526] CRONAUGE, U.: Rolle, 1988, S. 91.
[527] BUß, A.: Machtgefüge, 2002, S. 31, 51.

Selbstverwaltungsaufgaben höchste Entscheidungsinstanz bei Allzuständigkeit des Rates.[528]

In den 90er Jahren setzten umfangreiche Reformen ein. Es kamen die neuen Länder hinzu und in den alten Ländern relativierte die Reformwelle die Typisierung der Kommunalverfassungssysteme.[529]. Methodisch lässt sich eine Schwachstellenanalyse der Systeme an die Funktionen der Kommunalen Selbstverwaltung[530], ihrer politisch – demokratischen Funktion und ihrer verwaltungsorganisatorischen Funktion, anbinden. „Sachangemessene Austarierung" zwischen den beiden Funktionen ist das übergeordnete Ziel, dem mit den Kommunalverfassungssystemen entsprochen werden soll. Mit Bezug auf die einzelnen Systeme waren einheitliche Schwachstellen zu benennen, wie die Überlastung der Räte und der Ehrenamtlichkeit oder der Primat der Verwaltung, der sich im Prozess kommunaler Sachentscheidung zeigt, beispielsweise durch das große Engagement der Verwaltung bei der Vorbereitung von Entscheidungen.[531] Die Frage des möglichen Zusammenhangs zwischen Kommunalverfassung und Entscheidungsverhalten auf kommunaler Ebene ist relevant. Eine Governance bezogene Perspektive hinterfragt hierbei, in welchem Umfang dem institutionellen Kontext für die Entscheidungsfindung Relevanz innewohnt.[532]
Im Zuge der grundlegenden Reformen in allen Flächenländern außer Baden – Württemberg und Bayern[533] haben sich in den 90er Jahren die folgenden Modernisierungstendenzen durchgesetzt:

(1) Tendenz zur Vereinheitlichung der Kommunalverfassungen der Länder in einzelnen Bereichen, die sich als Änderungen in nahezu allen Flächenländern findet.[534]
(2) Tendenz zur Stärkung direktdemokratischer Elemente auf kommunaler Ebene.[535] In allen Flächenländern ist mittlerweile die Direktwahl des Bürgermeisters eingeführt und Instrumente wie Bürgerbegehren und Bürgerentscheid, was zu größerer Nähe zu den Bürgern führen soll[536] Gleichzeitig führt ein Wertewandel zur Nachfrage von Beteiligungsmöglichkeiten seitens der Bürger.[537]

---

528 BOGUMIL, J.: Kommune, 2005, S. 519.
529 Vgl. BURGI, M.: Kommunalrecht, 2006, S. 117 ff. Wegen der stattgefundenen Relativierungen werden die ursprünglichen Modelle nicht vertiefend behandelt.
530 Unterscheidung HENNEKE, H.: Anforderungen, 2003, S. 762 / 763. Die politisch – demokratische Funktion definiert sich dadurch, dass das Volk selbst bzw. durch gewählte Organe räumlich begrenzte Staatsgewalt ausübt.
531 HENNEKE, H.: Anforderungen, 2003, S. 763.
532 BUß argumentiert, dass ein Nachweis des Einflusses des jeweiligen Kommunalverfassungssystems auf lokale Entscheidungen durch empirische Untersuchungen nicht gedeckt ist. Die formale Struktur könne vielmehr als Anbieten von Möglichkeiten gesehen werden. Einfluss wird als „Betonung oder Abschwächung" vorhandener Muster betrachtet. Vgl. BUß, A.: Machtgefüge, 2002, S. 52.
533 HENNEKE, H.: Anforderungen, 2003, S. 762 / 763.
534 Zum Gesichtspunkt der Volkswahl vgl. KLEINFELD, R. / NENDZA, A.: Reform, 2005, S. 62.
535 Mittlerweile sind in allen Flächenländern Bürgerbegehren eingeführt. Vgl. MITTENDORF, V. / REHMET, F.: Bürgerbegehren, 2002, S. 220. Beteiligung der BürgerInnen unter Beachtung örtlicher Gegebenheiten. Vgl. DEUTSCHER STÄDTETAG: Städte, 2003, S. 105 / 106. Argumentiert wird, dass sich durch die gesetzlichen Änderungen ein Entwicklungstrend hin zur Bürgerkommune ergibt. BOGUMIL, J. / HOLTKAMP, L.: Bürgerkommune, 2005, S. 129.
536 BURGI, M.: Kommunalrecht, 2006, S. 117.
537 HOLTKAMP, L.: Reform, 2005, S. 28 ff.

Was den ersten Gesichtspunkt, die Tendenz zur Vereinheitlichung der Kommunalverfassungen anbelangt, so hat eine Annäherung an die Süddeutsche Ratsverfassung zwar stattgefunden, aber im Ergebnis nicht zu einer Vereinheitlichung der Kommunalverfassungssysteme geführt.[538] Zwar gehen nunmehr die Gemeindeordnungen der Länder von einer dualistischen Kompetenzverteilung, einerseits der direkt gewählte Bürgermeister, andererseits die kommunale Vertretungskörperschaft aus, Unterschiede in den institutionellen Settings und Arrangements bestehen jedoch weiterhin.[539]

Die Frage, inwiefern die getroffenen institutionellen Arrangements den politischen Output beeinflussen, ist aktueller denn je Gegenstand wissenschaftlicher Untersuchungen und Erklärungsmodelle und kann zum jetzigen Zeitpunkt noch nicht schließend beurteilt werden.[540] Deutlich wird demgegenüber, dass sich Unterschiede zwischen den Kommunalverfassungen nunmehr nicht mehr als Diskussion zwischen den einzelnen Typen der Verfassungssysteme generieren, sondern sich in Bereichen zeigen wie der konkreten Anwendung der landesrechtlichen Regelungen oder dem „Leben" im politischen System vor Ort.

Folgende Forschungsfelder sind von besonderem Interesse:

(1) Umsetzung partizipativer Elemente: Es besteht eine Varianz bei Bürgerbegehren im Hinblick auf die Häufigkeit der Anwendung[541], Regelungsdetails und Sachfragen in den einzelnen Ländern.[542]

(2) Auswirkungen aufgrund der sich wandelnden Stellung des Bürgermeisters: Die gewandelte Stellung könnte einerseits auf ein Mehr an Sachpolitik, zulasten der Parteipolitik hindeuten.[543] Andererseits werden Zusammenhänge formuliert, welche darauf abzielen zu prüfen, wie sich die Rolle direkt gewählter Bürgermeister in neuen komplexen Formen des Regierens wandelt.[544]

---

538 PAMME, H.: Selbstverwaltung, 2004, S. 95.

539 BOGUMIL, J.: Kommune, 2005, S. 518.

540 Untersuchung zur Führung in den Kommunen in Form einer Gegenüberstellung des konkordanzdemokratischen Systems in Baden – Württemberg mit der konkurrenzdemokratischen Struktur in Nordrhein – Westfalen vgl. BANNER, G.: Führung, 2006, S. 57 – 70. Erklärungsansatz, welcher demgegenüber das Maß an Parteipolitisierung zwischen baden – württembergischem und nordrhein – westfälischem System untersucht HOLTKAMP, L.: Kommunalpolitik, 2006, S. 70 – 84.

541 Zwischen 1956 und 2005 wurden 2.846 Bürgerbegehren durchgeführt, überdurchschnittlich in Bayern und Nordrhein – Westfalen, geringe Zahl in Sachsen - Anhalt, Mecklenburg – Vorpommern und Rheinland – Pfalz. Vgl. GABRIEL, O. / WALTER-ROGG, M.: Bürgerbegehren, 2006, S. 41 ff.

542 Gründe für den Mangel in der Anwendung des Instruments des Bürgerbegehrens könnten in einer schwach ausgeprägten Anreiz- und Gelegenheitsstruktur oder politikkulturellen Traditionen liegen WOLLMANN, H.: Doppelstruktur, 2004, S. 24. Eine detaillierte Darstellung der unterschiedlichen landesrechtlichen Vorgaben zu Bürgerentscheid und Bürgerbegehren ist zusammenfassend dargestellt bei NEUMANN, P.: Bürgerbegehren, 2007, 366 ff. und 375 ff.

543 Gleichzeitig scheinen Gesichtspunkte wie persönliche Eigenschaften des Bürgermeisters eine Rolle zu spielen. Vgl. BURGI, M.: Kommunalrecht, 2006, S. 119 / 120.

544 Vgl. die fallbezogene Untersuchung von HAUS, M. / EGNER, B. / HEINELT, H.: Bürgermeister, 2005, S. 201 ff.

Die Angleichungen und Ausdifferenzierungen der Systeme lassen nach den Reformen kaum mehr eine Zuordnung in den überkommenen Rahmen zu.[545]. Für die Diskussion Lokaler Governance angesichts der erläuterten Reforminhalte ergibt sich der Befund,

(1) dass die Vereinheitlichung der kommunalen Verfassungssysteme als Änderung des institutionellen Rahmen Lokaler Governance wirkt. Es kommt zu einer gedanklichen Anbindung an eine dem Neo-Institutionalismus verwandte Perspektive.[546]

(2) dass die Direktwahl des Bürgermeisters zu einem Blick auf Lokale Governance führt, der akteursorientiert und gleichzeitig institutionalistisch ist.

Aus (1) und (2) ist zu schließen, dass Lokale Governance nach wie vor sehr eng an das klassische „Government" angeschlossen ist und dadurch bestimmte Handlungsrahmen für Politiken bestimmt werden. Vorhandensein und Ausgestaltung der Systeme zeigen deutlich, dass an dieser Stelle von einem vollzogenen Wandel von Government zu Governance keine Rede sein kann. Vielmehr liegt das eigentliche kommunalwissenschaftliche und politische Erkenntnisinteresse in der Untersuchung des Zusammenspiels von Governance und Government und den daraus resultierenden Ergebnissen für das lokale politische System. Die Perspektive stellt sich so dar, dass der Steuerungsanspruch des lokalen politisch-administrativen Systems Grundvoraussetzung ist und als „gesetzt" gilt. Eine Steuerungsperspektive oder theoretische Steuerungskonzeption aus der Bürgerschaftlichkeit heraus wird bisher nicht aufgezeigt.
Auf die Stellung der Bürger und ihre sich wandelnde Rolle im lokalen politischen System soll daher gesondert und vertiefend eingegangen werden.

3.1.3.2 Die Stellung des Bürgers im lokalen politischen System

Das im Grundgesetz normierte Demokratiegebot lässt für die kommunale Ebene sowohl Wege mittelbarer als auch unmittelbarer Demokratie zu.[547] Was die Einbeziehung der Bürger anbelangt, bestehen unterschiedliche rechtliche Grundlagen, deren Wurzeln teilweise bis in die Weimarer Verfassung zurückgehen.[548]

Fachgesetzlich garantierte Regelungen zur Bürgerbeteiligung finden sich in Bereichen wie der Städtebauförderung, der Abfallbeseitigung bzw. nach den Vorschriften des Bundesbaugesetzbuches. Die Entwicklung[549] lässt sich ab den 60er Jahren des vergangenen Jahrhunderts dahingehend skizzieren, dass in den 60er Jahren zunächst Informations- und Anhörungsrechte verankert, in den 70er Jahren Anhörungsrechte in Bereichen wie Stadtplanung implementiert, und ab den 80er Jahren die Beteiligung

---

[545] HENNEKE, H.: Anforderungen, 2003, S. 764 ff.

[546] Hierbei wird Institutionenpolitik in ihrer Prozessorientierung begriffen. HAUS, M. / EGNER, B. / HEINELT, H.: Bürgermeister, 2005, S. 209.

[547] Zur Unterscheidung vgl. WAIBEL, G.: Gemeindeverfassungsrecht, 1999, S. 115 / 116. Hier wird das Argument genannt, die Bürgermeisterwahl sei Organwahl und kein Entscheidungsvorgang, so dass die Zuordnung zu direkter Demokratie kritisch gesehen wird.

[548] Gemeindebegehren und Gemeindeentscheid in der Weimarer Verfassung vgl. NEUMANN, P.: Bürgerbegehren, 2007, S. 356.

[549] Skizziert nach BOGUMIL, J.: Formen, 2001, S. 31 – 36, S. 1 / 2.

einzelner Zielgruppen aufgegriffen wurde. Seit den 90er Jahren entstehen kooperative Elemente wie Runde Tische, Stadtteilforen und Mediationsverfahren, bei denen die Bürger nach und nach eine Rolle als Mitgestalter der politischen Gemeinschaft, erhalten.
Kommunalverfassungsrechtlich sollte die Öffnung des lokalen Systems für eine aktive Beteiligung der Bürger und verbesserten inhaltlichen Gestaltungsmöglichkeiten durch nicht verbandlich organisierte Bürger zu einer verbesserten Legitimität des Outputs führen.

Empirisch zeichnet sich ab, dass die ursprünglich bestehenden verbandlichen oder parteienorientierten Partizipationsmöglichkeiten eine funktionale Ergänzung erfahren haben, die zunehmend mit einer verbesserten Informationspolitik zugunsten der lokalen Öffentlichkeit verbunden ist.[550]

Plebiszitäre Elemente in den Kommunalverfassungen finden sich wie folgt:

(1) Bürgerentscheid
(2) Bürgerbegehren
(3) Bürgerversammlung
(4) Bürgerantrag
(5) Konsultative Bürgerbefragung auch Bürgeranhörung.

Was die Frage der Häufigkeit anbelangt, scheint die Anwendung insgesamt moderat auszufallen mit heterogenen Ergebnissen zwischen den Ländern.[551] Politisch relevant ist auf kommunaler Ebene darüber hinaus die Bürgerinitiative, bei der sich Bürger mit gemeinsamem Interesse – bzw. dem gemeinsamen Erleben einer Mangelsituation mit der Intention diese zu beseitigen[552] - zusammenschließen. Rechtliche Grundlage hierzu ist nicht die Gemeindeordnung, sondern Art. 9 Abs. 1 GG und Art. 5 Abs. 1 GG.[553] Nachfolgend wird auf die Instrumente und wesentliche Inhalte kurz eingegangen.

---

[550] PAMME, H.: Selbstverwaltung, 2004, S. 95.
[551] Zahlen KUHLMANN, S.: Verwaltungsreform, 2004, S. 27 und GABRIEL, O. / WALTER-ROGG, M.: Bürgerbegehren, 2006, S. 41 ff.
[552] NELLES, W.: Bürgerinitiativen, 1984, S. 78 – 80.
[553] BURGI, M.: Kommunalrecht, 2006, S. 139.

Tab. 11 - Plebiszitäre Elemente der Gemeindeordnungen der Länder

Bezeichnung	Wesentliche Inhalte
Bürgerbegehren[554]	• Gemeindeordnungen treffen unterschiedliche Regelungen zu Angelegenheiten, die ein Bürgerbegehren auslösen können. Grundsatz: Nur Angelegenheiten, die unter die Verbandskompetenz der Gemeinde fallen. • Angelegenheiten in der Zuständigkeit des Gemeinderates. • Anforderungen an Quoren als Voraussetzung für die Zulässigkeit des Bürgerbegehrens sind in den Gemeindeordnungen unterschiedlich geregelt.
Bürgerentscheid	• Anstatt einer Entscheidung des Gemeinderates. • Ist durchzuführen, wenn der Gemeinderat dem Bürgerbegehren inhaltlich nicht entspricht. • Der Bürgerentscheid entfaltet die Wirkung eines Ratsbeschlusses. • Bürgerentscheid unterliegt der Staatsaufsicht. • Kein Beanstandungsrecht des Bürgermeisters.
Bürgerversammlung	• Dient der Unterrichtung und dem Austausch mit den Bürgern über bedeutende Gemeindeangelegenheiten. • Tw. Einberufungspflicht, wenn der Rat dies fordert bzw. Anteil der Bürgerschaft. • Vorschlagsrecht bzw. Anregungen.
Bürgerantrag	• Instrument, mit dem Einwohner bzw. Bürger verlangen können, dass sich der Gemeinderat mit einer Angelegenheit befasst. • Vorgesehen ist jeweils ein Unterschriftenquorum. • Verpflichtungsklage gegen zurückgewiesenen Antrag möglich. • Entscheidungskompetenz des Gemeinderates nicht tangiert.
Konsultative Bürgerbefragung	• Anhörung von Teilen der Bevölkerung, welche von einer bestimmten Entscheidung betroffen sein könnten.

Quelle: Tabellarische Darstellung auf Grundlage BURGI, M.: Kommunalrecht, 2006, S. 138 – 143.

Als drittes Element einer Weiterentwicklung kann die Öffnung des politisch – administrativen Systems für Formen kooperativer Demokratie genannt werden. Als kooperative Demokratie werden

„alle nicht gesetzlich festgeschriebenen, dialogisch orientierten und auf kooperative Problemlösungen angelegten Verfahren der Bürger- und Verbändebeteiligung an der Politikformulierung und Politikumsetzung“ [555]

gesehen, d.h. auch Verfahren,

„die eine Beteiligung der Bürger bzw. Verbänden an der Planung gewährleisten sollen“ [556].

[554] Bürgerschaftliche Partizipation ist auch in ihrer rechtlichen Ausformung politisch aktuell. „Mehr Demokratie e. V.“ erarbeitet z. B. aktiv alternative Regelungen zur Gestaltung von Bürgerentscheiden bzw. Bürgerbegehren. Für jedes Land werden Informationen über die rechtlichen Regelungen / Anwendungshäufigkeiten dargestellt. http://www.mehr-demokratie.de/289.html - (20.06.2007).

[555] BOGUMIL, J. / HOLTKAMP, L.: Bürgerkommune Zusammenspiel, 2002, S. 5.

Sie zeigt sich in der Einführung angemessener Beteiligungsverfahren, welche die Arbeit der Räte gemeinwohlorientiert ergänzen sollen, bzw. in Experimenten zur Einbeziehung der Bürger, wie die lokalen Agenda 21-Prozesse[557], Zukunftswerkstätten und Planungszellen bis hin zu Bürgerhaushalten[558] oder Mediationsverfahren und Runden Tischen, sofern sie gesetzlich nicht vorgeschrieben sind bzw. Stadtteilkonferenzen. Bürger und Verbände sind Koproduzenten oder Koplaner öffentlicher Aufgabenwahrnehmung. Das Steuerungswissen der Zivilgesellschaft soll Eingang finden.[559]

Als Ergebnis zeichnet sich unter dem Gesichtspunkt der Governance ab,
1. dass die Formen der Demokratie mittlerweile nebeneinander stehen und sich Mischformen direkter, repräsentativer und kooperativer Demokratie etabliert haben.[560]
2. dass durch den Ausbau der partizipativen Elemente eine Stärkung der Stellung des Bürgers im lokalen politischen System erreicht wird.

Die Stärkung der Stellung des Bürgers kann einerseits an der Häufigkeit der durchgeführten Plebiszite festgemacht werden, andererseits ist zu fragen, inwieweit es nicht bereits durch die Möglichkeiten der Partizipation zu einer „antizipatorischen Verhaltensänderung" der kommunalpolitischen Akteure kommt.[561] Der Wandel besteht nicht nur darin, dass die Bürger die in gesetzlichen Regelungen gegebenen Möglichkeiten der Beteiligung wahrnehmen, sondern dass auch aktiv ein Wandel des rechtlichen Rahmens eingefordert wird.[562]

---

[556] BOGUMIL, J. / HOLTKAMP, L.: Bürgerkommune Zusammenspiel, 2002, S. 5.

[557] Zum Juli 2006 beteiligten sich 2610 Kommunen am Lokale Agenda 21 – Konzept vgl. AGENDA TRANSFER / AGENTUR FÜR NACHHALTIGKEIT GMBH: Beschlüsse, 2006. Darstellung des grundlegenden Agende – 21 Konzepts unter http://www.agendaservice.de - (05.07.2007).

[558] GABRIEL, O.: Bürgergemeinde, 2002, S. 140. Die Zuordnung von Bürgerhaushalten ist nicht eindeutig. Auf die in der Literatur ebenfalls vertretene plausible Auffassung, dass Bürgerhaushalte kein Element direkter Demokratie, sondern Teil administrativer Verfahren aufgrund der letztlichen Befasstheit des Rates sind, wird daher explizit hingewiesen. Vgl. RÖBER, M.: Bürgerhaushalt, 2006, S. 457. Eine Übersicht über Konzepte in Europa vgl. CENTRE MARC BLOCH / HANS-BÖCKLER-STIFTUNG / HUMBOLDT-UNIVERSITÄT (Eds.): Budgets, 2005; auch die Homepage www.buergerhaushalt-europa.de - (03.03.2007).
Zur Ausformung in Nationalstaaten vgl. SINTOMER, Y. / HERZBERG, C. / RÖCKE, A. (Eds.): Budgets, 2005, S. 621 – 624 (Frankreich), bzw. 617 – 620 (Deutschland).

[559] Die grundlegende Verantwortlichkeit bleibt bei diesen Konzepten weitestgehend bei der Kommunalpolitik, PAMME, H.: Selbstverwaltung, 2004, S. 96. Kooperative Demokratie fände demnach „im Schatten der Hierarchie statt". S. 97.

[560] Vgl. BOGUMIL, J. / HOLTKAMP, L.: Bürgerkommune Zusammenspiel, 2002, S. 5.

[561] GABRIEL, O. / WALTER-ROGG, M.: Bürgerbegehren, 2006, S. 44 ff.

[562] http://www.mehr-demokratie.de/ - (10.08.2007).

3.2 Kommunale Verwaltung in Frankreich

3.2.1 Entwicklungslinien Kommunaler Selbstverwaltung in Frankreich

3.2.1.1 Historische Entwicklungslinien Kommunaler Selbstverwaltung

„Die Provinz motzt, doch Paris klotzt"[563]

Die Auswirkung Europäischer Governance bzw. Steuerung auf die unterschiedlichen Mitgliedstaaten hängt in hohem Maße von den bereits existierenden institutionellen Gegebenheiten und Rahmenbedingungen ab[564]. Betrachtet man die historischen Entwicklungslinien und institutionellen Besonderheiten der französischen Verwaltung, ist zum einen die ideengeschichtliche kommunale Entwicklung in Frankreich zu betrachten, zum zweiten die Ideengeschichte der bestehenden staatlichen Organisation mit den ihnen eigenen, spezifischen Strukturen.

Vordergründig gilt Frankreich als zentralisiertes Land.[565] Tenor ist, dass Frankreich „durch den Staat" entstanden ist, d. h., dass die Nation von Paris aus gegen die Herzogtümer und alten Provinzen mit eigener Geschichte und Kultur geschaffen wurde.[566]

Das „Pendant" zur Normierung der Kommunalen Selbstverwaltung des Art. 28 Abs. 2 GG findet sich in Art. 72 der Französischen Verfassung, der folgende Regelungen beinhaltet:

Artikel 72 Verfassung[567]

(1) Die Gebietskörperschaften der Republik sind die Gemeinden, die Departements, die Regionen, die Körperschaften mit besonderer Rechtsstellung und die unter Art. 74 fallenden überseeischen Gebiete. Jede andere Gebietskörperschaft wird durch Gesetz geschaffen, gegebenenfalls anstelle einer oder mehrerer in diesem Absatz genannten Körperschaften.
(2) Die Gebietskörperschaften sind dazu berufen, Entscheidungen in allen (Zuständigkeits-) Bereichen zu treffen, die am besten auf ihrer Ebene umgesetzt werden können.
(3) Diese Körperschaften verwalten sich selbst nach der Maßgabe des Gesetzes durch gewählte Räte und verfügen über das Verordnungsrecht zur Ausübung ihrer Zuständigkeiten.

---

[563] BECQUART-LECLERCQ, J.: Frankreich, 1994, S. 203.
[564] Am Beispiel Frankreichs HOWARTH, D.: Government, 2003, S. 77.
[565] Frankreich wird zwar einerseits als Einheitsstaat diskutiert, andererseits findet eine Betonung dezentraler Prozesse und Reformansätze als zweite Seite „einer Medaille" statt. Vgl. THOENIG, J.: Government, 2006, S. 39 - 41.
[566] CREVEL, P. / WAGNER, N.: Dezentralisierung, 2003, S. 60.
[567] Für die nachfolgenden Ausführungen wird auf die französisch / deutsche Übersetzung der Rechtsgrundlagen des Centre juridique franco-allemand (CJFA) der rechtswissenschaftlichen Fakultät der Universität des Saarlandes in der zweisprachigen synoptischen Ausgabe zurückgegriffen. Vgl. AUTEXIER, C. (Hrsg.) : Constitution du 4 octobre 1958, modifiée en dernier lieu par la loi constitutionnelle n° 2005-204 du 1er mars 2005,
http://www.jura.uni-sb.de/BIJUS/constitution58/ - (07.04.2006).

(4) Nach Maßgabe des verfassungsausführenden Gesetzes und wenn das Gesetz beziehungsweise die Verordnung es vorsieht, können die Gebietskörperschaften oder ihre Verbände von den gesetzlichen oder verordnungsrechtlichen Bestimmungen, welche die Ausübung ihrer Zuständigkeiten regeln, sachlich und zeitlich begrenzt zu Experimentierzwecken abweichen, sofern die wesentlichen Bedingungen der Wahrnehmung eines öffentlichen Freiheitsrechts oder eines in der Verfassung verbürgten Rechts unberührt bleiben.
(5) Keine Gebietskörperschaft darf Aufsicht über eine andere ausüben. Indessen kann das Gesetz, soweit die Ausübung einer Zuständigkeit das Zusammenwirken mehrerer Gebietskörperschaften erfordert, eine von ihnen oder eine ihrer Verbände ermächtigen, die Modalitäten ihres gemeinsamen Handelns zu organisieren.
(6) In den Gebietskörperschaften der Republik trägt der Vertreter des Staates, zugleich Vertreter eines jeden Regierungsmitglieds, die Verantwortung für die nationalen Belange, die Verwaltungsaufsicht und die Einhaltung der Gesetze.

Der Rechtscharakter der Gemeinden ist durch ihre Eigenschaft als territoriale Gebietskörperschaft mit Handlungskompetenzen über kommunale Belange gekennzeichnet. Gewählte Organe verfügen über Entscheidungskompetenzen im Rahmen der Gesetze und unter staatlicher Aufsicht.[568]

Zu diskutieren ist, ob es sich bei der in Art. 72 Abs. 3 der Verfassung getroffenen Regelung zur Selbstverwaltung um eine Anerkennung i. S. einer der deutschen Regelung vergleichbare verfassungsrechtliche Garantie handelt, oder ob im Schwerpunkt beabsichtigt ist, Selbstverwaltung als „verwalten sich selbst“ über die Formulierung der „Maßgabe des Gesetzes“ darauf abzustimmen, verfassungsrechtlich einen Rahmen für gesetzliche Regelungen zu schaffen, der die Kriterien und Modalitäten von Selbstverwaltung definiert.[569] Ein wesentlicher Unterschied zwischen deutscher und französischer Regelung könnte darin liegen, dass die Selbstverwaltung der französischen Regelung „nach der Maßgabe der Gesetze“ inhaltlich bedeutet „durch Gesetze“ und nicht wie es die deutsche Regelung besagt „im Rahmen der Gesetze“, was die Abhängigkeit der Kompetenzen vom Gesetzgeber betonen würde.[570] Die Regelung des Artikel 34 Abs. 4 der Verfassung[571] bezieht sich auf das Verhältnis von Parlament zu Regierung, nennt jedoch grundlegend die Regelungsbereiche staatlicher Gesetze.

---

[568] LACHAUME, J.: Commune, 1997, S. 2, S. 4 ff.
[569] Der ursprüngliche Art. 72 der Französischen Verfassung wurde 1979 seitens des Conseil Constitutionnel auf diese Art und Weise ausgelegt. Vgl. CATHALY-STELKENS, A.: Selbstverwaltung, 1996. S. 54, FN 4. In Gliederungspunkt 3.2.2.6 wird auf diese Frage im Zusammenhang mit staatlicher Kontrolle und Aufsicht näher eingegangen.
[570] Vgl. HOBE, S. / BIEHL, D. / SCHROETER, N.: Einflüsse, 2003, S. 91.
[571] AUTEXIER, C. (Hrsg.): Constitution du 4 octobre 1958, modifiée en dernier lieu par la loi constitutionnelle n° 2005-204 du 1er mars 2005,
Zugriff unter http://www.jura.uni-sb.de/BIJUS/constitution58/ - (07.04.2006).

Artikel 34 Abs. 4 Verfassung[572]

(4) Das Gesetz bestimmt die Grundsätze für:

- *den allgemeinen Aufbau der Landesverteidigung;*
- *die Selbstverwaltung der Gebietskörperschaften, ihre Zuständigkeiten und ihre Einnahmequellen;*
- *das Unterrichtswesen;*
- *die Ordnung des Eigentums, der dinglichen Rechte und der schuldrechtlichen Verpflichtungen des Zivil- und Handelsrechts;*
- *das Arbeitsrecht, das Gewerkschaftsrecht und die Sozialversicherung.*

Nach Artikel 34 Abs. 4 Ziffer 2 werden auch die Grundprinzipien der Selbstverwaltung der Gebietskörperschaften durch Gesetz geregelt.[573] Inhaltlich ist auch die Festlegung einzelner Zuständigkeiten und deren Abgrenzung zwischen den Gebietskörperschaften erfasst.[574] Diese Verfassungsartikel berühren das Wesen Kommunaler Selbstverwaltung und gestalten den Spannungsrahmen zwischen zentralen Organisationseinheiten und dezentralen Einheiten. Im Zusammenwirken von Art. 34 Abs. 4 und Art. 72 Abs. 2 und 3 der Französischen Verfassung deutet sich somit an, dass sich der Grundsatz der freien Selbstverwaltung auf die anerkannten Kompetenzen der Gemeinde bezieht, begrenzt und bedingt durch das Gesetz.[575]
Die Begrenzung und direkte Unterstellung unter das parlamentarische Gesetzgebungsverfahren gilt für Fragen kommunaler Aufgaben und der Finanzverteilung. Es gilt, dass die Substanz nicht ausgehöhlt werden darf, da diese unter verfassungsrechtlichem Schutz steht.[576] Die verfassungsrechtlichen Regelungen stellen den vorläufigen Endpunkt Jahrhunderte währender Entwicklung der kommunalen Ebene dar, deren historische Bezüge nachfolgend herausgearbeitet werden sollen.

Als Vorläufer eines kommunalen Systems gelten in Frankreich die sogenannten „la paroisse“, ursprünglich Pfarrbezirke, die als örtliche Einheit galten.[577] Der Entwicklung vorangegangen war ein Aufschwung nach der Jahrtausendwende. Maßgeblich für diesen Aufschwung und das zunehmende Gewicht des Städtewesens war eine kontinuierliche Zunahme der Bevölkerung. In Frankreich hatte sich die Bevölkerungszahl zwischen den Jahren 1000 und 1328 verdoppelt, was sich auch auf die Zahl der Einwohner in den Städten niederschlug. In Paris waren zu diesem Zeitpunkt 70.000 Men-

---

[572] AUTEXIER, C. (Hrsg.): Constitution du 4 octobre 1958, modifiée en dernier lieu par la loi constitutionnelle n° 2005-204 du 1er mars 2005, http://www.jura.uni-sb.de/BIJUS/constitution58/ - (07.04.2006).
[573] Der Gesetzgeber hat das Monopol, die gemeindlichen Freiheiten zu definieren. LUCHAIRE, Y.: Commune, 1995, S. 11
[574] Mit weiteren Nachweisen zur Judikatur SEGALLA, P.: Daseinsvorsorge, 2006, S. 29.
[575] grundlegend LUCHAIRE, Y.: Commune, 1995, S. 11.
[576] EBERLEIN, B.: Abschied, 1997, S. 86, 87 ff.
[577] GROSSER, A. / GOGUEL, F.: Politik, 1980, S. 61. Die Landgemeinden hatten eine eigene Gemeindeverfassung, wobei ab dem 17. Jahrhundert die königlichen Beamten eine herausgehobene Stellung hatten. HARTMANN, P.: Verfassungsgeschichte, 2003, S. 52 ff.

schen wohnhaft, in Rouen und Montpellier je 40.000, in Toulouse 35.000 und in Bordeaux lebten 20.000 Menschen[578].
Eine Bewegung hin zu Unabhängigkeit der im 11. und 12. Jahrhundert gegründeten Städte von den Feudalherren entstand frühzeitig. So erbaten sich Kommunen Selbstverwaltungsrechte, wie beispielsweise die Stadt Le Mans im Jahre 1070, die als erste Stadt ein derartiges Bittgesuch einreichte[579]. Der Hundertjährige Krieg mit England von 1337 bis 1453 führte schließlich zu einer Stärkung der Macht des Königs und einem Rückgang des Einflusses der Feudalherren und der Kommunen[580]. In der Folgezeit ergaben sich in Frankreich mehrere unterschiedliche Ausprägungen von Selbstverwaltung. Es bestand eine dörfliche Selbstverwaltung[581] mit einer Dorfversammlung, die aus den „chefs de feu", den Haushaltsvorständen bestand, wenn diese Grund und Boden besaßen und zur Taille herangezogen wurden. Daneben existierte eine städtische Selbstverwaltung, die in unterschiedliche Formen kategorisierbar war, darunter die seigneuralen Städte[582], in denen der Stadtherr seine Funktion durch Amtsträger (officiers) wahrnahm und gleichzeitig genossenschaftliche Institutionen bestehen konnten. Beispiel für eine seigneurale Stadt ist Paris. Von Bedeutung waren auch die Bürgerstädte (ville de bourgeoisie, ville franche, ville de consulat). Sie wurden als „corps et collège", als juristische Person von den Vollbürgern konstituiert. Beispiele für Bürgerstädte sind Lyon, Bordeaux oder Toulouse.[583]
Institutionen der Städte waren zum einen die Assemblée Générale, an der als Generalversammlung die Vollbürger teilnahmen[584], zum anderen der Conseil des Notables, der Rat der Notabeln und der Corps de Ville, der Magistrat.[585] Trotz deren Verantwortlichkeiten können im Einzelnen zentralistische Tendenzen festgestellt werden, welche ihren Höhepunkt im monarchischen absolutistischen System zwischen (1643 – 1715) fanden, das einen Staatsaufbau ohne Einheiten mit gesonderten Rechten vorsah. Es entstand ein zentral organisierter und geleiteter Beamtenstaat mit zentralen Facheinheiten[586]. Hatte sich zuvor die Autonomie der Städte in Abhängigkeit von einem erstarkenden Bürgertum etablieren können, reglementierte nunmehr der König als Repräsentant des Zentralstaats die Freiheiten der Kommunen mit Hilfe des sog. Intendantensystems. Das Intendantensystem bezeichnet ein System bestehend aus vom König ernannten Vertretern, die umfangreiche Befugnisse im Bereich des Steuerwesens, polizeilicher Aufgaben und der Rechtsaufsicht hatten[587].

---

[578] Bevölkerungszahlen EHLERS, J.: Geschichte, 1987, S. 190.
[579] Bürger bauten in Abgrenzung zu König und Feudalherren ihre Macht aus und waren in den Bereichen Handel und Handwerk tätig. Vgl. GILBERT, C: Aspekte, 1988, S. 17. Detailliert JONES, C.: Frankreich, 1995, S. 105. Gleichzeitig enthielten die Autonomiebestrebungen der Städte erhebliches Konfliktpotential.
[580] FRERE, E.: Vergleich, 1998, S. 24.
[581] Die Zuständigkeit der Versammlung erstreckte sich auf den Haushalt, Wegebau, Schule, das gemeindliche Backhaus und die Feldpolizei. Zumeist fiel die Gemarkung des Dorfes mit der Kirchengemarkung zusammen. MAGER, W.: Frankreich, 1980, S. 135.
[582] Im 17. und 18. Jahrhundert verfügten die Städte in Frankreich über eingeschränkte Autonomie, vgl. MAGER, W.: Frankreich, 1980, S. 136.
[583] MAGER, W.: Frankreich, 1980, S. 135 ff.
[584] Hier hatten häufig nicht alle Bürger Zutritt, sondern Zunftmeister, Kaufleute oder Vertreter der Gilden. Vgl. MAGER, W.: Frankreich, 1980, S. 136 / 137.
[585] Die Mitglieder des Magistrats wurden häufig aus den örtlichen stadtbürgerlichen Geschlechtern ausgewählt. MAGER, W.: Frankreich, 1980, S. 137.
[586] Vgl. MÜNCH, R.: Grundzüge, 1999, S. 24.
[587] TOCQUEVILLE, A. DE: Régime, 1967, S. 9 / 10. FRERE, E.: Kommunen, 1998, S. 24., MAGER, W.:

Die Französische Revolution 1789 führte zu einer weiteren Stärkung des Zentralstaates, auch wenn die zentralbezogenen Strukturen des Ancien Régimes zerstört wurden. So wurde das Intendantensystems vom Präfektensystem abgelöst. Die Gestaltungsoptionen der lokalen Räte waren gering, Unterordnungsbeziehungen hierarchisch.[588] Spätestens seit der Französischen Revolution galt Frankreich als Muster eines zentralisierten Staates[589].
Das napoleonische System hatte für die Kommunen besondere Relevanz:

1 Demokratisierung und Modernisierung des Staatswesens: Hatte der Absolutismus den Zentralstaat aufgebaut, so hat die Französische Revolution bzw. die nachfolgende französische Geschichte bis zur V. Republik zu einer Demokratisierung des Zentralstaats geführt[590]. Mit der Französischen Revolution entstand darüber hinaus eine rationalisierte Verwaltungsstruktur, welche für die damalige Zeit als äußerst modern galt. In diesem Sinne ist die Verwaltungsstruktur nicht lediglich als Herrschaftsinstrument zu betrachten, sondern als Mittel der Modernisierung eines Staatswesens.[591]
2 Bildung der Departements: Ein wichtiger Schritt auf dem Wege des Zentralismus zu einem staatstragenden Organisations- und Verwaltungsprinzip war die Entstehung der Departements. Die Verfassungsgebende Versammlung teilte 1789 das französische Territorium in dreiundachtzig Departements ein, die Bindeglied zwischen Zentralstaat und Kommune waren[592]. Diese Funktion ist nach der Aufwertung der Regionen nicht außer Kraft gesetzt worden. Die Departements waren historische Verwaltungseinheiten des Staates und keine eigenständigen Körperschaften[593], ihre Einführung stellte einen wichtigen Schritt hin zu der vielzitierten „République une et indivisible" dar[594]. Mit der Aufteilung des Landes und einer Abkehr von den gewachsenen Provinzen erfolgte eine Funktionalisierung und Stärkung des Verwaltungszentralismus. Stabilität erlangte diese Konstruktion durch ihre ambivalente Stellung zwischen dezentralen Einheiten und staatlicher, zentraler Politik.[595]
3 Begrifflichkeit der Einheit und Unteilbarkeit des Staates: Positiv besetzt bedeutet die Einheit und Unteilbarkeit des Staates nicht die Ausübung zentralstaatlicher Herrschaft über kleinere Einheiten. Die Französische Republik ist als Einheit Ausdruck von Freiheit und Gleichheit und als Nation Träger französischer Zivilisation. Nationale Souveränität geht zurück auf die Erklärung der Menschenrechte von 1789[596], die ihren Ursprung weder beim König noch bei den Bürgern, sondern bei

---

Frankreich, 1980, S. 137, MÜNCH, R.: Grundzüge, 1999, S. 25.
588 RIDLEY, F. / BLONDEL, J.: Administration, 1969, S. 85 ff.
589 KEMPF, U.: System, 1997, S. 315. Verbunden mit dem Bild eines omnipräsenten Zentralstaates, der die Kontrolle über die öffentliche Angelegenheiten ausübt und zumindest bis 1982 den vertikal hierarchischen Aufbau des Gemeinwesens dominierte. EBERLEIN, B.: Unitarismus, 1997, S. 36.
590 MÜNCH, R.: Grundzüge, 1999, S. 25.
591 Zu den Wurzeln der zentralistischen Tradition Frankreichs im Ancien Régime UTERWEDDE, H.: Jakobinismus, 2000, S. 159.
592 Zur Zusammenarbeit vgl. MABILEAU, A.: Kommunalpolitik, 1996, S. 49.
593 BENZ, A. / BENZ, A.: Dezentralisierungspolitik, 1987, S. 2.
594 Vgl. MÜLLER–BRANDECK-BOCQUET, G. / MOREAU, P.: Frankreich, 2000, S. 131.
595 BENZ, A. / BENZ, A.: Dezentralisierungspolitik, 1987, S. 1.
596 Déclaration des Droits de l'Homme et du Citoyen (26 aout 1789) abgedruckt unter DUHAMEL, O. / DE MOOR, A. / POLLMEIER, C. / VILLANOVE, P. / VERNET, J. / PORTELLI, M. (Eds.): Constitution,

der Nation hat.[597] Dadurch, dass das Gesetz Ausdruck allgemeinen Willens ist, und die Bürger entweder persönlich oder durch ihre Vertretung an der Entstehung der Gesetze partizipieren, ist eine Volksvertretung als staatsorganisatorisches Prinzip institutionalisiert worden.[598] Die Einheit des Staates wird durch die politische Spitze gewährleistet und durch die zentral organisierte Verwaltung, die sich eines Beamtenkorps bedient, das sich selbst als „Träger des Gemeinwohls" versteht.[599]
Im Gegenzug bedeutet nach dieser Auffassung Vielfalt Rückständigkeit[600] und Partikularismus. Unteilbarkeit impliziert überdies die Unteilbarkeit der Volkssouveränität. Der Bürger spielt eine doppelte Rolle dahingehend, dass er als „Citoyen" Partikularinteressen zum Wohle von Allgemeininteressen überwindet.[601]

4 Ernennung des Bürgermeisters: Unter formalen Gesichtspunkten war als zentralistischer und funktionalisierter Ansatz die Ernennung des Bürgermeisters durch den Staat vorgesehen[602].

5 Territoriale gemeindliche Gliederung: Während der Revolution wurden in Frankreich mehr Gemeinden geschaffen, als heute in Frankreich noch bestehen. So entstanden 38.500 Gemeinden, welche die Kirchenbezirke, die sog. „Paroisses"[603] ablösten bzw. umwandelten. Konsulat, Kaiserreich und Restauration initiierten mehrere Neueinteilungen, welche noch heute weitgehende Gültigkeit haben, so dass die in Frankreich bestehende Gliederung der Gemeinden auf eine mehr als 150-jährige Geschichte zurückblicken kann.[604]

6 Kontroll- und Aufsichtsfunktion des Präfekten: Der Präfekt übernimmt als Staatsbeamter Verwaltungsaufgaben und hat eine Doppel- oder Scharnierfunktion. Er setzt zum einen die staatlichen Direktiven auf lokaler Ebene um, zum anderen leitet er Informationen aus den Gemeinden an den Staat weiter[605]. Kern der Kontrolle war die „Tutelle"[606], welche eine a priori-Kontrolle gemeindlicher Entscheidungen umfasste.

Gesamt betrachtet entstand durch die Französische Revolution eine eigene Zuordnung von Selbstbestimmungsrechten und Selbstbestimmungsorganen für die Gemeinden, kombiniert mit staatlichen Kontroll- und Aufsichtsfunktionen, ausgeführt durch den Präfekten.[607] In den Gemeinden sollte zur damaligen Zeit auch das Entstehen antirevolutionärer Ideen unterbunden werden. Bedeutsam ist daher, dass das Kontrollsys-

---

1992, S. 5 ff.

[597] Nation und Staat vgl. BARKER, E.: Development, 1966, S. 13; SCHAUER, H.: Identität, 1997, S. 5 ff.

[598] FROTSCHER, W. / PIEROTH, B.: Verfassungsgeschichte, 2005, S. 33.

[599] Hierzu JACHTENFUCHS, M.: Konstruktion, 2002, S. 78 ff.

[600] Die zentralistische Verwaltungsstruktur wurde als Modernisierungsinstrument verstanden, vgl. UTERWEDDE, H.: Jakobinismus, 2000, S. 159.

[601] MÜNCH, R.: Grundzüge, 1999, S. 19.

[602] FROMONT, M.: Kommunalverfassung, 1988, S. 81. Gewählte Räte und die indirekte Wahl des Bürgermeisters wurde mit dem Großen Kommunalgesetz von 1884 eingeführt. Vgl. BECQUART-LECLERCQ, J.: Selbstverwaltung, 1994, S. 64.

[603] Zur Rückbindung auf die Paroisses vgl. auch DELCAMP, A. / TULARD, M: Décentralisation, 2003, S. 155.

[604] Vgl. GROSSER, A. / GOGUEL, F.: Politik, 1980, S. 62.

[605] BENZ, A. / BENZ, A.: Dezentralisierungspolitik, 1987, S. 3.

[606] Zu den Ursprüngen der Tutelle im Ancien Régime vgl. TOCQUEVILLE, A. DE: Régime, 1967, S. 10.

[607] LUCHAIRE verweist auf die Dekrete vom 14. und 22. Dezember 1789, die grundlegende rechtliche Festlegungen für die Gemeinden trafen, vgl. LUCHAIRE, Y.: Commune, 1995, S. 9.

tem nicht stringent auf der Kontrolle einer jeweils höheren Verwaltungsebene beruhte, sondern dass dem Staat bzw. seiner Exekutive Durchgriffsrechte gewährleistetet wurden[608]. Erst die Entwicklung des liberalen Bürgertums führte im 19. Jahrhundert zu einer Lockerung des Zentralismus, was seinen Ausfluss in den Gesetzen von 1871 und 1884 fand[609].

1871 wurde zunächst das System der Departementverwaltung reformiert, indem der Conseil Général des Départements Aufgaben und Entscheidungsbefugnisse übertragen bekam, wie beispielsweise im Bereich des Straßennetzes des Departements oder die Erstellung des eigenen Haushalts. Daneben bestand ein Stellungnahmerecht der Räte zu administrativen oder wirtschaftlichen Gegebenheiten auf den Staat bezogen[610].
Im Anschluss daran folgte das „große Kommunalgesetz von 1884", welches die Zielsetzung einer dauerhaften und einheitlichen Struktur hatte[611] und das die wesentlichen Grundsätze der Gemeinde- und Departementverwaltung festlegte. Diese „Charta der Gemeinden" von 1884 gab den Gemeinden zunächst eine einheitliche Verfassung und reicht in ihren Grundzügen trotz vielfacher Modifikationen in die moderne Konzeption der „libre administration" in Frankreich hinein.[612] Das Gesetz von 1884 wird nicht nur als liberaler, sondern auch als Erfolg sozialistischer Bewegung gesehen, bei der die Kommunale Selbstverwaltung als Mittel zur Verwirklichung sozialistischer Praxis in der Diskussion stand.[613] Inhaltlich ist nach dem Gesetz von 1884 der unmittelbar gewählte[614] Gemeinderat zuständig für die „Angelegenheiten von örtlichem Interesse" und regelte die Angelegenheiten der Kommune. Die lokalen Angelegenheiten definiert er nicht selbst – denkbar wäre ein Aufgabenfindungsrecht in Anlehnung an das Subsidiaritätsprinzip gewesen – es ist der Zentralstaat, der die Aufgaben der subnationalen Ebene per Gesetz benennt[615]. Die Ausführung der Entscheidungen des Gemeinderates war Aufgabe des seitens des Gemeinderates indirekt, d.h. aus den eigenen Reihen gewählten Bürgermeisters dem eine zweifache Funktion zukam[616]:

(1) Bevollmächtigter der Gemeinde, der Entscheidungen des Gemeinderates ausführt.
(2) Vertreter des Staates auf kommunaler Ebene. Unter der Aufsicht des Präfekten nahm er bestimmte Aufgaben wahr, führte staatliche Gesetze aus und unterlag im Rahmen dieser Tätigkeiten der Kontrolle des Präfekten.

Die Doppelfunktion spiegelt sich zugleich im Charakter der Gebietskörperschaften bzw. im Verhältnis zu den Bürgern wider. So nahmen die Bürgermeister einerseits auf lokaler Ebene die Interessen der Bürger wahr, führten gleichzeitig auf der anderen Seite die Aufgaben der Zentralregierung aus. Diese Aufgaben hatten keinen spezifisch

---

608 FRERE, E.: Vergleich, 1998, S. 37.
609 FROMONT, M.: Kommunalverfassung, 1988, S. 81.
610 BENZ, A. / BENZ, A.: Dezentralisierungspolitik, 1987, S. 7.
611 BECQUART-LECLERCQ, J.: Selbstverwaltung, 1994, S. 64.
612 UTERWEDDE, H.: Kommunen, 1991, S. 29.
613 Vgl. GILBERT, C: Aspekte, 1988, S. 19 / 20.
614 Vgl. FROMONT, M.: Kommunalverfassung, 1988, S. 81.
615 BECQUART-LECLERCQ, J.: Selbstverwaltung, 1994, S. 66.
616 Vgl. GROSSER, A. / GOGUEL, F.: Politik, 1980, S. 64.

lokalen Charakter[617]. Mit dem Gesetz von 1884 hatte die kommunale Entwicklung ihren zwischenzeitlichen Endstand erreicht. Die mit den Gesetzen verbundene Lockerung des Zentralismus bzw. das Aufkommen von Gegenströmungen wurde parallel begleitet von zunehmend auf lokaler Ebene zu bewältigenden Aufgaben[618]: So war zunächst die Armenfürsorge im 19. Jahrhundert Aufgabe der Gemeinde, die „Daseinsvorsorge", wie Wasser, Gas, Strom. Aufgrund fehlender kommunaler Kapazitäten wurde die Versorgung mit Grunddienstleistungen nicht nur von den Gemeinden, sondern auch von Privaten wahrgenommen. Früh bildeten sich kommunale Kooperationsformen und das entstehende Notabelnsystem – von der Wahl des Bürgermeisters durch den Rat forciert – etablierte sich. Die Staatsverwaltung gestaltete sich nicht homogen, sondern zeichnete sich stattdessen durch sektorale Organisation und vertikale Fragmentierung aus.[619]

Im Zuge des Vichy - Regimes zwischen 1940 und 1944 agierte Marshall PÉTAIN im Sinne einer napoleonischen Renaissance und führte zentralistische Strukturen ein. Für die Gemeinden war damit eine Zusammenfassung zu Gemeindeverbänden verbunden. Nach 1946 setzte sich eine stetige Erneuerung für die Gemeinden durch, indem das Gesetz von 1884 wiederbelebt wurde. Ab 1958 galt die präsidial dominierte Verfassung in Frankreich und markierte den Beginn der V. Republik. Art. 72 der Französischen Verfassung von 1958 definierte die Gebietskörperschaften, Departements und Kommunen als Gebietskörperschaften der Republik und gewährleistet das Recht auf freie Selbstverwaltung[620].
Die Verfassung sah frei wählbare Räte vor, die es ermöglichen, dass sich die Gebietskörperschaften im Rahmen der Gesetze selbst verwalten. Damit werden die Kommunen nicht als Gebietskörperschaften aus eigenem Recht im Sinne einer „Vorstaatlichkeit" betrachtet. Sie gelten als Verwaltungseinheiten mit eigenen Rechten.[621]
Bemerkenswerterweise existiert in Frankreich keine Gemeindeordnung, die mit den Gemeindeordnungen der Länder in Deutschland vergleichbar ist. Kommunalrechtliche Grundlagen finden sich im Gesetz vom 02. März 1982[622] und dem früheren Gemeindegesetzbuch (Code des Communes). Mitte der 90-er Jahre entstand ein umfassendes Gesetzbuch der Gebietskörperschaften (Code Générale des Collectivités Territoriales), das in zwei Teile gegliedert ist mit einem ersten Teil, der rechtstechnisch im Gesetzesrang steht und einem zweiten Teil in Form einer Ausführungsverordnung.[623] Inhalt des CGCT ist das vorher bestehende Recht, das neu geordnet und systematisiert

---

[617] Vgl. GROSSER, A. / GOGUEL, F.: Politik, 1980, S. 62. Insgesamt werden die Befugnisse der Bürgermeister und des Stadtrats an dieser Stelle als relativ gering bewertet.
[618] WOLLMANN, H.: Draft report, 2005, S. 5 - 7.
[619] WOLLMANN, H.: Draft report, 2005, S. 7. Die moderne Definition der Staatsverwaltung umfasst mit der Begrifflichkeit der „Verwaltung" die Gesamtheit der juristischen Personen des öffentlichen Rechts, d.h. den Staat im engeren Sinne, die öffentlich – rechtlichen Einrichtungen und die Gebietskörperschaften. Vgl. SONNENBERGER, H. / AUTEXIER, C.: Einführung, 2000, S. 66 / 68.
[620] Zur Normierung der „libre administration" im Zusammenhang mit der Verfassungsentwicklung zwischen 1946 und 1958 VERPEAUX, M.: Origines, 2002, S. 9. Dezentralisationsentwicklung insbesondere seit DE GAULLE vgl. TREFFER, G.: Selbstverwaltung, 2003, S. 9 ff. Entstehung der V. Republik VINEN, R.: Fifth Republic, 2003, S. 77 ff.
[621] TREFFER, G.: Selbstverwaltung, 2003, S. 9.
[622] Loi n° 82-213 du 2 mars 1982. Loi relative aux droits et libertés des communes, des départements et des régions. Publication au JORF du 3 mars 1982 (Loi Defferre).
[623] FÜHRLBECK, T.: Staatsfinanzierung, 2005, S. 1.

wurde. Änderungen erfolgen durch Gesetze, Verordnungen oder einzelne Dekrete, die dann wieder in den CGCT eingearbeitet werden.[624] Weite Teile des Code des Communes wurden in den CGCT übernommen, so dass dem Code des Communes nur noch geringe Bedeutung bleibt.[625]

3.2.1.2 Strukturbezogene Betrachtungsweise der kommunalen Ebene in Frankreich

In enger Anbindung an die historischen Entwicklungslinien des französischen Staats- und Kommunalsystems ergeben sich die folgenden strukturellen Eigenheiten des französischen Systems:

1. Implikationen der Französischen Revolution[626]: Die Französische Revolution hat mit ihren Gleichheitszielen ein immer größeres Maß an Zentralismus mit sich gebracht.
2. Komplexe Beziehungsmuster zwischen Zentralstaat und Gebietskörperschaften: Sie sind vor dem Hintergrund der französischen Gewaltenteilung mit ihrer Betonung der Exekutive zu verstehen.
3. Dualismus zwischen Einheitlichkeit contra Vielfalt: Dem auf Einheit hinwirkenden Zentralstaat stehen als lokale Einrichtungen über 36.000 Kommunen gegenüber[627].
4. Überlagerung der politischen und administrativen Strukturen: Neben Bürgermeistern agieren Generalräte, Regionalräte, Abgeordnete und Senatoren bzw. die Präfekten der Departements[628].

Die beschriebene Entwicklung und die parallel stattfindende Konzentration der wirtschaftlichen und politischen Aktivitäten in Paris, die sich entwickelnde Verarmung der provinziellen Regionen und der Peripherie, führten nicht zu einer befürchteten „Kapitulation" der dezentralen Einheiten[629]. Der Diskurs zwischen Paris und Peripherie bestimmte stets maßgeblich die politische Agenda und führte ab 1982 zu den Dezentralisierungsgesetzen.[630]
Unter territorialen Gesichtspunkten wurde die auffallend große und historisch weitgehend konstante Zahl an Kommunen bereits genannt, die sich wie folgt darstellt:

[624] SEGALLA, P.: Daseinsvorsorge, 2006, S. 30 ff.
[625] SEGALLA, P.: Daseinsvorsorge, 2006, S. 32.
[626] BECQUART-LECLERCQ, J.: Selbstverwaltung, 1994, S. 63.
[627] HUNT, M. / CHANDLER, J.: France, 1993, S. 57
[628] CREVEL, P. / WAGNER, N.: Dezentralisierung, 2003, S. 60.
[629] Gleichzeitig ist eine Sicht, welche die kommunale Ebene als ausschließlich vom Staat dominiert sieht und die Akteursstrategien der lokalen Ebenen vernachlässigt, unvollständig. Vgl. WÖHRLING, J.: Place, 1982, S. 1 ff.
[630] MÜNCH, R.: Grundzüge, 1999, S. 26.

Tab. 12 – Zahl der Gebietskörperschaften in Frankreich

Bezeichnung der Gebietskörperschaft	**Anzahl 1999**	**Anzahl 2007**
Kommunen	36779 36565 (Frankreich direkt)	36783 36570 (Frankreich direkt)
Departement	100 96 (Frankreich direkt) 4 DOM	100 96 (Frankreich direkt) 4 DOM
Region	26 21 (Frankreich direkt) 4 DOM[631] 1 Korsika	26 21 (Frankreich direkt) 4 DOM 1 Korsika
Überseegebiete (Wallis-et-Futuna, Terres australes et antarctiques francaises)	2	2
Collectivités mit Sonderstatus (Polynésie francaise, Nouvelle-Calédonie, Mayote, Saint-Pierre-et-Miquelon)	4	4

Quelle: Ministère de l'Intérieur et de l'amenagement du territoire / DGCL: Collectivités, 2007. http://www.dgcl.interieur.gouv.fr/Publications/CL_en_chiffres_2007/03_chapitre_1.pdf - (30.05.2007).

Berücksichtigt man zusätzlich zur Zahl der Kommunen die Größenstruktur im Verhältnis zur Einwohnerzahl, ergibt sich, dass etwa eine von vier Kommunen weniger als 200 Einwohner hat[632].

Ausgehend von wechselseitigen Abhängigkeitsverhältnissen zwischen lokalen Institutionen und zentralem System, in die über Reformen als Instrumente der Gestaltung der wechselseitigen Beziehungen eingegriffen wird, findet staatliche Politik auf nationaler Ebene statt. Die Beziehungen zwischen zentraler Staatlichkeit und Peripherie beruhen auf einem Normen- und Kontrollsystem, dessen Kernstück bis 1982 die Präfektur darstellte.[633]
Auf die exakte Ausgestaltung der Beziehungen zwischen zentraler Staatlichkeit und territorialen Gebietskörperschaften, ihre Besonderheiten und die Formen der Verflechtung, Kooperation und Koordination wird nachfolgend eingegangen.

---

[631] Les départements d'outre- mer (DOM)
[632] MINISTERE DE L'INTERIEUR, DE LA SECURITE ET DES LIBERTES LOCALES / DGCL: Collectivités, 2005, S. 14.
[633] MABILEAU, A.: Kommunalpolitik, 1996, S. 15 / 16.

3.2.2 Verflechtung zwischen den Gebietskörperschaften bzw. Staat und Gebietskörperschaften aus kommunaler Sicht in Frankreich

3.2.2.1 Kommunale Kooperation

3.2.2.1.1 Hintergrund und Entwicklung kommunaler Kooperation

Historischer Ausgangspunkt für die Entstehung kommunaler Kooperationsformen war in Frankreich die Schwäche des Napoleonischen Systems, das die große Zahl an Kommunen mit sich brachte und gleichzeitig die Ausstattung mit Finanzmitteln für die Gemeinden nur unzureichend regelte. Daraus resultierten ein Stadt-Umland-Gefälle bzw. lokale Disparitäten. Viele kleine Kommunen konnten ein Mindestmaß an kommunalen Leistungen nur schwer bereitstellen. Reaktionen auf diese Zersplitterung waren einerseits Zweckverbänden vergleichbare Organisationsformen zur interkommunalen Kooperation, andererseits Netzwerke institutionalisierter interkommunaler Zusammenarbeit.[634] Ab 1958 wurden freiwillige Maßnahmen forciert, welche die lokalen Gebietskörperschaften zu einer Eingemeindung bringen sollten[635].

Der Staat fördert interkommunale Zusammenschlüsse in Form von Gemeindeverbänden und kommunalen Gemeinschaftsverbänden. So haben sich viele kommunale Zusammenschlüsse und Kooperationsformen in den letzten Jahren aufgrund steuerlicher Anreize gebildet[636]. Ähnlich der Aufgabenstellung, beispielsweise der Zweckverbände in Deutschland, übernehmen die Zusammenschlüsse Funktionen, welche ihnen von den einzelnen Kommunen übertragen werden. Unter dem Begriff der „intercommunalité“ bzw. der ÉPCI (Établissement Publics de Coopération Intercommunale) verbergen sich unterschiedliche klassische kommunale und institutionalisierte Kooperationsformen, welche in Teilen bereits auf das Jahr 1890 zurückgehen.

---

[634] WOLLMANN, H.: Reformen, o. A., S. 11.

[635] Der mit einer Eingemeindung verbundene Verlust an Eigenständigkeit und eigenen Mandaten für politische Akteure dürfte nicht unmaßgeblich für die verhaltene Resonanz auf die angestrebten Maßnahmen sein.

[636] CREVEL, P. / WAGNER, N.: Dezentralisierung, 2003, S. 64.

3.2.2.1.2 Arten kommunaler Kooperationsformen in Frankreich

Was die Formen interkommunaler Kooperation anbelangt, existieren traditionell eine Vielzahl an Kooperationsformen. Begrifflicher Ansatzpunkt sind die EPCI (Etablissement Publics de Coopération Intercommunale) als interkommunale öffentliche Kooperationsanstalten.[637]

Maßgebliche Kooperationsform ist das Syndicat, welche als Syndicat Intercommunal á Vocation Unique (SIVU) und als Syndicat Intercommunal à Vocation Multiple (=SIVOM)[638] bestehen kann. Bei den SIVU handelt es sich um Gemeindezweckverbände mit nur einer Aufgabe, bei der sich mehrere Gemeinden zur Erledigung zusammenschließen. Eingerichtet wurde diese Organisationsform bereits im 19. Jahrhundert.[639] Der Tätigkeitsbereich erstreckt sich auf den Bereich der Infrastruktureinrichtungen, wie beispielsweise Wasserversorgung oder die Müll- und Abwasserentsorgung, den öffentlichen Personennahverkehr oder die Bereitstellung von Dienstleistungen[640]. Die Bildung der Einheit ist freiwillig. Davon abzugrenzen sind die SIVOM. Der Grundstein für ihre Organisationsform wurde 1959[641] gelegt und sie sind mit Verwaltungsgemeinschaften oder Gemeindezweckverbänden benachbarter Gemeinden vergleichbar, welche mehrere Aufgaben gemeinsam erledigen („Interkommunale Mehrzweckverbände"). Die Aufgaben werden auf den Zweckverband übertragen. Die Bildung der Einheit ist freiwillig.[642] Ein SIVOM kann sich nicht über allgemeine Steuermittel finanzieren, sondern ist von den Beiträgen der Mitglieder abhängig. Die von den Mitgliedern zu zahlenden Beiträge sind in den einschlägigen Grundstatuten normiert[643]. Daneben besteht noch die Form der Syndicat Mixte, die sowohl als Einzweck- oder Mehrzweckverbände organisiert sein können. Partner innerhalb des Syndicat Mixte sind Gemeinschaften mit unterschiedlicher Rechtsnatur wie Gemeinden, Départements oder Regionen.[644]

Die Districte wurden im Zuge der V. Republik im Jahr 1959[645] geschaffen und hatten sich als Erfolgsmodell entwickelt, dessen Finanzierung nicht nur aus Beitragsmitteln der Kommunen erfolgte, sondern auch aus allgemeinen Steuermitteln. Die Leitung oblag einer Versammlung aus Vertretern der befassten Kommunen. Die Districte waren ebenfalls als Gemeindeverbände typisiert, welche maßgeblich die Aufgaben Wohnungswesen und Feuerwehr wahrnehmen[646] Die Übertragung weiterer Aufgaben war

---

[637] Begrifflichkeit SEGALLA, P.: Daseinsvorsorge, 2006, S. 34. LEFÈVRE spricht dagegen von zwischengemeindlichen Behörden / Verwaltungsstellen, vgl. LEFÈVRE, C.: Zusammenarbeit, 2000, S. 288.
[638] Ordonnance 59-29 du 05.01.1959: Création des syndicats intercommunaux à vocation multiple http://www.legifrance.gouv.fr/WAspad/UnDocument?base=LEX_SIMPLE_AV90&nod=1OR95929 - (29.03.2007)
[639] WOLLMANN, H.: Draft report, 2005, S. 5. Zu den Gründungsmodalitäten im einzelnen BODINEAU, P. / VERPEAUX, M.: Coopération, 1998, S. 21 ff.
[640] LEFÈVRE, C.: Zusammenarbeit, 2000, S. 288.
[641] Vgl. VERPEAUX, M.: Origines, 2002, S. 8.
[642] WOLLMANN, H.: Draft report, 2005, S. 8.
[643] LEFÈVRE, C.: Zusammenarbeit, 2000, S. 289.
[644] LUCHAIRE, Y.: Commune, 1995, S. 90.
[645] vgl. VERPEAUX, M.: Origines, 2002, S. 8.
[646] Anzutreffen sind die Districte vornehmlich in mittelstädtischen Ballungsräumen vgl. UTERWEDDE,

möglich. Erst 1970 fand eine Erweiterung der Zulassung der Districte von den urbanen Zentren auf ländliche Gebiete statt, wobei die Districte in den ländlichen Gebieten eine weite Verbreitung fanden. Was ihre Finanzierung anbelangt, so wurde es ihnen ermöglicht, einen prozentualen Anteil an den vier kommunalen Steuerarten als eigenen Steueranteil zu erheben, ohne dass dies zwingend vorgeschrieben gewesen wäre. Die Districte wurden mittlerweile aufgelöst und in andere Organisationsformen der Communautés überführt.[647]

Die Möglichkeit zur Bildung der Communautés de Communes (CC - Gemeindeverbände) wurden mit dem Gesetz vom 06. Februar 1992[648] geschaffen. Gemeinden mit weniger als 20.000 Einwohnern hatten diese Möglichkeit, die vor allem im Bereich der Flächennutzungsplanung zum Tragen kam.[649] Neben den satzungsgemäßen Kompetenzen im Bereich der Wirtschaftsentwicklung und Planung können sie aus einer Liste von Kompetenzen Aufgaben in unterschiedlichen Bereichen wahrnehmen, was ursprünglich ebenfalls im sog. ATR - Gesetz normiert worden ist. Die Finanzierung erfolgt über eigene Steuereinnahmen, insbesondere steht den Communautés de Communes das Recht zu, in Teilräumen Gewerbesteuer zu erheben. Auch großstädtische Gebiete, wie Marseille oder Grenoble haben auf diese Form der Kooperation zurückgegriffen.[650]

Wie bei der Communautés de Communes bestand die Möglichkeit der Bildung der Communautés de Villes (CV - Stadtverbände) seit dem 06. Februar 1992[651], allerdings für Städte mit über 20.000 Einwohnern.[652] Die Aufgabe lag zumeist im Bereich der Flächennutzungsplanung, und die Finanzierung erfolgte über eigene Steuern[653]. Stadtverbände bildeten La Rochelle, Aubagne, Cambray, Flers und Sud-Toulouse,[654] die mittlerweile ebenfalls in eine andere Form der Coummunautés überführt wurden.
Im Jahr 1966 wurde für die großen Ballungsräume die Form des CU (Umlandverbände) geschaffen, um trotz der kommunalen Zersplitterung Entscheidungen herbeiführen zu können. Mit dem Gesetz von 1966 entstanden - von staatlicher Seite aus realisiert – zunächst die vier Communautés Urbaines: Lille, Lyon, Straßburg und Bordeaux.[655]. Auch die CU rühren nicht an der prinzipiellen Eigenständigkeit der Gemeinden, schaffen allerdings eine weitere Entscheidungsebene. Im Unterschied zu SIVOM und District wurden die vier genannten CU direkt vom Zentralstaat geschaffen bzw. von

---

H.: Kommunen, 1991, S. 44. Zu den Aufgaben LUCHAIRE, Y.: Commune, 1995, S. 95.
[647] LEFÈVRE, C.: Zusammenarbeit, 2000, S. 289.
[648] Loi d'orientation n° 92-125 du 6 février 1992, relative à l'administration territoriale de la République, J.O n° 33 du 8 février 1992. Bei diesem Gesetz handelt es sich um das sog. ATR – Gesetz.
[649] WOLLMANN, H.: Draft report, 2005, S. 31 ff.
Ausführlich zu institutionellen und organisatorischen Gesichtspunkten vgl. MINISTÈRE DE L'INTÉRIEUR ET DE LA SÉCURITÉ PUBLIQUE / DIRECTION GÉNERALE DES COLLECTIVITÉS LOCALES: Donne, 1992, S. 55 ff.
[650] LEFÈVRE, C.: Zusammenarbeit, 2000, S. 290.
[651] Loi d'orientation n° 92-125 du 6 février 1992, relative à l'administration territoriale de la République, J.O n° 33 du 8 février 1992. Organisatorische Gesichtspunkte vgl. MINISTERE DE L'INTERIEUR ET DE LA SECURITE PUBLIQUE / DIRECTION GENERALE DES COLLECTIVITES LOCALES: Donne, 1992, S. 106 ff.
[652] LUCHAIRE, Y.: Commune, 1995, S. 99.
[653] BECQUART-LECLERCQ, J.: Selbstverwaltung, 1994, S. 93.
[654] LEFÈVRE, C.: Zusammenarbeit, 2000, S. 291.
[655] LEFÈVRE, C.: Zusammenarbeit, 2000, S. 289.

ihm über einen Regierungserlass legalisiert und konnten beispielsweise nicht eigenständig aufgelöst werden. Ziel war es, umfangreichere Planungs- und Entscheidungsstrukturen zu ermöglichen, die in städtischen Großräumen erforderlich sind. Die für die Aufgabenerfüllung notwendige Finanzierung erfolgt dadurch, dass die Communautés Urbaines in ihrem Gebiet Steuern erheben konnten.[656] Daneben besteht noch eine staatliche Subventionierung[657]. Inhaltlich sind die Communautés Urbaine verantwortlich für Bereiche wie Städtebau, Wohnungsbau und Wohnungswirtschaft, Müllentsorgung, den öffentlichen Nahverkehr, wobei ihnen zusätzliche Verantwortlichkeiten übertragen werden können. Probleme bei bestehenden Communautés Urbaines sollten 1977 durch gesetzliche Regelungen gelöst werden.[658].

Neben diesen Organisationsformen sind einige Besonderheiten zu beachten. So bestehen Regelungen für Städte mit Sonderstatus. Dies betrifft die Städte Paris, Marseille und Lyon. Paris wird seit 1978 durch 163 Mitglieder eines Rates geführt. Was die Funktionen anbelangt, übt die Regierung der Stadt Paris gleichzeitig die Funktionen eines Departements und die Funktionen einer Stadt aus[659]. Mit dem Gesetz vom 31.12.1982[660] wurden alle drei Städte in Sektoren oder Bezirke eingeteilt, in denen Bezirksräte (conseils d´arrondissement) zu wählen sind.[661] Auch die Villes Nouvelles treten als Organisationsmuster hervor. Sie können ebenfalls als Gemeindeverbände bezeichnet werden und sind als „Retortenstädte" auf dem Territorium mehrerer Gemeinden entstanden mit dem Ziel, die Ballungszentren zu entlasten. Im Großraum Paris entstanden auf diese Weise auf Veranlassung der Zentralregierung neun neue Städte[662].

Die Neuregelungen im Bereich interkommunaler Kooperation werden auch als „révolution tranquille" bezeichnet.[663] So ergeben sich drei Arten der Intercommunalité wie folgt[664]:

- Communauté Urbaine für Gemeinden in Agglomerationen mit mehr als 500.000 Einwohnern
- Communauté d´Agglomération für Gemeinden in Agglomerationen mit mehr als 50.000 Einwohnern
- Communauté de Communes in Anknüpfung / Ergänzung der Gesetze von 1992.

Die drei Strukturen haben jeweils eine eigene Finanzbasis, wobei die Communauté Urbaine die umfangreichsten Befugnisse hat, da sie die Taxe Professionelle in eige-

---

656 BECQUART-LECLERCQ, J.: Selbstverwaltung, 1994, S. 92.
657 UTERWEDDE, H.: Kommunen, 1991, S. 45.
658 Loi 77-825 du 22 juillet 1977. Loi complétant les dispositions du code des communes relatives à la coopération intercommunale. Publication au JORF du 23 juillet 1977. Deutlich wird für die Communautés Urbaine, dass sie einen tieferen Integrationsansatz darstellten, als beispielsweise die Syndikate.
659 www.vie-publique.fr/decouverte_instit/instit/instit_3_6_0q1.htm - (03.03.2005).
660 Loi n° 82-1169 du 31 décembre 1982. Loi relative à l'organisation administrative de Paris, Marseille, Lyon et des établissements publics de coopération intercommunale. Publication au JORF du 1 er Janvier 1983.
661 BECQUART-LECLERCQ, J.: Selbstverwaltung, 1994, S. 92.
662 Beispiele sind Cergy-Pontoise, Evry, Marne-la-Vallée, Melun-Senart, Saint-Quentin-en-Yvelins, vgl. UTERWEDDE, H.: Kommunen, 1991, S. 46.
663 NÉMERY, J.: Organisation, 2003, S. 18.
664 WOLLMANN, H.: Draft report, 2005, S. 31.

nem Namen erheben kann. Gemeinden einer CU behalten ihre Autonomie. Inhaltlich erfolgt die Kooperation in Bereichen wie Infrastruktur oder Städtebau, Entscheidungsorgan ist der Conseil de Communauté, in dem die einzelnen Gemeinden entsprechend ihrer Mitgliederzahl repräsentiert sind.[665] Im Ergebnis brachte das „Loi Chevènement" Bewegung in die bestehende Landschaft kommunaler Kooperation und die genannten neu austarierten Formen der interkommunalen Kooperation sollen die Basis zwischengemeindlicher Entwicklungsplanung bilden.[666]

Unter demokratiebezogenen Gesichtspunkten fällt auf, dass die Räte der Communautés nicht direktdemokratisch legitimiert sind, sondern indirekt über die Mitgliedstädte. Insofern führen sie lokale Funktionen aus, ohne direkte demokratische Legitimation.[667] Die Neuausrichtung ist in dieser Hinsicht eine in hohem Maße technokratische Entwicklung, die Hand in Hand geht mit Delegation von Macht in nicht – demokratisch gewählte Strukturen.[668] Ein Antrieb sich in den neuen mit eigenen Steuern finanzierten Strukturen zu engagieren entsteht durch monetäre Anreize, so dass an dieser Stelle ein Spannungsfeld vermutet werden kann.[669] Durch die Restrukturierung der interkommunalen Zusammenarbeit werden die maßgeblichen Akteure der neuen Strukturen zu bedeutenden Akteuren des gesamten subregionalen Raumes. Die Durchsetzungsfähigkeit der neuen Kooperationsstrukturen ist dabei enorm. So waren bereits nach zweieinhalb Jahren 120 Communautés d´Agglomération entstanden, was bedeutet, dass zu diesem Zeitpunkt ein Großteil der Gebiete, in denen diese Organisationsform möglich wäre, sie bereits nutzen.[670] Die Beurteilung ist ambivalent: Direkte Wahlen würden einerseits die „Meso–Ebene" stärken, wobei gleichzeitig die lokale Ebene mit einer Einführung von direkten Wahlmöglichkeiten Einflussverluste befürchtet.[671]
Die nachfolgende Tabelle verdeutlicht die Zunahme im Bereich der mit dem Gesetz von 1999 geschaffenen interkommunalen Kooperationsformen.

[665] KEMPF, U.: System, 2007, S. 312.
[666] WOLLMANN, H.: Planungssysteme, 2006, S. 299 / 300 / 301.
[667] Kritisch WOLLMANN, H. / BOUCKAERT, G.: Organisation, 2006, S. 28.
[668] NEGRIER, E.: Powershift, 2003, S. 190.
[669] KUHLMANN, S.: Verwaltungsreform, 2004, S. 20 .
[670] NEGRIER, E.: Powershift, 2003, S. 177.
[671] WOLLMANN, H. / BOUCKAERT, G.: Organisation, 2006, S. 27 / 28.

Tab. 13 – Regroupement interkommunaler Kooperation[672]

Bezeichnung der Kooperationsform[673]	1999	2006
EPCI sans fiscalité propre		
Syndicats intercommunaux à vocation unique (SIVU)	14885	n.d.
Syndicats intercommunaux à vocation multiple (SIVOM)	2165	n.d.
Syndicats mixtes	1451	n.d.
Gesamt	**18501**	**n.d**[674]
EPCI à fiscalité propre		
Communautés Urbaines (CU)	12	14
Communautés d´Agglomération (CA)	-	164
Communautés de Communes (CC)	1347	2389
Syndicats d´Agglomération Nouvelle (SAN)	9	6
Districts	305	0
Communautés de Villes (CV)	5	0
Gesamt	**1678**	**2573**

Quelle: Direction générale des collectivités locales, ministère de l'Intérieur. La loi du 12 juillet 1999 prévoit la transformation progressive des SAN en CA. et a organisé la disparition au 1er janvier 2002 des districts et des CV, transformés en CU, CA ou CC. http://www.ladocumentationfrancaise.fr/dossiers/intercommunalite/chiffres-cles.shtml - (29.03.2007).

Auffallend ist für die Betrachtung der Kooperationsformen die enge Anbindung zwischen Staat und Kommunen. Der Staat erweist sich in Fragen intraregionaler überkommunaler Koordination und Planung als Taktgeber für die weitere Entwicklung und forciert maßgebliche Initiativen. So wurde im Jahre 1995 mit dem Rahmengesetz zur Raumordnungs- und Entwicklungsplanung (LOADT)[675] zusätzlich die Gebietseinheit

672 Umfangreiches kartographisches Material zur räumlichen Verteilung der einzelnen Einheiten und zu ihren Finanzierungsformen ist verfügbar unter http://www.dgcl.interieur.gouv.fr/comites_organismes/CFL/OFL/OFL2007/13_Annexe-6_d%E9mographie-epci.pdf - (02.08.2007).

673 Gängig ist auch die Unterscheidung in die beiden Formen „forme associative", also diejenigen Formen, bei denen lediglich eine gemeinsame Aufgabenerfüllung seitens der Kommunen erfolgt und der „forme fédérative". Die föderativen Formen finanzieren sich dabei durch Steuern, die direkt durch das EPCI erhoben werden. Vgl. MINISTERE DE L´INTERIEUR ET DE LA SECURITE PUBLIQUE / DIRECTION GENERALE DES COLLECTIVITES LOCALES: L´intercommunalité, 2001, S. 1.

674 Bei der Zählung aus dem Jahr 1999 dürfte es sich um die letzte offizielle Erhebung gehandelt haben, vgl. auch COMITE DIRECTEUR SUR LA DEMOCRATIE LOCALE ET REGIONALE, CDLR: Draft, 2007, S. 99.

675 Loi d´orientation n° 95-115 du 4 février 1995. Loi d´orientation pour l´aménagement et le développement du territoire. Publication au JORF du 5 février 1995.

des „Pays" geschaffen, mit dem die staatlichen dezentralen Strukturen effizienter koordiniert bzw. räumlich strukturiert werden sollten.[676] Der Staat dominiert über seine Gesetzgebung die Stadtpolitik und die Stadtentwicklung. Mit dem Gesetz vom 12. Juli 1999[677] (Loi Chevènement), der Zusage von finanziellen Zuschüssen bei Bildung von Gemeindeverbänden und dem Gesetz vom 13. Dezember 2000[678] zur urbanen Erneuerung Loi relative à la solidarité et au renouvellement urbains (SRU) wurden neue Strukturen für die interkommunale Zusammenarbeit anvisiert bzw. wurde versucht, die bestehenden Strukturen zu vereinfachen.[679]

3.2.2.1.3 Wirkmechanismen und Steuerungsgesichtspunkte kommunaler Kooperationsformen

Lässt sich die französische Entwicklung insbesondere ab 1999 als „interkommunale Revolution" diskutieren,[680] ist festzuhalten, dass die Formen der Kooperation maßgeblich unter staatlichem Einfluss entstanden sind. Territoriale oder gebietskörperschaftliche Gegenkräfte galten historisch als wenig erwünscht. Die gesetzlichen Grundlagen reichen, wie dargestellt wurde, teilweise auf das Jahr 1860 zurück in die sechziger Jahre des vergangenen Jahrhunderts bis hin zu aktuellen Reformendiskussionen. Eine Bewertung der Kooperationsformen und Governanceaspekte kann letztlich erst im Zusammenhang mit der Würdigung der aktuellen Dezentralisierungsmaßnahmen erfolgen, als „Merkposten" wird an dieser Stelle das folgende Zwischenfazit gezogen:

(1) Die dargestellten Kooperationsstrukturen haben der horizontalen Fragmentierung in Frankreich nicht wirksam entgegenwirkt. Als Folge der eingeführten Mechanismen der Koordination und interkommunalen Kooperation hat die vertikale Gliederung aufgrund der Einführung neuer Organisationseinheiten und interkommunaler Organisationsebenen zugenommen, ohne die Frage der politischen Legitimation[681] schließend beantworten zu können.

(2) Wenn gemeindliche Kooperationen nur von „Fall zu Fall" und als Antwort auf die konkreten Probleme im Hinblick auf die Aufgabenerfüllung einer oder mehrerer Gemeinden zustande kam, ist fraglich, wie mit dem „gelebten" System kommunaler Kooperation übergeordnete Planungsziele ihre Berücksichtigung finden können oder inwieweit die Kooperationsformen eigene Politiken verfolgen können.

---

676 Die DATAR wurde geschaffen für Fragen der Raumordnung, Infrastruktur und Stadtplanung. Es fand eine Modernisierung durch den staatlichen Verwaltungsapparat statt, institutionelle Entwicklung, Planung und Wohlfahrstaatlichkeit sind Stichpunkte hierzu. Vgl. MABILEAU, A.: Kommunalpolitik, 1996, S. 29.

677 Loi n° 99-586 du 12 juillet 1999, relative au renforcement et à la simplification de la coopération intercommunale, Publication au JORF du 13 juillet 1999. (Loi Chevenement).

678 Loi n° 2000-1208 du 13 décembre 2000. Loi relative à la solidarité et au renouvellement urbains (1). Publication au JORF du 14 décembre 2000. (SRU).

679 Zum Gesetz zur Solidarität und städtischer Erneuerung als weitere Etappe für die Gestaltung der Stadtpolitik KEMPER, S. / SCHMALS, K.: Steuerungsinstrumente, 2000, S. 63 ff.

680 Nachweis der Diskussion bei KUHLMANN, S.: Kommunen, 2006, S. 89.

681 An dieser Stelle stellt sich die Frage nach der Legitimation der Akteure der interkommunalen Kooperationsstrukturen, die sich aus Vertretern der Gemeinden zusammensetzen. Sehen sich die Entscheider an ihre Kommunen gebunden und handeln einseitig zu deren Gunsten oder zu Gunsten des Gesamtwohls? Diskussion vgl. REPUBLIQUE FRANCAISE: Avis, 2005, S. 18.

(3) Häufig wurden die Kooperationen vor der Urbanisierungsphase eingerichtet, so dass die territoriale Gliederung nicht dem funktional zusammenhängenden Raum entspricht. So gilt es zu untersuchen, in welchem Umfang zum jetzigen Zeitpunkt nicht nur eine „Patchworkstruktur“ an kommunaler Kooperation besteht, sondern welche Ausprägung das System überlappender überkommunaler Kooperationen bzw. Kooperationsformen hat.

(4) Allein die Auffassung, dass kommunale Kooperationsformen Ersatz für eine nicht stattgefundene Gebietsreform darstellen, verkennt den Erklärungsgehalt historischer Entwicklungslinien im Zusammenhang mit der Erläuterung von Veränderungsprozessen. Die französische Entwicklung ist ein System schrittweiser Adaption an gewachsene Anforderungen und Herausforderungen. Sie ist das Resultat des politischen Prozesses im bestehenden Institutionengefüge mit seinen ehemaligen und aktuellen Akteurskonstellationen. Allerdings muss kritisch hinterfragt werden, inwieweit man mit dem System schrittweiser Adaption tatsächlich die beste Lösung erreicht hat, oder etwa doch nur eine funktionierende Lösung politisch realisieren konnte[682].

3.2.2.2 Dezentralisierungsgesetze ab 1982

3.2.2.2.1 Merkmale der Steuerung traditioneller Verwaltungsorganisation: Dualismus von Staat und Gebietskörperschaften und Aufgabenerfüllung zwischen Dezentralisierung und Dekonzentration

Die nachfolgenden Ausführungen zur Dezentralisierung sind chronologisch und führen zunächst über die Darstellung staatlich – territorialer Organisation auf die Dezentralisierungsmaßnahmen, beginnend in den 80er Jahren, hin. Die Diskussion um Dezentralisierungsansätze ist nicht neu, sondern eine Erscheinung, welche sich faktisch durch die Jahrhunderte zieht.
Beschrieben wird die Entwicklung durch den Geographen JEAN FRANCOIS GRAVIER in seiner Veröffentlichung „Paris und die Wüste“, in der er das Verhältnis zwischen der blühenden Hauptstadt und dem Rest des Landes thematisierte und die mit der Zentralisierung verbundenen Probleme erläuterte.[683] Wohlfahrtstaatliche Aufgabenerfordernisse führten den politischen Parteien vor Augen, dass das zentralistisch orientierte System der Territorialorganisation nur unzureichend Modernisierung befördern konnte. DE GAULLE und POMPIDOU leiteten zwar Reformen ein, erst mit dem Machtwechsel zu FRANCOIS MITTERRAND im Jahr 1981 wurde die Dezentralisierung zur „Grande Affaire“ befördert und der Wille der sozialistischen Regierung zur Entwicklung von mehr „lokaler Demokratie“ bekam einen hohen Stellenwert[684]. Als erster Minister wurde GASTON DEFFERRE nicht wie seine Vorgänger „Ministre de

---

[682] Unklar bleibt, in welchem Umfang mit interkommunalen Kooperationsformen tatsächlich die bestehende territoriale Fragmentierung ausgeglichen werden kann, oder ob unter Effizienzgesichtspunkten Defizite zu beklagen sind. Es besteht ein hohes Maß an quasi-vertraglichen Regelungen und daneben eine Co-Finanzierung von Projekten. THOENIG, J.: Government, 2006, S. 45.

[683] GRAVIER, J.: Paris, 1972.

[684] Aufgaben, die nach wie vor in zentralstaatlicher Verantwortung sind, werden im Rahmen der Dekonzentration auf eine untere Verwaltungsebene des zentralen Staatsapparates gegeben. MÜLLER–BRANDECK-BOCQUET, G. / MOREAU, P.: Frankreich, 2000, S. 131.

l'Interiéur", sondern „Ministre de l'Interiéur et de la Décentralisation[685]. Das erste Dezentralisierungsgesetz trat bereits im März 1982 in Kraft. Es stellt die Einleitung einer Wende dar[686], indem einzelne Kompetenzen der Institutionen neu organisiert wurden. Es erfolgte eine schrittweise Änderung der bestehenden Rechtsordnung.[687]
Wichtige Abgrenzungslinie zur Dezentralisierung ist der Begriff der Dekonzentration, der inhaltlich bedeutet, dass Kompetenzen lediglich auf ausführende Einheiten delegiert werden und nicht übertragen.[688]
Trotz des Transfers von Kompetenzen auf die Gebietskörperschaften steht die Dezentralisierungsbewegung für eine ambivalente Entwicklung, welche sich im Spannungsfeld erstarkender Gebietsorganisationen und traditionell gewachsener unitaristischer Staatstradition wiederfindet.[689]
Die vorliegende Arbeit möchte die Dezentralisierungsmaßnahmen speziell unter dem Gesichtspunkt kommunaler Betroffenheit und unter Governancegesichtspunkten erörtern. Dies bedeutet ein besonderes Augenmerk zu legen auf:

1. Die sich entwickelnden kommunalen Handlungsspielräume.
2. Die Betrachtung der Rolle und Verantwortlichkeiten der kommunalen Akteure.
3. Das Verhältnis von Politik zu Verwaltung im lokalen politischen System.

Das Ziel ist eine „Bestandsaufnahme" der Veränderungen, unter Berücksichtigung folgender Aspekte:

1. Die deskriptive Ebene der institutionellen Rahmenbedingungen, der Gesetze und Ausführungsverordnungen.
2. Die Frage der Umsetzung, der Implementation, der faktischen politischen Realitäten auf kommunaler Ebene.

Den Rahmen der Dezentralisierungsentwicklung bildet die historisch gewachsene staatliche Organisationsstruktur, welche sich unter Berücksichtigung von Steuerungs- und Governancegesichtspunkten anhand einzelner Charakteristika französischer Staatlichkeit wie folgt charakterisieren lässt:[690]

---

685 FROMONT, M.: Kommunalverfassung, 1988, S. 82.
686 MÜLLER-BRANDECK-BOCQUET, G. / MOREAU, P.: Frankreich, 2000, S. 131.
687 Es handelte sich um ein Gesetzespaket aus 10 Gesetzen und 50 Verordnungen, die den Gemeinden, Départements und Regionen weitergehende Befugnisse einräumten. Vgl. SIRJACQUES-MANFRASS, F.: Frankreich, 1998, S. 105.
688 www.vie-publique.fr/decouverte_instit/instit/instit_3_2_0q1.htm - (02.03.2005). Gemeinhin geht man bei Dezentralisation im Gegensatz zur Dekonzentration von einer Autonomie des Verwaltungsträgers aus, vgl. SCHOCH, F.: Stand, 2006, S. 43. In Frankreich kann die Entwicklung von Dekonzentration und Dezentralisierung nicht losgelöst voneinander betrachtet werden. So wird diskutiert, inwiefern bzw. in welchem Umfang geschichtlich die administrative Dekonzentration der Ersatz für Dezentralisierungen gewesen sein könnte. Vgl. MARCOU, G.: Bilan, 2002, S. 25 – 49, insbes. S. 26.
689 UTERWEDDE, H.: Jakobinismus, 2000, S. 158 ff.
690 Charakteristika 1 - 3 und Erläuterungen nach BIRNER, U.: Regionalisierung, 1982, S. 22 / 23.

Tab. 14 – Charakteristika staatlicher Organisation unter Steuerungs- und Governancegesichtspunkten

Charakteristika	Erläuterung	Steuerungs- / und governance-relevante Auswirkungen
Unitaristisches Prinzip	Dem Grundsatz der Einheit der Republik folgend wird argumentiert, dass der französische Staat nicht räumlich differenziert handelt. Die staatliche Souveränität ist quasi unteilbar.	Gesetzgebung wird ausschließlich auf nationaler Ebene vom nationalen Parlament erfüllt.
Organe der Verwaltungsorganisation	Es werden Organe unterschieden, die mit der Leitung von Staatsaufgaben betraut sind und Organen, welche mit der Durchführung der Staatsaufgaben betraut sind.	Hoher fachlicher Spezialisierungsgrad der öffentlichen Bediensteten.
Ministerialstruktur	Für die interne Entscheidungsumsetzung sind die Außenstellen eines Ministeriums im Departement oder der Region zuständig, welche die Territorialverwaltung bilden.	Hoher vertikaler Gliederungsgrad der administrativen Struktur. Fragmentierung und „Corpsgeist".
Spezialisierung zur Problembehandlung	Neben die für die allgemeinen Verwaltungsaufgaben zuständige Verwaltung tritt die für Spezialaufgaben zuständige Verwaltung.	Starke sektorale Gliederung bzw. funktionale Ausdifferenzierung staatlicher Prozesse.
Organisation staatlicher Kontrolle	Organisation über Präfekten mit „Vorort-Position".	Scharnierfunktion des Präfekten zwischen lokalen und staatlichen Einheiten.

Quelle: Eigene Darstellung, Grundlagen BIRNER, U.: Regionalisierung, 1982, S. 22 / 23 / 26 ff., BENZ, A. / BENZ, A.: Dezentralisierungspolitik, 1987, S. 26 ff.

Tab. 15 – Charakteristika der französischen Territorialorganisation unter Steuerungs- und Governancegesichtspunkten

Charakteristika	Erläuterung	Steuerungs- / und governancerelevante Auswirkungen
Hohe Zahl kommunaler Gebietskörperschaften	Die große Zahl der Gemeinden verdeutlicht die in Frankreich bestehende Zergliederung des französischen Territoriums in kleine Einheiten.	Starke territoriale Gliederung, territoriale Fragmentierung auf horizontaler lokaler Ebene • Gesichtspunkt[691] der Leistungsfähigkeit der Kommunen bezogen auf Aufgabenerfüllung • Mögliche Selbststeuerung der Kommunen ist zu hinterfragen.
Hohes Maß an Kooperationsformen, Zweckverbandswesen	Die territoriale Zergliederung führt dazu, dass die Gemeinden sich zur Aufgabenerfüllung in unterschiedlichen Formen des Zweckverbandswesens engagieren können.	• Hohe Zahl an Querbezügen. • Kooperationen können einen überkommunalen, übergreifenden Steuerungszusammenhang begründen. • Langfristige Planungs- / strategische Steuerungsziele über Kooperationen.
Kontraktwesen[692]	Im Verhältnis Staat Region als Planverträge, im Verhältnis zur lokalen Ebene Städteverträge. Auch finanzielle Beteiligung dezentraler Einheiten an staatlichen Politiken[693].	Kooperative Kontraktualisierung als ausgeprägtes Muster der Politikverflechtung[694].

[691] Die bloße Betrachtung der territorialen Fragmentierung aufgrund der Großen Zahl an Gemeinden vernachlässigt den siedlungsgeographischen Hintergrund der Ballungsgebiete. Kernpunkt ist, dass die Ballungsgebiete, die „Agglomération Urbaines" zwar aus rechtlich eigenständigen Gemeinden bestehen, siedlungsgeographisch jedoch zusammengewachsen sind. Vgl. UTERWEDDE, H.: Kommunen, 1991, S. 43.

[692] Nach EBERLEIN, B.: Abschied, 1997, S. 266.

[693] Im Bereich der Stadtpolitik bestehen umfangreiche Kompetenzen des Zentralstaats. Die Ziele und Instrumente der Stadtpolitik werden mit Beginn eines neuen Rahmenplans (sechs Jahre) und damit am Anfang einer neuen Generation von Stadtverträgen festgelegt. Zu Aufstellung und Umsetzung als kooperativen Prozess zwischen Bewohnern, Vertretern des Staates und Umsetzungsakteuren lokaler Politik vgl. KEMPER, S. / SCHMALS, K.: Steuerungsinstrumente, 2000, S. 59 ff, S. 69.

[694] Mit jeder Generation an Stadtverträgen ist es zu einer räumlichen Erweiterung des Spektrums sozialorientierter Stadtpolitik gekommen. Vgl. KEMPER, S. / SCHMALS, K.: Steuerungsinstrumente, 2000, S. 63.

Dezentralisierung und Dekonzentration	Dekonzentration als Verlagerung der Aufgabenerfüllung auf territoriale Einheiten des Staates. • Handlungen werden direkt dem Staat zugerechnet. • Kontrollbeziehung bei der ausführenden Einheit zum Staat. • Vollzugsfunktion. Dezentralisierung als Übertragung von Kompetenzen auf die territorialen Einheiten. • Gebietskörperschaften können sich nach Maßgabe der Gesetze durch gewählte Räte selbst verwalten.	Dekonzentration als Verlagerung von Vollzugsfunktionen. • Vollzugsfunktion kann auch bei dezentralisierten Maßnahmen und Aufgaben zum Tragen kommen, wenn der „Rahmen der Gesetze", welcher den Gestaltungsrahmen bei der Ausübung der Selbstverwaltungsrechte darstellt, eng und restriktiv ist. • Funktionales Verständnis von Selbstverwaltung vereinbar mit dekonzentrierten Einheiten.
Pluralistische Interessenwahrnehmung und Einbeziehung zivilgesellschaftlicher Kräfte	Die Einbringung von Partikularinteressen oder gesellschaftlichen Interessen erfolgt: 1. Über die lokalen Notabeln. Sie haben neben den direkt – demokratischen Elementen wie Wahlen eine Scharnierfunktion inne. 2. Das ATR-Gesetz hat 1992 auf kommunaler Ebene die Möglichkeit eingeführt, lokale Referenden (zu Themen über Gemeindezusammenschlüsse hinaus) durchzuführen. 3. Auf überkommunaler Ebene hat das Nationale Rahmengesetz zur Raumordnung und Entwicklung (LOADT)[695] 1995 Referenden zu überlokaler Entwicklung zu Fragen der Planung und Entwicklung ermöglicht. 4. weitere aktuelle Maßnahmen im Zuge der Reformen ab 2002[696]	• Notabeln fungieren als Vermittlungsinstanz für pluralistische / „korporatistische" Interessen und wurden zu Trägern eines Gemeininteresses [697]. • Zunächst nur bedingte Steueungswirkung von Referenden, da die Ergebnisse der Referenden (vgl. 2. und 3.) nicht bindend waren und die Räte bzw. Funktionäre ein Letztentscheidungsrecht hatten.[698]

Quelle: Eigene Darstellung.

[695] Loi d´orientation n° 95-115 du 4 février 1995. Loi d´orientation pour l´aménagement et le développement du territoire. Publication au JORF du 5 février 1995.

[696] Zur Stellung des Bürgers vgl. die Ausführungen unter Gliederungspunkt 3.2.3.2

[697] BENZ, A. / BENZ, A.: Dezentralisierungspolitik, 1987, S. 23.

[698] LEFÈVRE, C.: Zusammenarbeit, 2000, S. 323 ff.

Sucht man die Charakteristika der historisch gewachsenen französischen staatlichen Organisation mit den Merkmalen der territorialen Organisation zu verbinden, werden Verflechtungselemente relevant. Einerseits sind dies ergänzend zur formalen hierarchischen Aufsichts- und Kontrollstruktur zwischen Staat und Gebietskörperschaft komplementäre Einflussstrukturen der Gebietskörperschaften „von unten nach oben". Insbesondere ist hier die Funktion der Notabeln zu nennen, welche die beschriebene Sonderposition einnehmen. Mit der Einführung von Rahmenregelungen, setzt der Staat die nationalen Interessen durch Vorgaben durch. Kommunale Planung findet nach Maßgabe und im „Schatten" der staatlichen Regelung statt. Hieraus lässt sich ableiten, dass die französische Administration in ihren Grundstrukturen stark horizontal, vertikal und sektoral gegliedert ist. Besonders deutlich wird dies, wenn man sowohl die staatlichen als auch die territorialen Besonderheiten betrachtet und die Überlappung der Entscheidungs- und Ausführungsstrukturen berücksichtigt. Die am französischen System geäußerte Kritik richtet sich auf traditionelle Problempunkte, wie beispielsweise Schwerfälligkeit und Innovationsfeindlichkeit, aber auch Bürgerferne, wenn Entscheidungen auf zentraler Ebene getroffen werden.[699]

Wichtig für die kommunale Entwicklung ist hierbei, dass das Verhältnis von Staatsverwaltung zu kommunaler Verwaltung durch die Gesetze neu austariert und neu strukturiert wurde. Diese Neu-Austarierung wird nachfolgend anhand der einzelnen Reformschritte erläutert.

3.2.2.2.2 Zielsetzung und Inhalte der Dezentralisierungsgesetze ab 1982

Das Dezentralisierungsgesetz von 1982 wird als „Lokomotivgesetz" bezeichnet. So wurden allein in den Jahren bis 1986 weitere dreiunddreißig Gesetze und zweihundertneunzehn Dekrete und ein Set an Verwaltungsvorschriften zur Umsetzung der Dezentralisierungsbestrebungen erlassen.[700]

Drei Ziele ragen heraus:

(1) eine Stärkung der Regionen
(2) der Abbau staatlicher Aufsicht
(3) die Neuregelung der Kompetenzen.

Was der ersten Aspekt, die Stärkung der Regionen anbelangt, ist herauszustellen, dass die Geschichte der französischen Regionen, jung ist. So war im 19. Jahrhundert der Zusammenschluss von Departements nicht möglich, um die Autonomiebestrebungen der ehemaligen Provinzen nicht aufleben zu lassen. Im Jahr 1955 entstanden mit Blick auf raumordnungspolitische Planungsaufgaben sogenannte Programmregionen, die 1958 durch DE GAULLE mit demokratischen Strukturen, wie gewählten Räten, gestärkt werden sollten. In der Folge scheiterte er 1969 mit einem derartigen Referendum. 1972 wurde erneut versucht die Frage der Regionalentwicklung voranzubringen, indem die regionalen Institutionen als juristische Personen mit begrenzter Finanzhoheit

---

[699] Vgl. BIRNER, U.: Regionalisierung, 1982, S. 26 ff.
[700] MÜLLER-BRANDECK-BOCQUET, G. / MOREAU, P.: Frankreich, 2000, S. 132.

- praktisch ohne demokratische Vertretung - weiterentwickelt wurden.[701]. Mit der Gesetzgebung ab 1982 schließlich wurde eine Stärkung der Region dadurch angestrebt, dass sie zu Gebietskörperschaften erhoben wurden und ein direkt gewählter Regionalrat (Conseil Régional) als politisches Organ eingeführt wurde. Ziel war ein Mehr an Demokratie durch die Einführung der Regionalräte[702].

Der zweite Gesichtspunkt, der Abbau staatlicher Aufsicht zielte auf eine Demokratisierung der unteren Verwaltungsebene dadurch ab, dass lokale Entscheidungsträger gestärkt wurden. Bürokratie und Anonymität sollten durch eine Stärkung der Volksvertreter ersetzt werden.[703]

Was die Neuverteilung der Kompetenzen anbelangt, betrifft die Austarierung der Kompetenzen die unterschiedlichen Ebenen und ist aus staatsrechtlicher Sicht von großem Interesse. Im Hinblick auf die Aufgabenverteilung fällt auf, dass die Zentralregierung über einen breiten Zuständigkeitsbereich verfügt. So sind die Ministerien bzw. deren Außenstellen auf regionaler und lokaler Ebene zuständig für die hoheitsrechtlichen Funktionen, außerdem für Soziales, Landwirtschaft und Kultur. Im Gegensatz zum Kompetenzsystem von Bund und Ländern in Deutschland, ist in Frankreich die Zentralverwaltung autorisiert, die staatliche Verwaltung von Paris aus zu lenken und zu leiten, die Ministerien verfügen über eine Vielzahl nachgeordneter Dienststellen auf regionaler und lokaler Ebene[704].

Die Kompetenzen der Gebietskörperschaften gliederten sich wie folgt:

---

[701] BECQUART-LECLERCQ, J.: Selbstverwaltung, 1994, S. 78.

[702] Die Regionen umfassen zwar mehrere Departements, sind andererseits jedoch nicht den einzelnen Departements übergeordnet. Daraus folgt, dass sie über keinerlei Weisungsbefugnisse gegenüber den Departements verfügen. UTERWEDDE, H.: Kommunen, 1991, S. 32.

[703] Die Frage staatlicher Aufsicht und Kontrolle wird unter Gliederungspunkt 3.2.2.6 behandelt.

[704] HOFFMANN-MARTINOT, V.: Zentralisierung, 1999, S. 364.

Tab. 16 – Kompetenzen der Gebietskörperschaften nach der Dezentralisierungsreform 1982: Aufteilung zwischen Gemeinde, Departement und Region.

	Gemeinde	Departement	Region
Stadt-planung	• Ausarbeitung der Bauleitplanung mit anderen Gemeinden • Erstellen des Flächennutzungsplanes • Erteilung von Baugenehmigungen	• Stellungnahmen zu Teilen der Bauleitplanung • Stellungnahme zum kommunalen Flächennutzungsplan bei Einrichtungen des Departements	
Raum-ordnung	• Ausarbeiten des Raumordnungsschemas mit anderen Gemeinden	• Stellungnahme zum Raumordnungsplan der Region	• Beteiligung am nationalen Raumordnungsplan • Regionaler Raumordnungsplan • Raumordnung / Tourismus • Regionale Naturparks
Wohnen	• Kommunaler Wohnungsbau • Programme / Hilfen für Obdachlose und Personen mit Wohnungsproblemen (mal logés)	• Wohnungsbau-Rat des Departements • Stellungnahmen zur Wohngeld-Verteilung • Wohnungsbeihilfen	• Festlegen von Prioritäten des Wohnungsbaus • Regionale Wohnungsbau-Prämien
Verkehr	• Stellungnahme zum Verkehrsplan der Region/des Departements • Schultransport: Vereinbarungen mit dem Departement • Jachthafen, Hafenpolizei	• Stellungnahme zum Verkehrsplan der Region • Erstellung des departementalen Verkehrsplanes • Konzessionserteilung • Tarife • Finanzierung/Organisation des Schultransports • Zustimmung zu reg. Vereinbarungen mit der Bahn (SNCF) • Fischerei und Handelshäfen	• Regionaler Verkehrsplan • Errichtung von Flugplätzen • Vereinbarungen mit der SNCF • Schaffung von Kanälen, Flughäfen • Förderung der Fischerei, Meereskultur
Infra-struktur	• Bau und Unterhalt des kommunalen Straßen- und Wegenetzes	• Verteilung von Krediten auf Kommunen • Bau und Unterhalt des departementalen Wegenetzes	

	Gemeinde	Departement	Region
Bildungswesen	• Lokalisierung der Schulen • der Vor- und Grundschulklassen • Finanzierung, Bau und Unterhalt der Vor- und Grundschulklassen • Änderung der örtlichen Schulzeiten	• Investitionsplanung bei den Schulbauten (colleges) • Finanzierung, Bau und Unterhalt der colleges (= Sekundarstufe 1)	• Investitionsplanung bei Schulbauten (Gymnasium, Sonderschulen) • Finanzierung, Bau und Unterhalt von Gymnasien, Sonderschulen und landwirtschaftlichen Schulen.
Berufsbildung		• Stellungnahme der Departement – Berufsbildungsausschüsse	• Durchführung von Berufsbildungsmaßnahmen • Finanzierung von Berufsbildungseinrichtungen • Regionaler Berufsausbildungsplan • Regionaler Berufsbildungsfonds
Sozial- und Gesundheitswesen	• Beteiligung an den Kosten der obligatorischen Sozialhilfe • Nach Vereinbarung mit dem Departement: Wahrnehmung der Departementkompetenzen • Büros für Hygiene und Seuchenbekämpfung • Bearbeitung der Anträge auf Sozialhilfe	• Generell: Staatliche Sozialhilfe • Bestimmte Einrichtungen und Hilfen für Kinder, Alte, Familien, Behinderte • Versorgungsschema im Bereich Sozial- und Gesundheitsdienste • Genehmigung von Einrichtungen, Tarife	
Umwelt und Kultur	• Errichtung von Denkmalschutzzonen • Bau und Unterhalt von städtischen Museen und Bibliotheken • Pflege städt. Archive • Stellungnahme zum departementalen Plan der Fernwanderwege	• Bau und Unterhalt der departementalen Museen • Departement-Bibliotheken • Pflege der Departement-Archive • Departementaler Plan für Fernwanderwege	• Liste der Naturdenkmäler und Naturschutzgebiete • Bau und Unterhalt der regionalen Museen • Pflege der regionalen Archive

QUELLE: Nach UTERWEDDE, H.: Kommunen, 1991, S. 60 ff.

Die lokalen Gebietskörperschaften waren im Zuge der Reform von 1982 verantwortlich für Bau- und Unterhalt von Vor- und Grundschulen, Sporteinrichtungen, im Infrastrukturbereich für den Bau und Unterhalt des kommunalen Straßen- und Wegenetzes. Gleichwohl bestanden für die Staatsverwaltung nach wie vor Möglichkeiten, einzugreifen. So setzte beispielsweise auch nach 1982 der Commissaire de la République, den Geltungsbereich des Flächennutzungsplanes fest und sorgte bei der Aufstellung des Bebauungsplanes für die Einhaltung der nationalen Vorgaben, für die Interessen der Nation und für einen Ausgleich bei der Abwägung nachbargemeindlicher Interessen[705].

Insgesamt wurden in den folgenden Aufgabenbereichen seitens des Staates Kompetenzen abgegeben:

Tab. 17 -- Darstellung der abgetretenen Kompetenzen im Rahmen der Dezentralisierungsreform 1982 / 1983[706]

Bezeichnung der Kompetenz	Abtretung am (Datum)
Regionalplanung und Wirtschaftsentwicklung	15. Mai 1983
Berufliche Weiterbildung und Lehrlingsausbildung	01. Juni 1983
Städtebau, Landschafts- und Denkmalpflege	01. Oktober 1983 und 01. April 1984
Sozial- und Gesundheitswesen	01. Januar 1984
Schifffahrtswege, Kanäle und Flusshäfen	01. Januar 1984
Meereshäfen	01. Januar 1984
Fischfang	01. Januar 1984
Anbau von Meeresfrüchten	01. Januar 1984
Schultransport	01. September 1984
Nationales Erziehungswesen	01. Januar 1986 (mehrfach verschoben)
Kulturpflege	01. Januar 1986
Umwelt	01. Januar 1986

[705] FROMONT, M.: Kommunalverfassung, 1988, S. 87.
[706] MÜLLER–BRANDECK-BOCQUET, G. / MOREAU, P.: Frankreich, 2000, S. 133.

Trägt man die Inhalte aus Tabelle 16 und Tabelle 17 zusammen, so sind die folgenden Aspekte augenfällig:

(1) Die Art der Kompetenzen: Es handelt sich bei den abgegebenen Kompetenzen häufig um bestimmte Verwaltungskompetenzen.
(2) Der Umfang, in welchem die Gebietskörperschaften profitieren: Das Maß, in dem die jeweiligen Gebietseinheiten von einem Kompetenzzuwachs profitiert, ist nicht immer detailliert ersichtlich. Am Bereich Bildungswesen fällt beispielsweise auf, dass die Kompetenzen erheblich gesplittet sind. Es besteht ein Nebeneinander der Aufgabenerfüllung aller drei territorialer Gebietskörperschaften. Gleichzeitig haben nicht alle Kommunen in gleichem Umfang profitieren können.[707]
(3) Der Zusammenhang zwischen Kompetenzausübung und Leistungsfähigkeit: Die Ausübung von Kompetenzen setzt die Leistungsfähigkeit der Kommunen voraus, so dass sich die Frage effizienter Wahrnehmung der Aufgaben vor dem Hintergrund kleinräumiger Gliederung erneut nachdrücklich stellte[708].
(4) Finanzierung: Die Übertragung von Kompetenzen ist immer mit Finanzierungsaspekten verbunden. Für die Kommunen gab es nach der Reform von 1982 / 1983 die kommunalen Steuern mit Wohnung, Gewerbe und Grundeigentum als Besteuerungsgrundlage. Eine maßgebliche Rolle sollten nach der ersten Dezentralisierungsreform die Schlüsselzuweisungen spielen, welche Subventionen und Zweckzuweisungen ersetzen sollten und die ihnen Entscheidungsspielräume eröffnen und die Kosten der Dezentralisierung abfedern sollen.[709].

3.2.2.2.3 Wirkmechanismen und Steuerungsgesichtspunkte der Reformen - Politikverflechtung „a la francaise“

Möchte man die Dezentralisierungsreform ab 1982 beurteilen ist Konsens, dass bereits dem Begriff der Dezentralisierung eine „magische Anziehungskraft“ innewohnt. Er spiegelt in Frankreich neben dem Wunsch zur Auflösung regionaler Disparitäten den tiefen Diskurs zu Fragen der Organisation von Staat und Gesellschaft wider. Getragen ist hierüber auch die Veränderung politisch-administrativer und gesellschaftlicher Strukturen[710]. Knüpft man an die historische Entwicklung an, ist festzuhalten, dass sich das französische System als weitgehend resistent gegenüber gemeindlich – gebietsbezogenen Veränderungen erwiesen hatte. Das zentralistische System Napoleons hatte nahezu zwei Jahrhunderte Bestand. Innerhalb dieses zeitlichen Rahmens kam es zu einem Wandel der gesellschaftlichen Struktur und des gesellschaftlichen Umfelds, verbunden mit Wanderungsbewegungen der Bevölkerung in städtisches Gebiet.

---

707 BOGUMIL, J./ HOLTKAMP, L. / WOLLMANN, H.: Sektor, 2003, S. 80 / 81.
708 Als mögliche Vorteile einer Gebietsreform gelten Kosteneinsparungen und Effizienzgesichtspunkte, da nur ausreichend große Verwaltungen ihre Kompetenzen adäquat verwirklichen und eigenverantwortlich ihre kommunale Gemeinschaft gestalten können. Vgl. UTERWEDDE, H.: Kommunen, 1991, S. 46. Gründe für das Scheitern liegen nicht zuletzt in der Ämterhäufung der Mandatsträger. Sie führt dazu, dass der nationale Gesetzgeber die lokalen Widerstände nicht überwinden kann. Vgl. FROMONT, M.: Kommunalverfassung, 1988, S. 83. Zum Verfahren vgl. Loi n°71-588 du 16 juillet 1971, Loi sur les fusions et regroupements de communes. Publication au JORF du 18 juillet 1971.
709 Im Einzelnen auch FROMONT, M.: Kommunalverfassung, 1988, S. 88.
710 Vgl. BIRNER, U.: Regionalisierung, 1982, S. 13.

Als Konsequenz hatte die staatliche Organisationsstruktur diesem Wandel Rechnung zu tragen und Anpassungsleistungen zu erbringen[711].

Die Dezentralisierungsreform ab 1982 griff die genannten Punkte auf, indem
(1) eine Reihe von Kompetenzverlagerungen vorgenommen wurden,
(2) der Verlagerung der Kompetenzen zwangsläufig eine Umstrukturierung im Hinblick auf die Finanzströme folgte,
(3) Änderungen in der Staatsaufsicht formale Änderungen mit sich gebracht haben, die für den Beginn eines Umbruchs der Rolle der politischen Akteure standen.

Den positiven Weiterentwicklungen werden mit inhaltlich strukturellen Governance bezogenen Eigenheiten des französischen Systems kombiniert, welche sich als „reformresistent" bewiesen, welche die Reformen spezifisch „abfederten":
(1) Dualismus zwischen Staat und Gebietskörperschaften: Trotz den Dezentralisierungsgesetzen besteht der Dualismus zwischen den zwei maßgeblichen Akteursgruppen, dem Zentralstaat – trotz der geänderten Rolle des Präfekten - und den Gebietskörperschaften, fort.
(2) Territoriale Fragmentierung: Die territoriale Fragmentierung blieb und bleibt nach wie vor erheblich. Die Gliederung des Zentralstaats selbst erstreckt sich auch auf nachgeordnete Dienststellen des französischen Territoriums. Den nachgeordneten staatlichen Dienststellen stehen die drei Körperschaften Gemeinden, Departements und Regionen gegenüber.[712] Im Grunde hat die Dezentralisierungsreform nicht an der territorialen Aufspaltung rütteln können. Die Vermutung liegt nahe, eine stillschweigende Legitimation der Fragmentierung erfolgt ist. Dies gilt auch in Bezug auf die Stellung interkommunaler Kooperation. Von Interesse sind nicht lediglich die aktiv realisierten Änderungen, sondern das mit der Reform verbundene Unterlassen, indem die Gemeinden und die Departements gestärkt wurden[713]. Die Rollenverteilung und die starke Position von Paris in demographischer, kultureller und ökonomischer Sicht gegenüber den restlichen Landesteilen hatte sich kaum gewandelt[714].
(3) Französische Form der Politikverflechtung: In Frankreich ist über die historische Entwicklung, gestärkt durch die Dezentralisierungsreform von 1982, ein System politischer Verflechtungen entstanden, das mehrere Besonderheiten aufweist:
    1. Nicht-Hierarchität im Verhältnis der Gebietskörperschaften: Ein wichtiger Gesichtspunkt ist, dass die einzelnen Gebietskörperschaften in Frankreich den Regionen nicht hierarchisch nachgeordnet sind. Hier besteht kein formales System von Kontroll- und Aufsichtsmöglichkeiten der Regionen über die Kommunen.
    2. Politikfeldorientierte sektorale Verflechtungszusammenhänge: Unter Politics-Gesichtspunkten besteht eine enge Verflechtung der Akteure unterschiedlicher Gebietskörperschaften, was Aushandlungsprozesse und politische Abstimmungsprozesse nach sich zieht.

---

[711] Zu den wirtschafts- und sozialgeographischen Änderungen WACKERMANN, G.: Frankreich, 1989, S. 11 ff.
[712] HOFFMANN-MARTINOT, V.: Zentralisierung, 1999, S. 364.
[713] LEFÈVRE, C.: Zusammenarbeit, 2000, S. 298.
[714] Zu den Informationsdefiziten aus Bürgersicht bzw. Intransparenzen. Vgl. HOFFMANN-MARTINOT, V.: Republic, 2002, S. 9.

3. Hybride Form horizontal-vertikaler Verflechtung: Eng mit dem Gedanken politikfeldorientierter, sektoraler Verflechtungszusammenhänge verbunden, ist die sog. „hybride Form horizontal-vertikaler Verflechtung“[715], die erhebliche Governancerelevanz aufweist.
4. Differenzierter / fragmentierter Kompetenzbegriff: Eine weitere wichtige Unterscheidung wird augenfällig, wenn man die deutsche Debatte um die Kommunale Selbstverwaltung vor Augen hat. Der ursprüngliche Gedanke der Selbstverwaltung besagt, dass eigene Aufgaben in eigener Zuständigkeit zu erledigen sind. Aufgabenverantwortung und Erfüllungsverantwortung sind miteinander verknüpft.
5. Verflochtene Finanzierungszusammenhänge: Der Zusammenhang zwischen Finanzierung und Aufgabenwahrnehmung ist ebenfalls durch eine Vielzahl an Verschränkungen zwischen den Gebietskörperschaften oder Staat und Gebietskörperschaften gekennzeichnet. Die nicht immer eindeutige Aufgabenzuweisung an eine bestimmte Körperschaft, die Zuständigkeit mehrerer Gebietskörperschaften oder die Fragmentierung einer Zuständigkeit war und ist der Nährboden für ein System unterschiedlichster Co-Finanzierung und auszuhandelnder Finanzierungskonditionen. Co-Finanzierung ist der gängige Finanzierungsmodus bei der Aufgabenerfüllung.[716]
6. Aus Sicht der Bürger sind durch die Reform der 80er Jahre die folgenden Resultate zu verzeichnen:
   - Stärkung der Verwaltungseinheiten neben Staat und Kommune. Dies betrifft insbesondere die Region aber auch die Départements sowie die interkommunalen Zusammenschlüsse. Kommunale Kompetenzzuwächse sind nur in geringem Ausmaß zu verzeichnen gewesen[717]. Für die Bürger könnten neue Intransparenzen oder Unwägbarkeiten entstanden sein[718].
   - Partizipation der Bürger: Im Hinblick auf formale Beteiligungsverfahren der Bürger, wie Referenden oder öffentliche Anhörungen, wurden mögliche Instrumente einer bürgernahen Beteiligung und direkter unmittelbarer Demokratie auf lokaler Ebene nicht aufgegriffen. Die Dezentralisierungsreform war für die Bürgerinnen und Bürger in dieser Hinsicht enttäuschend verlaufen. Die repräsentative Demokratie mit ihrem System der Honoratioren hat demgegenüber keine Einbußen hinnehmen müssen.

Neben den genannten inhaltlichen Gesichtspunkten der Dezentralisierungsreform, wie sie 1982 begonnen wurde, sind im Wesentlichen zwei Gesichtspunkte von Bedeutung: Prozesshaftigkeit und die bereits beschriebene pragmatische Vorgehensweise. So lässt sich insgesamt das Fazit ziehen, dass die Reformen ein wichtiger Schritt im Hinblick auf einen weitergehenden Reformprozess waren. Es besteht ein immanenter Bedarf an Fortsetzung und Weiterentwicklung des französischen Staatswesens. Die Dezentralisierungsreformen der achtziger Jahre waren hierfür das Initial. Der zweite Gesichtspunkt einer pragmatischen Vorgehensweise zeigt sich zusammenfassend mit den Merkmalen einer Institutionen, einer Akteurs- und Verflechtungsorientierung:

---

[715] Vgl. UTERWEDDE, H.: Jakobinismus, 2000, S. 165 ff.
[716] LEFÈVRE, C.: Zusammenarbeit, 2000, S. 299.
[717] BECQUART-LECLERCQ, J.: Kommunalpolitik, 1989, S. 196.
[718] Vgl. HOFFMANN-MARTINOT, V.: Republic, 2002, S. 33.

1. Institutionenorientierung: Staatliche und territoriale Institutionen bilden den Rahmen des Wandels und das Raster, innerhalb dessen die Fortentwicklungen eingeordnet sind. Deutlich wird dies bei der kommunalen Zusammenarbeit, die nach und nach stärker ausgebildet wurde. Die Institutionen selbst – hier die territorialen Strukturen der lokalen Gebietskörperschaften – wurden nicht angegriffen.
2. Akteursorientierung: Neben die institutionenorientierte Sichtweise zur Beurteilung der Reformen tritt eine akteursorientierte Perspektive, welche die Motivation des Einzelnen, seine Rolle und Motive in den Politikprozessen hinterfragt. Die Akteursorientierung zeigt sich bei der Diskussion um die Honoratioren bzw. deren Mandatshäufung.
3. Verflechtungsorientierung: Offensichtlich besteht ein erhebliches Maß an Politikverflechtung sowohl in territorialer, sektoraler, horizontaler als auch in vertikaler Hinsicht. Die Reformmaßnahmen führten zu einer weiteren Ausdifferenzierung bzw. zu Phänomenen, wie der hybriden Form horizontaler und vertikaler Verflechtung.

3.2.2.3 Dezentralisierungsgesetze ab 2002

3.2.2.3.1 Anknüpfungspunkte an die bisherigen Reformen

Zwanzig Jahre nach den ersten Dezentralisierungsgesetzen steht Frankreich im Prozess einer zweiten Etappe der Dezentralisierung. Die aktuelle Reform wird als bedeutende Reform und in ihrer Tragweite als mit der Reform von 1982 vergleichbar gesehen[719]. Premierminister RAFFARIN[720] kündigte sie in Form einer Regierungserklärung am 03. Juli 2002 an. Zielrichtung der eingeleiteten Verfassungsreform war zunächst eine weitere Vertiefung der Dezentralisierung, womit eine Stärkung der lokalen Gebietskörperschaften verbunden wird.[721] Mit der zweiten Etappe der Dezentralisierung ist die Etablierung einer Reihe neuer Instrumente verbunden, wie beispielsweise die Einführung von Elementen direkter Demokratie wie örtliche Bürgerentscheide oder eine Experimentierklausel.[722] Auch Änderungen des Steuererhebungsrechts und der Finanzautonomie im Verbund mit einer Änderung der Zuständigkeiten des Senats lassen deutlich werden, dass eine erhebliche Neu- und Umgestaltung des Verfassungsrahmens vorangebracht werden sollte.[723]
Handlungsbedarf war nicht zuletzt dadurch entstanden, dass schleichende Rezentralisierungstendenzen zu verzeichnen waren. Die Offenheit des in den achtziger Jahren eingeleiteten Dezentralisierungsprozesses – ständig fortgeführt durch unterschiedlichste Teilgesetze – hat dazu geführt, dass der Dezentralisierungsprozess stetig weitere Anstöße erhielt[724]. Die mit der ersten Reform verbundene Kompetenzübertragung

---

[719] UTERWEDDE, H.: Dezentralisierungsreform, 2003, S. 175. Standortbestimmung und Grundlagendokument zur Dezentralisierung ist der Bericht der Kommission zur Zukunft der Dezentralisierung vgl. COMMISSION POUR L'AVENIR DE LA DÉCENTRALISATION: Rapport, 2000.
[720] Die Wahl 2002 führte zu einer Niederlage LIONEL JOSPINS und der Sozialisten. Premierminister wurde JEAN-PIERRE RAFFARIN unter JACQUES CHIRAC, wobei RAFFARIN bereits im Vorfeld als Dezentralisierungsbefürworter galt. Vgl. UTERWEDDE, H.: Dezentralisierungsreform, 2003, S. 174.
[721] Zusammenfassend zu den einzelnen Etappen vgl. NÉMERY, J.: Organisation, 2003, S. 11 ff.
[722] TREFFER, G.: Selbstverwaltung, 2003, S. 8.
[723] FRANZÖSISCHE BOTSCHAFT (Hrsg.): Gesetz, 2003.
[724] UTERWEDDE, H.: Dezentralisierungsreform, 2003, S. 174.

bedurfte einer Neuaustarierung, um den Erfahrungen der vorangegangenen Jahre Rechnung zu tragen.[725]

3.2.2.3.2 Zielsetzungen und Inhalte der Dezentralisierungsgesetze ab 2002[726]

Im Mittelpunkt der Dezentralisierung stand die Änderung der Französischen Verfassung. Zielrichtung und Schwerpunkt des Verfassungsgesetzes aus dem Jahr 2003 sind inhaltlich in den folgenden Teilaspekten zu sehen:

(1) Die Stärkung der Demokratie vor Ort[727].
(2) Die Etablierung neuer Kompetenzen für die Gebietskörperschaften.

Die stärkere Betonung der Gebietskörperschaften ist insgesamt als Aufwertung der dezentralen Einheiten zu verstehen.[728]

Was das Verfahren anbelangt, wurde der verfassungsändernde Gesetzesentwurf nach der zweiten Lesung durch den Senat und die Nationalversammlung am 04.12. bzw. 12.12.2002 angenommen. Eine Verfassungsänderung mit 3/5 - Mehrheit im Congrès in Versailles kam am 17. März 2003 zustande,[729] was ein Inkrafttreten des Gesetzes auf Anfang 2004 ermöglichte. Daneben wurde mit einem Gesetz zur Kompetenzübertragung an die Gebietskörperschaften und mit einer verifizierten Form des Gesetzes über die interkommunale Zusammenarbeit der Umsetzung der zweiten Etappe der Dezentralisierung der Weg geebnet. Waren 2003 die Inhalte der Verfassungsänderung selbst zentral, so nahm sich die gesetzgeberische Tätigkeit 2004 der weiteren Umsetzung der Verfassungsänderung an und das Jahr 2005 stand im Zeichen der Implementation der Gesetze.[730]

---

[725] Politische Impulse bestehen auch darin, dass die Entwicklung dezentraler Einheiten – hier die regionale Entwicklung - nicht mehr als staatlicher funktional orientierter Prozess gesehen wird, sondern als politischer „bottom-up" - Prozess. Vgl. TAICLET, A.: Governance, 2006, S. 64.

[726] Ausgangspunkt Loi constitutionelle n° 2003-276 du 28 mars 2003, relative à l'organisation décentralisée de la République, J.O no. 75 du 29 mars 2003, p. 5568.
Die Verfassungsänderung wurde durch Einzelgesetze konkretisiert, für 2003 sind zwei Gesetzestexte relevant: Loi organique n° 2003-704 du 1er août 2003, relative à l'expérimentation par les collectivités territoriales, J.O n° 177 du 2 août 2003, S. 13217 und Loi organique n° 2003-705 du 1er août 2003, relative au référendum locale, J.O n° 177 du 2 août 2003, S. 13218.
2004 traten die beiden folgenden Gesetze in Kraft: Loi organique n° 2004-758 du 29 Juillet 2004, prise en application de l'article 72-2 de la Constitution relative à l'autonomie financière des collectivités territoriales, J.O n° 175 du 30 juillet 2004, S. 13561 und Loi n° 2004-809 du 13 août 2004 relative aux libertés et responsabilités locales, J.O n° 190 du 17 août 2004, S. 14545.
Politische Hintergründe ZIMMERMANN–STEINHART, P.: Frankreich, 2005, S. 366 ff.

[727] Zur Diskussion der Rolle des Staates an der Schnittstelle von Staat und Bürger und die Ausbildung von Zwischengewalten bzw. einer Neubestimmung zwischen Staat und organisierter Zivilgesellschaft mit dem Ziel Misstrauen gegenüber Interessengruppen zu überwinden vgl. UTERWEDDE, H.: Frankreich, 2004, S. 66 ff. Auch Kammern wie die Handwerkskammer finden in Frankreich Einflussmöglichkeiten auf lokaler Ebene. AUSSCHUSS DER REGIONEN: Demokratie, 1999, S. 153.

[728] UTERWEDDE, H.: Dezentralisierungsreform, 2003, S. 176.

[729] NÉMERY, J.: Réforme, 2004, S. 80.

[730] ZIMMERMANN–STEINHART, P.: Dezentralisierung, 2006, S. 336.

Inhaltlich enthalten die Dezentralisierungsbestrebungen mehrere für die französischen Kommunen relevante Pfeiler:

(1) Die dezentrale Organisation der Französischen Republik: Die Änderung des *Artikel 1* der Französischen Verfassung ist hoch zu bewerten. Lautete die ursprüngliche Formulierung

„Frankreich ist eine unteilbare, laizistische, demokratische und soziale Republik“,

so wurde diese Formulierung ergänzt durch die Beifügung

„Ihre Organisationsform ist dezentral“.[731]

Die Region hat analog den Kommunen Verfassungsrang und eine Anerkennung als territoriale Gebietskörperschaft.

Artikel 72 Abs. 1 S. 1[732] *Verfassung*
Die Gebietskörperschaften der Republik sind die Gemeinden, die Departements, die Regionen, die Körperschaften mit besonderer Rechtsstellung und die unter Art. 74 fallenden überseeischen Gebiete.

(2) Subsidiaritätsprinzip: Art. 72 der Französischen Verfassung wurde neu gefasst[733]. So findet sich nunmehr die Formulierung:

Artikel 72 Abs. 2[734] ***Verfassung***
„Die Gebietskörperschaften sind dazu berufen, Entscheidungen in allen (Zuständigkeits-) Bereichen zu treffen, die am besten auf ihrer Ebene umgesetzt werden können.“

Die getroffene Formulierung legt zunächst eine gedankliche Einordnung und Bezeichnung als Subsidiaritätsprinzip[735] nahe, wobei Art. 72 Abs. 5 der Verfassung deutlich macht, dass eine spezifische Auffassung von Subsidiarität mit den Regelungen verbunden ist. So gilt, dass die Gebietskörperschaften Region, Departement und Kommunen untereinander nicht hierarchisch sind[736]:

---

[731] AUTEXIER, C. (Hrsg.): Constitution du 4 octobre 1958, modifiée en dernier lieu par la loi constitutionnelle n° 2005-204 du 1er mars 2005, http://www.jura.uni-sb.de/BIJUS/constitution58/ - (07.04.2006).

[732] AUTEXIER, C. (Hrsg.): Constitution du 4 octobre 1958, modifiée en dernier lieu par la loi constitutionnelle n° 2005-204 du 1er mars 2005, http://www.jura.uni-sb.de/BIJUS/constitution58/ - (07.04.2006).

[733] www.conseil-constitutionnel.fr - (28.03.2006).

[734] AUTEXIER, C. (Hrsg.): Constitution du 4 octobre 1958, modifiée en dernier lieu par la loi constitutionnelle n° 2005-204 du 1er mars 2005, http://www.jura.uni-sb.de/BIJUS/constitution58/ - (07.04.2006).

[735] WOLLMANN, H.: Draft report, 2005, S. 38.

[736] Das Subsidiaritätsprinzip in deutscher Tradition wird demgegenüber im Zusammenhang mit einer mehrstufigen „Abschichtung“ von Kompetenzen diskutiert. Vgl. WOLLMANN, H.: Typus, 2004, S. 367 ff.

Artikel 72 Abs. 5[737] ***Verfassung***
Keine Gebietskörperschaft darf Aufsicht über eine andere ausüben. Indessen kann das Gesetz, soweit die Ausübung einer Zuständigkeit das Zusammenwirken mehrerer Gebietskörperschaften erfordert, eine von ihnen oder eine ihrer Verbände ermächtigen, die Modalitäten ihres gemeinsamen Handelns zu organisieren.

Fraglich ist, ob in der Praxis im Zusammenwirken die Regelung als „Wahloption" verstanden werden kann oder verstanden wird, einzelne Aufgaben auf freiwilliger Basis zu erledigen, oder über übergreifende Kooperationsformen zu erfüllen. Faktisch würde auf diese Weise interkommunale Kooperation bzw. Kooperation der territorialen Gebietskörperschaften gefördert werden.

(3) Regelungskompetenzen und Finanzwesen der Gebietskörperschaften:
Was die Neuregelung im Bereich der Finanzen betrifft, so wird die finanzielle Autonomie und das Prinzip des Finanzausgleichs zwischen den Gebietskörperschaften ebenfalls in der Verfassung verankert.[738]

(4) Experimentierklausel:[739]
Darüber hinaus wird eine Experimentierklausel eingeführt. Experimentiermöglichkeiten werden als Mittel eines „État modeste", eines bescheidenen, sich zurücknehmenden Staates diskutiert.[740] Die Grundlage bildet Art. 37 Abs. 1 der Verfassung, der wie folgt formuliert:

Artikel 37 Abs. 1[741] ***Verfassung***
"Gesetz und Verordnung können zeitlich und sachlich begrenzt Experimentierklauseln enthalten".

Eine Ermächtigung zur Wahrnehmung der Experimentierklausel findet sich in Art. 72 Abs. 4 der Verfassung. Demnach haben die Körperschaften das Recht erhalten, bei der Umsetzung der Aufgaben probeweise von gesetzlichen Regelungen abweichen zu können. Einzelne Gebietskörperschaften können „probeweise" innerhalb eines bestimmten zeitlichen Rahmens eine Aufgabe übernehmen. Bewährt sich am Ende der Probephase die Aufgabenerfüllung, so besteht die Mög-

---

[737] AUTEXIER, C. (Hrsg.): Constitution du 4 octobre 1958, modifiée en dernier lieu par la loi constitutionnelle n° 2005-204 du 1er mars 2005, http://www.jura.uni-sb.de/BIJUS/constitution58/ - (07.04.2006).

[738] UTERWEDDE, H.: Dezentralisierungsreform, 2003, S. 175.

[739] Den Begriff der „Experimentierklausel" findet sich in der deutschen juristischen Tradition ebenfalls, allerdings im Zusammenhang mit einer Flexibilisierung oder Öffnung in den Kommunalgesetzen auf Länderebene, beispielsweise bei der Flexibilisierung des Haushaltsrecht oder einzelnen organisationsrechtlichen Vorschriften. Im Bundesrecht finden sich Experimentierklauseln im Bereich des Bundessozialhilfegesetzes und des Bundesbaurechts, vgl. grundlegend GÖHRING, A.: Experimentierklauseln, 2003. Zur Fortentwicklung des Kommunalrechts über das Instrument der Experimentierklausel vgl. SCHWARTING, G.: Experimentierklausel, 2003, S. 4.

[740] CHAVRIER, G.: Experimentation, 2004, S. 46.

[741] AUTEXIER, C. (Hrsg.): Constitution du 4 octobre 1958, modifiée en dernier lieu par la loi constitutionnelle n° 2005-204 du 1er mars 2005, http://www.jura.uni-sb.de/BIJUS/constitution58/ - (07.04.2006).

lichkeit, dass die jeweiligen Gebietskörperschaften die Aufgabe dauerhaft übernehmen[742]. In welchem Umfang die Kommunen von der Experimentierklausel im Rahmen ihrer Aufgabenwahrnehmung und ihrem Aufgabenbestand betroffen sind, ist zum jetzigen Zeitpunkt noch nicht absehbar. Möglich ist, dass hauptsächlich die Regionen Nutznießer sein werden.[743]

Daneben sind die folgenden zwei Bereiche von erheblicher Relevanz für die weitere Diskussion Lokaler Governance und Selbstverwaltung:

(1) Direkte Demokratie[744] vor Ort:
Die Entwicklung partizipativer Demokratie auf lokaler Ebene ist eine Diskussion, die in Frankreich bereits seit den 90er Jahren intensiv geführt wird. Partizipative Demokratie, in deren Form die politische Macht zwischen den politisch Gewählten und den Bürgern geteilt wird, gilt als Instrument, um als Brücke zur Überwindung des demokratischen Defizits beizutragen.[745]

(2) Austarierung der Kompetenzen:
Das Gesetz über die lokalen Freiheiten und Kompetenzen[746] regelt die Neuverteilung der Kompetenzen und stellt einen Kernbereich der Reformen dar.[747] Nachfolgend werden die Kompetenzen der territorialen Gebietskörperschaften kurz dargestellt, wobei sich das folgende Bild ergibt:

---

[742] UTERWEDDE, H.: Dezentralisierungsreform, 2003, S. 175. CHAVRIER, G.: Experimentation, 2004, S. 47.

[743] Die Region Elsass nutzt seit 2003 die Experimentierklausel. Vgl. UTERWEDDE, H.: Dezentralisierungsreform, 2003, S. 179.

[744] Mit Bezug auf die Unterscheidung des Trias aus repräsentativer Demokratie, direkter Demokratie und kooperativer Demokratie wird der Definition von direkter Demokratie gefolgt, welche direkte Demokratie fasst als „Form der Willensbildung, Konfliktregelung und Entscheidungsfindung, bei der die Entscheidungsbetroffenen unter Umgehung von Repräsentanten Sach- oder Personalentscheidungen treffen". BOGUMIL, J. / HOLTKAMP, L.: Bürgerkommune Zusammenspiel, 2002, S. 3.

[745] Ähnlich der deutschen Diskussion auch in Frankreich das Argument der Gemeinde als „Schule der Demokratie", LACHAUME, J.: Commune, 1997, S. 5.

[746] Loi n° 2004-809 du 13 août 2004 relative aux libertés et responsabilités locales, J.O n° 190 du 17 août 2004, S. 14545.

[747] Zur politischen Diskussion vgl. ZIMMERMANN–STEINHART, P.: Frankreich, 2005, S. 367.

Tab. 18 – Kompetenzen nach der Dezentralisierungsreform 2004: Aufteilung zwischen Gemeinde, Departement und Region

	Gemeinden / Gemeindeverbände	Departements	Regionen
Raumplanung, Verkehr, Infrastruktur	• Lokaler Bauleitplan • Erstellen des Flächennutzungsplanes • Erteilung von Baugenehmigungen • Kommunales Verkehrswegenetz • Fak: Übernahme bisher staatlicher ziviler Häfen • Fak: Bau, Unterhalt, Verwaltung ziviler Flughäfen	• Bau, Unterhalt der Departementalstraßen und eines Großteils der Nationalstraßen • Verantwortung für überörtlichen ÖPNV und Schülertransport • Gründung, Verwaltung von Handels- und Fischereihäfen • Fak: Übernahme bisher staatlicher ziviler Häfen • Fak: Bau, Unterhalt, Verwaltung ziviler Flughäfen	• Regionaler Raumordnungsplan (Planverträge mit dem Staat) • Regionaler Verkehrs- und Infrastrukturplan • Verantwortung für regionalen öffentlichen Verkehr einschließlich Schienenverkehr • Fak: Übernahme bisher staatlicher ziviler Häfen • Fak: Bau, Unterhalt, Verwaltung ziviler Flughäfen
Wirtschaft	• Fak: Ko-Finanzierung von direkten Hilfen an Unternehmen (nach Vereinbarung mit Region) • Indirekte Hilfen an Unternehmen • Fak: Eigenständige Hilfen an Unternehmen (nach Zustimmung der Region)	• Fak: Ko-Finanzierung von direkten Hilfen an Unternehmen (nach Vereinbarung mit der Region) • Verteilung indirekter Hilfen an Unternehmen • Fak: eigenständige Hilfen an Unternehmen (nach Zustimmung der Region)	• Gesamtverantwortung für direkte und indirekte Hilfen an Unternehmen • Exp: Regionaler Plan zur Wirtschaftsentwicklung • Exp: direkte Verantwortung für EU-Strukturfondshilfen

	Gemeinden / Gemeindeverbände	Departements	Regionen
Sozial- / Gesundheitswesen	• Ergänzende Aktionen der Sozial- und Gesundheitsversorgung (Centre communal d´action sociale) • Lokaler Wohnungsbauplan • Fak: Aktionen im Bereich Gesundheitsprävention und Impfschutz	• Gesamtverantwortung für die Gewährleistung staatlicher sozialer Leistungen • Definition, Durchführung sozialpolitischer Aktionen • Gesundheitsschutz für Familien und Kinder • Errichtung eines dep. Solidaritätsfonds zur Wohnungsversorgung • Fak: Aktionen im Bereich Gesundheitsprävention/Impfschutz • Exp: erweiterte Kompetenzen bei Rechtshilfe für Jugendliche	• Fak: Aktionen im Bereich Gesundheitsprävention und Impfschutz • Exp: Beteiligung an Finanzierung und Bau von Einrichtungen des Gesundheitswesens
Bildung und Kultur	• Finanzierung, Bau und Unterhalt der Vor- und Grundschulen • Beteiligung am Schulversorgungsplan • Exp: Errichtung neuer Grundschulen in eigener Initiative • Fak: Erwerb denkmalgeschützter Gebäude / Monumente vom Staat	• Finanzierung, Bau und Unterhalt der collèges (Sekundarstufe I) • Verantwortung für technisches Personal an Collèges • Departementale Museen und Bibliotheken • Fak: Erwerb denkmalgeschützter Gebäude / Monumente vom Staat	• Finanzierung, Bau, Unterhalt von Gymnasien • Verantwortung für technisches Personal an Gymnasien • Gesamtverantwortung für regionale berufliche Erstausbildung und berufliche Weiterbildung • Bau, Unterhalt von regionalen Museen • Pflege reg. Archive • Exp: Eigenverantwortung für Unterhalt und Restauration denkmalgeschützter Bauten • Fak: Erwerb denkmalgeschützter Gebäude/ Monumente vom Staat

Fak: Kompetenzausübung ist freiwillig
Exp: versuchsweise, zeitlich limitierte Kompetenzausübung in den Körperschaften

Quelle: Nach UTERWEDDE, H.: Kompetenzen, 2005. Originaldokument: La Documentation francaise. www.vie-politique.fr/decouverte_instit/instit/instit_3_3_0_q4.htm - (21.03.2005).

Zusammenfassend zeigt sich auf einer abstrakteren Ebene, dass die Gebietskörperschaften unter dem Gesichtspunkt der Kohärenz den folgenden Änderungen unterliegen:

- In der ersten Etappe der Reform wurden den Gebietskörperschaften neue Kompetenzen übertragen, nunmehr geht es darum, eine Feinabstimmung der Kompetenzen aufeinander vorzunehmen. Es ist erforderlich, einen angemessenen Umgang mit der beschriebenen Komplexität ineinander verflochtener Gebietskörperschaften in politischer und aufgabenbezogener Hinsicht zu finden.
- Instrument der Abstimmung ist die „Federführung", „Chef de File", d.h. einer Gebietskörperschaft wird die Federführung über die Ausführung bestimmter Aufgaben und die Entwicklung von Prozessen gegeben. Einordnen kann man die Regelung des „Chef de File" als Form „unechter" horizontal-vertikaler Verflechtung im Bereich sektoraler Verflechtungszusammenhänge, die einer bestimmten Gebietskörperschaft in einzelnen Teilbereichen dient. Es entsteht eine verbesserte Koordination und Aushandlungsprozesse werden erleichtert. Ob mit der Regelung der „Federführung" das Prinzip der nicht - hierarchisch verbundenen Gebietskörperschaften aufgeweicht werden kann[748] oder aufgeweicht wird, ist fraglich.[749] Auch die Stärkung der größeren territorialen Organisationen als Auswirkung der Regelung „Chef de File" wird diskutiert.[750]

3.2.2.3.3 Wirkmechanismen und Steuerungsgesichtspunkte der Reformen

Das Projekt der Dezentralisierung schreitet in Frankreich voran. Die eingeleiteten Maßnahmen, stellen Meilensteine eines Prozesses dar, der sich bis ins Jahr 2007 – der Übertragung der Verantwortlichkeiten für die staatlichen Beamten– ausdehnt. Einwände und Kritik an der Dezentralisierungsreform ergeben sich sowohl aus Sicht der Bürgerinnen und Bürger als auch aus Sicht der Parteien oder der Gebietskörperschaften und lässt sich wie nachfolgend dargestellt kategorisieren:

[748] Thematisiert UTERWEDDE, H.: Dezentralisierungsreform, 2003, S. 178.

[749] Dies gilt wenn nicht deutlich ist, ob sich hinter der „Federführung" eine Entscheidungsfindung „im Einvernehmen" oder „im Benehmen" verbirgt und die Ausübung der Federführung stark vom Arbeitsstil der agierenden Personen geprägt ist. Diskutiert wird die Möglichkeit einer „tutelle rampante", einer schleichenden Aufsicht einer Gebietskörperschaft über eine andere Gebietskörperschaft. Vgl. NÉMERY, J.: Organisation, 2003, S. 27.

[750] RIHAL, H.: Statut, 2003, S. 224.

Tab.19 – Systematisierung der Kritik an der aktuellen Dezentralisierungsreform

Ursprung der Kritik	Inhalte der Kritik
Linke Opposition	Liberaler Ansatzpunkt: mit Dezentralisierung ist schleichender Rückzug des Staates verbunden.
Neo-Republikaner	Jakobinische Tradition: mit Dezentralisierung ist verknüpft: • Schwächung staatlicher Autorität • Schwächung nationaler Solidarität • Gefahr für französische Einheit • „Ausverkauf" staatlicher Kompetenzen.
Sicht der Bürger	Für die Bürgerinnen und Bürger sind mit der aktuellen Dezentralisierungsreform die folgenden Befürchtungen verbunden: • Reformen sind kompliziert und schwer durchschaubar • Betonung anderer Themen für Bürger von hoher Bedeutung, beispielsweise innere Sicherheit • Gefahr der Intransparenz, Ineffizienz[751] • Frage, inwiefern Dezentralisierung inhaltlich gleichbedeutend mit Sozialabbau ist.[752]
Gebietskörperschaften	• Unsicherheit über die möglichen Auswirkungen der Reform auf die Handlungsspielräume der Gebietskörperschaften • Neue Rivalitäten zwischen unterschiedlichen Gebietskörperschaften oder zwischen Gebietskörperschaften und deren territorialen Zusammenschlüssen könnten entstehen.
Beschäftigte[753]	• Mit dem Aufgabentransfer ist eine Verlagerung von Beschäftigten in die territorialen Gebietskörperschaften verbunden. Dies könnte nach Berücksichtigung aller Übergangsfristen etc. für die Beschäftigten Unsicherheit und Prestigeverlust bedeuten.

Quelle: Auf Basis von UTERWEDDE, H.: Dezentralisierungsreform, 2003, S. 183 ff.

Politisch gesehen schließt die aktuelle Dezentralisierung an die bisherigen Reformen zwar an, allerdings argumentativ limitiert durch die Forderungen nach einer weiterhin unteilbaren Republik.

---

751 ZIMMERMANN–STEINHART, P.: Frankreich, 2005, S. 372.
752 ZIMMERMANN–STEINHART, P.: Frankreich, 2005, S. 372 ff.
753 Insbesondere sollen 130.000 Beamte aus dem Staatsdienst in den Lokaldienst wechseln. Zur Problematik vgl. KUHLMANN, S.: Verwaltungsreform, 2004, S. 14.

Unter Steuerungs- und Governancegesichtspunkten werden insbesondere die folgenden drei Aspekte besonders relevant:

1. Verhältnis des Staates zu den Gebietskörperschaften: Die fortgeführte Dezentralisierungsreform hat zu einer weiteren Übertragung von Kompetenzen von staatlichen Organen auf die Gebietskörperschaften geführt. Die Dezentralisierungsreform als Teil eines politischen Prozesses zielt darauf ab, in Politikbereichen einen „optimalen“ oder zumindest geeigneten Dezentralisierungsgrad zu erhalten, der eine effektive Problemlösungsfähigkeit sicherstellt.
2. Verhältnis der Gebietskörperschaften zueinander: Die Reform hat an die begonnene Trendwende von 1982 angeknüpft. Die bestehende horizontale Politikverflechtung hat unter sektoralen Gesichtspunkten zugenommen und eine Zunahme an Ausdifferenzierung ist festzustellen. Ob die Konkurrenz zwischen den Gebietskörperschaften zu Effizienz in der Aufgabenerledigung und zu den erhofften Innovationen führt, bleibt abzuwarten und kann nur mittelfristig beantwortet werden.
3. Subsidiarität und Bürgernähe: Mit den Möglichkeiten der Partizipation wurden Elemente aufgenommen, welche in der Reform von 1982 vernachlässigt worden waren. Wichtig scheint an dieser Stelle zu sein, dass sich die Beteiligung der Bürger nicht nur auf die politischen Entscheidungen, sondern auf die politische Willensbildung bezieht und sie die Möglichkeit bekommen, einzelne Themen auf die politische Agenda zu setzen, um ein „Plus“ an politischer Gestaltungskraft und Initiative zu erreichen[754]. Was in Art. 72 Abs. 2 der Französischen Verfassung zunächst als verklausulierte Subsidiaritätsformel anmutet, wird bei näherer Betrachtung durch die Formulierung „am besten“ am ehesten zu einer Effizienzklausel. In der Folge müsste man fragen, wie mit diesem Rechtsbegriff in der Praxis der Aufgabenwahrnehmung umzugehen ist und ob Ansatzmöglichkeiten bestehen, die es ermöglichen, quantitative und qualitative Merkmale oder Kennzahlen zugrunde zu legen. Auch die Reichweite der Formel erschließt sich nicht aus dem Wortlaut. In der Folge bleibt abzuwarten, ob und in welchem Umfang sich die gewählte Formulierung auf das Verhältnis zwischen den Gebietskörperschaften, oder auf das Verhältnis zwischen Staat und Gebietskörperschaften bezieht, oder ob sowohl Staat, Gebietskörperschaften und Private entweder als wirtschaftliche Akteure oder als Bürger einbezogen sind. Die Anwendung wird dies erweisen.[755] Der zweite wichtige Gesichtspunkt hierbei ist, ob die gewählten Formulierungen zur Subsidiarität ein Mittel darstellen, um Bürgernähe zu verwirklichen, und das Subsidiaritätsprinzip eine Wirkung zwischen Gemeinde und Bürgerschaft entfalten kann.

---

[754] Inwiefern sich die gewählten Honoratioren der Gebietskörperschaften durch die Elemente der direkten Demokratie in ihrem Gestaltungsspielraum faktisch eingeschränkt fühlen oder eingeschränkt werden, wird die zeitliche Entwicklung, die Implementationsforschung und die Evaluationsforschung zu den Dezentralisierungsgesetzen ergeben.

[755] Auf die Stellung des Bürgers im lokalen politischen System wird unter dem Gesichtspunkt der aktuellen Reformen gesondert eingegangen.

3.2.2.4 Darstellung der Beteiligung der kommunalen Ebene / von kommunalen Akteuren an höherstufigen Politikprozessen

3.2.2.4.1 System lokaler Honoratioren und Mandatshäufung

Signifikant ausgeprägt und Teil der politischen Tradition ist in Frankreich die Bedeutung lokaler Honoratioren.[756] Die Charakteristika des Systems der lokalen Notabeln[757] und ihr Status setzt sich aus den Elementen Zugehörigkeit zu einer höheren sozialen Schicht, Ausübung eines prestigeträchtigen Berufes und Zugehörigkeit zum lokalen politisch-administrativen System - in der Regel bei Kumulierung mehrerer Mandate - zusammen.[758]
Im Grunde sind die Notabeln Honoratioren, die sowohl als lokale Mandatsträger und gleichzeitig auf Departementebene oder regionaler Ebene oder in staatlicher Position tätig sind, so dass sie auf diesem Wege mehrere Ämter ausüben. Das System der Mandatshäufung oder auch Ämterkumulierung wird bei der Bevölkerung Frankreichs als problematisch erkannt und die Probleme, welche sich aus der Ämterkumulierung ergeben, sind den politischen Akteuren bewusst. Dies verdeutlicht sich nicht zuletzt daran, dass bis zum Jahr 1985 bereits mehr als 25 Gesetzesvorschläge eingebracht worden waren, um Mandatshäufungen einzudämmen. Konsens konnte zunächst mit dem Gesetz vom 30. Dezember 1985 erreicht werden, welches vorsah, die Häufung von zwei Mandaten zuzulassen, wobei einige Mandate bereits im Vorfeld aus dieser Rechnung ausgeschlossen waren[759]. Auch besteht die Praxis, ein Mandat einem „Kronprinzen" abzugeben, der dann als „Erbe" des Notabeln weiterhin in Übereinstimmung mit dessen Überzeugungen handelt. Im Ergebnis monopolisierten noch im Jahre 1990 897 Parlamentarier 2200 lokale, europäische und nationale Mandate, ohne dass die interkommunalen Mandate berücksichtigt worden wären. Die Zahl der Parlamentarier die Mandate kumulierten (d.h. mindestens zwei Mandate ausübten) lag bei 94 Prozent.[760]

Für die Praxis der Politik- und Interessenvertretung bedeutet die Ämterhäufung zunächst, dass die einzelnen Honoratioren ihre Ideen, Wert- und inhaltlichen Vorstellungen gleichzeitig auf den unterschiedlichen Ebenen einbringen können[761]. Dies müsste nicht per se negativ zu bewerten sein, ergibt sich daraus doch ein hohes Maß an Fachwissen aufgrund der vertikalen Verflechtung bei den beteiligten Notabeln.

---

[756] Bürgermeister als „Makler" der Politik. MABILEAU, A.: Stadt, 1993, S. 69.
[757] Der Begriff der Notabeln soll als deskriptiver Terminus begriffen werden, der definitiv nicht die Person - Qualität des Einzelnen in den Vordergrund rückt, sondern „jene, die im Strukturzusammenhang gesellschaftlicher Prozesse zentrale oder sektorale Führungsfunktionen wahrzunehmen haben, die als formelle oder informelle institutionelle Repräsentation beschreibbar sind". Analog die Darstellung des Begriffs der „Elite" bei SCHUMANN, H.: Funktion, 1983, S. 32.
[758] Nach BIRNER, U.: Regionalisierung, 1982, S. 20.
[759] Das Gesetz hat von den bestehenden 550.000 Mandaten der kommunalen, regionalen und nationalen Ebene lediglich 9.000 erfasst. Ausführlich BECQUART-LECLERCQ, J.: Selbstverwaltung, 1994, S. 88.
[760] Vgl. BECQUART- ECLERCQ, J.: Selbstverwaltung, 1994, S. 88.
[761] Vgl. BIRNER, U.: Regionalisierung, 1982, S. 21. Umfang der Vernetzung in den 90er Jahren vgl. BECQUART-LECLERCQ, J.: Selbstverwaltung, 1994, S. 88.

Ebenso die Möglichkeit intensiver politischer Interessenabwägung und inhaltlicher Diskussionen auf den jeweiligen Handlungsebenen.
Der Bürgermeister gewinnt an Einfluss, weil er einerseits Vertreter der lokalen Interessen ist und zugleich Informationslieferant und Vertreter der jeweiligen Vollzugsbehörde[762]. Auch der Präfekt, als Mittler an der Nahtstelle zwischen staatlicher und territorialer Verwaltung, sucht den Konsens in der Zusammenarbeit mit dem Bürgermeister. Letztlich resultiert die nach wie vor enge Bindung zwischen Bürgermeister und Präfekt aus diesem gegenseitigen Informations- und Kooperationsverhältnis.
Für eine Diskussion des Systems lokaler Honoratioren wird die bestehende Kritik nach bestimmten Leitgedanken oder Erklärungsansätzen systematisiert. Es bieten sich zwei Perspektiven an:

1. Eine akteursorientierte oder auch verhaltenstheoretische Perspektive,[763] welche sich an den Motiven und Zielen der Handelnden orientiert und die Frage nach dem spezifischen Selbstverständnis der Mandatsträger stellt und untersucht, wie diese innerhalb ihres institutionellen Kontext handeln.
2. Eine Orientierung an der bestehenden französischen Verwaltungskultur.

Bedeutsam ist die inhaltliche Ausrichtung des Einzelnen und das persönliche Ziel der Notabeln zu nennen, welche um Einflusssphäre und Machterhalt ringen. Persönliche Motivation zum Machterhalt könnte die Kumulation von politischen Ämtern bzw. auch mit einer Tätigkeit in einer Berufsorganisation darzustellen. Das auf diese Weise erschlossene Machtpotential sichert den Zugang zu Entscheidungsprozessen und ermöglicht ein hohes Maß an Verhandlungsfähigkeit. Strategisch betrachtet versuchen die Notabeln entsprechend einer Vorgehensweise zu handeln, welche es ihnen ermöglicht, die Interessen gegenüber dem Präfekten zu sichern, Verhandlungen mit den Regionalräten zu führen und die Direktkontakte zu den Ministerien zu pflegen. [764]

---

762 Kritische Auseinandersetzung BENZ, A. / BENZ, A.: Dezentralisierungspolitik, 1987, S. 31 ff.
763 Politikwissenschaftlich theorieorientiert lässt sich eine Analyse des Notabelnsystems sowohl akteurszentriert–institutionalistisch als auch über Rational Choice Ansätze untermauern. Methodologisch-individualistische Analysen erklären soziologische Phänomene. Bei einer gegebenen sozialen Situation wird das Handeln der Akteure über Transformationsregeln in einen Zusammenhang mit Makroeffekten gestellt. Vgl. DRUWE, U. / KUNZ, V. (Hrsg.): Rational Choice, 1994.
764 Bezieht man argumentativ eine historische Pfadentwicklung mit den Spezifika der Verwaltungskultur mit ein, dann könnte hinsichtlich der allgemeinen Orientierung im Bereich des zugrunde liegenden Organisationsmodells Frankreichs aufgrund der starken Stellung lokaler Honoratioren mit einer Prägung entsprechend HENRY FAYOL argumentiert werden, während in Deutschland organisationstheoretisch und historisch eine Orientierung an MAX WEBER erfolgt ist. Vgl. VIERLING, M.: Verwaltungsmodernisierung, 2004, S. 102. Nachvollziehbar wird dies insbesondere anhand der differenzierten Schwerpunktsetzung, die nicht wie in Deutschland auf WEBERS bürokratischem Ansatz, welcher die Regelgebundenheit als Merkmal der bürokratischen Verwaltung bei Entscheidungen hervorhebt und betont, fußt. Für WEBER war die Bürokratie Ausgangspunkt und effizienteste Form, um die gesetzten Ziele zu erreichen. KIESER, A. (Hrsg.): Organisationstheorien, 1993, S. 44 ff.; FENSKE, H.: Denken, 1993, S. 701 ff. Auch wenn WEBERS Bürokratiemodell lediglich einen Idealtypus darstellt und die zugrunde liegenden Prämissen rationaler Organisation relativiert wurden, so spricht viel dafür, dass zumindest die Grundgedanken WEBERS in der deutschen Verwaltungskultur weiter bestehen.

Systematisiert ergibt sich das folgende kritische Bild der Ämterhäufung:

Tab. 20 – Negative Auswirkungen der Ämterkumulierung

	Auswirkung	Weitergehende Darstellung / Begründung
Akteurs-bezogene Dimension	Geringer Austausch der Eliten	Ämterhäufung erleichtert ev. Wiederwahl, Auffangpositionen bzw. Sicherheitsnetze entstehen.
	Abwesenheitsrate	Durch Arbeitsbelastung aufgrund mehrerer Mandate höhere Abwesenheitsrate.
	Hoher Lebensstandard der Mandatsträger	Die Mandatsträger kumulieren mehrere Aufwandsentschädigungen.
	Kumulierung als Ausdruck „elitärer politischer Kultur“	Gefahr der Entstehung oligarchischer Tendenzen in den Parteien bzw. es entsteht eine eigene politische Klasse.
	Ämterkumulierung lässt Interessenkonflikte entstehen	Interessenkonflikte ergeben sich bei Mandatshäufung durch die unterschiedliche Interessenlage der Gebietskörperschaften und räumlichen Organisationen.
Dimension Governance / Verflechtungsgesichtspunkte	Fragwürdige Legitimationsgrundlagen	Praktizierte Ämterhäufung wird gerechtfertigt, indem der Mandatsträger auf (vertikale) Einflusswege hinweist, über die er aufgrund der Häufung verfügt. Somit werden letztendlich Interessenkonflikte legitimiert.
	Betonung der Professionalisierung der Politik	Risikofreier Aufstieg von der Basis auf die höheren politischen Ebenen.
	Demokratisierung auf lokaler Ebene ev. beeinträchtigt	Die Macht der lokalen Notabeln wird durch die Ämterkumulierung vervielfacht.
	Betonung vertikaler Kommunikation	Die Betonung der vertikalen Kommunikation geht (1) zulasten der horizontalen Kommunikation und schafft sog. „Supernotabeln“. Ungleichheit wird gefördert. (2) zulasten des Bürgers, da sie die Einführung von Arbeitsweisen / Beteiligungsmöglichkeiten für Bürgerinnen und Bürger nicht unterstützt.
	Sonderfall interkommunaler Ämterhäufung	Widerstand der Kommunen gegenüber einer Territorialreform führt zu einer zusätzlichen „politischen Ebene“. Die „Zwischenebene“ schafft wiederum neue Mandate, welche die Ämterhäufung fördern.

Quelle: Argumente BECQUART-LECLERCQ, J.: Frankreich, 1994, S. 9; BECQUART-LECLERCQ, J.: Kommunalpolitik, 1989, S. 210; BENZ, A. / BENZ, A.: Dezentralisierungspolitik, 1987, S. 34 ff.; LEVÈVRE, C.: Zusammenarbeit, 2000, S. 302 ff.,

Mit dem Modell der Ämterhäufung werden schwerlich Möglichkeiten zur Einbeziehung der Bürger geschaffen und somit kein direktdemokratisches Element. Auch entsteht der Eindruck, als würden durch sog. „Supernotabeln" und Beziehungsgeflechte „closed shops" der jeweiligen Eliten entstehen, welche für die Bürger Nicht - Partizipation auch aufgrund von Informationsasymmetrien und Intransparenz bedeuten.

Die Auswirkungen der Ämterkumulierung wurden in ihrer Governancerelevanz bereits dargestellt. Es wird deutlich, dass der vertikale lokale Governancegedanke dominiert. So stellt sich insbesondere im Zusammenhang mit Ämterkumulierung in ihrer vertikalen Dimension die Frage, ob diese nicht zu einer „Verstaatlichung der Kommunalpolitik" führen kann oder geführt hat. Auch tritt hier der Zusammenhang von Verwaltungskultur und Politikkultur deutlich. Betrachtet man Verwaltungskultur in Frankreich in enger Anbindung an politische Kultur führt dies zu einer nuancierten Betrachtung politischer Einflussnahme, Macht und Positionen[765].

3.2.2.4.2 Die Rolle des Senats

Die zweite Kammer des französischen Parlaments, der Senat, wird durch indirekte Wahl, einem Wahlmännergremium, gewählt, welches sich sowohl aus nationalen Mitgliedern als auch aus Vertretern der Gremien der Gebietskörperschaften Regionalräten, Departementalräten sowie Gemeinderäten zusammensetzt. Institutionalisiert wurde der Senat bereits im Jahre 1875. Er hat sich in der politischen Tradition Frankreichs als konservatives Element bewiesen und weniger als Vermittler zwischen Staatsinteressen und dezentralen Interessen.[766] Durch die Wahlmodalitäten sind die Gebietskörperschaften bzw. ihre Forderungen stets gegenwärtig.[767]

Die Französische Verfassung regelt in Art 24. Abs. 3 die Vertretung der Gebietskörperschaften folgendermaßen:

Artikel 24[768] Verfassung

(1) *Das Parlament besteht aus der Nationalversammlung und dem Senat*

(2) *Die Abgeordneten der Nationalversammlung werden in unmittelbarer Wahl gewählt*

(3) *Der Senat wird in mittelbarer Wahl gewählt. Er gewährleistet die Vertretung der Gebietskörperschaften der Republik. Die außerhalb Frankreichs niedergelassenen Franzosen werden im Senat vertreten.*

---

765 GILBERT, C: Aspekte, 1988, S. 28.

766 BENZ, A. / BENZ, A.: Dezentralisierungspolitik, 1987, S. 7/8.

767 Grundlegend MABILEAU, A.: Kommunalpolitik, 1996, S. 22.

768 AUTEXIER, C. (Hrsg.): Constitution du 4 octobre 1958, modifiée en dernier lieu par la loi constitutionnelle n° 2005-204 du 1er mars 2005, http://www.jura.uni-sb.de/BIJUS/constitution58/ - (07.04.2006).

Darüber hinaus regelt Artikel 39 der Verfassung[769], dass Gesetzesentwürfe, die hauptsächlich die Organisation der Gebietskörperschaften zum Gegenstand haben, dem Senat vorgelegt werden. Dadurch erfolgt eine Stärkung seiner Position.[770] Er hat darüber hinaus eine zentrale Rolle bei Verfassungsänderungen, da sich hier Nationalversammlung und Senat auf gemeinsame und letztlich von beiden Kammern wortgleiche Gesetzestexte einigen müssen. Im Besonderen verfügt der Senat über ein Vetorecht in bezug auf die Loi Organique, der verfassungsergänzenden Gesetze[771], die ihn selbst betreffen.[772]

Zusätzlich kommt die bereits dargestellte Ämterhäufung zum Tragen. Der Transport kommunaler Interessen in den Senat findet auch hier über Mehrfachmandate auf die Ebene nationaler Politik statt.[773] 1998 gestaltete sich die Kumulierung wie folgt:

Auf diese Weise sind die territorialen Gebietskörperschaften verflochten und verwoben mit der Politikebene des Gesamtstaates. Die im Jahr 2000 eingeführten Gesetze gegen die Ämterkumulierung[774] betrafen nicht die verfassungsrechtlich gewünschte Rolle und Repräsentation der Gebietskörperschaften im Senat.[775]

3.2.2.4.3 Verbandswesen und Interessenwahrnehmung auf übergeordneten Ebenen im nationalen Rahmen

Wie in Deutschland trifft die französische Verfassung keine Regelung kommunaler Repräsentation. In Frankreich sind die Städte in unterschiedlichen Interessengruppen organisiert, wobei sich die Städte und Gemeinden nach der jeweiligen Interessenlage zu Verbänden zusammengeschlossen haben. Nachfolgend werden bedeutende Interessenvertretungen der Städte und Gemeinden vorgestellt[776]:

1. Vereinigung der Bürgermeister Frankreichs (Association des Maires de France - AMF)[777]. Der französische gemeinnützige Bürgermeisterverband stellt die zentrale Organisation für die Interessenvertretung der Kommunen dar. Er wurde 1907

---

[769] AUTEXIER, C. (Hrsg.): Constitution du 4 octobre 1958, modifiée en dernier lieu par la loi constitutionnelle n° 2005-204 du 1er mars 2005, http://www.jura.uni-sb.de/BIJUS/constitution58/ - (07.04.2006).

[770] RIHAL, H.: Statut, 2003, S. 221.

[771] Die „Loi organique" stehen in der französischen Rechtsordnung zwischen einfachen Gesetzen und der Verfassung bzw. verfassungsändernden Gesetzen. Sie regeln die Aufgaben bzw. den staatsorganisatorischen Aufbau. TÜMMERS, H.: System, 2006, S.104.

[772] Darstellung SCHILD, J.: Politik, 2006, S. 98 ff.

[773] 1995 waren etwa ein Drittel der Senatsmitglieder gleichzeitig Bürgermeister, vgl. AUSSCHUSS DER REGIONEN: Demokratie, 1999, S. 148 ff.

[774] Loi organique n° 2000-294 du 05 avril 2000, relative aux incompatibilités entre mandats électoraux, J.O n° 82 vom 06 avril 2000, S. 5238 und Loi n° 2000-295 du 05 avril 2000, relative à la limitation du cumul des mandats électoraux et des fonctions électives et à leurs conditions d´exercice, J.O n° 82 du 06 avril 2000, S. 5239.

[775] Der Senat hat auf seinem Server einen eigenständigen Bereich und ein Informationsportal für kommunale Themen eingerichtet vgl. http://carrefourlocal.senat.fr - (02.08.2007].

[776] Informationsportal www.kommunalweb.de/webguide/5/175/ - (20.03.2005).

[777] www.amf.asso.fr - (18.03.2005).

gegründet und sichert die Interessen der Gemeinden auf nationaler und europäischer Ebene. Der Bürgermeisterverband gilt als einer der Hauptakteure für die kommunale Interessenvertretung, da mehr als 35.000 Bürgermeister und Präsidenten übergemeindlicher Gebietskörperschaften Mitglied im Verband sind.[778] Personell wird der französische Bürgermeisterverband von einem 36-köpfigen Präsidium geleitet. Unterstützt wird der Verband von einem Netz aus Bürgermeisterverbänden, welche sich territorial organisieren. Der Verband hat die folgenden Aufgaben:[779]

- Er ist Vertreter der kommunalen Interessen und in diesem Rahmen auch Ansprechpartner der französischen exekutiven und legislativen staatlichen Institutionen.
- Er bietet Informationen zur Führungsunterstützung und begleitet unter fachlichen Gesichtspunkten Gesetzgebungsvorhaben und Legislativverfahren.
- Ein weiteres wichtiges Aufgabenfeld scheint die fachlich orientierte Öffentlichkeitsarbeit zu sein, denn der Verband organisiert jährlich Kongresse bzw. eine nationale Messe („congrès annuel et salon des maires et des collectivités locales")[780], an der 10.000 Bürgermeister bzw. die Vorsitzenden auch übergemeindlicher Verbände teilnehmen.
- Die europäische Entwicklung wird dahingehend berücksichtigt, dass der Verband die Bürgermeister über die politischen Entwicklungen informiert und darüber hinaus die kommunalen Interessen bei den europäischen Institutionen vertritt. Der Verband hat seit dem Frühjahr 2003 ein eigenes Büro in Brüssel, welches die europäische Meinungsbildung beobachtet, das Büro sorgt für den Informationstransfer zu den Kommunen und pflegt Kontakte zu den relevanten Institutionen der Union.
- Von Bedeutung ist, dass sich die nationale französische Regierung an den Bürgermeisterverband wendet, wenn es darum geht, die Bürgermeister vorzuschlagen, welche im Ausschuss der Regionen mitarbeiten.

2. Gebietsbezogene Vereinigungen der Bürgermeister: Neben dem Verband der Vereinigung der Bürgermeister Frankreichs existieren auf Departementebene mehr als 100 dezentrale Bürgermeisterverbände, welche die Tätigkeit des französischen Bürgermeisterverbandes unterstützen[781].

3. Vereinigung der Bürgermeister der großen Städte (Association des Maires de Grandes Villes de France / AMGVF)[782]: Diese Vereinigung betreibt Lobbyarbeit für die Interessen der Großstädte. Ihr gehören neben 49 Städten auch Communauté d´Agglomération, Communauté Urbaine, SAN, wie das Syndicat d´Agglomération Nouvelle de Sénart, ebenso das SAN Ouest Provence oder das

[778] www.amf.asso.fr/fonctionnement2/german.asp - (18.03.2005).
[779] www.amf.asso.fr/fonctionnement2/german.asp - (18.03.2005).
[780] Vergleichbar mit der Messe „staat-modern", die allerdings nicht ausschließlich auf die kommunalen Interessen ausgelegt ist. www.staat-modern.de - (18.03.2005).
[781] Zur Tätigkeit der Verbände als Beispiele die Homepage der Vereinigung der Bürgermeister des Finistère, welche ein informatives Portal auch für Bürger einen Zugang zu den Gemeinden bzw. zu den jeweiligen Communautés de Communes bietet bzw. die Bürgermeistervereinigung des Département de la Somme. www.amf29.asso.fr - (20.03.2005).
[782] www.grandesvilles.org - (21.03.2005).

SAN de Marne la Vallee – Val Maubuée[783] an. Insgesamt hat die Vereinigung mehr als 90 Mitglieder und existiert seit 1974. Sie arbeitet thematisch in den Aufgabenfeldern Europa und Internationales, Sicherheit, interkommunale Kooperation und interkommunale Strukturen, Finanzen und Finanzwesen, neue Technologien, Stadt-Umland Politik und nachhaltige Entwicklung.[784] Bezogen auf die Einrichtungen vertritt die Vereinigung der Bürgermeister der großen Städte 16,3 Millionen Einwohner, was 27,8 v. H. der französischen Bevölkerung entspricht.[785] Neben der Vertretung und Wahrung der Interessen ihrer Mitglieder begleitet die Vereinigung auch die parlamentarischen Debatten, welche für die Gebietskörperschaften relevant sind.[786]

(4) Vereinigung der Kleinstädte (Association des Petites Villes - APVF)[787].
Die Vereinigung der Kleinstädte Frankreichs umfasst etwa 850 Städte. Sie vertritt die Interessen von Städten zwischen 3.000 und 20.000 Einwohnern, beispielsweise bei Fragen zur Dezentralisierung. Die Vereinigung der Kleinstädte ist fachwissenschaftlich begleitend zu den Dezentralisierungsprozessen stark engagiert und begleitet die Reformen mit empirischen Erhebungen[788].

(5) Fédération des Maires des Villes Moyennes - (FMVM)[789].
Die Vereinigung der Mittelstädte Frankreichs ist ebenfalls eine Bürgermeistervereinigung und umfasst 170 Mitglieder. Die beteiligten Städte haben zwischen 20.000 und 100.000 Einwohner. Auch interkommunale Kooperationsanstalten (Communautés de Communes, Communautés d' Agglomération, Communautés Urbaine, Syndicat d'Agglomération Nouvelle, die eine Ville Moyenne integrieren), können durch ihre Präsidenten Mitglied werden. Die Vereinigung wurde im Jahre 1988 gegründet, um die spezifischen Belange der mittelgroßen Städte zu vertreten.

Daneben bestehen noch Vereinigungen, wie die Association des Maires Ruraux de France (AMRF)[790], die Assemblée des Departements de France (ADF)[791], oder die Vereinigung der Communautés de France bzw. die Assemblée des Communautés de France (AdCF)[792], die vergleichbar strukturiert sind und jeweils spezifische Interessen mit inhaltlichen Überschneidungen wahrnehmen. Zusätzlich existieren Vereinigungen, die sich spezifischen Themenbereichen annehmen[793] oder Interessen einer geogra-

[783] Ein Verzeichnis der Städte von Aix-en-Provence über Lyon, Marseille, Toulouse bis Villeurbanne unter www.grandesvilles.org - (10.03.2007).
[784] www.grandesvilles.org/rubrique.php.3?id_rubrique=4 - (21.03.2005).
[785] http://www.grandesvilles.org/spip.php?article14 - (14.06.2007).
[786] Eine Übersicht über die einzelnen Arbeitsgruppen innerhalb der Organisation unter http://www.grandesvilles.org/spip.php?article16 - (14.06.2007),
Jahresbericht http://www.grandesvilles.org/IMG/pdf_RA2006.pdf - (14.06.2007).
[787] www.apvf.asso.fr - (21.03.2005).
[788] Insbesondere ASSOCIATION DES PETITES VILLES DE FRANCE (Ed.): Avenir, 2004 und ASSOCIATION DES PETITES VILLES DE FRANCE (Ed.): Villes, 2004.
[789] http://www.villesmoyennes.asso.fr/ - (02.07.2007).
[790] http://www.amrf.asso.fr/ - (07.02.2007).
[791] www.departement.org bzw. www.adf-cedi.org - (14.03.2007).
[792] www.intercommunalites.com - (13.03.2007) bzw. www.adcf.org - (02.08.2007)
[793] «Les Ecomaires» http://www.ecomaires.com - (20.06.2007) oder «Association des Maires des Villes

phischen Region vertreten.[794] Auch bestehen themenbezogene Netzwerke zwischen den französischen Kommunen, wie beispielsweise die Fédération Nationale des Collectivités Territoriale pour la Culture (FNCC).[795]

Die Vereinigungen der Bürgermeister gelten gemeinhin als einflussreiche Interessenvertretungen bzw. Lobbys, welche die Interessen der Gebietskörperschaften auch in den Ministerien vertreten.[796]

Zweites Standbein lokaler Interessenvertretung sind Konsultationen,[797] die über „gemischte" spezialisierte Ausschüsse organisiert sind. Auf Staatsebene selbst leitet das im Zuge einer Verordnung vom 6. März 2006[798] gegründete Centre d'analyse stratégique[799], eine Einrichtung, die dem Premierminister direkt untersteht Konsultationsprozesse, ein. Seine Aufgabe ist es, die Regierung bei der Definition und Umsetzung ihrer strategischen Orientierungslinien auf wirtschaftlicher, sozialer, umweltpolitischer oder kultureller Ebene zu unterstützen.[800] Insgesamt bestehen nun in Frankreich auf nationaler Ebene mehr als 80 spezialisierte Konsultationsgremien, in denen Vertreter der Bürgermeister, Generalräte oder Regionalräte vertreten sind. Bedeutende Konsultationsgremien sind beispielsweise der Conseil National de l´Habitat, der Conseil National de l´Amenagement du Territoire, der Conseil National des Villes[801] bzw. die Commission Nationale de la Coopération Décentralisation. Für den Bereich kommunaler Finanzen besteht ein spezialisierter Ausschuss für Finanzfragen,[802] das Comité des Finances Locales (CFL). Der CFL wurde durch Gesetz vom 03. Januar 1979 eingeführt, seine Mitglieder bestehen neben staatlichen Teilnehmern überwiegend aus Bürgermeistern als Vertreter der Städte und Gemeinden und Vertreter territorialer Gebietskörperschaften. Das Comité des Finances Locales verfolgt die Wahrung der Interessen der lokalen Körperschaften auch im Zusammenhang mit Anhörungen im Rahmen von Gesetzgebungsverfahren und versucht eine Harmonisierung territorialer Interessen mit staatlichen Interessen herbeizuführen.[803]

Daneben findet auf regionaler und lokaler Ebene eine direkte Konsultation zwischen den staatlichen Diensten entweder auf regionaler oder départementaler Ebene statt – insbesondere durch den Präfekten. So bestehen pro Departement nahezu 50 Ausschüsse oder Kommissionen, die auf Initiative des Präfekten einberufen werden und in

---

et Banlieues de France», vgl. http://www.ville-et-banlieue.org - (20.06.2007).
[794] http://www.arcmanche.com - (20.06.2007)
[795] http://www.fncc.fr/ - (20.06.2007).
[796] MABILEAU, A.: Kommunalpolitik, 1996, S. 22.
[797] Grundlegend dargestellt im Konsultationspapier des Europarates, vgl. COUNCIL OF EUROPEAN MUNICIPALITIES AND REGIONS (Ed.): White Paper, 1999.
[798] Das Centre d´analyse strategique ist an Stelle des Commissariat général au plan getreten.Vgl. http://www.plan.gouv.fr/ - (10.08.2007).
[799] http://www.strategie.gouv.fr/ - (10.08.2007).
[800] Vgl. COUNCIL OF EUROPEAN MUNICIPALITIES AND REGIONS (Ed.): White Paper, 1999, S. 29 / 30.
[801] http://www.ville.gouv.fr/politique-de-la-ville/conseil-national-des-villes.htm - (10.08.2007) und Zusammenstellung der Mitglieder http://www.ville.gouv.fr/infos/cnv/membres.html - (10.08.2007).
[802] Allgemeine Informationen zum Ausschuss und seinen Funktionen. http://www.dgcl.interieur.gouv.fr/comites_organismes/CFL/CFL.html - (10.08.2007).
[803] Zur Zusammensetzung des CFL vgl. http://www.dgcl.interieur.gouv.fr/comites_organismes/CFL/presentation/Membres%20CFL%20et%20mandats.pdf -(10.08.2007).

denen ebenfalls Bürgermeister als Repräsentanten kommunaler Interessen mitarbeiten. Beispiele sind die Conseils Départementaux de l'Habitat oder die Commissions Départementales d'Equipement Commercial.[804]

Insbesondere für die Konsultationsprozesse fällt auf, dass die Teilhabe an höherstufigen Prozessen fragmentiert und sektorenspezifisch stattfindet. Besonders für den Bereich der Konsultationen scheinen weniger ebenenbezogene, institutionalisierte Interessen im Mittelpunkt zu stehen, sondern umsetzungsrelevante Bezüge staatlicher Politik, was sich auch in der Zusammensetzung der Teilnehmer der Gremien aus Bürgermeistern, Vertretern der Regionen oder interkommunaler Kooperationen zeigt.

3.2.2.5 Verflechtungs- und Querbezüge aufgrund der Finanzverfasstheit: Territoriale Finanzbeziehung in der Reform

Für die Betrachtung der Verflechtungs- und Querbezüge aufgrund der Finanzverfasstheit in Frankreich gilt, dass nach dem übergeordneten Zweck zu fragen ist, der mit einer bestimmten staatlichen Strukturierung verbunden ist[805] und dem Verhältnis von eigenständigen Finanzeinnahmen zu staatlichen Zuweisungen. Spricht man den Gemeinden eine dynamische Stellung zu, wird eine Finanzausstattung erforderlich, welche den Gemeinden Raum lässt, eigene Lösungen zu entwickeln. Der eigene Gestaltungsspielraum zeigt sich im Finanzsystem selbst, in der Zusammensetzung der Einnahmestruktur und Steuerungsmöglichkeiten der Gebietskörperschaften bei der Einnahmeerzielung.[806]

Im Falle Frankreichs können die Finanzen unter mehreren Aspekten ein Indikator für die Neuaustarierung sein. Es ist relevant,

(1) inwieweit sich aus den absoluten Ausgaben der Gebietskörperschaften Ergebnisse über deren Stellung ableiten lassen,
(2) wie sich die Finanzstrukturen gestalten und welche Aussagen sich in einem zweiten Schritt auf die Steuerungsstrukturen ergeben. Mit Blick auf die Ausgaben der Gebietskörperschaften ergibt sich zunächst das folgende Bild, welches den augenblicklichen Wandel der Rollen und der Bedeutung der Gebietskörperschaften verdeutlicht:

---

[804] COUNCIL OF EUROPEAN MUNICIPALITIES AND REGIONS (Ed.): White Paper, 1999, S. 29 / 30.
[805] Nach WEGENER, A. / ARBEIT, U.: Kommunalfinanzen, o. A., S. 1.
[806] Vgl. WEGENER, A. / ARBEIT, U.: Kommunalfinanzen, o. A, S. 1.

Tab. 21 – Haushaltsvolumen der Körperschaften 2004 / 2005 in Mrd. Euro

Körperschaft	2004	2005	Zuwachsrate (v. H.)
Regionen	17,3	19,3	11,56
Departements	51,8	53,7	3,67
Kommunen	81,5	84,2	3,31
Gesamt	**150,6**	**157,3**	**4,45**

Quelle: DGCL, Zitation nach: Rapport de l'Observoir des finances locales. Les Finances des Collectivites Locales en 2006, Synthèse du rapport présenteé par André Laignel, député européen, et Joel Bourdin, sénateur, en juillet 2006.
http://www.dgcl.interieur.gouv.fr/comites_organismes/CFL/OFL/OFL2006/synthese-FL2006_4pages.pdf - (06.10.2006), ergänzt um Angaben zu Zuwachsraten.

Die Tabelle zeigt die wachsende Bedeutung der Regionen, die einen Zuwachs von 11,7 v. H. zu verzeichnen hat, wobei gleichzeitig der Zuwachs bei den Kommunen geringer ist[807].

Was den zweiten Gesichtspunkt, die Finanzstrukturen anbelangt, haben die französischen Kommunen kein eigenes Recht zur Steuergesetzgebung und die Steuerverwaltung ist Angelegenheit staatlicher Stellen. Traditionell kommt den Gemeinden das Recht zu, Hebesätze für die den Gemeinden zugesprochenen Steuern festzusetzen. Allerdings bestehen zum Teil auch hier Rahmenvorgaben was die Höhe der Hebesätze anbelangt, die nicht überschritten werden dürfen.[808]
Die Einnahmenstruktur der Gemeinden setzt sich aus drei „Töpfen" zusammen: staatlichen Zuschüssen, Krediten und kommunalen Steuern.
Vier Arten kommunaler, direkter Steuern prägten lange Zeit die Struktur kommunaler Steuereinnahmen[809]:
(1) Grundsteuer für bebautes Land (Taxe Foncière sur les Propriétés Baties)
(2) Grundsteuer für unbebautes Land (Taxe Foncière sur les Propriétés Non-baties)
(3) Gewerbesteuer (Taxe Professionelle, ca. 50 v. H.)
(4) Wohnsteuer (Taxe d'Habitation, ca. 30 v.H.).[810]

Mit diesen Steuern wurden unterschiedliche Befreiungs- und Verteilungsregeln zwischen den territorialen Gebietskörperschaften verbunden, zu denen mittlerweile noch die interkommunalen Strukturen getreten sind[811]. Von besonderer Bedeutung für die Gemeinden war die Gewerbesteuer mit einem nahezu fünfzigprozentigen Anteil an

---

807 Die Tabelle hat insofern keine umfassende Aussagekraft, da sie die Steigerung der Ausgaben der kommunalen Kooperationsformen im Betrachtungszeitraum nicht darstellt.
808 Eingezogen und weiterverteilt wird vom Staat. Darstellung in welchem Umfang ein Steuerbescheid an den Steuerpflichtigen die Hebesätze der Gebietskörperschaften auf die Steuer jeweils einzeln ausweist PRUD'HOMME, R.: Government, 2006, S. 94 / 95.
809 LEFÈVRE, C.: Zusammenarbeit, 2000, S. 284 / 285.
810 Entstehung bzw. Bedeutung der Wohnsteuer als Möglichkeit zur Besteuerung des Wohnrechts auf Grundlage eines fiktiven Mietwertes vgl. DURAND, C.: Situation, 1988, S. 163. Bemessungsinstrumente Katastermietwert und gemeindlicher Hebesatz vgl. FÜHRLBECK, T.: Staatsfinanzierung, 2005, S. 7.
811 ORANGE, G.: Administration, 2006, S. 113.

den Einnahmen, die jedoch einem starkem Wandel unterlag. So entfiel zwischen 1999 und 2004 der Teil der Gewerbesteuer, der auf der Lohnsumme basierte.[812] Die Begrifflichkeit der Gewerbesteuer darf nicht über maßgebliche Unterschiede zwischen französischer und deutscher Regelung hinwegtäuschen. In Frankreich wird die Gewerbesteuer durch staatliches Gesetz geregelt und erfasst freie Berufe und Gewerbetreibende. Sie ist gewinnunabhängig und wurde 1999 reformiert, mit dem Ziel, die Lohnsumme, wesentliches Element der Bemessungsgrundlage, ab 2003 entfallen zu lassen. Bemessungsgrundlage ist nunmehr der Mietwert der Sachgüter des Anlagevermögens.[813]
Seit 1998 besteht ein Wahlrecht, das Mischformen der Besteuerung möglich macht (fiscalité mixte). Bei dieser Mischform erhebt ein EPCI neben der einheitlichen Gewerbesteuer eigene Steuern auf die Bemessungsgrundlage der verbleibenden restlichen Steuern[814]. Ist die Taxe Professionelle Unique (TPU) verpflichtend für den gebietskörperschaftlichen Zusammenschluss eingeführt, wird das Recht der Gemeinde auf die Gewerbesteuer beschränkt. Hintergrund zur TPU ist, dass innerhalb des Zusammenschlusses mit einem einheitlichen Hebesatz die Gewerbesteuer erhoben wird. Für die Gemeinde ist mit dieser Regelung nicht notwendigerweise ein Einnahmeverlust verbunden, da mit den EPCI Gemeindeaufgaben auf den Zusammenschluss übertragen werden. Gravierender ist wohl der Verlust an Gestaltungsfreiheit zu werten, der für die Gemeinden in der Festlegung des Gewerbesteuerhebesatzes bestanden hat.[815]
Was die staatlichen Zuschüsse anbelangt, existiert in Frankreich ein komplexes System an Ausgleichsmechanismen bzw. ein umfassendes Zuweisungssystem. Im Jahr 2004 belief sich der Transfer staatlicher Mittel auf mehr als die Hälfte der kommunalen Einnahmen und etwa 16 % der staatlichen Ausgaben.[816]
Folgende Transfers von staatlicher Seite sind relevant für die Erfüllung der gemeindlichen neuen Aufgaben[817]:

1. Allgemeine Betriebskostenpauschale (Dotation Globale de Fonctionnement - DGF), mittlerweile umbenannt in Dotations et Subventions de Fonctionnement.
2. Zahlungen für Investitionen (Dotation Globale d´Equipement - DGE), welche frühere Subventionen für kommunale Investitionsvorhaben ersetzt.
3. Das « Financement des nouveaux transfers de compétence », die aus der ehemaligen Dotation Globale de Décentralisation (DGD) entstanden ist.

Wichtige Einnahmequelle für die Kommunen ist die sog. Allgemeine Betriebskostenpauschale (Dotation Globale de Fonctionnement – DGF), welche relevant für die Kostendeckung im Bereich kommunaler Betriebskosten war[818], mittlerweile spricht man an

---

812 Vgl. KEMPF, U.: System, 2007, S. 310.

813 Die Gemeinden hatten individuelle Hebesätze, die harmonisiert werden sollten. WEGENER, A. / ARBEIT, U. Kommunalfinanzen, o. A., S. 1.

814 FÜHRLBECK, T.: Staatsfinanzierung, 2005, S. 13 / 14.

815 FÜHRLBECK, T.: Staatsfinanzierung, 2005, S. 8.

816 PRUD´HOMME, R.: Government, 2006, S. 100.

817 Das System der Zahlungsstrukturen unterliegt einem stetigen und beschleunigten Wandel, der jeweils Ergänzungen mit sich bringt. Die nachfolgenden Ausführungen orientieren sich maßgeblich an den von KEMPF 2007 veröffentlichten Deskriptionen. Vgl. KEMPF, U.: System, 2007, S. 311.

818 Die DGF galt als mit Abstand wichtigste Finanzzuweisung. Ihr Anteil an den Gesamteinnahmen der Städte und Gemeinden liegt etwa bei 30 v. H. WEGENER, A. / ARBEIT, U.: Kommunalfinanzen, o. A., S. 1.

dieser Stelle von „Dotations et Subventions de Fonctionnement".[819] Von Bedeutung ist, dass die DGF im Zusammenhang mit den ersten Dezentralisierungsreformen geschaffen wurde, um den Transfer staatlicher Mittel an die Gebietskörperschaften zu gewährleisten. Ein finanzieller Ausgleich für Ausgaben aufgrund der Dezentralisierung erfolgte durch die Dotation Génerale de Décentralisation (DGD), die in „Financement des nouveaux transfers de compétence" umbenannt wurde.[820]
Darüber hinaus ist die Dotation Globale d´Equipement (DGE) für die Gemeinden von Bedeutung. Sie wurde 1983 eingeführt und umfasst erstens einen „Beihilfesatz" für Gemeinden und deren Verbände mit mindestens 2000 Einwohnern und zweitens eine Zuweisung für finanzschwache Gemeinden.[821] Sie ist auf die Unterstützung kommunaler Investitionsvorhaben ausgerichtet.[822]
Mit der Neuregelung im Rahmen des Verfassungsgesetzes 2003 gestaltet sich der rechtliche Rahmen wie folgt:

Artikel 72 – 2[823] Verfassung)
(1) Den Gebietskörperschaften stehen Einnahmen zu, über die sie nach Maßgabe des Gesetzes frei verfügen können.
(2) Ihnen kann das Aufkommen von Steuern aller Art ganz oder teilweise zufließen. Das Gesetz kann sie in dem von ihm bestimmten Grenzen ermächtigen, die Besteuerungsgrundlage und die Steuersätze festzulegen.
(3) Das Steueraufkommen und die anderen gebietskörperschaftseigenen Einnahmen stellen für jede Art von Körperschaft einen entscheidenden Anteil an der Gesamtheit ihrer Einnahmen dar. Die Umsetzung dieser Regel erfolgt nach Maßgabe des verfassungsausführenden Gesetzes.
(4) Jede Übertragung von Aufgaben zwischen Staat und Gebietskörperschaften bringt die Zuweisung von Einnahmen in Höhe derjenigen mit sich, die für deren Wahrnehmung bereitgestellt wurden. Für jede Begründung oder Erweiterung von Aufgaben, die eine Ausgabenerhöhung der Gebietskörperschaft zur Folge hat, werden gesetzlich festgelegte Einnahmen zur Verfügung gestellt.
(5) Das Gesetz sieht Ausgleichsmaßnahmen zur Förderung der Gleichheit zwischen den Gebietskörperschaften vor.

Die Kommunen bekommen einen Teil des Steueraufkommens zugesprochen.[824] In einem zweiten Schritt sieht das Gesetz über die finanzielle Autonomie[825] vor, dass die Berechnung der Mittel der Gebietskörperschaften an deren Aufgaben orientiert ist und seitens des Parlaments beschlossen wird. Hieraus wird abgeleitet, dass sich die Unabhängigkeit der Gebietskörperschaften ausschließlich auf die Mittelverwaltung bzw.

---

[819] KEMPF, U.: System, 2007, S. 311.
[820] KEMPF, U.: System, 2007, S. 310.
[821] WEGENER, A. / ARBEIT, U.: Kommunalfinanzen, o. A., S. 1.
[822] KEMPF, U.: System, 2007, S. 310.
[823] AUTEXIER, C. (Hrsg.): Constitution du 4 octobre 1958, modifiée en dernier lieu par la loi constitutionnelle n° 2005-204 du 1er mars 2005,
Zugriff unter http://www.jura.uni-sb.de/BIJUS/constitution58/ - (07.04.2006).
[824] Allein die Formulierung des „Zufließens" an die Kommunen, auch für den Fall, dass es sich um den kompletten Zufluss des Steueraufkommens handelt, dürfte nicht per se lokale Steuern i. S. eines Trennsystems begründen.
[825] Loi organique n° 2004-758 du 29 Juillet 2004 prise en application de l´article 72-2 de la Constitution relative à l´autonomie financière des collectivités territoriales (1). J.O n° 175 du 30 juillet 2004, S. 13561.

Mittelverwendung bezieht.[826] Gleichzeitig sind – dargestellt für das Jahr 2004 - 98 v. H. der staatlichen Zahlungen nicht zweckgebunden. Lediglich 2 v. H. der Zahlungen weisen eine spezifische Zweckgebundenheit auf. Insofern stellen die konkreten Regelungen zu den Transfers einen Fortschritt zur überkommenen Tradition dar, als Zuweisungen zweckgebunden oder projektbezogen waren.[827]
Die Auswirkungen der Reform von 2003 zeigten sich insbesondere in der Erhöhung der Zahlungen aus dem DGF, welche stark angestiegen sind.[828]

Zusammenfassend scheinen zwei Entwicklungen im kommunalen Finanzbereich für Frankreich zentral zu sein:
Erstens die Entstehung und stetige Weiterentwicklung interkommunaler Kooperation mit eigener Steuerhoheit. Die Kommunen werden über finanzielle Anreize dazu geführt, Interkommunalität wahrzunehmen wobei gleichzeitig ihre Basis – wie sich anhand der Gewerbesteuer zeigt – eingeschränkt wird. Begleitet wird diese Entwicklung durch ein hohes Maß an Zuweisungen. Durch vielfältige Zuweisungen entsteht das Instrument einer „Feinsteuerung" der Kommunen, das an die Diskussion des „goldenen Zügels" in Deutschland erinnert.

3.2.2.6 System der Kontrolle und Aufsicht über die Kommunen

Eine Argumentation entlang historischer Entwicklungslinien eröffnet sich für die Entwicklung staatlicher Kontrolle in Frankreich. Wie bereits dargestellt, hat die Kontroll- und Aufsichtsfunktion des Präfekten seine Wurzeln in der Französischen Revolution bzw. der Entwicklung der „Etat – Nation". Bürger hatten den politischen Werdegang der Nation beherrscht, die Gemeinden mussten kontrolliert werden, um vermeiden zu können, dass sie Keimzellen von Konflikten oder „Auflehnungsherde" wurden.[829] Der Präfekt hatte eine Doppel- oder Scharnierfunktion dahingehend inne, dass er zum einen die staatlichen Direktiven auf lokaler Ebene umsetzt, zum anderen Informationen aus den Gemeinden an den Staat weitergibt[830]. Kern der Kontrolle war die „Tutelle"[831], welche eine a priori-Kontrolle gemeindlicher Entscheidungen enthielt.

---

826 Vgl. ZIMMERMANN–STEINHART, P.: Frankreich, 2005, S. 366.
827 Vgl. die Darstellung von PRUD'HOMME.
828 Statistiken PRUD'HOMME, R.: Government, 2006, S. 106.
829 GILBERT, C: Aspekte, 1988, S. 21.
830 BENZ, A. / BENZ, A.: Dezentralisierungspolitik, 1987, S. 3.
831 Vgl. TOCQUEVILLE, A. DE: Régime, 1983, S. 10. Definition der Tutelle als « contrôle exercé par le pouvoir centrale sur les collectivités décentralisées (commune, département, établissement public) » vgl. LEXIQUE PEDAGOGIQUE, Institutions et vie politique, in: La documentation Francaise, Paris, 2003, S. 170.

Einschneidend waren die Änderungen im Zuge der Dezentralisierungsreform des Jahres 1982[832], welche sich wie folgt darstellen:

(1) Die Rolle des Präfekten: Die von ihm ausgeübte „Tutelle" bzw. „Vormundschaft" war nach französischer Rechtslehre unterteilt in eine tutelle administrative (allgemein), eine tutelle financière (finanziell) und eine tutelle technique (technische Vormundschaft). Die ersten beiden Arten der Vormundschaft wurden durch eine Neuregelung der Aufsicht modifiziert. Im Ergebnis ist eine Form der Aufsicht (Verwaltungsaufsicht) entstanden, welche der Rechtsaufsicht nahe kommt zugunsten der Auflösung der vorher bestandenen Fachaufsicht[833]. In der Praxis hat der Präfekt nun die Möglichkeit, das Verwaltungsgericht oder die Chambre des Comptes anzurufen. War vor 1982 die finanzielle Aufsicht des Präfekten als Genehmigungsrechte gestaltet, dann greift die nachfolgende Finanzaufsicht nur noch begrenzt ein, maßgeblich, wenn der Haushalt verspätet oder ohne Ausgleich von Ausgaben und Einnahmen verabschiedet wird.[834] Die früheren Genehmigungsrechte des Präfekten[835] werden daher zugunsten begrenzter Eingriffsrechte – beispielsweise wenn der Haushalt nicht rechtzeitig verabschiedet wird – abgelöst.[836] Die Rolle des Bürgermeisters wurde zulasten der Rolle des Präfekten gestärkt. Konkret muss der Präfekt nicht länger a-priori um Erlaubnis zur Durchführung von Gemeinderatsbeschlüssen gebeten werden.
(2) Kommunalparlament: Die Beschlüsse des Kommunalparlaments unterliegen seit 1982 nicht mehr den Genehmigungsverfahren, die vom Präfekten wahrgenommen wurden. Er verfügt jetzt über eine a-posteriori Kontrolle und kann gegen Ratsbeschlüsse den Verwaltungsgerichtshof anrufen. Konkret werden ihm die Beschlüsse der lokalen Gremien übermittelt und innerhalb einer Prüffrist kann dann konkret die regionale Rechnungskammer bzw. das Verwaltungsgericht angerufen werden[837]
(3) Die Dezentralisierung des Rechnungshofes: Der Cour de Comptes wurde dezentralisiert, indem in jeder Region einzelne regionale Rechnungskammern gebildet werden, um die Verwendung der öffentlichen Finanzmittel zu überwachen[838]. Auch hat der Vertreter der Regierung zunächst dieses neu geschaffenen „Chambre régionale des comptes", anzurufen. Allerdings hat sich in den ersten Jahren der Praxis eher selten die Notwendigkeit zur Anrufung des Gerichts ergeben[839].

---

[832] Vgl. Hierzu des Regelungen des Loi n° 82-213 du 2 mars 1982. Loi relative aux droits et libertés des communes, des départements et des régions, Publication au JORF du 3 mars 1982 (Loi Defferre).
[833] FROMONT, M.: Kommunalverfassung, 1988, S. 85.
[834] Vgl. auch FROMONT, M.: Kommunalverfassung, 1988, S. 85 / 86
[835] Umbenannt in « Commissaire de la République » EBERLEIN, B.: Abschied, 1997, S. 73 ff.
[836] Vgl. BECQUART-LECLERCQ, J.: Selbstverwaltung, 1994, S. 71. BECQUART-LECLERCQ, J.: Kommunalpolitik, 1989, S. 193 bzw. WOLLMANN, H.: Draft report, 2005, S. 13.
[837] KEMPF, U.: System, 2007, S. 310.
[838] BECQUART-LECLERCQ, J.: Selbstverwaltung, 1994, S. 69. Kontrollfunktion bezogen auf haushaltswirksame Beschlüsse EBERLEIN, B.: Abschied, 1997, S. 73 / 74.
[839] FROMONT, M.: Kommunalverfassung, 1988, S. 87. Der seitens der Association des Petites Villes de France zufolge 2002 durchgeführten Umfrage empfinden 73,93 v. H. der befragten Bürgermeister die Kontrolle des Rechnungshofes als legitim / angemessen, vgl. ASSOCIATION DES PETITES VILLES DE FRANCE (APVF) (Ed.): Décentralisation, 2002.

Die Neuaustarierung der Verantwortlichkeiten und Aufsichtsfunktionen wurden in ihren Auswirkungen nicht vorbehaltlos positiv bewertet. Folgende negative Aspekte überdauern das System „Tutelle“ und wirken im Bereich Aufsicht und Kontrolle fort:

1. Die offizielle Staatsaufsicht erscheint häufig als „Netz wechselseitiger Beziehungen“, welches über gegenseitige Verständigung etc. und auf Grundlage persönlicher Beziehungen funktioniert. So erreicht derjenige Bürgermeister, der einen besseren Zugang zu politischen Ressourcen hat und informelle Beziehungswege nutzt, mehr für seine Kommune[840].
2. Die Rolle des Präfekten als Berater und Vermittler zwischen Regierung und einzelnen Gemeinden ist zwar in stetigem Wandel begriffen, allerdings wird er nach wie vor auch im Vorfeld von Entscheidungen konsultiert, da die am vorangegangenen System kritisierte informelle Abstimmung nicht wirksam eingeschränkt bzw. unterbunden werden konnte. [841] Auch wenn sich die Rolle des Präfekten seit 1982 auf eine reine a-posteriori Rechtskontrolle beschränkt, dann bestehen doch umfangreiche Melde- und Mitteilungspflichten der Kommunen. Durch die verpflichtende Mitteilung (obligation des transmission) hat der staatliche Vertreter umfangreiche Möglichkeiten der Kenntnisnahme und der rechtlichen Prüfung des kommunalen Handelns.[842]

Möchte man die genannten Gesichtspunkte unter dem Blickwinkel lokaler Governance betrachten, differenzieren und gleichzeitig eine Abgrenzung der Governancestruktur zum deutschen System treffen, dann lohnt sich ein Blick auf die für das deutsche System dargestellten unterschiedlichen Merkmale von Kontrolle, insbesondere der Ansatz an unterschiedlichen „Kontrollordnungen“[843] Bereits die Nennung der Änderungen im Rahmen der Reform zeigen die Bedeutung des Wandels im Bereich extrakommunaler Kontrolle im französischen System:

Als rechtlicher Anknüpfungspunkt für die kommunale Kontrolle sind Art. 72 Abs. 3 bzw. Art. 72 Abs. 6 der Verfassung einschlägig, der Festlegungen der Kontrolle wie folgt trifft:

Artikel 72 Abs. 6[844] Verfassung
(6) In den Gebietskörperschaften der Republik trägt der Vertreter des Staates, zugleich Vertreter eines jeden Regierungsmitglieds, die Verantwortung für die nationalen Belange, die Verwaltungsaufsicht und die Einhaltung der Gesetze.

---

[840] Vgl. BECQUART-LECLERCQ, J.: Selbstverwaltung, 1994, S. 65 / 68.

[841] Dies könnte für kleinere Gemeinden interessant sein, bzw. in Fällen in denen der Wunsch besteht, bereits im Vorfeld beispielsweise bei Unsicherheiten über die Rechtslage, Legitimation für eine Entscheidung zu erlangen. Es kann dahingestellt bleiben, inwiefern die Zielsetzung realistisch ist, informelle Absprachen komplett zu verhindern.

[842] Zusammenfassend SEGALLA, P.: Daseinsvorsorge, 2006, S. 33.

[843] Zum Begriff der Kontrollordnungen vgl. SCHMIDT–AßMANN, E.: Verwaltungskontrolle, 2001, S. 14 / S. 15. SCHMIDT-AßMANN nennt Kontrollparameter, die sich nach unterschiedlichen Kriterien analysieren lassen.

[844] AUTEXIER, C. (Hrsg.): Constitution du 4 octobre 1958, modifiée en dernier lieu par la loi constitutionnelle n° 2005-204 du 1er mars 2005, http://www.jura.uni-sb.de/BIJUS/constitution58/ - (07.04.2006).

Die Bindung an die Gesetze wird durch die Regelung des Artikel 34 Abs. 4 der Verfassung besonders deutlich, da dieser ausdrücklich besagt, dass durch Gesetz die Grundsätze für die Selbstverwaltung der Gebietskörperschaften, ihre Zuständigkeiten und ihre Einnahmequellen geregelt werden.[845]

Mit den genannten Regelungen werden bereits die weitgehenden Unterschiede zwischen dem deutschen und dem französischen System verdeutlicht. Der erste Gesichtspunkt betrifft die Ausgestaltung staatlicher Aufsicht: Diese weist unter auf den Staatszusammenhang bezogenen Gesichtspunkte wesentliche Unterschiede im Bereich kommunaler Handlungs- und Gestaltungsspielräume auf. Es wurde im deutschen Zusammenhang argumentiert, dass der Regelung des Art. 28 Abs. 2 GG staatliche Aufsicht als „Korrelat“ gemeindlicher Freiheiten gegenübersteht. Als Wesen der deutschen Staatsaufsicht wird gewertet, dass diese zwar kontrolliert, die Wahrung kommunaler Rechte jedoch als bedeutenden Bezugspunkt hat.[846] In Frankreich liegt die Betonung durch die ausdrückliche Regelung in Art. 72 Abs. 6 der Verfassung auf der Wahrung der nationalen und übergeordneten staatlichen Belange, Selbstverwaltung und Dezentralisierung sind nur im Paket mit umfangreicher staatlicher Kontrolle zu haben.[847]
Bezogen auf die Reichweite und die Form der Kontrolle zeigen sich wesentliche Unterschiede, die dem abweichenden Staatsverständnis bzw. den divergierenden rechtlichen Regelungen zugeschrieben werden können. In Deutschland steht den Kommunen als Teil der Länder auch die Aufsicht nach entsprechenden Festlegungen der Länder entgegen. Der französische Staatszusammenhang ermöglicht bereits aufgrund der dekonzentrierten Rolle des Bürgermeisters in seiner staatlichen Funktion einen direkten und historisch gewachsenen hierarchischen Steuerungszusammenhang ausgehend vom Innenministerium.[848] Unabhängig von Regelungen zur Aufsicht ist beim Innenministerium eine eigene Abteilung für Angelegenheiten der Gebietskörperschaften eingerichtet,[849] die diese Auffassung unterlegt. Aufgaben der Direction Générale des Collectivités Locales (DGCL) sind u.a. das Festlegen von Bestimmungen für die Organisation und Funktion der Gebietskörperschaften und ihre Zusammenschlüsse, wobei die DGCL zur Exekutive gehört und nicht über legislative Kompetenzen verfügt.[850]
Eine Beurteilung des Kontrollsystems ist kritisch, da sich das Wesen und der Umfang der den Kommunen zustehenden Freiheiten und Kompetenzen in Frankreich nur schwer erfassen lässt. Verschränkte Kompetenzen zwischen den territorialen Gebietskörperschaften und Instrumente wie Chef de File machen es schwer, in einem zweiten Schritt die kommunale Kontrollordnung im Verhältnis zu den bestehenden kommunalen Handlungsspielräumen einzusehen.
Am sichersten ist die Entstehung kooperativer und alternativer Aufsichtsformen zu konstatieren, die sich im Bereich externer Kontrolle aus dem Wandel der Rolle des

[845] AUTEXIER, C. (Hrsg.): Constitution du 4 octobre 1958, modifiée en dernier lieu par la loi constitutionnelle n° 2005-204 du 1er mars 2005, http://www.jura.uni-sb.de/BIJUS/constitution58/ - (07.04.2006).
[846] HORNUNG, W.: System, 1998, S. 74 / 75.
[847] Traditionelle Entwicklung dargestellt bei HORNUNG, W.: System, 1998, S. 7.
[848] Betonung und Erläuterung der „pouvoir hiérarchique“ Vgl. HORNUNG, W.: System, 1998, S. 11.
[849] http://www.dgcl.interieur.gouv.fr/actualites/accueil_actualites.html - (15.06.2007).
[850] FÜHRLBECK, T.: Staatsfinanzierung, 2005, S. 16.

Präfekten ergibt. Aufgrund des Verlusts seiner Kompetenzen im Bereich einer Vorprüfung und Annullierung ist ein Rollenwandel zu konstatieren. Er gewinnt Einfluss als Berater der Kommunen.[851]

Aktuell diskutiert wird ähnlich der Diskussion in Deutschland die Kontrollfunktion der lokalen Öffentlichkeit. Grundvoraussetzung zur Entfaltung der kritischen Funktion von Öffentlichkeit ist eine aktive Informationspolitik der lokalen Verwaltung. Es zeichnet sich ab, dass ein erheblicher Nachholbedarf zur Schaffung von Transparenz besteht,[852] um Kontrolle durch die Öffentlichkeit wirksam zu ermöglichen.

3.2.3 Dynamik und Governancemechanismen des lokalen politischen Systems in Frankreich

3.2.3.1 Kommunale Verfasstheit: Die Stellung des Bürgermeisters und das Verhältnis von Rat zu Verwaltung

Das französische System kommunaler Verfasstheit blickt auf eine große historische Kontingenz zurück. Bezugspunkt ist das Gesetz vom 05. April 1884, das für die gesamte Französische Republik einheitliche Regelungen getroffen hat. Entsprechend dieses Gesetzes wählten die französischen Bürger alle am selben Tag ihre Stadtverordneten oder Stadtvertreter. Das Gesetz sah vor, dass die neu gewählten Mandatsträger in ihrer ersten Sitzung den Bürgermeister für sechs Jahre wählen.[853] Bedeutend ist der französische Wahlmodus. Erst mit der Reform von 1983 wurden Elemente der Verhältniswahl eingeführt, so dass mit diesem Zeitpunkt die Opposition im Gemeinderat vertreten war.[854] Zentral ist das besondere Profil des französischen Bürgermeisters, dessen starke Stellung sich dadurch ergibt, dass[855]

(1) das dualistische Modell von 1789 mit delegierten staatlichen Funktionen weiterlebt,
(2) das traditionelle Netz der Notabeln auf lokaler Ebene nach wie vor besteht,
(3) der Ansatz, dass Parteien und Gruppen im Wettstreit um Sitze im Rat stehen und dann aus ihrer Mitte den Bürgermeister wählen, nur bedingt politischer Realität entspricht[856].

Mit den Reformen das Jahres 1982 kam es durch die Schwächung der Rolle des Präfekten zusätzlich zu einer Stärkung des Bürgermeisters. Es erfolgte eine horizontale

---

[851] HORNUNG, W.: System, 1998, S. 75 / 77 ff. Dieser Mechanismus frühzeitiger Konsultation oder Beratung kann durchaus kritisch betrachtet werden. Es ist ein Wesensmerkmal jeder Form von Kontrolle, dass ein Maß an Distanz erforderlich ist.
[852] Fallstudie zum Vergleich der Information der Bürger von Stuttgart und Bordeaux unter Berücksichtigung der vorgenommenen Veröffentlichungen und statistischen Daten HOFFMANN–MARTINOT, V.: French Republic, 2003, S. 173.
[853] GILBERT, C: Aspekte, 1988, S. 23.
[854] GILBERT, C: Aspekte, 1988, S. 23.
[855] Nach WOLLMANN, H.: Draft report, 2005, S. 22 / 23.
[856] HOFFMANN–MARTINOT, V.: French Republic, 2003, S. 162 ff. Das lokale Parteiensystem gilt als relativ schwach. HOFFMANN-MARTINOT, V.: Democracy, 2000, S. 278.

Zentralisierung innerhalb des lokalen Systems, allerdings mit Modifikationen, da gleichzeitig die Rolle eines „Beigeordneten“ als Teil der lokalen Akteurskonstellation gestärkt wurde.[857]

Der Bürgermeister ist in Frankreich maßgeblicher Bezugspunkt innerhalb des lokalen politischen Systems. Bis heute wohnt der Funktion des Bürgermeisters ein eigener Charakter inne. So gilt er häufig als „Seigneur auf seinem Lehen“ und die Bürgermeister der großen Städte sind gewichtige Honoratioren, welche in Kooperation mit der Zentralgewalt stehen. Es erfolgt eine Polarisierung auf den Bürgermeister als Einzelperson und zentralen Akteur.[858]

Der Gemeinderat ist in seiner politischen Funktion maßgeblicher Repräsentant der Bürger.[859] Im Verhältnis zwischen Bürgermeister und Kommunalvertretung[860] hat jedoch der Bürgermeister allein dadurch, dass er über die Leitlinien entscheidet, eine bedeutende Stellung. Er führt die Kommunalverwaltung und ist Drehscheibe zwischen Verwaltung und Kommunalvertretung. Er hat einerseits die Kontrolle über die lokale Verwaltung und ist andererseits Vorsitzender des Gemeinderates und bestimmt in dieser Funktion die Tagesordnung.[861]
Durch diese herausgehobene Stellung nimmt er auch eine bedeutende Funktion innerhalb des Beziehungsgeflechts zur Bürgerschaft wahr. Er gestaltet die Außenbeziehungen der Kommune, ist Ansprechpartner staatlicher Behörden und der Kreditinstitute.[862] In Summe dominiert der Bürgermeister die politische Bühne, hat kaum institutionelle Grenzen und verfügt über ein hohes Maß an Macht, die sich auf die Exekutive bezieht.[863]

Allerdings nehmen die Bürgermeister selbst sehr wohl die Entwicklung eines Wandels des institutionellen „Government“ hin zu Strukturen der Governance wahr, der sich in der politischen Kultur auf lokaler Ebene niederschlägt. Deutlich wird dies in der steigenden Bedeutung von Netzwerkstrukturen, welche im Zusammenhang mit der Entstehung von Governancearrangements zu sehen sind. Neben vertikaler Netzwerkarbeit betonen die französischen Bürgermeister selbst ihr Engagement in sozialen Gruppen und Freiwilligenorganisationen sowie ihre Rückbindung an die Bürger.[864] Auf die Stellung der Bürger wird nachfolgend gesondert eingegangen.

---

857 Im Einzelnen WOLLMANN, H.: Draft report, 2005, S. 23.
858 THOENIG, J.: Government, 2006, 51.
859 LUCHAIRE, Y.: Commune, 1995, S. 23.
860 Auffallend ist die hohe Zahl der Gemeinderäte. So engagieren sich 505.916 kommunale Mandatsträger in ihren jeweiligen Gemeinderäten vgl. KEMPF, U.: System, 2007, S. 309.
861 THOENIG, J.: Government, 2006, S. 48 / 49 / 50.
862 Ende der 90er Jahre kommt THOENIG zu dem Schluss, der Bürgermeister sei beherrschender Akteur innerhalb eines abgeschlossenen Systems und spricht von „kommunalem Präsidentialismus“. THOENIG, J.: Politik- und Verwaltungsmanagement, 1998, S. 227.
863 HOFFMANN–MARTINOT, V.: French Republic, 2003, S. 162 – 166. Ebenso KUHLMANN, S.: Verwaltungsreform, 2004, S. 8 / 9.
864 So geben nahezu 60 v. H. der französischen Bürgermeister an, täglich im Kontakt mit Bürgern zu stehen. HEINELT, H. / KERROUCHE, É. / EGNER, B.: Government, 2006, S. 209, 212.

3.2.3.2 Die Stellung des Bürgers im lokalen politischen System

Ähnlich der deutschen Entwicklung findet sich im französischen Recht der Dualismus von repräsentativen und partizipativen Elementen.
Bisher wurde ausgeführt, dass der Wandel der Rolle des Staates zu einem Rückgriff auf subnationale Träger führte. Verbunden war ein Machtzuwachs für Politiker in der Kommunalpolitik, ein Bedeutungszuwachs der Rolle der Bevölkerung hat sich allein dadurch nicht ergeben.[865] Nicht zu verkennen ist das grundsätzlich hohe Maß an Politisierung der französischen Öffentlichkeit, die sich auch in Protestbewegungen zeigt, oder einer Mitgliedschaft in Vereinigungen. Ein „Reinventing Citizenship" als Entwicklung partizipativer Demokratie findet daher vor dem Hintergrund eines grundsätzlich hohen Maßes an Bereitschaft französischer Bürger statt, sich lokal zu engagieren.[866] Konkret wird versucht, das Verhältnis zwischen lokaler Politik und Bürgern zu ändern.[867] Die Diskussion zur Bürgerbeteiligung findet dabei in Frankreich seit den 60er und 70er Jahren statt.[868] Im Rahmen von Reformen wurde das Thema lokale Demokratie mehrfach aufgegriffen, mit der Zielsetzung, die direkte Demokratie weiter zu entwickeln.

Auf die einzelnen Instrumente soll nachfolgend unter Berücksichtigung der rechtlichen Grundlagen eingegangen werden.
Erstes Instrument ist die Konsultation. Mit dem Gesetz 92–125 vom 06.02.1992[869] wurden Umfragen rechtlich normiert und auf Initiative des Bürgermeisters oder auf Initiative von mindestens einem Drittel der Gemeinderäte in Gemeinden mit mehr als 3.500 Einwohnern bzw. auf Initiative der Hälfte der Räte in sonstigen Kommunen möglich. Das Ergebnis der Konsultationen verpflichtete den Gemeinderat nicht und das Instrument wurde in der kommunalen Praxis wenig genutzt, so kam es lediglich zu 150 Konsultationen zwischen 1992 und 1999.[870]

---

[865] Im Rahmen französischer Kommunalpolitik lässt sich eine starke Politisierung vor Kommunalwahlen beobachten. THOENIG spricht von einer „Bürgermeisterpartei" als „kunstvolle Mischung aus Koalitionen gesellschaftlicher Gruppierungen, erwiesener Gefälligkeiten und Verwaltungsrhetorik", vgl. THOENIG, J.: Politik- und Verwaltungsmanagement, 1998, S. 201 / 202.

[866] SHARON COLLINS argumentiert nach dem von ihr ausgewerteten Zahlenmaterial zugunsten eines hohen Maßes an Engagement, was durch die Bereitschaft von 22 v. H. der Franzosen für den Gemeinderat zu kandidieren untermauert wird, ebenso durch die Tatsache, dass pro 100 Einwohner ein Bürger als Rat engagiert ist. Vgl. COLLINS, S.: Crisis, 2003, S. 99 / 100. COLLINS Ergebnisse stehen im Umfeld eher kritischer Forscher wie MABILEAU, der von einem „Mythos partizipativer Demokratie" und „Desengagement der Bürger" insofern spricht, dass von einzelnen Bürgern die lokalen Angelegenheiten als Angelegenheiten der lokalen Vertreter gesehen werden. MABILEAU, A.: Kommunalpolitik, 1996, S. 97 ff.

[867] Stellvertretend sei die Initiative „adels" (Association pour la démocratie et l´éducation locale et sociale) genannt, die es sich zum Ziel gemacht hat, lokale Demokratie zu stärken und hierzu eine Plattform für einen Austausch zu bieten. http://www.adels.org/association/index.htm - (05.07.2007).

[868] BOGUMIL, J. / HOLTKAMP, L. / WOLLMANN, H.: Sektor, 2003, S. 81.

[869] Loi d´orientation n° 92-125 du 6 février 1992, relative à l´administration territoriale de la République. Publication J.O n° 33 du 8 février 1992.

[870] Zahlen nach HOFFMANN – MARTINOT, V: French Republic, 2003, S. 174.

Ein weitere Verbesserung im Bereich bürgerschaftlicher Konsultation brachte das Gesetz 95 – 115 vom 04. Februar 1995[871] zur territorialen Organisation und Entwicklung mit sich, nach dem Konsultationen auch auf Initiative der Bevölkerung durchgeführt werden konnten. Die kommunale Praxis verdeutlichte mittelfristig allerdings, dass das Instrument kaum Relevanz hatte.[872] Inhaltlich bedeutsam war, dass mit dem Gesetz des Jahres 1995 auch interkommunale Verwaltungsgemeinschaften die Bürger ihrer Mitgliedskommunen im Bereich der Raumordnung konsultieren konnten.[873]
Referenden im Sinne von Volksentscheidungen allgemein sind in Frankreich keine Neuschöpfung der Verfassungsänderung aus dem Jahr 2003. Von Bedeutung ist demgegenüber für die kommunale Ebene, dass bisherige Regelungen zu Beteiligungen lediglich indikativ bzw. konsultativ gewesen waren,[874] was als nachhaltige Absage an einen „lokalen Volkssouverän" und eine formale Institutionalisierung von direkt – demokratischen Entscheidungsrechten zu verstehen war.[875] So wurden 2003 partizipative Elemente auf lokaler Ebene in Art. 72 – 1 mit folgenden Regelungen gestärkt[876]:

Artikel 72 – 1 (Verfassung)
(1) Das Gesetz legt die Bedingungen fest, unter denen die Wähler jeder Gebietskörperschaft in Ausübung des Petitionsrechts verlangen können, dass eine Frage, die in den Zuständigkeitsbereich der Gebietskörperschaft fällt, in die Tagesordnung ihrer beschließenden Versammlung aufgenommen wird.
(2) Nach Maßgabe des verfassungsausführenden Gesetzes können die Entwürfe von Beschlüssen oder Rechtsakten, die in die Zuständigkeit einer Gebietskörperschaft fallen, auf ihre Initiative hin den Wählern dieser Körperschaft zur Entscheidung durch Volksentscheid vorgelegt werden.
(3) Ist beabsichtigt, eine Gebietskörperschaft mit besonderer Rechtsstellung zu schaffen, oder deren Aufbau zu verändern, kann durch Gesetz beschlossen werden, die in den betroffenen Körperschaften eingetragenen Wähler zu befragen. Die Änderung der Grenzen der Gebietskörperschaften kann gleichfalls Anlass zu einer Befragung der Wähler nach Maßgabe des Gesetzes geben.

Im Grunde werden mit dieser Regelung mehrere Maßnahmen vorgesehen. Entwürfe von Beschlüssen oder Rechtsakten, die in die Zuständigkeit einer Gebietskörperschaft fallen, können den Wählern der Körperschaft zur Entscheidung im Sinne eines Referendums durch Volksentscheid vorgelegt werden.[877] Allerdings wurde mit der Entscheidung für die gesetzliche Regelung in 72 – 1 kein Referendum aufgrund bürgerlicher Initiative eingeführt.[878] Gleichwohl besteht ein Recht für die Wähler, das es ihnen nach Art. 72 – 1 Abs. 1 ermöglicht, Fragen aus dem Zuständigkeitsbereich der Ge-

---

[871] Loi d´orientation n° 95-115 du 4 février 1995. Loi d´orientation pour l´aménagement et le développement du territoire. Publication au JORF du 5 février 1995.
[872] HOFFMANN – MARTINOT, V: French Republic, 2003, S. 174.
[873] KUHLMANN, S.: Verwaltungsreform, 2004, S. 23.
[874] ORAISON, A.: Reconnaissance, 2004, S. 634 - 636. Zu repräsentativer Demokratie und zur Entwicklung partizipativer Demokratie vgl. GUÉRARD, S.: Démocratie, 2004, S. 1294 / 1295.
[875] BOGUMIL, J. / HOLTKAMP, L. / WOLLMANN, H.: Sektor, 2003, S. 82.
[876] http://www.jura.uni-sb.de/BIJUS/constitution58/ - (05.11.2006).
[877] Gesetzliche Regelung vgl. Loi organique n° 2003-705 du 1er aout 2003. Loi organique relative au référendum locale, J.O n° 177 du 2 aout 2003, S. 13218.
[878] Das Abhalten eines Referendums liege demnach in Händen der Lokalpolitiker SCHILD, J.: Politik, 2006, S. 115.

bietskörperschaft auf die Agenda der Versammlung der Gebietskörperschaft zu setzen. Sie haben die Möglichkeit erhalten, auf die Tagesordnung Einfluss zu gewinnen.[879]

Unter demokratietheoretischen Gesichtspunkten ist mit den Regeln direkter Beteiligung der Bürger ein „Plus" an Partizipation der Bürger zu verzeichnen. Inwieweit sich der Stellenwert der repräsentativen Demokratie[880], der in Frankreich groß ist, mittelfristig ändert, ist zum jetzigen Zeitpunkt nicht abzusehen[881].

Neben den Referenden stellen die seit 2002 einsetzenden Vorstöße einer Teilhabe eine wesentliche Entwicklung innerhalb des grundlegend repräsentativ – demokratischen Modells dar. Bürgerinnen und Bürger und gesellschaftliche Gruppen wirken am Gemeinwesen überwiegend beratend mit.
Mit dem Gesetz vom 27. Februar 2002 (Démocratie de Proximité / Demokratie im unmittelbaren Lebensumfeld)[882] können Kommunalvertretungen beratende Ausschüsse bilden, in denen Vertreter gesellschaftlicher Vereinigungen aktiv werden können. Gemeinden mit mehr als 10.000 Einwohnern sind verpflichtet, beratende Ausschüsse für kommunale Dienstleistungen, die entweder in einem Eigenbetrieb oder einem nichtgemeindlichen Unternehmen erbracht werden, zu bilden. Die Ausschüsse sind neben Vertretern des Kommunalparlaments mit lokalen Nutzervereinigungen oder Verbrauchervereinigungen besetzt.[883] Die Regelungen des Gesetzes zur Demokratie im unmittelbaren Lebensumfeld stehen an dieser Stelle in der Tradition des ATR-Gesetzes von 1992, das bereits Nutzerausschüsse öffentlicher Dienstleistungen (Commissions Consultatives des Services Publics Locaux) vorsah.[884]

---

879 Vgl. FRANZÖSISCHE BOTSCHAFT (Hrsg.): Gesetz, 2003, S. 1. Denkbar ist die Konstellation, dass die Wähler über das Petitionsrecht, Fragen auf die Tagesordnung der Gebietskörperschaften setzen, diese könnten dann die Fragen den Wählern zur Abstimmung vorlegen. Vgl. http://www.botschaft-frankreich.de/article.php3?id_article=919&var_recherche=dezentralisierung - (05.08.2007).

880 Repräsentative Demokratie wird verstanden als Demokratieform, welche sich überwiegend auf gewählte Ratsvertreter bezieht. Vgl. BOGUMIL, J. / HOLTKAMP, L.: Bürgerkommune Zusammenspiel, 2002, S. 4. Zur Definition vgl. SCHUMPETER, der die Inhalte der klassischen Lehre der Demokratie folgendermaßen an das Gemeinwohl und repräsentative Elemente bindet: „die demokratische Methode ist jene institutionelle Ordnung zur Erzielung politischer Entscheide, die das Gemeinwohl dadurch verwirklicht, dass sie das Volk selbst die Streitfragen entscheiden lässt und zwar durch die Wahl von Personen, die zusammenzutreten haben, um seinen Willen auszuführen." SCHUMPETER, J.: Kapitalismus, 1993, S. 397.

881 Der Schwerpunkt liegt auf der repräsentativen Demokratie und der großen Zahl der Kommunalparlamente. Mehr als 550.000 Bürger engagierenden sich. Zahlen vgl. SADRAN, P.: Démocratie, 1996, S. 115 ff.

882 Loi n° 2002-276 du 27 février 2002 relative à la démocratie de proximité, J.O no° 50 du 28 février 2002, S. 3808. Einschlägige Regelungen finden sich in Art. 3 und Art. 5 des Gesetzes.

883 Ausführlich BOGUMIL, J. / HOLTKAMP, L. / WOLLMANN, H.: Sektor, 2003, S. 82. Auch die Bildung von Jugend oder Ausländerräten ist möglich.

884 Nach Art. 26 des ATR-Gesetzes sind die Gremien beratend Loi d´orientation n° 92-125 du 6 février 1992. Loi relative à l´administration territoriale de la République, Publication au JORF du 8 février 1992, Art. 26. LEFÈVRE zeigt auf, dass auch lokale Sozial- oder Wirtschaftsräte für Gemeinden mit mehr als 3.500 Einwohnern 1992 eingeführt wurden, vgl. LEFÈVRE, C.: Zusammenarbeit, 2000, S. 324.

Für Städte mit mehr als 80.000 Einwohnern wurden durch die Regelungen 2002 darüber hinaus Nachbarschaftsräte oder Quartiersräte[885] verpflichtend eingeführt. Die Nachbarschaftsräte können vom Bürgermeister konsultiert werden und können Vorschläge zu Fragen aus dem öffentlichen Bereich, des nachbarschaftlichen oder städtischen Interessen, vorlegen.[886] Städte mit mehr als 20.000 Einwohnern haben ebenfalls die Möglichkeit Räte zu bilden.[887]

Zusammenfassend zeigt das Konzept der Démocratie de Proximité Ähnlichkeiten zur Konzeption der Bürgerkommune. Es ist allerdings mit einer Dezentralisierungskonzeption verknüpft, bei welcher der Staat eine aktive Rolle innehat. Inhaltlich existiert eine argumentative Auseinandersetzung ähnlich der deutschen Debatte, die sich dagegen wendet, dass die repräsentative Demokratie eine Einschränkung durch die Bürgerbeteiligung erfährt.[888]
Die Reformbemühungen zeigen soweit bisher ersichtlich lediglich ein geringes Ergebnis, obwohl die Gesetzgebung den Weg zu bürgerschaftlicher Beteiligung über partizipative Elemente eröffnet hat und ähnlich der deutschen Diskussion eine zunehmende bürgerschaftliche Dynamik zu bürgerschaftlicher Teilhabe entsteht. Allerdings verdeutlicht die für demokratische Prozesse und Entwicklungen kurze Zeitspanne seit Inkrafttreten der gesetzlichen Regelung von 2003, dass noch Raum für eine künftige Entfaltung der einzelnen Instrumente und deren Annahme durch die Bevölkerung besteht.

---

885 Koordinierend agiert seit 1976 «Carrefour National des Associations d'habitants et des Comités de Quartier», (CARNACQ), Grundstatut http://www.confederationciq.com/statut_carnaq.asp -(20.07.2007).

886 HOFFMANN–MARTINOT, V: French Republic, 2003, S. 175. Eine Bewertung der Arbeit kann unter dem Gesichtspunkt einer Vetopositionierung gegen die zentrale städtische Exekutive auch kritische Gesichtspunkte aufweisen. Vgl. KUHLMANN, S.: Verwaltungsreform, 2004, S. 25. Das Konzept der Démocratie de Proximité wird methodisch im europäischen Forschungszusammenhang als eines von sechs Modellen bürgerschaftlicher Partizipation aufgearbeitet. Vgl. http://www.buergerhaushalt-europa.de - (03.03.2007).

887 BOGUMIL, J./ HOLTKAMP, L. / WOLLMANN, H.: Sektor, 2003, S. 83 ff.

888 ASSOCIATION DES PETITES VILLES (APVF) (Ed.): Décentralisation, 2003, S. 5. Zur Diskussion im Senat im Zusammenhang mit der Einführung eines lokalen Referendums vgl. HOEFFEL, D.: Rapport, 2003. Die Mechanismen oder Elemente lokaler Demokratie dürften nicht gleichzeitig zu einer Schwächung der lokalen Gewählten führen oder einer Blockade ihrer Entscheidungen. Ebd. S. 8.

4 Zwischenfazit: Lokale Governancemechanismen im nationalen Verwaltungs- und Institutionensystem Deutschlands und Frankreichs

4.1 Ableitung einer Schnittmenge von Kommunaler Selbstverwaltung und lokalem Governanceansatz in nationaler Perspektive

4.1.1 Bürgerschaftliche Dimension[889]

Aus der lokalen Governancediskussion haben sich nunmehr für die kommunale Ebene Anknüpfungspunkte an die Begrifflichkeit, die Inhalte Kommunaler Selbstverwaltung und komplementäre Zielsetzungen ergeben:
Einmal kann argumentiert werden, dass es in Bezug auf die bürgerschaftliche Dimension der Selbstverwaltung durch Governance zu einer Wiederbelebung des bürgerschaftlichen Gedankens oder einer Anbindung der Bevölkerung an die lokale Politik kommt. Bürgerschaftliches Engagement wird theoretisch unterlegt und praktisch gefördert. Eine Anbindung erfolgt an Leitvorstellungen wie „gesellschaftliche Verantwortungsgemeinschaften“ oder eine Sphäre „bürgerschaftlicher Privatisierung“. Konzeptionell wird zugunsten abschichtbarer Verantwortungssphären zwischen staatlichen und privaten Akteuren argumentiert, die in eine eindeutige Folgenverantwortung münden sollen. [890] Die Bürgerinnen und Bürger können durch eine vermehrte Teilhabe und die Beteiligung an kommunalpolitischen Prozessen eine Stellung als Subjekt gewinnen. Neben die politische Funktion der Bürgerinnen und Bürger als Wähler innerhalb der repräsentativen Demokratie tritt die aktive Beteiligung an politischen Input- und Output-Prozessen. Von Bedeutung ist die soziale Sphäre der Bürgerbeteiligung[891]. Dies enthält die Beteiligung der Bürger an der örtlichen Gemeinschaft in ihrer Rolle als Ehrenamtliche[892].

---

[889] Anknüpfungspunkte finden sich sowohl bei Art. 28 Abs. 2 GG als auch in der französischen Diskussion um lokale Identität und bürgernahe Verwaltung. Die Kommune gilt als „Keimzelle der Demokratie und hat identitätsstiftende Funktion. Für Frankreich MABILEAU, A.: Kommunalpolitik, 1996, S. 41 / 42.

[890] Begriffliche Eingrenzung bürgerschaftlichen Engagements und Argumentation über gesellschaftliche Verantwortungsgemeinschaften, vgl. SCHLIESKY, U.: Engagement, 2004, S. 422, S. 423.

[891] Zum Modell der drei "Gesichter" der Gemeinschaft vgl. WOLLMANN, H.: Community, o. A., S. 2. Formen der Bürgerbeteiligung, „Bürgerwille statt Kundenorientierung“ vgl. HOFMANN, M. / SCHOLL, D.: Bürgerwille, 2000, S. 83 f. Rückbindung der Bürgerbeteiligung an die Lehre VOM STEINS vgl. VITZTHUM, W. / KÄMMERER, J. (Hrsg.): Bürgerbeteiligung, 2000, S. 52.

[892] Beispiel für ein Projekt auf kommunaler Ebene ist „Bürger sein heute - Bürger sein 2030" der Stadt Esslingen zum Ideenwettbewerb "Stadt 2030". Der interdisziplinäre Forschungsverbund entwickelte gemeinsam mit den Bewohnern Leitbilder für die Bürgerrolle der Zukunft. Bürger nahmen in Langzeitwerkstätten („Cafés“) teil. Maßgeblich waren drei Bausteine: sozialkulturelle Strukturen künftigen Zusammenlebens, politische Strukturen und Verwaltungsstrukturen und die Gestalt künftiger Stadtteilidentität. http://www.esslingen.de/servlet/PB/show/1180788/kurz_esslingen_2030.pdf - (10.01.2006). Projekt 2030 mit Ergebnissen des Forschungsverbunds vgl. www.stadt2030.de - (10.06.2007). Insgesamt engagieren sich in Deutschland von 83 Millionen Einwohnern 22 Millionen Menschen ehrenamtlich, davon 22 v. H. im Bereich Sport, 10 v. H. im Bereich Kultur, Soziales 8 v. H. etc.. Das Gros dieser Arbeit wird auf kommunaler Ebene geleistet. Vgl. DEUTSCHER STÄDTETAG (Hrsg.): Städte, 2003, S. 107. Umfangreiche empirische Erhebungen vgl. auch BUNDESMINISTERIUM FÜR FAMILIE, SENIOREN, FRAUEN UND JUGEND (Hrsg.): Engagement, 2005.

Neue Handlungsoptionen können sich in Ergänzung der Kommunalgesetze ergeben.[893] Insbesondere die in der deutschen Kommunalen Selbstverwaltung angelegte Doppelstruktur der Stadt als politisches Verfassungsorgan mit institutionalisierten Politik- und Verwaltungsstrukturen und gleichzeitig als zivilgesellschaftlicher Lebens- und Entfaltungsraum, erfährt durch die Governancediskussion synergetische Effekte.[894] Die Doppelstruktur eines städtischen Gemeinwesens einerseits und andererseits die Kommune als „örtliche Gemeinschaft“, findet sich inhaltlich in vielen Konzepten kommunalpolitischer oder städtischer Entwicklung.[895]

4.1.2 Steuerungszusammenhänge und die Art und Weise kommunaler Aufgabenerfüllung

Ein weiterer Aspekt ist die Art und Weise der kommunalen Aufgabenerfüllung, wobei sie unter mehreren Aspekten Bedeutung gewinnt. In Deutschland sind mit Kommunaler Selbstverwaltung Spielräume bei der Aufgabenerledigung verbunden. Ausgehend vom Gedanken der Subsidiarität im horizontalen Sinne, bietet sich neben der bürgerschaftlichen Komponente ein Anknüpfungspunkt zwischen Gemeinde und Wirtschaft für Privatisierungsformen oder die Zusammenarbeit im Rahmen eines Public Private Partnership.[896] Für die deutsche Diskussion muss an dieser Stelle gelten, dass mit der Betonung Lokaler Governance mehr stattfindet, als lediglich eine Anbindung an Verwaltungsreformkonzeptionen oder die Aufgabenauslagerungsdebatte mit einer lediglich graduellen Verschiebung in der Steuerungslogik. Insofern ist der zweite Gesichtspunkt im Zusammenhang mit der Art und Weise kommunaler Aufgabenerledigung von erheblicher Bedeutung und betrifft die aktuell vorgebrachten Vorschläge einer ganzheitlichen politischen Steuerung ausgegliederter Aufgaben. Politische Steuerung ist in eine moderne Konzeption Kommunaler Selbstverwaltung und Lokaler Governance zu integrieren. War historisch betrachtet Kommunale Selbstverwaltung in Deutschland an die Daseinsvorsorge gebunden[897], dann kann durch die Einführung neuer Instrumente wie eines Beteiligungsmanagements, verstanden als eigenständige kommunale Auf-

---

[893] Praktische Hinweise bietet der „Wegweiser Bürgergesellschaft“, der an bereits vorhandene Informations-, und Unterstützungsstrukturen anknüpft und das vorhandene Informationsangebot der Stiftung Mitarbeit ergänzt. www.wegweiser-buergergesellschaft.de/engagemetfoerderung/lokale_ebene - (24.06.2007). Als Beispiele werden Freiwilligenagenturen, Selbsthilfekontaktstellen oder Seniorenbüros genannt. Eine Übersicht über Netzwerke stellt das Bundesnetzwerk bürgerschaftliches Engagement zur Verfügung unter http://www.b-b-e.de/ - (20.07.2007).

[894] WOLLMANN argumentiert, dass Konzeptionen wie die Bürgergemeinde die historisch angelegte Doppelstruktur der Städte vernachlässigen würden. Bürgerliches Ehrenamt als Vorreiter des modernen Sozialstaates. Vgl. WOLLMANN, H.: Doppelstruktur, 2004, S. 20 ff.

[895] Vgl. Konzept der Stadt Berlin, das beide Gesichtspunkte miteinander verbindet: www.stadtentwicklung.berlin.de - (13.06.2007) mit dem Forum www.stadtentwicklung.berlin.de/planen/forum2020 - (13.06.2007). Im "Stadtforum Berlin" werden konkrete Strategien und Leitprojekte in wichtigen Politikfeldern diskutiert: Wohnungs-, Verkehrs- und Umweltpolitik, Zukunft der Zentren und Quartiere oder die Erneuerung städtischer Entscheidungsstrukturen. Das "Stadtforum Berlin" soll ein Ort für Konsens und Kontroversen, eine Ideenschmiede und ein Beratungsinstrument für die Stadtentwicklungspolitik, zugleich sein.

[896] Zur sich wandelnden Funktion von Recht vgl. HOFFMANN-RIEM, W.: Governance, 2005, S. 205 ff.

[897] BREMEIER, W. / BRINCKMANN, H. / KILLIAN, W.: Governance, 2006, S. 9. Die Autoren legen dar, dass bisher die Instrumente eines Beteiligungsmanagements häufig von den Kommunen nur unzureichend genutzt werden.

gabe, eine neue Prägung Kommunaler Selbstverwaltung erfolgen. Inhaltlich nähert man sich dem Bild der Gewährleistungskommune an.

Schließlich findet sich als darauf aufbauender Aspekt eine weitere Anbindung zwischen Kommunaler Selbstverwaltung und Governance bei den Neuen Steuerungsinstrumenten: Referenzpunkt ist die kommunale Organisationshoheit. In einem übergeordneten Zusammenhang stärken die Neuen Steuerungsinstrumente und die anhängigen Verwaltungsreformen die Eigenverantwortlichkeit, Initiative und Problemlösungsfähigkeiten der Gemeinden. Sowohl demokratische als auch effizienzorientierte Gesichtspunkte und technisches verfahrensbezogenes Know – How werden eingebunden.

Für die lokale Ebene ergibt sich eine Bedeutung von Governance, welche deutlich über die Verwaltungsmodernisierungsdebatte hinausgeht und die in ihrer Reichweite differenziert zu bewerten ist.[898] Governancereformen als Reformkonzeption zur Weiterentwicklung der Neuen Steuerungsinstrumente zu einem integrierten Gesamtkonzept zu sehen greift definitiv zu kurz. Für die lokale Ebene hat die Diskussion um die partizipatorischen Elemente von Lokaler Governance eine eigene traditionelle Legitimation in der deutschen Kommunalen Selbstverwaltung und ergibt sich aus staatlich – kommunalen Entwicklungslinien, insbesondere aus den bereits genannten Prinzipien der Ausgestaltung von Selbstbestimmung, politischer Partizipation und politischer Willensäußerung. Es geht um die Ergänzung durch neue Formen der Mitwirkung und daher um eine strukturelle Erweiterung des vorhandenen lokalen politischen Systems.

Der dritte Gesichtspunkt schließt sich an die Konzeption des Art. 28 Abs. 2 GG mit seiner Formulierung an, die besagt, dass die Kommunen eigene Aufgaben „regeln". Die Kommunen sind Steuerungsakteure, rechtlich gebunden an Aufgabenerfüllung, Zuständigkeiten und Verantwortlichkeiten. Lokale Governance bietet insofern einen Blickwinkel auf Steuerung i. S. des Art. 28 Abs. 2 GG, als die klassische Steuerungsfähigkeit nicht negiert, sondern positiv formuliert wird. Ein Steuerungsverlust würde dann vermieden werden, wenn

(1) entsprechend der Logik des Art. 28 Abs. 2 GG ein eindeutig identifizierbares System besteht, an das die Kommunalpolitik ihre Impulse im Sinne „integrierter Kommunalentwicklung" aussenden könnte[899].
(2) das kommunale System über Aufgabenerledigungszusammenhänge nicht an Handlungsfähigkeit verliert. Bedeutsam werden das Verhältnis von Struktur und Akteur, Interaktionsbeziehungen, die sozio-kulturelle und die formale Einbettung der Handlungsmöglichkeiten der Akteure[900].
(3) keine schleichende Relativierung der Steuerungsfähigkeit durch Entwicklungen zur Einbeziehung Dritter stattfindet.
(4) Lokale Governance nicht zur Aufhebung oder bedeutende Einschränkung von „Government" führt.

---

[898] Ebenso wenig macht es Sinn, Lokale Governance hinsichtlich des bürgerschaftlichen Bezuges in strikter Abgrenzung zu den Neuen Steuerungsinstrumenten zu sehen.
[899] Im Zusammenhang mit Lokalen Agenda 21 Prozessen GSÄNGER, M.: Handeln, 2000, S. 102.
[900] weitgehend SCHWEIZER, S.: Steuerung, 2003.

Dieses Verständnis betont eine Seite Kommunaler Selbstverwaltung, welche in der Rechtswissenschaft wenig betrachtet wird, prägten doch lange Zeit Thesen wie die Aushöhlungsthese, die Frage der Kompensation oder funktionale Gesichtspunkte die Diskussion. Kommunale Selbstverwaltung an dieser Stelle mit Lokaler Governance zu betrachten ist konform mit einer Argumentation, welche die Pflichtenbezogenheit der Selbstverwaltung in Anbindung an eine Wahrnehmung von Aufgaben durch die Kommunen sieht. Enthalten ist eine Stärkung der demokratisch-politischen Funktion der Selbstverwaltung im Sinne einer Mikrodemokratie im lokalen politischen System. Genau dieses Handeln der Kommunen stellt die Wahrnehmung von Verantwortung gegenüber der demokratischen Legitimationsbasis sicher.[901]

Die Frage eines möglichen Steuerungsverlustes gilt selbstverständlich auch für die kommunale Struktur in Frankreich. Parallelen finden sich im Bereich der Verwaltungsreformen, die über eine verbesserte Effizienz die Spielräume der einzelnen Kommune erhöhen. Eingebettet sind die Reformen in Frankreich wie dargestellt in den Prozess der Dezentralisierung. Insofern findet sich Lokale Governance in erheblichem Umfang in Abhängigkeit von staatlichen Regelungen und Gesetzen und staatlicher Kompetenzordnung und im Zusammenspiel der drei territorialen Gebietskörperschaften Département, Région und Kommunen. Lokale Governance findet sich zu wesentlichen Teilen als Zusammenspiel zwischen Staat und Gebietskörperschaften, wobei sich die staatliche Rolle zunehmend weniger hierarchisch kennzeichnet als in der Vergangenheit bzw. sich im Rahmen der Dezentralisierungsreform wandelt zu einer Funktion als Impulsgeber und Koordinator. In erheblichem Maße ist die Entstehung und Weiterentwicklung von Verflechtungsbeziehungen zur Aufgabenerledigung relevant.

Konzeptionell lässt sich die Entwicklung in Frankreich unterschiedlich beurteilen, in Abhängigkeit davon, welcher Hypothese konzeptioneller Einordnung der Dezentralisierungsentwicklung insgesamt gefolgt wird.

[901] Konzept der erweiterten Perspektive einer Selbstverwaltungspflicht vgl. TOMERIUS, S. / BREITKREUZ, T.: Selbstverwaltungsrecht, 2003, S. 427 – 429.

Deutlich wird die Bedeutung vertikaler Aspekte Lokaler Governance auf folgender Grundlage:

1. Eine schlichte Orientierung am Gesetzestext der Verfassung zu Lokaler Selbstverwaltung ist nicht ausreichend zur Erfassung der französischen Entwicklung und verdeutlicht die Verflechtungsbeziehungen zwischen Staat und Kommune in Frankreich nicht ausreichend.
2. Frankreich hat mit seinem Dezentralisierungskonzept in den letzten fünfundzwanzig Jahren eine Reformbewegung entwickelt, die dahingehend revolutionär ist, als sie die Dominanz des Staates über die territorialen Gebietskörperschaften relativiert. Die Auswirkungen lassen sich konzeptionell wie folgt kategorisieren[902]:
   - Dezentralisierung als „Steering at a Distance" und Teil umfangreicher Staatsreform. Für die Kommunen ist diese Entwicklung ambivalent und abhängig vom Umfang der Kapazitäten zu lokaler Selfgovernance im Verhältnis von Staat zu Kommune.
   - Dezentralisierung als Teil eines „Capacity Building", als Prozess lokaler bzw. regionaler dynamischer Machtentfaltung.
   - Dezentralisierung im Kontext eines Meso-Level-Institutionalismus, als Teil einer Regionalbewegung.

Eine Betonung des Capacity Building würde demnach die oben genannten Kriterien in den Vordergrund rücken und für eine Entwicklung zwischen Deutschland und Frankreich sprechen, die Parallelen aufweist. Der Gedanke des Capacity Building bezieht sowohl lokale als auch regionale Akteure ein und kann daher Lokale Governance in umfassender Weise sowohl in horizontaler als auch vertikaler Perspektive berücksichtigen. Auswirkungen der Dezentralisierung und das Erforschen von Ursachen für Entwicklungen in der staatlichen und kommunalen Praxis gehen Hand in Hand: Problemadäquate Lösungen bei statischer Gemeindestruktur und sich ändernder Siedlungsstruktur mussten gefunden werden. Im Grunde hat sich eine Entwicklung vollzogen, die in den 80er Jahren als administrative Dezentralisierung entsprechend des „Steering at a Distance" begonnen hat und mittlerweile eine Strategie verfolgt, die eher an ein „Capacity-Building" mit „politischen" Dezentralisierungsansätzen angenähert wird, insbesondere wenn es darum geht, die Selbstorganisation gesellschaftlicher Kräfte zu fördern.

[902] Gesichtspunkte (1) und (2) nach COLE, A.: Decentralization, 2006, S. 31 – 57.

4.1.3 Effizienz und Demokratie als Bezugspunkte Kommunaler Selbstverwaltung und Lokaler Governance

Kommunale Selbstverwaltung unter dem Grundgesetz ist sowohl von Effizienz- als auch von demokratiebezogenen Reformen geprägt. Die Frage des Spannungsverhältnisses von Effizienz und Demokratie ergibt sich speziell im deutschen historischen Zusammenhang, da den Gemeinden aufgrund ihrer Bürgernähe auch Demokratienähe traditionell zugesprochen wird.

Die Gebietsreform der 70er Jahre gilt als effizienzbezogene Reform, während die partizipativen Reformen der 60er und 70er Jahre einen starken Demokratiebezug hatten. In der Reform des New Public Management wurden die Bürger in ihrer Rolle als Kunden betrachtet und ihre Funktion als Träger von Rechten und Pflichten weitgehend ausgeblendet, da der Effizienzgedanke dominierte.[903] Der nunmehr entstehende Kontext „gesamtkonzeptioneller Kommunalpolitik" erfordert neben einem organisatorischen Umdenken auch den Wert der Demokratie neu zu positionieren und ein „In-Einklang-Bringen" von Neuer Steuerung, Lokaler Governance und Rechtsstaatsprinzip[904] und damit von Effizienz und Demokratie unter folgenden Gesichtspunkten[905]:

(1) Konzeption der Selbsthilfeaufgaben bzw. Bürgerangelegenheiten als Teil eines sich wandelnden kommunalen Aufgabenmodells.
(2) Auflösung der Spannung zwischen repräsentativer und plebiszitärer Demokratie.
(3) Harmonische Weiterentwicklung des neuen-alten Rollenverständnisses in einer gemischten lokalen Demokratie.

Die Gliederungspunkte (1) und (3) finden ihre Entsprechung an Konzepten zur adäquaten Modernisierung der Sozialstaatlichkeit und des Wandels von Wohlfahrtsstaatlichkeit. Lokale Governance ist nicht nur steuerungstheoretisch relevant, sondern birgt stets Gesichtspunkte von Legitimation, die in die Diskussion eingebracht werden.

4.2 Kritische Bereiche im Zusammenspiel von Kommunaler Selbstverwaltung und nationalbezogener Lokaler Governance

4.2.1 Verhältnis von rechtlichem Rahmen zu Lokaler Governance

Die im Zusammenspiel von Governance und Kommunaler Selbstverwaltung genannten Anknüpfungspunkte bieten Raum für kritische Fragen. So ist insbesondere für die deutsche Tradition die Frage nach dem Verhältnis von Recht zum Governanceparadigma gesondert zu thematisieren. Dies enthält die folgenden Aspekte:

---

[903] KNEMEYER, F.: Selbstverwaltung, 2000, S. 876.

[904] Rechtsstaatlichkeit wird an dieser Stelle in ihrer Sphäre „rechtlich normierter Transformationsmöglichkeiten der Rechtsordnung unter Wahrung der formalen Kontinuität der Ordnung" betrachtet. Da Lebens- und Umfeldbedingungen von Gesellschaften sich ändern hat eine Konzeption moderner Demokratie die Organisationsformen und rechtlichen Beziehungen mit den gesellschaftlichen Bedarfen abzustimmen. WEINBERGER, O.: Rechtsstaat, 1997, S. VII.

[905] (1) bis (3) nach KNEMEYER, F.: Selbstverwaltung, 2000, S. 880 / 881.

(1) Konzeptionelle Anbindung zwischen Rechts- und Politikwissenschaften bei Fragen der lokalen Governance.
(2) Der Umgang mit unterschiedlichen Steuerungsmodi.
(3) Konkrete Orientierung an den rechtlichen Vorgaben des Grundgesetzes.

Konzeptionell gilt in den deutschen Rechtswissenschaften der Governancebegriff als „sozialwissenschaftliches Angebot“ und Konzept außerrechtlicher Art“ [906] und avanciert gleichwohl zum „interdisziplinären Brückenbegriff“ und „Verbundbegriff“.[907]

Wie dargestellt entfaltet Recht den Rahmen, in dem sich Strukturen Lokaler Governance etablieren können[908]. Der rechtliche Rahmen spannt Regelungsstrukturen auf, arbeitet mit regulativen Programmen bzw. Anreizprogrammen und ist in hohem Maße steuerungsorientiert. Recht hat Bereitstellungsfunktion bzw. Strukturierungsfunktion im Hinblick auf die Gestaltung und Initiierung von Regelungsstrukturen.[909] Gesetze sind der Rahmen, der Koordinationsleistungen erbringt und gleichzeitig Mittel gesellschaftlicher Problembewältigung.[910]
Insofern bieten die rechtlichen Regelungen einen „Frame“ der Governancediskussion. Gleichzeitig umfasst Steuerung im Zusammenhang mit Gesetzen die Bindung an das Rechtsstaatsprinzip und den Vorrang und Vorbehalt des Gesetzes.[911] Rechtsstaatlichkeit wird zu einem bedeutenden Element und zur Governanceressource, um Verwaltungshandeln berechenbar und nachvollziehbar zu machen.[912] Es ergibt sich aus der Anbindung von Recht an Rechtsanwendung eine Funktion von Steuerung als „rechtlich geleitetes Management“[913] innerhalb der gesetzten Regelungsstrukturen.

Offensichtlich ist, dass sich unterschiedliche Steuerungsmodi gegenüberstehen. So haben Netzwerkorientierung oder Markt ihre theoretisch-konzeptionellen Grundlagen im Bereich der Ökonomie oder der Organisationstheorie, während das Recht zumeist einen hierarchischen Steuerungsansatz verfolgt[914]. Gleichwohl ist das Hierarchiemodell von WEBER nach wie vor Referenzpunkt, zu dem neuere Modelle oder Ansätze abgegrenzt werden.[915] Bürgerschaftliche Beteiligung soll in diesem Zusammenhang keine „Konkurrenzveranstaltung“ zur Arbeit der Räte werden[916] und Konzepte sind erforderlich, um eine konforme, adäquate Anbindung zu schaffen.

---

[906] HOFFMANN-RIEM, W.: Governance, 2005, S. 196 / 197.
[907] SCHUPPERT, G.: Governance, 2005, S. 373. Brückentheorien und Brückenbegriffe vgl. HOFFMANN-RIEM, W.: Methoden, 2004, S. 60.
[908] Verfassungsrechtliche Befugnisse als Strukturen bei denen unterschiedliche Formate nebeneinander stehen. Ergänzung hierarchischer Steuerungselemente vgl. HILL, H.: Governance, 2005, S. 226 / 227 ff. Zusammenhang von nicht disponiblem rechtlichem und disponiblem kooperativem Bereich JAKUBOWSKI, P.: Kooperation, 2004, S. 127.
[909] SCHUPPERT, G.: Governance, 2005, S. 386.
[910] FRANZIUS, C.: Funktionen, 2006, S. 336 ff.
[911] SCHUPPERT, G.: Gesetz, 1998, S. 110 f, S. 115.
[912] SCHUPPERT, G.: Regieren, 2006, S. 12.
[913] Nach FRANZIUS, C.: Funktionen, 2006, S. 335 – 373.
[914] Ausführlich TRUTE, H. / DENKHAUS, W. / KÜHLERS, D.: Governance, 2004, S. 468 ff.
[915] SCHUPPERT, G.: Regieren, 2006, S. 15.
[916] Die Grundentscheidung des Art. 20 Abs. 2 GG, der die Volkssouveränität festlegt, gilt gem. Art. 28 Abs. 2 S. 1 GG auch für die verfassungsmäßige Ordnung der Länder. Bürgerbeteiligung wirkt als Ergänzung repräsentativer Demokratie, die Lernprozesse zwischen Bürgern und Verwaltung fördert und

Governance im Verhältnis zum rechtlichen Rahmen zu betrachten erfordert für das deutsche Modell einen Ansatz an den Normierungen des Art. 20 Abs. 2 S. 2 GG, zur Staatsgewalt, insbesondere zur repräsentativen Form der Demokratie als Regelfall.

Darüber hinaus regelt Art. 28 Abs. 1 S. 2 GG für die kommunale Vertretung, dass in den Ländern, Kreisen und Gemeinden das Volk eine Vertretung haben muss, die aus allgemeinen, unmittelbaren, gleichen, freien und geheimen Wahlen hervorgegangen ist. Das Bundesverfassungsgericht hat weiterführend dargestellt, dass der Grundsatz der Volkssouveränität erfordert, dass das Volk Einfluss auf die Ausübung von Staatsgewalt durch die Organe vollziehender Gewalt, der Rechtssprechung und der Gesetzgebung hat. Für die Beurteilung des Vorhandenseins eines hinreichenden Gehalts an demokratischer Legitimation sind die Formen der Legitimation staatlichen Handelns nicht jeweils für sich, sondern in ihrem Zusammenwirken zu betrachten.

Zu prüfen ist in einem ersten Schritt am nationalen Recht, wie sich diese Regelungen zu den mit Governance verbundenen partizipativen Elementen verhalten. Zu systematisieren[917] und abzuschichten ist nach der Art der direktdemokratischen Elemente, dem Umfang der Ausübung direktdemokratischer Elemente, bis zur Frage, ob mit den partizipativen Elementen die Funktionsfähigkeit der kommunalen Vertretung unterlaufen werden würde oder der Möglichkeit, dass Regelungen zu plebisziten Elementen das Selbstverwaltungsrecht nach Art. 28 Abs. 2 aushöhlen.

In einem zweiten Schritt ist nach den Möglichkeiten zu fragen, wie
(1) mit betriebswirtschaftlichen Instrumenten auf lokaler Ebene Steuerungsverlusten vorgebeugt werden kann. Dann können Governanceansätze zu einem Motor werden, mit dem ein neues Bild kommunaler Governance im Einklang mit Kommunaler Selbstverwaltung entworfen werden kann oder
(2) wie künftig gesellschaftliche Ansätze und eine gesellschaftliche Steuerungsdynamik auf lokaler Ebene Eingang finden kann.

Art. 28 Abs. 1 S. 2 GG spricht mit der Festlegung der Existenz einer aus direkten Wahlen hervorgegangenen Gemeindevertretung zugunsten eines Regel – Ausnahme – Verhältnisses und eines Primats repräsentativer Demokratie zulasten plebiszitärer Demokratieelemente.[918] Gleichzeitig wurde bereits aufgezeigt, dass Selbstverwaltung als Erscheinungsform der Demokratie gilt, und dass auch die direkt – demokratische Mitwirkung der Bürger vom Selbstverwaltungsgedanken gestützt ist. Steuerung nach Art. 28 Abs. 2 GG schließt demgegenüber in seiner Formulierung „eigene Aufgaben zu regeln" ein Verständnis der Selbststeuerung des lokalen Systems ein, das unter Berücksichtigung der Governanceperspektive beinhaltet, dass über neue Governancestrukturen vermehrt gesellschaftliche Akteure beteiligt werden. Die kommunale Aufgaben- und Leistungsstruktur befindet sich in einem Anpassungsprozess. Ein Teil der

---

eine Orientierung an Problemlagen transportiert. Gleichzeitig kann Kooperation kein „Allheilmittel" sein, vgl. BOGUMIL, J.: Formen, 2001, S. 7.

[917] Die Frage der Vereinbarkeit der jeweiligen landesverfassungsrechtlichen Normierungen und ein Abgleich zwischen Grundgesetz und landesspezifischen Regelungen findet an dieser Stelle nicht statt. Ausführliche Herleitung vgl. HERBEL, I.: Bürgerbeteiligung, 2003, S. 30 ff.

[918] Die Funktionsgarantie der Vertretung dient als Schranke und Schutzmechanismus repräsentativer Demokratie. Vgl. HERBEL, I.: Bürgerbeteiligung, 2003,S. 49 / 50.

Aufgaben wird an die Gesellschaft oder wirtschaftliche Akteure abgegeben und die Mittel der Beeinflussung seitens der Kommune müssen entsprechend angepasst werden. Institutioneller Wandel betrifft die Kommunale Selbstverwaltung an der Begrifflichkeit „Selbst“. Wandel und Vielfalt kommunaler Aufgabenwahrnehmung führen zu unterschiedlicher Art und Weise der Gemeinwohlsicherung. Es folgt eine „Neuvermessung kommunaler Gestaltungsspielräume“, ein „Korridor nachhaltiger Entwicklung“, die einen hohen Steuerungswillen der Gemeinden voraussetzt.[919] Der Begriff der Regelung gerät in einen Verbund mit Entscheidungssteuerung als Selbstverwaltungspflicht, mit Lenkung und Kontrolle und unbedingter Formulierung von Sachzielen.[920]
Die Vorgaben des Art. 28 II GG unterstützen die rechtlichen Entwicklungen, die am lokalen politischen System als steuerungsrelevantes und dabei steuerungsoffenes System festhalten und versuchen, umfassende gesellschaftsoffene Managementansätze mit Kommunalpolitik und partizipativen Goveranceansätzen zu verbinden.[921] Die Aufgabendelegation führt nicht zu einer umfassenden Delegation von Gemeinwohlverantwortung.[922]
Geht man von einer Kontinuität der Gemeinwohlorientierung durch die Kommunen aus, dann kann diese aus der Allzuständigkeit nach Art. 28 Abs. 2 GG[923], aus deutschem Verfassungsrecht und aus staatshistorischer Sicht begründet werden.

Die aufgeführte These von der kommunalen Gemeinwohlverantwortung aufgrund der Allzuständigkeit nach Art. 28 Abs. 2 hält daran fest, dass die Gemeinden, auch wenn Aufgaben von Dritten wahrgenommen werden, ihrer Aufgabenverantwortung nicht entbunden sind. Die Wahrnehmung ihrer Gemeinwohlverpflichtung würde entsprechend dieser Argumentation angebunden an Kontrollmechanismen.
Für staatliches Handeln leitet sich aus dem Verfassungsrecht aus dem Rechtsstaatsprinzip in Verbindung mit dem Sozialstaatsprinzip und den Grundrechten die grundsätzliche Rechtfertigung staatlichen Handelns ab und erhält so eine Bezogenheit auf den Gemeinwohlgedanken.[924] Das Bild des Staates als Gewährleister von Gemeinwohl, das über Recht verwirklicht wird, muss sich an dieses wandelnde Verständnis von Staatlichkeit, staatlicher Architektur und Aufgabenwahrnehmung anpassen[925].

Vor dieser Bedingung hat als Fazit für die Kommunen der Gesetzgeber nach wie vor die Aufgabe, für die Gewährleistung von Bedingungen der Koordination von Lokaler Governance verantwortlich zu sein.

---

[919] LIBBE, J. / TRAPP, J. (DIfU): Gemeinwohlsicherung, 2005, S. 2 – 4.
[920] LIBBE, J. / TRAPP, J. (DIfU): Gemeinwohlsicherung, 2005, S. 4 ff.
[921] Bedeutung des politisch-administrativen Systems argumentativ unterlegt bei STOCK, A.: Governance, 2005, S. 212.
[922] LIBBE, J. / TRAPP, J. (DIfU): Gemeinwohlsicherung, 2005, S. 4 ff.
[923] SCHULZE-FIELITZ, H.: Selbstverwaltung, 1998, S. 241.
[924] Ausführliche Herleitung HAUSER, D.: Betätigung, 2004, S. 22.
[925] TRUTE, H. / DENKHAUS, W. / KÜHLERS, D.: Governance, 2004, S. 466.

4.2.2 Bewertung der aktuellen Entwicklung im Verhältnis Kommunale Selbstverwaltung – Lokale Governance: Gemeinwohlorientierung[926] im Verhältnis von Kommunen und „Zivilgesellschaft“

Zu Fragen ist, wie sich die Anbindung von Lokaler Governance an Kommunale Selbstverwaltung unter normativen Gesichtspunkten gestaltet. Zunächst scheint das Verhältnis zwischen den Begrifflichkeiten unscharf. Das liegt nun nicht allein am Governancebegriff, sondern daran, dass die Definition des Begriffes der Zivilgesellschaft nicht unproblematisch ist. In Abhängigkeit davon, ob man Zivilgesellschaft auf lokaler Ebene als Gegenpol des lokalen politischen Systems sieht oder die Zivilgesellschaft in Ergänzung zum lokalen politischen System, wird man zu unterschiedlichen Auffassungen hinsichtlich der gegenseitigen Passung der Begriffe kommen.

Historisch betrachtet entwickelte sich der Begriff der Zivilgesellschaft erst allmählich in Abgrenzung vom Staat als Grundlage der Idee gesellschaftlicher Selbstorganisation. Mit HEGEL und MARX fand eine Umbesetzung des Begriffes Zivilgesellschaft statt, eine Abgrenzung vom Staatsbegriff und eine Betonung von Partikularinteressen.[927] Die Anbindung von Bürgertum und Zivilgesellschaft fand in Deutschland im 18. Jahrhundert statt, in Frankreich existierte eine breitere Basis von Zivilgesellschaft aufgrund der Verschmelzung von Bürgertum und Adel.[928] Die häufig kritisch verwendete Begrifflichkeit der „bürgerlichen Gesellschaft“ ersetzte in Deutschland den Begriff der Zivilgesellschaft bis in die 80er Jahre des vergangenen Jahrhunderts, danach erlebte der Begriff der Zivilgesellschaft eine „Renaissance“.[929]
Die Attraktivität des zivilgesellschaftlichen Konzepts ergibt sich einerseits aus dessen Skepsis gegenüber einer dominierenden Marktlogik und individueller Nutzenmaximierung, gleichzeitig auch aufgrund der Abgrenzung vom Interventionsstaat.[930] Der Gedanke einer sich selbst regulierenden Gesellschaft hat anti–etatistische Züge und nimmt eine Frontstellung gegen staatliche Obrigkeit ein.[931] Das Verhältnis von Staat zu Zivilgesellschaft besteht in Abhängigkeit von der Staatsform. In einer parlamentarisch-demokratischen Staatsform bietet sich die Bezeichnung „kritische Partnerschaft“ unter Anerkennung einer großen Affinität an. Der Staat hat eine Funktion zur Stärkung der Zivilgesellschaft und der Gestaltung einer Anerkennungskultur.[932]
Bezogen auf den kommunalen politischen Gestaltungsraum wird der zivilgesellschaftliche Begriff in seiner Anbindung an die Bürger definiert und auf die für den lokalen Raum dargestellten kommunalen Leitbilder bezogen. Bürgerschaftlichkeit kommt hierbei jeweils eine unterschiedliche Stellung zu.

---

[926] Es gibt keine einheitliche inhaltliche Definition von Gemeinwohl, sondern unterschiedliche und miteinander konkurrierende Vorstellungen vgl. FISCH, R. / STROHM, K.: Wandel, 2004, S. 77. Eine materiell – essentialistische Bestimmung ist nicht möglich. AMBROSIUS, G.: Gemeinwohl, 2006, S. 6. Die Konzeption des Gemeinwohls in kommunalem Bezug erfährt durch die Anbindung an institutionenbezogene Entwicklungen und Sachverhalte eine Operationalisierung.
[927] KOCKA, J.: Zivilgesellschaft, 2004, S. 30.
[928] KOCKA, J.: Zivilgesellschaft, 2004, S. 30.
[929] KOCKA, J.: Zivilgesellschaft, 2004, S. 30.
[930] KOCKA, J.: Zivilgesellschaft, 2004, S. 32 ff.
[931] HETTLING, M.: Bürgerlichkeit, 2004, S. 45 ff.
[932] KOCKA, J.: Zivilgesellschaft, 2004, S. 35 / 36.

Tab. 22 – Kommunales Gemeinwohl in Abhängigkeit von Lokaler Governance und kommunalem Leitbild

	Kommunales Leitbild			
	Ordnungs-kommune	**Dienstleistungs-kommune**[933]	**Bürgerkommune**[934]	**Gewährleistungs-kommune**[935]
Lokales Steuer-ungs- und Governan-ceparadigma	Hierarchie, Steuerung durch Recht	Mehrdimensionalität von Steuerung und Governance: • Kontrakte und Leistungsvergleiche • Wettbewerb und Kundenorientierung • Binnenorientierung	Erweiterte Steuerungs- und Governancedimension, Management des Wandels, Bürger als gestaltende Kraft	Erweiterte Steuerungs- und Governance-dimension,Trias von Markt, Bürger, Kommune.
Akteure lokaler Governance	Lokales administratives System	Kommune, lokales politisch–administratives System	Netzwerke unter Beteiligung privater Akteure / Bürger[936] und des pol. –admin. Systems, Typisierung der Bürger[937] ➢ Bürger als Individuum, Leitbild des mündigen, aktiven Bürgers ➢ Der organisierte Bürger: • Organisationsgrad 1: Selbstorganisation, Selbsthilfegruppen oder Bürgerinitiativen (anti-etatistisch, anti-bürokratisch) • Organisationsgrad 2: Assoziationswesen, Leitbild des gemeinwohlorientierten Bürgers, Vereine, Stif-	Kommune, Markt, Public Private Partnership Modell zwischen arbeitsteiliger Gemeinwohlverantwortung und Verantwortungskooperation. Verantwortlichkeit der Kommune[938] • Regulierungsverantwortung • Überwachungsverantwortung • Auffangverantwortung für Leistungssicherstellung

933 KGST (Hrsg.): Verhältnis, 1996 und KGST (Hrsg.): Verwaltungscontrolling, 1994.
934 Basismodell vgl. BOGUMIL, J. / HOLTKAMP, L.: Bürgerkommune konkret, 2002 bzw. BOGUMIL, J. / HOLTKAMP, L.: Bürgerkommune, 2005, S. 128.
935 Gewährleistungsgedanke SCHUPPERT, G.: Gewährleistungsstaat, 2005, S. 23 / 38ff, GRETSCHMANN, K.: Gewährleistungsstaat, 2005, 189 ff.;
936 Einzelne Rollen des Bürgers vgl. auch BOGUMIL, J. / HOLTKAMP, L. / SCHWARZ, G.: Reformmodell, 2003, S. 39 ff.
937 Systematisierung SCHUPPERT, G.: Möglichkeiten, 2003, S. 289.
938 Verantwortungsstufen für Staatlichkeit vgl. SCHUPPERT, G.: Staat, 2001, S. 401 / 402.

			tungen, Bürger als Diskursteilnehmer • Organisationsgrad 3: Organisierte Interessen, interessengeleitete Bürger, gruppennütziges Gemeinwohlverständnis	

	Kommunales Leitbild[939]			
	Ordnungskommune	**Dienstleistungskommune**	**Bürgerkommune**	**Gewährleistungskommune**
Träger des Gemeinwohls	Kommune	Kommune	Sowohl Kommune als auch Bürger mit Gemeinwohlkompetenz bei Letztverantwortung des lokalen politischen und politisch-administrativen Systems	Bürger / Unternehmen mit Gemeinwohlkompetenz bei Letztverantwortung des lokalen politisch-adminstrativen Systems
Instrumente zur Sicherstellung des Gemeinwohls	• Satzung • Verordnungen • Widerspruchsverfahren für den Einzelnen • Staatliche Aufsicht und Kontrolle	▪ Effektive Leistungserfüllung ▪ Serviceleistungen und Dienste ▪ Sicherstellung über interne und externe Kontrolle	▪ Agieren in Netzwerken ▪ Austarierung von Co-Governancestrukturen ▪ Kontrollverfahren in Netzwerken installieren ▪ Kontrollfunktion von lokaler Öffentlichkeit verstärken	„Gewährleistung" als Auffangmodus der Sicherstellung von Leistungen, vertragliche Regelungen, Vereinbarung von Kontrollmodi

Quelle: Weiterentwicklung und Fortführung auf Grundlage der dargestellten kommunalen Leitbilder und ihrer Steuerungs- und Governanceparadigmen in Tabelle 3. Weiterführung Argumentation BANNER, G.: Kirchturmshorizont, 1998, S. 3, historisch bedingter kommunaler Gemeinwohlbezug insbes. WEHLING, H.: Spielräume, 2003, S. 227 / 228.

[939] bezogen auf Staatsbilder / Staatsverantwortung und Gemeinwohl SCHUPPERT, G.: Gemeinwohl, 2004, S. 53, S. 54.

Bei ausschließlich allen kommunalen Leitbildern wird das Gemeinwohl in der lokalen örtlichen Gemeinschaft, dem lokalen politischen System, d.h. auf kommunaler Ebene angesiedelt. Bei den neuen Leitbildern kommt es zu partiellen (Teil-)Verschiebungen vom politisch–administrativen System hin zu Gesellschaft und bürgerschaftlicher Organisation, bzw. zu einer Teilhabe privatwirtschaftlicher Akteure, indem sich die Rolle der Kommune wandelt. Gleichwohl lebt der historisch territorial entstandene kommunale Gemeinwohlbezug, welcher aus der Rolle der Gemeinden als Institutionen der Gemeinwohlsorge im Zusammenhang mit der Entstehung sozialer Netze und sozialer Absicherung entstanden ist, grundsätzlich fort.[940]
Unterschiedlich stellt sich der Umgang mit Gemeinwohl für Frankreich dar. Zunächst gilt der unteilbare Staat als Träger des Gemeinwohls bzw. des Gemeinwillens (volonté générale).[941] Aus den bisherigen Argumentationen stehen gleichwohl mehrere Wege zur Herleitung „dezentraler" Gemeinwohlkomponenten offen. Sieht man Gemeinwohl wesentlich beim Staat angeordnet und verdeutlicht sich die Stellung des Bürgermeisters als an und durch den Staat gebunden und als Vertreter des Staates, dann kommt ihm im übertragenen Sinne auch eine Rolle zur Sicherstellung „staatlichen" Gemeinwohls in seiner Gemeinde zu.

Bedeutender Anhaltspunkt für eine ergänzende und stärkere Einbeziehung der Kommunen in die Gemeinwohlkonzeption ergibt sich insbesondere aus der Berücksichtigung in der Formulierung dezentraler – nicht dekonzentrierter – Organisationsform, wenn gleichzeitig der Begriff der „Organisation" nicht ausschließlich als funktionelle oder mechanistische Art der Aufgabenerfüllung definiert werden soll. Im Rahmen der Dezentralisierungsreformen wurde insbesondere die Gemeinwohlorientierung der Räte als gewählte Akteure hervorgehoben.[942] Die neuen Mechanismen wie die eingeführten Referenden könnten als Wege der Transformation partikularer Interessen in Gemeinwohl betrachtet werden. Gleichwohl wäre der entstehende Gemeinwohlbegriff an dieser Stelle fragmentiert bezogen auf das Staatsganze.

Berücksichtigt man die territoriale Entwicklungsperspektive der letzten Jahrzehnte, dann ergeben sich Anhaltspunkte französischer Gemeinwohlorientierung in kommunaler Perspektive wie folgt:

---

[940] Vgl. WEHLING, H.: Spielräume, 2003, S. 227 / 228.
[941] TÜMMERS, H.: System, 2006, S: 42.
[942] HOEFFEL, D.: Rapport, 2003, S. 8.

Abb. 6 – Diskussionsansatz: Territoriale Entwicklungsperspektive des Gemeinwohls in Frankreich

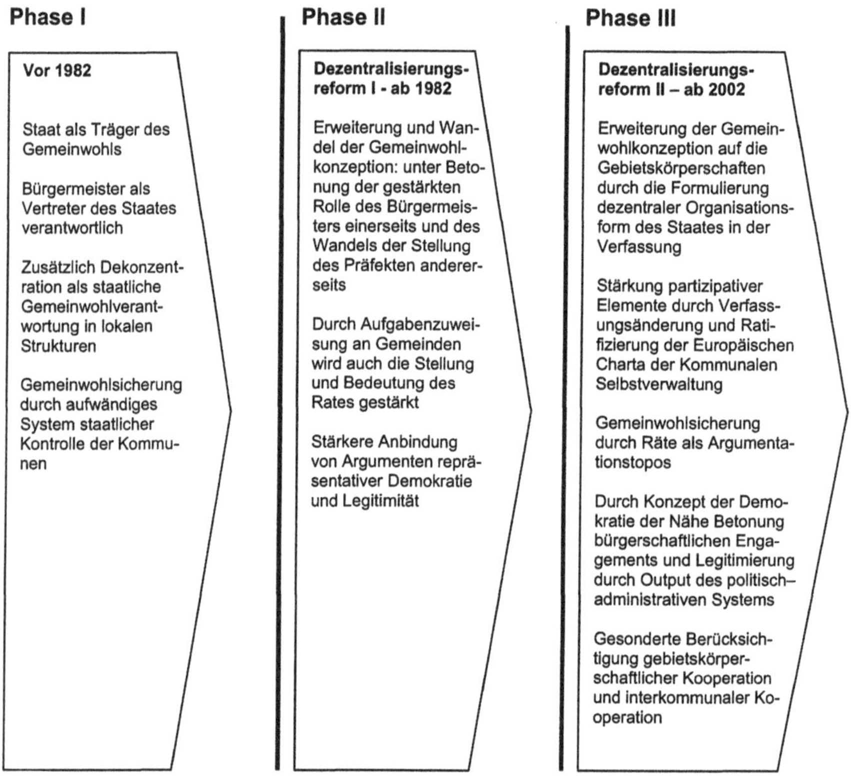

Quelle: Eigene Ausarbeitung und Darstellung.

Deutlich ist geworden, dass in der Gesamtschau Deutschland – Frankreich die Konvergenzen nicht in der Ausgangsposition der Gemeinwohlbestimmung zu finden sind. Insofern ergibt sich auch keine parallele Entwicklung. Statt die Dichotomie zwischen staatlicher Gemeinwohlperspektive einerseits und kommunaler Gemeinwohlperspektive andererseits zu vertiefen, sollten die gemeinsamen Bezugspunkte herausgestellt werden: Als erstes ist dies der Gedanke einer „Fundamentalen Re-allokation"[943] dessen, was vom Einzelnen, vom Dritten Sektor, von der Erwerbswirtschaft oder von Staat und Kommune geleistet werden kann. Zweitens und daraus abgeleitet die Rückbesinnung auf einen Ansatz am Individuum. Die Interessen des Bürgers sind über rechtliche Verfahren und institutionelle Strukturen zu einem Ausgleich zu bringen. Haben die

---

[943] ANHEIER, H. / THEN, V.: Einleitung, 2004, S. 12.

klassischen Gemeinwohl – Akteure oder Gemeinwohl – Monopolisten ihr Monopol nicht gehalten und existiert eine Pluralität von Gemeinwohlakteuren[944] führt kein demokratieorientierter Weg an der Einführung von Verfahren vorbei, die unterschiedlichen Gemeinwohlaspekte zusammenführen.

4.3 Weiterführende Ergebnisse

4.3.1 Wechselwirkung von Kommunaler Selbstverwaltung und Lokaler Governancediskussion in staatlichem Kontext

Aus den bisherigen zusammenfassenden Ausführungen eröffnet sich die Frage, wie die Zusammenhänge von Lokaler Governance und Kommunaler Selbstverwaltung unter dem Gesichtspunkt von Demokratie und Staatlichkeit zu einer Weiterentwicklung der Diskussion führen können.[945]

In der Leitbildkultur Deutschlands war ursprünglich die Rechtsstaatlichkeit mit Blick auf den Staat prägend und nach und nach traten Aspekte wie Marktorientierung, Wettbewerbsfähigkeit und ökonomische Gesichtspunkte in den Vordergrund. Unter den Stichworten der „Entgrenzungsphänomene"[946] sammeln sich nun Entwicklungen, wie die Hochzonung von Entscheidungen auf übergeordnete Ebenen, oder die Frage der Aufgabenteilung zwischen staatlichen bzw. kommunalen Akteuren und gesellschaftlicher Sphäre. Die Diskussion der vergangenen Jahre um staatliche Leitbilder, den Wandel vom Nationalstaat zum transnationalen Politikregime und begrenzte Staatlichkeit rückt die Frage ins Interesse, wie die Kommunen als Subsysteme eingebunden sind. Stellt sich also innerhalb Europas die Aufgabe einer „funktional adäquaten Neugestaltung der Demokratie" und werden die Kommunen als „Schule der Demokratie" bezeichnet, so sind sie an dieser Stelle besonders gefordert, einen Beitrag „im Kleinen" zu leisten.

Blickt man auf die Entwicklung der kommunalen Ebene unter dem Stichwort der Demokratie und im Zusammenhang mit der Entstehung moderner Staatlichkeit in Deutschland und Frankreich fällt auf, dass zwischen Frankreich und Deutschland wenig Synchronität herrscht. Die Französische Revolution war bedeutsam im Hinblick auf ihre strukturellen Änderungen für die französischen Kommunen und charakteristisch für die zugrunde liegende Wesenheit des französischen Staates. Deutsche Kritiker des Liberalismus haben soziale Gerechtigkeit durch die Tätigkeit des Staates erwartet. Das Bürgertum war auf Bereiche verwiesen worden, die der Staat freigab. Zusätzlich instrumentalisierte der preußische Staat bereits vor 1806 die Bürokratie, um eine Unitarisierung zu erreichen. Staatlichkeit wurde berechenbar, andererseits unpersönlich.[947]

---

[944] SCHUPPERT, G.: Gemeinwohl, 2004, S. 25.
[945] In der nationalen Diskussion wird vereinzelt die These von der Unvereinbarkeit von Demokratie und Selbstverwaltung eingebracht. Historisch betrachtet resultiert sie aus dem beschriebenen Dualismus von Staat und Gesellschaft. Erörternd WERNER-JENSEN, A.: Planungshoheit, 2006, S. 15 ff. Aufgrund der heutigen Festlegungen Kommunaler Selbstverwaltung im Grundgesetz und den Regelungen zur Volksvertretung in demokratischer Wahl wird dieser Diskussionspunkt nicht weiterführend aufgegriffen.
[946] Zur Begrifflichkeit SOMMERMANN, K.-P.: Demokratiekonzepte, 2005, S. 193.
[947] POGGI, G.: Development, 1995, S. 75.

Bei bestehender Heterogenität ist in beiden Staaten eine Flexibilisierung einzelner Konzepte auf kommunaler Ebene zu beobachten. Das repräsentativ - demokratische Konzept wird in Richtung deliberativ – partizipativer Entscheidungsfindung bzw. in Richtung assoziativer Modelle verschoben, welche von der Selbstorganisationsfähigkeit der Gesellschaft in Interessengruppen ausgehen und Arenen entstehen lassen, die in politische Prozesse angebunden oder eingebunden werden. Vor diesem Hintergrund können sich kritische Gesichtspunkte in den folgenden Bereichen[948] ergeben:

(1) der Selektivität von Interessen,
(2) der ungleichen Verteilung von Ressourcen,
(3) der ungleichen Organisierbarkeit von Interessen,
(4) oder der Repräsentation von Interessen.

Den Kommunen beider Staaten kommt zunehmend eine Funktion als „Interdependenzmanager“ von gesellschaftlichen Sonderinteressen zu, der argumentative Kreis hinsichtlich der Schaffung oder Entstehung von Gemeinwohl könnte hier nochmals fortgeführt werden. Netzwerke und Verhandlungen entstehen und bestehen aufgrund wechselseitigen Interesses an interaktiven Strukturen. Kommunen haben eine Mehrfachrolle: Sie sind Verhandlungspartner einerseits und gleichzeitig Garant, der sicherstellt, dass Aufgaben bei Vorliegen unterschiedlicher Organisierbarkeit von Interessen oder unterschiedlicher Repräsentation von Interessen bearbeitet werden und dass die Ergebnisse einem System von Kontrolle oder Evaluierung zugeführt werden.

Gesondert ist der Gesichtspunkt zu erörtern, ob mit dem lokalen Governancebegriff einerseits ein „Mehr“ an Solidarität verbunden ist, auf der anderen Seite weniger Demokratie. Der Gewinn durch Governance könnte somit im Bereich einer gesteigerten Output – Legitimität liegen oder im Aufbau von Solidaritätskonzeption.

Die Einbettung der Kommunen in übergeordnete Steuerungserfordernisse wird bezogen auf das nationale Mehrebenensystem künftig stärker zu thematisieren sein. Die Frage ist, inwieweit die interkommunale Koordination ein Instrument darstellt, den Steuerungserfordernissen Rechnung zu tragen und welche Rolle sie künftig spielen kann. Governance könnte einen stärker strukturorientierten Beitrag bezogen auf Verflechtungsphänomene leisten, wozu im zweiten Teil der Ausführungen Argumente genannt und erörtert werden.

---

[948] Einzelne Gesichtspunkte, welche für die kommunale Ebenen Gültigkeit entfalten nach PAPADOPOULOS, Y.: Governance, 2004, S. 220 - 224.

Schließend lässt sich das lokale System vereinfacht in horizontaler Perspektive idealtypisch wie folgt systematisieren[949]:

Abb. 7 – Lokale Governance und Kommunale Selbstverwaltung als Verantwortungskooperation zwischen Kommune und Gesellschaft

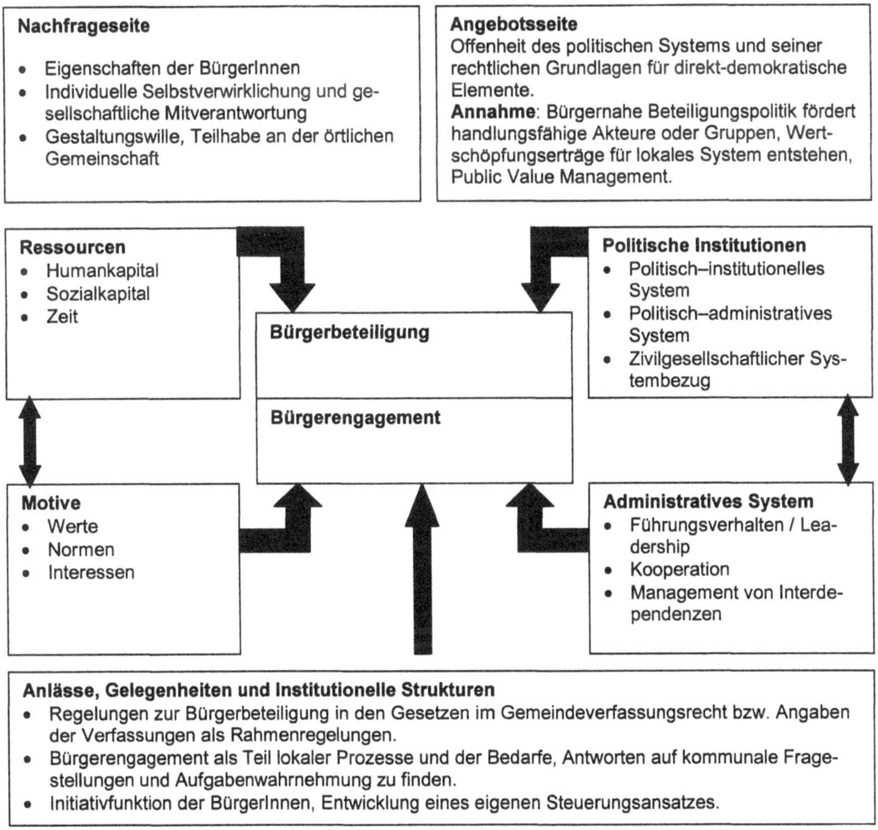

[949] Weiterentwickelt auf Basis von GABRIEL. O.: Bürgergemeinde, 2002, S. 165. Verantwortungspartnerschaft als Kooperationsprinzip in der Aufgabenwahrnehmung bezeichnet den Wandel des Verhältnisses von Staat und Gesellschaft und gewinnt mit zunehmendem bürgerlichen Engagement an Bedeutung. PITSCHAS, R.: Staats- und Verwaltungsmodernisierung, 2002, S. 14. Der Begriff Verantwortungspartnerschaft scheint inhaltlich gleichsam offen für die Adaption unterschiedlicher Gemeinwohlkonzeptionen in Nationalstaaten.

Die Entwicklung zeigt, dass das Schlagwort „from government to governance" für die kommunale Ebene in horizontaler Hinsicht nicht haltbar ist, obwohl innerhalb des bestehenden rechtlichen Rahmens Verschiebungen zu bemerken sind. Sowohl Government als auch Lokale Governance sind „ko-existierende" Formen der „Public Governance".[950] Um Demokratie und Effizienz des Gesamtsystems zu gewährleisten, ist das Hauptaugenmerk auf die Anbindung zwischen repräsentativem Government und partizipativen Governanceformen zu richten. Zunehmend tritt neben die Akteursorientierung mit der Betonung ihrer persönlichen Eigenschaften die Frage nach der Bedeutung von Strukturen und Rollen oder der Eigenart des gesamten Systems.[951]

4.3.2 Lösungs- und Gestaltungsoptionen im lokalen politisch – administrativen System

Lösungs- und Gestaltungsoptionen ergeben sich aus dem dargestellten Spannungsverhältnis zwischen Kommunaler Selbstverwaltung mit der ihr innewohnenden Werten und Normgebundenheit und der innovativen Wirkung von Governancekonzepten. Verfassungskonform bieten sich daher die folgenden Ausführungsprämissen an:

1. Ansatz am Status Quo: Evaluierung der bisher im Rahmen der Neuen Steuerungsinstrumente eingeführten Instrumente der Binnenmodernisierung, Aufgabenkritik und Schwachstellenanalyse.

2. Reform des Verhältnisses Rat – Verwaltung:. Die häufig mit der Einführung der Neuen Steuerungsinstrumente unterbliebene Reform des Verhältnisses von Rat und Verwaltung müsste nachgeholt werden und in eine Gesamtkonzeption integriert werden.

3. Ergänzung repräsentativer Demokratie durch partizipativ-demokratische Elemente. Gleichzeitig gewinnt die Gestaltung und Umsetzung von Maßnahmen, die im Rahmen von Bürgerpartizipation entstanden sind, an Bedeutung. Relevant wird ein Interdependenz- bzw. Partizipationsmanagement: Konkret wird hierunter auch die Vorstrukturierung und „Geleitetheit" beispielsweise bei der Bildung von Bürgerforen verstanden.[952] Ferner wird mit Interdependenz- und Partizipationsmanagement eine Unterstützungsfunktion zur Sicherstellung der Partizipation unterschiedlicher Bürgergruppen und die Umsetzung der Ergebnisse der Beteiligungsmöglichkeiten unerlässlich[953]. Es erfolgt eine Anbindung an den Gedanken der assoziativen Demokratie in dessen Rahmen im Bereich Lokaler Governance Rat bzw. Verwaltung eine Anwalts- bzw. Organisationsfunktion im Bereich weniger artikulationsstarker Interessen einnehmen. Für den Bereich der Partizipation

---

[950] Ähnlich HANSEN, K.: Government, 2005, S. 219.

[951] Zum Konzept des Leadership als Kriterium für eine nachhaltige Erneuerung der Verwaltung HILL, H.: Verwaltungsmodernisierung, 2006, S. 9.

[952] HOLTKAMP, L.: Formen, 2005, S. 27 ff.

[953] Grundlegend HOLTKAMP, L.: Formen, 2005, S. 15 – 34. Governance als „democratic governance" mit der Zielsetzung einen Ausschluss einzelner Gruppen oder Interessen zu vermeiden vgl. auch KJAER, A.: Governance, 2004, S. 49 / 55.

könnte sich das Gemeinwohl aus annähernd chancengleicher partizipativer Interessenvertretung ergeben.[954]

4. Entwicklung innovativer prozessorientierter Kontrollstrukturen: Aus der konzeptionellen Aufarbeitung des Verhältnisses Rat – Verwaltung mit Zielformulierung und Berichtswesen werden innovative Kontrollstrukturen erforderlich, welche zunächst das politisch-administrative System und seine Gewährleistungsbereiche umfassen.

5. Austarierung von Co-Governance Strukturen[955]: Eine Abstimmung zwischen repräsentativen Organen und Netzwerk–Governance[956] ist herbeizuführen. Gewählte Vertreter werden institutionell als Wächter der Demokratie in „Co-Governance"–Strukturen integriert. Dieser Gedanke würde mit dem französischen Modell Kommunaler Selbstverwaltung aufgrund der bereits bestehenden Verflechtungsbeziehungen sehr gut harmonieren, eventuell könnte in den deutschen Gesetzen das Ausschusswesen flexibler gestaltet und geöffnet werden.

6. Öffentliche Kontrolle ist zusätzlich in den entstehenden Netzwerken zu installieren: Das Spannungsfeld zwischen formalen und informellen institutionellen Arrangements soll über ein austariertes System zwischen Kontinuität und Flexibilität entschärft werden. Könnte die Partizipation zunächst als Schwächung des legitimierten Rates oder der politischen Institutionen gesehen werden, stellt der Wandel gleichfalls eine Neujustierung und Re-Orientierung bezogen auf das Governing–Umfeld dar. Methodisch müssen die Netzwerkentscheidungen auch für öffentliche Kontrolle geöffnet werden, ein alleiniges Agieren von Räten in Netzwerken wird demokratische öffentliche Kontrolle nur unzureichend sicherstellen.[957] Gleichzeitig ist dem Erfordernis der Transparenz Rechnung zu tragen bzw. sind soweit möglich Kriterien der Kontrolle zu erarbeiten, welche eine weitgehende Transparenz der Prozesse ermöglichen.

7. Entwicklung demokratischer Leistungsfähigkeit von Governance – Netzwerken unter zu Hilfenahme eines analytischen Modells. Auch hier steht die Schaffung einer demokratischen Verankerung durch eine Anbindung an gewählte Politiker im Vordergrund. Politische Kontrolle im Zusammenhang mit „Meta–Governance" bemüht sich, die (sich selbst regulierenden) Governance – Netzwerke durch die Gestaltung der Bedingungen, unter denen sie handeln, zu regulieren oder zu beeinflussen.[958] Ausgehend davon, dass Räte als „Co–Governor" laterale Beziehungen und Interaktionen pflegen, muss sichergestellt werden, dass ihre Bezo-

---

954 Zur assoziativen Demokratie vgl. EICHENER, V.: Entscheidungssystem, 2000, S. 362 ff.
955 HANSEN, K.: Government, 2005, S. 225 ff. Public Leadership und Führungsverantwortung der gewählten Vertreter wird eingefordert. HILL, H.: Governance, 2006, S. 160, 161.
956 FÜRST grenzt die Governancediskussion von der Netzwerkdiskussion dadurch ab, dass beide Begrifflichkeiten zwar nahezu identisch seien als Governanceprozesse auf Netzwerken basieren. Der Unterschied wird darin gesehen, dass Netzwerkprozesse "zu wenig gesteuert" seien. FÜRST, D.: Governance, 2006, S. 40.
957 Für Norwegen AARS, J. / FIMREITE, A.: Government, 2005, S. 239 / 241 / 242.
958 SORENSEN, E. / TORFING, J.: Anchorage, 2005, S. 202.

genheit auf Gemeininteressen bestehen bleibt und nicht abgelöst wird von einer Orientierung an den Interessen des Netzwerkes.[959]

8. Die geänderte Rolle des Bürgers zeigt sich in der Stellung des Bürgers als Verantwortungspartner[960] oder Teil einer Verantwortungskooperation. Staat und Gesellschaft sind im Sinne eines funktionalen Verantwortungsverbundes integriert[961].

9. Technisch sind entscheidungsunterstützende Verfahren[962] in der Administration zu etablieren, die das „Neuland" der Governancestrukturen erfassen und mit denen übergreifend und vernetzend gearbeitet werden kann.

10. Recht bekommt eine Funktion als Gestaltungselement von Regelungsstrukturen[963] im Zusammenhang mit gemeinwohlbezogener Aufgabenerfüllung. Argumentativ erfolgt an dieser Stelle eine Anbindung an das Konzept der Gewährleistungskommune, mit Verantwortungsstufen[964] oder auch der Sicherstellung von Einflussnahme. Verantwortlichkeit der Staatlichkeit bedeutet nicht ausschließlich staatliche Selbstentscheidung, sondern staatliche Verantwortung für gemeinwohlverträgliche Entscheidungen Dritter im Sinne eines „Regulatory Choice".[965]

Wandelt sich auf staatlicher Ebene der Grundsatz funktionsgerechter Organisationsstruktur zum Grundsatz funktionsadäquater Regelungsformen,[966] dann bedeutet „Regulatory Choice" der Kommunen innerhalb dieses staatlichen Rahmens vor dem Hintergrund mangelnder Legislativkompetenz der Kommunen statt Regulierungsverantwortung insbesondere „Regelungsverantwortung", als Begrifflichkeit bereits aus Art. 28 Abs. 2 GG bekannt.

---

[959] Vgl. KJAER, A.: Governance, 2004, S. 56.
[960] PTSCHAS, R.: Staats- und Verwaltungsmodernisierung, 2002, S. 14.
[961] PITSCHAS, R.: Verantwortungskooperation, 2002, S. 238 / 239.
[962] Aufbauend auf FISCH, R. / BECK, D.: Verfahren, 2002, S. 103.
[963] Grundlagen und Hintergründe des Konzeptes der Regelungsstrukturen JOERGES, C. / BRAAMS, B. / EVERSON, M.: Wende, 2007, S. 7.
[964] Denken in Verantwortungsstufen als Erfüllungsverantwortung, Gewährleistungsverantwortung und Auffangverantwortung. Für Staatlichkeit vgl. SCHUPPERT, G.: Staat, 2001, S. 401 / 402.
[965] SCHUPPERT, G.: Staat, 2001, S. 406 / 408.
[966] SCHUPPERT, G.: Staat, 2001, S. 406.

B Kommunale Selbstverwaltung und Lokale Governance im europäischen Verwaltungs- und Institutionensystem

1 Von den Kommunen zur europäischen Ebene: Einflussstrukturen und Verflechtungsbeziehungen

1.1 Exkurs: Inhaltliche Anbindung kommunaler Strukturen an die europäische Ebene aus dem nationalen Recht heraus

Die nachfolgenden Ausführungen thematisieren die Einfluss- und Verflechtungsbeziehungen zunächst im Rahmen eines Diskurses zu nationalstaatlichen Strukturen anhand der deutschen und französischen Zusammenhänge kommunaler Interessenvertretung und Interessenvermittlung. Kommunale Interessenvertretung auf europäischer Ebene wird in einem zweiten Schritt unterschieden in institutionalisierte Interessenvermittlung, wie sie durch den Ausschuss der Regionen wahrgenommen wird und gebündelte Interessenvermittlung, wie sie durch Verbandsstrukturen erfolgt, sowie eine direkte Interessenvermittlung der Gebietskörperschaften. Aus dieser Dreiteilung wird in einem weiteren Schritt versucht, kommunale Interessenvertretung in ihrem konzeptionellen Wandel zu verankern, d. h. deutlich zu machen, wo Interessenvertretung im Verhältnis von Partikularinteressen, Lobbying und Gemeinwohl steht und wie Interessenvertretung in Abhängigkeit von der jeweiligen Beteiligungsform vor dem Hintergrund Lokaler Governance zu beurteilen ist. Abschließend werden einzelne Möglichkeiten einer Weiterentwicklung aufgezeigt.

Was die inhaltliche Anbindung kommunaler Strukturen an die europäische Ebene aus dem nationalen Recht heraus anbelangt, ergibt sich kommunales Engagement im deutschen Recht als Beteiligung an höherstufigen Politikprozessen im Zusammenhang mit Art. 28 Abs. 2 GG. Dieser wurde bereits im Hinblick auf das Thema der Örtlichkeit im Kontext des funktionalen Modells bzw. des kompensatorischen Modells Kommunaler Selbstverwaltung thematisiert. Wichtige Annahme im Zusammenhang mit den Reformmodellen der 70er Jahre war, dass Selbstbestimmung nicht durch Mitbestimmung ersetzt werden kann. Eine wie auch immer geartete Beteiligung im Rahmen föderalistischer Strukturen ersetzt nicht den eigenen Wirkungskreis einer Gemeinde.[967]

Ein inhaltlicher oder direkter Widerspruch zwischen Kommunaler Selbstverwaltung und der Beteiligung an öffentlich-institutioneller Willensbildung oder Staatswillensbildungsprozessen ist gleichwohl nicht zu erkennen: Die Charakteristika der Kommunalen Selbstverwaltung wie Eigenverantwortung oder die Vielfalt in der kommunalen Aufgabenerledigung stehen kommunalem, ebenenübergreifendem Engagement nicht entgegen. Schließlich ist die Idee einer "Interessengemeinschaft" zwischen Städten und Gemeinden nicht neu. Sie findet sich in der Arbeit der kommunalen Spitzenverbände

[967] Die landes(-verfassungs)rechtlichen Regelungen sind unterschiedlich ausgestaltet in bezug auf kommunale Anhörungsrechte bei der Gesetz- oder Verordnungsgebung. Rheinland-Pfalz nimmt mit der Beteiligungsform eines Kommunalen Rates eine Sonderstellung ein. Detailliert BLÜMEL, W.: Mitwirkung, 1997, S. 332 ff., S. 341- 343. Detailliert zum Kommunalen Rat SCHWARTING, G.: Städtetag, 2005. Die landesrechtlichen Regelungen werden nicht gesondert thematisiert.

oder bei Städtepartnerschaften, mit denen das Zusammenwachsen der Staaten und Völker Europas unterstützt wird. Im Gegenteil entspricht es gerade dem Selbstverwaltungsgedanken, dass sich Städte zur Wahrung effektiver Selbstverwaltung und Bürgernähe organisieren und ihre gemeinsamen Ziele auch mittelbar verfolgen.
Das Grundgesetz selbst kennt keine Regelungen zu kommunalen Verbänden oder zur Beteiligung der Kommunen oder ihrer Spitzenverbände in nationalem oder europäischem Zusammenhang. In nationalem Kontext bestand die Forderung eines verbindlichen Mitwirkungsrechts seitens der kommunalen Spitzenverbände bei der Erarbeitung von Gesetzentwürfen und im Gesetzgebungsverfahren. Im Rahmen der Föderalismusreform I wurde zugunsten einer Ergänzung des Art. 28 Abs. 2 GG[968] argumentiert. Im Jahr 2006 schließlich wurde die Forderung eines Kommunalmitwirkungsgesetzes[969] diskutiert, und nunmehr findet sich die kommunale Position im Zusammenhang mit der Föderalismusreform II.[970]

Die Beurteilung eines Mitwirkungsrechts auf Bundesebene wird unter verfassungsrechtlichen und rechtspolitischen Gesichtspunkten unterschiedlich beurteilt. Insbesondere der rechtspolitische Gesichtspunkt, dass durch die Föderalismusreform I der Bundesgesetzgeber durch die Neuregelungen des Art. 84 Abs. 1 GG und Art. 85 Abs. 1 GG beschränkt ist, Aufgaben durch Bundesgesetz auf die Kommunen zu übertragen[971], wird als Argument für die Frage nach dem Vorliegen einer sachlichen Rechtfertigung kommunalverbandlicher Beteiligung auf Bundesebene angeführt.[972] Bisher bestehen lediglich über die überarbeitete Gemeinsame Geschäftsordnung der Bundesministerien (GGO) [973] des Jahres 2006 Mitwirkungsoptionen. Explizit ist in § 47 GGO die Beteiligung von kommunalen Spitzenverbänden, Fachkreisen und Verbänden im nationalen Rechtsetzungsverfahren vorgesehen. Der Entwurf einer Gesetzesvorlage ist den kommunalen Spitzenverbänden frühzeitig zuzuleiten, wenn ihre Interessen berührt sind. Für den europäischen Bereich regelt § 74 Abs. 5 GGO dezidiert das Verfahren für Vorhaben im Bereich der Europäischen Union. § 74 Abs. 5 GGO enthält eine „Soll-Vorschrift" zur frühzeitigen Beteiligung. § 47 GGO findet entsprechend Anwendung. Allerdings dürfte aus einer unterbliebenen Anhörung der kommunalen Verbände keine Unwirksamkeit der Rechtssätze resultieren.
Auch sind die Regelungen der Geschäftsordnungen Innenrecht, aus dem für Außenstehende keine durchsetzungsfähigen Rechte erwachsen.[974] Die Beurteilung der Regelungen fällt daher ambivalent aus. Stellen sie einerseits eine Verbessrung gegenüber den vorangegangenen Regelungen dar, so haben sie jedoch ein „Strukturmanko"

---

968 BUNDESVEREINIGUNG DER KOMMUNALEN SPITZENVERBÄNDE: Anhörungsrechte, 2004.
969 DEUTSCHER BUNDESTAG: Drucksache 16/358, 2006.
970 DEUTSCHER STÄDTE- UND GEMEINDEBUND: Erwartungen, 2007, S. 1.
971 Vgl. hierzu HUBER, P.: Stellungnahme, 2006, S. 2. Ebenfalls kritisch vor dem Hintergrund der mit der Föderalismusreform I angestrebten Entflechtung der Zuständigkeiten SCHLENVOIGT, G.: Stellungnahme, 2006, S. 1.
972 Differenziert dagegen SCHMIDT–JORTZIG mit dem Argument, dass unverändert 80 v. H. aller bundesrechtlicher Vorschriften Auswirkungen für die Kommunen entfalten. SCHMIDT-JORTZIG, E.: Stellungnahme, 2006, S. 1
973 BUNDESMINISTERIUM DES INNEREN: Gemeinsame Geschäftsordnung der Bundesministerien (GGO) in der Fassung vom 01. Dezember 2006.
http://www.bmi.bund.de/Internet/Content/Common/Anlagen/Broschueren/2007/GGO,templateId=raw,property=publicationFile.pdf/GGO.pdf (29.03.2007)
974 Zum Argument des Innenrechts SCHMIDT-JORTZIG, E.: Stellungnahme, 2006, S. 2.

dadurch, dass sie einerseits lediglich im Geschäftsordnungsrecht ihre Verankerung gefunden haben, andererseits die Anhörungspraxis als defizitär benannt wird.[975]
Die Geschäftsordnung des Deutschen Bundestages (GO-BT)[976] enthält in § 70 GO-BT Regelungen zur öffentlichen Anhörung von Sachverständigen und Interessenvertretern in Ausschüssen. Ausdrücklich ist die Anhörung in einem Ausschuss nach § 69 Abs. 5 GO-BT bzw. § 66 Abs. 2 als Stellungnahmerecht in § 69 Abs. 5 GO–BT vorgesehen, wenn dieser eine Vorlage berät, die wesentliche Belange der Gemeinden berührt. An dieser Stelle soll den auf Bundesebene bestehenden kommunalen Spitzenverbänden vor Beschlussfassung im Ausschuss Gelegenheit zur Stellungnahme gegeben werden.[977]
Neben direkten Einflussmöglichkeiten in nationalem Rahmen steht als zweite Position zum Schutz kommunaler Interessen das Argument, dass die Länder gegenüber den Kommunen - aufgrund deren Stellung als Teil der verfassungsmäßigen Ordnung der Länder - eine Schutzfunktion haben. An dieser Stelle soll daher kurz auf das Verhältnis von Kommunen und Ländern im Rahmen europäischer Prozesse eingegangen werden. Vereinfacht ausgedrückt ist zu diskutieren, inwiefern starke Mitwirkungsmöglichkeiten der Länder im europäischen Integrationsprozess bzw. eine starke inhaltliche Ausübung der Schutzverantwortung der Länder eine Stärkung der Position der Kommunen mit sich bringen.

Die verfassungsrechtlich abgesicherten Mitwirkungsrechte der Länder stellen ein mittelbares Instrument dar, das im Bereich der innerstaatlichen Willensbildung angesiedelt ist[978], um dem Wandel des föderalen Gefüges Rechnung zu tragen. „Referenznorm" ist der seit Jahren in der Diskussion stehende Art. 23 des Grundgesetzes[979]. Zugunsten einer Beteiligung auf europäischer Ebene hatten die Länder bereits 1951 vom Bund Mitwirkungsmöglichkeiten gefordert, welche 1992 durch die Einführung von Art. 23 GG, des sog. „Europaartikels", berücksichtigt wurden. Demnach bedurfte - und bedarf - die Übertragung von Hoheitsrechten der Zustimmung des Bundesrates. Das Mitwirkungsverfahren der Absätze 2 – 6 des Artikel 23 GG selbst richtete sich nach

---

975 HENNEKE, H.: Funktionen, 2007, S. 996 ff.

976 Geschäftsordnung des Deutschen Bundestages in der Fassung der Bekanntmachung vom 2. Juli 1980, BGBl. I S. 1237, zuletzt geändert laut Bekanntmachung vom 26. September 2006 (BGBl. I S. 2210), BGBL, 2006, Teil 1, Nr. 45, Bonn, 10. Okt. 2006.
http://www.bundestag.de/parlament/funktion/gesetze/go.pdf - (29.03.2007).
http://217.160.60.235/BGBL/bgbl1f/bgbl106s2210.pdf - (07.03.2007). Die aktuelle Geschäftsordnung des Bundesrates in der Fassung der Bekanntmachung vom 26. November 1993 (Bundesgesetzblatt Teil I, S. 2007) zuletzt geändert durch Beschluss des Bundesrates vom 22. September 2006 (Bundesgesetzblatt Teil I, o. A.) (Bundesratsdrucksache 652/06 (Beschluss) sieht keine Beteiligung der Kommunalen Spitzenverbände vor.
http://www.bundesrat.de/cln_050/nn_9718/SharedDocs/Gesetzestexte/go__br,templateId=raw,property=publicationFile.pdf/go_br.pdf - (07.03.2007). So könnte zugunsten einer Änderung der Geschäftsordnung des Bundesrates argumentiert werden, möglich wäre eine Änderung von § 40 zugunsten einer Regelung zur Anhörung kommunaler Positionen bei sachlicher Betroffenheit. Zur kommunalen Beteiligung im Konjunkturrat bzw. im Finanzplanungsrat vgl. detailliert HENNEKE, H.: Funktionen, 2007, S. 1000. Zur weiteren Stärkung desselben im Rahmen der Föderalismusreform II vgl. DEUTSCHER STÄDTE- UND GEMEINDEBUND: Erwartungen, 2007, S. 3.

977 Auch an dieser Stelle wird argumentiert, dass die bestehenden Regelungen zu Anhörungsrechten nicht adäquat angewandt werden, vgl. ARTICUS, S.: Städtetag, 2007, S. 944.

978 Vgl. STADELMAIER, M.: Entwicklungen, 1999, S. 81.

979 Stv. CHARDON, M.: Misstrauen 2005, S. 140 ff. Art. 23 wurde als „retardierendes Element", zu „tendenzieller Lähmung" führend, diskutiert. Vgl. HUBER, P.: Reform, 2005, S. 31.

dem durch die Rechtsetzung der Union betroffenen innerstaatlichen Kompetenzbereich. So wirken in Angelegenheiten der Europäischen Union der Bundestag und durch den Bundesrat die Länder mit. Die im Zuge des Art. 23 GG 1992 gefundenen Regelungen sahen ein abgestuftes Verfahren in Abhängigkeit vom betroffenen Kompetenzbereich vor. Der Bundesrat ist auch an der Willensbildung des Bundes zu beteiligen, wenn er an einer entsprechenden innerstaatlichen Maßnahme mitzuwirken hätte oder soweit die innerstaatliche Zuständigkeit der Länder innerstaatlich gegeben wäre. Bei ausschließlicher Zuständigkeit des Bundes galt nach Art. 23 Abs. 5 GG lediglich ein Stellungnahmerecht, bei ausschließlicher Gesetzgebungskompetenz der Länder sollte die Wahrnehmung der Rechte der Bundesrepublik auf einen Ländervertreter (Länderminister) übertragen werden[980].

Auch wenn in die grundlegende Strukturierung des Art. 23 Abs. 5 GG im Zusammenhang mit der Föderalismusreform I nicht eingegriffen wurde, ist die Änderung, die sich nunmehr aus Art. 23 Abs. 6 ergibt gesondert hervorzuheben. Wenn im Schwerpunkt ausschließliche Gesetzgebungsbefugnisse der Länder auf genau definierten Gebieten, im Einzelnen der schulischen Bildung, des Rundfunks und der Kultur betroffen sind, so wird – nicht soll – die Wahrnehmung der Rechte der Bundesrepublik vom Bundesrat auf einen Ländervertreter übertragen.

Neben der grundgesetzlichen Regelung des Art. 23 GG sind die Mitwirkungsrechte einfachgesetzlich im Gesetz über die Zusammenarbeit von Bund und Ländern in Angelegenheiten der Europäischen Union EUZBLG[981] normiert. Das EUZBLG konkretisiert Art. 23 GG und legt zahlreiche Rechte der Länder[982] fest: Ein Informationsrecht, ein Teilnahmerecht bereits in den Beratungsgremien in Angelegenheiten mit länderspezifischer Relevanz der Union und ein Stellungnahmerecht. Von direkter kommunaler Relevanz im Bund – Länder Verhältnis ist der von den Änderungen im Zusammenhang mit der Föderalismusreform I unangetastete § 10 EUZBLG, der normiert, dass bei Vorhaben der Europäischen Union das Recht der Gemeinden und Gemeindeverbände zur Regelung der Angelegenheiten der örtlichen Gemeinschaft zu wahren und ihre Belange zu schützen sind.[983] Mit den Rechtsbegriffen „Regelung" und „Angelegenheiten der örtlichen Gemeinschaft" steht § 10 EUZBLG Art. 28 Abs. 2 GG nahe und könnte auch im Rahmen der Föderalismusreform II Instrument der Selbstverpflich-

---

[980] Vgl. Ausführungen SOMMERMANN, K. (Hrsg.): Fragen, 2003, S. 92 / 93.

[981] § 10 EUZBLG hat durch die Föderalismusreform keine Änderung erfahren. Vgl. Gesetz über die Zusammenarbeit von Bund und Ländern in Angelegenheiten der Europäischen Union vom 12. März 1993 (BGBl. I, S. 313, 1780) zuletzt geändert durch das Föderalismusreform-Begleitgesetz vom 05. September 2006 (BGBl, Teil I, S. 2098). Eine Anpassung der Bund-Länder-Vereinbarung über die Zusammenarbeit in Angelegenheiten der Europäischen Union in Ausführung von § 9 des Gesetzes über die Zusammenarbeit von Bund und Ländern in Angelegenheiten der Europäischen Union (Bund-Länder-Vereinbarung) ist bisher nicht erfolgt. Vgl. Vereinbarung zwischen der Bundesregierung und den Regierungen der Länder über die Zusammenarbeit in Angelegenheiten der Europäischen Union in Ausführung von § 9 des Gesetzes über die Zusammenarbeit von Bund und Ländern in Angelegenheiten der Europäischen Union (Bund-Länder-Vereinbarung) vom 29. Oktober 1993, Bundesanzeiger Nummer 226 vom 2. Dezember 1993, Seite 10425, ergänzt durch Vereinbarung vom 8. Juni 1998, Bundesanzeiger Nummer 123 vom 8. Juli 1998, S. 9433.

[982] Zu Entstehung des Art. 23 GG vgl. ROLLER, G: Mitwirkung, S. 30 ff., REICH, D.: Einfluss, 2001, S. 11 ff.

[983] In diesem Sinne KOCH, C.: Ebene, 2002, S. 136.

tung von Bund und Ländern werden, um kommunale Interessen in Form der Arbeit der Spitzenverbände formal stärker zu integrieren.[984]

Zusammenfassend ist festzuhalten, dass die Stellung der Kommunen im nationalen Recht in europäischen Bezügen divergent zu europäischen Tendenzen verläuft:

1. Entgegen dem von der Europäischen Kommission forcierten und im Rahmen des Weissbuch Europäisches Regieren vorgestellten Verständnisses von Governance besteht im Zusammenhang mit der Föderalismusreform I die Tendenz, die Kommunen ausschließlich in ihrer verfassungsrechtlichen Stellung als Teil der Länder zu betrachten. Während die Union im Vorfeld von Verfahren Meinungsbildungsprozesse zu strukturieren sucht und ebenenunabhängig Akteure integriert, unterliegt die nationale Diskussion in Deutschland dem Gedanken einer wirksamen Entflechtung.
2. Bedeutung gewinnt die Schutzwirkung der Länder zugunsten der Kommunen. Dies gilt insbesondere, da sich im Rahmen der Föderalismusreform I die Ergänzung des Art. 28 Abs. 2 GG um ein Anhörungsrecht der kommunalen Spitzenverbände auf Bundesebene bei kommunaler Betroffenheit nicht hat durchsetzen lassen. Zwei Tendenzen sprechen für eine Ausweitung der Schutzfunktion: Die im Rahmen der Strukturreformen des Föderalismus vorgenommene Stärkung der Zweistufigkeit und die möglicherweise auch die im Rahmen des Europäischen Reformvertrages zu findenden Regelungen im Zusammenhang mit der Subsidiaritätsprüfung.[985]
3. Nicht zuletzt kann mit der Europäische Charta der Kommunalen Selbstverwaltung[986] argumentiert werden, die in Art. 9 Abs. 6 ECKS vorsieht, dass die kommunalen Gebietskörperschaften auf geeignetem Weg angehört werden, in welcher Weise ihnen umverteilte Mittel zugeteilt werden sollen. Die Föderalismusreform II könnte hierzu einen Anwendungsfall bilden, in dem sichergestellt wird, dass Städte mit unterschiedlicher Interessenlage ausreichend Gehör finden.

Völlig anders stellt sich die Situation für Frankreich dar. Zunächst koordinierte das auf Staatsebene angesiedelte SGCI[987] Europafragen. Hauptaufgabe war die interministerielle Bearbeitung europäischer Dokumente. Ursprünglich 1948 eingerichtet, stellte das SGCI die ordnungsgemäße Vorbereitung von Beschlüssen der französischen Regierung im Zuge des wirtschaftlichen Wiederaufbaus nach dem Zweiten Weltkrieg sicher. Durch die Europäische Integration stärkte sich auch die Rolle des SGCI, so dass die Erarbeitung französischer einheitlicher Positionen zu europäischen Fragen und die Koordination zwischen den französischen Regierungs- bzw. Verwaltungsbehörden und

---

[984] Art. 45 GG sieht einen Ausschuss für die Angelegenheiten der Europäischen Union vor. Angesichts der sich im Zuge des Entwurfs des Verfassungsvertrages ergebenden geänderten Rolle der nationalen Parlamente brachte HOFFSCHULTE die Beteiligungsform eines Beirats in die Diskussion ein. Vgl. HOFFSCHULTE, H.: Zusammenfassung, 2003, S. 1.

[985] Geschäftsordnung des Bundesrates in der Fassung der Bekanntmachung vom 26. November 1993 (Bundesgesetzblatt Teil I, S. 2007) zuletzt geändert durch Beschluss des Bundesrates vom 22. September 2006 (Bundesgesetzblatt Teil I, S. o. A.) (Bundesratsdrucksache 652/06 (Beschluss)).

[986] Zustimmungsgesetz des Bundestages vom 22. Januar 1987 nach Art. 59 Abs. 2 S. 1 GG so dass die Charta Wirksamkeit im nationalen Rechtskreis erlangt hat.

[987] Dominante Akteursstellung des SGCI (Secrétariat Général du Comité Interministériel pour les questions de coopération économique européenne). MARCOU, G.: Rechtsetzung, 2004, S. 79 – 89. Zur Gründung bzw. Arbeitsweise des SGCI vgl. WEBER-PANARIELLO, P.: Parlamente, 1995, S. 135.

den Europäischen Institutionen zunehmend an Bedeutung gewonnen hat. Am 18. Oktober 2005 firmierte das SGCI in SGAE (Secrétariat Général des Affaires Européenne / Generalsekretariat für europäische Angelegenheiten)[988] um.[989] Das SGAE arbeitet als Vermittlungsstelle zwischen der Ständigen Vertretung Frankreichs in Brüssel und den französischen Ministerien. Es ist die „zentrale Schaltstelle französischer Europapolitik" und hat eine Vorbereitungsfunktion sowie eine Rolle bei der nationalen Implementation europäischer Normen inne.[990]
Die Wege des Transports kommunaler Interessen ergeben sich einerseits durch Personen, die über „Mehrfachämter" kommunale Positionen auch in Europafragen vertreten bzw. die Rolle der Vertretung territorialer Gebietskörperschaften im Senat. Auch gegenüber dem Senat hat das SGAE koordinierende und bündelnde Funktion in Europafragen.

1.2 Institutionalisierte Interessenvertretung[991]: Ausschuss der Regionen

1.2.1 Entstehung und Arbeit des Ausschusses der Regionen[992]

Institutioneller Vorläufer des Ausschusses der Regionen war der am 24. Juni 1988 gegründete Beirat der regionalen und lokalen Gebietskörperschaften, der erstmals den Erfahrungsaustausch zwischen subnationaler und supranationaler Ebene institutionalisiert hat. Er ermöglichte einen Dialog zwischen Kommission und subnationaler Ebene über die nationalstaatliche Ebene hinweg in Fragen regionaler Entwicklung.[993]
Im Jahr 1991 schließlich wurde der Ausschuss der Regionen gegründet. Seine Gründung kann inhaltlich im Zusammenhang mit der Stärkung und steigenden Bedeutung der Regionen für die Europäische Gemeinschaft gesehen werden, oder als Möglichkeit zur Bearbeitung des Legitimationsproblems der Union über institutionelle Beteiligungsmechanismen. Ziel war und ist eine Steigerung der Akzeptanz von Entscheidungen und eine Einbeziehung der betroffenen Akteure.[994]
Der Ausschuss der Regionen vertritt neben regionalen auch kommunale Interessen, wobei er sich durch eine Verankerung im primären Gemeinschaftsrecht von seinen

---

[988] www.sgae.gouv.fr - (15.06.2007).
[989] Eigendarstellung des SGAE vgl. GENERALSEKRETARIAT FÜR EUROPÄISCHE ANGELEGENHEITEN: Generalsekretariat, o. A., S. 2 / 3.
[990] SCHILD, J.: Politik, 2006, S. 133.
[991] „Institutionalisiert" insofern, als der Ausschuss der Regionen als Nebenorgan Teil des institutionellen Systems der Union ist, wogegen die kommunalen Verbände zwar ebenfalls unter den politikwissenschaftlichen Institutionenbegriff fallen mögen, ihre Einflussnahme demgegenüber von externer Seite quasi „außerinstitutionell" stattfindet. Der Begriff „Nebenorgan" ist kein Begriff des Gemeinschaftssystems, er spiegelt die nachgeordnete Funktion des Ausschusses der Regionen neben den in Art. 7 EGV genannten Organen der Gemeinschaft, Parlament, Rat, Kommission, Gerichtshof und Rechnungshof wider.
[992] Die Arbeit geht auf die ursprüngliche Zielsetzung und Gründung des Ausschusses der Regionen kurz ein. Der Schwerpunkt liegt in Ausführung der Themenstellung auf der augenblicklichen Rolle und Funktion des Ausschusses der Regionen unter Governancegesichtspunkten.
[993] FISCHER, K.: Entwicklung, 2005, S. 397 ff. Ziel der Einrichtung des Ausschusses der Regionen war es, eine verstärkte Beteiligung der subnationalen Gebietskörperschaften bereits frühzeitig als neue beratende Institution - festgelegt im Vertrag - zu erreichen. SCHÖBEL, N.: Ausschuß, 1995, S. 77.
[994] TAURAS, O.: Ausschuss, 1997, S. 12.

Vorläufern regionaler Interessen in Brüssel abhebt[995]. Regelungen finden sich in Art. 263 bis 265 EGV. Er handelt beratend und wird aus Vertretern der regionalen und lokalen Gebietskörperschaften gebildet. Seine Mitglieder werden vom Rat auf Vorschlag der jeweiligen Mitgliedstaaten durch einstimmigen Beschluss auf vier Jahre ernannt.[996] Eine Anhörung des Ausschusses der Regionen findet seitens des Rates und der Europäischen Kommission nach den Vorgaben des EGV statt. Er kann in anderen Fällen gehört werden, wenn eines der beiden Organe dies für zweckmäßig erachtet. Auch kann der Ausschuss der Regionen nach Art. 265 des EGV seitens des Europäischen Parlaments gehört werden.

Merkmal des Ausschusses der Regionen ist, dass er eine Vielzahl subnationaler Gebietskörperschaften vertritt, so auch Zweckverbände (Skandinavien) oder Départements (Frankreich).[997] Die Zusammensetzung weist unter dem Gesichtspunkt Lokaler Governance keine ebenenorientierte Strukturierung auf, was nicht zuletzt in der Heterogenität der mitgliedstaatlichen Strukturen bzw. den unterschiedlichen Verfahren zur Bestellung der Mitglieder begründet ist.

Für die Frage des politischen Gewichtes des Ausschusses der Regionen zeigt die Entwicklung der Europäischen Integration, dass die beratenden Organe der Europäischen Union politischen Einfluss gewinnen konnten, wenn sie ihre Arbeit über konsultative Rechte hinaus ausdehnen konnten. Die Betonung eigener Potentiale ist so ein bedeutendes Merkmal der künftigen Positionierung des Ausschusses der Regionen[998].

Der Anschluss des Ausschusses der Regionen an Kommunale Selbstverwaltung ergibt sich unter den folgenden Aspekten:

- Zusammenhang zwischen überörtlichem Engagement und Kommunaler Selbstverwaltung.
- Schutz kommunaler Interessen: Inwieweit ist der Ausschuss der Regionen ein Instrument zum Schutz kommunaler Interessen[999] und Motor kommunalorientierter Politik? Wie gestaltet sich die konkrete Einbindung in Schutzmechanismen, beispielsweise im Zusammenhang mit der Überwachung des Subsidiaritätsprinzips?

Eine Systematisierung der Arbeit des Ausschusses der Regionen unter Berücksichtung der Aspekte „Kommunale Selbstverwaltung" und „Governance" soll nachfolgend vorgenommen und erläutert werden. Eine Governanceorientierung von Funktion und Rolle des Ausschusses der Regionen erfolgt unter den Gesichtspunkten seiner Funktion im inter - institutionellen Gefüge, seiner Transferfunktion für kommunale oder kommunalbezogene Interessen und seiner Tätigkeit unter dem Aspekt einer wirksamen Subsidiaritätsprüfung.[1000]

---

[995] STERN, K.: Europäische Union, 1996, S. 38 ff.

[996] Zur Auswahl der Mitglieder des Ausschusses der Regionen im nationalen Verfahren vgl. AUSSCHUSS DER REGIONEN (AdR): Auswahl, 2004, S. 9 ff.

[997] SALLER, R.: Möglichkeiten, 1999, S. 185.

[998] MCCARTHY, R.: Committee, 1997, S. 451.

[999] In der nationalen Diskussion wurde das kommunale Interesse, sich in Brüssel im Ausschuss der Regionen zu engagieren und kommunale Handlungsspielräume zu schützen, auch im Spannungsfeld zur Politik der Länder diskutiert. Vgl. MIETZSCH, O.: Interessenvertretung, 1998, S. 35.

[1000] Zu den Konzepten einer Weiterentwicklung wie eine mögliche Stellung als dritte Kammer oder die Forderungen zur Verleihung des Organcharakters bzw. eines schrittweisen weiteren Ausbaus seiner formalen Stellung detailliert SALLER, R.: Möglichkeiten, 1999, S. 223 ff.

1.2.2 Governanceorientierte Strukturierung von Funktion und Rolle des Ausschusses der Regionen

1.2.2.1 Akteur im inter - institutionellen Gefüge der Europäischen Union

Der institutionelle Wandel, wie er mit dem Maastrichter Vertrag, dem Vertrag von Amsterdam und dem Nizza - Prozess vollzogen wurde, hatte nicht in erster Linie auf die Erlangung demokratischer Legitimation durch die Imitation staatlicher Strukturen der Mitgliedstaaten abgezielt. Im Rahmen dieser Prozesse hat sich auch die Rolle und Bedeutung des Ausschusses der Regionen gewandelt, wobei ihm zwei unterschiedliche Funktionen zukommen:[1001]
(1) Eine vertragsgestützte Rolle mit beratender Funktion und Informationsfunktion.
(2) Eine informelle Rolle im politischen Prozess.

Die vertragsgestützte Rolle ist in Stellungnahmerechten begründet, die nach Art. 265 Abs. 1 EGV entweder obligatorisch[1002] oder fakultativ sind, oder im Rahmen eines Anhörungsrechts nach Art. 265 Abs. 3 EGV, bei Hörung des Wirtschafts- und Sozialausschusses nach Art. 262 EGV, falls der Ausschuss der Regionen spezifisch regionale Interessen berührt sieht. Auch das Europäische Parlament kann den Ausschuss der Regionen hören.
Der Ausschuss der Regionen verfügt nicht über ein Initiativrecht hinsichtlich der Gemeinschaftsgesetzgebung und ist nicht in den Rahmen des Mitentscheidungsverfahrens nach Art. 251 EGV einbezogen. Er hat eine Rolle als Konsultationspartner, die seine Bezeichnung als „Nebenorgan" rechtfertigt.[1003]
Daneben besteht noch ein Selbstbefassungsrecht des Ausschusses der Regionen nach Art. 265 Abs. 5 EGV, nach dem der Ausschuss der Regionen Stellungnahmen aufgrund eigener Initiative abgibt.[1004] Das Selbstbefassungsrecht bezieht sich inhaltlich auf die gesamte Bandbreite der Unionspolitiken im Rahmen des Gemeinschaftsvertrages und ermöglicht die Abgabe von Stellungnahmen, die der Ausschuss der Regionen für zweckdienlich erachtet.[1005]
Die institutionelle vertragsgestützte Position des Ausschusses der Regionen verdeutlicht, dass seine Stellung innerhalb des ihm vorgegebenen Rahmens maßgeblich von der Qualität seiner Stellungnahmen bestimmt wird und mit einem hohen Maß an Selbstorganisationfähigkeit und Zielorientierung verbunden ist. Zunächst hing die Etablierung und Positionierung des Ausschusses der Regionen in den 90er Jahren davon ab, inwiefern es ihm gelang, seine interne Struktur, den Aufbau funktionsfähiger Verwaltungseinheiten, die Geschäftsordnung, Präsenz und Zusammensetzung der Mit-

---

[1001] Nach BLANKE, H.: Ausschuss, 2002, S. 10, S. 15.
[1002] Die obligatorische Anhörung findet sich in einzelnen Vertragsartikeln, welche sich auf unterschiedliche Politikbereiche beziehen. Die Anhörung ist zwingend vorzunehmen, ein Unterlassen führt jedoch nicht zur Nichtigkeit des Rechtsaktes. Vgl. SCHNEIDER, M.: Einfluß, 2004, S. 141 / 142.
[1003] Zur Bezeichnung als „Nebenorgan" ebenfalls BLANKE, H.: Ausschuss, 2002, S. 10.
[1004] Die Geschäftsordnung des Ausschusses der Regionen sieht dies nach Art. 38 GO vor, konkrete Ausführungen zu Initiativstellungnahmen trifft Art. 41 der Geschäftsordnung, vgl. AUSSCHUSS DER REGIONEN (AdR): Geschäftsordnung, 2004, S. 19 / 21.
[1005] SCHNEIDER, M.: Einfluß, 2004, S. 147.

glieder und die Entwicklung interner Strukturen der Entscheidungsfindung[1006] zu organisieren.
Die inter – institutionelle Zusammenarbeit mit Europäischer Kommission, Europäischem Parlament und Rat wurde zunehmend vertieft, ebenfalls die Kooperation mit den nationalen Verbänden der regionalen und lokalen Gebietskörperschaften. Als Beleg für eine intensivierte inter - institutionelle Zusammenarbeit kann die zwischen Europäischer Kommission und Ausschuss der Regionen abgeschlossene Kooperationsvereinbarung aus dem Jahr 2005 gelten.[1007] Neben Rat und Kommission als primäre Partner bestehen Kontakte auch über das formale Verfahren hinaus, wie sie sich beispielsweise faktisch aus der inhaltlichen Anbindung an den Ausschuss für Regionalpolitik des Europäischen Parlaments ergeben.[1008]
Im Zusammenhang mit dem Weissbuch Europäisches Regieren, bei den Regelungen im Entwurf des Verfassungsvertrags[1009] und nunmehr im Zusammenhang mit der Vertragsreform, lässt sich nachvollziehen, dass eine Stärkung des Ausschusses der Regionen politisch angestrebt wird. So wurde ihm im Entwurf des Verfassungsvertrages ein Klagerecht in Fragen der Verletzung des Subsidiaritätsprinzips eingeräumt und seine Mandatsperiode von vier auf fünf Jahre verlängert.[1010]
Die Mandatsperiode 2002 – 2006 des Ausschusses der Regionen konnte also durchaus mit dem Eindruck beendet werden, dass der Ausschuss der Regionen insbesondere durch die Stärkung seiner Rolle im Zusammenhang mit dem Entwurf des Verfassungsvertrages nochmals an Bedeutung gewonnen hat,[1011] und sich gleichzeitig ein Wandel seiner Tätigkeit abzuzeichnen beginnt.[1012]

1.2.2.2 Element eines Netzwerkes aus Region, Kommune bzw. kommunalen Verbänden und Bürgerinteressen

Die informelle Netzwerkbildung stellt ein weiteres Element der Arbeit des Ausschusses der Regionen dar, bei der über Netzwerke lokale und regionale Positionen harmonisiert werden. Konkret zeigt sich dies in der Rolle des Ausschusses der Regionen zur

---

[1006] VGL. SCHÖBEL, N.: Ausschuss, 1997, S. 30 ff.
[1007] Inhaltlich hat sie zum Ziel, Prioritäten für die Anwendung des Subsidiaritätsprinzips zu ermitteln. STAATSMINISTERIUM BADEN – WÜRTTEMBERG: Baden – Württemberg, 2006, S. 49.
[1008] Vgl. SCHNEIDER, M.: Einfluß, 2004, S. 161 / 162.
[1009] Regelungen zum Ausschuss der Regionen im Entwurf des Verfassungsvertrages vgl. Art. I – 32, Art. III – 386 bis III – 388. Der Ausschuss der Regionen als beratende Einrichtung der Union, Klagemöglichkeiten nach Art. III – 365 Abs. 3 des Entwurfs des Verfassungsvertrages zur Wahrung seiner Rechte und Art. 8 Abs. 2 des Subsidiaritätsprotokolls Klagemöglichkeit wegen Verstoß eines Europäischen Gesetzgebungsaktes gegen das Subsidiaritätsprinzip, in Fällen, in denen eine Anhörung des Ausschusses der Regionen nach der Verfassung vorgeschrieben ist.
[1010] AUSSCHUSS DER REGIONEN (AdR): CONST-019, 2004.
[1011] SCHAUSBERGER, F.: Ausschuss, 2006, S. 576.
Der Ausschuss der Regionen hat einen Aktionsplan für den Zeitraum 2006 – 2009 entworfen, nach dem sich Mitarbeiter des Ausschusses der Regionen und des Parlaments zur Schaffung von „Plattformen für Europa“ koordinieren, um konkret mit Zielgruppen zu diskutieren, vgl. AUSSCHUSS DER REGIONEN: CONST-032, 2005.
[1012] Insbesondere wurde seine beratende Funktion durch die mit dem Klagerecht verbundene Kontrollfunktion gestärkt, was es ihm ermöglichen würde, sich stärker in den politischen Prozess einzubringen vgl. EPPLER, A.: Ausschuss, 2005, S. 623. An dieser Stelle bleiben die Regelungen des neu zu schließenden Reformvertrages abzuwarten.

Wahrung der Subsidiarität. Die institutionelle beratende Funktion der Legislativorgane erlaubt eine Ergänzung. Die Betonung liegt auf der Kontrolle der Anwendung und der Kontrolle der Grundsätze des Subsidiaritätsprinzips.[1013] Der Ausschuss der Regionen sieht seine eigene gestärkte Rolle zur Sicherstellung der Subsidiarität, beginnend bei der prälegislativen Phase über seine beratende Funktion im Gesetzgebungsverfahren, bis hin zu einer möglichen Klage vor dem Europäischen Gerichtshof.[1014]
Seitens des Ausschusses der Regionen lässt sich der Trend einer neuen Strategie der Netzwerkbildung"[1015] erkennen:
Die materielle Bewertung der Einhaltung des Subsidiaritätsprinzips soll künftig systematisch unter Ausarbeitung eines Bewertungsmusters, gestützt auf Software, erfolgen. Die politische Weichenstellung für den künftigen Schwerpunkt „Subsidiarity Monitoring" erfolgte bereits am 27.05.2004 im Rahmen einer ersten Subsidiaritätskonferenz in Berlin[1016]. Teilnehmer waren Mitglieder der Fachkommission CONST, Mitglieder der Europäischen Institutionen und Delegierte nationaler Parlamente.[1017] Im Ergebnis entsteht ein Netz aus kommunalen und regionalen Behörden. Das Verfahren des „Subsidiarity Monitoring" befindet sich im Augenblick noch im Aufbau. Am 31. Oktober 2005 startete ein erster Pilottest, der bis 09. Dezember 2005 ging und an dem 21 Partner beteiligt waren. Das Hauptaugenmerk des ersten Testlaufes lag zunächst darauf, Methoden herauszuarbeiten[1018]. Das Ergebnis der ersten Testphase wird aufgrund der Qualität der Analysen und ihrer politischen Legitimation positiv beurteilt.[1019] Vom 06.10.2006 bis 17.11.2006 ging das Subsidiaritätsnetzwerk mit mittlerweile 49 Teilnehmern in die „zweite Runde".[1020] Der Echtbetrieb soll offen für alle regionalen und lokalen Gebietskörperschaften und Kommunalverbände und regionale Parlamente mit Gesetzge-

---

[1013] AUSSCHUSS DER REGIONEN: CONST-022, 2005, S. 5. Bereits zum jetzigen Zeitpunkt finden sich Regelungen zur Subsidiaritätsorientierung in der Geschäftsordnung des Ausschusses der Regionen, vgl. AUSSCHUSS DER REGIONEN / GENERALSEKRETARIAT: Informationsvermerk, 2004, S. 1.

[1014] AUSSCHUSS DER REGIONEN: CONST-022, 2005, S. 5 / 7.

[1015] EPPLER, A.: Ausschuss, 2005, S. 625. Die Zusammenarbeit zeigt sich in stetig sich ausweitenden Dialogverfahren, insbesondere in der Abarbeitung gemeinsamer Aktionspläne, die mit bedeutenden europäischen Verbänden geschlossen wurden. Vgl. AUSSCHUSS DER REGIONEN (AdR.): Vermerk 2006, S. 1. Einzelne Aktionspläne wie z. B. die Kooperation mit dem Rat der Gemeinden und Regionen Europas vgl. http://www.cor.europa.eu/document/activities/CEMR_de.pdf - (24.02.2007).

[1016] EUROPABÜRO DER BAYERISCHEN KOMMUNEN / EUROPABÜRO DER BADEN – WÜRTTEMBERGISCHEN KOMMUNEN / EUROPABÜRO DER SÄCHSISCHEN KOMMUNEN: Ausschuss, 25/2005, S. 2 / 3. EUROPABÜRO DER BAYERISCHEN KOMMUNEN / EUROPABÜRO DER BADEN – WÜRTTEMBERGISCHEN KOMMUNEN / EUROPABÜRO DER SÄCHSISCHEN KOMMUNEN: Ausschuss, 33/2005. Eine weitere Konferenz fand 2005 in London unter Beteiligung von Vertretern nationaler Parlamente, des Europäischen Parlaments und der CALRE statt. SCHAUSBERGER, F.: Ausschuss, 2006, S. 582.

[1017] KIEFER, A.: Verfassungsvertrag, 2005, S. 613 / S. 615. Zur COSAC vgl. www.bundestag.de/ausschuesse/a21/cosac - 02.08.2006). Modelle zur Überwachung der Anwendung des Subsidiaritätsprinzips seitens nationaler Parlamente vgl. KOMMISSION DER EUROPÄISCHEN GEMEINSCHAFTEN: Bericht, SEK, 2005, S. 8.

[1018] Teilnehmer waren u.a. die Vereinigung der Regionen Frankreichs, der Deutsche Landkreistag und der Landtag Schleswig – Holstein. AUSSCHUSS DER REGIONEN: Bericht, 2006, S. 5, Anlage 1.

[1019] EUROPABÜRO DER BAYERISCHEN KOMMUNEN / EUROPABÜRO DER BADEN – WÜRTTEMBERGISCHEN KOMMUNEN / EUROPABÜRO DER SÄCHSISCHEN KOMMUNEN: Ausschuss, 2006, S. 9 / 10.

[1020] EUROPABÜRO DER BAYERISCHEN KOMMUNEN / EUROPABÜRO DER BADEN – WÜRTTEMBERGISCHEN KOMMUNEN / EUROPABÜRO DER SÄCHSISCHEN KOMMUNEN: Netzwerk, 2006, S. 7.

bungsbefugnis sein und den Bereich obligatorischer Befassung des Ausschusses der Regionen umfassen.[1021] Augenblicklich ruft der Ausschuss der Regionen zur Beteiligung weiterer lokaler Akteure auf. Die Partner sollen zu ausgewählten Gesetzesvorhaben Stellung nehmen, aktuell im Bereich „Energie“ oder „Öffentliche Gesundheit“.
Die Vorteile des Subsidiaritätsnetzwerkes liegen auf der Hand: Die Inkorporierung von Kenntnissen aus der Praxis, externen Sachverstandes und die Möglichkeit frühzeitig im Gesetzgebungsprozess Einfluss zu nehmen.
Deutlich wird auch die neue Bündelungsfunktion des Ausschusses der Regionen im Bereich von Subsidiaritätsfragen, die eine Leistungsverbesserung des Ausschusses der Regionen bedeuten könnte. Wie sich die Stellung im Verhältnis der Vertretungen der lokalen und regionalen Gebietskörperschaften zum Ausschuss der Regionen ändert, kann zum jetzigen Zeitpunkt schwerlich prognostiziert werden. Gerade die nationalen Dachverbände hatten bisher eine Bündelungsfunktion gegenüber den lokalen Gebietskörperschaften inne. Das Netzwerk ist allerdings auch für die einzelnen Kommunen interessant, da sie ihre Interessen nun unmittelbar über das Subsidiaritätsnetzwerk beim Ausschuss der Regionen einbringen könnten.[1022]
Nach welchen Kriterien der Ausschuss der Regionen (politisch) abwägt und die Expertise der beteiligten Einrichtungen in seine Arbeit einfließen lässt[1023] und in welchem Umfang er eine Vereinheitlichungsfunktion, bezogen auf die subnationalen Akteure unterschiedlicher Staaten wahrnehmen kann und konkret wahrnehmen wird, ist noch offen und wird sich ebenfalls erst in der Praxis zeigen und bewähren.

1.2.2.3 Transferfunktion und Kompensationsmechanismus im Kontext europabezogener Willensbildungsprozesse und Interessenvertretung

Der Ausschuss der Regionen stellt sich als Instrument der Vermittlung subnationaler Interessen dar. Über seine Mitglieder wirken die europäischen Institutionen auch tief in die Nationalstaaten hinein, während sich im Ausschuss gleichzeitig die politischen Kräfte der regionalen Ebenen widerspiegeln, die einen unmittelbaren Zugang zur europäischen Ebene bekommen. So besteht eine doppelte Transformations- und Legitimationsfunktion: Lokale und regionale Interessen werden von den dezentralen Einheiten auf die europäische Ebene transformiert, während gleichzeitig die dort getroffenen Entscheidungen auf die subnationalen Ebenen rückgekoppelt werden. Der Ausschuss der Regionen wird zunehmend „Dreh- und Angelpunkt einer europäischen Interessenvertretung der lokalen und regionalen Gebietskörperschaften“[1024] und dient als „Forum

---

[1021] EUROPABÜRO DER BAYERISCHEN KOMMUNEN / EUROPABÜRO DER BADEN – WÜRTTEMBERGISCHEN KOMMUNEN / EUROPABÜRO DER SÄCHSISCHEN KOMMUNEN: Ausschuss, 33/2005, S. 4. Vgl. EUROPABÜRO DER BAYERISCHEN KOMMUNEN / EUROPABÜRO DER BADEN – WÜRTTEMBERGISCHEN KOMMUNEN / EUROPABÜRO DER SÄCHSISCHEN KOMMUNEN: Ausschuss, 2007, S. 9. Grundlagen http://subsidiarity.cor.europa.eu/ - (05.07.2007).
[1022] Vgl. EUROPABÜRO DER BAYERISCHEN KOMMUNEN / EUROPABÜRO DER BADEN – WÜRTTEMBERGISCHEN KOMMUNEN / EUROPABÜRO DER SÄCHSISCHEN KOMMUNEN: Ausschuss, 25/2005, S. 4.
[1023] EUROPABÜRO DER BAYERISCHEN KOMMUNEN / EUROPABÜRO DER BADEN – WÜRTTEMBERGISCHEN / KOMMUNEN EUROPABÜRO DER SÄCHSISCHEN KOMMUNEN: Ausschuss 25/2005, S. 4.
[1024] BLANKE, H.: Ausschuss, 2002, S. 72.

für interterritorialen Dialog"[1025]. Durch die definierte Herkunft aus den Mitgliedstaaten und die Weisungsfreiheit der Mitglieder der Delegationen stellt er mehr als eine „bloße Interessenrepräsentation" dar.[1026] Der Ausschuss der Regionen vermittelt gleichzeitig regionale und lokale Bindungen. Die vertretenen Interessen finden sich nach politischen Gruppierungen, als auch nach nationalen Delegationen strukturiert. Verwaltungs-, Finanz-, Rechts- und Politikstrukturen der Nationalstaaten variieren erheblich. Es liegt auf der Hand, dass allein diese Unterschiede erhebliches Potential für eine Vielzahl von Konfliktlinien, entlang von Parteilinien, nationalen Interessen oder entlang kommunal – regionaler Interessen bieten.
In der deutschen Diskussion wurde die Rolle des Ausschusses der Regionen auch im Sinne eines Kompensationsmechanismus für Kompetenzverluste der Länder bzw. des Bundesrates diskutiert. Aufgrund der Verschiedenheit der Interessen und der institutionellen Strukturierung kann der Ausschuss der Regionen diese Kompensationsfunktion nicht leisten.[1027]

1.2.3 Zwischenfazit: Zusammenhang zwischen Ausschuss der Regionen, Kommunaler Selbstverwaltung und lokaler Governancediskussion

Bezieht man die vorgenannten governancerelevanten Funktionen des Ausschusses der Regionen auf die Kommunale Selbstverwaltung, ist seine Arbeit speziell unter dem Gesichtspunkt einer Stärkung der lokalen Ebene zu beurteilen.

Mehrere Teilaspekte gewinnen an Bedeutung:
- die Frage kommunaler Repräsentation als Voraussetzung für eine wirksame Wahrnehmung spezifisch kommunaler Interessen,
- die inhaltliche Ausrichtung der praktischen Arbeit des Ausschusses der Regionen an den Grundsätzen Kommunaler Selbstverwaltung.

Für die Frage kommunaler Repräsentation differieren die Regelungen zur Benennung der nationalen Delegationen des Ausschusses der Regionen in den Mitgliedstaaten. Frankreich und Deutschland entsenden je 24 Mitglieder, von denen lediglich drei der deutschen Mitglieder kommunale Vertreter sind.[1028] Irritation entstand in der nationalen Diskussion an dieser Stelle zunächst durch die Benennung des Ausschusses als Ausschuss der "Regionen", da bereits durch die Assoziierung mit dem Begriff "Region" der Schwerpunkt auf den Ländervertretern zu liegen kam[1029].
In Deutschland bestehen grundsätzliche Regelungen im Gesetz über die Zusammenarbeit von Bund und Ländern in Angelegenheiten der Europäischen Union, die Auswahl der Mitglieder ist Aufgabe der Länder. Die Länder regeln nach § 14 EUZBLG ein

---

[1025] BLANKE, H.: Ausschuss, 2002, S. 72.
[1026] SCHNEIDER, M.: Einfluß, 2004, S. 157.
[1027] Seit 2006 kooperieren die Regionen mit Gesetzgebungsbefugnissen in der Initiative „regleg", um spezifische Interessen auf europäischer Ebene einzubringen vgl. www.regleg.org - (08.03.2007).
[1028] SCHNEIDER argumentiert, dass die kommunale Vielfalt nicht ausreichend berücksichtigt werde, da DST, DLT und DStGB nur je ein Vertreter benennen. Vgl. SCHNEIDER, M.: Einfluß, 2004, S. 108.
[1029] AMELN, R. VON: Entstehung, 1995, S. 39. Zur Kontroverse zwischen den Ländern, die sich als "geborene" Mitglieder des Ausschusses der Regionen sahen und kommunalen Vertretern vgl. HEBERLEIN, H.: Europa, 1995, S. 26 / S. 27.

Beteiligungsverfahren für die Gemeindeverbände und Gemeinden, das sicherstellt, dass diese auf Vorschlag der kommunalen Spitzenverbände mit drei gewählten Vertretern im Ausschuss der Regionen vertreten sind. Der Vorsitzende der Ministerpräsidentenkonferenz legt der Bundesregierung die Mitgliederliste vor, die sie dem Rat übermittelt. Für das Ernennungsverfahren wurde am 27. Mai 1993 ein Ernennungsverfahren in der Ministerpräsidentenkonferenz vereinbart, in dessen Rahmen die Länder übereinkamen, dass es sich bei den Vertretern der kommunalen Spitzenverbände um Inhaber von Wahlmandaten handeln soll. Die deutschen Mitglieder des Ausschusses der Regionen sind entweder direkt gewählt oder sind gegenüber einer direkt gewählten Versammlung politisch rechenschaftspflichtig.[1030]

Die französische Delegation umfasst demgegenüber sechs kommunale Vertreter, sechs Vertreter der Departements und 12 Mitglieder von regionaler Seite. Die französischen Mitglieder werden durch den Premierminister auf Grundlage eines Vorschlags des Innenministers ausgewählt, der vorab die französische Bürgermeistervereinigung (AMF – Association des Maires de France), die Versammlung der Departements Frankreichs (ADF – Assemblée des Départements de France)[1031] und die Vereinigung der Regionen Frankreichs (ARF – Association des Régions de France)[1032] konsultiert. Die Modalitäten entstammen der seit dem Vertrag von Maastricht entwickelten Praxis und wurden nicht formal schriftlich fixiert.[1033]

Die Ausführungen verdeutlichen, dass – würde man allein von der Zahl bzw. der Stimmenverteilung zwischen lokalen und Regionen bezogenen deutschen und französischen Repräsentanten auf eine wirksame oder weniger wirksame kommunale Interessenvertretung schließen - eine ernüchternde Bilanz zu ziehen wäre.[1034] Relativiert wird diese Einschätzung, wenn dargelegt werden kann, dass kaum eine „regional – kommunale Blockbildung“ bestanden hat. Die Anbindung des Ausschusses der Regionen an den lokalen Governancegedanken und der damit verbundenen Zielsetzung einer Stärkung der lokalen Ebene würde sich dann in einer übergeordneten Funktion als Vertreter subnationaler Interessen zeigen.
Als Zwischenergebnis ist schließlich besonders hervorzuheben, dass der Ausschuss der Regionen zunehmend in eine Rolle als bedeutender Akteur in einem Netzwerk aus Region, kommunalen Verbänden, Kommunen aber auch Bürgerinteressen hinein wächst. Seine Transferfunktion im Kontext europäischer Interessenvertretung wird zunehmend gestärkt. Bedeutsam ist an dieser Stelle die erläuterte Initiative des Ausschusses der Regionen im Zusammenhang mit dem Subsidiaritätsnetzwerk, in dem der Ausschuss der Regionen Sachverstand und Expertenwissen zu bündeln sucht.

[1030] AUSSCHUSS DER REGIONEN (AdR): Auswahl, 2004, S. 15 / 16.
[1031] http://www.departement.org/jsp/index.jsp - (15.07.2007).
[1032] http://www.arf.asso.fr/ - (15.07.2007).
[1033] AUSSCHUSS DER REGIONEN (AdR): Auswahl, 2004, S. 21.
[1034] Vgl. Einschätzung ENGEL, C.: Europa, 1998, S. 156 / 157 bzw. zur Stimmenverteilung zwischen regionalen und kommunalen Vertretern auch D´ATENA, A.: Supranationalität, 2007, S. 528 ff.

1.3 Gebündelte Interessenvertretung: Verbandsstrukturen

1.3.1 Modell kommunaler verbandlicher Interessenvertretung auf europäischer Ebene

Für die verbandliche kommunale Interessenvertretung gibt es kein einheitliches Modell, das kommunale Partizipation hinreichend erfasst. Die nachfolgende Skizze folgt daher in der Systematik der bisherigen Argumentation und greift die deutsche und französische Logik der Einflussnahme und kommunaler Verbandsstrukturen heraus, und zieht erst in einem zweiten Schritt die institutionelle europäische Struktur heran. Die Argumentation geht dahin, dass sich zunehmend eine eigenständige europäische Einflusslogik kommunaler Interessenvertretung ergeben wird, die als Internationalisierung des Verbandswesens bezeichnet werden kann.[1035]

[1035] Die These der Internationalisierung der kommunalen Interessenvermittlung kann an dieser Stelle nicht empirisch getestet werden. Argumente, welche die Annahme stützen werden ausgeführt. Theoretische Konzeptionen können im Neo-Institutionalismus gefunden werden oder aus organisationstheoretischer Sicht in modifizierten Rational Choice Ansätzen, Ansätzen der Verhandlungssysteme oder organisationalen Lernens. Grundgedanke ist, dass nationale Strukturen sich an den europäischen Einbindungsmechanismen ausrichten und mittelfristig anpassen werden.

Abb. 8 – Vereinfachtes Modell verbandlicher Interessenvermittlung öffentlich - institutioneller Interessen in lokaler Governanceperspektive[1036]

Quelle : Eigene Darstellung. Der lokale Governancefokus orientiert sich an den in Tabelle 4 dargestellten Kriterien und Charakteristika Lokaler Governance.

Die Skizze geht von einer historisch gewachsenen nationalen Einflussnahme kommunaler Verbandsstrukturen bzw. Vertretung kommunaler Interessen über Akteure aus. Diese Akteure oder Institutionen sehen sich einer formal – institutionellen Einflusslogik des europäischen Systems ausgesetzt, die ihnen gleichzeitig formale und informelle Möglichkeiten der Einflussnahme bieten. Aus dem Entstehen von Möglichkeiten der

[1036] Das Modell hat lediglich heuristischen Wert, verzichtet auf die Darstellung von Prozessorientiertheit oder die Operationalisierung von Umfeldfaktoren etc.

Einflussnahme bildet sich zunehmend eine europäische Einflusslogik verbandlicher kommunaler Interessenvertretung heraus, die als Mehrkomponentensystem bezeichnet werden soll. Als mögliche Folgen sind institutionelle Rückwirkungen auf das Verbandswesen oder die Interessenvertretung der nationalen Systeme zu erwarten. Deutlich wird diese Entwicklung oder Fortführung von Verfahrensregeln im Zusammenhang mit dem Weissbuch Europäisches Regieren oder auch einzelnen Regelungen, wie sie innerhalb des Entwurfs des Verfassungsvertrages ausformuliert waren. Die nachfolgenden Ausführungen argumentieren, dass die aktuellen Entwicklungen und die Basis kommunaler Interessenvertretung eine Neubewertung kommunalen Engagements auf europäischer Ebene unter den Stichworten Demokratie, Legitimität und Gemeinwohl erforderlich und auch möglich machen.

1.3.2 Anbindung kommunaler Interessenvertretung an den kommunalen Selbstverwaltungsgedanken in europäischer Perspektive

Die inhaltliche Anbindung kommunalverbandlicher Interessenvermittlung an die Kommunale Selbstverwaltung lässt sich für die europäische Perspektive aufbauend auf die Erörterung in nationalem Rahmen wie folgt fassen:

1. Es wurde argumentiert, dass die Kommunale Selbstverwaltung nationalstaatlich staatsrechtlich ihre Einbettung gefunden hat[1037] und kommunale Interessenvertretung als öffentliche Aufgabe mit politischer und sozialer Bedeutung stattfindet. Folgt man dieser Argumentationskette ergibt sich kommunale Interessenvertretung als Teil der Ausformulierung von Staatswillensbildungsprozessen, die im europäischen Rahmen zumindest als Teil öffentlich-institutioneller Willensbildungsprozesse gesehen werden können.
2. Die kommunale Befassungskompetenz wird für die deutsche Verfassung argumentativ als Erweiterung der Verbandskompetenz des Art. 28 Abs. 2 S. 1 GG gesehen bzw. als Wahrnehmung „mehr-örtlicher“ Interessen[1038]. Die Möglichkeit sich in Verbänden zu organisieren wird ferner aus der kommunalen Organisationshoheit als Teil der kommunalen Kooperationsbefugnis hergeleitet[1039]. Diese Kooperationsbefugnis gilt auch über nationalstaatliche Grenzen hinaus für internationale Verbände und wird nicht zuletzt durch im nationalen Recht ratifizierte internationale Vereinbarungen wie die Europäische Charta der Kommunalen Selbstverwaltung gestärkt.[1040]
3. Die europäische Ebene oder europäische Institutionen eröffnen Mitwirkungsangebote und spezifische Mitwirkungswege. Durch das zur Verfügungstellen von Know-how, beispielsweise zu Fragen der Implementation politischer Maßnahmen, kommt kommunaler Interessenvertretung eine weitergehende Verantwortung im europäischen politischen Gesamtsystem zu, die über die bloße Wahrung eigener Interessen und Besitzstände hinausgeht.

[1037] REUTTER, W.: Spitzenverbände, 2001, Band 5, S. 151.
[1038] Vgl. hierzu die Argumentation von SCHRADER, C.: Spitzenverbände, 2004, S. 246 ff., S. 281.
[1039] Vgl. SCHRADER, C.: Spitzenverbände, 2004, S. 280.
[1040] Zum Wesen und maßgeblichen Inhalten der Europäischen Charta der Kommunalen Selbstverwaltung vgl. Gliederungspunkt C 2.

Die kommunale verbandliche Interessenvertretung findet als Europaarbeit der kommunalen Verbände[1041] statt über:
(1) Die Repräsentanzen der kommunalen Spitzenverbände
(2) Die Europabüros der Kommunalverbände einzelner Länder
(3) Internationale Verbände wie den RGRE oder EUROCITIES.

Auf die einzelnen Formen der verbandlichen Tätigkeiten soll nachfolgend eingegangen werden.

1.3.3 Status Quo kommunalverbandlicher Interessenvertretung auf europäischer Ebene [1042]

1.3.3.1 Repräsentanzen der kommunalen Spitzenverbände

Was nun die erste Form der Europaarbeit, die Repräsentanzen der kommunalen Spitzenverbände angeht, engagieren sich die drei deutschen kommunalen Spitzenverbände neben ihrer Arbeit auf staatlicher Ebene auch in Brüssel. Beginn eines gemeinsamen Engagements war 1991[1043], als ein Europabüro der deutschen Kommunalen Selbstverwaltung – Eurocommunalle – gründet wurde, mit dem Deutscher Landkreistag, Deutscher Städtetag und Deutscher Städte- und Gemeindebund ihren Willen zur Kooperation bewiesen. Zwischen dem 01.01.1991 und dem 01.04.2002 hatten die Spitzenverbände zusammen mit der Deutschen Sektion des Rates der Gemeinden und Regionen Europas das gemeinsame Büro in Brüssel unterhalten[1044], das einer Vertretungsfunktion für ca. 13.000 Gebietskörperschaften in Deutschland nachgekommen war[1045].

Institutionell hat sich das Engagement auf europäischer Ebene mit Wirkung zum 31. März 2002 geändert, als die Vereinbarung der Bundesvereinigung der kommunalen Spitzenverbände aufgehoben und neue Regelungen der Kooperation gefunden wurden. So koordinierte ein Gesamtvorstand Europa die europapolitische Linie und die jeweiligen Repräsentanzen der Spitzenverbände arbeiten in Form einer „Bürogemein-

---

[1041] Seit der Dezentralisierungsreform ab 1982 sind die französischen lokalen und regionalen Gebietskörperschaften ermächtigt, Büros in Brüssel zu führen. Die Bretagne und die Region „Pays de la Loire" verfügen über Repräsentanzen, welche allerdings über eine strikt limitierte Rolle verfügen, wie das Sammeln von Informationen. Vgl. COLE, A.: Decentralization, 2006, S. 43 ff.

[1042] Seit dem Frühjahr 2003 hat auch die Bürgermeistervereinigung AMF eine eigene Vertretung in Brüssel. Sie beobachtet insbesondere die politische Meinungsbildung in der EU, ist verantwortlich für die Beschaffung und Aufbereitung von aktuellen Informationen zu EU-Gesetzgebungsverfahren, vermittelt Ansprechpartnern und pflegt Kontakte zu europäischen Politikern und Institutionen, zu nationalen und europäischen Verbänden sowie zu Vertretungen anderer lokalen Behörden Dem Leiter des Europaausschuss des AMF kommt die Aufgabe zu, die Bürgermeister auf Départementebene über europäische Belange zu informieren und er bereitet darüber hinaus die Beschlüsse des Präsidiums über europäische Initiativen mit Folgen für die lokale Verwaltungsebene vor.
Vgl. http://www.amf.asso.fr/fonctionnement/german.asp - (05.08.2007).

[1043] LANDSBERG, G.: Städte- und Gemeindebund, 2007, S. 966.

[1044] HEBERLEIN, H.: Europa, 1995, S. 34.

[1045] Zusammensetzung der 13.000 Gebietskörperschaften vgl. SCHÄFER, T.: Selbstverwaltung, 1998, S. 319.

schaft"[1046]. Seit 2003 koordiniert sich die Kooperation als „Bürogemeinschaft des Europabüros des Deutschen Städte- und Gemeindebundes, des Deutschen Städtetages, des Deutschen Landkreistages, der Bundesarbeitsgemeinschaft der Kommunalverbände und des Deutschen Sparkassen- und Giroverbandes" in Brüssel.[1047]

Das Europabüro soll gewährleisten, dass bereits in einem frühzeitigen Stadium, möglichst in der Entwurfsphase von Gesetzen, Themen aufgegriffen und so frühzeitig wie möglich die Vertretung kommunaler Interessen betrieben werden kann. Informationsbeschaffung und Weitergabe ist eine entscheidende Funktion des Europabüros, um effiziente Interessenwahrnehmung zu leisten. Gleichzeitig sollen durch eine engagierte Informationspolitik der Informationsbedarf der europäischen Ebene gedeckt werden und eine zumindest teilweise Kompensation des geringeren Einflusses der Kommunen auf Ebene des Nationalstaats erfolgen[1048]. Informationsbeschaffung, die Weitergabe an die Trägerverbände, die Auswertung und die Rückkoppelung zur Politik stellen Elemente eines Kreislaufs der Interessen- und Politikvermittlung dar.[1049] Gesondert zu nennen ist an dieser Stelle auch die Arbeit des Europabüros, die durch die Teilnahme an Round-Table Gesprächen, Einflussnahme durch fachbezogene Information, Kontakte in die Fachabteilungen der Europäischen Institutionen hinein geleistet wird. Die Kontakte finden in nicht-institutioneller Form und zu einem frühen Zeitpunkt im politischen Prozess statt.[1050]

1.3.3.2 Europabüros der Kommunalverbände einzelner Länder

Parallel zur Arbeit der kommunalen Spitzenverbände wurde seitens einzelner Spitzenverbände aus den Ländern ein Europabüro gegründet. Am 01.01.1992 wurde das Europabüro der Bayerischen Kommunen geschaffen.[1051] Neben dem Bayerischen Europabüro besteht das Baden – Württembergische Europabüro, das von den drei kommunalen Verbänden gegründet wurde und in Bürogemeinschaft mit dem Europabüro der bayerischen und dem Europabüro der Sächsischen Kommunen arbeitet.[1052] Auch die länderspezifischen Europabüros sind „Außenstellen" ohne eigenes politisches Mandat. Das Europabüro ist der „Horchposten"[1053] für die tragenden Verbände und hat

---

[1046] HENNEKE, H.: Interessenvertretung, 2006, S. 282 ff. Zur Arbeit des seit 01. April 2002 bestehenden Europabüros des Deutschen Städte- und Gemeindebundes in Brüssel, das als Teil der Europaarbeit des Deutschen Städte- und Gemeindebundes örtlich in Brüssel eingerichtet ist. NUTZENBERGER, K.: Weiterentwicklung, 2002, S. 223.

[1047] LANDSBERG, G.: Städte- und Gemeindebund, 2007, S. 966.

[1048] SCHULTZE, C.: Kommunen, 1997. Allgemeine Informationen zum Europabüro der bayerischen Kommunen auf www.ebbk.de.

[1049] ausführlich LANDSBERG, G.: Städte- und Gemeindebund, 2007, S. 967.

[1050] Vgl. HENNEKE, H.: Funktionen, 2007, S. 1005.

[1051] Es wurde auf Betreiben der bayerischen kommunalen Spitzenverbände und des bayerischen Prüfungsverbandes errichtet. SCHULTZE, C. Kommunen, 1997, S. 115 ff.

[1052] Träger des Europabüros der Baden – Württembergischen Kommunen sind die drei kommunalen Landesverbände. http://www.europabuero-bw.de - (11.06.2006).

[1053] „Horchposten" mit Informationsfunktion für die Trägerverbände vgl. STUBER, K. / URLINGER, J.: Europabüro, 2007, S. 222.

neben Informationsbeschaffung eine beratende Funktion bezogen auf die angehörenden Städte und Gemeinden.[1054]
Dies umfaßt die Bereitstellung von Informationen über die augenblicklich für die Kommunen relevanten Fördermittel und Unterstützung für Antragstellungen seitens der Gemeinden. Über Vorträge und Diskussionen wird die Europasensibilität der Kommunen gestärkt und den Städten und Gemeinden die europäische Ebene und europäische Zusammenhänge näher gebracht. Darüber hinaus besteht eine Transferfunktion zwischen den kommunalen Spitzenverbänden auf Landesebene hin zur europäischen Ebene und Akteuren der Europäischen Institutionen.[1055]

Als Gründe für den länderspezifischen Eigenweg wird eine mögliche direkte Information der Kommunen durch die Europabüros der Länder genannt und dadurch eine verbesserte Bürgernähe.[1056] Das bayerische Europabüro der Kommunen nennt darüber hinaus regionale Nähe als Vorteil, wenn Lobbying bei „ihren" EU-Abgeordneten betrieben wird. Die kommunalen Vertreter sind als öffentlich-rechtliche Vertreter Partner eines auf Dauer angelegten kontinuierlichen Dialogs.[1057] Aktuelle Lobbythemen sind neben dem Thema Vergabe speziell der Bereich Umweltpolitik, die EU-Umgebungslärmrichtlinie oder die Novellierung der Luftreinhalterichtlinien, die Städte und Ballungszentren besonders fordert, die Einhaltung der Grenzwerte sicher zu stellen.[1058]

Faktisch kann das Nebeneinander der Repräsentanzen als Aufsplitten[1059] oder als Parallelstruktur europabezogener kommunaler Interessenvertretung betrachtet werden. Die „Wahrheit" dürfte zwischen den Polen Fragmentierung mit einer aus der resultierenden Schwächung einerseits und einer Stärkung der Position der Kommunen auf europäischer Ebene durch eine insgesamt vermehrte, verbesserte Präsenz andererseits stehen.

Vernetzungsarbeit mit anderen Kommunalverbänden über den nationalen Rahmen hinaus, findet auch im Rahmen des European Local Authorities Network (ELAN) statt, das eine Vernetzung zwischen deutschen kommunalen Vertretungen mit kommunalen Vertretungen anderer EU-Mitgliedstaaten sicherstellt.[1060]

[1054] http://www.europabuero-bw.de - (11.06.2006).
[1055] Beispiel Baden - Württemberg, EUROPABÜRO DER BAYERISCHEN KOMMUNEN / EUROPABÜRO DER BADEN – WÜRTTEMBERGISCHEN KOMMUNEN / EUROPABÜRO DER SÄCHSISCHEN KOMMUNEN: Spitzenverbände, 2007, S. 2 – 4.
[1056] Mit ihrem wöchentlichen gemeinsamen Informationsbrief bzw. ihrem elektronischen Newsletter „Europa Aktuell" erreichen die Europabüros der bayerischen, baden - württembergischen und sächsischen Kommunen die Gemeinden unmittelbar und informieren themenbezogen zur Rechtsentwicklung, zur Arbeit der Europäischen Kommission, aus den Europäischen Verbänden und zu Förderprogrammen und Veranstaltungen.
[1057] STUBER, K. / URLINGER, J.: Europabüro, 2007, S. 224.
[1058] STUBER, K. / URLINGER, J.: Europabüro, 2007, S. 226
[1059] SCHNEIDER, M.: Einfluß, 2004, S. 516.
[1060] ARTICUS, S.: Europa, 2006, S. 10.

1.3.3.3 Europäisches kommunalbezogenes Verbandswesen: Rat der Gemeinden und Regionen Europas und Eurocities

Der Rat der Gemeinden und Regionen Europas[1061] (RGRE) (Council of European Municipalities and Regions - CEMR bzw. Conseil des Communes et Régions d´Europe) ist eine Organisation der kommunalen und regionalen Gebietskörperschaften, die über 50 nationale kommunale Spitzenverbände aus 40 europäischen Ländern umfasst.[1062]
Der RGRE [1063] agiert maßgeblich auf europäischer und internationaler Ebene. Er hat seine Wurzeln in den frühen Städtepartnerschaften, über die nach Beendigung des Zweiten Weltkrieges erste Annäherungen zwischen Städten und Gemeinden stattfanden[1064]. Offiziell wurde er 1951 von deutschen und französischen Bürgermeistern gegründet und im Jahr 1984 in "Rat der Gemeinden und Regionen Europas" (RGRE) umbenannt[1065].
Der RGRE repräsentiert in ganz Europa etwa einhunderttausend kommunale Gebietskörperschaften. Die einzelnen Sektionen, d. h. die jeweiligen nationalen Verbände arbeiten in den Führungsgremien des europäischen Dachverbandes zusammen. Der RGRE hat seinen Hauptsitz in Paris und ist seit 1995 in Brüssel vertreten. Er trägt der zunehmenden Bedeutung der europäischen Gesetzgebung für die Kommunen und Regionen Europas Rechnung.
Organisatorisch ist er eine internationale Vereinigung ohne Gewinnzweck nach französischem Vereinsrecht. Gründungszielsetzungen sind u. a. die Stärkung und Verteidigung der Selbstverwaltung der lokalen und regionalen Gebietskörperschaften und die Sicherung der Beteiligung und Vertretung der lokalen und regionalen Gebietskörperschaften in europäischen bzw. internationalen Institutionen. Darüber hinaus hat sich der RGRE die Einflussnahme auf die europäische Gesetzgebung als Ziel gesetzt, wobei insbesondere über die Konsultation der Gebietskörperschaften zu wachen ist. Auch die Förderung der Grundsätze einer guten politischen Führung bei den Mitgliedern des RGRE und die Gewährleistung bürgerschaftlicher Mitwirkung am lokalen Beschlussfassungsprozess wird angestrebt.[1066]

Die deutsche Sektion des RGRE umfasst ca. 800 europaengagierte deutsche Städte, Gemeinden und Landkreise als Mitglieder. Die einzelnen Sektionen sind in den Gremien des internationalen Rates der Gemeinden und Regionen Europas mit Sitz und Stimme vertreten. Die kommunalen Spitzenverbände auf Bundesebene (Deutscher

---

[1061] Nationale deutsche Sektion des RGRE vgl. www.rgre.de - (10.03.2007),
Internationale Sektion des RGRE vgl. www.ccre.org - (10.03.2007).
Die französische Sektion des RGRE, die Association Francaise du Conseil des Communes et Régions d´Europe (afccre) informiert unter http://www.afccre.org/fr/default.asp - (13.06.2007).

[1062] ARTICUS, S.: Europa, 2006, S. 10

[1063] Für die weiteren Ausführungen wird die Bezeichnung RGRE gewählt. Allgemeine Informationen werden an dieser Stelle nicht vertieft, sie finden sich auf den Homepages der nationalen Sektionen bzw. beim internationalen Dachverband. http://www.ccre.org/docs/Der_RGRE.pdf - (20.08.2006).

[1064] Im Rahmen seines ersten Europatages in Versailles 1953 verkündete der RGE die Europäische Charta der Gemeindefreiheiten, die eine Vorreiterrolle für die Europäische Charta der Kommunalen Selbstverwaltung des Europarates spielt. http://www.ccre.org/docs/Der_RGRE.pdf - (20.08.2006).

[1065] Öffnung des Verbandes für Regionen vgl. http://www.ccre.org/docs/Der_RGRE.pdf - (20.08.2006).

[1066] Vgl. RAT DER GEMEINDEN UND REGIONEN EUROPAS – EUROPÄISCHE SEKTION DER WELTUNION DER KOMMUNEN: Satzung, 2006, Artikel 1.

Städtetag, Deutscher Städte- und Gemeindebund und Deutscher Landkreistag) sind ebenfalls Mitglieder der Deutschen Sektion des RGRE.[1067] Die einzelnen nationalen Sektionen des RGRE arbeiten jeweils unabhängig im Dialog mit nationalen Institutionen. Es erfolgen keine politischen Vorgaben. Der RGRE unterstützt die nationalen Sektionen im Bereich von Partnerschaften und Kooperationen zwischen lokalen und regionalen Körperschaften und stellt Informationen zu diesem Bereich zur Verfügung. Gleichzeitig vertritt er die Ziele und Interessen der kommunalen Gebietskörperschaften nach außen.[1068]

Eine Schlüsselaufgabe des RGRE liegt in der angestrebten Einflussnahme auf die europäische Rechtsetzung: Der RGRE erarbeitet Stellungnahmen, welche die kommunale Position verdeutlichen und die in die Interessenvertretung gegenüber Europäischer Kommission, Europäischem Parlament und Ministerrat einfließen.
Da nationale kommunale Interessenvertretung an ihre Grenzen stößt, kann der RGRE aufgrund der Bündelungsfunktion kommunaler Interessen aller Nationen als repräsentatives Organ der vertretenen Gemeinden unabhängig von nationalen Einzelinteressen agieren.
Eine Verbindung zur Kommunalen Selbstverwaltung besteht darin, dass sich der Rat der Gemeinden und Regionen Europas bereits in Artikel 1 b Satz 1 in seinen Gründungszielsetzungen auf die Erlangung, Stärkung und Verteidigung der Selbstverwaltung der lokalen und regionalen Gebietskörperschaften stützt.[1069] Zudem unterstützt er inhaltlich die Bildung eines bürgernahen, starken und handlungsfähigen Europa und sieht eine weitere Zielsetzung im Schutz von Rechtsstaatlichkeit, Demokratie und der föderativen Grundrechte. Ein weitergehendes Schutzverständnis für die Kommunale Selbstverwaltung nationaler Prägungen kann aus der Arbeit des RGRE zusammenfassend nicht abgeleitet werden.

Ähnlich wie der RGRE verfügt auch der Verband EUROCITIES[1070] über ein begrenztes Mandat ausschließlich allgemeinpolitischer Funktion. Aktuell haben sich 183 Großstädte zusammengeschlossen um ihre Interessen zu vertreten. Dabei bestehen unterschiedliche Arten der Mitgliedschaft, so sind auch osteuropäische Städte, wie beispielsweise Sarajevo, als assoziierte Mitglieder eingebunden. EUROCITIES nimmt in großem Umfang zur Rechtsentwicklung auf europäischer Ebene Stellung und positioniert sich zugunsten metropoler urbaner Entwicklung.[1071] Ferner besteht noch die Vereinigung der Hauptstädte der Länder der Europäischen Union (UCUE) aus dem Jahr 1961, die jedoch weniger politisch ausgerichtet ist und mehr dem Erfahrungsaustausch über bewährte Praktiken dient.[1072] Auch Metropolregionen sind in europäischem Rahmen in Form des Netzwerkes METREX als Netzwerk der europäischen Ballungsräumen organisiert. Im Rahmen der Kooperation von Fachleuten, Politikern, Beamten erfolgt ein Erfahrungs- und Wissensaustausch, wobei insbesondere fachspezifische Zie-

---

1067 www.rgre.de - (15.06.2007). Die Geschäftsstelle der Deutschen Sektion des RGRE befindet sich beim Deutschen Städtetag in Köln. Sie bildet zusammen mit dem Arbeitsbereich Europa und Ausland des Deutschen Städtetages ein weiteres Zentrum kommunaler Europaarbeit in Deutschland.
1068 http://www.ccre.org/docs/Der_RGRE.pdf - (20.08.2006).
1069 Vgl. RAT DER GEMEINDEN UND REGIONEN EUROPAS – EUROPÄISCHE SEKTION DER WELTUNION DER KOMMUNEN: Satzung, 2006, Artikel 1.
1070 www.eurocities.com - (10.01.2007).
1071 Einzelne Stellungnahmen unter www.eurocities.com - (10.01.2007).
1072 http://www.ucue.org/ - (16.06.2007).

le wie Fragen der Raumplanung, der Raumentwicklung oder wirtschaftliche Wettbewerbsfähigkeit behandelt werden. Ganz konkret geht es darum, die Dimension der Metropolregion in die europäische Politik einzubringen.[1073]

RGRE und EUROCITIES stellen transnationale übergreifende Verbände dar, die bereits aus diesem Grund von den nationalen Vertretungen kommunaler Interessen zu unterscheiden sind.[1074]

1.4 Direkte Interessenvertretung der kommunalen Gebietskörperschaften – die „transnationale Außenpolitik" der einzelnen Gemeinde

Die Frage des Informationsbedarfs deutscher Kommunen zu Belangen der Europäischen Union hatte das Deutsche Institut für Urbanistik (DIfU) in Zusammenarbeit mit dem RGRE bereits 1997 thematisiert und eine Erhebung[1075] durchgeführt. Diese Erhebung befasste sich u. a. mit der Organisation der Europaarbeit der Kommunen, EU – relevanten Aufgaben und praktischen EU – Bezügen. Signifikant war die sich aus der Erhebung abzeichnende Korrelation zwischen Stadtgröße und dem EU - Engagement der einzelnen Städte. Ursachen für die Nichtteilnahme an Aktionsprogrammen vorwiegend kleinerer Städte waren Informations- und Beratungsdefizite und das aufwändige und komplizierte Antragsverfahren bei der Union. Konkrete Erfahrungen mit Programmen bewerteten die kleineren Städte mit einer Einwohnerzahl zwischen 100.000 und 200.000 Einwohnern überwiegend negativ, während die großen Städte die Zusammenarbeit positiver bewerteten und ganz bewusst als Akteure den Kontakt mit der europäischen Ebene suchten.[1076]

Im Jahr 2005 wurde ein „Follow – up" der Erhebung durch das Deutsche Institut für Urbanistik durchgeführt, dessen empirische Ergebnisse unter den Gesichtspunkten:

(1) Kooperationsaspekte hinsichtlich europäischer Förderprogramme
(2) Kooperation und transnationales Lernen: Informations- und Erfahrungsaustausch, Handlungsformen und best-practice
(3) Einflussnotwendigkeiten der Städte im Rechtsetzungsverfahren der Europäischen Union

für Lokale Governance von Bedeutung sind.

Die nachfolgende Tabelle verdeutlicht Kooperations- und Kommunikationsaspekte zwischen den Städten hinsichtlich europäischer Förderprogramme[1077] und internatio-

[1073] www.eurometrex.org - (24.07.2007).
[1074] Die Arbeit behandelt den europäischen Kontext der Interessenvermittlung, auf die Vereinigung United Cities and Local Governments (UCLG) wird daher nicht vertiefend eingegangen.
[1075] FRANKE, T. / HEINZ, W.: EU-Aktivitäten, 1997. Adressaten waren 118 Städte mit mehr als 100.000 Einwohnern und nach dem Zufallsprinzip ausgewählte Städte.
[1076] Vgl. FRANKE, T. / HEINZ, W.: EU-Aktivitäten, 1997. Diese Asymmetrien zwischen Großstädten und mittleren Städten ist problematisch, wenn die Förderung zu einer Bevorzugung der Zentren führt, wenn kleinere Städte nicht über das erforderliche Personal oder finanzielle Spielräume verfügen.
[1077] Am 01. Januar 2007 hat die neue Förderperiode 2007 – 2013 begonnen. Inhaltliche Darstellung vgl.

nale Kooperationsaspekte. Positiv bewerten die Städte und Gemeinden die Kooperationsbereitschaft anderer Städte, bzw. den Zugang zu Informationen über Förderprogramme, gleichzeitig wird der Zeitaufwand für die Informationsbeschaffung und die Antragstellung negativ bewertet.

Tab. 23 - Bewertungsaspekte bezüglich EU – Förderprogrammen und kommunaler Kooperation

Bewertungsaspekte bezüglich EU – Förderprogrammen	Einzelnoten 1) / Anzahl der Nennungen						Noten-durch-schnitt	Keine Angaben
	1	2	3	4	5	6		
Bereitschaft anderer deutscher Städte zur Kooperation bzw. zum Informations- und Erfahrungsaustausch	2	25	21	6	1	3	2,8	37
Bereitschaft ausländischer Städte zur Kooperation bzw. zum Informations- und Erfahrungsaustausch	0	26	10	10	5	2	3,0	42
Kenntnisstand über potenzielle Projektpartner im europäischen Ausland	3	13	16	11	15	2	3,5	35
Kenntnisstand über EU-relevante Aktivitäten anderer deutscher Städte	1	5	24	17	10	4	3,7	34
Zugang zu Informationen über EU-Förderprogramme	4	28	22	3	8	0	2,7	30
Übersichtlichkeit der EU - Programm- / Projektausschreibungen	2	13	24	14	10	0	3,3	32
Übersichtlichkeit der EU – Förderpolitik	2	14	16	16	15	0	3,4	32
Übersichtlichkeit des Antragstellungsverfahrens	2	5	15	21	17	1	3,8	34
Zeitaufwand für Informationsbeschaffung und die Antragstellung 2)	0	3	8	18	26	8	4,4	32

1) 1 = sehr gut; 2 = gut; 3 = befriedigend; 4 = ausreichend; 5 = mangelhaft; 6 = ungenügend

2) 1 = Zeitaufwand ist vernachlässigbar gering;....; 6 = Zeitaufwand ist nicht tragbar

Quelle: auf Grundlage HEINZ, W. / JONAS, A. / LORKE, V. (DIFU): EU–Aktivitäten, 2006, S. 67.

Der zweite relevante Gesichtspunkt unter Governancekriterien, der sich aus der Studie ergibt, liegt spiegelbildlich in der Stellung des europäischen Rechts und seine Auswirkungen auf den kommunalen Handlungsspielraum. Abseits rechtlicher Normierung

MINISTER FÜR BUNDES- UND EUROPAANGELEGENHEITEN IM GESCHÄFTSBEREICH DES MINISTERPRÄSIDENTEN DES LANDES NORDRHEIN – WESTFALEN: EU-Programme, 2006. Auch der RGRE bietet Informationen zu kommunalrelevanten Programmen an. Vgl. http://www.rgre.de/pdf/eu_foerder_2007_2013.pdf - (30.07.2007).

deutet die Erhebung auf eine erhebliche „subjektiv“ wahrgenommene Betroffenheit in der kommunalen Praxis hin, während gleichzeitig die Transparenz des Prozesses der Erstellung von EU – Richtlinien und Verordnungen auf europäischer Ebene von 60 der befragten Kommunen lediglich als ausreichend oder schlechter eingeschätzt werden. Die nachfolgende Tabelle verdeutlicht dies detailliert.

Tab. 24 - Bewertungsaspekte bezüglich EU - Recht

Bewertungsaspekt bezüglich EU-Recht	**Einzelnoten 1) / Anzahl der Nennungen**						**Noten-durch-schnitt**	**Keine Angaben**
	1	**2**	**3**	**4**	**5**	**6**		
Möglichkeiten der Einflussnahme durch Städtenetze und Verbände	0	9	30	24	13	3	3,6	16
Möglichkeiten der Einflussnahme durch Städte und Gemeinden	0	2	11	18	31	18	4,7	15
Auswirkungen des EU-Rechts auf den kommunalen Handlungsspielraum 2)	0	5	23	25	17	9	4,0	16
Transparenz des Prozesses der Erstellung von EU-Richtlinien und Verordnungen	0	5	18	25	25	10	4,2	12
Praktikabilität der EU-Anforderungen in der Verwaltungspraxis	0	1	19	27	23	8	4,2	17

1) 1 = sehr gut; 2 = gut; 3 = befriedigend; 4 = ausreichend; 5 = mangelhaft; 6 = ungenügend
2) 1 = EU-Recht wirkt unterstützend; .....; 6 = EU-Recht wirkt einschränkend

Quelle: HEINZ, W. / JONAS, A. / LORKE, V. et al. (DIFU): EU–Aktivitäten deutscher Städte und Gemeinden, Berlin: DIFU, 2006, S. 68.

Die Bewertungsaspekte hinsichtlich des EU–Rechts liegen alle im Bereich des Notendurchschnittes „ausreichend“. Am schlechtesten werden die direkten Möglichkeiten der Einflussnahme der Gemeinden und Städte gesehen, die Möglichkeit einer Einflussnahme durch Städtenetze und Verbände wird kaum signifikant besser eingeschätzt. Dieses Ergebnis überrascht angesichts proklamierter Bestrebungen, wie sie durch das Weissbuch Europäisches Regieren, das seit Jahren ausdrücklich Elemente der Einbeziehung der Kommunen vorsieht, transportiert werden und wie sie auch im Rahmen des Reform- bzw. ursprünglich des Verfassungsvertrags als Konsultationen mit repräsentativen Verbänden vorgesehen waren.

Abb. 9 – EU–Recht und Kommunen – (Angaben in v. H.)

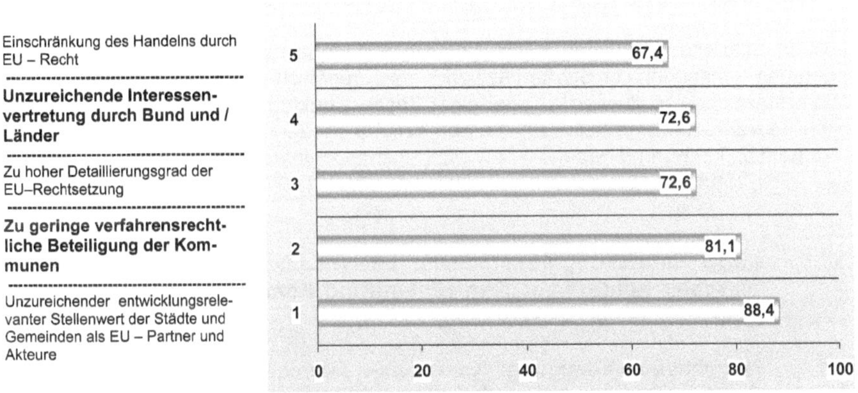

Quelle: auf Grundlage HEINZ, W. / JONAS, A. / LORKE, V. (DIfU): EU–Aktivitäten, 2006, S. 75

Ähnlich ist die „Großwetterlage“ im Zusammenhang mit europäischer Rechtsetzung. Einen unzureichenden entwicklungsrelevanten Stellenwert der Städte und Gemeinden als Partner der Union beklagen 88,4 Prozent der befragten Städte und Gemeinden.[1078]

Diese Ergebnisse verdeutlichen, wie groß der Informationsbedarf der Städte ist und wie groß auch der Bedarf, europäische Entwicklungen frühzeitig auf die kommunale Ebene rückzukoppeln. Die Einführung von Europabeauftragten seitens der Städte, die Initiierung von Städtenetzwerken,[1079] die Teilnahme an den europäischen oder regionalen Städtenetzen zum Austausch zwischen Städten über Programme, sind Wege, welche in noch stärkerem Maße von den Gemeinden beschritten werden sollten.

[1078] HEINZ, W. / JONAS, A. / LORKE, V. (DIfU): EU–Aktivitäten, 2006, S. 75.

[1079] An dieser Stelle lässt sich ein Wandel feststellen, denn die hier genannten Städtenetzwerke richten sich nicht an die Europäische Union im Sinne der Interessenvertretung. Es findet ein Funktionswandel verstärkt politikfeldorientierten Arbeitens statt und ein Engagement, das auf Erfahrungsaustausch und direkte Zusammenarbeit gerichtet ist. Beispiele für internationale Netzwerke sind das Netzwerk POLIS, das ein Netzwerks europäischer Städte, Regionen und regionaler Organisationen zur Lösung städtischer Verkehrs- und Umweltprobleme ist und den Austausch über die Einführung von fortschrittlicher Verkehrstelematik (ATT - Advanced Transport Telematics) als Ansatzpunkt gewählt hat vgl. www.polis-online.org (20.07.2007). Einen ähnlichen Hintergrund hat „Global City Dialog“ als weltweites Netzwerk von Städten, die an einer Informationsgesellschaft arbeiten. So soll Demokratie durch den Einsatz neuer Technologien weiter gestärkt werden vgl. http://www.globalcitiesdialogue.org - (20.07.2007). Ein Kommunalnetzwerk, das sich für eine nachhaltige kommunale Energiepolitik einsetzt ist ICLEI vgl. http://www.iclei-europe.org - (30.06.2007) oder auch Energy-Cities, in dessen Rahmen eine Vielzahl französischer und deutscher Städte aktiv sind. http://www.energie-cites.org - (10.8.2007).

Aktuelle Entwicklungstrends lassen sich wie folgt kategorisieren[1080]:
1. Entwicklung von nationalen zu transnationalen Städtenetzwerken.
2. Von Städtepartnerschaften zu zeitlich befristeter Städtekooperation.

Aus den Städtekooperationen ergibt sich ein Bild horizontaler Governance, das die Bedeutung transnationaler Städtenetzwerke als europäisch-lokales Modell abseits von nationalstaatlichen Einflüssen[1081] oder einer Ebenenstrukturierung betrachtet.
Lokale Governance ergibt sich für die kommunale „Außenpolitik" einmal als vertikale Governance, kann andererseits - soweit transnationale Städtenetze angesprochen sind - in die Netzwerkdiskussion eingebettet werden.

1.5 Fazit: Beurteilung Kommunaler Interessenwahrnehmung im europäischen Kontext vor dem Hintergrund Kommunaler Selbstverwaltung und Lokaler Governance

1.5.1 Normative Bestimmung: Kommunale Interessenvertretung zwischen Partikularinteressen und Gemeinwohl

Inhaltlicher Ausgangspunkt von Interessenwahrnehmung ist die konkrete Betroffenheit der Kommunen von europäischer Rechtsetzung. Die Einbeziehung in höherstufige Politikprozesse ergibt sich spiegelbildlich aus der Einbindung der Kommunen als Betroffene. Betroffenheit deutet zunächst auf eine Funktionszuweisung der Kommunen als Objekt der Steuerung zulasten ihrer Rolle als Subjekt im Politikprozess hin[1082].
Doch wie lässt sich die Rolle der Kommunen als Subjekt und Beteiligte und ihr Beitrag in Problemlösungsprozessen genau erfassen und ihre Dynamik als Lokale Governance in vertikaler Perspektive bewerten?

Die Beurteilung kommunaler Interessenvertretung lässt sich fundiert nur über eine konzeptionelle Einbindung treffen, die gleichzeitig den Blick auf einen normativen Wert bzw. die Qualität kommunaler Einbindung eröffnet. Bevor die einzelnen Formen der Beteiligung, die Beteiligung der Verbände oder die europäisch institutionalisierte Beteiligung über den Ausschuss der Regionen beurteilt werden sollen, wird eine Positionsbestimmung kommunaler Interessenwahrnehmung im Spannungsfeld partikularer Interessen zu Gemeinwohl vorgenommen. Auf dieser Grundlage lassen sich Aussagen über den Beitrag kommunaler Interessenvertretung zur Verbesserung der Legitimität des europäischen Gesamtsystems treffen.

Der Aspekt der ordnungsgemäßen Einordnung der dargestellten Wege kommunaler Interessenvermittlung zwischen Partikularinteressen und Gemeinwohl wird über den folgenden Fragenkomplex abgeschichtet:

1. Wie stellt sich die partikularinteressen-orientierte Argumentation für kommunale Interessenvertretung dar?

[1080] KERN, K.: Städtenetzwerke, 2001, S. 97 ff.
[1081] KERN, K.: Städtenetzwerke, 2001, S. 108.
[1082] Zu Subjekt- und Objektstellung vgl. AMELN, R. VON: Rolle, 2004, S. 31.

2. Wie stellt sich eine am Gemeinwohl orientierte Argumentation für kommunale Interessenvertretung dar?
3. Wie lässt sich eine am Gemeinwohl orientierte Argumentation kommunaler Interessenvertretung von der kommunalen Ebene aus über mehrere Politik- bzw. Verwaltungsebenen anbinden?

Was den erstgenannten Gesichtspunkt anbelangt, treten die öffentlichen Akteure in Form organisierter Interessenvertretungen auf. Für die Öffentlichen besteht Interessenartikulation nicht im Sinne der Artikulation von Gruppeninteressen, wie bei klassischer verbandlicher Tätigkeit, sondern als Artikulation von Expertenmeinungen und über die Darlegung spezifischer Sichtweisen. Öffentliche Interessen werden wie auch private Interessen in kooperative Netzwerkstrukturen eingebunden, so dass Gegensätze zwischen ihnen gemildert werden.[1083]

Im Gegensatz zum Ausschuss der Regionen, der sich im formalen Verfahren zu einem relativ späten Zeitpunkt, wenn sich Gedanken bereits in Vorlagen wiederfinden, einbringt, können der Rat der Gemeinden und Regionen Europas, die kommunalen Europabüros oder Verbände bereits bei der Planung flexibel agieren. Unter diesem Gesichtspunkt bestehen keine parallelen oder konkurrierenden Zuständigkeiten oder ungebündelte Tätigkeiten, sondern die Arbeit der Akteure ergänzt sich. Ihre informelle Arbeit besteht darin, sich über die europäischen Entwicklungen, insbesondere die Arbeit der Europäischen Kommission zu informieren und in der Phase der Erstellung von Vorschlägen Informationen aus der Sicht der vollzugsbefassten Kommunen zur Verfügung zur stellen.[1084]

Die Bündelungs- und Transferfunktion zeigt sich auch in der Rolle der Verbände zur Vermittlung europäischer Politiken gegenüber der eigenen Basis. Eine Beteiligung der Verbände stellt keine Verkomplizierung der europäischen Prozesse dar, sondern betont eine verbesserte Effizienz bei der Umsetzung und bei der Vermittlung von Informationen an die Gemeinden und Städte.[1085]

Kommunale Interessenvertretung in den Kontext von europäischem Lobbying und partikularer Interessenvermittlung zu stellen, schafft Nähe zur pluralistischen Tradition organisierter Interessen, und zur amerikanischen Sozialforschung.[1086] Dem pluralistischen Modell ist der Gedanke eines a priori Gemeinwohls fremd. Bilaterale bzw. multilaterale Absprachen von Gruppen führen zu einem Ausgleich bzw. der Druck von Gruppen führt zu angemessenen Ergebnissen[1087]. Kritisch werden allerdings „Repräsentationsdefizite" partikularer Verbände angeführt und argumentiert, dass viele Verbände keine ausreichende oder eigentliche Legitimation über ihre Mitglieder haben.[1088]

[1083] TÖMMEL, I.: Interessenartikulation, 1994, S. 274, 278 ff.
[1084] Ausführliche Darstellung mit weiteren Nachweisen SCHRADER, C.: Spitzenverbände, 2004, S. 229.
[1085] AUSSCHUSS DER REGIONEN (AdR): CONST / 012, 2002.
[1086] Grundlagen TRUMAN, D.: Groups, 1970, S. 317.
[1087] Gleichwohl besteht in der nationalen Diskussion um Interessenvermittlung eine grundsätzliche Skepsis bei der Vorstellung, dass sich das Gemeinwohl aus der Konkurrenz einzelner Gruppen bildet. Diese konservative Kritik richtet sich an die verbandliche Tätigkeit allgemein und ruht in dem Gedanken, dass Staatlichkeit der Gesellschaft übergeordnet ist. Vgl. BÖHRET, C. / JANN, W. / KRONENWETT, E.: Innenpolitik, 1979, 3. Auflage, S. 285.
[1088] ARNIM, H. VON: Gemeinwohl, 2003, S. 84 / 85.

Für die kommunale Interessenvertretung wurde bereits hergeleitet, dass die Kommunen aus einer Position eigenständiger Aufgabenerledigung und ebenenbezogen als Teil des staatlichen Ganzen handeln im Gegensatz zu Interessenverbänden, die außerstaatliche Interessen geltend machen. So werden seitens der kommunalen Vertretungen allgemeine bzw. öffentliche Interessen mit gesamtstaatlichem Bezug vertreten.[1089]

Die Kritik an verbandlicher interessenvermittelnder Tätigkeit läuft insofern für die Kommunen leer, als
1. tatsächlich öffentliche Interessen vermittelt werden.
2. eine Gleichsetzung kommunaler Interessenvertretungen mit sonstigen organisierten Interessen, den Kern kommunalverbandlicher Interessenvertretung nicht trifft.

Diese Gesichtspunkte zielen auf die Stellung der Kommunen im Staatsaufbau mit ihren verfassungsrechtlichen Garantien, die eine Einordnung als partikulare Interessenwahrnehmung nicht erlauben.

Für den zweiten Aspekt, die Anbindung der Kommunen an das Gemeinwohl wurde bei der bisherige Argumentation zu Kommunaler Selbstverwaltung und Lokaler Governance jeweils die kommunale Ebene als Ausgangspunkt herangezogen. Für das französische System wurde zumindest dargestellt, dass über die Dezentralisierungsmaßnahmen der 80er Jahre bis hin zu aktuellen Reformen die lokale politische Sphäre gestärkt wurde und die Entwicklung hin zur Stärkung eines lokalen Gemeinwohlgedankens erfolgt ist. Ausgehend von den dargestellten kommunalen Leitbildern wurde der Gemeinwohlbegriff unter dem Gesichtspunkt Lokaler Governance beleuchtet und seine Bezogenheit auf das lokale System dargestellt. Der lokale öffentliche Raum wurde durchgehend als Ort der Entstehung von Gemeinwohl gesehen und erläutert. Für das französische gemeindliche System wurden Ansatzpunkte aus der aktuellen Reformdiskussion aufgezeigt, mit denen die Entstehung von Gemeinwohl diskutiert werden kann.

Das zuvorderst aus der deutschen Diskussion resultierende Ergebnis soll in den europäischen Mehrebenenkontext gefasst werden. So stellt sich nun als dritter Aspekt die Frage, wie mit der kommunalen Sphäre des Gemeinwohls in europäischer Sicht und vertikaler Perspektive argumentiert werden kann.

Man kann sich der kommunalen Gemeinwohlperspektive auch ausgehend von der europäischen Perspektive und dem Bestehen spezifischer europäischer Gemeinwohlziele nähern. Die rechtliche Argumentation nimmt als Ausgangsposition den Vorrang europäischen Rechts und argumentiert mit Koppelungsvorschriften als „Schleusen" zwischen den Gemeinwohlsphären bzw. der Berücksichtigung eines nationalen Gemeinwohls im europäischen Gemeinschaftsrecht.[1090] Einzelne Grenzbereiche oder der „Grenzverlauf" sind strittig, eine Koppelung der Gemeinwohlsphären kann über Klauseln oder unbestimmte Rechtsbegriffe erfolgen, die europäisches Gemeinwohl in die nationalen Rechtssphären eindringen lassen.[1091] In der jeweiligen nationalen Rechts-

[1089] ARNIM, H. VON: Gemeinwohl, 2003, S. 71 / 72.
[1090] SOMMERMANN, K.: Gemeinwohl, 2003, S. 209.
[1091] Gedanklich entstände ein gekoppeltes, dynamisches Verbundsystem an Gemeinwohlsphären, wel-

und Gemeinwohlsphäre[1092] wäre demnach auch eine mögliche kommunale Gemeinwohlsphäre enthalten.

Denkbar wäre auch eine gesamteuropäische Gemeinwohlkonzeption, welche nicht ausgehend vom Vorrang europäischen Rechts argumentiert, sondern mit einer den klassischen Grundannahmen des Subsidiaritätsprinzips entsprechenden Staffelung der Gemeinwohlsphären von „unten vermittelnd nach oben". Hierzu finden sich in der deutschen nationalen Rechtstradition Ansätze, die Gemeinwohl in unterschiedlichen Staatsfunktionen, der Normenhierarchie, oder in Rechtsprinzipien verwirklicht sieht. Auch die Argumentation, dass den Kommunen Aufgaben aufgrund von Gründen eines überwiegenden Gemeinwohlbezugs[1093] entzogen werden dürfen, ist dieser Argumentation verwandt. Die Frage ist nun, wie eine europäische Gemeinwohlperspektive aufgebaut werden kann. Sollen Gemeinwohlkonzepte des nationalen Diskurses auf die europäische Ebene übertragen werden, oder können Gemeinwohltatbestände direkt aus dem Europarecht abgeleitet werden?[1094] Ein methodologischer Rahmen für den europäischen Gemeinwohlkontext in interdisziplinärer Perspektive ist zum jetzigen Zeitpunkt nicht ersichtlich.[1095] Auch im Bereich der Politikwissenschaft ergibt sich durch Paradigmenverschiebungen zwischen Intergouvernementalismus, Supranationalität und Mehr-Ebenen-Diskussion die Frage nach der Legitimität politischen Handelns, die Governancekonzeptionen nicht beantworten können, insofern sie ausschließlich eine Funktion als Instrument[1096] und Mittel innehaben.

Allerdings schließt sich konkret der Kreis zwischen kommunal – national – europäisch, wenn man versucht, Gemeinwohlkonzeptionen politikfeld- oder sektorspezifisch aufzuarbeiten. Die augenblickliche Diskussion um die Daseinsvorsorge, die Dienstleistungen von allgemeinem und allgemeinem wirtschaftlichem Interesse, könnten ein Beispiel hierfür sein. Ausgehend von der Binnenmarktstrategie mit ihrer Betonung des ökonomischen Mehrwerts ist zu klären, wie unter dem Gedanken des „Gemeinen Wohls" neben die Ökonomie wirksam soziale Aspekte treten können.[1097] Eine direkte Gemeinwohlverpflichtung oder Gemeinwohlnennung ist aus dem europäischen Primärrecht nicht im Sinne einer geschlossenen Konzeption erkennbar[1098].

---

ches durch Anpassungsleistungen gekennzeichnet sei. Vgl. SOMMERMANN, K.: Gemeinwohl, 2003, S. 210.

[1092] Gemeinwohlverantwortung zeigt sich im Rechts- und Verfassungsstaat als Kompetenz- und Verfahrensfrage. Die Gemeinwohlkonkretisierung ist Aufgabe des nationalen Gesetzgebers. Darüber hinaus kommt dem Bundesverfassungsgericht eine Aufgabe als Hüter des Gemeinwohls zu. SCHUPPERT, G.: Gemeinwohl, 2004, S. 34.

[1093] Aufgabenentzug vgl. PITSCHAS, R.: Rechtsprobleme, 2005, S. 32.

[1094] AMBROSIUS, G.: Gemeinwohl, 2006, S. 13.

[1095] Ähnlich SCHMITT-EGNER, P.: Gemeinwohl, 2006, S. 20.

[1096] SCHMITT-EGNER, P.: Gemeinwohl, 2006, S. 21.

[1097] AMBROSIUS, G.: Gemeinwohl, 2006, S. 10. Einschneidender Punkt ist der Wandel von der Beschränkung auf ökonomische Allokation hin zu einem sozial-bezogenen „Distributionsgebilde". AMBROSIUS, G.: Dienstleistungen, 2006, S. 184.

[1098] Ambrosius argumentiert, dass sich zunehmend eine europäische Gemeinwohldoktrin abzuzeichnen beginnt und nennt in diesem Zusammenhang für die Dienstleistungen von allgemeinem wirtschaftlichem Interesse Art. 16 EGV bzw. Art. 36 der Charta der Grundrechte, allerdings sei fraglich, ob ein räumlich gestuftes Gemeinwohl entstünde. Weitere Nachweise AMBROSIUS, G.: Dienstleistungen, 2006, S. 184. Ebenfalls im Sinne eines Interpretationsansatzes aus Art. 16 EGV PITSCHAS, R.: Daseinsvorsorge, 2004, S. 45.

Den kommunalen Gemeinwohlgedanken mit europäischem Gemeinwohl zu verknüpfen ist der Versuch einer Operationalisierung des Gemeinwohls und einer Konkretisierung im Hinblick auf kommunale Gesichtspunkte. Folgenden Argumente dienen einer Inklusion kommunaler Gemeinwohlentstehung in eine europäische Gemeinwohlkonzeption[1099]:

1. Die Ausführungen haben gezeigt, dass auch Gemeinden konzeptionell Träger des Gemeinwohls sind. Allein dies müsste sie künftig stärker berechtigen, ihre Interessen in die europäische Diskussion als gemeinwohlbezogen[1100] und öffentlich–institutionell einzubringen.
2. Im Sinne einer gestuften Gemeinwohlkonzeption kommt sowohl eine Anbindung an den Gedanken gestufter Demokratie[1101], als auch einer Stufung analog der Argumentation unter Subsidiaritätsgesichtspunkten in Betracht.[1102]
3. Die bürgerschaftliche Perspektive des Gemeinwohls als Ansatz am Individuum wird auf kommunaler Ebene zunehmend repräsentiert. Auch dies spricht für einen Transfer von der kommunalen Ebene über unterschiedliche Wege der Interessenvertretung in den europäischen Prozess hinein.
4. Darauf aufbauen könnten die kommunalen Spitzenverbände die Möglichkeit in Erwägung ziehen, ihre Arbeit um die bürgerschaftliche Perspektive[1103] - aus Praktibilitätsgründen wären Beiräte aus Gemeinderatsvertretern denkbar – zu erweitern. Die Einbeziehung des Bürgerschaftlichen hätte einen legitimatorischen Mehrwert für die Verbände. Das kommunale Verbandswesen könnte sich am französischen Gedanken einer Nutzerbeteiligung oder einer Anbindung von Verbraucherinteressen orientieren.
5. Die Hinwendung auf lokaler Ebene zu Governancestrukturen führt innerhalb der lokalen politischen Systeme im Bereich partizipativ erweiterter Governance zu Abstimmungs- und Lernprozessen. Es entsteht eine verbesserte Koordination, welche sich wiederum positiv auf die Gemeinwohlfindung auswirken kann. In Weiterführung von Modellen der Gewährleistungskommune mit einer kommunalen Letztverantwortung ist nach der künftigen Entwicklung zu fragen, wenn Kommune und Gesellschaft im öffentlichen Raum gemeinwohlbezogene Aufgaben wahrnehmen.

Als Ergebnis der argumentativ hergeleiteten Gemeinwohlbezogenheit der Kommunen im europäischen Kontext, wird ein neuer Blickwinkel insbesondere auf kommunale Interessenvertretung geworfen, welche diese in erheblichem Maße legitimiert.

1099 Dem Begriff des europäischen Gemeinwohls nähern sich die nachfolgenden Ausführungen unter den Gesichtspunkten von Verfahrensweisen und der Funktionalität des Rechts an. Weite Bereiche, wie die Frage nach dem Verhältnis von Grundrechten zu Gemeinwohl bzw. der Funktion von Gewaltenteilung bleiben außen vor. Grundlegend ANDERHEIDEN, M.: Gemeinwohl, 2006, S. 67 ff, S. 173 ff.

1100 Zur Gemeinwohlbezogenheit kommunaler Interessenvertretung LANDSBERG, G.: Städte- und Gemeindebund, 2007, S. 975.

1101 PÜTTNER, G.: Gemeinwohl, 2006, S. 273. Qualität der Kommunalen Selbstverwaltung als Bestandteil des demokratischen Staates, das Grundgesetz selbst entwarf das Modell einer föderativen gestuften Demokratie, vgl. PÜTTNER, G.: Verhältnis, 2007, S. 381 bzw. S. 389.

1102 Dies ist vordergründig ein spezifisch deutscher Argumentationsweg, um zu europäischem Gemeinwohl zu gelangen, ähnlich PÜTTNER, G.: Gemeinwohl, 2006, S. 273.

1103 Die Beteiligung Ehrenamtlicher in der Städtetagsarbeit bleibt bisher weitgehend außen vor.

1.5.2 Kommunale Interessenvertretung in Abhängigkeit von der jeweiligen Beteiligungsform

Bei der Beurteilung von Interessenvertretung ist zu unterscheiden nach den unterschiedlichen Beteiligungsformen:

- institutionalisierte Interessenvertretung,
- gebündelte verbandliche Interessenvertretung,
- direkte Interessenvertretung der Gebietskörperschaften.

Was die institutionalisierte Interessenvertretung durch den Ausschuss der Regionen als Akteur im inter - institutionellen Gefüge anbelangt, so wurde die für Gemeinden und Regionen positive Einflussnahme dargestellt.[1104] Im Ergebnis deutet die Entwicklung der letzten Jahre auf einen stetigen Bedeutungszuwachs des Ausschusses der Regionen hin, seine kritische Funktion im Zusammenhang mit der Wahrnehmung des Stellungnahmerechts und seine Initiativfunktion wird voraussichtlich auch über den Reformvertrag weiter ausgebaut werden.
Leitend ist, dass der Ausschuss der Regionen für die zukünftige Entwicklung bewusst thematische Schwerpunkte setzt und sein Arbeitsprogramm den relevanten Themen entsprechend strategisch ausrichtet. Das bedeutet, dass sich seine Arbeit verstärkt auf konkrete Änderungsvorschläge bei Gesetzgebungsvorhaben erstrecken sollte. Das Verhältnis von Sachpolitikorientierung der Kommunalvertreter zu Parteipolitikorientierung ist zu hinterfragen um zu ermitteln, auf welche Weise im Ausschuss der Regionen Konsens erzielt werden kann, um in einem weiteren Schritt auf dieser Basis Einfluss zu gewinnen.

Wesentliche Perspektiven des Ausschusses der Regionen, bezogen auf die Netzwerkorientierung, können zusammengefasst unter dem Gesichtspunkt lokaler vertikaler Governance und in Anbindung zu Kommunaler Selbstverwaltung in folgenden Bereichen gesehen werden:

(1) Hineinwachsen in eine Position als „Hüter des Subsidiaritätsprinzips".
(2) Darauf aufbauend eine Erweiterung der Bündelungs- und Transferfunktion von Interessen.
(3) Nutzen politischen Potentials.

Ergänzend ergibt sich, dass über den Ausschuss der Regionen der Gedanke der Dezentralisierung bzw. der Subsidiarität in die europäische Diskussion und die anderen Mitgliedstaaten der Union getragen wird.

[1104] TAURAS, O.: Ausschuss, 1997, S.173 ff.

Was die gebündelte verbandliche Interessenvertretung betrifft, liegen die strukturellen Vorteile verbandlicher Interessenvertretung gegenüber dem Ausschuss der Regionen darin, dass[1105]

(1) die verbandliche Vertretung im Gegensatz zum Ausschuss der Regionen mit spezifisch kommunalen Themen befasst ist,
(2) nationale Verbände die Interessenlage der kommunalen Gebietskörperschaften eines Nationalstaats erfassen und transportieren,
(5) die länderbezogenen Europabüros auch zwischen den Interessen der unterschiedlichen kommunalen Gebietskörperschaften differenzieren können,
(6) die Verbände eine unmittelbare Rückbindung zu den kommunalen Körperschaften haben.

Der gebündelten verbandlichen Interessenvertretung kommt auf diese Weise eine bedeutende Funktion in der Interessenselektion und Interessenabstimmung spezifisch kommunaler Interessen zu, die im Ausschuss der Regionen nach der nationalen Regelung in Deutschland kaum ausreichend erfolgen kann. Auch bietet sich verbandliche Interessenvertretung genau dann an, wenn der Ausschuss der Regionen abweichende Interessen vertritt, oder fachliche Vorarbeiten geleistet werden können. Man könnte an dieser Stelle auch von einer „Auffangfunktion" verbandlicher Interessenvertretung sprechen.
Darüber hinaus eröffnet und gestaltet die Europäische Kommission mit dem Weissbuch zu Europäischer Governance für die Verbände Muster der Partizipation im Vorfeld der Gesetzgebung, in welche sich verbandliche Arbeit inhaltlich einbringen kann. Diese Strukturen bestehen parallel zur Arbeit des Ausschusses der Regionen. Insofern ist die „außerinstitutionelle" Interessenvertretung auf dem Wege formaler „Institutionalisierung" und muss darauf hinarbeiten, auch im eigenen Interesse eine Verbindlichkeit von Verfahrensregelungen zur Beteiligung zu erreichen. Durch die Verbindlichkeit von Verfahrensregeln entsteht Transparenz.
Für den zweiten Tätigkeitsbereich verbandlicher Interessenvertretung, die Bereitstellung von Informationen über kommunalrelevante Programme, steht die frühzeitige Information der Kommunen im Vordergrund. Einerseits sind eine Vielzahl von Kommunen auf europäischer Ebene aktiv und es besteht ein breites Informationsangebot seitens der Europäischen Institutionen, des RGRE, des Städtetages und weiterer kommunaler Organisationen. Allerdings ist die Dynamik der Entwicklungen in Brüssel gravierend, und Förderprogramme und Initiativen haben ein kaum zu überschauendes Ausmaß angenommen[1106].

[1105] Vgl. SCHNEIDER, M.: Einfluß, 2004, S. 525 ff.

[1106] Deutlich wird dies im Bereich der Strukturfonds, mit dem Ziel über eine klare Trennung von Zuständigkeiten, verstärkter Konzentration durch eine begrenzte Anzahl der Ziele (zukünftig nur noch drei) und der Gemeinschaftsinitiativen (derzeit 13 Stück, die zu über 400 Programmen geführt haben) eine verbesserte Transparenz und Effizienz zu erreichen. Vgl. KOMMISSION DER EUROPÄISCHEN GEMEINSCHAFTEN: Vorschlag, 1998, S. 5 ff.

1.5.3 Konkrete Weiterentwicklung kommunaler Interessenvertretung vor dem Hintergrund der Governancediskussion und Perspektiven

Die Ausführungen zum kommunalen ebenenübergreifenden Engagement haben die Vielfalt bestehender Interessenvertretung aufgezeigt. Eine Neubewertung kommunaler Interessenvertretung steht normativ vor dem Hintergrund von Legitimität und Gemeinwohl. Institutionell kann eine vorsichtige Prognose in Richtung Neustrukturierung kommunaler Einflussnahme gewagt werden, da davon auszugehen ist, dass es durch den Wandel des europäischen politisch – administrativen Systems zu institutionellen Rückwirkungen auf nationale Systeme kommunaler Interessenvertretung und Vermittlung kommt, oder auch zu einer verstärkten Koordination.
Eine übergeordnete europäische und funktional argumentierende Betrachtungsweise würde - angesichts der bestehenden Aufsplitterung und des schwer überschaubaren Bildes kommunaler Verbandstätigkeit - für die Gründung eines europäischen Spitzenverbandes oder eine mögliche Stärkung des RGRE, sprechen. Faktisch besteht bisher ein Mangel an Einheitlichkeit in den Auffassungen der kommunalen Interessenvertretung, auch an inhaltlichem Konsens, so dass die Frage nach dem Zustandekommen eines europäischen Spitzenverbandes mit inhaltlicher Selektions- und Abwägungsfunktion eher unwahrscheinlich ist. Denkbar wäre als ein möglicher Zwischenschritt, die Rolle und Funktion des RGRE stetig weiter zu stärken und an seine vermittelnde, koordinierende Funktion, die er beispielsweise im Zusammenhang mit der Konventsarbeit zum Entwurf des Verfassungsvertrages geleistet hat, anzuknüpfen.

Ein weiterer bedeutender Gesichtspunkt ist unter prozessorientierten Gesichtspunkten die Weiterentwicklung bzw. Fortführung konkreter Verfahrens- und institutioneller Rahmenregeln. Die Ausführungen haben gezeigt, dass im Zusammenhang mit dem Entwurf des Verfassungsvertrages und den Reformverträgen auch die Diskussion um die Rolle des Ausschusses der Regionen in Bewegung geraten ist. Bezogen auf seine Funktion innerhalb eines Netzwerkes kommunalen Interessentransfers ist seine Bündelungsfunktion gestärkt worden. Mit der darüber hinaus verstärkten Selektionsfunktion von divergierenden kommunalen Interessen wird sich die Rolle des Ausschusses der Regionen auch künftig wandeln. Er könnte eine zentrale Rolle aufgrund seiner verstärkten Zusammenarbeit mit kommunalen nationalen oder subnationalen Verbänden einnehmen, welche ihm unmittelbar zuarbeiten. Der Ausschuss der Regionen wäre „Gatekeeper“ für kommunale Positionen. Kooperative Aspekte verstärkter Zusammenarbeit zwischen Ausschuss der Regionen und Verbänden würden betont.
Gleichzeitig verläuft ein Prozess, der als „Institutionalisierung nicht – institutionalisierter Interessenvertretung“ bezeichnet werden kann: Bezeichnend hierfür sind Regelungen im Weissbuch Europäisches Regieren, durch das auch für die kommunale Interessenvertretung Wege eröffnet wurden, um über Konsultationsmechanismen die kommunalen Verbände[1107] zu hören. Dies wird mittelfristig zu verstärkter Kooperation und zur Institutionalisierung von Wegen der Beteiligung führen.

[1107] Mit Vorschlägen zu einer möglichen Strukturierung offener Konsultationen mit den kommunalen Verbänden vgl. EUROPABÜROS DER BADEN-WÜRTTEMBERGISCHEN, BAYERISCHEN, SÄCHSISCHEN KOMMUNEN: Regieren, o. A., S. 1 ff.

2 Von der europäischen Ebene zu den Kommunen: kommunalrelevante Steuerungs- und Governancestrukturen

2.1 Begriffliche Abgrenzung zwischen Governance und Steuerung

Die begriffliche Abgrenzung zwischen Steuerung und Governance wurde im Rahmen dieser Arbeit in ihrer politik- bzw. sozialwissenschaftlichen Dimension erörtert mit dem Ziel, die Steuerungsdiskussion nationaler Prägung im Verhältnis zur Governancediskussion darzustellen. Thematisiert man die Frage des Verhältnisses zwischen Europäischer Union gegenüber den subnationalen Ebenen, tritt dagegen die Funktion des Rechts in den Vordergrund. Recht – so wurde bisher argumentiert - entfaltet den grundlegenden Rahmen, in dem sich Strukturen der Governance etablieren können[1108]. Nunmehr werden steuerungsrelevante Regelungsstrukturen, [1109] welche die Handlungsmöglichkeiten der Kommunen maßgeblich determinieren, aufgezeigt, und es findet eine Verzahnung unter drei Gesichtspunkten[1110] statt:

(1) Die europäische Ebene nimmt über Gemeinschaftsrecht auf die Rahmenbedingungen kommunalen Handelns Einfluss. Materiell – rechtlich gilt der Vorrang des Gemeinschaftsrechts.
(2) Es kommt zu Änderungen organisatorischer oder planerischer Handlungsmuster, was die Kommunale Selbstverwaltung inhaltlich in einzelnen Aufgabenfeldern[1111] oder einzelnen Gemeindehoheiten berühren kann. [1112]
(3) Resultat ist eine rechtsnormativ intendierte Steuerung durch das Gemeinschaftsrecht, welche auf die Autonomie der Verwaltungsakteure oder die Art und Weise der Erfüllung von Sachaufgaben gerichtet ist.

Die Einflussmöglichkeiten des Gemeinschaftsrechts auf die Kommunale Selbstverwaltung wirkt nicht zwingend und unmittelbar formal - hierarchisch[1113], sondern beispielsweise:

(1) über Durchführungsvorschriften oder Umsetzungsmaßnahmen aus dem nationalen Recht
(2) durch die Beteiligung an europäischen Programmen
(3) durch Einschalten der Kommunen in den dezentralen Verwaltungsvollzug

---

[1108] Ergänzung hierarchischer Steuerungsmodi vgl. HILL, H.: Governance, 2005, S. 226 / 227 ff. JAKUBOWSKI, P.: Kooperation, 2004, S. 127.
[1109] SCHUPPERT, G.: Gesetz, 1998, S. 110 ff.
[1110] Möglichkeiten der Einflussnahme in Anlehnung an Argumentation SCHOCH, F.: Selbstverwaltung, 1999, S. 14.
[1111] Ausführungen HOBE, S. / BIEHL, D. / SCHROETER, N.: Einflüsse, 2003, S. 20.
[1112] Detailliert zur Frage der Gemeindehoheiten MEYER, H.: Kommunalrecht, 2002, S. 77 / 78.
[1113] Hierarchische Steuerung durch Gesetze einerseits und nichtnormative Steuerungsmittel andererseits, wie die Etablierung von selbst steuernden Strukturen vgl. OEBBECKE, J. (Hrsg.): Steuerung, 2005, S. 9 ff. SCHOCH, F.: Selbstverwaltung, 1999, S. 35 / 36.

Die Einwirkungsmöglichkeiten zeigen sich differenziert in Abhängigkeit von der Staatsorganisation der Nationalstaaten bzw. der Art und Weise der Umsetzung europäischer Regelungen in den Nationalstaaten.
Die nachfolgenden Ausführungen stellen die Frage nach dem europäischen Rahmen für Lokale Governance. Das die Kommunen umgebende rechtliche europäische Gerüst wird kurz skizziert und die rechtlichen „Nahtstellen“ zwischen Kommunen und Europa aufgezeigt.
Insbesondere wird hierzu auf aktuelle Entwicklungen in einzelnen Sektoren und die europäischen Kompetenzen eingegangen. Angesprochen werden Themen mit aktuellem politischem und rechtlichem Bezug, da der rechtliche Bezug im Sinne einer hierarchischen Steuerung die Diskussionen bestimmt.

2.2 Die europäische Normsetzung und Rechtsprechung unter Governance- und Steuerungsgesichtspunkten

2.2.1 Supranationale Kompetenzordnung und Kompetenzverteilungssystematik

Der Begriff der Kompetenz impliziert zunächst eine Orientierung an den Funktionskategorien staatlicher Gewalt als Legislativ-, Exekutiv- und Judikativbefugnisse. Der Union ist bislang diesbezüglich keine eigene Rechtsfähigkeit ausdrücklich zugestanden worden[1114]. Sie bildet die Klammer um die drei maßgeblichen Politikbereiche auf europäischer Ebene entsprechend dem Säulenmodell.[1115]

Kompetenzen der Union finden sich in einzelnen Politikbereichen innerhalb der Unionsstruktur, welche für das Individuum und die Mitgliedstaaten gleichermaßen Geltung entfalten. Wesentliches Charakteristikum ist, dass die Gemeinschaft nach Art. 5 Abs. 1 und 3 EGV (Prinzip begrenzter Ermächtigung) wie folgt tätig wird:

Art. 5 Abs. 1 EGV
Die Gemeinschaft wird innerhalb der Grenzen der ihr in diesem Vertrag zugewiesenen Befugnisse und gesetzten Ziele tätig.

Gemeinschaftskompetenzen sind nicht vergleichbar mit umfangreichen staatlichen Handlungskompetenzen, eine „Kompetenz-Kompetenz“ besteht nicht.[1116] Auch führen gemeinschaftliche Befugnisse nicht notwendigerweise zu einem kompletten Kompetenzverlust der Nationalstaaten. Es erfolgt eine Bindung der Maßnahme an das Erforderlichkeitsprinzip des Art. 5 Abs. 3 EGV bzw. für die nicht – ausschließlichen Zustän-

---

[1114] MÜLLER-GRAF, P.: Kompetenzen, 2004, S. 141.
[1115] Unter die erste Säule fällt die Zielsetzung des europäischen Binnenmarktes, Wirtschafts- und Währungsunion und einzelne Politikbereiche wie Kohäsionspolitik, Sozialpolitik, Außenwirtschafts- und Zugangspolitik, Gesundheits- und Umweltpolitik sowie sektorale Sonderpolitiken. Als zweite Säule gilt die Außen- und Sicherheitspolitik, die dritte und ebenfalls intergouvernementale Säule stellt die polizeiliche und justizielle Zusammenarbeit in Strafsachen dar. MÜLLER-GRAF, P.: Kompetenzen, 2004, S. 140 / 141.
[1116] Zur grundsätzlichen „Allzuständigkeit“ in der Staatlichkeit, „Kompetenz-Kompetenz“ im Gegensatz zur begrenzten Einzelermächtigung BERGMANN, J.: Staatswerdung, 2005, S. 124.

digkeiten an das Subsidiaritätsprinzip.[1117] Die Ausrichtung des Gemeinschaftsrechts ist primär auf das Verhältnis von europäischer Ebene zu den Nationalstaaten gerichtet.[1118]

2.2.2 Bereiche kommunaler Betroffenheit im Kompetenzgefüge des europäischen Gemeinschaftsrechts

2.2.2.1 Darstellung einzelner inhaltlicher Spannungs- und Konfliktfelder

Art. 2 EUV verdeutlicht als wesentliches Politikziel der Union die Schaffung eines Raumes ohne Binnengrenzen mit der Verwirklichung des freien Waren-, Personen-, Dienstleistungs- und Kapitalverkehrs (Art. 3 EGV) unter Betonung der wirtschaftlichen Entwicklung (Art. 2 EGV). Rechtliche Instrumente zur Verwirklichung dieser Ziele sind zum einen Verordnungen mit unmittelbarer Geltung oder Richtlinien, welche nach Art. 249 EGV einer Umsetzung in nationales Recht bedürfen. Nun ist das Zustandekommen europäischen Rechts von komplexen Wechselbeziehungen zwischen supranationaler Ebene und Mitgliedstaaten geprägt. Die nationalen Rechtstraditionen divergieren und werden bei der Entwicklung der Rechtssätze nicht in vollem Umfang berücksichtigt. Es ergeben sich für die kommunale Ebene oder die Kommunen Spannungsverhältnisse in mehreren Feldern unter den folgenden inhaltlichen Gesichtspunkten:

(1) Dominanz des Wettbewerbs im Binnenmarkt: Das Gemeinschaftsrecht betont das Wettbewerbsrecht. So ist die kommunale Daseinsvorsorge in das System des Wettbewerbsrechts eingebunden. Art. 295 EGV erkennt zwar öffentliche Unternehmen an, da den Mitgliedstaaten die Eigentumsordnung freigestellt ist und auch Art. 16 EGV ist einzubeziehen. Öffentliche Unternehmen unterliegen allerdings grundsätzlich wie private Unternehmen dem Wettbewerbsrecht. Art. 86 Abs. 2 EGV eröffnet die Möglichkeit Unternehmen vom Wettbewerb freizustellen. Allerdings wird dieser Artikel eher restriktiv – marktkonform gehandhabt.[1119]

(2) Aufgabenbezogene Betrachtungsweise versus trägerbezogene Diskussion: Das EGV und seine Wettbewerbsvorschriften sehen eine aufgabenbezogene Betrachtungsweise vor. In Deutschland ist eine trägerbezogene Diskussion insbesondere in der Daseinsvorsorge[1120] vorherrschend, in der die Eigenverantwortlichkeit der

---

[1117] MÜLLER-GRAF, P.: Kompetenzen, 2004, S.147 – 150. Überprüfung von Aufbau und Inhalt der Kompetenzordnung war integraler Bestandteil des Verfassungskonvents, am Prinzip begrenzter Einzelermächtigung wurde im Ergebnis nicht gerüttelt, allerdings enthielt der Entwurf des Verfassungsvertrages eine Kompetenzverteilung in ausschließliche, geteilte und unterstützende Kompetenzen. MÜLLER-GRAF, P.: Kompetenzen, 2004, S. 161. Durch das „Vor die Klammer ziehen" des allgemeinen Kompetenztitels hätte sich eine verbesserte Transparenz ergeben. BECKER, P.: Kompetenzordnung, 2005, S. 187 – 208.

[1118] HOBE, S. / BIEHL, D. / SCHROETER, N.: Einflüsse, 2003, S. 20.

[1119] COX argumentiert hier bezogen auf Dienstleistungen von allgemeinem Interesse vgl. COX, H.: Strukturwandel, 2005, S. 145 ff.

[1120] Eine unmittelbare Entsprechung der „Daseinsvorsorge" außerhalb Deutschlands bzw. im europäischen Recht gibt es nicht, „der Sache nach" ist Art. 86 Abs. 2 EGV relevant, vgl. PÜTTNER, G.: Konzept, 2002, S. 36.

Leistungserstellung betont wird.[1121] Die europäischen Regelungen zur Daseinsvorsorge schaffen eine Nahtstelle zwischen vertikaler Europäischer Governance über Recht und horizontaler Lokaler Governance indem in den Bereich der kommunalen Entscheidungsfreiheit eingegriffen wird. Bedeutsam ist, in welchem Umfang den Gemeinden die Entscheidungsfreiheit zur Aufgabenerledigung bzw. deren Regulierung – Eigenerbringung oder Aufgabenerledigung durch öffentliche Unternehmen - gewährleistet werden muss.[1122]

(3) Subjekt- versus Objektstellung der Kommunen: Die Eigenverantwortlichkeit der Aufgabenerfüllung, wie sie in der nationalen Kommunalen Selbstverwaltung ursprünglich verankert wurde, sieht die Kommunen unter lokalen Governance- und Steuerungsgesichtspunkten als Subjekt und Akteur. Die Diskussion der Auswirkungen europäischer Regelungstätigkeit sieht die Kommunen dagegen als Objekte und Adressat unter übergeordneten Gesichtspunkten.

2.2.2.2 Kommunale Daseinsvorsorge im Spannungsverhältnis zum europäischen Wettbewerbssystem

Der Bereich der „Daseinsvorsorge" ist ein weiterer Themenbereich mit hoher kommunaler Relevanz im europäischen Zusammenhang. Sie ergibt sich vor dem spezifisch nationalen Entwicklungskontext. Demnach geht der Begriff der Daseinsvorsorge als Wortneuschöpfung auf FORSTHOFF zurück. Er weist in seiner Zusammensetzung aus „Dasein" und „vor" und „Sorge" auf eine eigenständige Bedeutung hin, die nicht mit „service public" oder „public service" zu übersetzen ist.[1123] So zeigt insbesondere der Begriff der „Vor-Sorge", dass es darum geht, die Voraussetzungen für ein menschenwürdiges Zusammenleben zu schaffen und verpflichtend eine abrufbare Leistung zu erbringen.[1124]
Der Gedanke einer Fürsorgepflicht der Gemeinden ist historisch tief verwurzelt, um die Bürger zu entlasten,[1125] wobei das Handeln als öffentlicher Verantwortungsträger für einen Dritten im Vordergrund steht[1126] und die flächendeckende Versorgung mit Gü-

[1121] Zur Unterscheidung von Aufgaben- und Trägerbezogenheit vgl. HENNEKE, H.: Daseinsvorsorge, 2004, S. 124.
[1122] HELLERMANN, J.: Daseinsvorsorge, 2000, S. 12.
[1123] Zusammenfassend unter Betonung bürgerschaftlicher Einbeziehung PITSCHAS, R.: Daseinsvorsorge, 2004, S. 37.
[1124] So sei nicht der Brotverkauf Daseinsvorsorge, sondern die „Lieferung des Stroms für die Backöfen" vgl. WIETHE-KÖRPRICH, H.: Daseinsvorsorge, 2005, S. 626 / 627. Entwicklung einer Abhängigkeit des Einzelnen von Versorgungsleistungen wie Wasser und Strom, vgl. PÜTTNER, G.: Daseinsvorsorge, 2003, S. 2.
[1125] BLUME, W. VON: Kommunalpolitik, 1912, S. 225. Geistesgeschichtlich und vor historischem Hintergrund wird mit einer Anbindung FORSTHOFFS an die Lehre LORENZ VON STEINS argumentiert, vgl. RONELLENFITSCH, M.: Daseinsvorsorge, 2003, S. 63.
[1126] SCHWARTING, G.: Liberalisierung, 2001, S. 199 / 200. Umfassende Auseinandersetzung mit dem Begriff der Daseinsvorsorge auch KNAUFF, M.: Gewährleistungsstaat, 2004, S. 23 – 58. Beginn im späten Mittelalter mit Diensten wie Armen- und Krankenfürsorge, im 17. und 18. Jahrhundert Forstwirtschaften, Hospitäler als Vorläufer kommunaler Daseinsvorsorge. HELLERMANN, J.: Daseinsvorsorge, 2000, S. 16 ff.

tern in hoher Qualität zu angemessenen Preisen.[1127] Wesentlich war für das Konzept FORSTHOFFS die Funktionsfähigkeit der Existenz des Menschen direkt bezogen auf die staatliche Leistungserstellung. Daseinsvorsorge gilt als Teil der Sozialstaatskonzeption und kommt als Konzept inhaltlich zum Tragen, wenn es darum geht, die Gewährleistung von Einrichtungen und Diensten, auch räumlich bezogene Versorgungsfragen, sicherzustellen.[1128]

Der Begriff des „Service Public“ in Frankreich sieht demgegenüber den Staat als Leistungsträger mit öffentlichem Dienstleistungsauftrag und zielt auf eine Kontinuität der Leistungserbringung.[1129] Begründer der Lehre des Service Public ist LÉON DUGUIT, der in der ersten Hälfte des 20. Jahrhunderts Begriff und Lehre maßgeblich prägte.[1130] Die Entwicklungslinien des Service Public lassen sich historisch aus dem späten 19. Jahrhundert herleiten.[1131] Er ist Strukturelement französischer Staats– und Gesellschaftsordnung und betont die leistende Funktion des Staates als Teil des „republikanischen Paktes“ zwischen dem Staat und seinen Bürgern[1132]. Eine gewährleistende Funktion des Staates kann ebenso erfasst sein wie eine staatliche Funktion als Leistungserbringer. Seit den 50er Jahren des vergangenen Jahrhunderts haben sich Begriff und inhaltliche Bedeutung des Service Public gewandelt. Zwei wesentliche Elemente[1133], die miteinander in Wechselbeziehung stehen, werden betont: Es handelt sich zum einen um eine organisatorische und eine funktionale Komponente, wobei entsprechend der organisatorischen Komponente entweder der Staat selbst oder seine territorialen Untergliederungen die Leistung erbringen oder Private.[1134] Der zweite nicht weniger bedeutsame Gesichtspunkt ist die Orientierung am Allgemeininteresse. Demnach nimmt sich die öffentliche Hand des Allgemeininteresses durch Konstitutivakt an.[1135]

[1127] Mit der Lehre FORSTHOFFS werden Grundfragen der Staatslehre und des Staats- und Verfassungsrechts in den europäischen Zusammenhang transportiert. So ist es u. U. gerade der staatsrechtliche Hintergrund mit einer Trennung von Staat und Gesellschaft im Zusammenhang mit bürgerlicher Rechtsstaatlichkeit im 19. und 20. Jahrhundert, welcher die FORSTHOFFSCHE Konzeption der Daseinsvorsorge in europäischem Zusammenhang so „eigen“ sein lässt. Zu Forsthoffs Staats- und Verfassungsverständnis vgl. SCHÜTTE, C.: Verwaltungsrechtswissenschaft, 2006, S. 17, S. 23 ff.

[1128] Vgl. SCHULZ-NIESWANDT, F.: Daseinsvorsorge, 2004, S. 9, S. 10.

[1129] COX, H.: Strukturwandel, 2005, S. 165.

[1130] Vgl. Umfassende Herleitung SEGALLA, P.: Daseinsvorsorge, 2006, S. 15 ff.

[1131] BOGUMIL, J. / HOLTKAMP, L. / WOLLMANN, H.: Studie, 2003, S. 84. Unter Service Public fallen inhaltliche Leistungen wie Wasser, Abwasser, Gas und Strom.

[1132] Vgl. PIELOW, J.: Frankreich, 2002, S. 155 ff.

[1133] Im Folgenden ausgeführt nach SEGALLA, P.: Daseinsvorsorge, 2006, S. 16 ff.

[1134] Wobei die Zuordnung zur öffentlichen Hand über die rechtlichen Beziehungen und die Ausgestaltung zwischen Staat und privaten Rechtspersonen festgemacht wird. SEGALLA arbeitet in seiner Darstellung zur Klärung der Inhalte der Begrifflichkeit mit unterschiedlichen Aufgabenebenen eines Service Public. Auf der Ebene 1 ist die Aufgabenträgerschaft stets öffentlich und liegt entweder bei der Gemeinde oder bei der interkommunalen Kooperationsanstalt. Inhaltlich sind mit dieser Ebene Belange verbunden wie Fragen nach der Wahl der Organisationsform oder Aufsichts- und Kontrollfunktionen. Ebene 2 als Leitungsverantwortung bezieht sich auf die Regulierung, Optimierung und innere Organisation des Service Public, welche von öffentlichen als auch privaten Akteuren wahrgenommen werden kann. Ebene 3 als Ausführungsebene bezieht sich auf die Ausführung und Erbringung einzelner Aufgaben. Die Betrauung eines Dritten mit der Wahrnehmung einer Aufgabe wird als Ausfluss und Wahrnehmung des Selbstverwaltungsprinzips verstanden, wobei die durch Gesetz an die Gemeinden übertragenen Aufgaben nicht frei „subdelegiert“ werden können. SEGALLA, P.: Dienstleistungen, 2006, S. 43, 44, 48.

[1135] SEGALLA, P.: Daseinsvorsorge, 2006, S 43 ff.

Im europäischen Bezugsrahmen findet weder die Begrifflichkeit der Daseinsvorsorge noch der Begriff des Service Public eine unmittelbare Entsprechung im europäischen Recht, die Begrifflichkeit der Daseinsvorsorge findet jedoch in Mitteilungen der Kommission Verwendung.[1136] So werden Leistungen der Daseinsvorsorge im Jahr 2001 wie folgt definiert:

„Leistungen der Daseinsvorsorge (oder gemeinwohlorientierte Leistungen) sind marktbezogene oder nichtmarktbezogene Tätigkeiten, die im Interesse der Allgemeinheit erbracht und daher von den Behörden mit spezifischen Gemeinwohlverpflichtungen verknüpft werden."

Das europäische Recht nutzt die Begrifflichkeiten der Dienstleistungen von allgemeinem Interesse (DAI) bzw. von allgemeinem wirtschaftlichem Interesse (DAWI). Dienstleistungen von allgemeinem wirtschaftlichem Interesse nach Art. 86 Abs. 2 EG-Vertrag definiert die Europäische Kommission in ihrer Mitteilung zu Leistungen der Daseinsvorsorge in Europa aus dem Jahr 2001 wie folgt[1137]:

„marktbezogene Tätigkeiten, die im Interesse der Allgemeinheit erbracht und daher von den Mitgliedstaaten mit besonderen Gemeinwohlverpflichtungen verbunden werden. Gemeint sind insbesondere Verkehrs-, Energieversorgungs- und Telekommunikationsdienste."

Dienstleistungen von allgemeinem wirtschaftlichem Interesse sind marktbezogen und werden im Allgemeininteresse erbracht. Damit ist der Begriff der Daseinsvorsorge grundsätzlich weiter als der Dienstleistungsbegriff für Dienstleistungen von allgemeinem wirtschaftlichem Interesse.[1138] Die Wettbewerbsregeln finden nach Art. 86 Abs. 2 S. 1 EGV Anwendung auf die marktbezogenen wirtschaftlichen Tätigkeiten, d.h. auch für Unternehmen, die der Staat mit der Erbringung von Dienstleistungen von allgemeinem wirtschaftlichem Interesse betraut hat.[1139] Die Wettbewerbsregeln finden Anwendung, soweit die Anwendung der Vorschriften nach Art. 86 Abs. 2 S. 1 EGV nicht die Erfüllung der Aufgabe rechtlich oder tatsächlich verhindert.
Diese Darstellung verdeutlicht die Bedeutung der Unterscheidung der Leistungen im Bereich der „Daseinsvorsorge" als nicht-marktbezogen bzw. marktbezogen. Neben diese Regelung tritt nun der im Vertrag von Amsterdam aufgenommene Art. 16 EGV, der für Dienste von allgemeinem wirtschaftlichem Interesse den sozialen und territorialen Zusammenhalt der Gemeinschaft und der Mitgliedstaaten betont. Gleichzeitig ist die Ausnahmeregelung in Art. 86 Abs. 2 S. 1 EGV[1140] einzubeziehen.

[1136] KOMMISSION DER EUROPÄISCHEN GEMEINSCHAFTEN: Mitteilung, 2001. Die französische Übersetzung spricht an dieser Stelle von „service d´intéret général" vgl. KOMMISSION DER EUROPÄISCHEN GEMEINSCHAFTEN: Communication, 2001. Anhang 2 der französischen Fassung nennt und definiert schließlich den Begriff der Service Public. Eine vertiefende Betrachtung des definitorischen Gemengelages verdeutlicht zwar die Problematik, verspricht an dieser Stelle allerdings keinen tieferen praktischen Nutzen.

[1137] KOMMISSION DER EUROPÄISCHEN GEMEINSCHAFTEN: Mitteilung, 2001, Anhang 2.

[1138] SCHOHAJ, R. / KOMAN, A.: Daseinsvorsorge, 2005, S. 15.

[1139] SCHOHAJ, R. / KOMAN, A.: Daseinsvorsorge, 2005, S. 15

[1140] Der Städtetag spricht sich an dieser Stelle für eine Klarstellung aus, welche Dienstleistungen der Daseinsfürsorge als wirtschaftlich gelten und das europäische Wettbewerbsrecht Anwendung findet, vgl. DEUTSCHER STÄDTETAG (Hrsg.): Städte, 2006, S. 8 / S. 9.

Das genannte Spannungsverhältnis trifft auch die nationalen Regelungen zu Kommunaler Selbstverwaltung, indem die Art und Weise ihrer Aufgabenerfüllung „auf den Prüfstand" kommt.

Im Gegensatz hierzu sind die Dienste von allgemeinem Interesse von den europäischen Wettbewerbsregeln freigestellt, wenn sie nicht marktbezogen sind und Gemeinwohlaufgaben dienen. Die Europäische Kommission hat zunächst mit ihrem Grünbuch zu den Dienstleistungen von allgemeinem Interesse[1141] die Diskussionen strukturiert und Beteiligten und Akteuren die Möglichkeit gegeben, sich zu äußern.[1142] Mit dem Grünbuch sollten Stellungnahmen eingeholt werden, mit denen geklärt werden sollte, inwieweit ein Bedarf an Rahmenvorschriften besteht und deren möglicher Nutzen wurde diskutiert.[1143] 2004 folgte dem Grünbuch das Weissbuch zu den Dienstleistungen von allgemeinem Interesse.[1144] Das Weissbuch zeigt die Leitprinzipien der Europäischen Kommission und ihrer Politik, wie die Aufrechterhaltung hoher Qualitätsstandards oder die Sicherung der Rechte der Verbraucher.[1145]
Die Problematik entfaltet sich gegenwärtig darin, dass spätestens mit dem Weissbuch zu den Dienstleistungen von allgemeinem Interesse deutlich wird, dass die Kommission in dem Moment, in dem sie Marktrelevanz sieht, die Wettbewerbsrelevanz bejaht, und die Wettbewerbsregeln des Binnenmarktes zur Anwendung kommen.[1146]

2.2.2.3 Wettbewerbsrecht und Kommunale Beihilfen

Was den Gesichtspunkt des Wettbewerbs anbelangt, ergeben sich weitere Anknüpfungspunkte im Bereich kommunaler Beihilfen,[1147] bei Ausschreibungspflichten bzw. im Rahmen von Vergabeverfahren, so dass Fragen des Wettbewerbs weitergehende kommunale Relevanz haben.

Formelle und materielle Vorgaben zum Beihilferecht und zu Fragen der Finanzierung von Leistungen durch externe Dienstleister finden sich in Art. 87 Abs. 1 EGV bzw. in Art. 88 Abs. 3 EGV. Nach Art. 87 Abs. 1 EGV sind, soweit der Vertrag nichts Abweichendes vorsieht

„staatliche oder aus staatlichen Mitteln gewährte Beihilfen gleich welcher Art, die durch die Begünstigung bestimmter Unternehmen oder Produktionszweige den Wettbewerb

---

[1141] KOMMISSION DER EUROPÄISCHEN GEMEINSCHAFTEN: Grünbuch, 2003.
[1142] Aspekte wie die Abgrenzung zwischen wirtschaftlicher und nicht – wirtschaftlicher Tätigkeit oder die Anwendungsbreite der Beihilfevorschriften war nicht Inhalt des Grünbuchs. Vgl. WOHLTMANN, M.: Weichenstellungen, 2003, S. 747.
[1143] SCHOHAJ, R. / KOMAN, A.: Daseinsvorsorge, 2005, S. 20, S. 21.
[1144] KOMMISSION DER EUROPÄISCHEN GEMEINSCHAFTEN: Mitteilung, 2004.
[1145] SCHOHAJ, R. / KOMAN, A.: Daseinsvorsorge, 2005, S. 21.
[1146] Ausführlich WIETHE-KÖRPRICH, H.: Daseinsvorsorge, 2005, S. 631.
[1147] Die Europäische Kommission veröffentlichte im Juni 2007 im Rahmen ihres Beihilfeanzeigers aktuelle Daten zu gewährten Beihilfen und kommt in diesem Zusammenhang für das Jahr 2006 zu dem Ergebnis, dass die Nationalstaaten längst nicht alle notifizierungspflichtigen Beihilfen melden. 73 v. H. der rechtswidrigen Beihilfen wurden zwischen 2000 und 2006 demnach von den großen EU – Mitgliedstaaten wie Deutschland, Frankreich, Italien, Spanien und Großbritannien geleistet. Vgl. KOMMISSION DER EUROPÄISCHEN GEMEINSCHAFTEN: Bericht, 2007, S. 5.

verfälschen oder zu verfälschen drohen mit dem Gemeinsamen Markt unvereinbar, soweit sie den Handel zwischen Mitgliedstaaten beeinträchtigen."

Formal wird diese Regelung durch Art. 88 Abs. 3 EGV ergänzt, der die generelle Notifizierungspflicht begründet. Art. 86 Abs. 1 EGV legt darüber hinaus fest, dass die o. g. Regelungen auch für öffentliche Unternehmen und Unternehmen gilt, denen die Mitgliedstaaten ausschließliche oder besondere Rechte eingeräumt haben.
Rechtssicherheit im Bereich des europäischen Wettbewerbs- und Beihilferechts sollen zusätzliche europäische Regelungen - nunmehr niedergelegt im sog. Monti-Paket[1148] - bringen, die nach „Altmark Trans"[1149] von der Europäischen Kommission vorgeschlagen wurden[1150].

Das Unternehmen Altmark Trans hatte Genehmigungen und Zuschüsse im Bereich des Linienverkehr im Landkreis Stendal erhalten. 1994 erteilten die deutschen Behörden Altmark Trans erneut Genehmigungen und lehnten den Antrag der Nahverkehrsgesellschaft Altmark auf Erteilung von Genehmigungen ab. Die Nahverkehrsgesellschaft Altmark hatte daraufhin Klage bei den deutschen Gerichten erhoben mit der Begründung, Altmark Trans sei nicht leistungsfähig, da sie ohne öffentliche Zuschüsse nicht hätte überleben können. Die Altmark Trans erteilten Genehmigungen seien demzufolge rechtswidrig. Das Bundesverwaltungsgericht hat sich an den Gerichtshof gewandt mit der Frage, ob die Zuschüsse des Landkreises an Altmark Trans nach dem EG-Vertrag verbotene staatliche Beihilfen darstellen.[1151]

Dabei hat die Entscheidung des Europäischen Gerichtshofes in der Rechtssache Altmark Trans weit reichende Bedeutung für die kommunale Daseinsvorsorge und ist nicht ausschließlich auf den Verkehrssektor bezogen. Zu klären war, unter welchen Bedingungen öffentliche Leistungen an ein Unternehmen lediglich Ausgleichsleistungen[1152] für Dienstleistungen von allgemeinem wirtschaftlichem Interesse darstellen und keine Beihilfe.[1153] Die im Rahmen der Entscheidung Altmark Trans genannten Rege-

---

[1148] Die Europäische Kommission hat mit dem Monti-Paket vom 29.11.2005 ein Maßnahmepaket veröffentlicht, das für die Frage der Rechtmäßigkeit von Zahlungen für Leistungen, welche Kommunen an ihre Einrichtungen, Unternehmen an Dritte für die Wahrnehmung von Aufgaben der Daseinsvorsorge gewähren, von Bedeutung ist. Zentrale Regelungen im Beihilfebereich sind mittlerweile in Kraft. Um die Kommunen über den neuen beihilferechtlichen Rahmen zu informieren, wurde auf Initiative des DStGB eine Handreichung einer Arbeitsgruppe des Unterarbeitskreises für kommunale Wirtschaft und Finanzen des Arbeitskreises III „Kommunale Angelegenheiten" der ständigen Konferenz der Innenminister und – senatoren der Länder erstellt. Fast alle Länder beabsichtigen, die in der Handreichung festgehaltenen Vorschläge umzusetzen. Vgl. AD-HOC-AG DES UAK WUF: Handreichung, 2007. Vgl. auch KOMMISSION DER EUROPÄISCHEN GEMEINSCHAFTEN: Gemeinschaftsrahmen, 2005. KOMMISSION DER EUROPÄISCHEN GEMEINSCHAFTEN: Entscheidung, 2005.

[1149] Urteil des Gerichtshofs vom 24. Juli 2003 (2003/C 226/01), Akte, C 226/1 vom 20.09.2003.

[1150] Vgl. Pressemitteilung des Deutschen Städte und Gemeindebundes http://www.dstgb.de/index_inhalt/homepage/index.phtml?ionasFrameCheckName=inhalt&ionasFrameChe-ckUrl=http%3A//www.dstgb.de/index_inhalt/homepage/europa/inhalt/aktuell/annahme_des_monti_pakets_durch_die_eu_kommission/%3Freferrer%3D - (08.08.2006).

[1151] http://curia.europa.eu/de/actu/communiques/cp03/aff/cp0364de.htm - (02.08.2007).

[1152] Zur Rechtsdiskussion über die Einstufung von Ausgleichszahlungen für öffentliche Dienstleistungen vgl. SCHOHAJ, R. / KOMAN, A.: Daseinsvorsorge, 2005, S. 26

[1153] WOHLTMANN, M.: Weichenstellungen, 2003, S. 750 ff.

lungen für das Vorliegen einer Ausgleichsleistung stellen sich verkürzt wie folgt dar[1154]:

1 Das begünstigte Unternehmen muss tatsächlich mit der Erfüllung der klar definierten gemeinwirtschaftlichen Aufgabe betraut worden sein,
2 Die Parameter, anhand deren der Ausgleich berechnet wird, müssen zuvor objektiv und transparent aufgestellt worden sein,
3 Der Ausgleich darf nicht über das hinausgehen, was erforderlich ist, um die Kosten der Erfüllung der gemeinwirtschaftlichen Verpflichtungen unter Berücksichtigung der erzielten Einnahmen und eines angemessenen Gewinns aus der Erfüllung dieser Verpflichtung ganz oder teilweise zu decken,
4 Falls das Unternehmen, das mit der Erfüllung der gemeinwirtschaftlichen Verpflichtung betraut werden soll, nicht im Rahmen öffentlicher Ausschreibung ermittelt wird, durch die der kostengünstigste Bewerber betraut wird, ist die Höhe des Ausgleichs auf Grundlage einer Analyse der Kosten zu bestimmen, die ein durchschnittliches und gut geführtes Unternehmen bei der Erfüllung der Verpflichtung hätte, einschließlich eines angemessenen Gewinns aus der Erfüllung der Verpflichtung.

Der vierte Gesichtspunkt stellt klar, dass für die Kommunen keine grundsätzliche Verpflichtung zur Ausschreibung besteht, da eine Kostenanalyse als Methode der Ausgleichsfeststellung möglich sein soll.[1155]

Mit der nunmehr ergangenen Freistellungsentscheidung[1156] können Ausgleichszahlungen der Städte an ihre Einrichtungen und Unternehmen, welche im Zusammenhang mit deren Gemeinwohlverpflichtung stehen, geleistet werden. Voraussetzung für die Befreiung von Anmelde- und Genehmigungspflichten des europäischen Beihilferechts wurden genannt. Die nunmehr gefundenen Regelungen verbessern die Möglichkeiten der Gemeinden, beispielsweise an Krankenhäuser, Kultur– und Freizeiteinrichtungen oder an den Bereich des sozialen Wohnungsbaues Zahlungen zu leisten. Gesonderte Regelungen ergehen für den Öffentlichen Personennahverkehr.[1157]

Zu beachten ist, dass die Europäische Kommission Fragen der Transparenz finanzieller Beziehungen zwischen den Mitgliedstaaten und den öffentlichen Unternehmen getrennt problematisiert hat[1158]. In dieser im November 2006 ergangenen Transparenz-

---

[1154] Vgl. EuGH, „Altmark Trans", 2003/C-280/00, 24.07.2003, Abl. C 226/1 und C 226/2 vom 20.09.2003. Die einzelnen Kriterien müssen demnach kumulativ erfüllt sein.

[1155] Zur Möglichkeit eines transparenten Private-Investor-Tests, der eine Durchführung des förmlichen Vergabeverfahrens für diese Konstellation obsolet machen könnte. Vgl. RONELLENFITSCH, M.: ÖPNV, 2005, S. 120.

[1156] Zur Befreiung von Beihilfen von der Notifizierungspflicht detailliert BAUSBACK, W.: Partnership, 2006, S. 905 ff.

[1157] http://www.dstgb.de/index_inhalt/homepage/index.phtml?ionasFrameCheckName=inhalt&ionasFrameCheckUrl=http%3A//www.dstgb.de/index_inhalt/homepage/europa/inhalt/aktuell/annahme_des_monti_pakets_durch_die_eu_kommission/%3Freferrer%3D - (07.08.2006).

[1158] Zugrunde liegt für die Transparenz zwischen Mitgliedstaaten und öffentlichen Unternehmen die Richtlinie 80/723/EWG der Europäischen Kommission vom 25. Juni 1980 über die Transparenz der finanziellen Beziehungen zwischen den Mitgliedstaaten und den öffentlichen Unternehmen sowie über die finanzielle Transparenz innerhalb bestimmter Unternehmen, Abl. L 195 vom 29.07.1980. Diese Richtlinie wurde mehrfach geändert und ergänzt, zuletzt wurde sie im November 2006 aus Gründen der richtlinie spricht die Kommission von „öffentlichen Mitteln“ und differenziert nicht nach Beihilfen oder sonstigen Zahlungen.

2.2.2.4 Ausschreibungspflichten, Vergabeverfahren und interkommunale Kooperation

Ein weiteres kommunalrelevantes Rechtsgebiet ist das Ausschreibungs- und Vergabewesen. Es ist geprägt durch ein System an Richtlinien, das sektorenorientiert die Auftragsvergabe regelt, flankiert von Überwachungsregelungen. Das Vergaberecht entspricht dem Bild kaskadenförmiger Regelungen von europäischen Vergaberichtlinien hin zur nationalen Ebene mit Gesetzen und Verordnungen für Lieferungen und Leistungen[1159]. Europa hat detaillierte Vorschriften zum Vergabeverfahren verabschiedet[1160], die jedoch nicht für alle öffentlichen Aufträge gelten. Dies betrifft insbesondere Aufträge, welche unterhalb der Schwellengrenze für die Anwendung der Vergaberichtlinien liegen. Fallen Aufträge unter die Schwellenwerte, wird dennoch seitens der Europäischen Kommission die Binnenmarktrelevanz geprüft. Die aus dem Gesamtkontext resultierenden Auslegungsfragen hat die Europäische Kommission zum Anlass genommen, ihr Verständnis der Rechtsprechung des EuGH darzulegen, Position zu beziehen und Grundanforderungen für die Vergabe von Aufträgen mit Binnenmarktrelevanz zu formulieren.[1161] Kommunale Interessen sind durch diese Regelungen betroffen, da mit der Mitteilung der Kommission neue Verfahren anstehen, welche zu zeitlichen Verzögerungen führen können.[1162]

Die Thematik der Ausschreibungsnotwendigkeiten wurde besonders relevant für die Kommunen, nachdem deutlich wurde, dass die Vorschriften des öffentlichen Ausschreibungswesens gelten, wenn ein öffentlicher Auftraggeber eine Aufgabe einer eigenständigen Rechtsperson – einem Dritten – überträgt. Relevante Entscheidung ist die „Teckal – Entscheidung“[1163] des Europäischen Gerichtshofs. Anderes gilt nur, wenn der Auftraggeber über den Dritten eine Kontrolle ausübt, die gleich einer Kontrol-

---

Klarheit und Übersichtlichkeit kodifiziert und trat am 20. Dezember 2006 in Kraft.
KOMMISSION DER EUROPÄISCHEN GEMEINSCHAFTEN: Richtlinie der Kommission 2006/111/EG vom 16. November 2006 über die Transparenz der finanziellen Beziehungen zwischen den Mitgliedstaaten und den öffentlichen Unternehmen sowie über die finanzielle Transparenz innerhalb bestimmter Unternehmen, Abl. L 318/17 vom 17.11.2006.

[1159] DEUTSCHER STÄDTE- UND GEMEINDEBUND (DStGB): Dokumentation 36, 2004, S. 2 / 4 / 5.

[1160] Richtlinie 2004/17/EG des Europäischen Parlaments und des Rates vom 31. März 2004 zur Koordinierung der Zuschlagserteilung durch Auftraggeber im Bereich der Wasser-, Energie und Verkehrversorgung sowie der Postdienste, Abl. L 134/1 vom 30.04.2004 und Richtlinie 2004/18/EG des Europäischen Parlaments und des Rates vom 31. März 2004 über die Koordinierung der Verfahren zur Vergabe öffentlicher Bauaufträge, Lieferaufträge und Dienstleistungsaufträge, Abl. L 134/114 vom 30.04.2004.

[1161] KOMMISSION DER EUROPÄISCHEN GEMEINSCHAFTEN: Auslegungsfragen, 2006, S. 3 / 6. Inhaltlich soll bei Vergaben unterhalb der EU-Schwellenwertgrenzen die Sicherstellung angemessener Veröffentlichung, Transparenz und die Nichtdiskriminierung ausländischer Anbieter sichergestellt werden.

[1162] In Frankreich unterliegen vertragliche Absprachen der Gemeinden, die Aufgaben des Service Public zum Gegenstand haben, der öffentlichen Auftragsvergabe. Das Recht der Auftragsvergabe wird als von den europäischen Vergaberichtlinien dominiert betrachtet. Rechtsgrundlage ist der Code des Marchés Public (CMP) aus dem Jahr 2004, SEGALLA, P.: Dienstleistungen, 2006, S. 94 / 95.

[1163] EuGH „Teckal“ Rechtssache C-107/98 vom 18.11.1999.

le zu werten ist, welche über eine eigene Dienststelle ausgeübt wird und sich gleichzeitig die wirtschaftliche Tätigkeit des Dritten im wesentlichen auf die Körperschaft oder Körperschaften erstreckt, die sie unterhalten.[1164]

Mit Beginn des Jahres 2005 hat der EuGH im Vergabenachprüfungsverfahren „Halle"[1165] weiterhin entschieden, dass jede gesellschaftliche Beteiligung eines Privaten stets eine Ausschreibungspflicht auslöst.[1166] Die Stadt Halle hatte ihre „Enkelgesellschaft", die lediglich zu 24,9 v. H. in privater Hand war, ohne europaweites Verfahren mit Entsorgungsdienstleistungen betraut in der Annahme, dass es sich hierbei um ein Inhouse-Geschäft handele, das von der Ausschreibungspflicht nicht erfasst sei. Ein wichtiger Argumentationspunkt war für den EuGH, dass eine private Beteiligung vorlag, was ausschließt, dass über die Einrichtung eine Kontrolle analog der Kontrolle einer eigenen Dienststelle ausgeübt wird. Anknüpfend am Kontrollbegriff führt dies im Ergebnis dazu, dass ein vergabefreies Inhouse–Geschäft bereits dann nicht mehr in Frage kommt, wenn auch nur eine geringfügige private Beteiligung vorliegt.[1167] Ein weiteres relevantes Urteil des EuGH ist der Fall „Parking Brixen" vom 13.10.2005. Essenz dieses Urteils ist, dass ein Vergabeverfahren auch dann erforderlich werden kann, wenn ein formal zu einhundert Prozent kommunales Unternehmen mit einem Auftrag befasst wird. Im Fall „Parking Brixen" hatte es sich um eine Aktiengesellschaft gehandelt, die weitgehend eigenständig agierte.[1168]
Mit diesen Urteilen hat bereits die Rechtsprechung die einzuhaltenden Regelungen und Verpflichtungen für die Kommunen umrissen. Die Handlungsnotwendigkeiten im Zusammenhang mit Fragen der Beauftragung und Vergabe sind präzisiert worden.

Bedeutend ist in diesem Zusammenhang die Anbindung des Vergaberechts an die interkommunale Kooperation und die Frage, wie vor diesem Hintergrund mit unterschiedlichen Formen und Arten der Kooperation umgegangen werden soll:
Ist die Kommune, mit der eine zweite Gemeinde zusammenarbeiten will, in Konkurrenz mit privaten Wirtschaftsanbietern würde eine Freistellung vom Vergaberecht Wettbewerb mit Privaten verhindern. Andererseits wird argumentiert, dass eine generelle Öffnung interkommunaler Zusammenarbeit zu einer de-facto Privatisierungspflicht führen könnte.[1169] In der nationalen Tradition wird demgegenüber die kommunale Organisationshoheit betont[1170], da für die deutschen Kommunen traditionell mit dem Recht politischer Selbstverwaltung auch eine wirtschaftliche Selbstorganisation verbunden ist. Von kommunaler Seite wird argumentiert, dass Modelle interkommunaler Kooperation

---

[1164] Erläuterungen SCHWINTOWSKI, H. / ORTLIEB, B: PPP, 2006, S. 209.
[1165] EuGH „Halle" Rechtssache 2005/C-26/03 vom 11.01.2005.
[1166] DEUTSCHER STÄDTE- UND GEMEINDEBUND (DStGB) (Hrsg.): Dokumentation 61, 2006, S. 3. Wegen des damit verbundenen fortwirkenden Rechtsverstoßes bei Beauftragung gemischtwirtschaftlicher Gesellschaften ohne Beachtung des Vergaberechts empfiehlt der DStGB die Prüfung einer einvernehmlichen Vertragsaufhebung und Neuausschreibung. Alternativ die Rekommunalisierung.
[1167] Mit weiteren Nachweisen SCHWINTOWSKI, H. / ORTLIEB, B.: PPP, 2006, S. 212. „Halle" führt zu einer Verschärfung von „Teckal". BAUSBACK, W.: Partnership, 2006, S. 905.
[1168] EuGH „Parking Brixen" Urteil 2005/C-458/03 vom 13.10.2005.
[1169] Mit weiteren Nachweisen BERGMANN, T. / VETTER, R.: Zusammenarbeit, 2006, S. 498 / 499. Die Autoren schlagen als Unterscheidungskriterium eine Orientierung an der Frage vor, ob im Rahmen der Kooperation die Aufgabe mandatiert oder delegiert wird. Die Mandatierung liege einer Beschaffungstätigkeit näher, ebd. S. 500.
[1170] Vgl. AMBROSIUS, G.: Entwicklung, 2002, S. 22.

durch europäisches Wettbewerbs- und Vergaberecht ausgehöhlt werden[1171], galten doch in der Vergangenheit öffentlich-rechtliche Organisationsakte zwischen Kommunen nicht als ausschreibungspflichtig.[1172] Relevant wird, dass die Europäische Gemeinschaft den Rechtsrahmen im Bereich des Vergaberechts ausdehnt, während kommunale Positionen argumentieren, dass interkommunale Zusammenarbeit die Anwendung von Vergaberegeln ausschließe, da mit ihr kein Beschaffungsvorgang verbunden sei, sondern eine „interne Neuordnung öffentlicher Zuständigkeiten und Befugnisse".

Prominentes Beispiel hierzu ist der Fall „Hinte". Die EU-Kommission hatte am 14.01.2005 entschieden, Klage beim Europäischen Gerichtshof einzureichen. Vorausgegangen war die Übertragung der Abwasserentsorgung der Gemeinde Hinte (Niedersachsen) auf einen von ihr mitgetragenen, kommunalen Wasserverband.

Die Übertragung sollte für rechtswidrig erklärt werden, da sie den wettbewerbsrechtlichen Grundsätzen des EU-Rechts (Transparenz / Nichtdiskriminierung) nicht genügt haben soll.[1173]

[1171] BUNDESVEREINIGUNG DER KOMMUNALEN SPITZENVERBÄNDE: Stellungnahme, 2006, S. 1.

[1172] Darstellung DEUTSCHER STÄDTE – UND GEMEINDEBUND (Hrsg.): Dokumentation 51, 2005, S. 10.

[1173] DEUTSCHER STÄDTETAG (Hrsg.): Städte, 2006, S. 10. Zu einzelnen Voraussetzungen, wie kommunale Daseinsvorsorge künftig gestaltet sein könnte vgl. WIETHE-KÖRPRICH, H.: Daseinsvorsorge, 2005, S. 632.

2.2.3 Vertiefende Betrachtung: Das europäisch – lokale Governancegeflecht aus kommunaler Perspektive

Fasst man die vorangegangenen Ausführungen unter dem Gesichtspunkt der Governance zusammen, dann fallen die dargestellten rechtlichen Regelungsbereiche unter den Gesichtspunkt vertikaler, Europäischer Governance, einer grundsätzlich hierarchischen Governance durch Recht. Argumentiert man politikfeld- oder sektorenbezogen wurden in einzelnen Politikbereichen bzw. Politikfeldern umfangreiche Reformen eingeleitet.[1174] Im Bereich der Elektrizität ging der Wandel zunächst von der Richtlinie der Union zur Liberalisierung des Strommarktes[1175] aus. Mit seiner Tagung am 23. und 24. März 2000 in Lissabon hat der Europäische Rat die Zielsetzung bestätigt, die Vollendung des Binnenmarktes im Elektrizitäts- und Gasmarkt herbeizuführen und eine völlige Liberalisierung der Energiemärkte zu erreichen.[1176] Mittlerweile haben diese Regelungen zu einer Öffnung der Märkte geführt, im Bereich der Stromerzeugung und Verteilung haben sich in der Praxis Oligopolstrukturen herausgebildet. Die neuen Regelungen des Energiewirtschaftsgesetzes[1177] im nationalen Recht betreffen wiederum beide Bereiche. Auch im Bereich der Wasserversorgung zeigt sich die Tendenz zur Privatisierung. Im Bereich des Öffentlichen Personennahverkehrs agieren die Gemeinden als Aufgabenträger und sind häufig Eigentümer der Verkehrsbetriebe. Privatisierungstendenzen und überregionaler Wettbewerb sind auch hier zu konstatieren.[1178]

Was die Beeinflussung von Gemeindehoheiten durch die europäische Integrationsentwicklung anbelangt, ist neben der kommunalen Organisationshoheit insbesondere die gemeindliche Planungshoheit betroffen. Planungshoheit umfasst die örtlich planungsfähigen Aufgaben sowie eine Beteiligungsoption an überörtlichen planungsfähigen Aufgaben, wenn die gemeindliche Planung von diesen berührt wird.[1179]
Berührungspunkte ergeben sich insbesondere im Bereich der Bauleitplanung.[1180] Die Gemeinden werden, auch wenn sie in eigener Verantwortung Bauleitpläne erstellen, von europarechtlichen Vorgaben berührt. Nachweisen lässt sich diese Entwicklung am

---

[1174] Die Entwicklung der Daseinsvorsorge war von zwei Änderungswellen betroffen: In den 80er Jahren die von England und den USA ausgehende Liberalisierungsdebatte. Zweitens die Schaffung des europäischen Binnenmarktes. In der Folge wurden und werden alle Bereiche auf Marktfähigkeit geprüft und gegebenenfalls Wettbewerb angemahnt. In diese Entwicklungen sind die Kommunen ebenfalls einbezogen. Zu den Hintergründen der Errichtung des Energiebinnenmarktes seit den 90er Jahren SCHÄFER, T.: Selbstverwaltung, 1998, S. 131 – 136.

[1175] Richtlinie 96/92/EG des Europäischen Parlaments und des Rates betreffend gemeinsame Vorschriften für den Elektrizitätsbinnenmarkt vom 19. Dezember 1996. Amtsblatt der Europäischen Union L027 vom 30.01.1997, S. 0020.

[1176] Richtlinie 2003/54/EG des Europäischen Parlaments und des Rates vom 26. Juni 2003 über gemeinsame Vorschriften für den Elektrizitätsbinnenmarkt und zur Aufhebung der Richtlinie 96/92/EG. Amtsblatt der Europäischen Union L176/37 vom 15.07.2003.

[1177] Umsetzung der Richtlinie 2003/54/EG in nationales Recht durch Gesetz über die Elektrizitäts- und Gasversorgung vom 07. Juli 2005 (Energiewirtschaftsgesetz EnWG), BGBl. 2005/1970 (3621).

[1178] Zu einzelnen Aufgabenbereichen und ihrer jeweiligen Ausgliederungsquote gegliedert nach öffentlich – rechtlichen bzw. privat – rechtlichen Ausgliederungen KILIAN, W. / RICHTER, P. / TRAPP, J.: Einleitung, 2006, S. 43 ff.

[1179] Zum Umfang des Mitwirkungsrechts WERNER-JENSEN, A.: Planungshoheit, 2006, S. 125.

[1180] HOBE, S. / BIEHL, D. / SCHROETER, N.: Einflüsse, 2003, S. 24 ff.

Beispiel der Fauna – Flora – Habitat Richtlinie[1181]. Zur Erhaltung der Natur und der natürlichen Ressourcen und zur Förderung biologischer Vielfalt wird ein Netz besonderer Gebiete mit der Bezeichnung „NATURA 2000“[1182] angestrebt. Die Verfahrensweise[1183] sah vor, dass die Mitgliedstaaten die als schutzwürdig zu betrachtenden Gebiete der Kommission melden sollten.[1184] In einem zweiten Schritt war vorgesehen, dass die Europäische Kommission mit Hilfe eines Ausschusses die konkreten Gebiete festlegt. Danach waren die Nationalstaaten gefordert, alle erforderlichen Regelungen zu treffen, um die Gebiete unter Naturschutz zu stellen. Nun war innerstaatlich die konkrete Meldung der Gebiete Aufgabe der Landesebene, was divergierende Regelungen zwischen den Ländern mit sich brachte.[1185] Probleme ergaben sich bei der verfahrensrechtlichen Beteiligung der Gemeinden im Meldeverfahren. Aktuell ergibt sich ein Spannungsverhältnis von Bauleitplanung zu Naturschutzrecht mit weitgehenden Verpflichtungen der Gemeinden i. R. einer Verträglichkeitsprüfung.[1186]
Im Grunde wird an dieser Stelle auch die Nahtstelle zwischen Europäischer und Lokaler Governance in den Fokus gerückt. Lokale Governance ergibt sich insbesondere:
(1) in einzelnen Politikfeldern, bei denen die Gemeinden eine Funktion im Rahmen der Implementation von Programmen wahrnehmen.
(2) im Rahmen europäischer entwicklungsorientierter Programmstruktur.
Was den erstgenannten Gesichtspunkt einzelner Politikfelder anbelangt, ist die europäische Strukturpolitik ein bedeutendes Beispiel, in dessen Zusammenhang das Partnerschaftsprinzip[1187] als Verfahren dienen sollte, mit dem subnationale Akteure, die Europäische Kommission und die Regierungen des Mitgliedstaates in ein enges, multilaterales Beziehungsgeflecht bei Entwurf, Durchführung und Bewertung der regionalen Entwicklungsprogramme einbezogen werden sollten. In den einzelnen Phasen gestalteten sich die Möglichkeiten kommunaler Beteiligung unterschiedlich. Zunächst agieren sie in einer Funktion als Interessenvertreter und dezentrale Träger oder Sachwalter europäischer Programme.[1188] Durch eine Beteiligung bei der Durchführung von Beschlüssen der europäischen Strukturpolitik können sie nun als Maßnahmeträger über Kooperationsbeziehungen einen verbliebenen Handlungsspielraum nutzen. Für die Kommunen besteht indessen kein rechtlicher Anspruch auf Zuteilung von Mitteln aus der Regionalförderung oder gar ein Vertrauensschutz auf den Fortbestand einmal ge-

---

1181 Richtlinie 92/43/EWG des Rates vom 21.05.1992 zur Erhaltung der natürlichen Lebensräume sowie der wildlebenden Tiere und Pflanzen, Amtsblatt L 206 vom 22.07.1992, S. 7 - 50.

1182 Art. 3 Abs. 1 Richtlinie 92/43/EWG Richtlinie vom 21.05.1992 des Rates zur Erhaltung der natürlichen Lebensräume sowie der wildlebenden Tiere und Pflanzen, Amtsblatt L 206 vom 22.07.1992.

1183 Zur Entstehung der Richtlinie und Einbindung von Umweltorganisationen vgl. EICHENER, V.: Entscheidungssystem, 2000, S. 127.

1184 Art. 4 Abs. 2 Richtlinie 92/43/EWG des Rates vom 21.05.1992 zur Erhaltung der natürlichen Lebensräume sowie der wildlebenden Tiere und Pflanzen, Amtsblatt L 206 vom 22.07.1992.

1185 HOBE, S. / BIEHL, D. / SCHROETER, N.: Einflüsse, 2003, S. 24 / 25.

1186 HOBE, S. / BIEHL, D. / SCHROETER, N.: Einflüsse, 2003, S. 26.
Aktuell hat das Europäische Umweltbüro (EUB) in Kooperation mit dem European Habitats Forum eine Studie zum Schutzgebietsnetzwert Natura 2000 veröffentlicht, die sich auch mit dem Umgang mit gegensätzlichen Interessen auseinandersetzt.
http://www.eeb.org/activities/biodiversity/documents/EEBN2000potentialreportFINAL.pdf - (03.08.2007).

1187 Das Partnerschaftsprinzip wurde 1988 eingeführt im Zusammenhang mit dem Schlagwort der „endogenen Entwicklungspotentiale“. PETZOLD thematisiert seinen Wandel als Entwicklung hin zu Regional Governance vgl. PETZOLD, W.: Beitrag, 2006, S. 203 ff.

1188 TÖMMEL, I.: Interessenartikulation, 1994, S. 275 / 278.

währter Mittel.[1189] Interessanterweise stellt sich zugleich mit der Reform der Strukturfonds und der Strukturpolitik der Union auch die Frage, inwieweit mit den Änderungen eine „Neujustierung Europäischer Governance"[1190] mit kommunaler Relevanz verbunden ist. So dient die im Mai 2006 verabschiedete Strukturpolitik der Umsetzung der in Lissabon vereinbarten Strategie und zeichnet sich neben inhaltlichen Änderungen durch einen Wandel der prozeduralen Bedingungen aus. Bedeutende Neuerung ist die Einführung der Offenen Methode der Koordinierung. Sie wird nicht als Instrument in einem neuen Politikfeld eingesetzt, sondern in ein bereits vorhandenes integriert. Dort trifft sie auf bestehende Implementationsmechanismen.[1191] Vordergründig kann in dieser Maßnahme eine Stärkung des Multi-Level-Governance gesehen werden, verdeckt entstehen eine Festigung des Maßes der Verbindlichkeit der Politik und eine stärkere Verpflichtung auf die europäischen Zielsetzungen.[1192]
Konkret kann ein kommunal – europäisches, kooperatives Zusammenwirken der Entwicklung neuer Lösungsansätze dienen. Deutlich wird dies im Bereich des städtischen Nahverkehrs, in dem die Europäische Kommission am 31. Januar 2007 die Diskussion eröffnet und ein Konsultationsverfahren im Vorgriff auf ein voraussichtlich im Herbst zu veröffentlichendes Grünbuch „Städtischer Nahverkehr" eingeleitet hat.[1193] Für die Kommunen ist dieses Konsultationsverfahren von besonderem Interesse, da augenblicklich mögliche Themenfelder, Probleme und Prioritäten seitens der Kommission erhoben werden.[1194]
Was den zweitgenannten Gesichtspunkt, die Teilhabe der Kommunen an der europäischen entwicklungsbezogenen Programmstruktur anbelangt, hat am 01. Januar 2007 die neue Förderperiode 2007 – 2013 mit einer Vielzahl an Programmen begonnen. Bei vielen Programmen sind ein oder mehrere europäische Partner erforderlich. Sie beziehen sich auf vielfältige Bereiche wie Umwelt, Soziales, Kultur oder Energie.[1195] Die europäischen Mittel tragen zur Lösung kommunaler Probleme bei. Sie sind Anreize zu stärkerem Engagement und zur Verbreiterung ihrer Handlungsfelder, wobei das Interesse zur Teilnahme und zur Projektfinanzierung über europäische Gelder stetig wächst.[1196]

Was folgt nun aus dieser Argumentation für die Stellung der Kommunen im europäischen Governancesystem?
Eine überwiegende Beteiligung der Kommunen am rechtlichen Vollzug bietet aus politik- oder verwaltungswissenschaftlicher Sicht wenig Anhaltspunkte für einen politikwis-

---

[1189] SCHÄFER, T.: Selbstverwaltung, 1998, S. 188.
[1190] TÖMMEL, I.: Reform, 2006, S. 183 / 184.
[1191] TÖMMEL, I.: Reform, 2006, S. 183 / 184, S. 190 / 191.
[1192] TÖMMEL, I.: Reform, 2006, S. 194 / 195.
[1193] KOMMISSION DER EUROPÄISCHEN GEMEINSCHAFTEN: Vorbereitung, 2007.
[1194] EUROPABÜRO DER BAYERISCHEN KOMMUNEN / EUROPABÜRO DER BADEN – WÜRTTEMBERGISCHEN KOMMUNEN / EUROPABÜRO DER SÄCHSISCHEN KOMMUNEN, Nahverkehr, 2007, S. 7. Stellungnahmen von Verbänden vgl. VERBAND DEUTSCHER VERKEHRSUNTERNEHMEN (VdV): Grünbuch, 2007 und EUROCITIES: Mobility, 2007.
[1195] MINISTER FÜR BUNDES- UND EUROPAANGELEGENHEITEN IM GESCHÄFTSBEREICH DES MINISTERPRÄSIDENTEN DES LANDES NORDRHEIN – WESTFALEN: EU-Programme, 2006. Auch der RGRE bietet Informationen zu kommunalrelevanten Programmen an, vgl. http://www.rgre.de/pdf/eu_foerder_2007_2013.pdf - (30.07.2007).
[1196] MINISTER FÜR BUNDES- UND EUROPAANGELEGENHEITEN IM GESCHÄFTSBEREICH DES MINISTERPRÄSIDENTEN DES LANDES NORDRHEIN – WESTFALEN: EU-Programme, 2006, S. 3.

senschaftlichen Mehrebenenansatz unter Einbeziehung der Kommunen, welcher die Kommunen als eigenständige Akteure begreift. Der Hinweis auf kommunale Spielräume beim Vollzug von Regelungen ist unter dem Gesichtspunkt Kommunaler Selbstverwaltung nicht zufriedenstellend.
Daneben tritt der Aspekt, dass das Zusammenwirken über Programme die Wahrnehmung Lokaler Governance in horizontaler Perspektive durchaus stärkt. Durch die Schaffung finanzieller Anreizstrukturen über Programme wurde ein Instrumentarium geschaffen, das sowohl der europäischen Ebene als auch den Kommunen Governanceoptionen an die Hand gibt.

Von Bedeutung ist, dass die Beteiligungsmöglichkeiten der Kommunen den Wandel der Aufgabenwahrnehmungszusammenhänge und funktionale Gesichtspunkte kommunaler Tätigkeit veranschaulichen. Insofern sich für die Kommunen im Rahmen der Teilnahme an europäischen Programmen neue Handlungsspielräume eröffnen, ergibt sich eine Stärkung der lokalen Governancedimension in horizontaler Perspektive. Dass die Europäische Kommission sich dem direkten Verhältnis zu den Kommunen annimmt, zeigt sich durch den seitens der Europäischen Kommission erstmalig dienststellenübergreifend erarbeiteten und im Mai 2007 veröffentlichten Leitfaden „Die städtische Dimension der Gemeinschaftspolitik für den Zeitraum 2007 – 2013".[1197] Ziel war es, den rechtlichen und finanziellen Rahmen der Städte und Gemeinden darzustellen. Die Kommission hebt ihre Initiativen mit städtischer Relevanz hervor, darunter die Kohäsionspolitik in der neuen Programmplanungsperiode 2007 – 2013, Förderungs- und Entwicklungsmöglichkeiten im Rahmen des 7. Rahmenprogramms für Forschung und technologische Entwicklung oder die kommunalrelevanten Programme in den Bereichen Kultur, Umwelt, Stadtverkehr und Energieeffizienz, sowie das Thema staatlicher Beihilfen und Dienste für Bürgerinnen und Bürger.[1198] Mit diesem Wandel der Aufgabenwahrnehmung und einer Wahrnehmung der Kommunen in ihrer Akteurseigenschaft ergeben für die Gemeinden neue Möglichkeiten und Chancen.

[1197] Vgl. KOMMISSION DER EUROPÄISCHEN GEMEINSCHAFTEN: Leitfaden, 2007.
[1198] Neben dem Hintergrund der Gemeinschaftspolitiken wird auf die Ausstattung mit Finanzmitteln, die Austauschmöglichkeiten und weiterführende Informationsquellen eingegangen.

2.3 Entwicklungstendenzen und Instrumente kooperativer Zusammenarbeit

2.3.1 Governance und die Reform Europäischen Regierens: Das Weissbuch Europäisches Regieren der Europäischen Kommission

2.3.1.1 Entstehung und Zielsetzung des Weissbuches Europäisches Regieren

Die Europäische Kommission hat die Reform Europäischen Regierens – Governance – im Jahr 2000 als strategisches Ziel postuliert und die Begrifflichkeit für die europäische Ebene maßgeblich geprägt. Das Weissbuch „Europäisches Regieren“[1199] des Jahres 2001 war die Grundlage eines eingeleiteten Konsultationsprozesses, wobei die sich daraus ergebenden Schlussfolgerungen in die Governance - Reform einfließen sollten. Das Weissbuch fördert neue europäische Entscheidungsstrukturen bei unveränderter Vertragslage und zielt auf eine Verbesserung der bottom-up Prozesse und Beziehungen bei der Gestaltung und Durchführung von Maßnahmen und politischen Konzepten. Konsultationen der Öffentlichkeit wurden bis 31. März 2002 durchgeführt und die Ergebnisse der Konsultationen – inklusive kritischer Stellungnahmen - dargestellt.[1200]

Inhaltlich definiert die Europäische Kommission Governance im Weissbuch Europäisches Regieren wie folgt:

„Der Begriff „Governance“ steht für Regeln, Verfahren und Verhaltensweisen, die die Art und Weise, wie auf europäischer Ebene Befugnisse ausgeübt werden, kennzeichnen, und zwar insbesondere in Bezug auf Offenheit, Partizipation, Verantwortlichkeit, Wirksamkeit und Kohärenz.“[1201]

Zudem wird im Zusammenhang mit den Grundsätzen des guten Regierens darauf hingewiesen, dass das lineare Modell des Regierens von „oben herab“ ersetzt werden muss durch einen

„Spiralprozess, der - von der Gestaltung bis zur Durchführung der Politik - auf Rückkoppelung, Netzwerken und Partizipation auf allen Ebenen beruht.“[1202]

Es wird von einer neuen Qualität des Regierens“[1203] gesprochen, auch dadurch, dass die Zivilgesellschaft[1204] und der Gedanke des Mehrebenensystems konzeptionell integ-

---

[1199] KOMMISSION DER EUROPÄISCHEN GEMEINSCHAFTEN: Regieren, 2001.
Die Einbindung der kommunalen Verbände im Sinne einer Befragung auf europäischer Ebene erfolgte frühzeitig im Rahmen von Arbeitsgruppen. COMMISSION OF THE EUROPEAN COMMUNITIES: White Paper Report 4c, 2001, S. 3.
KOMMISSION DER EUROPÄISCHEN GEMEINSCHAFTEN: White Paper Report 3b, 2001.

[1200] KOMMISSION DER EUROPÄISCHEN GEMEINSCHAFTEN: Report, 2003.

[1201] KOMMISSION DER EUROPÄISCHEN GEMEINSCHAFTEN: Regieren, 2001, S. 10.

[1202] KOMMISSION DER EUROPÄISCHEN GEMEINSCHAFTEN: Regieren, 2001, S. 14.

[1203] SCHMITT VON SYDOW, H.: Governance, 2002, S. 171.

[1204] Kritisch unter dem Gesichtspunkt „Fremdorganisation“, „stillem Lobbyismus“ und „Mehrebenenmobiriert werden. Institutionelle und prozessorientierte Elemente des Systems sollen zugunsten von Funktionsfähigkeit und Problemverarbeitungskapazität aufeinander abgestimmt werden[1205]. Neue Formen der Zusammenarbeit werden angestrebt.[1206]

„Government“ wird nicht durch ein Netzwerk ersetzt, sondern es sind die Netzwerke, welche Körperschaften aneinander binden. Eine Einbindung einer Vielzahl von Akteuren findet statt und es ändert sich der Blickwinkel auf Staatlichkeit. Sie übernimmt zunehmend die Funktion einer koordinierenden Kraft in bezug auf verwandte Interessen in „multilateralen Verhandlungssystemen“.[1207]

2.3.1.2 Kritische Auseinandersetzung mit dem Weissbuch Europäisches Regieren

Das Weissbuch Europäisches Regieren wurde kritisch hinterfragt und es erfolgte eine wissenschaftliche Auseinandersetzung mit seinen Inhalten.

Die wohl weitestgehende Kritik befasst sich mit dem Erklärungsgehalt einzelner inhaltlicher Aussagen, der gewählten Vorgehensweise und der Methodik zur Erreichung verbesserter Governance.[1208] Auch angesichts der Tatsache, dass Weissbücher nach Definition der Europäischen Kommission Vorschläge für ein Tätigwerden der Gemeinschaft in einem bestimmten Bereich – beispielsweise zum Binnenmarkt – enthalten, scheint dem Weissbuch Europäisches Regieren zunächst ein umfassender Charakter innezuwohnen.[1209]
Ein Hauptansatzpunkt der wissenschaftlichen Diskussion ist das mit dem Weissbuch verbundene Verständnis von Legitimität[1210] und Demokratie und es wird diskutiert:

1. Inwieweit das Weissbuch das richtige Mittel darstellt, um den Graben zwischen den Bürgern als Regierte und dem Governancesystem der Europäischen Union – insbesondere das bestehende Legitimationsproblem[1211] - zu schmälern.[1212]
2. Ob der von der Kommission implizit angestrebte Machtgewinn zulasten der Mitgliedstaaten geht. Eine Bejahung dieser Frage würde bedeuten, dass mit Macht-

---

lisierung“. Vgl. die Argumentation von TRENZ, H.: Zivilgesellschaft, 2005, S. 62 ff.
[1205] SOMMERMANN, K.: Verwaltung, 2002, S. 194.
[1206] HAYDER, R.: Philosophie, 2002, S. 116.
[1207] KOHLER–KOCH, B.: Governance, 2005, S. 40 / 41. Network governance prozessorientiert definiert bei OLSEN mit dem folgenden Bild von Legitimität "The legitimacy of networks is based on the acceptability of both the process used and the substantive outcomes achieved", vgl. OLSEN, J.: Citizens, 2003, S. 5.
[1208] So sei das Weissbuch nicht nur bemerkenswert im Hinblick darauf, was es sage, sondern auch im Hinblick darauf, was es nicht sage. Vgl. SCHARPF, F.: Governance, 2001.
[1209] Vgl. demgegenüber die Kritik von MÖLLERS zu Rhetorik und Text des Weissbuchs „im Niemandsland zwischen politischer Theorie und politischem Programm“. MÖLLERS, C.: Policy, 2001.
[1210] Die Diskussion über das Weissbuch zum Europäischen Regieren ist Teil der umfassenderen Diskussion um Legitimität in der Union, vgl. FOLLESDAL, A.: Theories, 2004, S. 4 – 6.
[1211] Insbesondere der Gesichtspunkt der Staatsbezogenheit führt zu divergierenden Interpretationen im Zusammenhang von Demokratie – Nation - Integration. Der Zusammenhang zwischen nationalen demokratischen Strukturen bezogen auf die Entwicklung der Union kann klären, welche Ressourcen an Ideen und Handlungsweisen bestehen, die positive Auswirkungen auf die weitere Demokratisierung der Union haben können. Vgl. MELCHIOR, J.: Understandings, 2005, No. 4.
[1212] Vgl. WIND, M.: Commission, 2001.

einbußen der Nationalstaaten auch ein Rückgang der Legitimation über Staaten verbunden ist.[1213]

3. Wie sich die Kommission im Zusammenhang mit inter - institutionellen Entscheidungsverfahren neu positioniert und ob sie verlorengegangenes Terrain wieder gut machen kann.[1214]

Um die Qualität des Weissbuchs der Kommission in Fragen der Legitimität zu analysieren liegt es nahe, einzelne Kriterien[1215] im europäischen Kontext zu unterlegen und einen Abgleich herbeizuführen.
Drei maßgebliche Kriterien[1216] sind:

1. Output – Legitimacy: „government for the people" – Effektivität und Effizienz der europäischen Problemlösungskapazitäten
2. Input – Legitimacy: „government by the people" – direkt demokratische Legitimation der europäischen Politik durch das gewählte europäische Parlament, Transparenz, Bürgerbeteiligung und Konsultation
3. „Borrowed" Legitimacy durch Mitgliedstaaten: „government of the people" – indirekte demokratische Legitimation der europäischen Politiken durch Mitgliedstaaten und deren legitimierten Autoritäten (Regierungen der Mitgliedstaaten, nationale Parlamente etc.).

Ein möglicher Weg könnte unter dem Gesichtspunkt der Demokratie und der Legitimität sein, Modelle politischer Organisation in der Europäischen Union zu suchen, welche den Anforderungen politischer Effizienz aber auch der Verantwortung oder Verantwortlichkeit genügen[1217]. Dies bedeutet eine Verschiebung der althergebrachten Grundsätze eines Regierens „durch, von und für die Bürger" und „mit den Bürgern" zu einem Regieren „für und mit den Bürgern".[1218] Bei diesen Ansätzen geht es auch darum, normative Anhaltspunkte und Standards zu finden, die Governance jenseits des Nationalstaates legitimieren.[1219]
Das Weissbuch Europäisches Regieren stellt auf eine Stärkung der Input- und Output-Legitimität ab mit dem Ziel, das Vertrauen der Adressaten der politischen Entscheidungen in das politische System zu erhöhen. Demokratie wird in einem Kontext gesehen, der nicht synonym mit parlamentarischer Regierung steht und Legitimität wird nicht ausschließlich mit parlamentarischer Demokratie verknüpft. Vertiefend folgt daraus, dass Demokratie eine funktionierende politische Infrastruktur notwendig macht,

---

[1213] SCHARPF, F.: Governance, 2001, S. 8 ff.
[1214] Ansatz von HÉRITIER, A.: Paper, 2001, S. 4 ff.
[1215] Legitimität jenseits des Nationalstaats aus akteurs– bzw. kollektivorientierter Sicht SCHARPF, F.: Legitimationskonzepte, 2004, S. 5 ff..
[1216] Kriterien nach HÖRETH, M.: Commission, 2001, C 94, S. 8 / 9.
Zur konzeptionellen Grundlage von input-orientierter und output–orientierter Legitimität und zur Anwendung des Begriffs auf die europäische Diskussion vgl. SCHARPF, F.: Regieren, 1999, S. 16 ff.
[1217] Vgl. JACHTENFUCHS, M.: Democracy, 1997, Nr. 2, S. 10.
Kritisch im Hinblick auf Defizite im Gefolge ursprünglich intergouvernementaler und konsensualer Regelungen in den Verträgen. SCHARPF, F.: Problem, 2006, S. 8.
Zur Frage der Legitimität der EU im Ver- bzw. Abgleich mit nationalstaatlichen Demokratien vgl. SCHMIDT, A: European Union, 2003. Kritisch auch unter Gesichtspunkten pluralistischer Interessenvertretung SCHARPF, F.: Notes, 2000, S. 19.
[1218] SCHMIDT A.: European Union, 2003, S. 9 ff.
[1219] Zur Legitimierung von Governance vgl. WOLF, K.: Standards, 2002, S. 38 ff.

welche zwischen den Entscheidungsträgern und den Bürgerinnen und Bürgern vermittelt. Gleichzeitig ist zu fragen, inwieweit die im Weissbuch Europäisches Regieren genannten Instrumente tatsächlich geeignet sind, größere Legitimität durch eine Änderung der Regeln des Multi-Level-Game herbeizuführen. Die Anforderungen an den Governanceansatz sind an dieser Stelle sehr hoch gesteckt, da er als Instrumentarium oder Maßstab zur Beschreibung des komplexen Mehrebenensystems herangezogen wird. Gerade die unterschiedslose Einbindung und Einbeziehung unterschiedlicher Akteure, Akteure verschiedener Ebenen und die Einbeziehung normativer und deskriptiver Elemente erheben hohe methodische Anforderungen.[1220]

2.3.1.3 Kommunalorientierte Bezüge des Weissbuches Europäisches Regieren und deren Umsetzung

Für die lokale Ebene ist inhaltlich – ausgehend vom Weissbuch - die Diskussion der folgenden Aspekte von Interesse:

1. Die genannte Einbeziehung der Bürger[1221] über demokratische Strukturen auf lokaler Ebene über Konsultationsprozesse. Dieser Diskussionspunkt trägt der Entwicklung Rechnung, dass die Kommunen häufig verantwortlich sind für die Durchführung der EU-Politiken. Für Fragen der Einbeziehung der kommunalen Ebene ist die nationalstaatliche Ebene in der Verantwortung, Regelungen für Konsultationsprozesse zu schaffen.
2. Die Europäische Kommission strebt einen systematischen Dialog mit den europäischen und nationalen Verbänden der Regional- und Kommunalbehörden an. Der Ausschuss der Regionen ist zu verstärkter, „pro-aktiver" Zusammenarbeit mit den Verbänden aufgerufen.[1222]
3. Verwaltungsvereinbarungen als Pilotkonzepte: Dreiseitige Verwaltungsvereinbarungen können zwischen Kommission, Mitgliedstaat und kommunaler oder regionaler Ebene vereinbart werden.[1223] Realisiert werden sollte dies über Pilotprojekte. Seit Oktober 2003 liegen drei dreiseitige Vereinbarungen mit Städten vor, welche die Städte Birmingham, Lille und Pescara einbeziehen.[1224] Eine Neubele-

---

[1220] MÖLLERS, C.: Policy, 2001, S. 5.

[1221] Es entsteht ein neues Bild bürgerlicher Partizipation, das sich von intergouvernementalen Vorstellungen abhebt, ebenso von nationalstaatlichen Vorstellungen bürgerschaftlicher Partizipation über Parteien oder das Parlament. Vgl. JENSON, J. / SAINT-MARTIN, D.: Europe, 2003.

[1222] Grundlagendokumente zu Rahmen, Zielen und Verfahren des systematischen politischen Dialogs KOMMISSION DER EUROPÄISCHEN GEMEINSCHAFTEN: Mitteilung, 2003 bzw. KOMMISSION DER EUROPÄISCHEN GEMEINSCHAFTEN: Arbeitsunterlage, 2003.
Stellungnahmen der Vertretung der Gebietskörperschaften der Bundesvereinigung der kommunalen Spitzenverbände zur Arbeitsunterlage der Kommission. Ständiger und systematischer Dialog mit den Verbänden der Gebietskörperschaften über die Politikgestaltung, unter www.kommon.de. Augenblicklich waren die Konsultationsprozesse in Brüssel für die Kommunen der Europäischen Transparenzinitiative KOM (2006) 194 aktuell. Der Deutsche Städte- und Gemeindebund hat auf eine Unterscheidung zwischen Repräsentanten kommunaler Gebietskörperschaften und sektoraler Interessen hingearbeitet und auf die demokratische Legitimierung der kommunalen Gebietskörperschaften verwiesen. Vgl. Deutscher Städte- und Gemeindebund (DStGB): Positionspapier des Deutschen Städte- und Gemeindebundes zum Grünbuch „Europäische Transparenzinitiative" KOM (2006) 194. www.dstgb.de - (09.02.2007).

[1223] Vgl. auch KOMMISSION DER EUROPÄISCHEN GEMEINSCHAFTEN: Framework, 2002.

[1224] Vgl. KOMMISSION DER EUROPÄISCHEN GEMEINSCHAFTEN, Commission, 2004, S. 12.

bung und Neujustierung des Instrumentes mit einer Neudefinition der einzelnen Modalitäten und eine Anwendung in einer erneuten Pilotphase wird augenblicklich diskutiert.[1225]

4. Ausschuss der Regionen: Die Rolle des Ausschusses der Regionen soll sich wandeln. Seine Funktion als „Scharnier“ zwischen der Kommission und den kommunalen Interessen wird gestärkt. Insbesondere soll der Ausschuss der Regionen über vorbereitende Berichte einen Beitrag zur Erhöhung der Gesamtkohärenz der Politiken, welche für die Städte und Regionen von Bedeutung sind, leisten.[1226]

An dieser Stelle ist von Bedeutung, wie die Grundformen unionsspezifischer Demokratie (weiter-) entwickelt werden können. Erfahrungen im Zusammenhang mit dem Weissbuch Europäisches Regieren könnten zunächst hilfreich sein bei der systematischen Auseinandersetzung mit unterschiedlichen Partizipationsformen oder –modellen.[1227]

Gleichzeitig wird, bezogen auf das Demokratieverständnis des Weissbuchs angeführt, dass nicht grundlegend geklärt ist, wer sich genau hinter dem Begriff der „Civil Society“ verbirgt. Ebenso ist darauf abzustellen, dass Civil Society eine Arena freiwilligen Handelns sein sollte und kein Mittel elitistischer oder ausschließlich organisierter Partizipation.[1228] Gleichwohl ist ein Instrumentarium anzustreben, welches das Prinzip der Partizipation, wie es im Weissbuch Europäisches Regieren vorgestellt wird, inhaltlich weiterführt. Dies betrifft die Bereiche:

1. Stärkung des bürgerschaftlichen Bewusstseins und der Beteiligung: Der Anspruch an das Weissbuch Europäisches Regieren wäre somit gewesen, nicht nur Möglichkeiten zur Partizipation einzuräumen, sondern gleichzeitig auch die Bürger zu motivieren, die Möglichkeiten wahrzunehmen.[1229]
2. Sektorale Akteure: Anzustreben ist eine Beteiligung, die faktisch weniger auf sektorale Akteure bezogen ist.
3. Partizipation im Bereich des non-decision making, während der Partizipationsgedanke im Bereich der Implementation und der Evaluation zurücksteht.[1230]

[1225] Dreiseitige Verträge sollen als Territorialpakte durch zielorientierte Partnerschaften in einzelnen Politikbereichen wie Verkehr und Energie, geschlossen werden. AUSSCHUSS DER REGIONEN: Stellungnahme, CONST-IV-04, 2006. Zur geplanten Neuausrichtung und notwendigen Informationsmaßnahmen SCHAUSBERGER, F.: Ausschuss, 2006, S. 586.

[1226] HAYDER, R.: Weissbuch, 2002, S. 52 / 53.

[1227] Zur Vertretung „funktionaler Interessen“ unter den Prämissen Offenheit und Transparenz vgl. JACHTENFUCHS, M. / KOHLER-KOCH, B.: Governance, 2004, S. 88.

[1228] HÖRETH, M.: Commission, 2001, C 94, S. 16 ff.

[1229] Zur Begrenzung des Partizipationskonzepts umfassend und kritisch MAGNETTE, P.: Governance, 2001.

[1230] MAGNETTE, P.: Governance, 2001.

2.3.1.4 Zwischenfazit: Beurteilung des Weissbuches Europäisches Regieren unter kommunalorientierten Governancegesichtspunkten

Zunächst wurde in den vorangegangenen Ausführungen auf die systematische Kritik am Weissbuch Europäisches Regieren eingegangen. Für die Kommunen ist das Weissbuch davon unabhängig unter mehreren Gesichtspunkten von Interesse: Konkret sind dies die Ansätze zu systematischem Dialog mit den Kommunalverbänden oder die gestärkte Rolle des Ausschusses der Regionen. Durch die Neudefinition der Modalitäten und der Anwendung dreiseitiger Verwaltungsvereinbarungen könnten sich diese für die Kommunen zu einem lohnenswerten Instrument ausbauen lassen. In einem weiteren Zusammenhang steht das Weissbuch Europäisches Regieren für einen Ansatz der Kommission, die bereits im Bereich der Politikformulierung eine Vielzahl von Mechanismen, Internet-Konsultationen oder Round-Table-Gespräche in Aussicht stellt.

Im Zusammenspiel von Governance, wie sie durch das Weissbuch Europäisches Regieren geprägt wird und Kommunaler Selbstverwaltung sind einige Bereiche kritisch:
(1) Der Zusammenhang zwischen nationalem Demokratiegedanken und Europäischer Governance.
(2) Die Konzeption bürgerlicher Partizipation in Übereinstimmung mit Governance und Kommunaler Selbstverwaltung.
(3) Das Verhältnis ebenenübergreifender oder akteursorientierter Governance zum Kommunalen Selbstverwaltungsgedanken.

Positiv ist, dass mit den Regelungen des Weissbuches Europäisches Regieren auf die Rolle der Gemeinden ausdrücklich Bezug genommen wurde. Gleichzeitig bleiben Fragen offen, welche das Gemeinwesen „an seinen Grundfesten" betreffen, und der mit dem Weissbuch verbundene Governancegedanke wird im Hinblick auf Werte wie Demokratie, Legitimität, Gemeinwohl und Zivilgesellschaft[1231] zurecht hinterfragt. Ein Ansatz ist, über Kommunikationsprozesse und Handlungsmodelle Grundformen unionsspezifischer Demokratie (weiter-) zu entwickeln und Erfahrungen mit dem Weissbuch Europäisches Regieren bei der Auseinandersetzung über unterschiedliche Partizipationsformen oder –modellen zu nutzen. Gleichwohl ist ein Instrumentarium erforderlich, welches das Prinzip der Partizipation, wie es im Weissbuch Europäisches Regieren vorgestellt wird, weiterführt.[1232]
Im Zusammenhang mit der Wiederbelebung dreiseitiger Verwaltungsvereinbarungen sind die bestehenden Pilotprojekte, welche die Kommunen betreffen, jeweils ebenenübergreifend, indem sie Akteure unterschiedlicher Ebenen integrieren. Europäische Kommission, einzelne Gemeinden und die Nationalstaaten sind einbezogen. Es handelt sich um eine Vorgehensweise, die sich unter dem Gesichtspunkt der Governance von der Ebenensystematik löst.

[1231] Vgl. HÖRETH, M.: Commission, 2001, S. 16 ff.
[1232] MAGNETTE, P.: Governance, 2001.

Interessanterweise steht die Entwicklung Europäischer Governance - was die Lösung von Ebenenbezug betrifft - entgegen der Entwicklung, wie sie sich in Deutschland im Rahmen der Föderalismusreform I gezeigt hat, bei der die Schutzfunktion der Länder zugunsten der Kommunen und die verfassungsrechtliche Stellung der Kommunen als Teil der Länder betont wurde. An dieser Stelle entstehen durch europäische Integrationsprozesse parallele Mechanismen der Einbindung bzw. Anbindung mit in gewisser Weise divergent verlaufenden Entwicklungen in den Nationalstaaten.

Neben den konkreten Inhalten sind vor allem die sich im Zusammenspiel von Europäischer Governance und Kommunaler Selbstverwaltung ergebenden Aspekte von Bedeutung. Es handelt sich um den Zusammenhang zwischen nationalem und lokalem Demokratiegedanken und Europäischer Governance. So bleibt insbesondere künftig eine Konzeption von bürgerlicher Partizipation in Übereinstimmung mit Lokaler Governance und Kommunaler Selbstverwaltung zu entwerfen.

Im Kontext von Zivilgesellschaft ergaben sich aufgrund der Initiative der Europäischen Kommission Neuerungen. Das am 3. Mai 2006 von der Europäischen Kommission verabschiedete Grünbuch 'Europäische Transparenzinitiative' steht auch im Kontext zivilgesellschaftlicher Partizipation. Das Grünbuch war Grundlage für eine Diskussion in den Bereichen Lobbyismus, sowie Konsultationsstandards. Die Kommission hatte einen breiten und umfangreichen Konsultationsprozess zum Grünbuch durchgeführt und am 21. März 2007 ein Arbeitsdokument der Dienststellen der Europäischen Kommission veröffentlicht, das einen Überblick über die wichtigsten Ergebnisse der Konsultation bietet. Gleichzeitig hat die Kommission eine Mitteilung zu den Folgemaßnahmen zum Grünbuch 'Europäische Transparenzinitiative' verabschiedet, die darlegt, wie die Kommission weiter verfahren wird. Unter anderem wird sie ein Register der Interessenvertreter einrichten, das im Frühjahr 2008 eingeführt werden soll.[1233]

[1233] Dokumente KOMMISSION DER EUROPÄISCHEN GEMEINSCHAFTEN: Grünbuch, 2006. KOMMISSION DER EUROPÄISCHEN GEMEINSCHAFTEN: Commission, 2007. Folgemaßnahmen zum Grünbuch Europäische Transparenzinitiative vgl. KOMMISSION DER EUROPÄISCHEN GEMEINSCHAFTEN: Mitteilung, 2007.

C Weiterentwicklungen und Perspektiven: Kommunale Selbstverwaltung und Lokale Governance als Elemente strukturellen Wandels und transnationaler Integration

1 Europäische Union und strukturelle Entwicklung: Wegmarken zwischen Europäischem Verfassungsvertrag[1234] und Reformvertrag

1.1 Entwicklung und Stand der Reformdiskussion

1.1.1 Aktueller Sachstand: Blick zurück nach vorn[1235]

„Ein Begräbnis erster Klasse für das Projekt einer EU-Verfassung“[1236].

Die vergangenen Jahre waren unter dem Gesichtspunkt europäischer Integrationsentwicklung ereignisreich. Das Scheitern des Verfassungsvertrages hat zunächst einen „faden“ Beigeschmack, hatte doch gerade das Wissen, dass der Vertrag von Nizza nicht die erforderliche Basis für effektives Arbeiten einer sich erweiternden Europäischen Union bieten kann, den Weg für den Verfassungskonvent eröffnet. Mit dem Gipfel von Laeken[1237] war man überein gekommen, dass die Union eine neue Grundlage bekommen sollte und formulierte erste Ziele. Erreicht werden sollten diese Ziele über ein Konventsverfahren unter der Leitung von VALÉRY GISCARD D´ ESTAIGN[1238]. Die hauptsächlich aus Parlamentariern der nationalen und europäischen Ebene bestehenden Mitglieder des Konvents hatten ihr Mandat inhaltlich umfassend definiert und entwickelten das Selbstverständnis einer verfassungsgebenden Versammlung[1239]. So wurde über das Konventsverfahren die Vorbereitung des Entwurfs des Verfassungsvertrages zum wesentlichen Teil gestaltet[1240] und im Juni 2003 den Staats- und Regierungschefs der Staaten ein Entwurf über einen Verfassungsvertrag vorgelegt. Im Ok-

---

[1234] Verfassungsvertrag bezieht sich im Folgenden auf den am 29. Oktober 2004 in Rom unterzeichneten und am 17. Dezember 2004 als BR-Drs. 983/04 S. 9 ff. veröffentlichten Verfassungsvertrag, zitiert nach LÄUFER, T. (Hrsg.): Verfassung, 2005.

[1235] Zur juristischen Unterscheidung von Verfassung und Verfassungsvertrag vgl. GRIMM, D.: Staat, 2003, S. 2. Die Unterscheidung war in der nationalen Diskussion von Bedeutung für die Frage, wer die rechtlichen Grundlagen der Europäischen Union maßgeblich bestimmt: Mitgliedstaaten oder Union. Kritisch BURGER, der "Verfassung" als „semantische Legitimitätsanleihe“, als rhetorischen Anschluss an die nationalstaatliche Tradition erörtert. Vgl. BURGER, R.: Kontinentalverschmelzung, 2003, S. 199. Argument, der Verfassungsvertrag ziele auf eine organisationsrechtliche Ordnung, daher Vertraglichkeit zentral vgl. OETER, S.: Demokratie, 2006, S. 69 ff. Demgegenüber zu sprechen von Verfassung, nicht Verfassungsvertrag, da der Vertrag lediglich die Form des Zustandekommens sei, vgl. HÖLSCHEIDT, S.: Ratifizierung, 2006, S. 17.

[1236] Kritisch KRÄTKE, M.: Europagipfel, 2007.

[1237] http://europa.eu.int/constitution/futurum/documents/offtext/doc151201_de.htm - (18.04.2006).

[1238] Zur prägenden Rolle GISCARD D´ESTAINGS im Konvent GIERING, C.: Reformkonvent, 2003, S. 32, GUEROT, U.: Europa, 2003, S. 41.

[1239] HÖRETH, M. / JANOWSKI, C. / KÜHNHARDT, L. (Hrsg.): Verfassung, 2005, S. 6.

[1240] Hintergründe RACK, R. / FRAISS, D.: Verfassung, 2003, S. 20 ff. Die Vorgehensweise einen Konvent einzuberufen wird in der Literatur positiv bewertet. Stv. KÜHNHARDT, L.: Einleitung, 2005, S. 29 ff. Beiträge der Parlamentsmitglieder bzw. des Europäischen Parlaments vgl.
http://www.europarl.europa.eu/comparl/conv/documents/mep_contributions_en.htm - (15.05.2006)
http://www.europarl.de/export/system/galleries/downloads/medienservice_jan2005.pdf - (15.05.2006).

tober 2004 erfolgte die Unterzeichnung in Rom[1241], welche den Weg zu den nationalen Verfahren der Ratifizierung[1242] in den Mitgliedstaaten öffnete.[1243]
„Meilensteine des Scheiterns" waren das Scheitern der Volksabstimmungen in Frankreich und in den Niederlanden, mit denen das Verfahren der Ratifizierung ins Stocken geriet[1244]. Zunächst wurde eine „Reflexionsphase" eingeläutet[1245], wobei durch den Europäischen Rat in Brüssel am 16. und 17. Juni 2005 davon abgesehen wurde, das Verfahren zu stoppen.[1246] Mit Beginn des Jahres 2006 und der österreichischen Ratspräsidentschaft wurde die „Reflexionsphase" nochmals intensiviert und zahlreiche Akteure, voran die Europäische Kommission, stellten sich mit umfangreichen Strategiepapieren[1247] der öffentlichen Diskussion[1248].

Was die politische übergeordnete Zielsetzung eines Verfassungsvertrages anbelangt, hatte bereits die „Berliner Erklärung" vom 23. März 2007 in ihrem Wortlaut keine wörtliche Nennung eines Verfassungsvertrags mehr enthalten, sondern sprach lediglich davon, die Europäische Union bis zu den Wahlen zum Europäischen Parlament 2009 auf eine erneuerte gemeinsame Grundlage zu stellen. Wie diese gemeinsame Grundlage gestaltet werden soll, hat sich nunmehr weitgehend geklärt. Ein straffer Zeitplan strukturiert das weitere Vorgehen.
Auch vom Ergebnis her gesehen wird deutlich, in welch hohem Maße der deutschen Ratspräsidentschaft 2007[1249] die Wiederbelebung des festgefahrenen Verfassungsprozesses zentrales Anliegen gewesen ist.

Inhaltlich wurden die weiteren Schritte des Reformprozesses, die rechtlichen Grundlagen und der zeitliche Rahmen im Einzelnen festgelegt.[1250] Verwirklicht werden sollen die notwendigen Reformen des institutionellen Systems über einen Reformvertrag, für dessen Regelungen bereits umfangreiche Vorgaben erörtert wurden.[1251]
Kernaussage ist, dass formal der EGV, der Vertrag zur Gründung der Gemeinschaft und der EUV, der Vertrag über die Europäische Union, grundsätzlich erhalten bleiben.

Inhaltlich haben sich die Akteure im Rahmen der Verhandlungen oder ihrer Vorverhandlungen stark an den Regelungen des Entwurfs des Verfassungsvertrages orien-

---

1241 Zum Verfahren stv. HÖLSCHEIDT, S.: Ratifizierung, 2006, S. 18 ff.
1242 Entstehungsprozess chronologisch http://europa.eu.int/roadtoconstitution/chronology/index_de.htm - (11.03.2006).
1243 Ratifizierungsverfahren in einzelnen Staaten http://www.european-referendum.org/41.html - (07.07.2007) bzw. http://europa.eu.int/constitution/ratification_en.htm - (03.03.2007). Eine Übersicht über durchgeführte Referenden zur Europäischen Integration bei KÜHNHARDT, L.: Weg, 2005, S. 22 ff.
1244 http://www.europa-web.de/europa/03euinf/04AUS_BU/defrverfassung.htm - (18.04.2006).
1245 Zur Positionierung der Kommission vgl. KOMMISSION DER EUROPÄISCHEN GEMEINSCHAFTEN: Mitteilung, 2005.
1246 HÖRETH, M. / JANOWSKI, C. / KÜHNHARDT, L. (Hrsg.): Verfassung, 2005, S. 7.
1247 KOMMISSIOM DER EUROPÄISCHEN GEMEINSCHAFTEN: Mitteilung, 2005.
1248 Stv. SHAW, J.: Treaty, 2005, S. 85 / 86 ff. GÖLER, D. / JOPP, M.: Verfassungskrise, 2006, S. 91 – 105, bzw. HÖLSCHEIDT, S.: Ratifizierung, 2006, S. 27 ff.: EINEM, C.: Verfassung, 2006, S. 1 - 3, EMMANOUILIDIS, J.: Zeit, 2007.
1249 www.eu2007.de - (07.02.2007).
1250 EUROPÄISCHER RAT: Übermittlungsvermerk, 2007.
1251 Vorarbeiten und Koordinierungserfordernisse im Vorfeld der Regierungskonferenz im Juni 2007 vgl. MAURER, A.: Reformvertrag, 2007, S. 140 ff.

tiert.[1252] Einige bedeutende Änderungen der bisherigen Verträge wurden bereits mit den Schlussfolgerungen der Staats- und Regierungschefs veröffentlicht:

Der EUV wird seine derzeitige Bezeichnung behalten, während der EGV künftig Vertrag über die Arbeitsweise der Union genannt werden wird. Inhaltlich ist bedeutsam, dass es keinen Außenminister der Europäischen Union geben wird.[1253] In welchem Umfang über die nunmehr vorgesehene Position eines „Hohen Vertreter der Union für Außen- und Sicherheitspolitik" eine gemeinsame Außen- und Sicherheitspolitik betrieben werden kann, wird sich zeigen müssen. Gleichzeitig wird auf „nationalstaatliche Anleihen", wie Symbole verzichtet.

Die Charta der Grundrechte wird nicht Bestandteil der Verträge, es erfolgt lediglich ein Verweis bzw. eine Bezugnahme auf die im Rahmen der Regierungskonferenz 2004 vereinbarte Fassung der Charta der Grundrechte[1254]. Normiert werden soll jedoch, dass die Charta der Grundrechte die gleiche Rechtsverbindlichkeit hat, wie die Verträge.[1255]

Weitere Festlegungen bestehen darin, dass die nationalen Parlamente stärker am europäischen Gesetzgebungsprozess beteiligt werden sollen, die Zahl der Kommissare reduziert werden und das Abstimmungsverfahren doppelter Mehrheit spätestens ab April 2017 durchgesetzt werden soll.[1256]

Formaljuristisch sind die Regelungen des Art. 48 EUV[1257], der das formale Änderungsverfahren für Vertragsänderungen festlegt, relevant. Der zeitliche Fahrplan sieht vor, dass die portugiesische Ratspräsidentschaft[1258] des zweiten Halbjahres 2007 spätestens Ende Juli 2007 eine Regierungskonferenz einberuft, welcher der Entwurf des „Reformvertrages" auf Grundlage der Schlussfolgerungen des vorangegangenen Gipfels vorgelegt werden soll.[1259] Erforderlich ist, dass die Regierungskonferenz sich bis Ende 2007 einigt, soll eine Ratifizierung in den Nationalstaaten noch bis Juni 2009 erfolgen.

[1252] Vgl. Mit weiteren Nachweisen SEEGER, S. / EMMANOUILIDIS, J.: Reform, 2007, S. 6.

[1253] EUROPÄISCHER RAT: Übermittlungsvermerk, 2007, S. 16.

[1254] Damit erlangt diese Rechtsverbindlichkeit und ihr Geltungsbereich wird festgelegt, EUROPÄISCHER RAT: Übermittlungsvermerk, 2007, 17.

[1255] EUROPÄISCHER RAT: Übermittlungsvermerk, 2007, Anlage 1, S. 25.

[1256] Zusammenfassend auch EUROPABÜRO DER BAYERISCHEN KOMMUNEN / EUROPABÜRO DER BADEN – WÜRTTEMBERGISCHEN KOMMUNEN / EUROPABÜRO DER SÄCHSISCHEN KOMMUNEN: Juni-Gipfel, 2007, S. 2 – 4.

[1257] NICOLAYSEN, G.: EU-Mitgliedstaaten, 2006, S. 27 – 29.

[1258] http://www.eu2007.pt - (10.07.2007).

[1259] Bestätigung durch Premierminister JOSE SÓCRATES im Rahmen seiner Rede vor dem Europäischen Parlament in Straßburg, vgl. SOCRATES, J.: Presentation, 2007.

1.1.2 Einbindung kommunaler Positionen in den Reformprozess

Wie lässt sich nun eine angemessene Diskussion um kommunale Perspektiven im Reformgeschehen vor dem Hintergrund einer vorangegangenen Stagnation[1260] und nunmehr neuer Dynamik des Reformvertrages führen?

Vieles spricht dafür, den Bogen ausgehend von den Festlegungen der Verträge, über den Entwurf des Verfassungsvertrages bis hin zum Reformvertrag zu spannen. Damit berücksichtigt man kommunale Bezüge unter Beachtung fachlicher nunmehr jahrzehntelanger Diskussion um eine Europäische Verfassung:

1. Mit dem Scheitern eines Verfassungsvertrages ist neben den inhaltlichen Gesichtspunkten gleichzeitig der Versuch gescheitert, ein einheitliches Grundlagendokument, ein einheitliches Vertrags- bzw. Verfassungswerk, zu schaffen.
2. Der Verfassungsprozess selbst hat großes Engagement und fachliches Know-How der beteiligten politischen Kräfte[1261] gezeigt. So ist allein der Text weder als Endpunkt europäischer Entwicklung noch als Sackgasse zu sehen und die Inhalte, wie sie sich jetzt darstellen, werden weiterhin Argumentationsgrundlage künftiger Entwicklung sein. An der Ausgangsposition – der Reformbedürftigkeit des bestehenden Vertragsrechts – hat sich durch die Ablehnung des Verfassungsvertrages im Ratifizierungsverfahren nichts geändert.
3. Auch die grundlegenden kommunalen Positionen und Forderungen sind nicht neu. Sie lassen sich seit der Gründung der Verträge verfolgen und werden sich als bestehende aktuelle Befindlichkeiten im Reformprozess kaum ändern.
4. Die Schlussfolgerungen des Vorsitzes vom 21. / 22. Juni 2007 orientieren sich inhaltlich einerseits an den im Rahmen der Verfassungsdiskussion erlangten Kompromissformeln, andererseits notwendigerweise an den bestehenden Verträgen.

Aus diesen Gründen lohnt sich der gedankliche „Schritt zurück", um auch spezifisch kommunalrelevante Gesichtspunkte entlang dieser Entwicklungszusammenhänge zu strukturieren und die kommunalen Bezüge darzustellen.

Soweit zum jetzigen Zeitpunkt möglich, soll in einem weiteren Schritt unterlegt werden, welche kommunalen Belange zum jetzigen Stand der Entwicklung bereits im Reformprojekt Berücksichtigung gefunden haben.[1262]

[1260] ZOLLER, A. / DERPA, U.: Zukunft, 2006, S. 63.

[1261] Hervorzuheben war die inhaltliche Ausrichtung auf die soziale Dimension im Entwurf des Verfassungsvertrages, mit dem soziale Ziele und Grundwerte aufgenommenen wurden. Der Solidaritätsbegriff findet sich in Art. I – 2 S. 2 des Entwurfs des Verfassungsvertrages. Insbesondere die Aufnahme der Grundrechte stärkt die soziale Dimension Europas. DAMMEYER, M.: Regionen, 2006, S. 238. BRUSIS, M.: Dimension, 2005, S. 184.

[1262] Zur Beibehaltung kommunalrelevanter Regelungen für die künftige Verfassungsentwicklung vgl. die vom französischen Staatspräsidenten SARKOZY im Schreiben an die französische Sektion des RGRE vertretene Position. SARKOZY, N.: Ensemble, 2007, S. 2.

1.2 Kommunalrelevante strukturelle Komponenten der Reformdiskussion

1.2.1 Abgrenzung zwischen Verfassung, Verfassungsvertrag und Vertrag

Die Verhandlungen zur Wiederbelebung des Reformprozesses während des deutschen Ratsvorsitzes waren ein Austausch politischer Positionen vor dem Hintergrund unterschiedlicher Nationalstaatlichkeit der Akteure. Der Wunsch nach einer Verfassung oder zumindest einem Verfassungsvertrag war eine politische Leitvorstellung[1263], die sich als nicht realisierbar herausgestellt hat. Im Zusammenhang mit der Verfassungsdiskussion und dem vorgeschalteten Konventsverfahren war es notwendigerweise zu einer Verschiebung und weitgehenden Verengung der rechts- und politikwissenschaftlichen Diskussionen auf konkrete Inhalte des Entwurfs des Verfassungsvertrags, die rechtliche Ausgestaltung oder die Verfahren der Ratifikation gekommen. Zum jetzigen Zeitpunkt ermöglicht der ernüchterte „Schritt zurück von einer Verfassung" buchstäblich wieder einen breiteren Blickwinkel auf das vorhandene Umfeld und das breite Spektrum grundlegender Fragestellungen [1264] und nicht vollständig geklärter Diskurse vorangegangener Jahre.[1265] In rechtlicher Hinsicht galt beispielsweise als umstritten, inwieweit die Union bereits über die Regelungen des Primärrechts über eine Verfassung verfügt.[1266] Themenbereiche, wie der Aspekt, ob und in welchem Umfang der Verfassungsbegriff von Kategorien der Staatlichkeit abgekoppelt werden kann oder sollte und wie sich Demokratie, Demokratisierung und Legitimität unter dem Vorzeichen einer Verfassung entwickeln[1267], werden unter den Prämissen des Reformvertrages und mit Blick auf künftige Entwicklungen weitergeführt werden. Zentral wird immer der Blick auf den Verfassungsbegriff selbst sein.[1268] Traditionell heißt „Verfassung" in der 200-jährigen europäisch-atlantischen Geschichte „Staatsverfassung" als Rahmen eines Gemeinwesens[1269].

[1263] Die Diskussion um die europäische Verfassungsentwicklung steht im Kontext eines „visionary spirit", was ein gemeinsames Verständnis und ein zukunftsorientiertes europäisches Leitbild, eine gemeinsame Zielvorstellung einschließt. Zur Bedeutung von Leitbildern auch im Hinblick auf die europapolitische Orientierungsdebatte vgl. HIERZINGER, R. / POLLAK, J. (Hrsg.): Leitbilder, 2001, S. 9 ff. Beispiel für ein Leitbild ist das Konzept eines kosmopolitischen Europa, vgl. BECK, U. / GRANDE, E.: Europa, 2004, S. 10 / 13 / 24 / 25. Kritisch zum Begriff Europas als „politische Pathosformel der Einigung", „Sehnsuchtsvorstellung", oder „Nostalgiewort", vgl. BURGER, R.: Kontinentalverschmelzung, 2003, S. 187.

[1264] Zu beachten ist, dass frühe europäische Verfassungsentwürfe bereits auf die 80er Jahre zurückgehen. Zu den Entwürfen einer Verfassung vgl. GASTER, J.: Subsidiaritätsprinzip, 1998, S. 27 ff.

[1265] Ein Beispiel hierfür ist die Frage nach der grundsätzlichen Notwendigkeit und des Nutzens einer Europäischen Verfassung. Das Augenmerk dieser Fragestellung richtete sich auf die Abgrenzung zwischen Verfassung und Verfassungsvertrag. Unter Betonung der Bedeutung des nationalstaatlichen Verfassungsbegriffes, vgl. GRIMM, D.: Europa, 1995.

[1266] Für viele ZULEEG, der argumentiert, dass Europa bereits über eine Verfassung verfüge. Vgl. ZULEEG, M.: Verfassung, 2001, S. 22 ff. Zum Verfassungscharakter der Verträge kritisch GRIMM, D.: Vertrag, 1997, S. 13. ff bzw. GRIMM, D.: Verfassung, 2001, S. 215 ff.

[1267] Staat und Verfassung in der Staatsrechtslehre BIEBER, R.: Verfassungsfrage, 2001, S. 111. Lösungsansätze für die weitere Demokratisierung der Union vgl. DECKER, F.: Demokratie, 2001, S. 36 ff. Kritisch zum Beitrag der Verfassungsinhalte zur Steigerung der Legitimation ABROMEIT, H. / WOLF, S.: Treaty, 2005.

[1268] Historischer Abriss zur Entwicklung von „Verfassung" vgl. SCHAAL, G.: Vertrauen, 2004, S. 75 / 78.

[1269] Sie ist die höchste Normengruppe der jeweiligen nationalen Rechtsordnung und regelt die Ordnung des Staates. Zur Frage der Trennung von Staat und Verfassung im Rahmen der Staatsrechtlehre vgl. BIEBER, R.: Verfassungsfrage, 2005, S. 121 ff. Wesentliche Bestandteile einer Verfassung sind das

Die häufig genannte Bezeichnung „Europäische Verfassung" für den Entwurf des Europäischen Verfassungsvertrages war vor dem Hintergrund unterschiedlicher nationalstaatlicher Verfassungsverständnisse nicht unproblematisch. Bereits zwischen den Nationalstaaten bestehen divergierende Verfassungsverständnisse. Allein zwischen Deutschland und Frankreich existieren starke Unterschiede. In Frankreich ist eine Aufladung mit Bezug zum Gründungsdokument, der Menschen- und Bürgerrechtserklärung von 1789, bedeutsam. Diese bindet die Verfassung nicht an Staatlichkeit per se, sondern sieht sie als „Ordnung des Rechts, die sich auch mit der Teilung und mit der Festlegung, Zuordnung und Begrenzung von Funktionen befasst"[1270]. In einem weiteren Schritt wird der Mensch zum Bürger des von ihm durch die Verfassung konstituierten Gemeinwesens. Darauf aufbauend gewinnt die Aussage, dass sich die Existenz öffentlicher Gewalt ausschließlich aus den in der Verfassung enthaltenen bzw. von den geschaffenen Institutionen konkretisierten Gemeinwohlaufgaben rechtfertigt, an Bedeutung[1271]. Demgegenüber fehlte in Deutschland zunächst der „Urtext" sowie die revolutionäre Dynamik und es wird mit einer bedingten „Verrechtlichung von Herrschaft" argumentiert.[1272] Selbst wenn man die unterschiedlichen nationalstaatlichen Entwicklungen beiseite schieben könnte, sind der immanente Wandel des Verfassungsbegriffs und aus ihm resultierende staatsorganisatorische Gesichtspunkte zu berücksichtigen.

Löst sich der Verfassungsbegriff im Zuge der europäischen Entwicklung von Staatlichkeit, wenn der Staat nur noch eine Möglichkeit darstellt, wie sich die Gesellschaft im Hinblick auf das gemeine Wohl organisieren kann? Der Staat würde faktisch seiner „Alleinverantwortlichkeit" für das Gemeinwohl entbunden werden.[1273] Vor diesem Hintergrund ist in konzeptioneller, staatsorganisatorischer Hinsicht versucht worden, die Bedeutung des Entwurfs des Verfassungsvertrags über das Modell des „Multilevel Constitutionalism" einzubinden. Supranationale Autorität hätte demnach komplementär zu den Verfassungsordnungen der Mitgliedstaaten bestanden, deren Verfassungen zwar nicht aufgehoben, jedoch in ihrer Rolle hinsichtlich der Regelung öffentlicher Autorität Einschränkungen erfahren hätten.[1274]

Festlegen des Legitimationsprinzips politischer Herrschaft, das Festlegen von Legitimationsbedingungen hinsichtlich der Ausübung von politischer Herrschaft, darüber hinaus die Bestimmungen über das Einrichten und die Ausübung von Staatsgewalt, Rechtsstaatlichkeit und Gewaltenteilung, vgl. GRIMM, D.: Europa, 1995, S. 23 ff.

[1270] PERNICE, I.: Verfassungsfrage, 2001, S. 22.

[1271] Vgl. PERNICE, I.: Verfassungsfrage, 2001, S. 24.

[1272] SCHULZ, D.: Verfassung, 2004, S. 287. Das deutsche Verständnis von Nation rückt abweichend vom französischen in die Nähe der Kulturnation, statt zu einer Prägung des Nationenbegriffes im politischen Sinne zu führen SCHAUER, H.: Identität., 1997, S. 9 ff. Die mit der Französischen Revolution genannte „Rangverkehrung" zwischen Staat und Gesellschaft bedeutet, dass in Frankreich der Staat eine dienende Rolle innehat. Gleichzeitig darf der Staat nicht zugunsten von Partikularinteressen tätig werden, denn er hat eine Bindung an das Gemeinwohl. Im Gegensatz dazu besteht beim deutschen Modell eine Trennung von Staat und Gesellschaft, bei der soziale Gerechtigkeit historisch über ausgedehnte Staatstätigkeit erhofft wurde. Das deutsche Bürgertum konnte den Staat nicht seinem Willen unterwerfen. Der Staat gab bewusst Bereiche für bürgerliches Handeln frei. Freiheit bedeutete die Abwesenheit staatlicher Entscheidung und Lenkung. Vgl. GRIMM, D.: Staat, 1993, S. 39.

[1273] PERNICE, I.: Verfassungsfrage, 2001, S. 26 ff.

[1274] Zur Entwicklung des "multilevel constitutionalism" und Prägung der Begrifflichkeit PERNICE, I.: Constitution, 2004, S. 16. Verfassungsverbund mehrerer Teilverfassungen vgl. ÖHLINGER, T.: Gemeinschaftsverfassung, 2004, S. 107 ff. Der entstehende Verfassungsverbund hätte analog zum politischen Mehrebenensystem gesehen werden können, das die Nationalstaaten, ihre Untergliederungen

Die Lösung des Verfassungsbegriffes von klassischen Begrifflichkeiten wie Staat, Souveränität und Nation in europäischem Kontext wäre keinesfalls als banal zu bewerten gewesen und ein Aufleben im europäischen Rahmen ein bewusster Schritt weitergeführter Integrationsentwicklung. Demgegenüber scheint die augenblickliche Auseinandersetzung um Inhalte des Reformvertrages in der Tradition einer operativen, problemorientierten und pragmatischen Vorgehensweise zu stehen, die sich in den Stand der Dogmatik und die nationalen Entwicklungszusammenhänge fügt.

Im Folgenden soll zunächst gezielt auf kommunalrelevante strukturelle Bezüge der Reformdiskussion eingegangen werden. Erörtert werden die Entwicklungslinien und Grundsatzfragen der europäischen kommunalrelevanten Diskussion, beginnend bei Fragen der Subsidiarität. Auf diese Weise wird deutlich, welche Anforderungen an das Primär- und Sekundärrecht der Union nach dem Scheitern eines Europäischen Verfassungsvertrags aufrechterhalten und weitergetragen werden sollen[1275] und erläutert, wie diese unter kommunalem Blickwinkel zu beurteilen sind.

1.2.2 Subsidiaritätsprinzip, Kompetenzabgrenzung und –ausübung

1.2.2.1 Entwicklung und Bedeutungsinhalte des Subsidiaritätsprinzips

Der Zugang zum Subsidiaritätsprinzip in seiner Bedeutung für die kommunale Ebene wird nachfolgend wie folgt dargestellt:

1. Allgemeine Entwicklungslinien und wesentliche Bedeutungsinhalte des Subsidiaritätsprinzips werden aufgezeigt.
2. Die Verwandtschaft im Verständnis von Subsidiarität und Kommunaler Selbstverwaltung wird dargestellt.
3. Der Zusammenhang zwischen Governanceansatz und Subsidiaritätsprinzip wird erläutert.
4. Die Funktion des Subsidiaritätsprinzips als Schutzprinzip für die Gewährleistung Kommunaler Selbstverwaltung wird analysiert.
5. Das Subsidiaritätsprinzip in seiner europäischen Dimension wird erörtert.

Was die Herkunft und die Entwicklungslinien des Subsidiaritätsprinzips anbelangt, so wurde es ursprünglich durch die Katholische Soziallehre, deren Deutung auch in die Diskussion im Rahmen der Europäischen Gemeinschaft hineinwirkt, geprägt[1276].

Insgesamt herrschen unterschiedliche inhaltliche Auffassungen über ein adäquates Verständnis des Subsidiaritätsprinzips vor. Anhand eines Beispiels lässt sich der Kern dieser Unterscheidungen gut illustrieren:

---

und die europäische Ebene berücksichtigt. SCHLIESKY betont die wechselseitige Verzahnung der Verfassungen vgl. SCHLIESKY, U.: Gestalt, 2003, S. 60.

[1275] Vgl. SIMON, P.: Garantie, 2006, S. 633.

[1276] Für viele SCHIMA, B.: Subsidiaritätsprinzip, 1994, S. 4 ff., Bedeutungsgehalt dokumentarisch und im Zusammenhang mit Integration und Legitimität aufgearbeitet GROSSE-HÜTTMANN, M.: Subsidiaritätsprinzip, 1996; WALTHER, M.: Subsidiarität, 2002, S. 118 ff.

Das Subsidiaritätsprinzip artikuliert eine Rangfolge zwischen zwei oder mehr Ebenen, die beide in der Lage sind, dieselbe Aufgabe zu erledigen, wie ein Segelboot mit *Hilfs*motor oder ein Motorboot mit *Not*segel[1277]. Zwei Systeme können grundsätzlich für die Fortbewegung sorgen; eines greift zur Unterstützung oder als Ersatz des anderen ein und ist daher subsidiär.

Daraus resultieren zwei Funktionen oder Möglichkeiten von Subsidiarität:
(1) Einmal übernimmt das subsidiäre System nur dann eine eigene Funktion, wenn das Hauptsystem ausfällt.
(2) Eine zweite Funktion kommt dann zum tragen, wenn mehrere Systeme nebeneinander bestehen und durch einen synchronen Einsatz die Gesamtkompetenz und die Effizienz des Gesamtsystems erhöht werden können.

Speziell für den zweiten Fall entfällt eine a priori Hierarchie. Aussagen über die zuständige Handlungsebene lassen sich oft nicht eindeutig treffen[1278].

Für den europäischen Zusammenhang gilt, dass das Subsidiaritätsprinzip im Gesamtkontext des Integrationsprinzips und des Verhältnismäßigkeitsprinzips zu sehen ist und nicht auf „die Wahrung nationaler Souveränität" im klassischen Sinn abzielt.[1279] Systematisiert lässt sich die Bedeutung des Subsidiaritätsprinzips unter Berücksichtigung mehrerer Ebenen und unter Einbeziehung der gesellschaftlichen Dimension wie folgt darstellen:

[1277] BIEBER, R.: Verbreiterung, 1994, S.161 / 162.
[1278] BIEBER spricht von Einbeziehung dynamischer Subsidiarität im Gegensatz zur "statischen Subsidiarität" des ersten Konzeptes. Vgl. BIEBER, R.: Verbreiterung, 1994, S.162.
[1279] Vgl. hierzu MAGIERA, S.: Selbstverwaltung, 1995, S. 17.

Abb. 10 – Wesentliche Elemente des Subsidiaritätsprinzips

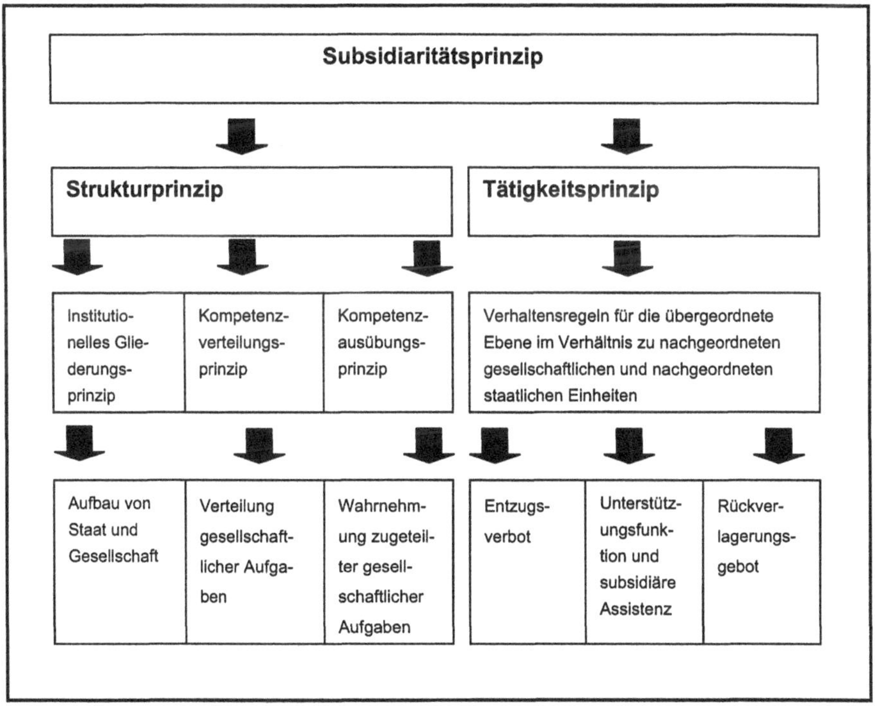

Quelle: Auf Grundlage DÖRING, T.: Ordnung, 1999, insbes. S. 65.

Unterschieden wird zwischen dem Subsidiaritätsprinzip als Strukturprinzip und als Tätigkeitsprinzip, wobei sich das Subsidiaritätsprinzip als Strukturprinzip auf die Gestaltungsfunktionen bezieht. Subsidiaritätsprinzip als Tätigkeitsprinzip beinhaltet im Grundsatz den Vorrang der kleineren Einheit und nimmt auf die Abgrenzung zwischen (zentral-)staatlichen oder europäischen Regeln gegenüber privaten Akteuren oder nachgeordneten Ebenen Bezug.[1280]

[1280] Vgl. DÖRING, T.: Ordnung, 1999, S. 63 – 93.

Abb. 11 – Subsidiaritätsprinzip als Strukturprinzip

Strukturprinzip

Aufbau von Staat und Gesellschaft		**Verteilung gesellschaftlicher Aufgaben**		**Wahrnehmung zugeteilter gesellschaftlicher Aufgaben**	
i. w. S. Stufung der gesamten Gesellschaft vom Einzelnen über gesellschaftliche Gruppen bis zum Staat	i. e. S. föderative Gliederung des Staates, mehrere Ebenen, Entscheidungsautonomie	Verhältnis Staat / Gesellschaft : Differenzierung von öffentlichen und privaten Aufgaben	Verhältnis staatlicher Ebenen zueinander: Differenzierung öffentlicher Aufgaben mit unterschiedlicher Reichweite	Bezogen auf das „**Ob**“ der Inanspruchnahme zugewiesener Aufgaben	Bezogen auf das „**Wie**“ der Inanspruchnahme zugewiesener Aufgaben

Mögliche Schnittmenge von Governance und Subsidiaritätsprinzip als Strukturprinzip:

Governance als Gestaltungsprinzip in Anbindung von Staat und Gesellschaft:

- Gestaltungsoptionen auf Grundlage territorialen Vorrangs.
- Anbindung zur Initiierung von Selbststeuerungsmöglichkeiten der Gesellschaft, Meta- und Co – Governancestrukturen.
- Local Governance, als Initiativfunktion zur Unterstützung gesellschaftlicher Problemlösungsprozesse.
- Konzept der Leistungstiefe als Abgrenzungskriterium kommunalen Handelns zur Gesellschaft hin.
- Eigenständige Aufgabenerledigung im kommunalen politischen System als Selbstregelungsmechanismus Lokaler horizontaler Governance.

Quelle: Eigene Darstellung in eigener Ausarbeitung der Anbindung von Governance und Subsidiaritätsprinzip als Gestaltungsprinzip. Grundlage DÖRING, T.: Ordnung, 1999, S. 65.

Abb. 12 – Subsidiaritätsprinzip als Tätigkeitsprinzip

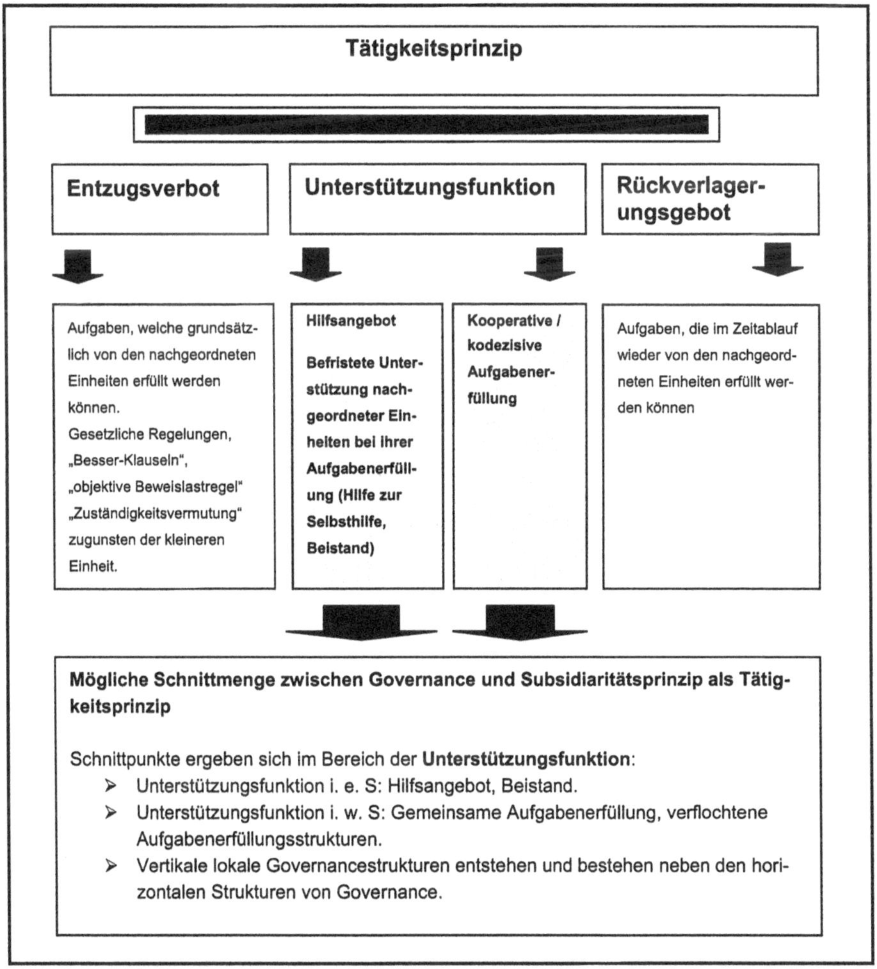

Quelle: Eigene Darstellung der Schnittmenge von Governance und Subsidiaritätsprinzip in Weiterführung DÖRING, T.: Ordnung, 1999, S. 65. Zur Konzeption einer objektiven Beweislastregel aus der eine Feststellungslast für die Erforderlichkeit überörtlicher Regelung erfolgt vgl. KENNTNER, M.: Föderalismus, 2000, S. 117 ff.

Ausgehend von diesen Inhalten wird im Folgenden die Anbindung zwischen Subsidiaritätsprinzip und Governance gesondert ausgeführt.

1.2.2.2 Das Subsidiaritätsprinzip in Anbindung zum Governanceparadigma

Ausgehend vom Subsidiaritätsprinzip als Tätigkeitsprinzip und als Strukturprinzip haben sich eine Reihe von Schnittpunkten zwischen Governanceparadigma und dem Subsidiaritätsprinzip als Strukturprinzip aufzeigen lassen.

Sieht man Lokale Governance als politisches Gestaltungsprinzip ergeben sich die folgenden Anknüpfungspunkte:

1. Gestaltungsoptionen auf Grundlage territorialen Vorrangs.
2. Anbindung zur Initiierung von Selbststeuerungsmöglichkeiten der Gesellschaft, Meta- und Co– Governancestrukturen.
3. Lokale Governance als Initiativfunktion zur Unterstützung gesellschaftlicher Problemlösungsprozesse.
4. Konzept einer Leistungstiefe als Abgrenzungskriterium kommunalen Handelns zur Gesellschaft hin.

Ein bedeutender Aspekt ist an dieser Stelle das Verhältnis von Staat zu Gesellschaft. Lokale horizontale Governance steht in Anbindung zu Fragen, wie einer möglichen Initiierung von Selbststeuerungsmöglichkeiten der Gesellschaft, bei neu entstehenden Meta- und Co– Governancestrukturen. Lokale Governance steht im Einklang mit dem Subsidiaritätsprinzip, insofern Initiativfunktionen seitens der Kommunen oder seitens der Gesellschaft zur Unterstützung gesellschaftlicher Problemlösungsprozesse entwickelt werden sollen.
Auch die stets aktuelle Diskussion im Rahmen von Konzepten, wie der Leistungstiefe als Abgrenzungskriterium kommunalen Handelns zur Gesellschaft hin, gewinnen unter dem Gedanken von Subsidiarität und Governance erneute Impulse.

Darüber hinaus ergeben sich Schnittpunkte zwischen Governance und Subsidiaritätsprinzip als Tätigkeitsprinzip. Im wesentlichen handelt es sich hierbei um die Unterstützungsfunktion des Subsidiaritätsprinzips:

1. Unterstützungsfunktion i. e. S: Hilfsangebot, Beistand.
2. Unterstützungsfunktion i. w. S: Gemeinsame Aufgabenerfüllung, verflochtene Aufgabenerfüllungsstrukturen.
3. Stichwort der Meso – Governance, Anbindung an Co– Governancestrukturen.

Im Grunde erstreckt sich die Schnittmenge insbesondere auf vertikale lokale Governancestrukturen, die neben den horizontalen Strukturen von Governance bestehen. Wesentlich ist hierbei die Unterstützungsfunktion, die mit dem Subsidiaritätsgedanken verbunden ist. Unterstützungsfunktion kann einmal i. e. Sinne als Hilfsangebot oder Beistand zwischen unterschiedlichen politischen Ebenen gewährt werden, zum zweiten als gemeinsame Aufgabenerledigung oder verflochtene Aufgabenwahrnehmungsstrukturen. Konzeptionell könnte an dieser Stelle sowohl im Zusammenhang mit politischen Ebenen als auch mit administrativen Ebenen gedacht werden. Diese Vorstellungen von Subsidiarität und Lokaler Governance decken sich mit aktuellen politischen Entwicklungen der spezifischen Aufgabenerledigung in Frankreich. Unterschiedliche

formal nicht hierarchische Gebietskörperschaften oder Einheiten erledigen kooperativ Aufgaben.
Im Ergebnis erfasst das Subsidiaritätsprinzip sowohl die vertikalen lokalen Governancestrukturen als auch die horizontalen Strukturen von Governance.

1.2.2.3 Das Subsidiaritätsprinzip als Schutzprinzip für die Kommunale Selbstverwaltung

1.2.2.3.1 Anbindung des Subsidiaritätsprinzips an die Kommunale Selbstverwaltung

Nachdem die Anbindung des Subsidiaritätsprinzips an die Governancediskussion dargestellt wurde, stellt sich in einem weiteren Schritt die Frage nach einer Entsprechung zwischen Kommunaler Selbstverwaltung und Subsidiaritätsprinzip.
Die Verwandtschaft zwischen dem Subsidiaritätsprinzip und der Kommunalen Selbstverwaltung lässt sich nicht ohne einen Blick auf die Entwicklungsgeschichte der beiden Prinzipien nachvollziehen.

Was das Subsidiaritätsprinzip anbelangt, so hat es sowohl politische als auch religions-, geisteswissenschaftliche und liberale Wurzeln[1281]. Dadurch gewinnt es Relevanz für die Ideengeschichte und die Gesellschaftstheorie[1282]. Es umfasst als sozialphilosophischer Ansatz, als „Grundgesetz der Person“, eine ergänzende gemeinschaftliche Hilfeleistung, welche dem Einzelnen zugute kommt. Als gemeinschaftliches Ordnungsprinzip stützt es den Aufbau der Gesellschaftsordnung, indem sich jeweils nächsthöhere Gemeinschaften um das Individuum lagern, die auf diese Weise den Menschen unterstützen[1283]. Dieser Argumentationspfad beginnt beim Individuum, das von der Familie, Nachbarschaft, der örtlichen Gemeinschaft bzw. der Gemeinde umgeben ist.

Subsidiarität ist nun „in eigentümlicher Weise“[1284] im institutionalisierten kommunalen Selbstverwaltungsrecht des Art. 28 Abs. 2 S. 1 GG verkörpert. Dem Staat kommt im Verhältnis zu den Kommunen eine Rolle als Träger des Gemeinwohls zu, womit eine Rechtfertigung für staatliche Befugnisse geschaffen wird.

[1281] Detailliert ISENSEE, J.: Subsidiaritätsprinzip, 2001, S. 15 ff.
[1282] Vgl. WASCHKUHN, A.: Subsidiarität, 1995, S. 19 ff.
[1283] WICHMANN, J.: Subsidiarität , 1998, S. 11.
[1284] ISENSEE, J.: Subsidiarität, 2002, S. 159.

Subsidiarität wird in folgenden Bereichen des Art. 28 Abs. 2 GG als Argumentationstopos angetroffen[1285]:

(1) Beim Vorrang kommunaler Autonomie bis hin zu einem Rechtssubjekts- bzw. Institutionsschutz der kommunalen Ebene vor staatlichem Zugriff.[1286]
(2) Bei der Zuordnung von Kompetenzen zwischen Gemeinde und Staat „im Rahmen der Gesetze".
(3) Bei der Steuerung der Kompetenzausübung.
(4) Bei der Bestimmung des Schutzbereiches des Art. 28 Abs. 2 GG.
(5) Staatliche Ingerenzen werden unter Rechtfertigungserfordernisse gestellt.
(6) Im Positiven ist auch die Ausstattung mit adäquaten Finanzmitteln durch das Subsidiaritätsprinzip gedeckt.

Die Funktion des Subsidiaritätsprinzips zur Verstärkung des Selbstverwaltungsgedankens wird in der nationalen Diskussion zunächst im Zusammenhang mit der möglichen Stärkung der Rechtsposition der Kommunen als Selbstverwaltungsträger und als Element des demokratischen Staatsaufbaues von „unten nach oben" genannt. Das Subsidiaritätsprinzip wird als Schutznorm für individuelle und gesellschaftliche Freiheiten vor staatlichen Eingriffen herangezogen, womit argumentativ eine Stärkung der Selbstverwaltungsrechte begründet wird.[1287]

Wie dargestellt dient das Subsidiaritätsprinzip im Staatsorganisationsrecht als Argumentationstopos für einen dezentralen und föderalen Staatsaufbau. Das Verhältnis Staat – Gesellschaft gewinnt insbesondere bei der Frage nach dem Gemeinwohl an Bedeutung. Für ein freiheitliches Gemeinwesen geht Gemeinwohl aus dem arbeitsteiligen Wirken der Grundrechtsträger und der Staatsorgane hervor. Beim Staat verbliebe demnach eine Letztverantwortung für das Gemeinwohl bzw. die Aufgabe Mindeststandards zu definieren.[1288] Folgt man diesem Gedanken weiter, dann wird offensichtlich, dass an dieser Stelle ein Systemzusammenhang zwischen Staat, Wirtschaft und Gesellschaft hergestellt wird.

Es ergibt sich ein Kooperationsmodell zur öffentlichen Aufgabenerfüllung innerhalb eines mehrgliedrigen Gemeinwesens, das in übergreifende Organisationszusammenhänge eingegliedert ist und vom Subsidiaritätsprinzip bestimmt wird.[1289] Insofern ergeben sich die beschriebenen Anknüpfungspunkte an die Governancediskussion, indem über Governance systemische Zusammenhänge zwischen Gesellschaft, Markt und Staat thematisiert werden.

[1285] Vgl. ISENSEE, J.: Subsidiarität, 2002, S. 160 ff.

[1286] MOERSCH, W.: Leistungsfähigkeit, 2001, S. 163 ff. MOERSCH sieht das Institut der Kommunalen Selbstverwaltung als Anwendungsfall des Subsidiaritätsprinzips und argumentiert mit funktioneller Parallelität zwischen Subsidiaritätsprinzip und Kommunaler Selbstverwaltung. BIELZER argumentiert mit Dezentralisierung und Selbstverwaltung als Umsetzungsmodi des Subsidiaritätsprinzip, vgl. BIELZER, L.: Perzeption, 2003, S. 68.

[1287] Zusammenfassend LECHELER, H.: Subsidiaritätsprinzip, 1993, S. 64 / 65.

[1288] ISENSEE, J.: Subsidiarität, 2002, S. 160 ff.

[1289] PERNTHALER, P.: Subsidiaritätsprinzip, 2002, S. 179.

1.2.2.3.2 Ausgestaltung des Subsidiaritätsprinzips auf europäischer Ebene

Von einer Schutzschildfunktion für nachgeordnete Ebenen[1290] spricht man weiterführend dann, wenn das Subsidiaritätsprinzip als Strukturprinzip und Legitimationsgrundsatz für Selbstbestimmungsrechte der Kommunen herangezogen wird. Kommunale Selbstverwaltung kann als unmittelbare Ausprägung des Subsidiaritätsprinzips gelten, wenn der Schutz der niederrangigen Ebene beabsichtigt ist.[1291] Das Subsidiaritätsprinzip hat eine umfassende Rolle im Bereich der Politikgestaltung der Union und wirkt maßgeblich auf den Integrationsprozess ein. Bereits durch die Verankerung des Subsidiaritätsgrundsatzes in Art. 3 b EGV des Vertrages von Maastricht sah die rechtswissenschaftliche Literatur den Kommunalen Selbstverwaltungsgedanken zumindest in Teilen gestärkt[1292].

Artikel 3 b EGV
„In den Bereichen, die nicht in ihre ausschließliche Zuständigkeit fallen, wird die Gemeinschaft nach dem Subsidiaritätsprinzip nur tätig, sofern und soweit die Ziele der in Betracht gezogenen Maßnahmen auf der Ebene der Mitgliedstaaten nicht ausreichend erreicht werden und daher wegen ihres Umfangs oder ihrer Wirkung besser auf Gemeinschaftsebene erreicht werden können“

Der Vertragstext enthält keine materielle Definition des Subsidiaritätsprinzips; sein Rechtsgehalt wurde vorausgesetzt[1293]. In der Folge hat sich die Bestimmung der Reichweite des Subsidiaritätsprinzips im europäischen Kontext als konfliktbehaftet herausgestellt. So existieren mehrere Problembereiche im Umgang mit dem Subsidiaritätsprinzip, von denen die beiden folgenden wesentlich sind, möchte man Subsidiarität in Verbindung mit der europäischen und der kommunalen Ebene diskutieren:

(1) "Janusköpfigkeit" des Subsidiaritätsprinzips
(2) Justiziabilität des Subsidiaritätsprinzips[1294].

Die sog. Janusköpfigkeit des Subsidiaritätsprinzips zieht sich wie ein roter Faden durch die rechtswissenschaftliche und die politikwissenschaftliche Diskussion. Das Subsidiaritätsprinzip hat eine positive und eine negative Seite.[1295] Die zentrale Frage ist, inwieweit beide Seiten Bestandteil des Gemeinschaftsrechts sind, wobei das Sub-

---

[1290] Vgl. HILZ, W.: Subsidiaritätsprinzip, 1998, S. 40.

[1291] Bei dieser Argumentation ist kritisch zu sehen, dass ein Stufenaufbau im Zusammenhang mit Subsidiarität einem Stufenaufbau des Grundgesetzes gegenübergestellt wird, vgl. hierzu MOERSCH, W.: Leistungsfähigkeit, 2001, S. 163 ff.

[1292] Zur Entstehung des Art. 3 b EGV stv. LECHELER, H.: Subsidiaritätsprinzip, 1993, S.12 ff.

[1293] MAGIERA, S.: Föderalismus, 1994, S. 93.

[1294] Der Gesichtspunkt der Justiziabilität des Subsidiaritätsprinzips wird nachhaltig kritisch diskutiert. M. w. N. HRBEK, R.: Arbeitsteilung, 1998, S. 33.

[1295] Die negative Seite wird argumentativ aufgegriffen, wenn die Abwehr von Eingriffen der europäischen Ebene diskutiert wird. Die positive Seite des Prinzips dient dazu, dass die Gemeinschaft verpflichtet wird, der niederen Ebene Beistand im Sinne einer ergänzenden Hilfe zu leisten, falls sie ihre Aufgaben nicht zufriedenstellend lösen kann.

sidiaritätsprinzip als grundsätzlich mit mehreren Interpretationsansätzen vereinbar ist[1296].
Zunächst ist für die kommunale Diskussion von Bedeutung, ob das Subsidiaritätsprinzip nur das Verhältnis zwischen Union und Nationalstaaten regelt. Folgt man dem Wortlaut des Art. 3 b Abs. 2 EGV, so erstreckt sich das Subsidiaritätsprinzip lediglich auf "die Ebene der Mitgliedstaaten" und deren Kompetenzen. Um dennoch einen Schutz für die Gemeinden konstruieren zu können wird argumentiert, dass die Gemeinschaft über ihre vielfältige Rechtsetzungstätigkeit einerseits in die nationale Verfasstheit eingreift und die Selbstverwaltungskörperschaften als Adressaten verpflichtet. Diese einseitige Verpflichtung müsse gewissermaßen als Ausgleich eine positive Berücksichtigung durch eine Anwendung des Subsidiaritätsprinzips erfahren[1297].
Angesichts der Komplexität des Subsidiaritätsprinzips wurde im Zusammenhang mit den Regelungen von Maastricht insbesondere die Frage nach der gerichtlichen Überprüfbarkeit, der Justiziabilität des Subsidiaritätsprinzips, aufgeworfen. In Anbetracht der Vielzahl unbestimmter Rechtsbegriffe wurde gefragt, ob im Falle eines Rechtsstreits die Justiz festumrissene Entscheidungsmaßstäbe und handhabbare Kriterien zugrunde legen könnte, die eine eindeutige Auslegung ermöglichen[1298].
Weder mit dem Vertrag von Amsterdam noch mit dem Nizza-Vertrag wurde an den Inhalten des EGV zum Subsidiaritätsprinzip etwas geändert, so dass als Status Quo nach wie vor von der Nichtbeachtung der lokalen Gebietskörperschaften im Vertragstext auszugehen ist.

Mit dem Entwurf des Europäischen Verfassungsvertrages wurde nun ein neues Kapitel für die Frage der Subsidiarität, insbesondere für ihre Schutzwirkung bezüglich der Kommunalen Selbstverwaltung geöffnet. Relevant ist insbesondere die Anerkennung der regionalen und lokalen Ebene als Kompetenzträger im Entwurf des Verfassungsvertrags.[1299] So formuliert Art. I – 5 Abs. 1 des Entwurfs des Verfassungsvertrags, der die Beziehungen zwischen der Union und den Mitgliedstaaten regelt, die Achtung Kommunaler Selbstverwaltung wie folgt:

Artikel I – 5 Abs. 1 Entwurf des Verfassungsvertrages
„Die Union achtet die Gleichheit der Mitgliedstaaten vor der Verfassung sowie die nationale Identität der Mitgliedstaaten, die in deren grundlegender politischer und verfassungsrechtlicher Struktur einschließlich der regionalen und kommunalen Selbstverwaltung zum Ausdruck kommt."

Damit – so wird vertreten - hatte man sich der Kommunalen Selbstverwaltung inhaltlich auf der Ebene der Europäischen Charta der Kommunalen Selbstverwaltung des Europarates angenähert, welche als „acquis communautaire" der Union mit der Begrün-

---

[1296] SCHIMA, B.: Subsidiaritätsprinzip, 1994, S.15 ff.
[1297] Mit weiteren Nachweisen THIES, M.: Situation, 1995, S. 42 ff. Andere Auffassung mit Nachweisen FRENZ, W.: Selbstverwaltung, 1996, S. 22.
[1298] Gerade in Fragen der Auslegung hatte sich der Europäische Gerichtshof in der Vergangenheit traditionell als Instrument der Integration gezeigt. Zur Reichweite des Subsidiaritätsprinzips vgl. WASCHKUHN, A.: Subsidiarität, 1995, S.125 ff. AMELN, R. VON: Position, 1996, S.15 / 17. Ähnlich ALBIN, die argumentiert, dass unter dem Gesichtspunkt der Harmonisierung ein gemeinschaftsweites Vorgehen gerechtfertigt wird, vgl. ALBIN, S.: Subsidiaritätsprinzip, 2006, S. 634.
[1299] Die Aufnahme dieser Regelung wird von kommunalen Vertretern als großer Erfolg gewertet. Vgl. SIMON, P.: Garantie, 2006, S. 634.

dung[1300] diskutiert wird, dass alle Mitgliedstaaten sie unterzeichnet und mittlerweile auch ratifiziert haben.[1301]
Gleichzeitig wird die Kommunale Selbstverwaltung in Art. I – 5 Abs. 1 nicht als funktionales Organisationsprinzip genannt, sondern ausschließlich im Zusammenhang mit der nationalen politischen und verfassungsrechtlichen Struktur.

Inwiefern das Subsidiaritätsprinzip eine Schutzfunktion für die kommunale Selbstverwaltung darstellt bzw. für die kommunale Ebene oder die Aufgabenerfüllung, wird nachfolgend aufgegriffen, indem auf die Kompetenzverteilung und die Zuständigkeiten eingegangen wird.
Titel III des Entwurfs des Europäischen Verfassungsvertrages regelte in Art. I–11 Abs. 3 die Zuständigkeiten der Union und schließt an das Prinzip der Subsidiarität des EGV an. Subsidiarität wird wie folgt definiert:

Artikel I–11 Abs. 3 Entwurf des Verfassungsvertrages
Nach dem Subsidiaritätsprinzip wird die Union in den Bereichen, die nicht in ihre ausschließliche Zuständigkeit fallen, nur tätig, sofern und soweit die Ziele der in Betracht gezogenen Maßnahmen von den Mitgliedstaaten weder auf zentraler noch auf regionaler oder lokaler Ebene ausreichend verwirklicht werden können, sondern vielmehr wegen ihres Umfangs oder ihrer Wirkungen auf Unionsebene besser zu verwirklichen sind.
Die Organe der Union wenden das Subsidiaritätsprinzip nach dem Protokoll über die Anwendung der Grundsätze der Subsidiarität und der Verhältnismäßigkeit an. Die nationalen Parlamente achten auf die Einhaltung des Subsidiaritätsprinzips nach dem in jenem Protokoll vorgesehenen Verfahren.

Mit dieser Formulierung bzw. mit dem relevanten Protokoll zur Subsidiarität geht die Diskussion um die bereits seit Maastricht bestehenden inhaltlichen Fragen zwar weiter, ein Teil der vorangegangenen Argumentation ist jedoch zu relativieren:

(1) Die Entstehungsgeschichte der Regelungen zum Subsidiaritätsprinzip durch die Arbeit des Konvents lässt auf einen Grundkonsens der beteiligten Akteure schließen, der in die aktuelle Debatte weitergetragen wird.
(2) Der Wortlaut und die systematische Stellung des Subsidiaritätsprinzips stärkt subnationale Positionen grundlegend.
(3) Die Reichweite und die Bewehrung des Subsidiaritätsprinzips[1302] veranschaulichen den Willen der Parteien, sich an dieser Stelle zu binden.

Mit den getroffenen Regelungen zur Subsidiarität wurde die subnationale Ebene aufgenommen, was die bisherige Diskussion zur Reichweite des Subsidiaritätsprinzips zwar nicht obsolet macht, die subnationalen Ebenen jedoch grundsätzlich gestärkt aus dem Verfassungsprozess hervorgehen lässt.

Möchte man die Entwicklung zur Subsidiarität im Zusammenhang mit dem Verfassungsvertrag bewerten, dann stellen die getroffenen Regelungen keine Referenz zu-

---

[1300] HOFFSCHULTE, H.: Selbstverwaltung, 2004, S. 234 / 235.
[1301] HOFFSCHULTE, H.: Stellungnahmen, 2006, S. 6.
[1302] Zur Absicherung des Subsidiaritätsprinzips vgl. SCHILD, J.: Positionen, 2002, S. 12 ff.

gunsten eines Konzeptes wie „Europa der Regionen“ oder „Europa der Kommunen“ dar. Auf die subnationalen Einheiten wird als Teile der Mitgliedstaaten und nicht als eigenständige Einheiten referiert. Das Subsidiaritätsprinzip war im Zusammenhang mit dem Entwurf des Verfassungsvertrages grundsätzlich an die Mitgliedstaaten gerichtet, die jeweils unterschiedliche verfassungsrechtliche Regelungen zur Subsidiarität kennen. Insofern konnte die Regelung im Entwurf des Verfassungsvertrages als Zusage oder Verpflichtung der Nationalstaaten gewertet werden, Subsidiaritätsbelange stärker zu beachten.[1303]

Die verfassungsmäßige Festlegung könnte in Weiterentwicklung der vorangegangenen Argumentationen und Forderungen subnationaler Akteure unter diesem Gesichtspunkt als wichtiger Schritt betrachtet werden.

Auch die verbesserte Formulierung des „sondern vielmehr“ deutet auf eine zweistufige Prüfung des Subsidiaritätsprinzips hin und ersetzt die bisherige Formulierung „und daher“.[1304]

Was die konkrete Prüfung bzw. die Kontrolle des Subsidiaritätsprinzips anbelangt, so war im Verfassungsvertrag eine mehrstufige Prüfung[1305] vorgesehen. Demnach sollte in einem ersten Schritt geprüft werden, ob auf nationaler, regionaler oder lokaler Ebene die notwendigen Problemlösungskapazitäten zur Verfügung stehen. Nur für den Fall, dass die genannten Ebenen über keine ausreichenden Kapazitäten verfügen, wäre eine Lösung auf europäischer Ebene in Frage gekommen. In einem zweiten Schritt hätte dann der Nachweis erbracht werden müssen, dass die Problemlösungsfähigkeit der Union im relevanten Bereich tatsächlich überlegen ist[1306]. Die Subsidiaritätskontrolle selbst wurde auf die folgenden Rechtsetzungsphasen bezogen[1307]:

(1) Vorbereitungsphase eines Rechtsetzungsaktes
(2) Phase der Einbringung ins Rechtsetzungsverfahren (Frühwarnsystem)
(3) Phase nach Abschluss des Rechtsetzungsverfahrens.

Zunächst sah das Protokoll über die Anwendung der Grundsätze der Subsidiarität und der Verhältnismäßigkeit[1308] in Art. 2 des Protokolls „umfangreiche Anhörungen“ vor europäischen Gesetzgebungsakten vor, bei denen der regionalen und lokalen Bedeutung der geplanten Maßnahme Rechnung zu tragen ist.[1309]

Darüber hinaus war im Zuge der Regelungen vorgesehen, dass die Kommission ihre Entwürfe den nationalen Parlamenten zuleitet. Die Entwürfe hätten im Hinblick auf die Grundsätze der Subsidiarität und der Verhältnismäßigkeit begründet (Art. 4 Satz 1 und Art. 5 Satz 1 des Protokolls) sein müssen. Von grundlegender Bedeutung ist, dass sich durch die Regelungen im Entwurf des Verfassungsvertrages zur parlamentarischen Beteiligung eine Verflechtung der nationalen und europäischen Verfassungsstrukturen

---

1303 FLYNN, B.: Subsidiarity, 2005, S. 12 / 13.
1304 BOGDANDY, A. VON / BAST, J. / WESTPHAL, D.: Kompetenzordnung, 2006, S. 28.
1305 BÜNGER, K. / HÖRETH, M. / JANOWSKI, C.: Zuständigkeiten, 2005, S. 109.
1306 BÜNGER, K. / HÖRETH, M. / JANOWSKI, C.: Zuständigkeiten, 2005, S. 109.
1307 Phasenbezug HRBEK, R.: Regionen, 2005, S. 180 ff.
1308 LÄUFER, T. (Hrsg.): Verfassung, 2005, S. 221 – 224.
1309 Vgl. hierzu auch AUSSCHUSS DER REGIONEN (AdR): Stellungnahme, 2004, S. 4.

ergeben hätte. Bei der Prüfung der Einhaltung des Subsidiaritätsprinzips wäre es durch die Einbeziehung der nationalen Parlamente zu einer „Vermischung der Verfassungsstrukturen“[1310] gekommen.[1311] Für die Feststellung, dass ein Ziel besser auf Unionsebene verwirklicht werden kann, sind qualitative und soweit möglich auch quantitative Kriterien heranzuziehen. Neben dem Bundestag ist auch der Bundesrat als Ländervertretung im Vorfeld der Rechtsetzung[1312] im Rahmen eines Stellungnahmeverfahrens einzubeziehen.[1313] Eine Prüfung „qualifizierter Stellungnahmen“ durch die Europäische Kommission war vorgesehen, falls begründete Bedenken von einem Drittel der Parlamente eingereicht werden.[1314] Die Kommission hat nach Abschluss der Überprüfung[1315] ein inhaltliches Entscheidungsrecht.[1316] Darüber hinaus hätten einzelne Detailregelungen des Protokolls erhebliche Relevanz für die Kommunen entfalten können. Neben den genannten Konsultationen wurde die Europäische Kommission verpflichtet, die Folgekosten für die lokalen Gebietskörperschaften und die Bürgerinnen und Bürger darzustellen und sie gering zu halten.[1317] Die letzte Stufe zur Überprüfung der Einhaltung des Subsidiaritätsprinzips stellt das Klagerecht dar. Nach Art. 8 des Protokolls ist der Gerichtshof der Europäischen Union für Klagen wegen Verstoßes gegen das Subsidiaritätsprinzip zuständig.[1318]

Für die Kommunen war mit den vorgenannten Regelungen keine direkte Klagebefugnis verbunden, was zu dem Schluss führen kann, dass die nationalen Kammern aufgerufen sind, den Schutz der Kommunalen Selbstverwaltung voranzubringen. Der Ausschuss der Regionen hatte auch die Mitgliedstaaten ersucht, sich durch die nationalen und Regionalparlamente für den Schutz der Kommunalen Selbstverwaltung einzusetzen, bereits wenn die Vorschläge der Kommission im Rahmen des Frühwarnsystems eingehen.[1319] Weiterhin hätte der Ausschuss der Regionen selbst in Fällen, in denen

---

[1310] BÜNGER, K. / HÖRETH, M. / JANOWSKI, C.: Zuständigkeiten, 2005, S. 121 ff., S. 113.

[1311] Der Bundestag hatte hierauf bereits reagiert und mit der Ratifikation der Verfassung ein Gesetz über die Ausweitung und Stärkung der Rechte des Bundestages und des Bundesrates in Angelegenheiten der Europäischen Union verabschiedet. Das Gesetz wäre mit Inkrafttreten des Verfassungsvertrages in Kraft getreten. Vgl. Gesetz über die Ausweitung und Stärkung der Rechte des Bundestages und des Bundesrates in Angelegenheiten der Europäischen Union, vom 17. November 2005, BGBl 2005, I, Nr. 71, Bonn, 25. November 2005, Gesetz vom 17. November 2005.
Im Zusammenhang mit den Regelungen zum Frühwarnsystem des Subsidiaritätsprotokolls und den Klagemöglichkeiten für nationale Parlamente waren Anpassungserfordernisse erforderlich. Für den Fall eines konstatierten Verstoßes gegen das Subsidiaritätsprinzip seitens der Union musste die Ausgangsposition für eine koordinierte Vorgehensweise gestärkt werden. Vgl. CHARDON, M.: Misstrauen, 2005, S. 138 ff. Zur Stellung des Bundesrates ausführlich ESTEL, D.: Bundesstaatsprinzip, 2006, S. 88 ff.

[1312] PALMER, C.: Europäer, 2004, S. 23.

[1313] Vgl. Protokoll über die Anwendung der Grundsätze der Subsidiarität und der Verhältnismäßigkeit, in: LÄUFER, T. (Hrsg.): Verfassung, 2005, S. 221 – 224.

[1314] MEYER, J.: Elemente, 2004, S. 55 / 56.

[1315] Zum Verfahren dreistufiger Beteiligung vgl. NICOLAYSEN, G.: EU-Mitgliedstaaten, 2006, S. 42 ff.

[1316] Dies gilt unter der Voraussetzung, dass die Entscheidung begründet wird. Mögliche Belohnung oder Sanktionierung der Qualität der Begründungen der Europäischen Kommission durch die Rechtsprechung. ALBIN, S.: Subsidiaritätsprinzip, 2006, S. 634 / 635.

[1317] LANDSBERG, G. / ZIMMERMANN, U.: Verfassung, 2004, S. 3.

[1318] Gefordert worden war im Zusammenhang mit dem Verfassungskonvent auch die Einrichtung eines eigenständigen Kompetenzgerichts. Nachweis der Debatte BOGDANDY, A. VON / BAST, J. / WESTPHAL, D: Kompetenzordnung, 2006, S. 26 / 27 bzw. HAßDENTEUFEL, G: Subsidiaritätsprinzip, 2004, S. 327.

[1319] AUSSCHUSS DER REGIONEN / FACHKOMMISSION FÜR KONSTITUTIONELLE FRAGEN UND eine Anhörungspflicht des Ausschusses der Regionen besteht, das Recht gehabt, Klage zu erheben. Die kommunale Ebene wäre somit indirekt über den Ausschuss der Regionen „wehrhaft" geworden und über dessen Klagerecht befähigt, das Subsidiaritätsprinzip gerichtlicher Prüfung zu öffnen.[1320]

Im Ergebnis waren diese Regelungen für die Gemeinden positiv zu werten, obwohl zunächst die Umsetzung und die Rechtsprechung durch den Gerichtshof abzuwarten gewesen wäre. Es spricht allerdings vieles dafür, dass die „rechtliche Belastbarkeit" des Subsidiaritätsprinzips politisch gestärkt wird, und sich eine Erweiterung der Durchgriffstiefe durch die Einbeziehung der Gemeinden in die Formulierung des Subsidiaritätsprinzip abzuzeichnen beginnt. Inwiefern sich dieser Prozess im Rahmen des Reformvertrages wiederfindet wird nachfolgend erörtert.

1.2.3 Subsidiaritätsprinzip, Lokale Governance und Kommunale Selbstverwaltung im europäischen Kontext: Eine konzeptionelle Annäherung

Wie stellen sich nun die Zusammenhänge zwischen Kommunaler Selbstverwaltung, Lokaler Governance und Subsidiarität dar? Was folgt für den aktuellen europäischen Sachzusammenhang?

Was die „Wahlverwandtschaft"[1321] zwischen Kommunaler Selbstverwaltung und Subsidiarität anbelangt, so ist zunächst festzuhalten, dass das Subsidiaritätsprinzip im Schwerpunkt auf die Wahrnehmung von Aufgaben verweist und nicht auf Willensbildungsprozesse im lokalen Zusammenhang abhebt. Gleichzeitig wird argumentiert, dass die Anwendung des Subsidiaritätsprinzips nicht an eine demokratische Organisation gebunden ist, sondern lediglich eine dezentrale Struktur des Gemeinwesens voraussetzt.[1322]
Subsidiarität im Zusammenhang mit Lokaler Governance zu beleuchten bedeutet, das Augenmerk auf vier Aspekte besonders zu richten, wobei die Punkte (1) bis (3) den europäischen Rahmen mitberücksichtigen:

(1) Auf die Interaktionsbeziehungen zwischen den Ebenen und deren Verständnis von Subsidiarität
(2) Auf Kompetenzallokation bzw. auf die Optionen der Kodezision
(3) Auf das strenge Verständnis von Subsidiarität, welches sich an Gemeinwohlinteressen orientiert
(4) Auf das Verhältnis von politisch–administrativem System und Gesellschaft.

Hinsichtlich des ersten Gesichtspunkts ist offenkundig, dass sowohl der Governancegedanke als auch der Subsidiaritätsansatz mit der Vorstellung von Interaktionsbeziehungen in einem Mehrebenensystem grundsätzlich kompatibel sind. Referenzpunkt für die gemeindliche Ebene und die Kommunale Selbstverwaltung sind die Angelegenhei-

REGIEREN IN EUROPA, Initiativstellungnahme, 2006, S. 0001 – 0005.
[1320] SIMON, P.: Garantie, 2006, S. 634.
[1321] ISENSEE, J.: Subsidiaritätsprinzip, 2001, S. 378.
[1322] ISENSEE, J.: Subsidiaritätsprinzip, 2001, S. 378.

ten der örtlichen Gemeinschaft, die in einen weiten, interessenorientierten Rahmen zu fassen sind. Eng mit diesem Argument verknüpft ist die Frage der Kompetenzverteilung im Zusammenhang mit dem Subsidiaritätsprinzip. In den bisherigen Ausführungen wurde auf das Wesen der Selbstverwaltung und die Parallelitäten zum Governancegedanken hingewiesen, wenn es um das Kriterium der örtlichen Gemeinschaft und den lokalen politischen Bereich geht und das Zusammenleben der Menschen thematisiert wird. Reibungspunkte zum Subsidiaritätsprinzip können dann entstehen, wenn Effizienz und Leistungsfähigkeit als maßgebliche Kriterien des Subsidiaritätsprinzips in den Mittelpunkt gerückt werden.

In gleichem Maße wirft die Frage nach der Kompetenzallokation einer jeweiligen Ebene Probleme auf: Der „fit" zwischen Governancegedanke und Subsidiaritätsprinzip in vertikaler Hinsicht wandelt bzw. relativiert sich in Teilen, je stärker sich die Ebenensystematik auflöst und die Kompetenzverteilung in Mischkompetenzen und Kodezision aufgeht. Je stärker die Auflösung, desto problematischer wird die argumentative Anwendung des Subsidiaritätsprinzips für die Bewahrung von Kompetenzen, nicht zu reden von einer Kompetenzverteilung. Komplexe Problemlagen und Wechselwirkungen machen eine ebenenbezogene Sichtweise mühsam.
Hier schließt sich auch der Kreis im Hinblick auf das Ausgangsbeispiel zum Subsidiaritätsprinzip „Segelboot mit Hilfsmotor". Eine Konstellation kodezisiver Mischkompetenzen ist kompatibel mit dem Governanceansatz, nicht jedoch mit dem Schwerpunkt Kommunaler Selbstverwaltung und kommunaler Tätigkeit, eigene Aufgaben in eigener Zuständigkeit zu erledigen.[1323]

Das als weiterer Aspekt genannte strenge Verständnis der Subsidiarität thematisiert das Verhältnis zur Gesellschaft und betont den Vorrang sozialer Gruppen, wobei im Umkehrschluss sichergestellt werden muss, dass nicht die „Interessen der Gesamtgemeinschaft"[1324] verletzt werden. Konkret heißt das, dass sich Gemeinwohl nicht allein durch Interessenausgleich sozialer Gruppen ergibt, sondern dass die Berücksichtigung des Gemeinwohlinteresses und daher eine Verantwortlichkeit bei den öffentlichen Trägern verbleibt. In der Folge entsteht eine Konzeption von Gemeinwohl mit mehreren Komponenten, bei der die Kommunen oder die öffentlichen Träger eine Sicherstellungsfunktion innehaben.

Die Frage ist nun, wie sich die Inhalte von Subsidiarität und Kommunaler Selbstverwaltung, wie sie im Entwurf des Verfassungsvertrages entwickelt wurden, in einen Reformvertrag einbinden lassen. Soweit bisher absehbar wird der Transfer kommunaler Bezüge in die Reformdiskussion dargestellt und im Hinblick auf Lokaler Governance und Kommunale Selbstverwaltung bewertet.

[1323] Der Ausschuss der Regionen sieht beispielsweise das Subsidiaritätsprinzip in einem koordinierten Ansatz mit Konzepten mehrstufiger Demokratie, um aus der Vielfalt Wettbewerb zu erhalten. AUSSCHUSS DER REGIONEN: Initiativstellungnahme,1999, S. 73.
[1324] HILZ, W.: Subsidiaritätsprinzip, 1998, S. 36.

1.3 Zwischenbilanz[1325]: Kommunale Bezüge im Transfer in den Reformvertrag

1.3.1 Inhaltliche kommunale Bezüge aus dem Entwurf des Verfassungsvertrages

Zusammengefasst haben sich eine Reihe juristischer Bezüge zwischen dem Text des Entwurfs des Verfassungsvertrages und den Kommunen ergeben[1326], welche sich einerseits in den Regelungen zu den Beziehungen zwischen Union und den Mitgliedstaaten niedergeschlagen haben, sowie in den modifizierten Regelungen zum Ausschuss der Regionen oder den Grundlagen partizipativer Demokratie.
Die kommunalrelevanten Regelungen stellen sich im Einzelnen zusammengefasst wie folgt dar:

Artikel I-5 Abs. 1 S. 1 Beziehungen zwischen der Union und den Mitgliedstaaten Die Union achtet die Gleichheit der Mitgliedstaaten vor der Verfassung sowie die nationale Identität der Mitgliedstaaten, die in deren grundlegender politischer und verfassungsrechtlicher Struktur einschließlich der regionalen und kommunalen Selbstverwaltung zum Ausdruck kommt.

Artikel I-11 Abs. 3 Grundprinzipien Nach dem Subsidiaritätsprinzip wird die Union in den Bereichen, die nicht in ihre ausschließliche Zuständigkeit fallen, nur tätig, sofern und soweit die Ziele der in Betracht gezogenen Maßnahmen von den Mitgliedstaaten weder auf zentraler noch auf regionaler oder lokaler Ebene ausreichend verwirklicht werden können, sondern vielmehr wegen ihres Umfangs oder ihrer Wirkungen auf Unionsebene besser zu verwirklichen sind.

Artikel I-32 Die beratenden Einrichtungen der Union **Abs. 1** Das Europäische Parlament, der Rat und die Kommission werden von einem Ausschuss der Regionen sowie einem Wirtschafts- und Sozialausschuss unterstützt, die beratende Aufgaben wahrnehmen. **Abs. 2** Der Ausschuss der Regionen setzt sich aus Vertretern der regionalen und lokalen Gebietskörperschaften zusammen, die entweder ein auf Wahlen beruhendes Mandat in einer regionalen oder lokalen Gebietskörperschaft innehaben oder gegenüber einer gewählten Versammlung politisch verantwortlich sind. **Abs. 4** Die Mitglieder des Ausschusses der Regionen und des Wirtschafts- und Sozialausschusses sind an keine Weisungen gebunden. Sie üben ihre Tätigkeit in voller Unabhängigkeit zum allgemeinen Wohl der Union aus.

[1325] Die Arbeit schließt inhaltlich mit dem Stand der Schlussfolgerungen des Rates vom 23. / 24. Juni 2004. Angesichts des voranschreitenden Reformprozesses handelt es sich bei den nachfolgenden Ausführungen um eine „Momentaufnahme“, für die auf Kernpunkte mit wesentlicher kommunaler Bedeutung eingegangen wird.
[1326] Vgl. auch die Zusammenfassung von LANDSBERG, G.: Städte- und Gemeindebund, 2007, S. 975 ff.

Artikel I-47 Der Grundsatz partizipativer Demokratie
Abs. 1 Die Organe geben den Bürgerinnen und Bürgern und den repräsentativen Verbänden in geeigneter Weise die Möglichkeit, ihre Ansichten in allen Bereichen des Handelns der Union öffentlich bekannt zu geben und auszutauschen.
Abs. 2 Die Organe pflegen einen offenen, transparenten und regelmäßigen Dialog mit den repräsentativen Verbänden und der Zivilgesellschaft.
Abs. 3 Um die Kohärenz und die Transparenz des Handelns der Union zu gewährleisten, führt die Kommission umfangreiche Anhörungen der Betroffenen durch.

Charta der Grundrechte der Union - Präambel
Abs. 3 S. 1 Die Union trägt zur Erhaltung und zur Entwicklung dieser gemeinsamen Werte unter Achtung der Vielfalt der Kulturen und Traditionen der Völker Europas sowie der nationalen Identität der Mitgliedstaaten und der Organisation ihrer staatlichen Gewalt auf nationaler, regionaler und lokaler Ebene bei.

Protokoll über die Anwendung der Grundsätze der Subsidiarität und der Verhältnismäßigkeit
Art. 2 S. 1 Die Kommission führt umfangreiche Anhörungen durch, bevor sie einen Europäischen Gesetzgebungsakt vorschlägt. Dabei ist gegebenenfalls der regionalen und lokalen Bedeutung der in Betracht gezogenen Maßnahme Rechnung zu tragen.

1.3.2 Demokratie im aktuellen Reformkontext, bürgerschaftliche Dimension und Partizipation

Der Entwurf des Europäischen Verfassungsvertrages der Union zielte darauf ab, sich durch die Formulierung „der Wille der Bürgerinnen und Bürger" auf das Volk zu gründen, so dass die Formulierung eine Relativierung der Formel der „Herren der Verträge" darstellte[1327]. Nicht „Polikratie" als „Herrschaft der Vielen" mit bürgernaher Gestaltung der Politiken konnte gemeint sein, sondern eine Rückbindung auf den Willen der Bürgerinnen und Bürger als „Demos".[1328] Politisch gewollt war die Schaffung einer doppelten Legitimationsgrundlage: Das Europa der Bürger und das Europa der Staaten.[1329] Die duale Struktur zwischen Mitgliedstaaten und Union blieb jedoch auch mit dem Entwurf des Verfassungsvertrages weiterhin unangetastet.[1330] Durch die gewählte Formulierung und die Rückbindung der Union auf die Bürgerinnen und Bürger[1331] sollte allerdings faktisch bestätigt werden, dass die Union weit über eine wirtschaftliche Union hinausgewachsen ist. Sie handelt als politische Union mit den Bürgern als Staats- und nicht allein als „Marktbürgern"[1332].

Nun sind die negativen Referenden vom 29. Mai 2005 in Frankreich und anschließend vom 1. Juni 2005 in den Niederlanden vielfach diskutiert worden. Teilaspekte der negativen Referenden sind in der politischen Situation in den Nationalstaaten zu sehen[1333]. In Frankreich wurde im Einzelnen das gesamte politische System hinterfragt: Politiker ebenso wie Werte.[1334] Präsident CHIRAC äußerte sich zunächst weniger zu den Hintergründen des negativen Referendums. Er betonte den Willen, die eingegangenen Verpflichtungen innerhalb Europas zu erfüllen[1335].
Was den Prozess der Erarbeitung des Verfassungsentwurfs anbelangt, wurde mit der gewählten Konventsmethode ein Versuch unternommen, demokratische Prozesse, Transparenz und die Europäische Öffentlichkeit zu stärken[1336]. Einerseits fand dies dadurch statt, dass die Mehrheit der Teilnehmer des Konvents Parlamentarier waren, andererseits wurde auch die Zivilgesellschaft bzw. die Europäische Öffentlichkeit eingebunden. Bürgerinnen und Bürger ebenso wie organisierte Interessen und Verbände zeigten Interesse am Verfassungsprozess[1337].

[1327] NICOLAYSEN, G.: EU-Mitgliedstaaten, 2006, S. 19 ff.
[1328] Vgl. LANDFRIED, C.: Bürgerinnen, 2006, S. 89.
[1329] SCHIEDER, S.: Verfasstheit, 2004, S. 15.
[1330] GISCARD, D´ESTAIGN, V.: Bericht, 2004, S. 132 / 134.
[1331] Zum Wandel der Konzeptionalisierung von der Markt- zur Unionsbürgerschaft und das damit verbundene Identitätskonzept und Menschenbild vgl. HALTERN, U.: Janusgesicht, 2005, S. 102, S. 104.
[1332] LEINEN, J.: Notwendigkeit, 2001, S. 17.
[1333] vgl. EINEM, C.: Verfassung, 2006, S. 1 - 3.. Weiterführend ZOLLER, A. / DERPA, U.: Zukunft, 2006, S. 69 / 70.
[1333] EUROPÄISCHER RAT: Schlussfolgerungen, 2006, S. 16 / 17. Vorangegangen: EUROPÄISCHER RAT: Erklärung, 2005.
[1334] Vgl. JEAMBAR, D.: Mai, 2005, S. 6 / 7.
[1335] CHIRAC, J.: Mai, 2005.
[1336] Konventsmethode als Konsensmethode, die hohe Anforderungen an ihre Mitglieder stellt. Vgl. EINEM, C.: Konventsmethode, S. 32.
[1337] So hatte der Verfassungskonvent im Juni 2003 100.000 Zugriffe auf die Konventsseiten im WorldWideWeb zu verzeichnen Die Konventsmethode ersetzte die überkommene Methode der Regierungs-

Inwiefern die getroffenen Maßnahmen zu einer breiten öffentlichen Informiertheit über den Verfassungsvertrag führten, wird unter unterschiedlichsten Gesichtspunkten strittig diskutiert.[1338]

Trotz einer Stärkung der demokratischen Kompetenzen und eines transparenteren Prozesses wäre es allerdings verfehlt, die Logik intergouvernementaler Verhandlungen und Aushandlungsprozesse in der Verfassungsentstehung zu negieren[1339]. Festzuhalten ist jedoch, dass das gewählte Konventsverfahren weitreichende Diskussionsmöglichkeiten eröffnet hat und sich durch diese Offenheit ein hohes Maß an Transparenz ereignet hat, was sich signifikant von den bisherigen und künftigen Vertragsverhandlungen hinter „geschlossenen Türen" abhebt.
Der Bereich der Demokratie[1340] war mit Blick auf den Europäischen Verfassungsvertrag von vierfachem Interesse:

(1) Demokratische Elemente im Entstehungsprozess des Verfassungsvertrages.
(2) Das demokratische Leben der Union nach Teil 1, Titel VI des Verfassungsvertrages.
(3) Die Europäische Bürgerinitiative nach Art. I– 47 Abs. 4 des Verfassungsvertrages.
(4) Die Entstehung Europäischer Öffentlichkeit.

Titel VI des Verfassungsvertrags, der das demokratische Leben der Union skizziert, unterscheidet zwischen dem Grundsatz der repräsentativen Demokratie in Art. I– 46 und dem Grundsatz der partizipativen Demokratie. Hinterfragt als „eine Art demokratietheoretisches Feigenblatt"[1341] deutete diese Zweiteilung auf zwei bestehende traditionelle Leitbilder parlamentarischer bzw. repräsentativer Demokratie auf der einen Seite und eines zivilgesellschaftlichen partizipativen Demokratieverständnisses auf der anderen Seite hin. Unter dem Grundsatz der partizipativen Demokratie arbeiten die Organe der Union auf einen offenen, transparenten und regelmäßigen Dialog mit den repräsentativen Verbänden und der Zivilgesellschaft hin.
Die Union gewährleistet nach Art. I–47 Abs. 3 des Entwurfs des Verfassungsvertrages die Transparenz und Kohärenz ihres Handelns über Anhörungen der Betroffenen. Diese Regelungen des Entwurfs des Verfassungsvertrages lesen sich wie eine Fortführung des Weissbuches Europäisches Regieren und führen die Diskussion heterogener Demokratievorstellungen weiter, ohne inhaltliche Weiterentwicklungen vorzunehmen.

---

konferenzen und ist ein Versuch „mehr Demokratie zu wagen", vgl. zur Methode MEYER, J.: Elemente, S. 2004, S. 50, 51.

[1338] Europäische Entwicklungen unterliegen einem Prozess nationaler Politikvermittlung. Einzelne Diskussionsschwerpunkte können wichtige Gesichtspunkte außen vor lassen. Vgl. EINEM, C.: Konventsmethode, 2006, S. 42. Andererseits war mit dem Voranschreiten der Verfassungsgebung auch eine prozessuale Dynamik festzustellen, welche die Öffentlichkeit integriert hat. Vgl. GROSSE – HÜTTMANN, M.: Konvent, 2005, S. 232. Kritisch aufgrund von Umfragewerten, welche belegen, dass wenige Monate vor Abschluss des Konvents für zwei Drittel der befragten Unionsbürger Auftrag und Umfang der Konventsarbeit „weitgehend unbekannt" waren, vgl. HEUSER, A.: Verfassungsprozess, 2005, S. 26 / 27.

[1339] MAGNETTE, P. / NICOLAIDIS, K.: Convention, 2004, S. 381.

[1340] Umfassend FUCHS, D.: Modelle, 2004, S. 24 ff.

[1341] KÜHNHARDT, L.: Einleitung, 2005, S. 44. Die Kompatibilität dogmatisch unterschiedlicher Modalitäten der Demokratie betonend vgl. BIEBER, R.: Koexistenz, 2006, S. 67.

Partizipative Elemente flankieren das bestehende System repräsentativer Demokratie.[1342]

Grundlegend ist auch hier die Frage nach dem Umgang mit Gemeinwohl, da konzeptionell der Verbändepartizipation oder korporatistischer Partizipation Gemeinwohlorientierung unterstellt wird.

Ein wichtiger Gesichtspunkt ist, dass die Rückbindung auf den Willen der Bürgerinnen und Bürger die Frage nach der Existenz und der Notwendigkeit einer Europäischen Öffentlichkeit in dreierlei Hinsicht offenkundig gemacht hat:

(1) Bezüglich der Wechselwirkung zwischen konstitutioneller Demokratie und gesellschaftlicher Integration[1343]: Die Europäische Verfassungsdiskussion hat die Frage offenkundig gemacht, wie Verfassungen von Mustern gesellschaftlicher Integration abhängen und welchen Beitrag eine Verfassung selbst leisten kann, um zu weiterer gesellschaftlicher Integration zu führen.

(2) Die praktische Realisierung der Interessenvermittlung[1344]: Im Rahmen repräsentativer Demokratie gehen die Interessen der Menschen über Austauschprozesse den Repräsentanten der Demokratie zu.

(3) Der Zusammenhang zwischen nationaler und Europäischer Öffentlichkeit – insbesondere die Frage der Existenz einer solchen – rückt nach und nach in den Vordergrund der Forschung.

Offenkundig ist zu klären, wie Verfassungen von Mustern gesellschaftlicher Integration abhängen und welchen Beitrag eine Verfassung selbst zu gesellschaftlicher Integration leisten kann. Gesellschaftliche Integration wäre generell nicht *conditio sine qua non* an eine Verfassung oder einen Verfassungsvertrag geknüpft. Allerdings gilt bereits die Entstehung einer Europäischen Öffentlichkeit als umstritten.[1345] Im Ergebnis bleibt weiterhin umstritten, ob über die Verknüpfung bzw. Anbindung unterschiedlicher nationaler und regionaler Teilöffentlichkeiten ein europäisches Netzwerk und Foren der Kommunikation und des Austausches entstanden sind, welches allen Bürgerinnen und Bürgern Zugang ermöglicht.[1346]

Auch wird die Frage Europäischer Öffentlichkeit und gesellschaftlicher Integration gedanklich an das Vorhandensein einer europäischen Identität gekoppelt werden müssen. Eine solche kann bejaht werden, wenn bedacht wird, dass sich europäische und nationale Identität nicht entgegenstehen oder ausschließen, sondern dass die europäische Identität neben der nationalstaatlichen Identität besteht.[1347] Der Europäische Verfassungsvertrag oder eine Europäische Verfassung hätten an dieser Stelle einen star-

---

[1342] Nach wie vor steht bei der Begrifflichkeit Zivilgesellschaft organisierte Interessenvertretung im Mittelpunkt und führt zu der Fragestellung, wie viel Repräsentanz durch Nicht - Regierungsakteure demokratisch verantwortbar ist. Kritisch HÖRETH, M. / JANOWSKI, C.: Leben, 2005, S. 231, 234.

[1343] Hierzu HURRELMANN, A.: Verfassung, 2005, S. 176.

[1344] Zur Gestaltung des demokratienotwendigen Interessenvermittlungsprozesses im europäischen Kontext vgl. GRIMM, D.: Verfassung, 2001, S. 241.

[1345] Empirische Befunde, welche beispielsweise die Berichterstattung in Printmedien zum Gegenstand haben, deuten andererseits darauf hin, dass der europäische Bezug in der Berichterstattung zunächst unterschätzt wurde. LANDFRIED, C.: Bürgerinnen, 2006, S. 97 / 98.

[1346] Vgl. HURRELMANN, A.: Verfassung, 2005, S. 176 ff.

[1347] Grundsätzliche Vereinbarkeit von nationaler und europäischer Identität. JIMÉNEZ, A. / GÓRNIAK, J. / KOSIC, A.: Identities, 2004, S. 18.

ken symbolischen Charakter entfalten können. Gesellschaftliche Integration hat „von unten nach oben" zu erfolgen, gewünschte Prozesse können über Verfahrenswege unterstützt werden, die vom Verfassungsvertrag oder Verfassungsbegriff losgelöst sind.

Ein Beispiel hierfür ist die Einführung des Instruments der Europäischen Bürgerinitiative, womit durch den Entwurf des Europäischen Verfassungsvertrages auf europäischer Ebene „Neuland" betreten wurde. Das europäische Bürgerbegehren ist ein Initiativrecht. Was die zahlenmäßige Anforderung betrifft, scheint die Zahl von 1 Million Bürgerinnen und Bürger, also 0,3 Prozent der Wahlberechtigten, aus einer erheblichen Anzahl der Mitgliedstaaten nicht allzu hochgegriffen. Es wäre ein bedeutsames Instrument partizipativer Demokratie[1348] entstanden. Bestimmungen über Verfahren und Bedingungen einer Bürgerinitiative hätten gemäß Art. I – 47 Abs. 4 S. 2 des Entwurfs des Verfassungsvertrages durch ein europäisches Gesetz festgelegt und konkretisiert werden sollen.

1.3.3 Konkrete Einbindung kommunaler Bezüge in den europäischen Reformvertrag

1.3.3.1 Kommunale Daseinsvorsorge

Kurz vor Ende der Verhandlungen des Konvents hatte sich in Art. III-122 des Entwurfs des Verfassungsvertrages im Zusammenhang mit den Dienstleistungen von allgemeinem wirtschaftlichem Interesse eine Gesetzgebungskompetenz zugunsten der Union durchgesetzt[1349]:

Artikel III–122 VVE
„Unbeschadet der Artikel I-5, III-166, III-167 und III-238 und in Anbetracht des von allen in der Union anerkannten Stellenwerts der Dienste von allgemeinem wirtschaftlichem Interesse sowie ihrer Bedeutung bei der Förderung des sozialen und territorialen Zusammenhalts tragen die Union und die Mitgliedstaaten im Rahmen ihrer jeweiligen Zuständigkeiten im Anwendungsbereich der Verfassung dafür Sorge, dass die Grundsätze und Bedingungen, insbesondere jene wirtschaftlicher und finanzieller Art, für das Funktionieren dieser Dienste so gestaltet sind, dass diese ihren Aufgaben nachkommen können. Diese Grundsätze und Bedingungen werden durch Europäisches Gesetz unbeschadet der Zuständigkeit der Mitgliedstaaten festgelegt, diese Dienste im Einklang mit der Verfassung zur Verfügung zu stellen, in Auftrag zu geben und zu finanzieren."

Gewertet wurde diese Regelung aus kommunaler Sicht weitgehend als „Wermutstropfen"[1350]. Die Zuständigkeit für die Dienstleistungen von allgemeinem wirtschaftlichem

---

[1348] Positiver Effekt ist weiterhin, dass die Stellung der Bürger auch zwischen den Parlamentswahlen gestärkt wird, vgl. MEYER, J.: Elemente, S. 2004, S. 57.

[1349] Art. III – 6 des Konventstextes vom 18. Juli 2003, vgl. HOFFSCHULTE, H.: Rolle, 2004, S. 9. Ebenfalls kritisch KOLB, A.: Entwicklungen, 2006, S. 97.

[1350] WOHLTMANN, M.: Weichenstellungen, 2003, S. 746. WOHLTMANN bezieht sich an dieser Stelle auf die Normierung des Konventsentwurfs in Art. III – 6.

Interesse wäre eine geteilte Zuständigkeit zwischen Union und Mitgliedstaaten gewesen[1351]. Die Regelung wurde wesentlich von Frankreich getragen, mit der Zielsetzung der Schaffung einer europäischen Rechtsgrundlage, welche die Dienstleistungen von allgemeinem wirtschaftlichem Interesse außerhalb der Wettbewerbsregeln stellt.[1352] Andererseits wird ihr das Potential für latente Eingriffe hinsichtlich der Bedingungen der Daseinsvorsorge unterstellt.[1353]

Die Schlussfolgerungen des Juni - Gipfels 2007 haben nun die Dienstleistungen von allgemeinem wirtschaftlichen Interesses aufgegriffen und sehen nach Nr. 19 i) der Schlussfolgerungen die Beifügung eines Protokolls zu den Verträgen vor, das folgende Regelungen enthält:

„Protokoll über Dienste von allgemeinem Interesse"
Die Hohen Vertragsparteien.
In dem Wunsch, die Bedeutung der Dienste von allgemeinem Interesse hervorzuheben, sind über folgende auslegende Bestimmungen übereingekommen, die dem Vertrag über die Europäische Union und dem Vertrag über die Arbeitsweise der Union beigefügt sind:
Artikel 1
Zu den gemeinsamen Werten der Union in Bezug auf Dienste von allgemeinem wirtschaftlichem Interesse im Sinne von Artikel 16 des EG-Vertrags zählen insbesondere:

- *die wichtige Rolle und der weite Ermessensspielraum der nationalen, regionalen und lokalen Behörden in der Frage, wie Dienste von allgemeinem wirtschaftlichem Interesse auf eine den Bedürfnissen der Nutzer so gut wie möglich entsprechende Weise zu erbringen, in Auftrag zu geben und zu organisieren sind;*
- *die Verschiedenartigkeit der jeweiligen Dienstleistungen von allgemeinem wirtschaftlichem Interessen und die Unterschiede bei den Bedürfnissen und Präferenzen der Nutzer, die aus unterschiedlichen geografischen, sozialen oder kulturellen Gegebenheiten folgen können;*
- *ein hohes Niveau in Bezug auf Qualität, Sicherheit und Bezahlbarkeit, Gleichbehandlung und Förderung des universellen Zugangs und der Nutzerrechte.*

[1351] Zu einzelnen parteipolitischen Positionen, Initiativen im Parlament und Meinungen vgl. auch (hier selektiv aufgeführt) RÜHLE, H.: Auslaufmodell, o. A., S. 10 ff. bzw. SOZIALDEMOKRATISCHE FRAKTION IM EUROPÄISCHEN PARLAMENT: Positionspapier, 2005, S. 3 / 4. oder HOPPENSTEDT, K.: Daseinsvorsorge, o. A., S. 2 ff.

[1352] SIMON, P.: Kommunen, 2003, S. 754, S. 755. Die Frage, inwieweit eine gesetzliche Regelung der Rahmenbedingungen für die Dienste von allgemeinem wirtschaftlichem Interesse zu einem weitergehenden Schutz kommunaler Interessen führen könnte, ist nicht eindeutig zu beantworten. Die Genese der Neuregelung als Option zur Entwicklung einer „schützenden Hand" und die jeweiligen Positionierungen unterschiedlicher Interessenvertretungen und deren Argumente zeigen die Offenheit des Diskussionsprozesses. Vgl. SIMON, P.: Garantie, 2006, S. 638. HOFFSCHULTE sieht in der Regelung möglicherweise einen Anlass für eine Klage vor dem Europäischen Gerichtshof, sollte die Europäische Kommission einen zu weitgehenden Entwurf vorlegen. HOFFSCHULTE, H.: Selbstverwaltung, 2005, S. 208.

[1353] Auch wenn die neue Bestimmung unter Achtung der Kommunalen Selbstverwaltung auszulegen gewesen wäre bzw. unter Berücksichtigung des Subsidiaritätsprinzips. Vgl. WOHLTMANN, M.: Weichenstellungen, 2003, S. 746, der sich für die Beurteilung auf die Fassung Entwurfs des Verfassungsvertrages des Konvents in Art. III-6 bezieht.

Artikel 2
Die Bestimmungen der Verträge berühren in keiner Weise die Zuständigkeiten der Mitgliedstaaten, nichtwirtschaftliche Dienste von allgemeinem Interesse zu erbringen, in Auftrag zu geben und zu organisieren.

Die Formulierung des Protokolls deutet auf eine Stärkung der mitgliedstaatlichen und der kommunalen Ebene hin. Umso bedeutender wird die exakte Formulierung des reformierten Art. 16 EGV sein. Argumente bezüglich einer Neuaustarierung hin zu einer Balance zwischen Marktwirtschaft und Sozialwirtschaft und der Frage nach dem Ausgleich i. S. einer „praktischen Konkordanz“[1354] soll über die Darstellung einzelner möglicher Ansatzpunkte erfolgen und unter Einbeziehung der bisher für eine europäische Gemeinwohlkonzeption angeführten Argumente:
(1) Die Schaffung von Mindeststandards unter Gemeinwohlanbindung
(2) Ausgewogenes Zielsystem der Union
(3) Grundrechte und Unionsbürgerschaft.

Eine Gemeinwohlanbindung könnte sich aus Rechten der Bürger auf Zugang zu Leistungen mit Betonung der Mitgliedstaaten ergeben. Argumentiert man mit Gestaltungssouveränität der Mitgliedstaaten, lässt sich aus der Unionsbürgerschaft das Recht des Bürgers als Wirtschafts-, Staats-, und Sozialbürger ableiten, Zugang zu sozialen Sicherungssystemen zu erhalten. Den Mitgliedstaaten obliegt das Recht, den Zugang der Bürger sicherzustellen. Daseinsvorsorge wäre unter diesem Aspekt als „institutionelle Variante“ eines sozialen Grundrechts zu realisieren.[1355] Ob sich faktisch etwas an der Dominanz der Binnenmarktorientierung durch die neuen Regelungen ändert, ist noch offen. Die Regelungen im neuen Artikel 3 Abs. 3 S. 1 – 4[1356] sprechen jedoch für ein offenes europäisches Zielesystem und formuliert wie folgt:
Die Union errichtet einen Binnenmarkt. Sie wirkt auf die nachhaltige Entwicklung Europas auf der Grundlage eines ausgewogenen Wirtschaftswachstums und von Preisstabilität, eine in hohem Maße wettbewerbsfähige soziale Marktwirtschaft, die auf Vollbeschäftigung und sozialen Fortschritt abzielt, sowie ein hohes Maß an Umweltschutz und Verbesserung der Umweltqualität hin. Sie fördert den wissenschaftlichen und technischen Fortschritt.
Sie bekämpft soziale Ausgrenzung und Diskriminierung und fördert soziale Gerechtigkeit und sozialen Schutz, die Gleichstellung von Frauen und Männern, die Solidarität zwischen den Generationen und den Schutz der Rechte des Kindes.

Ziele wie das Binnenmarktziel, eine wettbewerbsfähige soziale Marktwirtschaftlichkeit, sozialer Fortschritt, die Bekämpfung sozialer Ausgrenzung, die Förderung sozialer Gerechtigkeit und schließlich sozialer Schutz stehen nebeneinander. Allein aus dem Wortlaut der vorliegenden Regelung lässt sich weder die Dominanz des Binnenmarktziels, noch eine Hierarchisierung des Zielsystems oder eine generelle Unterordnung der sozialen Ziele unter die ökonomischen Ziele begründen. Die mehrfache Nennung der sozialen Ziele lässt demgegenüber eine vorsichtige Prognose hin zu einer Verschiebung der Zielsetzungen zu verstärkter Beachtung der sozialen Dimension der Union schließen.

[1354] PITSCHAS, R.: Daseinsvorsorge, 2004, S. 42.
[1355] Vgl. die These von SCHULZ-NIESWANDT, F.: Daseinsvorsorge, 2004, S. 7.
[1356] EUROPÄISCHER RAT: Übermittlungsvermerk, 2007, S. 24.

1.3.3.2 Achtung Kommunaler Selbstverwaltung und Subsidiaritätsprinzip

Für die Grundlagen der Selbstverwaltung könnte sich die in Anlage 1 der Schlussfolgerungen ausgewiesene Änderung des EU-Vertrages als bedeutsam erweisen. Artikel 3 soll durch einen Artikel 4 ersetzt werden, der auf das Verhältnis zwischen der Union und den Mitgliedstaaten eingeht, und der in Absatz 2 Satz 1 die folgende Regelung enthalten soll:

Die Union achtet die Gleichheit der Mitgliedstaaten vor den Verträgen und ihre jeweilige nationale Identität, die in ihren grundlegenden politischen und verfassungsmäßigen Strukturen einschließlich der regionalen und lokalen Selbstverwaltungsstrukturen zum Ausdruck kommt.

Diese neu aufgenommene Regelung ist nahezu wortgleich mit Artikel I – 5 des Entwurfs des Verfassungsvertrages. Die Regelung ist für die Gemeinden positiv zu bewerten, auch hier dürfte jedoch gelten, dass die Kommunale Selbstverwaltung nicht als staatliches Organisationsprinzip genannt wird, sondern als Teil nationaler politischer Struktur, die von der Europäischen Union geachtet wird.[1357] Insofern ist die Argumentation nachzuvollziehen, dass es sich bei der gefundenen Regelung nicht um eine Abwehrklausel vor Eingriffen in das Recht der Kommunalen Selbstverwaltung in Einzelfällen handelt, sondern um eine Sicherung der Identität insgesamt, die nicht vor identitätsbeeinträchtigenden Maßnahmen generell schützt.[1358] Der politische Wert der Regelung, der sich in einer Übernahme in den Reformvertrag fortschreibt, bleibt davon unangetastet.

1.3.3.3 Bestimmungen über demokratische Grundsätze

Die Bestimmungen über demokratische Grundsätze werden Angaben zu repräsentativer, partizipativer Demokratie und zu Bürgerinitiativen enthalten.

Durch die Übernahme des Instruments einer Europäischen Bürgerinitiative in den Reformvertrag würde erstmals ein transnationales Instrument partizipativer Demokratie geschaffen werden.[1359] Obwohl im Kritikpunkte an der Formulierung bestehen, ist die Europäische Bürgerinitiative als politischer Erfolg für die Unionsbürger zu werten.
Kritisch wird beispielsweise angemerkt, dass die Regelung des Art. 47 des Verfassungsentwurfs, welche die Europäische Bürgerinitiative an eine Million Unterschriften aus einer „erheblichen Anzahl von Ländern" bindet, nicht hinreichend bestimmt sei. Auch bestehen augenblicklich Befürchtungen seitens der Befürworter der Europäischen Bürgerinitiative, dass das Recht im Verlauf der weiteren Verhandlungen angesichts des Verfahrens bis zum Inkrafttreten der Reformen „aufgeweicht" werden könnte.[1360]

[1357] SCHAFFARZIK, B.: Schutz, 2007, S. 285.
[1358] RUFFERT, M.: Einwirkungen, 2007, S. 1084 ff.
[1359] EFLER, M.: Bürgerinitiative, 2006, S. 4.
[1360] INITIATIVE FÜR DAS EUROPÄISCHE BÜRGERBEGEHREN / EUROPEAN CITIZENS INITIATIVE: Element, 2007, S. 1.

Für die partizipative Demokratie erfolgt ebenfalls eine Orientierung an den Formulierungen des Entwurfs des Verfassungsvertrages, wonach den repräsentativen Verbänden seitens der Organe in geeigneter Weise die Möglichkeit gegeben werden soll, ihre Ansichten zu artikulieren und in einen regelmäßigen Dialog zu treten. Die Kommission führt umfangreiche Anhörungen der Betroffenen durch. An dieser Stelle plädiert der Deutsche Städte- und Gemeindebund in Fortführung bisheriger Argumentation dafür, dass den kommunalen Spitzenverbänden bei der EU-Gesetzgebung ein wirksames Anhörungsrecht eingeräumt wird, nicht zuletzt, um adäquate Gesetzesfolgenabschätzungsverfahren zu unterstützen.[1361]
Sollte es gelingen, formale Verfahren im Rahmen der Entwicklung des Reformvertrages zu institutionalisieren wäre eine Fortentwicklung der Regelungen des Weissbuches Europäischen Regierens gegeben. Verbindliche transparente Verfahren würden es den kommunalen Verbänden ermöglichen, aus dem Schatten informaler Einflussnahme zu treten und Erwartbarkeiten Vorschub leisten.

1.4 Ausblick: Weiteres Verfahren im europäischen Reformprozess

Das eingeleitete Änderungsverfahren der bestehenden Verträge nach Art. 48 EUV setzt voraus, dass alle Mitgliedstaaten nach ihren jeweiligen verfassungsrechtlichen Vorschriften ratifizieren. Das Ziel, die Union bis 2009 auf eine modifizierte vertragliche Grundlage zu stellen, ist bereits vom zeitlichen Aspekt ausgehend sehr ehrgeizig.[1362]
Die portugiesische Ratspräsidentschaft[1363] beruft Ende Juli 2007 eine Regierungskonferenz ein, welcher der Entwurf des „Reformvertrages“ auf Grundlage der Schlussfolgerungen des vorangegangenen Gipfels vorgelegt wird.[1364] Ein Treffen der Außenminister der Mitgliedstaaten mit anschließender Überarbeitung der Entwürfe ist für September vorgesehen, im Oktober soll eine endgültige Einigung auf den Reformvertrag erfolgen. Die Einigung auf Ende 2007 ist erforderlich, soll eine Ratifizierung in den Nationalstaaten noch bis Juni 2009 erfolgen. Die Ratifizierung erfolgt nach den nationalen Bestimmungen, was zumeist parlamentarisch geschieht, wobei in Irland ein Plebiszit durchzuführen ist. Dänemark wird in Abhängigkeit von der Höhe der Zustimmung des nationalen Parlaments eine Volksbefragung abhalten.[1365]
Sollte der Reformvertrag in dieser Form zustande kommen, wäre er ein großer Erfolg für die Handlungsfähigkeit der Union. Für die Kommunen wäre insbesondere die Nennung der Kommunalen Selbstverwaltung als Erfolg zu werten, für die Regelungen zur Daseinsvorsorge ist die Bewertung ambivalent.

[1361] ZIMMERMANN, U.: EU-Ratsgipfel, 2007, S. 4.
[1362] Inhaltlich ist mit dem detaillierten Verhandlungsmandat eine weitgehende Einigung erfolgt, vgl. den Vermerk des Generalsekretärs des Rates für die Delegationen betreffend das Mandat für die Regierungskonferenz 2007 vom 26. Juni 2007 unter
http://register.connsilium.europa.eu/pdf/de/07/st11/st11218.de07.pdf - (22.07.2007).
[1363] http://www.eu2007.pt - (10.07.2007).
[1364] Bestätigung durch Premierminister JOSE SÓCRATES im Rahmen seiner Rede vor dem Europäischen Parlament in Straßburg, vgl. SOCRATES, J.: Presentation, 2007.
[1365] SEEGER, S. / EMMANOUILIDIS, J.: Ausweg, 2007, S. 19. Als weitere Länder zur Durchführung eines Referendums werden Großbritannien, Niederlande, die Tschechische Republik, Portugal und Dänemark, Spanien und Luxemburg diskutiert. Zu den politischen Hintergründen vgl. HAGEMANN, S.: Reform Treaty, 2007, S. 3.

2 Kommunale Selbstverwaltung und Lokale Governance als Elemente transnationalen Wandels: Die Europäische Charta der Kommunalen Selbstverwaltung des Europarates[1366]

2.1 Entwicklung der Europäischen Charta der Kommunalen Selbstverwaltung

Die Europäische Charta der Kommunalen Selbstverwaltung[1367] hat eine außerordentliche Geschichte, da sie

"the culmination of a series of initiatives and many years of deliberation within the Council of Europe"[1368]

darstellt. "Vater" der ECKS ist ADOLF GASSER, der nach dem 2. Weltkrieg mit seinem Werk "Gemeindefreiheit als Rettung Europas"[1369] Vorreiter einer Bewegung war, welche die Stärkung der Kommunalen Selbstverwaltung im europäischen Raum vorantrieb. Erste Initiativen beschäftigten sich bereits in den 50er Jahren mit der Frage der Gemeindefreiheit und verabschiedeten 1953 eine Deklaration der Gemeindefreiheiten gegenüber dem Staat, die darauf abzielte, die kommunalen Rechte gegen Totalitarismus und Zentralismus abzusichern. Eine Reihe von Initiativen innerhalb des Europarates zielten darauf ab, lokale Selbstverwaltung zu stützen. Zu nennen ist insbesondere die Resolution 64 (1968) des Congress of Local and Regional Authorities of Europe (CLRAE)[1370], der eine Deklaration von Prinzipien lokaler Selbstverwaltung erarbeitete. Die Recommendation 615 (1970), die dem Ministerkomitee vorgelegt wurde war inhaltlich eng an die Resolution 64 (1968) angelehnt[1371].

Ende der 70er Jahre wurde das Projekt Kommunale Selbstverwaltung nach erheblicher Überarbeitung in kompromissfähiger Form erneut eingebracht. Ein endgültiger Durchbruch gelang schließlich im Jahr 1981. Zu dieser Zeit wurde offensichtlich, dass eine nicht bindende Deklaration inhaltlicher Prinzipien nicht ausreichend war, um der Bedeutung lokaler Eigenständigkeit und Autonomie zu entsprechen. Regierungen und Nationalstaaten sollten aufgefordert sein, bindende Arrangements und Verpflichtungen zu schaffen. Die notwendige Flexibilität, die sich aus den unterschiedlichen Gegebenheiten und Traditionen der nationalen Verfassungen ableiten ließ, sollte durch Wahlmöglichkeiten verwirklicht werden.[1372] Die Erklärung hob sich von vorherigen Vorschlägen dadurch ab, dass sie erstmals eine die Unterzeichnerstaaten bindende euro-

---

[1366] Europarat als „regionale internationale Regierungsorganisation mit einem breitgefächerten Aufgabenspektrum, die aus formal gleichberechtigten Mitgliedstaaten besteht", BRUMMER, K.: Konfliktbearbeitung, 2005, S. 99.

[1367] COUNCIL OF EUROPE: Charta, 1985 und COUNCIL OF EUROPE: Report, o. A., S. 1.

[1368] COUNCIL OF EUROPE: Report, o. A., S. 1.

[1369] GASSER, A.: Gemeindefreiheit, 2004, S. 43 – 221.

[1370] Der (CLRAE) bzw. Kongress der Gemeinden und Regionen Europas (KGRE) ist die Stimme der Regionen und Gemeinden des Europarates und hat gegenüber dem Ministerkomitee und der Versammlung beratende Funktion. Intern ist er über zwei Kammern organisiert, eine Kammer für die Regionen, eine für die Kommunen. www.coe.int/t/d/congress/

[1371] Im Detail SCHAFFARZIK, B.: Handbuch, 2002, 31 ff.

[1372]http://conventions.coe.int/Treaty/Commun/QueVoulezVous.asp?NT=122&CM=1&DF=7/14/2007&CL=ENG - (14.07.2007).

päische Konvention darstellte. Im Laufe der zweijährigen Verhandlungen wurde der Entwurf erheblich „verwässert", beispielsweise im Bereich der Forderung einer verfassungsmäßigen Garantie Kommunaler Selbstverwaltung und des Subsidiaritätsprinzips. Restriktive Formulierungen, gleichsam mit der Ablehnung eines vom CLRAE vorgeschlagenen Kontrollsystems der Anwendung der Charta in den Nationalstaaten, führten zu einer Schwächung des Textes bereits im laufenden Entstehungsprozess[1373].

Schließlich wurde die Europäische Charta der Kommunalen Selbstverwaltung als multilateraler völkerrechtlicher Vertrag 1985 vom Europarat verabschiedet. Er trat am 01.09.1988 nach der Ratifikation von vier Staaten in Kraft.[1374] Der Europarat schafft nicht supranationales Recht, sondern Texte im Sinne völkerrechtlicher Konventionen. Mit der Ratifikation erfolgt die Anbindung in nationales Recht.[1375]
Mittlerweile haben sich 41 Mitgliedstaaten des Europarates zur Charta der Kommunalen Selbstverwaltung bekannt. Innerstaatlich haben sie 39 Mitgliedstaaten ratifiziert, darunter auch am 12.07.2002 Bosnien und Herzegowina, das die Charta ohne Einschränkung ratifiziert hat. In Deutschland erfolgte die Einführung über ein nach Art. 59 Abs. 2 S. 1 GG ergangenes Zustimmungsgesetz des Bundestages vom 22. Januar 1987, so dass die Charta rechtliche Wirksamkeit im inländischen Rechtskreis erlangte. Frankreich hat die ECKS 1985 unterzeichnet, eine Ratifizierung ist mittlerweile seitens des Europarates zum 17.01.2007 ausgewiesen, ein Inkrafttreten zum 01.05.2007[1376]. Die Annahme der Charta wird in Frankreich politisch als Teil des Dezentralisationsprozesses verstanden, die sich inhaltlich zum Verfassungsgesetz vom 28. März 2003 und den dezentralisierungsrelevanten Gesetzen aus 2004 fügt.[1377] Auch wurden seitens der französischen Vertreter im Zuge der Ratifizierung beim Generalsekretär des Europarats nach Art. 12 Abs. 2 ECKS Erklärungen hinterlegt, welche zum einen Art. 3 Abs. 2 der ECKS betreffen bzw. die Anwendung von Art. 7 Abs. 2 ECKS ausnimmt. Frankreich macht von seinem Recht nach Art. 13 S. 2 der Charta Gebrauch und benennt die

---

[1373] HYLTOFT, C.: Arbeit, 1989, S. 49 / 52 / 53.
[1374] KNEMEYER, F.: Entstehung, 2005, S. 125.
[1375] ENGEL, G.: Struktur, 2003, S. 38. Für die nationale Diskussion untersucht SCHAFFARZIK das Erfordernis eines Einführungsaktes bei Vorliegen eines völkerrechtlichen Vertrages und bejaht die Wirksamkeit der Charta im inländischen Rechtskreis. Vgl. SCHAFFARZIK, B.: Handbuch, 2002, S. 214.
[1376] Der aktuelle Stand ist auf der Homepage des Europarats einzusehen http://conventions.coe.int/treaty/Commun/ChercheSig.asp?NT=122&CM=&DF=&CL=ENG (14.07.2007).
[1377] Zum Verfahren der Annahme der Europäischen Charta der Kommunalen Selbstverwaltung vgl. Senat – n° 92, Projet de Loi autorisant l´approbation de la Charte européenne de l´autonomie locale, adoptée à Strasbourg le 15 octobre 1985 http://www.senat.fr/leg/pj104-092.html - (20.09.2006) und Assemblée Nationale – Texte adopte n° 601, 30. Juni 2006. Projet de Loi autorisant l´approbation de la Charte européenne de l´autonomie locale, adoptée à Strasbourg le 15 octobre 1985 www.assemblee-nationale.fr/12/pdf/ta/ta0601.pdf - (20.09.2006) und Loi 2006–823 du 10 juillet 2006 autorisant l´approbation de la Charte européenne de l´autonomie locale, adoptée à Strasbourg le 15 octobre 1985, J.O 11.07/2006, S. 10335 unter www.affaires-publiques.org/textof/TO/6/1486-0706.htm - (20.09.2006). Generelle Informationen über das Verfahren vgl. ASSOCIATION FRANCAISE DU CONSEIL DES COMMUNES ET REGIONS D´EUROPE (AFCCRE): Newsletter, 2006, S. 2. Der Europarat hatte bereits 2000 die prinzipielle Kompatibilität zwischen französischem Recht und der Europäischen Charta der Kommunalen Selbstverwaltung betont. Vgl. COUNCIL OF EUROPE / CONGRESS OF LOCAL AND REGIONAL AUTHORITIES OF EUROPE (CLRAE): Recommendation, 2000, S. 5. Innerstaatliche französische Diskussion, insbesondere zu Art. 3 der ECKS m. w. N. PONTIER, J.: Collectivités, 2003, S. 273 / 276. Zur Unvereinbarkeit bestimmter Regelungen, Bedeutungsinhalte einzelner Begriffe und der Frage der Interpretation beispielsweise des Subsidiaritätsprinzips aus französischer Sicht vgl. BOHNER, U.: Entstehung, 2003, S. 24.

lokalen und regionalen Gebietskörperschaften, die von der Europäischen Charta der Kommunalen Selbstverwaltung erfasst sind. Die Einrichtungen interkommunaler Kooperation, welche nicht gebietskörperschaftlich verfasst sind, werden von der Reichweite der ECKS ausgenommen.[1378]

2.2 Inhalte der Europäischen Charta der Kommunalen Selbstverwaltung

Gegenstand der Charta der Kommunalen Selbstverwaltung ist die Gewährleistung der Kommunalen Selbstverwaltung selbst. Das Ziel der Charta ist in Abs. 7 und 8 der Präambel der ECKS normiert. Sie besagt, dass die Charta

"in dem Bewusstsein, daß der Schutz und die Stärkung der Kommunalen Selbstverwaltung in den verschiedenen europäischen Staaten einen wichtigen Beitrag zum Aufbau eines Europas darstellt, das sich auf die Grundsätze der Demokratie und der Dezentralisierung der Macht gründet"

verfasst ist. So erinnert die Präambel der Europäischen Kommunalcharta an ein Manifest des "Europa der Kommunen"[1379]. Ziel ist es, das Defizit an Absicherung der lokalen Gebietskörperschaften über eine europarechtliche Konvention zu beheben. Die Charta wird daher auch zum „Acquis Commun" des europäischen Rechtsraumes gezählt.[1380] Sie bündelt integrale Grundsätze der Demokratie für die kommunale Ebene und ist gleichzeitig „Spiegel" unterschiedlichster nationaler Verfassungstraditionen.[1381] Art. 3 Abs. 1 ECKS gilt als Definitionsnorm[1382] und beschreibt den kommunalen Selbstverwaltungsbegriff wie folgt:

Art. 3 Abs. 1 ECKS
Kommunale Selbstverwaltung bedeutet das Recht und die tatsächliche Fähigkeit der kommunalen Gebietskörperschaften, im Rahmen der Gesetze einen wesentlichen Teil der öffentlichen Angelegenheiten in eigener Verantwortung zum Wohl ihrer Einwohner zu regeln und zu gestalten.

Die Formulierung "zum Wohl der Einwohner" verdeutlicht, dass auf Bürgernähe abgestellt und dem Gedanken lokaler Demokratie Rechnung getragen wird. Gleichzeitig wird in Art. 3 Abs. 2 ECKS die Kommunale Selbstverwaltung mit Demokratie verknüpft, da die Ausübung des Selbstverwaltungsrechts mit Komponenten mittelbarer Demokratie wie Räten und Versammlungen, ebenso wie mit unmittelbarer Demokratie, wie Bürgerversammlungen und Volksabstimmungen verknüpft wird[1383]. Demokratische Partizipation soll ein zentrales Qualitätsmerkmal der kommunalen Ebene sein.[1384] Art. 3

[1378] COUNCIL OF EUROPE: Liste der Erklärungen zum Vertrag Nr. 122. http://conventions.coe.int/Treaty/Commun/ListeDeclarations.asp?NT=122&CV=1&NA=&PO=999&CN=999&VL=1&CM=9&CL=ENG (14.07.2007).
[1379] HEBERLEIN, H.: Europa, 1995, S.18.
[1380] HOFFSCHULTE, H.: Globalisierung, 2003, S. 94.
[1381] ENGEL, G.: Struktur, 2003, S. 41 – 43.
[1382] „Bedeutet" im Gegensatz zu Formulierungen wie „Gebietskörperschaften haben das Recht" SCHAFFARZIK, B.: Handbuch, 2002, S. 87.
[1383] HEBERLEIN, H.: Europa, 1995, S.18.
[1384] KOCH, C.: Ebene, 2002, S. 135 / 136.

ECKS betont durch die Formulierung „zu regeln und zu gestalten" neben der Regelungs- auch eine Gestaltungsfunktion der Kommunen.

Von großer Bedeutung ist auch Art. 4 ECKS, der den Umfang der Selbstverwaltung und der Zuständigkeiten regelt. Art. 4 Abs. 3 ECKS spricht die Wahrnehmung öffentlicher Aufgaben vorzugsweise den Behörden zu, die den Bürgern am nächsten sind, wobei nach Art. 4 Abs. 4 ECKS die den Gebietskörperschaften übertragenen Zuständigkeiten umfassend und ausschließlich sind und vor Aushöhlung geschützt werden sollen.

Was den Inhalt der Charta anbelangt, schließt sie grundlegende Regeln und Vorgaben mit ein, und enthält drei Freiheiten der lokalen Körperschaften: Administrative, finanzielle und politische Unabhängigkeit.

Weiterhin normiert die Charta, dass das Prinzip lokaler Selbstverwaltung soweit möglich nach Art. 2 ECKS in der jeweiligen Verfassung Berücksichtigung findet, sie regelt darüber hinaus die Prinzipien kommunaler Grenzen, die Existenz adäquater Verwaltungsstrukturen und administrativer Ressourcen für die Aufgabenerfüllung. Ebenso sind formale Bedingungen enthalten, unter denen Verantwortlichkeiten und Funktionen auf lokaler Ebene ausgeübt werden, die Art und der Umfang der Kontrolle der lokalen Akteure, die finanziellen Ressourcen und der Schutz der lokalen Selbstverwaltung[1385].

Inhalte und Wirkungsweisen der Europäischen Charta der Kommunalen Selbstverwaltung sollen im folgenden nach Governancegesichtspunkten strukturiert und dargestellt werden.

[1385] http://conventions.coe.int/Treaty/en/Summaries/Html/122.htm - (14.07.2007).

2.3 Governancerelevante Komponenten der Europäischen Charta der Kommunalen Selbstverwaltung

2.3.1 Rechtsnormative Governancegesichtspunkte: Die Europäische Charta der Kommunalen Selbstverwaltung im Rechtsgefüge

Die Europäische Charta der Kommunalen Selbstverwaltung wurde als Europäische Konvention angenommen. In rechtlicher Hinsicht wird nun diskutiert:

(1) Inwiefern sie einen Zwischenschritt auf dem Weg einer europäischen Kommunalrechtsentwicklung darstellt.[1386]
(2) Inwieweit sie einen Argumentationsansatz bietet für eine Positionsabsicherung der kommunalen Ebene im europäischen Gemeinschaftsrecht.[1387]

Beide Aspekte verdeutlichen, dass die Europäische Charta der Kommunalen Selbstverwaltung eng an die unionsspezifische Diskussion Kommunaler Selbstverwaltung angebunden ist. Insbesondere was den erstgenannten Gesichtspunkt anbelangt, könnte sie als Interpretationskriterium von auf kommunalen Schutz ausgerichteten Vorschriften des Gemeinschaftsrechts seitens des Europäischen Gerichtshofs dienen.[1388] Auch der zweite Ansatz sieht das Fehlen einer ausdrücklichen Garantie Kommunaler Selbstverwaltung im Primärrecht und diskutiert die Frage, ob und in welchem Umfang aus ungeschriebenen Grundsätzen ein Schutz der Kommunalen Selbstverwaltung abgeleitet werden kann. Die Europäische Charta der Kommunalen Selbstverwaltung wird argumentativ eingebracht, um als Beleg für die Existenz eines Allgemeinen Rechtsgrundsatzes Kommunaler Selbstverwaltung zu dienen.[1389]

Das Bestehen eines Allgemeinen Rechtsgrundsatzes Kommunaler Selbstverwaltung ist allerdings zum jetzigen Zeitpunkt kritisch zu hinterfragen,[1390] auch da die nachfolgenden Problemkreise die Wirksamkeit der Europäischen Charta der Kommunalen Selbstverwaltung einschränken:

[1386] KOCH, C.: Ebene, 2002, S. 134.

[1387] Dies vor dem Hintergrund, dass die Europäische Union der ECKS nicht beigetreten ist, was nach den Regelungen der ECKS auch nicht möglich ist. Vgl. HOBE, S. / BIEHL, D. / SCHROETER, N.: Einflüsse, 2003, S. 92.

[1388] SOMMERMANN, K.: Kommunen, 2005, S. 72.

[1389] Grundlegend zur Existenz eines Allgemeinen Rechtsgrundsatzes der Kommunalen Selbstverwaltung, MARTINI A.: Gemeinden, 1998, S. 143 ff. MARTINI, A. / MÜLLER, W. nennen vier Kriterien zur Feststellung Allgemeiner Rechtsgrundsätze: Rechtsvergleichende Betrachtung der Rechtsordnungen der Mitgliedstaaten, völkerrechtliche Vereinbarungen, Stellungnahmen der Organe der Europäischen Gemeinschaft und Einfügen in die Ziele und die Struktur der Gemeinschaft, vgl. MARTINI, A. / MÜLLER, W.: Schutz, 1993, S. 165. An dieser Stelle skeptisch zum Bestehen eines Allgemeinen Rechtsgrundsatzes. HEBERLEIN, H.: Schutz, 1993, S. 678.

[1390] Ebenfalls ablehnend TETTINGER, P.: Europarecht, 2005, S. 446 und HOBE, S. / BIEHL, D. / SCHROETER, N.: Einflüsse, 2003, S. 91 / 92 mit dem Hinweis auf die bestehende Heterogenität der nationalen Rechtsordnungen. Ablehnend RUFFERT, M.: Einwirkungen, 2007, S. 1084. Dagegen positiv SCHAFFARZIK, B.: Schutz, 2007, S. 281.

(1) Zeitliche Diskrepanz zwischen Unterzeichnung, nationalstaatlicher Ratifikation und Umsetzung:
Die Angaben des Europarates zu Ratifikation und Signatur verdeutlichen zum einen, dass nicht alle Staaten, welche die Charta unterzeichnet haben, sie innerstaatlich ratifizierten, bzw. dass zwischen Unterzeichnung und Ratifizierung eine große zeitliche Diskrepanz besteht.[1391] Darüber hinaus kann die Ratifizierung nicht per se als Garant für die innerstaatliche Umsetzung dienen. Am Beispiel Bosnien und Herzegowinas wird sich im Rahmen der nachfolgenden Ausführungen zeigen, dass mit der Ratifikation die Arbeit an Gesetzen zu Kommunaler Selbstverwaltung erst beginnt, die Umsetzung und Implementation demgegenüber einen mittel- bis langfristig orientierten Zeitplan erfordert.

(2) Mangelnde Bindungswirkung der Europäischen Charta der Kommunalen Selbstverwaltung:
Bindend ist die Charta nur für ihre Unterzeichnerstaaten und nicht für die anderen Mitglieder des Europarates oder die Mitglieder der Europäischen Gemeinschaft und auch nicht für die Europäische Gemeinschaft als solche.
Ein Beitritt der Gemeinschaft zur Charta der Kommunalen Selbstverwaltung ist ferner de lege lata rechtlich nicht möglich[1392], da die Charta nur "für die Mitgliedstaaten des Europarates" zur Unterzeichnung aufliegt.

(3) Diskrepanzen aufgrund unterschiedlicher Ausprägung Kommunaler Selbstverwaltung in den Nationalstaaten: Über die ECKS wird keine institutionelle Bestands- und Entwicklungsgarantie begründet. Ersichtlich wird eine Bestätigung von im Rechtsvergleich zwischen Nationalstaaten betonten gemeinsamen Werten. Der Europäischen Charta der Kommunalen Selbstverwaltung kommt der Verdienst zu, ein einzelner Schritt auf dem Wege hin zur Absicherung der Kommunalen Selbstverwaltung zu sein, dagegen kein gemeineuropäischer Rechtssatz. [1393]

Trotz dieser Einschränkungen und der überwiegenden Ablehnung eines in der Europäischen Charta der Kommunalen Selbstverwaltung ruhenden Allgemeinen Rechtsgrundsatzes Kommunaler Selbstveraltung wird die Europäische Charta der Kommunalen Selbstverwaltung als beachtlicher Erfolg bewertet. Entscheidend ist in diesem Zusammenhang, dass mit der ECKS ein wesentlicher - wenn auch nur erster - Schritt zur Sicherung bzw. zur Anerkennung der Kommunalen Selbstverwaltung in den europäischen Staaten getan wurde. Ziel ist nicht eine "Gleichmacherei" der Verfassungsstrukturen, sondern maximal eine Harmonisierung auf einen „gemeinsamen Nenner“ Kommunaler Selbstverwaltung in den Nationalstaaten.

[1391] Belgien hat beispielsweise am 15.10.1985 unterzeichnet und am 25.08.2004 ratifiziert. Angaben des Europarates unter http://conventions.coe.int/Treaty/Commun/ChercheSig.asp?NT=122&CM=10&DF=4/19/2006&CL=ENG - (23.08.2006).

[1392] HEBERLEIN, H.: Europapolitik, 1992, S. 417 / 424 ff. Darüber hinaus können die europäische Rechtsordnung nicht die Verpflichtung aus dem Vorhandensein nationalstaatlicher Verpflichtungen übernehmen, vgl. TETTINGER, P.: Europarecht, 2005, S. 446 ff.

[1393] HEBERLEIN, H.: Schutz, 1993, S. 677 / 678.

2.3.2 Weiche Governancefaktoren: Politische, harmonisierende Funktion

Neben normativen Gesichtspunkten sind „weiche" Funktionen der Europäischen Charta der Kommunalen Selbstverwaltung zu berücksichtigen, welche sich wie folgt beschreiben lassen:

(1) Die politische Funktion: Die politische Funktion der Europäischen Charta der Kommunalen Selbstverwaltung besteht darin, dass sie Standards Kommunaler Selbstverwaltung benennt. Die zugrundeliegende Regelungs- oder Bindungstechnik wird auch als "á-la-carte"-Regelungstechnik" (Art. 12 ECKS) bezeichnet. Art. 12 der Charta sieht vor, dass jeder Nationalstaat die Verpflichtung eingeht, sich durch 20 von 30 Absätzen des ersten Teils der Charta als gebunden zu betrachten und mindestens zehn Grundprinzipien als „harten Kern" zu wählen. Aus dieser Regelung resultiert, dass die Unterzeichnung und die Ratifikation noch wenig über den realen Standard der Kommunalen Selbstverwaltung in den Nationalstaaten aussagen, so dass die rechtliche Bedeutung der Charta der Kommunalen Selbstverwaltung durch die unterschiedliche Umsetzung und die Differenzierungen im Ratifikationsverfahren deutlich relativiert wird[1394].

(2) Harmonisierung von Standards zu Kommunaler Selbstverwaltung: Die Unterzeichnung und bisherige Ratifizierung der Europäischen Charta der Kommunalen Selbstverwaltung in Nationalstaaten führt zu einer Harmonisierung und bündelt Grundsätze und gemeinsame Anschauungen zu lokaler Demokratie.[1395]

(3) Steuerungswirkung für die Unterzeichnerstaaten: Die praktische Umsetzung der Charta in den Nationalstaaten wird von einer Expertengruppe analysiert. Es ist davon auszugehen, dass durch die Benennung von Umsetzungsdefiziten ein indirekter Druck auf die Unterzeichnerstaaten entsteht, so dass diese die Umsetzung der Kommunalcharta stärker vorantreiben[1396]. Die Prüfungsverfahren, welche vom Europarat durchgeführt werden, können als Mechanismus politischer Anregung verstanden werden, ohne eine Vereinheitlichung zwischen den Nationalstaaten herbeiführen zu wollen. So wurden seitens des Europarates, durch den Congress of Local and Regional Authorities of Europe auch eine Reihe von Empfehlungen erarbeitet, welche die Europäische Charta der Kommunalen Selbstverwaltung konkretisieren.[1397]

[1394] Die Bedeutung der Europäischen Kommunalcharta für das "Europa der Kommunen" besteht in ihrer politischen Dimension darin, dass über die nationalen politischen Systeme hinweg gemeinsame Standards in einem gemeinsamen Projekt gefunden wurden. HEBERLEIN, H.: Europa, 1995, S. 21.

[1395] ENGEL, G.: Struktur, 2003, S. 38 – 40.

[1396] HEBERLEIN, H.: Europa, 1995, S. 21.

[1397] COUNCIL OF EUROPE / CONGRESS OF LOCAL AND REGIONAL AUTHORITIES OF EUROPE (CLRAE): Empfehlung, 2002 bzw. COUNCIL OF EUROPE / CONGRESS OF LOCAL AND REGIONAL AUTHORITIES OF EUROPE (CLRAE): Empfehlung, 2000 und COUNCIL OF EUROPE / CONGRESS OF LOCAL AND REGIONAL AUTHORITIES OF EUROPE (CLRAE): Empfehlung, 2005.

2.3.3 Die Inhalte der Europäischen Charta der Kommunalen Selbstverwaltung und ihre Anbindung an Lokale Governance

Neben normativen Gesichtspunkten und weichen Governancegesichtspunkten, die in der Entstehung der Europäischen Charta der Kommunalen Selbstverwaltung fußen, soll in einem weiteren Punkt auf die demokratie- und governancebezogenen Inhalte der ECKS eingegangen werden.

Die Ausführungen suchen die Anbindung der Europäischen Charta der Kommunalen Selbstverwaltung an das Lokale Governanceparadigma herzustellen. Dazu wird eine Grobstruktur aufgezeigt, die nicht darauf abzielt, materiell-rechtliche Vergleiche oder inhaltliche Kongruenzen aus nationalstaatlichen Regelungen abzuleiten. Inhaltlich bietet die Europäische Charta der Kommunalen Selbstverwaltung wie beschrieben selbst den Staaten, Wahlmöglichkeiten und Ausformungsmöglichkeiten. Insofern geht es ausschließlich darum, in der Struktur der Europäischen Charta der Kommunalen Selbstverwaltung Elemente Lokaler Governance aufzuzeigen.

Abb. 13 – Anbindung der Kategorien Lokaler Governance an die Inhalte der Europäischen Charta der Kommunalen Selbstverwaltung

Art. ECKS	Anbindung einzelner Artikel der ECKS an Lokale Governancekategorien und Argumente für Spielräume Lokaler Governance im politisch – administrativen System
3	**Lokale Governance in horizontaler Perspektive** • Formulierung des „regeln" und „gestalten", welche den politischen Akteuren einen eigenen Gestaltungsspielraum zuspricht. (Art. 3 Abs. 1 ECKS). • "In eigener Verantwortung" impliziert Selfgovernance und verneint Rolle der Gemeinden als reine Erfüllungsgehilfe höherer Ebenen. (Art. 3 Abs. 1 ECKS). • Weites Verständnis „wesentlicher Teil der öffentlichen Angelegenheiten" in Art. 3 Abs. 1 (ECKS).[1398] • Die Regelung stärkt grundsätzlich die Bedeutung demokratischer Formen innerhalb des politischen Systems[1399]. • Angesprochen sind direktdemokratische Mittel der Bürgerpartizipation, ebenso die Ämterausübung durch gewählte Räte. Relevant ist auf diese Weise das politisch–administrative System, unter Einbeziehung von Bürgerschaftlichkeit. (Art. 3 Abs. 2. S. 2 ECKS). • Direkte Partizipation wird zwar genannt, ist jedoch nicht zwingend vorgeschrieben.

[1398] Für die Regelung des Art. 28 Abs. 2 GG wurde auf die Allzuständigkeit, jedoch auch auf den Bezug zur örtlichen Gemeinschaft bereits eingegangen, Art. 3 Abs. 1 ECKS hat an dieser Stelle einen weiten Bezugsrahmen, da er keinen Gebietsbezug benennt.

[1399] COUNCIL OF EUROPE: Report, o. A., S. 5.

Art. ECKS	Anbindung einzelner Artikel der ECKS an Lokale Governancekategorien und Argumente für Spielräume Lokaler Governance im politisch – administrativen System
4	1. **Lokale Governance in horizontaler Perspektive** im Zusammenhang mit der Aufgabenerledigung innerhalb des administrativen Systems. Lokale Governance in horizontaler Perspektive ergibt sich an den „Nahtstellen“ bzw. spiegelbildlich an den bei den Kommunen verbleibenden Spielräumen eigener Aufgabenerledigung. Kompetenzbereich und Zuständigkeitsgarantien verweisen gedanklich auf das funktionale Modell.[1400] • Art. 4 Abs. 1 ECKS normiert, dass die grundlegenden Zuständigkeiten der kommunalen Gebietskörperschaften durch Verfassung oder Gesetz festgelegt werden. Lokale Governance ergibt spiegelbildlich an den bei den Kommunen verbleibenden Spielräumen (eigener) Aufgabenerledigung. • Für Art. 4 Abs. 2 ECKS bestehen quasi „residuale“ Kompetenzen. Deutlich wird, dass kein Katalog kommunaler Kompetenzen erforderlich wird. Die Kommunen haben das Recht sich im Rahmen der Gesetze mit allen Angelegenheiten zu befassen, die nicht von ihrer Zuständigkeit ausgeschlossen sind. • Nach Art. 4 Abs. 4 ECKS sind die den kommunalen Gebietskörperschaften übertragenen Zuständigkeiten in der Regel umfassend und ausschließlich. Sie sollen von einer anderen zentralen oder regionalen Stelle nicht ausgehöhlt oder eingeschränkt werden, es sei denn, dass dies gesetzlich vorgesehen ist. Diese Regelung stellt zwar eine Schutzformel für das lokale Governancesystem dar und stellt Anforderungen an die Einschränkung kommunaler Zuständigkeiten. • Werden den kommunalen Gebietskörperschaften von einer zentralen / regionalen Stelle Befugnisse übertragen, so muss es ihnen soweit wie möglich freigestellt werden, deren Ausübung an die örtlichen Gegebenheiten anzupassen. 2. **Lokale Governance in vertikaler Perspektive** (Art. 4 Abs. 6 ECKS). Die kommunalen Gebietskörperschaften werden soweit wie möglich bei Planungs- und Entscheidungsprozessen für alle Angelegenheiten, die sie unmittelbar betreffen, rechtzeitig und in geeigneter Weise angehört. Dies umfasst insbesondere Konsultationsprozesse, welche die wirksame Vertretung der kommunalen Interessen ermöglichen sollen. Die Konsultationen können dabei sowohl direkt als auch indirekt über Kommunalverbände stattfinden.[1401]
5	**Lokale Governance in horizontaler bürgerlich partizipativer Perspektive** • In Art. 5 ECKS wird die partizipative Komponente i. S. einer Volksabstimmung angesprochen, die Bürger haben eine Rolle als Entscheider inne. An dieser Stelle erfolgt eine Stärkung des partizipativen Demokratiegedankens.

[1400] Dies gilt auch für das Autonomieverständnis, vgl. SCHAFFARZIK, B.: Handbuch, 2001, S. 357.
[1401] COUNCIL OF EUROPE: Report, o. A., S. 6.

Art. ECKS	Anbindung einzelner Artikel der ECKS an Lokale Governancekategorien und Argumente für Spielräume Lokaler Governance im politisch – administrativen System
7	**Lokale Governance in horizontaler Sichtweise** • Die Regelung bezieht sich auf das lokale politisch-administrative System. • Für die gewählten Vertreter als Elemente des lokalen politischen Systems müssen Grundvoraussetzung für die Wahrnehmung des Ehrenamtes geschaffen werden. • Die Rechtsstellung der gewählten Kommunalvertreter muss die freie Ausübung ihres Amtes gewährleisten (Art. 7 Abs. 1 ECKS).
8	**Horizontale Lokale Governance** in Anbindung zu **vertikaler staatlicher Governance** Kontroll- und Aufsichtsfunktionen als „Pendant" zu den gewährten Freiheiten Art. 8 Abs. 1 ECKS besagt, dass jede Verwaltungsaufsicht über die kommunalen Gebietskörperschaften nur in der Weise und in den Fällen ausgeübt werden darf, die durch die Verfassung oder Gesetz vorgesehen sind. • Regelung betrifft ausschließlich Aufsicht übergeordneter Ebenen und nicht Selbstkontrolle [1402]. • Erforderlich ist eine angemessene legislative Basis[1403]. • Prüfung der Gesetzmäßigkeit des Handelns, Ausnahmen für delegierte Aufgaben, bei denen auch Kontrolle der Zweckmäßigkeit zulässig ist (Art. 8 Abs. 2 ECKS).
9	1. **Lokale Governance im horizontalen Sinne** • Lokale Governance bezieht sich nach Art. 9 Abs. 1 auf das politische, auch das politisch–administrative System • Angemessene Finanzausstattung dient als ermöglichende Struktur Lokaler Governance. • Festlegung von Hebesätzen als Frage des politischen und politisch–administrativen Systems. • Sicherung der Ausübung Lokaler horizontaler Governance durch Regelungen zu staatlichen Zuweisungen (Art. 9 Abs. 7 ECKS). Spiegelbildlich stehen diese Regelungen für eine Lokale horizontale Governance ermöglichende Struktur. • Ausübung von Zuständigkeiten seitens der Kommunen ist an die Ausstattung mit ausreichenden Finanzmitteln gebunden. (Art. 9 Abs. 2 ECKS). • Für die Gemeinden ergibt sich die Freiheit in Ausübung ihrer Zuständigkeit und der Möglichkeit, eigene Prioritäten setzen zu können. • Die Finanzmittel der kommunalen Gebietskörperschaften müssen in angemessenem Verhältnis zu den durch die Verfassung oder das Gesetz vorgesehenen Zuständigkeiten stehen. (Art. 9 Abs. 2 ECKS). • Die Finanzmittel der kommunalen Gebietskörperschaften müssen zumindest teilweise aus kommunalen Steuern und Gebühren stammen, bei denen sie das Recht haben, den Hebesatz im gesetzlichen Rahmen festzusetzen. (Art. 9 Abs. 3). So haben die Gemeinden die Möglichkeit, beispielsweise über Hebesätze Gewerbepolitik zu betreiben etc.

[1402] COUNCIL OF EUROPE: Report, o. A., S. 7.
[1403] COUNCIL OF EUROPE: Report, o. A., S. 8.

	• Der Schutz der finanziell schwächeren kommunalen Gebietskörperschaften erfordert die Einführung von Finanzausgleichsverfahren oder gleichwertigen Maßnahmen, die zum Ausgleich der Auswirkungen ungleicher Verteilung der möglichen Finanzierungsquellen und der Kostenlasten bestimmt sind. Derartige Verfahren oder Maßnahmen dürfen die Entscheidungsfreiheit der kommunalen Gebietskörperschaften in ihrem eigenen Verantwortungsbereich nicht schmälern. (Art. 9 Abs. 5 ECKS). Horizontale FAG – Regelung. 2. **Lokale Governance in vertikaler Sichtweise** • Bei Fragen der Anhörung bzw. Konsultation nach Art. 9 Abs. 6 ECKS. Die Kommunen sollen zu der Frage angehört werden, wie ihnen umverteilte Mittel zugeteilt werden sollen. • Geeignete Methoden der Konsultation sind zu finden (frühzeitig, umfänglich). • Soweit möglich werden Zuweisungen an die kommunalen Gebietskörperschaften nicht zur Finanzierung bestimmter Vorhaben vorgesehen. Die Gewährung von Zuweisungen darf die grundsätzliche Freiheit der kommunalen Gebietskörperschaften, die Politik in ihrem eigenen Zuständigkeitsbereich zu bestimmen, nicht beeinträchtigen. Sicherstellung Lokaler horizontaler Governance und Beschränkung staatlicher vertikaler Governance (Art. 9 Abs. 7 ECKS). • Schutz vor "goldenem Zügel". **Fazit**: Vertikale und horizontale Governance sind verzahnt und i. S. einer ermöglichenden Struktur umgestaltet. Rechtliche Regelungen setzen den Rahmen für Lokale Governance.
10	3. **Lokale Governance** in **horizontaler** und kommunenübergreifender Sichtweise durch gemeinsame Aufgabenerledigung in funktionaler Hinsicht. • Die kommunalen Gebietskörperschaften sind bei der Ausübung ihrer Zuständigkeiten berechtigt, zusammenzuarbeiten und im Rahmen der Gesetze Verbände zu bilden, um Aufgaben von gemeinsamem Interesse durchzuführen. (Art. 10 Abs. 1 S. 1 ECKS). Mit dieser Regelung wird interkommunale Kooperation auf funktionaler Basis ermöglicht. • Die kommunalen Gebietskörperschaften sind berechtigt, im Rahmen der vom Gesetz vorgegebenen Bedingungen mit den kommunalen Gebietskörperschaften anderer Staaten im Sinne direkter Kooperation zusammenzuarbeiten, so auch im Rahmen grenzüberschreitender Kooperation. (Art. 10 Abs. 3 ECKS). Diese Regelung ermöglicht auch ein Engagement in Netzwerken. 4. **Lokale Governance in vertikaler Hinsicht** durch die Möglichkeit der Verbandsbildung und der Interessenvertretung. • Möglichkeit der Bildung von Verbänden für Lobbyaufgaben. (Art. 10 Abs. 1 S. 1 ECKS)

Quelle: Eigene Ausarbeitung und Darstellung

2.4 Ausblick: Die Europäische Charta der Kommunalen Selbstverwaltung und Lokale Governance im Kontext transnationalen Wandels

Vor dem Hintergrund der Thematisierung Kommunaler Selbstverwaltung in transnationalem Kontext wurde auf die Europäische Charta der Kommunalen Selbstverwaltung (ECKS) eingegangen. War der Fokus Lokaler Governance zunächst auf die lokale Ebene in Deutschland und Frankreich bezogenen, wurde mit der Thematisierung der Europäischen Charta der Kommunalen Selbstverwaltung eine übergreifende, unionsbezogene Perspektive eingenommen. Der europäische Kontext wurde betont, die Governance relevanten Komponenten der Europäischen Charta der Kommunalen Selbstverwaltung herausgearbeitet, darunter normative Gesichtspunkte und weiche Governancefaktoren wie die harmonisierende, politische Funktion.
Im Anschluss daran wurden die Inhalte der Europäischen Charta der Kommunalen Selbstverwaltung in Beziehung gesetzt zu den diskutierten funktionalen Ausformungen und Modi Lokaler Governance, um das Zusammenspiel von Kommunaler Selbstverwaltung und Lokaler Governance weiterführend auch für den europäischen Kontext anhand der Europäischen Charta der Kommunalen Selbstverwaltung darzustellen.

Welche Erkenntnisse oder welche Perspektiven lassen sich daraus gewinnen? Als erstes bietet es sich an, die Europäischen Charta der Kommunalen Selbstverwaltung nicht lediglich auf die Mitgliedstaaten der Union zu beziehen. Dies hätte den Vorteil, dass die statische Betrachtungsweise dadurch erweitert wird, dass auf die bisher völlig vernachlässigte Initiativwirkung der Europäischen Charta der Kommunalen Selbstverwaltung eingegangen wird.

Durch die gleichzeitige Anbindung an die Konzeption Lokaler Governance erfolgt der Versuch, die Selbstverwaltung innewohnende politische Dimension stärker zu betonen und über den vertikalen und horizontalen Governancebezug, die Interaktion mit politischen und gesellschaftlichen Akteuren – nachfolgend für Bosnien und Herzegowina - abzubilden.

3 Praxisbeispiel: Aufbau lokaler Selbstverwaltungs- und Governance-strukturen in Bosnien und Herzegowina[1404]

3.1 Einleitende Bemerkungen

Kommunale Selbstverwaltung und Lokale Governance im europäischen Integrationsprozess sollte nicht in der retro-perspektivischen Position der „alten Unionsländer" verharren, sondern ihren Blick auch auf die Länder mit Beitrittsperspektive zur Europäischen Union richten. In Kapitel A bis C wurde Lokale Governance und Kommunale Selbstverwaltung in ihrer Verankerung in nationalstaatlichen Systemen dargestellt und argumentativ die Entwicklung hin zu einer europäischen Dimension Kommunaler Selbstverwaltung und Lokaler Governance untermauert. Diese Argumentation „bottom – up" erfährt an dieser Stelle einen Wandel bzw. eine Ergänzung.[1405]

Zunächst tritt die europäische Entwicklungsdynamik, die bisher Randbedingung war bzw. unter strukturellen Gesichtspunkten aktueller Reformen diskutiert wurde, in gewandelter Form in den Rahmen der Erörterung. Sie findet in südosteuropäischen, ehemals bürokratisch - sozialistischen Staaten auf zwei Ebenen statt: Einer institutionellen gouvernementalen und einer gesellschaftlichen Ebene.[1406] Form und Gestalt Kommunaler Selbstverwaltung und Lokaler Governance werden für Bosnien und Herzegowina nicht ausschließlich anhand der nationalstaatlich gewachsenen Tradition diskutiert[1407], sondern im Zusammenhang mit der Gestaltung eines rechtlichen Rahmens, den einzuführen Bosnien und Herzegowina mit der Unterzeichnung und Ratifizierung der Europäischen Charta der Kommunalen Selbstverwaltung des Europarates sich verpflichtet hat.[1408] Seitdem begleiten die Experten des Europarates die Arbeit der Ministerien der Entitäten[1409] und haben aktiv bei der Erarbeitung der Gesetzesentwürfe

---

[1404] Die Initiative zur Befassung mit dem Thema Lokaler Selbstverwaltung mit staatlicher Entwicklung in Südosteuropa entstand im Rahmen des Seminars „Zivilmilitärische Kooperation und Wiederaufbau" an der Deutschen Hochschule für Verwaltungswissenschaften Speyer im Sommersemester 2003. Ein Aufenthalt im Büro des Europarates in Sarajevo 2004 festigte das Thema in seinem europäischen Bezug, insbesondere hinsichtlich der Europäischen Charta der Kommunalen Selbstverwaltung des Europarates. Da das Ziel der nachfolgenden Ausführungen nicht die Erklärung des institutionellen Wandels ist, wird darauf verzichtet, Thesen wie den Gedanken einer „nachholenden Modernisierung" oder die EU – Europäisierungsthese als behaupteten Einfluss des europäischen Modells als exogenen „Anpassungs- und Integrationsdruck", zu diskutieren. Überblick über Erklärungsansätze für konvergente bzw. divergente Entwicklungen, dargestellt anhand postkommunistischer Transformationen vgl. im einzelnen WOLLMANN, H.: Transformation, 2004, S. 575 / 579 / 591 / 592.

[1405] Zur Blickrichtung lokaler Wissenschaft, die Wandel als Kombination von lokalem Kontext und Wandlungsdruck von Außen betrachtet mit dem Ziel, Räume für lokale Strategien aufzuzeigen vgl. BALDERSHEIM, H. / WOLLMANN, H.: Assessment, 2006, S. 124 / 125.

[1406] Ein Forschungsdefizit wird für die gesellschaftliche Integration festgestellt, das sich auf die Bereiche kulturelle Traditionen und lokale Kooperationszusammenhänge bezieht. JAHN, E.: Staaten, 1996, S.49 / 51 / 62.

[1407] Standen die Ausführungen zu Lokaler Selbstverwaltung und Governance in Deutschland und Frankreich unter dem Gesichtspunkt einer Weiterentwicklung, so wird die Entwicklung in Bosnien und Herzegowina als Restrukturierungs- und Aufbauprozess eines lokalen Government und Governance betrachtet.

[1408] Am 25. Januar 2002 wurde Bosnien und Herzegowina das 44. Mitgliedsland des Europarates.

[1409] Nach dem Friedensabkommens von Dayton überwölbt der Staat „Bosnien und Herzegowina" als zu Kommunaler Selbstverwaltung hinsichtlich ihrer Passung zur Europäischen Charta der Kommunalen Selbstverwaltung beraten.

Auffallend war die in der Literatur bisher weitgehend vernachlässigte Initiativ- und Steuerungswirkung der Europäischen Charta der Kommunalen Selbstverwaltung vor dem Hintergrund des Aufbaus demokratischer Strukturen, die sich in der Praxis zeigt. Die Europäische Charta der Kommunalen Selbstverwaltung und die Arbeit des Europarates in Bosnien und Herzegowina werden aus diesem Grund im Rahmen der nachfolgenden Ausführungen besonders berücksichtigt.[1410]
Am Idealbild des demokratischen Wohlfahrtsstaats sind Abstriche vorzunehmen und die Diskussion Lokaler Governance findet vor dem Hintergrund und den Bedingungen von Räumen begrenzter Staatlichkeit statt.[1411]
An die bisherigen Ausführungen zu Kommunaler Selbstverwaltung und Lokaler Governance wird unter den folgenden drei Gesichtspunkten angeknüpft:

1 Methodisch findet eine Erweiterung der Verwendung der Governanceansätze statt. Im Rahmen dieser Arbeit wurde Governance bisher bezogen auf interne Faktoren der europäischen Entwicklung, Steuerung und Ausdifferenzierung und in nationalem Kontext verwendet. Mit dem Schwerpunkt auf der Tätigkeit der Internationalen Gemeinschaft, bewegt man sich in einem Rahmen, der sich aus dem Kontext der Nationalstaaten der Europäischen Union herausbewegt und Aspekte eines internationalen, transnationalen Ordnungsrahmens berücksichtigt.[1412]
2 Inhaltlich befindet sich Bosnien und Herzegowina in einem Annäherungsprozess an die Europäische Union. 90 v. H. der Bevölkerung sprechen sich für einen Beitritt zur Europäischen Union aus[1413], was eine gemeinsame Perspektive und politische Vision der Bürgerinnen und Bürger und der politischen Akteure zugunsten eines andauernden Demokratisierungsprozesses bedeutet. Die Europäische Union generiert Einflussstrukturen über Stabilisierungs- und Assoziierungskriterien sowie über eine Zusammenarbeit bei der Umsetzung von als notwendig erachteten Reformzielen.[1414]
3 Was den Kontext Lokaler Governance anbelangt, so wurde in den vorangegangenen vergleichenden Ausführungen zu Lokaler Governance und Kommunaler Selbstverwaltung relevante Merkmale Lokaler Governance in horizontaler und

---

Gesamtstaat die beiden Entitäten "Föderation von Bosnien und Herzegowina" und "Republika Srpska" (RS).
[1410] Zur Rolle der Europäischen Charta der Kommunalen Selbstverwaltung in Bosnien und Herzegowina vgl. PEJANOVIC, M.: Self-Government, 2006, S. 219 ff.
[1411] Zur Konzeption der Räume begrenzter Staatlichkeit vgl. RISSE, T. / LEHMKUHL, U.: Governance, 2007, S. 3 - 9.
[1412] Ansätze, wie die Frage nach der systematischen Anbindung an "Global Governance" an Fragen, wie einzelne Formen der Macht internationale Transaktionen regulieren etc. werden nicht verfolgt. Vgl. hierzu PRIDDAT, B.: Ordnung, 2006, S. 111 / 123. Auch werden im Rahmen dieser Arbeit keine weiterführenden Thesen zum Institutionenwandel auf lokaler Ebene aufgrund europäischer Vermittlungsstrukturen aufgestellt.
[1413] KOMMISSION DER EUROPÄISCHEN GEMEINSCHAFTEN: Delegation, 2004.
[1414] Im Rahmen der erläuterten Themenstellung treffen inhaltlich Elemente der Top–Down Orientierung der internationalen Institutionen auf, zu denen komplementär eine bürgerschaftliche Bewegung Bottom–Up zu einer eigenen Dynamik führen soll. Die Fragmente einer Konstruktion eines politischen Konzeptes von Bürgerschaftlichkeit sollen auf kommunaler Ebene belebt und gebündelt werden.

vertikaler Sicht bearbeitet. Die dargestellten wissenschaftlichen Debatten stellen den Entwicklungs- und Reformkontext Lokaler Governance dar. Anhand des eingeführten Rasters Lokaler Governance wird das bosnische System Lokaler Selbstverwaltung und seine Einbettung in die nationalen Strukturen und Ordnungsrahmen im Anschluss an die allgemeinen Ausführungen betrachtet. Daraus entsteht die Möglichkeit, einzelne Entwicklungslinien oder auch Entwicklungsbedarfe für die Zukunft systematisiert aufzuzeigen.

Unter Beachtung der für Bosnien und Herzegowina bestehenden Situation der Transformation werden in Anbindung an die lokale Governancediskussion insbesondere folgende Aspekte beleuchtet:

Tab. 25 – Kriterien Lokaler Governance für Bosnien und Herzegowina

Kriterien Lokaler Governance
Funktionale Orientierung
Einbezogene Ebenen und institutionelle Systeme
Dominanter Systembezug Lokaler Governance
Relevante/r Politik – und Leistungsbezug
Handlungstyp
Aufgabenbezug
Wesentliches Demokratieverständnis

Quelle: Darstellung der Kriterien / Ausformungen Lokaler Governance unter Gliederungspunkt II. 4.

Ansatzpunkt ist auch hier die historische Entwicklung lokaler Selbstverwaltung und die aktuelle Rechtslage. Neu hinzukommen die Anbindungsmechanismen an die Europäische Union. Die Implementierung kommunaler Selbstverwaltungsstrukturen ist ein Instrument zum Aufbau demokratischer oder politischer Strukturen auf kommunaler Ebene entsprechend des Grundsatzes der Subsidiarität ("Bottom-Up" - Approach).[1415] Wenn man über Lokale Selbstverwaltung in Bosnien und Herzegowina spricht, kann man zurecht die Europäische Charta der Kommunalen Selbstverwaltung als konzeptionelle Schablone, als Gestaltungskorridor bezeichnen. Sie wurde von Bosnien und Herzegowina ohne Einschränkungen ratifiziert, womit ihre inhaltlichen Festlegungen für die staats- und verwaltungsorganisatorischen Transformationsprozesse von großer Bedeutung sind. Gleichzeitig bietet die ECKS Anhaltspunkte bei der Beurteilung der aktuellen Gesetze zu Lokaler Selbstverwaltung und ermöglicht einen erweiterten Blickwinkel, der sowohl einem politischen, als auch einem rechtlichen Rahmen Rechnung tragen kann. [1416]

[1415] Die Versorgung der Bevölkerung mit der notwendigen Infrastruktur und mit Dienstleistungen ist unter humanitärem Blickwinkel ein erforderliches Gut. Die zugrundeliegende Konzeption ist die Implementierung von Strukturen Lokaler Selbstverwaltung.

[1416] Ein breiterer Ansatz impliziert, dass die positiven Effekte Kommunaler Selbstverwaltung nur dann zum Tragen kommen, wenn die Rechtsetzung bewusst mit institutionellen und kompetenzorientierten Instrumenten agitiert. Local Self Government kann als Herzstück der aktuellen Reform der öffentlichen Verwaltung und administrativen Strukturen in Bosnien und Herzegowina betrachtet werden.

3.2 Historische und politische Ausgangssituation in Bosnien und Herzegowina

3.2.1 Historische Entwicklung des Gemeindewesens

Die historischen Entwicklungslinien des Gemeindewesens stehen in engem Zusammenhang mit der wechselvollen Geschichte Bosniens[1417]. Drei Entwicklungen haben das bosnische Gemeindewesen besonders geprägt:
(1) Die osmanische Verwaltung[1418].
(2) Die Zeit der österreichischen Okkupation[1419].
(3) Das jugoslawische Verwaltungssystem.

Was die osmanische Verwaltung anbelangt, fassten die Osmanen endgültig zwischen 1448 und 1451 mit der Gründung der bosnischen Grenzmark Fuß[1420]. Eine Einrichtung analog zur Selbstverwaltung hatte die osmanische Verwaltung nicht gekannt. Zwar existierte die Begrifflichkeit der Gemeinde, erledigt wurden allerdings nur Aufgaben, die man dem „übertragenen Wirkungskreis"[1421] zuordnen könnte. Es bestand eine auf territorialer Grundlage basierende Organisation der Religionsgemeinschaften – ein multiethnisches Gebilde theokratisch organisiert - die in das Leben der Menschen eingriffen.[1422] Mehr als 400 Jahre im Verbund des osmanischen Reiches bedeutete die Anwendung osmanischen Rechts innerhalb des Feudalsystems, eine osmanisch-islamische Urbanisierung und eine Überlagerung des vorosmanischen Stadtcharakters.[1423] Die Entstehung, Entwicklung und Geschichte der Städte Bosniens ist nicht vollständig erforscht.
Problematisch war die unterschiedliche Rechtsstellung der Einwohner im feudalen System Bosniens. So wurde zwischen Mohammedanern und Nichtmohammedanern differenziert. Bei den Mohammedanern gab es privilegierte Positionen für Funktionäre im Militärbereich und im Bereich der Geistlichkeit. Diese Elite hatte Einfluss auf das politische Leben ihrer Stadt. Konfessionelles Recht, das zunächst Mohammedaner umfasste, war allgemeine Rechtsgrundlage. Die Rechtsordnung gewährte Juden und Christen Glaubensfreiheit, was es diesen ermöglichte, familien- und vermögensrechtliche Belange nach den Vorgaben der eigenen Glaubensgemeinschaft zu leben.[1424]

[1417] Darstellungen zur Geschichte Bosniens sind häufig einem spezifischen Blickwinkel – geographisch, nationalgeschichtlich oder staatsrechtlich – entnommen. Bosnische Vergangenheit wird als Teil der Geschichte Südslawiens, als Teil der serbischen Geschichte oder als Annex ungarischer Geschichte etc. beschrieben. Umfangreiche Darstellung historischer Quellen RADOJCIC, N.: Darstellungen, 1960, S. 147 ff.

[1418] Mit der Eroberung des bosnischen Kernlandes im 15. Jahrhundert setzte ein gesellschaftlicher Strukturwandel ein. Vgl. IMAMOVIC, M.: Bosnien - Herzegowina, 1999, S. 70 / 71.

[1419] Zu den Hintergründen des Berliner Kongresses und der Standpunkte der vertretenen Nationen, FOURNIER, A.: Bosnien, 1994, S. 42 ff.

[1420] Im Jahr 1463 wurde das bosnische Kernland erobert. IMAMOVIC, M.: Bosnien - Herzegowina, 1999, S. 69. DZAJA, S.: Konfessionalität, 1984, S. 21 / 25.

[1421] GABRIEL, K.: Bosnien - Herzegowina, 2003, S. 68 ff.

[1422] IMAMOVIC, M.: Bosnien - Herzegowina, 1999, S. 77 ff. Speziell die Situation der nicht-mohammedanischen Bauern wurde als unbefriedigend bewertet. SUCESKA, A.: Rechtsstellung, 1968, S. 97 ff.

[1423] IMAMOVIC, M.: Bosnien - Herzegowina, 1999, S. 72.

[1424] SUCESKA, A.: Rechtsstellung, 1968, S. 89 – 96.

Das Ende der osmanischen Herrschaft wird von Unruhen und Bauernaufständen eingeläutet. Zur Gewährleistung der Stabilität wurde schließlich Österreich - Ungarn nach Art. 25 des Berliner Vertrages vom 13. Juli 1878 ermächtigt das Land zu besetzen, gleichwohl blieb es bis 1908 unter der Oberhoheit des Sultans.[1425]

Für die Entwicklung des Gemeindewesens ist als zweiter Gesichtspunkt relevant, dass die österreichische Okkupation zur Einführung einer Gemeindeordnung führte. Sie regelte das Recht der Ortsgemeinden und begründete einen eigenen Wirkungskreis für die Gemeinden. 1882 wurde ein allgemeines Gemeindegesetz erlassen, in dessen Rahmen es zu einem Zuwachs lokaler Kompetenzen und zu maßgeblichen Neuorganisationen der Ortsgemeinden kam.[1426] Was die Selbstverwaltung der Städte betrifft, so verfügten die Stadtgemeinden über eigene Statuten, allerdings waren diese zwischen den einzelnen Städten sehr inhomogen.[1427]
Der dritte für die Entwicklung des bosnischen Gemeindewesens relevante Themenbereich verbirgt sich hinter der Bezeichnung „die unvollkommene Staatsschöpfung". Sie bezeichnet die über Bosnien hinausgehende staatliche Entwicklung des ehemaligen Jugoslawien, das auf seinem Gebiet mehr als 20 Nationen und Nationalitäten bündelte. Ursprung der Staatsbildung ist der am 01. Dezember 1918 gegründete Staat der Serben, Kroaten und Slowenen, mit großem Konfliktpotential aufgrund ethnischer, sozialer und auch ökonomischer Probleme.[1428] Bis in das 20. Jahrhundert hinein waren Österreich - Ungarn und die Türkei bestimmende Größen auf dem Balkan. Zusätzlich fehlte es in diesem Zeitraum an einer gesamtnationalen politischen südslawischen Bewegung, so dass die Basis einheitlicher südslawischer Staatsbildung fehlte. Dieses Fehlen drückte sich in der jugoslawischen Verfassungsentwicklung zwischen den Weltkriegen aus, wie auch nach dem Zweiten Weltkrieg.[1429]

Die Verfassung der Sozialistisch Föderativen Republik Jugoslawien[1430] enthielt eine sozialistische gesellschaftliche Ordnung mit folgenden Merkmalen:
(1) Einem Menschenbild, welches die Menschen als „Produzenten und Schaffende" betont.
(2) Die Bezeichnung „Selbstverwaltung" wurde als gesellschaftliche Organisationsform verstanden, die mit De-Etatisierung verknüpft war.[1431]

In der Zeit des administrativen Sozialismus war die Verfassung vom 20. Januar 1946 eng an die Verfassung der Sowjetunion des Jahres 1936 angelehnt und die Wirtschaft bereits seit Anfang 1948 vollständig verstaatlicht. Nach dem Bruch mit der Sowjetunion 1948 erfolgte eine Annäherung an den Westen. Der Selbstverwaltungssozialismus war Folge dieser Ablösung vom sowjetischen Modell. Ab 1950 entstand die sog. „Arbeiterselbstverwaltung", die eine wirtschaftliche Dezentralisierung und die Herausbildung

---

1425 IMAMOVIC, M.: Bosnien - Herzegowina, 1999, S. 71 ff.
1426 GABRIEL, K.: Bosnien - Herzegowina, 2003, S. 68 / 70 / 72.
1427 GABRIEL, K.: Bosnien - Herzegowina, 2003, S. 73 ff. Auch der Aufbau von Infrastruktur, administrative Reformen, beispielsweise im Bereich des Grundbuchwesens werden genannt, vgl. HOFFMANN, F.: Schicksal, 1982, S. 13.
1428 CALIC, M.: Krieg, 1996, S. 13 ff.
1429 MAYER, F.: Staat, 1975, S. 34 / 35.
1430 Zur staatlichen Konzeption und möglichen Ursachen des Staatszerfalls JAKIR, A.: Entstehung, 2004, S. 11 – 36.
1431 MAYER, F.: Staat, 1975, S. 43.

von Eliten mit sich brachte.[1432] Hierzu ist festzuhalten, dass die Phase ab 1952 eine Abkehr von der Diktatur und dem sowjetischen Muster der Verwaltungskonzeption bedeutete. Ferner entstand eine Hinwendung zu gesellschaftlichen statt zu staatlichen Plänen, die Republiken und autonomen Provinzen konnten sich emanzipieren und die Selbstverwaltung wurde ausgebaut. Ab 1967 entwickelte sich die letzte Phase, die verifizierte Kompetenzregelungen mit sich brachte. Weitere Kompetenzen wurden auf die autonomen Provinzen übertragen.[1433]
Inhaltlich verbirgt sich hinter dem Begriff Selbstverwaltungssozialismus eine spezifische Konzeption des Staates. Der jugoslawische Staat war eine demokratische und sozialistische Selbstverwaltungsgemeinschaft aus Bürgern und Werktätigen und betonte die freie Selbstbestimmung der sozialistischen Völkergemeinschaft. Gleichzeitig ist der Weg über die Arbeiterselbstverwaltung nur bedingt als Sonderweg zu sehen, da ein Einparteiensystem dominierte und die Prämisse des Sozialismus den gesellschaftlichen Diskurs begrenzte.[1434]
Der sozialistische Rahmen des Staates und seine Prämissen formte auch das Verhältnis zu den Kommunen. Innerhalb des Staatsgebildes nahmen die Gemeinden eine Stellung als unterstaatliche Verbände und Selbstverwaltungskörper ein, als gesellschaftspolitische Gemeinschaft, beruhend auf der Selbstverwaltung der Arbeiterklasse. Bezeichnenderweise gilt die Gemeinde als Strukturmodell und Basis für eine „unmittelbare gesellschaftliche Selbstverwaltung", und gleichzeitig auch als der Ursprung organisierter politischer Macht des Staates[1435].
Die Zuständigkeiten der Gemeinden gestalteten sich derart, dass sie alle Gesetzesvollzugsfunktionen, Verwaltungsfunktionen und hoheitlichen Funktionen wahrnahmen, die nicht durch Gesetz von größeren gesellschaftlich-politischen Gemeinschaften ausgeübt wurden.[1436] Aus diesen Regelungen wird keine dualistische Sichtweise auf kommunale Aufgaben oder eine Gewährleistungskomponente für die Kommunen im Sinne einer Schutzformel sichtbar.

Artikel 119 der Bundesverfassung[1437] regelte die über- bzw. zwischenkommunale Zusammenarbeit dahingehend, dass Gemeinden die Angelegenheiten von gemeinsamen Interessen miteinander regeln und hierzu gemeinsame Organe bilden konnten. Allerdings existierten Unterschiede in den Regelungen zur gemeindlichen Zusammenarbeit im Recht der Provinzen und Republiken. In der Republik Bosnien und Herzegowina beispielsweise war die Stadt Sarajevo eine besondere gesellschaftspolitische Gemeinschaft, in der alle Gemeinden des Gesamtgebiets vereinigt waren. Da die Gemeinden als unterstaatliche Verbände der entsprechenden Provinzen und Republiken galten,

---

[1432] STEINDORFF, L.: Aufbruch, 1999, S. 192 / 193, 195 / 196. Wandel der Verwaltungsentwicklung nach Ende des Zweiten Weltkrieges vgl. MAYER, F.: Staat, 1975, S. 133 ff.
[1433] MAYER, F.: Staat, 1975, S. 134.
[1434] Gesellschaftlicher Partizipation fehlte der Pluralismus. STEINDORFF, L.: Aufbruch, 1999, S. 196. Demgegenüber die Entwicklung des pluralistischen Staates in den westlichen Demokratien mit spezifischen Funktionen hinsichtlich der Gruppeninteressen und der Entstehung von Gemeinwohl als dialektischem Prozess. FRAENKEL, E.: Deutschland, 1991, S. 47.
[1435] MAYER, F.: Staat, 1975, S. 57 / 58 / 98. Die Dynamik der Verfassungsentwicklung, insbesondere die Entwicklung hin zur Verfassung vom 21.02.1974 vgl. ROGGEMANN, H.: Verfassung, 1979, S. 21 ff.
[1436] MAYER, F.: Staat, 1975, S. 58.
[1437] Verfassung in deutscher Übersetzung veröffentlicht bei ROGGEMANN, H.: Verfassung, 1979, S. 125 – 290.

erfolgten die Weisungs- und Kommunikationswege über die Organe der Republik oder der Provinz.[1438]
Ergänzend zu den Regelungen zum rechtlichen Rahmen der Stellung der Gemeinden in der Bundesverfassung fanden sich in den Verfassungen der autonomen Provinzen Regelungen. Innerhalb dieses Systems existierte eine starke demokratisch-partizipative Komponente, aufgrund der die politische Willensbildung über Wahlen, Referenden oder Beschlussfassungen in den Versammlungen oder über gesellschaftliche Absprachen erfolgte. Maßgebliches Organ in Verwaltungsangelegenheiten der Gemeinde war die Gemeindeversammlung, der es auch oblag, einzelne Angelegenheiten sowie die Entscheidung über die Ausübung sonstiger öffentlicher Befugnisse auf andere Selbstverwaltungsorganisationen oder Bürgervereinigungen zu delegieren.[1439]
Unter zivilgesellschaftlichen Erwägungen fällt auf, dass während der kommunistischen Regierungszeit Self–Management und das damit verbundene Delegiertensystem den Bedarf an unabhängigen Organisationen aus freien Bürgern ersetzten, die Einfluss auf den Staat hätten nehmen können. Im ehemaligen Jugoslawien entstanden in den 80er Jahren schwach ausgeprägte Elemente einer Zivilgesellschaft. Allerdings war die politische Elite stark und in einem Ein - Parteiensystem organisiert. Ab 1991 lag dann das Gewicht politischer Diskussionen auf Themen mit nationalistischer Prägung.[1440]

Zusammenfassend war wohl das auffallendste Merkmal des jugoslawischen sozialistischen Gemeinwesens die eigenständige Ausprägung des Selbstverwaltungsprinzips, welche die gesamte öffentliche Verwaltung durchzogen hat. Jeder Bereich im Staat sollte unabhängig davon, ob er direkt die Staatsgeschäfte führte oder sonstige öffentliche Funktionen wahrnahm autonom und durch Wahlverfahren von dem Bevölkerungskreis legitimiert sein, den er betreute. Etatistische Elemente der Verwaltung wurden zurückgedrängt zugunsten einer selbstverwaltenden Gesellschaft. Selbstverwaltung wurde zum Organisationsmodus der Intervention politischer Macht. Besonders deutlich war das System auf lokaler Ebene mit den Gemeinden als Fundament des Staatsaufbaues ausgeprägt. Die Gemeinden galten als gesellschaftspolitische Gemeinschaften, waren als solche in den Staatsaufbau integriert und gleichzeitig abgegrenzter Teil der staatlichen Gebietskörperschaft.[1441]

Mit dem Zusammenbruch der sozialistischen Gesellschaftsordnung erfolgte eine Erosion des kommunalen Verwaltungssystems. Bei der Einführung eines neuen Systems zeigte und zeigt die Praxis, dass sich die Erneuerung der Institutionen schwerfällig gestaltet. Ansatzpunkt für Reformen auf lokaler Ebene ist die bisherige Rolle der Verwaltung als Unterebene staatlicher Politik ohne eigene Wirkungs- und Gestaltungsmöglichkeiten.[1442]

[1438] MAYER, F.: Staat, 1975, S. 58.
[1439] MAYER, F.: Staat, 1975, S. 58.
[1440] ANDJELIC, N.: Bosnia - Herzegovina, 2003, S. 100. ANDJELIC argumentiert auf Grundlage einer Definition von Civil Society, welche Civil Society im Zusammenhang mit autonomen Nichtregierungsorganisationen sieht, die ein Gegengewicht zum Staat darstellen, S. 79.
[1441] MAYER, F.: Staat, 1975, S. 134 / 135.
[1442] ZLOKAPA, Z.: Istorijski, 2005, S. 12.

Der Krieg hat ein Übriges getan und führte zu zwei gegenläufigen Tendenzen[1443]:
1. Zur Zentralisierung und direkter Anbindung der Gemeinde an die Staatsorgane.
2. Zur Entstehung größerer Eigenständigkeit für die Gemeinden in Bereichen, welche nicht von staatlichem Interesse waren. Diese Strukturen sind bisher noch nicht hinreichend analysiert, sie funktionierten ungeachtet geringer Transparenz.

3.2.2 Aktuelle Situation: Bosnien und Herzegowina und der Vertrag von Dayton

Die Situation in Bosnien und Herzegowina ist durch die folgenden bedeutenden soziale Prozesse gekennzeichnet:
1. Wiederaufbau in der Nachkriegszeit[1444].
2. Konsolidierung des Friedens, die Ausbildung und der Aufbau demokratischer Strukturen und Institutionen als Teil einer "inneren Integration" des Staates Bosnien und Herzegowina.[1445]
3. Post - kommunistischer Wandel bezogen auf den Aufbau von Infrastruktur[1446] und Privateigentum innerhalb einer marktwirtschaftlichen Ordnung [1447] und den Aufbau eines politischen und parteilichen Pluralismus und föderaler Staatlichkeit[1448].

Die Konsolidierung des Friedens war mit der Arbeit der SFOR Friedenstruppen vorangeschritten und die öffentliche Verwaltung entwickelte sich zunächst unter den Bedingungen des Friedensvertrages von Dayton und der Arbeit des Büros des Hohen Repräsentanten[1449]. Der Dayton-Vertrag hat den bosnischen Staat zunächst i. S. von „one state, two entities, three nations" konstituiert, wobei die nationalistischen Parteien über ein hohes Machtpotential verfügen.[1450] Mit dem Aufbau demokratischer Institutionen und Strukturen befassen sich neben bosnischen Institutionen auch die Internationale Gemeinschaft.[1451]

[1443] ZLOKAPA, Z.: Istorijski, 2005, S. 14.
[1444] Zum Kriegsverlauf CALIC, M.: Krieg, 1996, und ALMOND, M.: Dayton, 1999, S. 447 – 454.
[1445] http://www.ohr.int/ohr-info/gen-info/default.asp?content_id=38612 - (10.08.2007). Mandat des Hohen Repräsentanten.
[1446] Der Krieg führte zu einer Zerstörung der Infrastruktur und verminderte das Bruttoinlandsprodukt um nahezu 80 v. H. vgl. BRUSIS, M.: Bosnien-Herzegowina, 2004, S. 72 / 73. detailliert UNITED NATIONS (UN): Commission, 2004, S. 5. KOMMISSION DER EUROPÄISCHEN GEMEINSCHAFTEN: Economy, 2004, S. 39 ff.
[1447] Umfangreiches Zahlenmaterial zu den wirtschaftlichen Auswirkungen des Krieges FRIEDMAN, F.: Bosnia, 2004, S. 92 ff. Aktuelle Daten zur Wirtschaftsentwicklung auf der Homepage des International Monetary Fund unter www.imf.org. - (07.03.2007).
[1448] MILJKO, Z.: Föderalismuserfahrung, 2003, S. 39 ff.
[1449] Der Hohe Repräsentant hat eine Doppelrolle und ist zugleich Sonderbeauftragter der Europäischen Union in Bosnien und Herzegowina. Ausführlich zur sich wandelnden Rolle des Hohen Repräsentanten WNENDT, W.: Rolle, 2005, S. 80 ff.
[1450] Nationalparteien SDA = Partei der Demokratischen Aktion; SDS = Serbische Demokratische Partei; HDZ = Kroatische Demokratische Partei. OLSCHIES, W.: System, 2004, S. 739 / 740.
[1451] Die Literatur zur Beurteilung des Dayton-Vertrages ist äußerst umfangreich, die nachfolgenden Literaturangaben sind selektiv und auf Einzelfragen bezogen.

Der Prozess der Demokratisierung[1452] hat zwei unterschiedliche Bezüge:
(1) Aufbau demokratischer Strukturen i. e. Sinne.
(2) Unterstützung zivilgesellschaftlicher Entwicklung.[1453]
Was den Aufbau demokratischer Strukturen anbelangt, ist Bosnien und Herzegowina durch ein hohes Maß an temporärer Fremdbestimmung geprägt, was im Widerspruch zum Postulat der Selbstbestimmung Bosnien und Herzegowinas steht. Die Vermittlung von Demokratie und ihren verbundenen Werten steht im Mittelpunkt der Arbeit des mit „Bonn-Powers"[1454] ausgestatteten Hohen Repräsentanten (HR), der durch das bosnische Volk nicht legitimiert ist.[1455] Ungeachtet dessen zeigt Demokratisierung in bezug auf die Arbeit des Hohen Repräsentanten drei wichtige phasenbezogene Teilaspekte[1456]:
(1) Ausübung der Befugnisse als Statthalter für einen souveränen bosnischen Staat.
(2) Gesichtspunkt geteilter Souveränität, was bedeutet, dass die Institutionen mit Hilfe internationaler Institutionen aufgebaut wurden.
(3) Rückkoppelung der Arbeit des Hohen Repräsentanten zum bosnischen Volk.

Die Phasen einer Devolution von Souveränität und Autorität von der Internationalen Gemeinschaft auf die bosnischen Staatsorgane finden in Abhängigkeit von den Transformationsprozessen und der Erfüllung maßgeblicher demokratischer Kriterien statt.[1457] Sah Lord ASHDOWN seine Arbeit noch unter der Prämisse eines „my job is to lose my job", so fiel diese Verantwortung ab 01. Januar 2006 CHRISTIAN SCHWARZ-SCHILLING zu, der nach langjähriger Erfahrung mit Vermittlungsprozessen in Bosnien und Herzegowina die Arbeit als Hoher Repräsentant wahrnimmt. Mittlerweile ist der Hohe Repräsentant parallel Beauftragter der Europäischen Union[1458] und nimmt auch koordinierende Funktionen für die Arbeit der Internationalen Organisationen wahr.[1459] Das Amt des Bosnien-Beauftragten wurde mittlerweile an den slowa-

---

[1452] FREEDOMHOUSE bewertet Elemente der Demokratisierung im Rahmen von Rankings und dokumentiert auf diese Weise Entwicklungen. www.freedomhouse.org - (10.06.2006).

[1453] Aufbau der Zivilgesellschaft als eine der bedeutendsten Herausforderungen stv. RADOVANOVIC, N.: Bosnia, 2005, S. 69. Hinter dem Gedanken zivilgesellschaftlicher Entwicklung steht die These, dass die Fähigkeit der demokratischen Institutionen zur Schaffung politischer Legitimität davon abhängt, in welchem Umfang es gelingt, die Interessen der Zivilgesellschaft zu integrieren. Vgl. CROOK, R.: Governance, 2001, S. 1.

[1454] Die „Bonn-Powers" sind Ergebnis des Beschlusses der Peace Implementation Conference (PIC) in Bonn 1997, die eine Erweiterung der Kompetenzen des Hohen Repräsentanten vorsah. Umfasst ist der Erlass von Gesetzen zur Umsetzung des Dayton-Abkommens. Auch die Entlassung von Personen aus öffentlichen Ämtern ist möglich und wurde seit 1998 über 100 Mal genutzt. Vgl. WNENDT, W.: Rolle, 2005, S. 77.

[1455] GROMES, T. / MOLTMANN, B. / SCHOCH, B.: Demokratie-Experimente, 2004, S. 10 ff. Diskussion von Befugnissen / Kontrolle des Hohen Repräsentanten vgl. KNAUS, M. / MARTIN, F.: Despoten, 2003, S. 12. bzw. COX, M. / KAUS, G.: Befugnissen, 2003, S. 18 ff.

[1456] Vgl. auch OELLERS-FRAHM, K.: Bosnia-Herzegovina, 2005, S. 223.

[1457] Der Prozess des Nation – Building steht gleichzeitig neben einem Prozess europäischer Integration. Offensichtlich ist, dass der Integrationsprozess eigenständig gemeistert werden muss und nicht durch "internationale Notverordnungsgeber", vgl. REHS, A.: Dayton, 2006, S. 443.

[1458] RAT DER EUROPÄISCHEN UNION: Aktion, 2002.

[1459] Der Abzug des Büros des Hohen Repräsentanten soll der Bevölkerung und den nationalen Institutionen weitere Verantwortung übereignen. KOMMISSION DER EUROPÄISCHEN GEMEINSCHAFTEN: Mitteilung, 2006, S. 13, 33.

kischen Diplomaten LAJCAK übergeben, mit einer geplanten Amtszeit bis Juni 2008.[1460]

WOLFGANG PETRITSCH, ehemaliger Hoher Repräsentant, prägte maßgeblich das „Ownership - Konzept“[1461]. Demokratisierung hat hierbei neben dem Aufbau demokratischer Strukturen eine zivilgesellschaftliche Komponente, welche die Anerkennung des Einzelnen als Bürger in Staat und Gesellschaft voraussetzt. Seit seiner Nennung im Dezember 1998 seitens des Peace Implementation Councils ist ein stetiger Bedeutungszuwachs und eine stetige Zunahme der praktischen Relevanz des Begriffes der „Civil Society“ festzustellen, [1462] der sich durch Vielfalt und hohe Komplexität auszeichnet.

Im vorliegenden Zusammenhang ist er dahingehend relevant, dass

(1) der Zusammenhang zwischen der spezifisch bosnischen Konzeption von Civil Society und ihre Funktion bzw. ihr Beitrag zur Konsolidierung von Demokratie in Bosnien und Herzegowina vorausgesetzt wird,
(2) darauf aufbauend Möglichkeiten zur Stärkung zivilgesellschaftlicher Elemente auf lokaler Ebene relevant werden.

In Nationalstaaten allgemein fußt die Konzeption von Zivilgesellschaft auf deren historischer Staatlichkeit und insbesondere auf einer zivilen Staatsidee. Nun wird die Civil Society in Bosnien und Herzegowina als schwach eingeschätzt[1463]. Ein Problem des zivilen Bereiches ist insbesondere die Ethnopolitisierung der sozialen bzw. gesellschaftlichen Strukturen.[1464] Gleichzeitig spielen in Bosnien und Herzegowina die Nichtregierungsorganisationen (NGOs) eine aktive hervorgehobene Rolle[1465], die durchaus kritisch gesehen werden kann.[1466]

Die konkreten Zielsetzungen im Zusammenwirken von Civil Society und lokaler Demokratie ergeben sich daraus wie folgt:

(1) Die Stärkung ziviler Elemente ist keine technische Frage, sondern bedarf einer Antwort i. S. einer Weiterentwicklung der politischen Kultur auf lokaler Ebene. Die Civil Society wird in ihre Rolle als Mittler zwischen Individuum und Staat bzw. Kommune hineinwachsen müssen, um zu einer Limitierung staatlichen Übermaßes beizutragen.[1467]

[1460] PEACE IMPLEMENTATION COUNCIL / PIC SB Political Directors: Declaration, 2007.

[1461] „Ownership“ bedeutet an dieser Stelle Selbstverantwortung und Fortschritte, die sich aus den Entwicklungsprozessen ergeben und nicht von Außen durch Druck zustande kommen. Zur Begrifflichkeit vgl. SOLIOZ, C.: Verfassungsdebatte, 2006, S. 10.

[1462] BELLONI, R.: Society, 2000, S. 9.

[1463] FAGAN untersucht die Entwicklung der Civil Society in Bosnien und Herzegowina zehn Jahre nach Dayton und stellt die Rolle der NGOs heraus, die er nicht mit Zivilgesellschaft gleichsetzt. Er spricht sich für einen Wandel hin zu einer Stärkung lokaler Kapazitäten der NGOs aus und betont deren zunehmende Bedeutung als Vermittler. FAGAN, A.: Society, 2005, S. 417 ff.

[1464] SEJFIJA, I.: Civil Sector, 2006, S. 131, 133.

[1465] Es besteht ein hohes Maß an Abhängigkeit von Mittelgebern, deren Kriterien nicht die tatsächlichen Bedarfe widerspiegeln. „Projectomania" und "Colonisation of the Civil Sector" werden genannt. SEJFIJA, I.: Civil Sector, 2006, S. 134.

[1466] Insbesondere aufgrund der demokratietheoretischen Verortung der NGOs, ihrer Abgrenzung zu anderen gesellschaftlichen Akteuren und der Grundfrage des "ob" bzw. der Art und Weise der Gegenüberstellung von Staat und Gesellschaft, vgl. WINDFUHR, M.: Einfluß, 1999, S. 520 ff.

[1467] Vgl. Grundlegend BELLONI, R.: Society, 2000, insbesondere zu den Wesensmerkmalen der Civil Society, S. 10.

(2) Versteht man lokales Engagement als Schlüssel, um ethnische Grenzen[1468] zu überwinden, dann dürfte ein Ansatz, der versucht, Demokratie „von oben“ überzustülpen, doppelt unangemessen sein.[1469]
(3) Aufbauend auf (2) stellt sich die Frage, wie „grassroots – democracy“ und zivilgesellschaftliches Engagement in der Praxis wirksam gefördert werden können und welche Akteure hierfür in der Verantwortung stehen.
(4) Lokale Demokratie kann durch eine Stärkung der zivilgesellschaftlichen Kräfte zugunsten kritischer Öffentlichkeit gestützt werden. Partizipation ist Teil einer Kontrollfunktion im Zuge des Aufbaus bürgerschaftlicher Öffentlichkeit.

Die genannten Aspekte verdeutlichen die Notwendigkeit und die Bedeutung des rechtlichen und institutionellen Rahmens auf kommunaler Ebene, auf den im Folgenden eingegangen werden soll.

3.3 Lokale Selbstverwaltung und Lokale Governance in Bosnien und Herzegowina

3.3.1 Rechtlicher und institutioneller Rahmen: Staatliche Organisations- und Strukturprinzipien

Lokale Selbstverwaltung kann auf traditionelle Entwicklungslinien in Bosnien – Herzegowina zurückblicken. Während der österreich - ungarischen Verwaltung bestanden über 3.700 Gemeinden als Selbstverwaltungseinheiten. Im zwanzigsten Jahrhundert, vor der sozialistischen jugoslawischen Föderation, fanden mehrere territoriale und organisatorische Reformen statt, welche sowohl die Zahl der Gebietseinheiten betraf, als auch ihre Rechtsposition. Es kam zu einer Reduzierung zunächst auf ca. 2000 Gemeinden zu Zeiten des Königreichs der Serben, Kroaten und Slowenen bzw. zu einer Verminderung auf 400 Gemeinden in den 50er Jahren.[1470]

Bedeutende Reform territorialer Gebietskörperschaftlichkeit ist die Reform von 1963, aus der im Ergebnis 109 Gemeinden hervorgingen. Grundlage war eine Konzeption größerer gemeindlicher Einheiten mit den Charakteristika einer sozio-politischen Gemeinschaft. Im Grunde war das frühere Jugoslawien im Vergleich zu seinen Nachbarn, was die Kontrolle lokaler Entscheidungen zwischen 1970 und den 90er Jahren anbelangt - relativ gesehen - moderat[1471]. Diese Verwaltungsstruktur wurde aufrechterhalten bis ins Jahr 1992, als Bosnien und Herzegowina unabhängig wurde und blieb auch während der Kriegszeiten zunächst bestehen. Zu einem Wandel kam es erst im Zusammenhang mit dem Friedensvertrag von Dayton, als die Grenzen der Entitäten gezogen wurden und neue Einheiten entstanden.[1472]

[1468] Zu Bosnien und Herzegowina als Land des permanent Ethnischen mit ethnischer Zuordnung als Basis gesellschaftspolitischer Auseinandersetzung und Negierung von Gemeinsamkeiten in gelebter Alltagskultur, vgl. DZIHIC, V.: Dayton, 2006, S. 58.
[1469] Vgl. Ausführungen PETRITSCH, W. / SOLIOZ, C.: Schicksal, 2003, insb. S. 46.
[1470] MILICEVIC, N.: State, 2001, S. 63 ff.
[1471] GLASSER, M. / JOKAY, C.: Note, 2000, S. 8.
[1472] PEJANOVIC, M.: Powers, (o. A.).

Was administrative Strukturen anbelangt, muss berücksichtigt werden, dass der Dayton - Vertrag[1473] die Verfassung Bosnien und Herzegowinas und die administrative Struktur in weiten Teilen (Annex 4, Art. I, No. 3)[1474] geprägt hat. Bosnien und Herzegowina besteht aus zwei Teileinheiten, der Föderation Bosnien und Herzegowina und der Republika Srpska, der serbischen Republik. Gleichzeitig hat Dayton in Annex 3 auch „drei konstituierende Völker" legitimiert. Die ethnische Differenzierung konnte im Rahmen der Implementationsmaßnahmen nicht gelockert oder aufgelöst werden.[1475]

Die administrative Struktur gilt als „atypisches Verfassungsarrangement"[1476] und wird von Problemen wie Ineffizienz und hohen Ausgaben begleitet, die verursacht werden durch:

- überlappende oder unklare Verantwortlichkeiten zwischen den unterschiedlichen Ebenen
- politische Patronage im öffentlichen Dienst bzw. bei der öffentlichen Aufgabenerfüllung.

Die Abbildung verdeutlicht graphisch die staatliche Untergliederung in Bosnien und Herzegowina:

Abb. 14 – Administrative Struktur in Bosnien und Herzegowina

State Level - Bosnia and Hercegovina	
Entity Level **Federation of BiH**	Entity Level Republika Srpska
Cantonal Level **(10 Cantons)**	
Municipal Level **(80 Municipalities)**	**Municipal Level** **(62 Municipalities)**

Quelle: eigene Darstellung: Zahl der Gebietskörperschaften vgl. World Bank: Bosnia, 2006, S. 3.

[1473] Der Dayton–Vertrag: GENERAL FRAMEWORK AGREEMENT FOR PEACE = GFAP: Dayton, 1995.; GENERAL FRAMEWORK AGREEMENT FOR PEACE = GFAP: Annex 10, 1995; GENERAL FRAMEWORK AGREEMENT FOR PEACE = GFAP: Annex 4, 1995.
Beide Entitäten sind Teile des Gesamtstaates. Eine deutsche Übersetzung der bosnischen Verfassung mit Erläuterungen ist abgedruckt bei BANOVIC, D.: Verfassung, 2005, S. 333 – 351.

[1474] General Framework Agreement for Peace = GFAP: Annex 4, 1995.

[1475] NOWAK, M.: Dayton, 2005, S. 57 / 59. So wird in der Literatur auch die Auffassung vertreten, dass die ethnische Spaltung gravierender einzuschätzen sei als in der unmittelbaren Nachkriegszeit. Lediglich über die Notwendigkeit der Stärkung der kommunalen Selbstverwaltung herrsche Einigkeit. HORNSTEIN TOMIC, C.: Bosnien, 2005, S. 54.

[1476] Besonderheiten der konstitutionellen Vorgaben vgl. MILICEVIC, N.: State, 2001, S. 55 / 56.

Inhaltlich wird die formale Struktur so umgesetzt, dass augenblicklich 80 v. H. der institutionellen Befugnisse auf Entitätsebene liegen.[1477] Damit verbunden ist eine kostenintensive Bürokratie und erhebliche Machtkonzentration, z. B. in der Föderation Bosnien und Herzegowina auf Ebene der Kantone. Von den öffentlichen Ausgaben finanzieren allein 35 v. H. den Verwaltungsapparat.[1478] Dreizehn Regierungen und ebenso viele Parlamente, dazu mehr als 150 Minister und ihre Büros verdeutlichen das hohe Maß an Institutionalisierung.[1479]
Neben den genannten strukturellen Besonderheiten bestehen Probleme in spezifischen Bereichen und Sektoren, die gerade für die Gemeinden besonders relevant sind:

- Wiederaufbau von Infrastruktur
- Abwicklung der Rückkehr ehemaliger Flüchtlinge
- Wirtschaftliche Probleme, wie die hohe Arbeitslosigkeit und der Schwarzmarkt oder nur geringfügige Produktionssteigerungen[1480].

Auf die rechtlichen Regelungen zu Lokaler Selbstverwaltung in den einzelnen Entitäten wird unter Gliederungspunkt 4.2.3.2 eingegangen.

3.3.2 Anbindung an die Internationale Gemeinschaft

3.3.2.1 Anbindung an die Europäische Union

Der Stabilitätspakt für Südosteuropa wurde am 10. Juni 1999 seitens der Europäischen Union ins Leben gerufen.[1481] Als Zusammenschluss von mehr als 40 Ländern und Partnerorganisationen ist er als Versuch der Internationalen Gemeinschaft zu werten, eine aktive Politik der Krisenprävention voranzubringen. Maßgeblicher Akteur ist die Europäische Union, der Europarat kooperiert eng mit den Institutionen Brüssels.[1482] Mit der Tagung des Europäischen Rates in Thessaloniki am 19. / 20. Juni 2003 wurde die Einführung der Europäischen Partnerschaften als Perspektive der westlichen Balkanländer beschlossen.[1483] Im Juni 2005 wurde der Weg der Agenda von Thessaloniki bestätigt, auf die Kriterien von Kopenhagen verwiesen und der Zusammenhang mit

---

[1477] SOLIOZ, C.: Kunst, 2003, S. 28 ff.
[1478] Zu den Dysfunktionalitäten des politischen Systems und des Vertrags von Dayton DIZDAREVIC, S.: State, 2005, S. 37 / 38. EFENDIC, A.: Specifics, 2004, S. 286. MILDNER, K.: Economy, 2005, S. 95. Zahlen aus 2004 verdeutlichen, dass 94 v. H, der öffentlichen Ausgaben auf Entitäts- oder einer darunter liegenden Ebene geleistet werden. In der Föderation werden 55 v. H. der Ausgaben von den Kantonen oder den Kommunen getätigt, 22 v. H. der Ausgaben der Republika Srpska werden von den Kommunen veranlasst. PRSP: Development, 2004, S. 32 ff.
[1479] HADZIAHMETOVIC, A.: Economy, 2006, S. 6.
[1480] Notwendigkeit des Abbaus formeller Handelsbarrieren, der Erhöhung ausländischer Direktinvestitionen und Aufbau erforderlicher Infrastruktur PÖSCHEL, J.: Entwicklung, 2005, S. 148 ff.
[1481] http.//www.stabilitypact.org - (19.10.2006).
[1482] MOSER – STARRACH, S.: Engagement, 2004, S. 160.
[1483] Zur Langfrist – Strategie der Union SOLIOZ, C.: Bosnia, 2004, S. 14 ff. Vorangegangene Entwicklung der Integrationspolitik und gemeinsame Grundwerte zwischen Europarat und Europäischer Union vgl. RAUE, J.: Instrumente, 2005, S. 30 /31.

Stabilisierungs- und Assoziierungsprozessen verdeutlicht.[1484] Automatisierungsmechanismen hinsichtlich einer EU – Mitgliedschaft bestehen keine.[1485] Zwischen dem Rat und Bosnien und Herzegowina wurde am 14. Juni 2004 die erste Europäische Partnerschaft vereinbart, die nach den Ergebnissen des Fortschrittsberichts 2005 über die Vorbereitungen Bosnien und Herzegowinas auf die weitere Integration aktualisiert und angepasst wurde, um neue Prioritäten festzulegen.[1486]

Am 21. November 2005 haben die Außenminister der Europäischen Union sich darauf geeinigt, Verhandlungen mit Bosnien und Herzegowina über ein Stabilisierungs- und Assoziierungsabkommen abzuschließen[1487]. Türöffner für Verhandlungen ist eine positiv bewertete Machbarkeitsstudie durch die Kommission (Feasibility–Study).[1488] Die Prioritäten leiten sich aus Anforderungen der Machbarkeitsstudie[1489] ab und gestalten sich wie folgt:

[1484] KOMMISSION DER EUROPÄISCHEN GEMEINSCHAFTEN: Communication, 2006, S. 2.

[1485] BICKEL, M.: Studien, 2005, S. 19 / 20.

[1486] RAT DER EUROPÄISCHEN UNION: Beschluss, 2006, S. 1. Inhaltliche Themen ergeben sich aus der Prioritätenliste des Anhanges des Ratsdokumentes. Fortschritte vgl. Die Angaben des EU Special Representative for Bosnia and Herzegowina: EU SPECIAL REPRESENTATIVE FOR BOSNIA AND HERZEGOWINA Report, 2005, S. 11.

[1487] Das Stabilisierungsabkommen wird zwischen Union und Bosnien und Herzegowina geschlossen, finanzieller Rahmen ist das CARDS – Programm (Community Assistance for Reconstruction, Development and Stabilisation). STAATSMINISTERIUM BADEN – WÜRTTEMBERG: Baden – Württemberg, 2006, S. 38.

[1488] REHS, A.: Dayton, 2006, S. 433.

[1489] KOMMISSION DER EUROPÄISCHEN GEMEINSCHAFTEN: Study, 2003.

Abb. 15 – Übersicht über Inhalte und Prioritäten - Partnerschaft mit Bosnien

	Short-term priorities (2004 – 2006)	Medium-term priorities (2004 – 2008)
Political Situation	**Democracy and rule of law**	
	Prepare Election More effective governance (FS)[1490] Follow up security sector reform Effective public administration Effective judiciary	Prepare election Assume responsibility for government Further improve the functioning of public administration Further strengthen the judicial system Advance police reform Improve the fight against corruption
	Human rights and protection of minorities	
	Effective human-rights provisions (FS)	Ensure respect for human rights Complete refugee returns Consolidate the office of the ombudsman
	Regional and international cooperation	
	Comply with existing conditionality and international obligations (FS)	Ensure effective prosecution of war crimes Continue regional cooperation Implement international commitments
Economic Situation	**Free-market economy and structural reform**	
	Ensure macroeconomic stability Improve the business environment Reliable statistics (FS)	Promote further structural reform Facilitate business, in particular SME Further develop state-level capacities in statistics
	Management of public finances	
	Budget legislation (FS) Budget practice (FS)	Ensure the operation of a consolidated government account Develop capacities in economic planning Further reinforce budget preparation Deal with domestic debt
European Standards - European Integration (FS)	**Internal market and trade**	
	Respect international standards Develop a single economic space (FS) Follow consistent trade policy (FS) Customs and taxation reform (FS) Certificates of origin	Single market and business Trade management capacity Trade standards Customs and taxation
	Sectoral policies	
	Integrated energy market (FS)[1491] Public broadcasting (FS)	Public broadcasting system Intergrated energy market Environment
	Cooperation in justice and home affairs	
	Tackling crime, especially organised crime (FS) Managing asylum and migration (FS) Addressing terrorism	Border management Organised crime Migration and asylum

Quelle: Zusammenstellung SOLIOZ, C.: Points, 2005, S. 129.

[1490] FS = Feasibility Study Recommendation

[1491] Im Bereich der Energie wurde mittlerweile der Vertrag zur Gründung einer Energiegemeinschaft ratifiziert, bei der Stromversorgung wurde Versorgung und Netzbetrieb entbündelt, es wurde ein unabhängiger Systembetreiber gegründet und eine Übertragungsgesellschaft. Beide Stellen sind noch nicht vollständig funktionsfähig, auch steht die Entwicklung einer landesweiten Energiestrategie aus. KOMMISSION DER EUROPÄISCHEN GEMEINSCHAFTEN: Mitteilung, 2006, S. 36.

Die Auflistung macht deutlich, dass die Strategie der Europäischen Union in hohem Maße an wirtschaftlicher Entwicklung und technokratischer Effizienz orientiert ist. Sie geht davon aus, dass eine verbesserte Leistung des politisch–administrativen Systems das Vertrauen der Bevölkerung in die politischen Institutionen erhöht.[1492] Der Abschluss eines Stabilisierungs- und Assoziierungsabkommens stellt wiederum einen wichtigen Schritt für mögliche spätere Beitrittsverhandlungen zur Union dar.[1493] Während der deutschen Ratspräsidentschaft konnten bezüglich des Beitrittsprozesses keine umfassenden Fortschritte erzielt werden, insbesondere da die an die Stabilisierungs- und Assoziierungsprozesse gekoppelte Einigung für eine gesamtstaatliche Polizei in Bosnien und Herzegowina noch aussteht.[1494]

3.3.2.2 Verpflichtungen aus der Mitgliedschaft im Europarat

Die Funktion der Europäischen Charta der Kommunalen Selbstverwaltung kann nicht betrachtet werden, ohne einen Exkurs zur Rolle des Europarates beim Aufbau demokratischer Strukturen und Prozesse.[1495] Im Rahmen der Arbeit wird speziell die Arbeit in Bosnien und Herzegowina thematisiert, wobei die Instrumente des Europarates unter mehreren Aspekten wirken:

1. Der Europarat ist Bestandteil eines umfangreichen Unterstützungsrahmens der Internationalen Gemeinschaft[1496]. Er ist sowohl eingebunden in einen übergreifenden Prozess und in einzelne Projekte, die in Kooperation mit weiteren Internationalen Organisationen und Akteuren forciert werden.[1497] Von besonderer Bedeutung ist die Zusammenarbeit zwischen Europarat und Europäischer Union, die angesichts der gemeinsamen Interessen auch in rechtlicher Hinsicht verstärkt werden soll. Der Europäischen Union soll es möglich werden, die Instrumente bzw. die Institutionen des Europarates zu nutzen.[1498]

[1492] Vgl. Einschätzung BECHEV, D. / ANDREEV, S.: Aspects, 2005, S. 3.

[1493] HAINDL, J.: Bosnia, 2005, S. 79 ff. vgl. CALIC, M.: Perspektiven, 2006, S. 86.

[1494] TOLKSDORF, D.: Ratspräsidentschaft, 2007, S. 51.

[1495] Erläuterungen zu Funktion und Arbeitsweise des Europarates in unterschiedlichen Politikbereichen vgl. MOSER–STARRACH, S.: Engagement, 2004, S. 147 - 171. Aufgaben des Europarates und institutionelle Struktur vgl. COUNCIL OF EUROPE: Statute, 1949.

[1496] Der OHR übernimmt, was die Koordinierung der Maßnahmen anbelangt, die Funktion einer Harmonisierung der unterschiedlichen Ansätze der Internationalen Gemeinschaft. Zum Board of Principals vgl. HAUPT, C. / JUREKOVIC, P.: Ziele, 2005, S. 206. Eine Reihe von Nicht - Regierungsorganisationen unterstützen die Arbeit zur Stärkung lokaler Demokratie. Die OSCE bietet Seminare für Räte und Programme zur Stärkung lokaler Infrastruktur, USAID fördert die wirtschaftliche und kommunale Entwicklung, ebenfalls engagiert UNDP, die Konrad Adenauer Stiftung (KAS) und die Friedrich Ebert Stiftung (FES) sowie eine Vielzahl weiterer NGOs. Erforderlichkeit einer abgestimmten Koordination STEINER, C. / ADEMOVIC, N.: Kompetenzstreitigkeiten, 2003, S. 110 ff.

[1497] Als Beispiel kann hier das BiH Beacon Scheme genannt werden, ein Projekt, das in Zusammenarbeit zwischen der OSCE, dem Europarat und der Vereinigung der Städte und Gemeinden in der Republika Srpska und der Föderation durchgeführt wird und über Instrumente wie „best practice" und Netzwerkbildung Verbesserungen auf lokaler Ebene erreichen möchte. www.sogfbih.ba/Federation/themes/Pubications/Brochures - (22.09.2006).

[1498] Unter der Zielsetzung der Stärkung der Demokratie werden explizit die Länder genannt, welche an Stabilisierungs– und Assoziierungsprozessen beteiligt sind. COUNCIL OF EUROPE / STÄNDIGE VERTRETER DER AUßENMINISTER: Aktionsplan, 2005, S. 8 / 9 / 10. Konkretes Beispiel für eine mög-

2. Begleitung der Verfassungsentwicklung: Die sog. „Venedig - Kommission" des Europarates, „die Europäische Kommission für Demokratie und Recht", wurde 1990 gegründet[1499] und ist im Rahmen der Verfassungsentwicklung ost- und mittelosteuropäischer Staaten tätig.[1500] Ihre Arbeit lässt sich seit ihrer Gründung in einzelne Aktionsphasen oder Schwerpunkte einteilen. Zu Beginn stand die Klärung von Grundsatzfragen zu den Verfassungen in Bosnien und Herzegowina und die Errichtung der Institutionen im Mittelpunkt der Tätigkeit, bevor in einem weiteren Schritt Einzelfragen zu Themenbereichen, wie beispielsweise Zuständigkeiten im Bereich des Strafrechts erörtert wurden.[1501] Die Begutachtung der Verfassungen erfolgt zumeist auf Initiative der betroffenen Staaten. Gleichzeitig kann die Venedig-Kommission auch von einem anderen Organ des Europarates oder Internationalen Organisationen – beispielsweise hat der Hohe Repräsentant die Venedig–Kommission mit Gutachten betraut – hinzugezogen werden.[1502] In der aktuellen Phase ab 2005 hat sich die begleitende Arbeit der Venedig-Kommission gewandelt. So hatte die Parlamentarische Versammlung 2005 die Venedig-Kommission beauftragt, die Kompetenzen des Hohen Repräsentanten, der sog. „Bonn – Powers" mit den Bedingungen der Mitgliedschaft zu thematisieren. Die Venedig-Kommission schlug vor, die Stellung des Hohen Repräsentanten zu ändern und im Sinne einer Weiterentwicklung der Tätigkeit eines Vermittlers zuzuführen.[1503]
3. Der Europarat setzte Bedingungen für die Mitgliedschaft Bosnien und Herzegowinas. Vor dem Beitritt Bosnien und Herzegowinas zum Europarat mussten Vorbedingungen erfüllt werden.[1504] Auch mit dem Beitritt des Landes zum Europarat mit Wirkung zum 24. April 2002 stellte der Europarat 91 Commitments[1505] auf, die sog. „Post - Accession Commitments", die innerhalb eines klar definierten Zeitrahmens durch Bosnien und Herzegowina erfüllt werden müssen. Die Funktion der Committments in den Aufnahmeverfahren ist auf die Gesichtspunkte rechts-

---

liche Kooperation ist eine Kooperation im Rahmen der Initiative des Europarates zur Einrichtung eines Fachzentrums für die Reform der Kommunalverwaltung, vgl. AUSSCHUSS DER REGIONEN: Stellungnahme, KOM, 2006.

[1499] Ausführlich zur Entwicklung der Venedig-Kommission RÜLKE, S.: Venedig-Kommission, 2003, S. 23 ff. Zur Dynamik und Wandel der Arbeit des Europarats, insbesondere seiner Orientierung ab 1989 detailliert WINKLER, G.: Europarat, 2005.

[1500] Zur begleitenden Tätigkeit im Rahmen des augenblicklichen konstitutionellen Reformprozesses COUNCIL OF EUROPE / VENICE COMMISSION: Opinion, 2006. Für Bosnien und Herzegowina insbesondere Monitoring der Venedig – Kommission zu Lokaler Selbstverwaltung bzw. zu den Amendments der Verfassung vgl. COUNCIL OF EUROPE / VENICE COMMISSION: Opinion new draft amendments, 2004, vorausgegangen COUNCIL OF EUROPE / VENICE COMMISSION: Amendments, 2004, und COUNCIL OF EUROPE / VENICE COMMISSION: Opinion draft amendments, 2004.

[1501] MARKERT, T.: Beitrag, 2003, S. 91 ff.

[1502] SOLIOZ, C.: Verfassungsdebatte, 2006, S. 5 / 6. bzw. SOLIOZ, C.: Integration, 2006, S. 101 ff. S. 105.

[1503] Darstellung SOLIOZ, C.: Verfassungsdebatte, 2006, S. 8.

[1504] Bosnien und Herzegowina hatte zum Zeitpunkt seines Beitritts etwa 30 – 40 v. H. der Vorbedingungen erfüllt. Es dominierte die Auffassung, dass Bosnien und Herzegowina durch die Mitgliedschaft den Transformationsprozess schneller bewältigen kann und die Mitgliedschaft im Europarat als „Katalysator für Reformen" wirken kann. Vgl. MOSER–STARRACH, S.: Engagement, 2004, S. 161.

[1505] Vgl. WITTINGER, M.: Europarat, 2005, S. 412 ff. Zu den unterschiedlichen Arten des Monitoring ausführlich SOLIOZ, C.: Verfassungsdebatte, 2006, S. 3.

staatliche Verfassung, Gewaltenteilung, Verfassungsgerichtsbarkeit und Unabhängigkeit der Justiz gerichtet.
Die 91 Post–Accession Commitments umfassen die folgenden vier inhaltlichen Anforderungen:

1. Kooperation mit dem ICTY[1506]
2. Ratifizierung der Europäischen Konventionen, insbesondere der European Convention of Human Rights (EMRK)
3. Restitution von Privateigentum
4. Kooperation mit der Monitoring-Einheit des Europarates[1507], welche den Fortgang der demokratischen Entwicklung und die Übereinstimmung mit den genannten Zielsetzungen dokumentiert.

Die Commitments des Europarates sind Teil eines umfangreicheren Kriterienkatalogs der Internationalen Gemeinschaft. Insbesondere zu den Forderungen der Europäischen Kommission in ihrer "Feasibility-Study" bestehen Parallelitäten hinsichtlich einzelner Maßstäbe.[1508]

4. Daneben hat der Europarat sowohl eine konkrete beratende, als auch eine informierende und unterstützende Funktion, wenn es um die Umsetzung der Inhalte der Europäischen Charta der Kommunalen Selbstverwaltung geht.[1509] Die Europäische Charta der Kommunalen Selbstverwaltung wird als Referenznorm bezeichnet und die Übereinstimmung mit ihren Regelungen gilt als „Lackmus – Test" für neue Demokratien.[1510] Die Experten des Europarates begleiteten die Entwicklung der Gesetzesentwürfe zu Kommunaler Selbstverwaltung und stellten ihre Expertise im Zusammenhang mit einzelnen Regelungen zur Verfügung. Inhaltlich besteht eine enge Anbindung an den Kongress der Gemeinden und Regionen (Congress of Local and Regional Authorities of Europe, (CLRAE), der für spezielle Themenbereiche, wie die Bewertung der Situation der kommunalen und regionalen Demokratie in den Mitgliedsländern, kommunale Finanzen und bezogen auf einzelne Fragestellungen Arbeitsgruppen bildet[1511].
Als bedeutende Resolutionen und völkerrechtliche Verträge, die auf das Engagement des CLRAE zurückzuführen sind, sind die Europäische Charta der Kommunalen Selbstverwaltung, ein Europäisches Rahmenabkommen über die grenzüberschreitende Zusammenarbeit zwischen den Gebietskörperschaften, und die 1997 verabschiedete Charta der regionalen Selbstverwaltung, die neben einer Partizipation der regionalen Ebene an den Nationalstaaten auch die Mitwirkung auf europäischer Ebene thematisiert, zu nennen. Der Kongress hat es sich zur

---

[1506] Internationales Kriegsverbrechertribunal für das ehemalige Jugoslawien (ICTY).
[1507] „Monitoring Reports". Vgl. COUNCIL OF EUROPE: Bosnia, 2005; COUNCIL OF EUROPE: Information, 2006.
[1508] KOMMISSION DER EUROPÄISCHEN GEMEINSCHAFTEN: Study, 2003.
[1509] Zur Fremdheit einzelner Inhalte der Europäischen Charta der Kommunalen Selbstverwaltung aufgrund deren Entstehung in den nationalen Traditionen westeuropäischer Staaten vgl. HERTZOG, R.: Etablissement, 2004, S. 966.
[1510] COUNCIL OF EUROPE: Democracy, 2005, S. 3.
[1511] Der CLRAE besteht aus einer kommunalen und einer regionalen Kammer mit augenblicklich 286 benannten Mitgliedern, die über 200.000 regionale und lokale Gebietskörperschaften aus den Mitgliedstaaten des Rates repräsentieren. Umfangreiche allgemeine Informationen unter http://www.coe.int/t/d/congress/Uberblick_DE.asp#Kommunal - (10.07.2007).

Aufgabe gemacht, kommunale und lokale Interessen innerhalb Europas zu vertreten. Er hat die Möglichkeit der Parlamentarischen Versammlung und dem Ministerkomitee Maßnahmeentwürfe vorzulegen, die dazu geeignet sind, den Aufbau der Kommunalen Selbstverwaltung in allen europäischen Staaten zu fördern.

Ein gesondertes Berichtswesen findet bezogen auf die lokale Selbstverwaltung seitens des CLRAE statt. In diesem Rahmen werden die Struktur von Staat und Entitäten und die aktuellen Probleme, die sich aus der Rechtsordnung ergeben können, analysiert und die Differenzen zwischen Gesetz und kommunaler Realität aufgezeigt.[1512]

3.3.3 Ausformung Lokaler Selbstverwaltung und Lokaler Governance in Bosnien und Herzegowina

3.3.3.1 Status Quo Lokaler Selbstverwaltung und Lokaler Governance: Studien und aktuelle Projekte zur Entwicklung Kommunaler Selbstverwaltung

Herausragender Referenzpunkt der nachfolgenden Ausführungen ist die Betonung der Gesetzesentwicklung zu Lokaler Selbstverwaltung in den Entitäten Bosnien und Herzegowinas. In einem ersten Schritt wird auf die aktuelle Problemlage auf kommunaler Ebene eingegangen. Danach werden die existierenden rechtlichen Regelungen und Neuerungen aufgegriffen, um dann in einem dritten Schritt die Erfordernisse einer ausgewogenen Implementation in bezug auf die Konzeption Lokaler Governance darzulegen.

Das Verhältnis zwischen Staat und Gemeinden in Bosnien und Herzegowina ist problematisch, da das ehemals sozialistische System nachwirkt. Dies zeigt sich aktuell in drei Bereichen:

1. Der Staat verfügt über Mittel wie Wirtschaftsmacht, um die Gemeinden zu binden. Er steht in der Tradition, Gemeinden als eigenes und somit staatliches Organ zu begreifen und entsprechend zu kontrollieren. Auch bildeten die Gemeinden ein eigenes, geschlossenes System in sich. Die Gemeinde galt als „Staat im Kleinen".[1513]
2. Zu Zeiten des Kommunismus hatte der Staat die Aufgaben der Wirtschaftsentwicklung und Wirtschaftsplanung. Wirtschaftsbetriebe waren in Gemeindebetriebe, sowie Landes- und Bundesbetriebe unterteilt und die einzelnen Ebenen trugen für „ihren" Betrieb die Verantwortung. Jeder Betrieb hatte einen „Staatsvertrauten", der die Ausführung staatlicher Pläne überwachte und allein dem Staat gegenüber verantwortlich war. Dieses System lebte kaum abgeändert in der Arbeiterselbstverwaltung und mit den Arbeiterräten fort. Es bestand ein geschlosse-

---

1512 COUNCIL OF EUROPE / CONGRESS OF LOCAL AND REGIONAL AUTHORITIES OF EUROPE: Report, 2000 und COUNCIL OF EUROPE / CONGRESS OF LOCAL AND REGIONAL AUTHORITIES OF EUROPE: Empfehlungsentwurf, 2006.

1513 ZLOKAPA, Z.: Istorijski, 2005, S. 13.

ner Kreis, ein politischer Kader und eine Gemeindeelite in formalen und informalen Strukturen.[1514]

3. Vor dem Krieg galten die Gemeinden als Gemeinschaften mit bedeutender staatlicher Funktion. Sie hatten dezentralisierte staatliche Autorität inne, da über 80 v. H. ihrer Arbeit darin bestand, staatliche Gesetze auszuführen, statt lokale Themen zu bearbeiten. Diese gedankliche Prägung wirkt weiterhin fort, so dass nach wie vor divergierende Auffassungen zur Rolle der Gemeinden bestehen und sie nach wie vor als Einheit staatlicher Autorität gesehen werden.[1515]

Ein Aspekt mit hohem Stellenwert ist die Frage der Akzeptanz der lokalen Verwaltung bei ihren Bürgerinnen und Bürgern. Nur wenn Vertrauen in die Problemlösungsfähigkeit und den Lösungswillen der Gemeindeverwaltung und des Bürgermeisters besteht, ist eine stabile Basis für den Dezentralisierungsprozess vorhanden. Mehrere Erhebungen befassen sich unter unterschiedlichen Anknüpfungspunkten mit Lokaler Selbstverwaltung, und versuchen die bestehenden Probleme aufzuzeigen. Der Blick auf die Untersuchungen[1516] verbindet zwei Gesichtspunkte:

1. Ein Teil der Erhebungen setzt direkt an den Bürgern an und fragt nach deren Einschätzungen.
2. Kommunen bzw. kommunale Praktiker werden nach ihren Auffassungen, Problembereichen, Erfahrungen und Handlungsbedarfen befragt.[1517]

Inhaltlich wird deutlich, dass sich lediglich jeder fünfte Bürger an Aktivitäten beteiligt, welche darauf abzielen, die Situation in Bosnien und Herzegowina zu verbessern. Gleichzeitig sind Menschen selbst mit der Erbringung öffentlicher Dienstleistungen nicht zufrieden. Dies betrifft einzelne Sektoren, wie beispielsweise die Arbeitsvermittlung, aber auch die Leistungen des täglichen Bedarfs wie die Versorgung mit Wasser oder Elektrizität. Auch die Bedeutung der Korruption[1518] innerhalb der Systeme wird von den Bürgern stark wahrgenommen. 18,1 v. H. der Befragten der OECD Studie räumen ein, dass sie selbst Gelder oder Geschenke angeboten haben, um beispielsweise medizinische Behandlung zu erhalten. Nach dem Vorhandensein von Korruption in den Organen und Institutionen aller Regierungs- bzw. Verwaltungsebenen gefragt, werden von den Bürgerinnen und Bürgern an erster Stelle die Privatisierungsbehörden genannt (60,8 v. H.)[1519], klassische Dienstleistungen wie beispielsweise die Post (56,3

[1514] ZLOKAPA, Z.: Istorijski, 2005, S. 13, 16.

[1515] MILICEVIC, N.: State, 2001, S. 63.

[1516] OSCE: Democratization, 2004 und USAID: Governance, 2003 bzw. USAID: Poll, 2003.
Das Hauptaugenmerk richtet sich auf mehrere Inhalte: Politische Sektoren mit Dienstleistungscharakter für die Bürgerinnen und Bürger, eine Perspektive, die Entitäten, Kantone und Gemeinden berücksichtigt und die generelle Notwendigkeit zur Erstellung einer systematisch begründeten und allgemein anerkannten Entwicklungsstrategie Kommunaler Selbstverwaltung. Die Ergebnisse der Studien sind inhaltlich ein erster Schritt: Wenn Probleme aufgezeigt und über Umfragen nachgewiesen werden, können auf dieser Grundlage Lösungsstrategien erarbeitet werden. Das Rechtssystem hat hierbei die besondere Verpflichtung einen Rahmen anzubieten, und Rechtspositionen abzusichern.

[1517] Vgl. die Umfrage des CENTAR ZA PROMOCIJU CIVILNOG DRUSTVA (CPCD) / USAID (EDS.): Analiza, 2005.

[1518] Zur Arbeit der EU zur Korruptionsbekämpfung und der Bekämpfung organisierter Kriminalität in Bosnien und Herzegowina vgl. SCHWARZ-SCHILLING, C.: Interview, 2003.

[1519] Die Privatisierung ist insgesamt ein langsamer Prozess, der im Ergebnis der Wirtschaft bisher nicht

v. H.) folgen eng auf. Die Hälfte der Bürgerinnen und Bürger sind der Ansicht, dass Korruption auf allen Ebenen der Verwaltung und Regierung vorkommen kann, angefangen bei der lokalen Ebene bis hin zu höheren Regierungsämtern[1520].
Daneben bestehen Arten der Korruption, bei der bestimmte nichtformale Gruppen auf Führungsebene agieren. Wenige aber einflussreiche Personen handeln beispielsweise mit Unternehmen Vorteile aus und schaden auf diese Weise dem öffentlichen Interesse.[1521]
Im Ergebnis wird deutlich, dass im Grunde nur geringes Vertrauen der Bürger in die Problemlösungsfähigkeit öffentlicher Dienste besteht. Gleichzeitig sind kaum direkte, häufig veraltete Wege des Einbringens eigener Anliegen in die gemeindlichen Organe vorhanden. Mangelnde Regelungen, Missmut der Bürger, aber auch Uninformiertheit über Optionen der Mitsprache sind Kriterien[1522], welche zu negativen Umfragewerten beitragen können.[1523]

Was in den Umfragen nicht abgedeckt wird, ist die Frage nach den Verantwortlichkeiten und Funktionen. So wird nicht deutlich, inwieweit die Bürger überhaupt informiert sind, welche Verwaltungsebene für einzelne Verwaltungsaufgaben zuständig ist und an wen sie sich mit Anfragen wenden können.

Mit Blick auf lokale Demokratie tritt der Aspekt zivilgesellschaftlicher Entwicklungslinien besonders bedeutsam hervor:

(1) Während der kommunistischen Regierungszeit ersetzte das Delegiertensystem den Bedarf an unabhängigen Organisationen aus freien Bürgern.
(2) Im ehemaligen Jugoslawien entstanden in den 80er Jahren schwach ausgeprägte Elemente einer Zivilgesellschaft[1524], allerdings war die politische Elite stark und in einem Ein - Parteiensystem organisiert.
(3) Ab 1991 lag das Gewicht politischer Diskussion auf Themen mit nationalistischer Prägung[1525], welche die politische Kultur wesentlich gestalteten.
(4) Bedingt durch den Krieg hat in den Gemeinden ein Wechsel in der Bevölkerung stattgefunden, der sich auf die ethnische Zusammensetzung der Bevölkerung ausgewirkt hat.

---

die notwendigen Impulse geben konnte. Bestehende Unsicherheiten beeinträchtigen auch das Engagement ausländischer Firmen. FRIEDMAN, F.: Bosnia, 2004, S. 99. Ebenfalls kritisch PUGH, M.: Transformation, 2005, S. 458. Privatisierung habe demnach weder zu nennenswertem Wachstum der Wirtschaft noch zur Beseitigung der Schattenwirtschaft beigetragen. Verantwortlich wird die fehlerhafte Konzeption der Privatisierung, die Schwerfälligkeiten der Privatisierungsagenturen sowie Mängel in der politischen Beratung gemacht. BEYERLE, H.: Bosnien, 2005, S. 123 / 124.

[1520] USAID: Poll, 2003, S. 29 ff. Misstrauen der Bürgerinnen und Bürger gegenüber dem Staat, vgl. ZLOKAPA, Z.: Istorijski, 2005, S. 16.

[1521] ZLOKAPA, Z.: Istorijski, 2005, S. 12.

[1522] Vgl. ZLOKAPA, Z.: Istorijski, 2005, S. 12.

[1523] Die Umfrage der OSCE verdeutlicht auch, dass die Menschen sich zumeist nicht an örtliche Offizielle wenden, sondern Unterstützung bei Mitgliedern ihrer Familie oder Freunden suchen. OSCE: Democratization, 2004.

[1524] Zu einem Mangel an bürgerschaftlicher Tradition aus kommunistischer Zeit vgl. KÜHNE, A. / DUKIC, D. / DJURIC, S. (Municipal Development Project): Governance, 2005, S. 8.

[1525] ANDJELIC, N.: Bosnia-Herzegovina, 2003, S. 100.

Aus diesen Aspekten ergibt sich als weiterer Ausgangspunkt der Entwicklung eines lokalen Gemeinwesens, dass die Städte kaum gewachsene lokale Gemeinschaften mit Verbindungen wie Solidarität und gewachsener Nähe darstellen. Es bestehen „Konglomerate sozialer Gruppen“ zwischen Einwohnern, die sich selbst häufig lediglich als vorübergehend ansässig betrachten.[1526]

3.3.3.2 Darstellung der Gesetze zu Lokaler Selbstverwaltung in den Entitäten

3.3.3.2.1 Rechtslage und Inhalte der gesetzlichen Regelungen zu Lokaler Selbstverwaltung

Lokale Akteure aus Städten, Gemeinden und Ministerien beider Entitäten stimmen darin überein, dass der Status Quo Lokaler Selbstverwaltung Verbesserungen bedarf[1527]. Voraussetzung für die Umsetzung von Reformen ist ein rechtlicher Rahmen, welcher umfassende Regelungen zu Lokaler Selbstverwaltung trifft.
Als Orientierungsmaßstab und Gestaltungskorridor gilt inhaltlich die Europäische Charta der Kommunalen Selbstverwaltung. Wie bereits beschrieben, wurde Bosnien und Herzegowina im April 2002 in den Europarat aufgenommen und hat die Europäische Charta der Kommunalen Selbstverwaltung am 12.07.2002 ratifiziert. Bosnien und Herzegowina verpflichtete sich, die Inhalte der Charta innerhalb von zwei Jahren im nationalen Recht zu verankern[1528].
Die administrative Struktur Bosnien und Herzegowinas stellt einen Kompromiss dar, der im Rahmen der Verhandlungen von Dayton gefunden wurde. Ergebnis ist die relativ schwach ausgebaute Staatsebene, während den Entitäten ein hohes Maß an Macht innewohnt.[1529] Macht bzw. Kompetenzen, die nicht ausdrücklich der staatlichen Ebene zugewiesen werden, stehen den Entitäten zu.

Die gefundenen rechtlichen Lösungen zum Themenbereich Lokale Selbstverwaltung stellen sich vor diesem Hintergrund wie folgt dar:

Da die Verfassung Bosnien und Herzegowinas[1530] und ihre Anhänge keine eigenständigen Regelungen zu Lokaler Selbstverwaltung enthält, ist es nach Art. III, Nr. 3 (a) der Staatsverfassung Aufgabe der Entitäten, Lokale Selbstverwaltung zu regeln. Art. III Nr. 3 wirkt i. S. eines Ausschlussprinzips, das besagt, dass alle Zuständigkeiten, welche nicht explizit dem Staat zugesprochen sind, an die Entitäten fallen. Dies gilt auch für

---

[1526] MILICEVIC, N.: State, 2001, S. 68 / 69.
[1527] Dies wurde während der Konferenz “Reform of Local Self - Governance” – der Friedrich Ebert Stiftung am 08. Juni 2004 in Sarajevo offensichtlich, in deren Rahmen TeilnehmerInnen darstellten, dass Verfassungs- bzw. Rechtsreformen erforderlich sind, um den Status der lokalen Akteure zu verbessern und sie in die Lage zu versetzen, den Anforderungen ihrer Einwohner und Bürger nachzukommen.
[1528] ZLOKAPA, Z.: Samouprave, 2005, S. 17.
[1529] Geregelt im Rahmen des Dayton – Vertrages vgl. GENERAL FRAMEWORK AGREEMENT FOR PEACE = GFAP: Dayton, 1995.
GENERAL FRAMEWORK AGREEMENT FOR PEACE = GFAP: Annex, 1995. Zuständigkeiten der Entitäten sind geregelt in Annex 4, Art. III, No. 2.
[1530] GENERAL FRAMEWORK AGREEMENT FOR PEACE = GFAP: (Dayton, 1995).

die Kommunale Selbstverwaltung. Neben der Verfassung des Staates haben beide Entitäten Verfassungen, die Regelungen zu Lokaler Selbstverwaltung enthalten[1531].

Was die Republika Srpska anbelangt, so ist sie administrativ zentralisiert, es gibt keine zwischengeschaltete Verwaltungsebene, das Ministerium für Kommunale Selbstverwaltung steht in direktem Kontakt mit den Städten und Gemeinden.
In der Verfassung der Republika Srpska wird in Art. 5 Nr. 8 die Lokale Selbstverwaltung als bedeutendes Element und fundamentales Prinzip des Verfassungsaufbaus hervorgehoben. Lokale Selbstverwaltung wird an dieser Stelle neben Grundwerten wie soziale Gerechtigkeit, Marktwirtschaft und parlamentarische Demokratie genannt.[1532] Kommunale Selbstverwaltung hat durch diese Regelung eine hervorgehobene formale Stellung.[1533] Daneben regelt Art. 66 der Verfassung Kommunale Selbstverwaltung als Rechtsprinzip und Element des Aufbaus der Republika Srpska[1534].
In der Föderation Bosnien und Herzegowina wurde den zehn Kantonen als Zwischenebene maßgebliche Kompetenzen überantwortet. Die Verfassung der Föderation Bosnien und Herzegowina[1535] gibt diejenigen Kompetenzen, die nicht explizit als Kompetenzen der Regierung der Föderation Bosnien und Herzegowinas genannt sind, an die Kantone.[1536] In diesem Zusammenhang wurden weiterführend einzelne Zuständigkeiten für Aufgaben den Kantonen direkt zugewiesen, welche durchaus in der örtlichen Gemeinschaft auf lokaler Ebene ruhen, wie beispielsweise die Unterstützung von Wirtschaftsaktivitäten auf lokaler Ebene oder die Sicherstellung lokaler Energieversorgungskapazitäten.[1537]

Zusammengefasst lässt sich festhalten, dass die Verfassungen der Entitäten bisher Kommunale Selbstverwaltung zwar als Leitprinzip nennen, allerdings konzeptionell kaum Regelungen treffen, um eine klare Konturierung Kommunaler Selbstverwaltung vorzunehmen.[1538]

Einfachgesetzliche Regelungen zu Lokaler Selbstverwaltung wurden in der Föderation Bosnien und Herzegowina bereits 1995 eingeführt. Neben dem Gesetz auf Föderationsebene bestehen Gesetze der zehn Kantone zu Lokaler Selbstverwaltung, die einerseits klar definierte Regelungen zu lokaler Demokratie, Wahlverfahren und die Kon-

---

1531 CONSTITUTION OF THE FEDERATION OF BOSNIA AND HERZEGOWINA: "Official Gazette" of the Federation of Bosnia and Herzegovina, 1/94, 13/97, 13/97, 16/02, 22/02, 52/02, 60/02, 18/03, 63/03. CONSTITUTION OF REPUBLIKA SRPSKA: "Official Gazette" of Republika Srpska, 21/92, 28/94, 8/96, 13/96, 16/96, 21/96.
1532 CONSTITUTION OF REPUBLIKA SRPSKA: „Official Gazette" of Republika Srpska 6 / 92, 8 / 92, 15 / 92, 19 / 92, 21 / 92, 28 / 94, 8 / 96, 13 / 96, 15 / 96, 16 / 96, 21 / 96.
Regierung der Republik Srpska www.vladars.net/en/zakoni/ustav.html - (24.09.2006).
1533 ZLOKAPA, Z.: Samouprave, 2005, S. 17 / 18.
1534 MILICEVIC, N.: State, 2001, S. 62.
1535 CONSTITUTION OF THE FEDERATION OF BOSNIA AND HERZEGOWINA: "Official Gazette" of the Federation of Bosnia and Herzegovina, 1/94, 13/97, 13/97, 16/02, 22/02, 52/02, 60/02, 18/03, 63/03.
1536 CONSTITUTION OF THE FEDERATION OF BOSNIA AND HERZEGOWINA: "Official Gazette" of the Federation of Bosnia and Herzegovina, 1/94, 13/97, 13/97, 16/02, 22/02, 52/02, 60/02, 18/03, 63/03. Kapitel III Art. 4, S. 1.
1537 CONSTITUTION OF THE FEDERATION OF BOSNIA AND HERZEGOWINA: "Official Gazette" of the Federation of Bosnia and Herzegovina, 1/94, 13/97, 13/97, 16/02, 22/02, 52/02, 60/02, 18/03, 63/03. Kapitel III Art. 4, S. 2 No. (f) / (g) / (h).
1538 ZLOKAPA, Z.: Samouprave, 2005, S. 17 / 18.

trolle der Kommunen treffen, andererseits unterscheiden sich die Regelungen zwischen den Kantonen.[1539] In der Föderation Bosnien und Herzegowina wurde am 30.08.2006 ein neues Gesetz zu Kommunaler Selbstverwaltung[1540] erlassen, das maßgebliche Neuerungen beinhaltet.

Einfachgesetzlich hat die Republika Srpska ein erstes Gesetz zur Lokalen Selbstverwaltung 1999 eingeführt.[1541]. In diesem Zusammenhang hatte sich die Republika Srpska für „präsidiale Regelungen" zur Wahl der Gemeindeversammlung entschieden bzw. zu einem Modell monokratischer Führung. In 2004 wurde ein reformiertes Gesetz zu Lokaler Selbstverwaltung[1542] erlassen. Dieses Gesetz kann als Rahmen gesehen werden für weitere rechtliche Vorhaben, die entsprechend koordiniert und abgestimmt werden müssen. Der Europarat, der die Entstehung des Gesetzes zu Lokaler Selbstverwaltung in der Republika Srpska begleitet hat, stellt seine Expertise und Unterstützung dauerhaft zur Verfügung[1543].

Im Ergebnis ist festzuhalten, dass die Gesetze zu Kommunaler Selbstverwaltung bereits vor den jeweiligen Änderungen – in der Föderation Bosnien und Herzegowina 2006 und in der Republika Srpska 2004 – Prinzipien enthielten, wie sie aus der Europäischen Charta der Kommunalen Selbstverwaltung bekannt sind. Beide Gesetze gingen in wichtigen Teilbereichen nicht weit genug, wie beispielsweise der Wahl des Bürgermeisters oder der finanziellen Autonomie bzw. Finanzausstattung[1544] der Kommunen. Daraus resultierte die Erforderlichkeit einer Überarbeitung und Fortführung der Gesetzesentwicklung zu Kommunaler Selbstverwaltung.

Der Änderungsbedarf bzw. die konkreten Problemlagen, welche durch die reformierten Gesetze angegangen werden sollen[1545], lassen sich wie folgt skizzieren:

1. Erheblicher Reformbedarf: Aufgrund bestehender Ineffizienzen und einer nach Parteizugehörigkeit strukturierten Verwaltung.
2. Systemimmanente Probleme: Es bestehen systemimmanente Probleme, welche die Beziehungen zwischen munizipaler Ebene und kantonaler Ebene in der Föderation Bosnien und Herzegowina betreffen, bzw. die munizipale Ebene und die Regierungsebene in der Republika Srpska.[1546] Insgesamt scheint die Zusam-

---

1539 COUNCIL OF EUROPE / CONGRESS OF LOCAL AND REGIONAL AUTHORITIES OF EUROPE: Report, 2000, S. 5.

1540 Nacelima Lokalne Samouprave u Federacije Bosne i Hercegovine, Amtsblatt der Föderation Bosnien Herzegowina vom 30.08.2006, S. 5087 – 5092.

1541 KREMENOVIC, O.: Selbstverwaltung, 2000.

1542 Gesetzestext zu Lokaler Selbstverwaltung der Republika Srpska, Lokalne Samouprave, Sluzbeni glasnik RS, broj, 16/05. Amtsblatt der Republika Srpska vom 18. November 2004, No. 101.

1543 Vgl COUNCIL OF EUROPE: Information, 2004, S. 7.
http://www.reliefweb.int/library/documents/2004/coe-bih-18jun.pdf - (05.07.2007).
Der Europarat hat eine unterstützende Funktion bei der Vorbereitung und Implementierung einer Strategie für die Rechtsreformen in Bosnien und Herzegowina.

1544 Vgl. hierzu die Darstellung bei PEJANOVIC, M.: Selbstverwaltung, 2000, S. 5.

1545 Das Gesetz der Republika Srpska zur Kommunalen Selbstverwaltung scheint noch nicht vollständig implementiert zu sein, vgl. JOVICI, B. im Rahmen des Seminars „Position und Perspektiven der Kommunalen Selbstverwaltung in Bosnien und Herzegowina" vom 27. – 29. Oktober 2006, Jahorina. KONRAD ADENAUER STIFTUNG (KAS): Bericht, 2006, S. 2.

1546 Zum erheblichen Machtpotential auf kantonaler Ebene vgl. MILICEVIC, N.: State, 2001, S. 61. COUNCIL OF EUROPE / CONGRESS OF LOCAL AND REGIONAL AUTHORITIES OF EUROPE menarbeit zwischen den Ebenen von großem Misstrauen und überkommenen Animositäten geprägt zu sein,[1547] was zu weiteren Ineffizienzen führt. Nicht zu vernachlässigen sind die Gesichtspunkte des nach wie vor bestehenden „Primat des Ethnischen“. Dies ist umso bedauerlicher, als mit den Bestimmungen des Dayton - Vertrages nicht der Bürger oder das zivilgesellschaftliche Prinzip Einzug in die Staatlichkeit gehalten hat[1548].

3. Fragen des politischen Konsenses: Es besteht kein politischer Konsens über die Rolle der Lokalen Selbstverwaltung als „Schule der Demokratie“, insbesondere als Grundbaustein der Demokratie.[1549]
4. Nicht – Komplementarität rechtlicher Entwicklung: Die bisherigen Gesetze zu Lokaler Selbstverwaltung konnten einer administrativen und politischen Zentralisierung nicht wirksam gegensteuern. Weitere Gesetze – beispielsweise zur Privatisierung – sind, was den kommunalen Aufgabenbezug anbelangt, mit den Gesetzen zu Lokaler Selbstverwaltung abzustimmen, wobei die Privatisierungsentwicklung in Bosnien und Herzegowina stark forciert und Aufgaben von den Entitätsregierungen unaufhörlich vorangetrieben wird.[1550] Hintergrund ist der Gedanke, ökonomischen Wandel voranzutreiben und zu beeinflussen. In der Praxis wurde dagegen die Kraft der Märkte sich zu organisieren als zu stark eingeschätzt und die Privatisierung nur unvollkommen umgesetzt. Als Kehrseite der Privatisierung wird sie als „Schlachtfeld des Ethnienkonfliktes“ bezeichnet, lange stagnierte der Privatisierungsprozess, die Parteien dominierten und es kam zu einem Prozess der „Co–Capitalization“ bei dem Mehrheitseigentum an staatlichen Betrieben, beispielsweise an kroatische Unternehmen, übergegangen ist. Auch konnte das in einem weiteren Schritt eingeführte System der Anteilsprivatisierung über Voucher die Interessen von Minderheiten oder Vertriebenen nicht ausreichend berücksichtigen[1551]. Für die Kommunen können sich Spannungsfelder ganz eigener Art ergeben. So wird die Wasserversorgung nach Regeln des Gesetzes zur Privatisierung der Republika Srpska als strategisch bedeutsam gesehen und unterliegt der direkten Kontrolle der Privatisierungsbüros.[1552]
5. Territoriale Struktur: Im Bereich territorialer Struktur und Gebietsorganisation bestehen große Unterschiede zwischen Stadt und Land. Daraus ergeben sich Divergenzen in der Infrastruktur[1553] bei gleichzeitigen Erfordernissen zur Erfüllung funktionaler Anforderungen, wie der Erbringung von Dienstleistungen für die Bürger, der Steigerung der Lebensqualität und der Lebensstandards.[1554]

(CLRAE): Session, 2001, S. 3 ff.

[1547] USAID: Governance, 2003, S. 6.

[1548] DZIHIC, V.: Nation-Building, 2005, S. 19 / 20.

[1549] ZLOKAPA, Z.: Samouprave, 2005, S. 25.

[1550] KARAPETROVIC, R. / SRKALOVIC, E.: Problemi, 2005, S. 30.

[1551] DONAIS, T.: Economy, 2005. S. 114 ff, insbes. S. 119 / 121.

[1552] Als Beispiel wird die Privatisierung in der Gemeinde Modrica genannt, in der das Wassersystem ohne Konsultationen / Kompensation trotz früherer Teilfinanzierung aus Steuern privatisiert wurde. Modrica ist verantwortlich für sauberes Wasser, hatte jedoch auf die vertraglichen Reglungen mit den Privaten keinen Einfluss. USAID: Governance, 2003, S. 15.

[1553] Von 62 Gemeinden in der Republika Srpska haben 10 Gemeinden weniger als 100 km2 Fläche, 19 Gemeinden haben mehr als 500 km2 Fläche und drei Gemeinden mehr als 1.000 km2 Fläche. Die Bevölkerungszahl variiert zwischen 60 Bewohnern bis zu 223.457 Bewohnern in Banja Luka, vgl. KARAPETROVIC, R. / SRKALOVIC, E.: Problemi, 2005, S. 28 / 29.

[1554] PEJANOVIC, M: Self-Government, 2006, S. 223 / 224.

6. Finanzausstattung: Die bisherigen gesetzlichen Regelungen konnten keine Balance zwischen dem Finanzbedarf der Kommunen einerseits, und den ihnen zur Verfügung stehenden Mitteln andererseits, herbeiführen.[1555]
Es besteht eine Asymmetrie zwischen Finanzbedarf und tatsächlich verfügbarer Mittel. Die Verteilung der Mittel ist in den beiden Entitäten unterschiedlich. Auffallend ist die Vielfalt der Einnahmen. So existieren in der Republika Srpska 144 unterschiedliche öffentliche Einnahmearten.[1556]
Bei den Einnahmen der Kommunen sind vier Finanzquellen zu nennen:
   - Einnahmen, die ausschließlich der Gemeinde zustehen,
   - Gemeinschaftssteuern, die mit höheren Regierungsebenen geteilt werden,
   - Zuschüsse von höherer Regierungsebene,
   - Kreditaufnahmen.

   Die Gemeinden konnten bis zu den Reformgesetzen auf keine der Quellen Einfluss nehmen, auch nicht auf die Höhe der Steuersätze. Die höheren Regierungsebenen bestimmten die Steuersätze und die Distribution der Einnahmen. Alle Steuern wurden auf Ebene der Entitäten durch Finanzbehörden erhoben, welche kein originäres Interesse daran haben, die gemeinderelevanten Steuern zu erhöhen. Die Einführung neuer Steuererhebungsmechanismen ist daher von großer Bedeutung.[1557] Auch die Kreditaufnahmen der Gemeinden sind zustimmungsbedürftig. Die Gemeindeanteile an den Gesamteinnahmen gestalten sich in der Republika Srpska wie folgt:

[1555] COUNCIL OF EUROPE: CONGRESS OF LOCAL AND REGIONAL AUTHORITIES OF EUROPE: Report, 2000, S. 12.
[1556] Die Einnahmearten wurden für die nachfolgende Übersicht in Hauptgruppen zusammengefasst. Neu ist, dass das Umsatzsteuergesetz seit dem 01.01.2005 auf der Ebene von Bosnien und Herzegowina rechtlich fixiert ist. Vgl. KRAJISNIK, M.: Finansiranje, 2005, S. 36 ff.
[1557] KRAJISNIK, M.: Finansiranje, 2005, S. 38.

Tab. 26 - Gemeindeanteile an den Einnahmen der Republika Srpska für den Zeitraum 2001 - 2002[1558]

	2001			2002		
Einnahmen	**Summe**	**Gemeinden**	**v. H.**	**Summe**	**Gemeinden**	**v. H.**
Steuereinnahmen	800,0	111,2	13,9	973,0	178,3	18,3
Umsatzsteuer	290,0	79,5	27,4	386,4	132,4	34,3
Einkommensteuer	98,0	3107	32,3	105,4	20,4	19,4
Gewinnsteuer	16,0	0,0	0,0	17,3	0,0	0,0
Abgaben	157,0	0,0	0,0	189,1	0,0	0,0
Zoll	160,0	0,0	0,0	168,4	0,0	0,0
Sonstige Steuern	79,0	0,0	0,0	106,4	25,5	24,0
Sonstige Einnahmen	186,0	85,0	45,7	238,3	54,3	22,8
Gebühren	104,0	50,0	48,1	138,3	50,5	36,5
Fachgebundene Gebühren	47,0	0,0	0,0	36,1	0,0	0,0
Dividenden	0,0	0,0	0,0	21,5	0,0	0,0
Sonstige Einnahmen	35,0	35,0	100	42,4	3,8	9,0
Gesamteinnahmen	**986,0**	**196,2**	**19,9**	**1.211,3**	**232,6**	**19,2**
Fonds	388,1	0,0	0,0	444,1	0,0	0,0
Rentenversicherung	213,2	0,0	0,0	242,1	0,0	0,0
Kinderschutzfond	15,8	0,0	0,0	26,5	0,0	0,0
Arbeitslosenversich-erung	8,0	0,0	0,0	8,8	0,0	0,0
Krankenversicherung	151,1	0,0	0,0	166,7	0,0	0,0
Gesamteinnahmen konsolidiert	**1.374,1**	**196,2**	**14,3**	**1.655,4**	**232,6**	**14,1**
Bruttosozialprodukt	**2.978,0**			**3.417,0**		

Quelle: Ministarstvo finansija RS - KRAJISNIK, M.: Finansiranje, 2005, S. 37. [Übersetzung aus der bosnischen Sprache Übersetzungsbüro A. Galic, vereidigte Gerichtsdolmetscherin, Stuttgart].

[1558] Angaben in Millionen KM

Tab. 27 - Gemeindeanteile an den Einnahmen der Republika Srpska für den Zeitraum 2003 - 2004[1559]

	2003			2004		
Einnahmen	**Summe**	**Gemeinden**	**v. H.**	**Summe**	**Gemeinden**	**v. H.**
Steuereinnahmen	978,6	204,6	20,9	1017,2	212,1	20,9
Umsatzsteuer	441,9	146,3	33,1	499,9	151,3	30,3
Einkommensteuer	121,9	29,3	24,0	133,3	30,8	23,1
Gewinnsteuer	16,3	0,0	0,0	19,7	0,0	0,0
Abgaben	200,8	0,0	0,0	200,2	0,0	0,0
Zoll	149,4	0,0	0,0	112,9	0,0	0,0
Sonstige Steuern	48,3	29,0	60,0	51,2	30,0	58,6
Sonstige Einnahmen	311,1	93,7	30,1	292,7	131,4	44,9
Gebühren	166,8	65,3	39,1	149,7	73,5	49,1
Fachgebundene Gebühren	36,9	0,0	0,0	28,9	0,0	0,0
Dividenden	23,3	0,0	0,0	14,9	0,0	0,0
Sonstige Einnahmen	84,1	28,4	33,8	99,2	57,9	58,4
Gesamteinnahmen	**1.289,7**	**298,3**	**23,1**	**1.309,9**	**343,5**	**26,2**
Fonds	459,0	0,0	0,0	470,4	0,0	0,0
Rentenversicherung	240,4	0,0	0,0	277,0	0,0	0,0
Kinderschutzfond	20,2	0,0	0,0	21,7	0,0	0,0
Arbeitslosenversicherung	9,6	0,0	0,0	9,7	0,0	0,0
Krankenversicherung	188,8	0,0	0,0	162,0	0,0	0,0
Gesamteinnahmen konsolidiert	**1.748,7**	**298,3**	**17,1**	**1.780,3**	**343,0**	**0,0**
Bruttosozialprodukt	**3.717,0**			**3.940,0**		

Quelle: Ministarstvo finansija RS - KRAJISNIK, M.: Finansiranje, 2005, S. 37. [Übersetzung aus der bosnischen Sprache Übersetzungsbüro A. Galic, vereidigte Gerichtsdolmetscherin, Stuttgart].

[1559] Angaben in Millionen KM; KM = Konvertible Mark (BAM), 1 EUR = 1,95 BAM (Dez. 2006). http://www.eu2007.de/de/About_the_EU/Enlargement_Process/BosniaHerzegowina.html - (20.07.2007)

Tab. 28 – Gemeindeanteile an den Einnahmen der Föderation[1560]

Für die Föderation Bosnien und Herzegowina gestaltet sich die Einnahmestruktur für die Städte und Gemeinden wie folgt:

Einnahmeart	2002	2003	2004			
			Gesamt	Föderation	Kanton	Gemeinden
Steueraufkommen	2.018,2	2.103,1	2.223,5	895,9	1.154,1	173,5
Umsatzsteuer	785,4	921,3	1.041,4	0	960,0	81,2
Zoll	516,2	474,6	420,7	420,7	0	0
Aktien	450,7	408,4	444,8	444,8	0	0
Gewinnsteuer	40,2	52,6	63,4	30,4	31,6	1,4
Einkommensteuer	136,4	146,5	161,4	0	132,4	29,0
Sonstige Steuereinnahmen	89,4	99,6	91,8	0	29,9	61,9
Sonstige nicht steuerliche Einnahmen	344,7	321,4	409,8	178,6	129,8	101,4
Gesamt	**2.362,9**	**2.424,5**	**2.633,3**	**1.074,5**	**1.283,9**	**274,9**
Fonds	1.344,8	1.465,2				
Gesamtbudget und Fonds	3.707,7 (3.707,8)	3.889,7 (3.889,6)				
Verbrauch der Gemeinde	280,1	306,3				
Gesamtanteil der Gemeinden in v. H.	7,55	7,87				

Quelle: Ministarstvo finansija Federacije BiH - KRAJISNIK, M.: Finansiranje, 2005, S. 35. Angaben in Mio. KM. [Übersetzung aus der bosnischen Sprache Übersetzungsbüro A. Galic, vereidigte Gerichtsdolmetscherin, Stuttgart].

Die Tabellen verdeutlichen die Bedeutung der Umsatzsteuer als wichtigste Finanzquelle. Sie hat für die lokale Ebene eine zentrale Rolle inne gehabt. Durch die aktuelle Reform wird die Umsatzsteuer von der Mehrwertsteuer abgelöst.[1561] Nunmehr ist der Gesetzgeber auf Ebene der Entitäten gefordert, den Gemeinden in den rechtlichen Rege-

[1560] Angaben in Millionen KM, eine Aufteilung auf die unterschiedlichen Gebietskörperschaften liegt ausschließlich für das Jahr 2004 vor.

[1561] KRAJISNIK, M.: Finansiranje, 2005, S. 40 / 41. Im Januar 2006 war die Mehrwertsteuer eingeführt worden, die von der Europäischen Kommission als erfolgreich eingeschätzt wird. KOMMISSION DER EUROPÄISCHEN GEMEINSCHAFTEN: Mitteilung, 2006, S. 34. Die Mehrwertsteuer wird von einem neugeschaffenen Amt für indirekte Besteuerung erhoben, wobei die Einnahmen an den Gesamtstaat fließen. BEYERLE, H.: Bosnien, 2005, S. 124.

lungen zur Umverteilung der Einnahmen aus der Mehrwertsteuer einen angemessenen Anteil zuzugestehen.[1562] Darüber hinaus wurde bisher nicht zwischen Staatsvermögen und Vermögen der Kommunen unterschieden, besser gesagt, Vermögen der lokalen Verwaltung wird als Teil des Staatsvermögens gesehen. Das neue Gesetz der Republik Srpska zu Lokaler Selbstverwaltung sieht vor, dass Vermögen den Gemeinden zur Aufgabenerfüllung zugeteilt wird, die Regelungen hierzu ergehen in einem separaten Gesetz. Das Gesetz zu Kommunaler Selbstverwaltung der Föderation Bosnien und Herzegowinas trifft Regelungen zum Vermögen und normiert einen eigenen Anspruch der Gemeinden. Die Diskussion um das kommunale Vermögen steht wiederum in einem Spannungsverhältnis zu den Privatisierungsprojekten vormals öffentlicher bzw. staatlicher Betriebe.[1563]
Weitere Fortschritte sind auch im Bereich der Bürgerbeteiligung erforderlich[1564].

Auf Staatsebene existieren ausschließlich Elemente mittelbarer Demokratie. Dies gilt auch für die Verfassungen der Entitäten. In der Föderation Bosnien und Herzegowina finden sich beispielsweise auf Ebene der Kantone Regelungen über die Sitzungsmodalitäten des Gemeinderates, dessen Sitzungen grundsätzlich öffentlich sind.[1565]

3.3.3.2.2 Anbindung der Gesetze zu Lokaler Selbstverwaltung an die Europäische Charta der Kommunalen Selbstverwaltung

Die folgenden Ausführungen möchten die Gesetzes- und Problemlage in den einzelnen Entitäten skizzieren und die aktuellen Gesetze zu Lokaler Selbstverwaltung in den Zusammenhang mit der Europäischen Charta der Kommunalen Selbstverwaltung und Lokaler Governance stellen[1566], beginnend mit der Definitionsnorm des Art. 3 Nr. 1 ECKS.

Art. 3 Nr. 1 ECKS
Kommunale Selbstverwaltung bedeutet das Recht und die tatsächliche Fähigkeit der kommunalen Gebietskörperschaften, im Rahmen der Gesetze einen wesentlichen Teil der öffentlichen Angelegenheiten in eigener Verantwortung zum Wohl ihrer Einwohner zu regeln und zu gestalten.

[1562] COUNCIL OF EUROPE / CONGRESS OF LOCAL AND REGIONAL AUTHORITIES OF EUROPE (CLRAE): Empfehlungsentwurf, 2006, S. 3.
[1563] KRAJISNIK, M.: Finansiranje, 2005, S. 42.
[1564] Bürgerbeteiligung an dieser Stelle verstanden als Aktivität, mit der sich Bürger in die Entscheidungsfindung im Rahmen öffentlicher Entscheidungen einbringt, um seine Lebensqualität und die seiner Mitbürger zu beeinflussen. Vgl. STOJANOVIC, I.: Ucesce, 2005, S. 65.
[1565] Auch im Zusammenhang mit öffentlichen Sitzungen ergaben sich Probleme, wie das Fehlen formaler Vorgehensweisen im Vorfeld der Beschlussfassung oder die mangelnde Umsetzung gefasster Beschlüsse. STOJANOVIC, I.: Ucesce, 2005, S. 68 / 69.
[1566] Die lokalen Selbstverwaltungsgesetze der Entitäten, die in Übereinstimmung mit der Europäischen Charta der Kommunalen Selbstverwaltung auf den Weg gebracht wurden, werden als bedeutender Schritt betrachtet, wobei noch in vielen Bereichen Änderungen vorzunehmen sind. Ein Beispiel hierfür ist die Verteilung der Mehrwertsteuer. Vgl. KOMMISSION DER EUROPÄISCHEN GEMEINSCHAFTEN / COMMISSION OF THE EUROPEAN COMMUNITIES: Commission, 2006.

Auf die Inhalte des Art. 3 Nr. 1 ECKS, insbesondere seine Funktion als Definitionsnorm wurde bereits eingegangen. Von Bedeutung für die Frage Lokaler Governance ist insbesondere die Formulierung des „regeln" und „gestalten", das "in eigener Verantwortung" erfolgt. Dies impliziert Selfgovernance und verneint deutlich eine Rolle der Gemeinden als reiner Erfüllungsgehilfe höherer Ebenen. Auch von einem weiten Verständnis der kommunalen Aufgabenerfüllung, welche sich auf einen „wesentlichen Teil der öffentlichen Angelegenheiten" erstrecken soll, kann ausgegangen werden.[1567] Die Formulierung der Europäischen Charta der Kommunalen Selbstverwaltung belässt auch Raum für die Entwicklung spezifisch lokaler Lösungsansätze. Denkbar sind in Bosnien und Herzegowina Verfahren der Mediation[1568], welche auf lokaler Ebene Eingang finden könnten. Auf lokaler Ebene könnte durch diese Verfahren zur Aussöhnung und zum Aufbau einer Zivilgesellschaft über ethnische Grenzen hinweg beigetragen werden.

Mit den aktuellen einfachgesetzlichen Regelungen in Form von Gesetzen zu Lokaler Selbstverwaltung in der Föderation Bosnien und Herzegowina und der Republika Srpska wurden rechtliche Regelungen zu Lokaler Selbstverwaltung geschaffen, die zwischen den Entitäten differieren. Alternativ wäre auch im Vorfeld eine verfassungsrechtliche Regelung auf Staatsebene denkbar gewesen, welche Lokale Selbstverwaltung in der Verfassung garantiert. Eine weitere Möglichkeit wäre ein „Rahmengesetz" auf Staatsebene zu Lokaler Selbstverwaltung gewesen. Es hätten allerdings Verhandlungen seitens der politischen Akteure vorangehen müssen, um konsensual Regelungen „vor die Klammer" zu ziehen.

Art 3 Nr. 2 ECKS

Dieses Recht wird von Räten oder Versammlungen ausgeübt, deren Mitglieder aus freien, geheimen, gleichen, unmittelbaren und allgemeinen Wahlen hervorgegangen sind und die über Exekutivorgane verfügen können, die ihnen gegenüber verantwortlich sind. Der Rückgriff auf Bürgerversammlungen, Volksabstimmungen oder jede sonstige Form unmittelbarer Beteiligung der Bürger, sofern dies gesetzlich zulässig ist, wird dadurch nicht berührt.

Mit dieser Formulierung erfolgt der Anschluss an partizipative Regelungen und an Wahlmodi. Im Rechtssystem Bosnien und Herzegowinas finden sich Wahlmodi sowohl auf Verfassungsebene, als auch einzelgesetzlich. In der Verfassung der Föderation Bosnien und Herzegowina ist Kapitel VI – Art. 3 bzw. Kapitel VI – Art. 3 II einschlägig.

Daneben sieht das Gesetz zu Lokaler Selbstverwaltung der Föderation Bosnien und Herzegowina (LLSG FÖD) in den Art. 43 – 46 und in den Art. 24 – 32 Möglichkeiten unmittelbarer Bürgerbeteiligung wie Referenden, Bürgerversammlungen und Bürgerinitiativen vor. So kann das lokale Referendum eingesetzt werden für Fragen der Änderung des lokalen Statuts. Der Ausgang des Referendums ist nicht lediglich konsultativ,

---

[1567] Für die Regelung des Art. 28 Abs. 2 GG wurde auf die Allzuständigkeit und den Bezug zur örtlichen Gemeinschaft eingegangen, Art. 3 Abs. 1 ECKS hat an dieser Stelle einen weiteren Bezugsrahmen, da er keinen Gebietsbezug benennt und neben „regeln" die Formulierung „gestalten" aufgreift.

[1568] Arbeit der Mediation in Bosnien und Herzegowina vgl. INTERNATIONAL MEDIATOR IN BOSNIA AND HERZEGOVINA: Years, 2004.

sondern bindend. Neben den nicht aufgelisteten Formen der Bürgerbeteiligung sind weitere Beteiligungsformen denkbar wie Bürgerbefragungen oder Runde Tische.
Besonders hervorzuheben ist, dass Art. 24 – 32 LLSG FÖD die Bildung von Ortsgemeinschaften / Ortskanzleien[1569] ermöglicht. Durch die Organe der Ortsgemeinschaften erhalten die Bürger eine Mitsprache bei wichtigen, sie territorial betreffenden Themenbereichen, die in Art. 25 LLSG FÖD enummerativ aufgeführt sind. Auch werden die Ortsgemeinschaften zu Themen gehört, über die der Stadtrat mit 2/3 Mehrheit entscheidet.[1570]

Positiv ist auch das Gesetz der Republik Srpska zu Kommunaler Selbstverwaltung zu werten, insofern es neue und bedeutende Regelungen zur Partizipation der Bürger enthält. Die Regelungen zur Teilhabe finden sich in Art. 98 – 105 LLSG RS. Demnach entwickelt die Selbstverwaltungseinheit im Interesse der lokalen Bevölkerung angemessene Formen der Bürgerbeteiligung, soweit nicht gesetzliche Regelungen entgegenstehen. Art. 99 LLSG RS enthält eine enummerative Aufzählung der Beteiligungsmöglichkeiten wie Referendum, Bürgerversammlung, Bürgerinitiative oder Bürgerstunden. Die umfangreichen Regelungen bürgerschaftlicher Einbindung sind positiv zu werten. Insbesondere haben die Städte und Gemeinden in der Republika Srpska auch die Chance, eigene Mechanismen einer direkten Beteiligung der Bürgerinnen und Bürger zu entwickeln.[1571] Themen direkter Bürgerbeteiligung sind beispielsweise der Bau kommunaler Objekte oder die Nutzung und Unterhaltung von Gebäuden (Art. 100 LLSG RS). Daneben können die Bürger nach Art. 101 LLSG RS direkt in Form eines Referendums über Sachthemen entscheiden. Insofern enthält das Gesetz umfangreiche und weitgehende Regelungen direkter Partizipation.

Art. 4 Nr. 1 ECKS
Die grundlegenden Zuständigkeiten der kommunalen Gebietskörperschaften werden durch die Verfassung oder durch Gesetz festgelegt. Diese Bestimmung schließt jedoch nicht aus, daß den kommunalen Gebietskörperschaften im Einklang mit dem Gesetz Zuständigkeiten zu bestimmten Zwecken übertragen werden.

Die Verfassung Bosnien und Herzegowinas enthält keine Nennung der Kommunalen Selbstverwaltung, Art. III Nr. 3 a legt durch die Regelung

"all governmental functions not expressly designed to the institutions of BiH shall be those of the entities"

die Verantwortlichkeit der beiden Entitäten fest. Beide Entitäten greifen in ihren Verfassungen die Lokale Selbstverwaltung auf. Die Verfassung der Föderation in Teil VI, die der Republika Srpska in den Teilen I und VI.

[1569] Die Ortsgemeinschaften (mjesne zajednice) sind Bindeglied zwischen Bürgern und Municipality. Sie sind keine freiwilligen bürgerlichen Zusammenschlüsse. Vgl. KÜHNE, A. / DUKIC, D. / DJURIC, S.: Governance, 2005, S. 9.

[1570] Zur politischen Position einzelner Akteure im Zusammenhang mit der Einführung bzw. Belebung der Ortskanzleien vgl. VETTERS, L.: Politics, 2007, S. 11 ff.

[1571] STOJANOVIC, I.: Ucesce, 2005, S. 67.

In der Föderation Bosnien und Herzegowina definiert Art. 5 der Verfassung die Selbstverwaltungseinheiten. Nähere Ausführungen ergeben sich aus dem Gesetz zu Lokaler Selbstverwaltung der Föderation (LLSG FÖD), das in den Art. 4 und 5 LLSG FÖD die jeweiligen Kriterien zur Zuordnung zu einer bestimmten Art der Gebietskörperschaft festlegt, wie z. B. eine bestimmte Einwohnerzahl oder die Eigenschaft als Hauptstadt eines Kantons, welche als Automatismus die Bezeichnung als „Stadt" mit sich bringt.

Die Republika Srpska hat in Teil 1 - Art. 5 ihrer Verfassung die Lokale Selbstverwaltung als Grundelement der Verfassung normiert und in Teil 6 über die territoriale Organisation festlegt, dass nach Art. 100 ein Gesetz zur Regelung der territorialen Organisation geschaffen werden soll. Art. 102 Nr. 1 – 8 legt die generellen Verantwortlichkeiten der Gemeinden fest. Diese Verantwortlichkeit für die Erfüllung von Diensten soll verbunden sein mit öffentlichem, auch kommunalem Eigentum.

Art. 4 Nr. 2 ECKS
Die kommunalen Gebietskörperschaften haben im Rahmen der Gesetze das Recht, sich mit allen Angelegenheiten zu befassen, die nicht von ihrer Zuständigkeit ausgeschlossen oder einer anderen Stelle übertragen sind.

In den 90er Jahren wurde lediglich eine inadäquate Definition von Verantwortlichkeiten und Zuständigkeiten vorgenommen. Kompetenzen der Kommunen waren gesplittet[1572]. Die Gesetze zu Lokaler Selbstverwaltung treffen nunmehr die folgenden Regelungen:

In der Föderation Bosnien und Herzegowina legt Art. 2 LLSG FÖD die Rechte der lokalen Selbstverwaltungseinheiten fest und auch deren Recht, im Rahmen der Gesetze und entsprechend ihrer Zuständigkeiten öffentliche Angelegenheiten im Interesse der Einwohner zu regeln. Art. 8 LLSG FÖD greift den Wert eigener Kompetenzen auf, und nennt einzelne Zuständigkeitsbereiche, wie den Schutz der Menschenrechte, städteplanerische Aufgaben und Aufgaben der Daseinsvorsorge, wie die Wasserversorgung, die Abwasser- oder Abfallentsorgung.

Art. 11 des Gesetzes zu Lokaler Selbstverwaltung der Republika Srpska (LLSG RS) systematisiert ebenfalls die lokalen Kompetenzen. Demnach ist die Gemeinde grundsätzlich für alle Fragen von lokalem Interesse zuständig, die nicht von ihren Kompetenzen ausgeschlossen sind bzw. einem anderen Träger zugeordnet wurden. Art. 12 bzw. Art. 28 LLSG RS dient der Abgrenzung von eigenen Zuständigkeiten und übertragenen Zuständigkeiten. Es handelt sich um eine enummerative Aufzählung, wobei die eigenen Zuständigkeiten einen breiten Fokus auf planerische Tätigkeiten, wie Stadtentwicklung, urbane Entwicklung, Baulandnutzung, legen. Das Anbieten von Diensten fällt in den eigenen Wirkungskreis der Gemeinde, wie z. B. die Versorgung mit Gas oder Wasser und die Abwasserentsorgung. Staatliche Aufgaben können per Gesetz übertragen werden. Eine Regelung zu finanzieller Konnexität im Zusammenhang mit der Aufgabenübertragung ist ebenfalls getroffen. So folgen die Finanzmittel der Aufgabenübertragung.

[1572] Die Bevölkerung hat häufig nur unzureichend Kenntnis von der Zuordnung der Kompetenzen, und kommunale Stellen werden auch dann verantwortlich gemacht, wenn sie formal keine Zuständigkeit haben. USAID: Governance, 2003, 9 / 10 ff.

Art. 4 Nr. 3 ECKS
Die Wahrnehmung öffentlicher Aufgaben obliegt im allgemeinen vorzugsweise den Behörden, die den Bürgern am nächsten sind. Bei der Aufgabenzuweisung an andere Stellen sollte Umfang und Art der Aufgabe sowie den Erfordernissen der Wirksamkeit und Wirtschaftlichkeit Rechnung getragen werden.

Es wurde bereits darauf eingegangen, dass Art. 5 der Verfassung der Föderation Bosnien und Herzegowinas die Selbstverwaltungseinheiten formal definiert. Das LLSG RS erwähnt den Grundsatz der Subsidiarität in Art. 28 LLSG RS und zwar im Zusammenhang mit den der Kommune übertragenen Aufgaben. Staatliche Aufgaben können per Gesetz unter der Bedingung übertragen werden, dass die betroffenen Gemeinden konsultiert werden. Die Orientierung soll an einer möglichst bürgernahen Verwaltung, an der Fähigkeit die Aufgaben zu erfüllen bzw. im Einklang mit dem Grundsatz der Subsidiarität erfolgen.

Die Ausübung von Zuständigkeiten seitens der Kommunen ist grundsätzlich an die Ausstattung mit angemessenen Finanzmitteln gebunden. Für die Gemeinden ergibt sich die Freiheit, in Ausübung ihrer Zuständigkeit eigene Prioritäten setzen zu können. An diesem Punkt können in Bosnien und Herzegowina Konflikte zu Fragen der Privatisierung entstehen. Die Kommunen sind mittlerweile für Aufgabenerfüllung in einzelnen Bereichen verantwortlich. Die Leitung der Betriebe, häufig von Regierung oder Entität betrieben, hat auf die Kommunen überzugehen.

Art. 4 Nr. 6 ECKS
Die kommunalen Gebietskörperschaften werden soweit wie möglich bei Planungs- und Entscheidungsprozessen für alle Angelegenheiten, die sie unmittelbar betreffen, rechtzeitig und in geeigneter Weise angehört.

Diese Regelung der Europäischen Charta der Kommunalen Selbstverwaltung weist darauf hin, dass Art und Zeitpunkt der Beteiligung maßgebend sind für die wirksame Vertretung der kommunalen Interessen[1573]. Eine enge Einbeziehung der kommunalen Gebietskörperschaften hätte beispielsweise bereits im Vorfeld der Gestaltung des rechtlichen Rahmens Kommunaler Selbstverwaltung durch die Gesetze zu Kommunaler Selbstverwaltung erfolgen können. Es dominierten jedoch bisher für Bosnien und Herzegowina die Top – Down Verfahren.[1574]

Art. 5 ECKS
Bei Änderung der Grenzen kommunaler Gebietskörperschaften sind die betroffenen Gebietskörperschaften vorher anzuhören, gegebenenfalls im Weg einer Volksabstimmung, sofern es gesetzlich zulässig ist.

Konkret bestehen an dieser Stelle noch „Altlasten“ durch den Dayton – Vertrag, durch welchen mehrere Kommunen geteilt wurden. Das LLSG der RS fasst den Punkt Eingemeindung / Ausgemeindung unter Art. 100 LLSG RS als Thema direkter Bürgerbeteiligung.

1573 COUNCIL OF EUROPE: Report, o. A., S. 6.
1574 MIOVCIC, Z.: Administration, 2004, 18.

Art. 6 Nr. 1 ECKS
Unbeschadet allgemeinerer gesetzlicher Bestimmungen müssen die kommunalen Gebietskörperschaften in der Lage sein, ihre internen Verwaltungsstrukturen selbst zu bestimmen, um sie den örtlichen Bedürfnissen anpassen und eine wirksame Geschäftsabwicklung gewährleisten zu können.

Die Voraussetzungen des Rechts, die eigenen Verwaltungsstrukturen zu bestimmen ist bereits dann erfüllt, wenn Gesetze keine strikten Organisationsstrukturen vorschreiben.[1575] Gleichzeitig ist zu fragen, ob das Recht die internen Verwaltungsstrukturen selbst zu bestimmen ausreicht, um das übergeordnete Ziel – eine effektive und wirksame Geschäftsabwicklung zu gewährleisten.[1576]

Art. 7 Nr. 1 ECKS
Die Rechtsstellung der gewählten Kommunalvertreter muß die freie Ausübung ihres Amtes gewährleisten.

In der Republika Srpska trifft Art. 30 des LLSG RS Festlegungen zur Stellung von Bürgermeister und Rat. Die Gemeindeversammlung ist das Entscheidungsorgan und bestimmt die Gemeindepolitik. Bedeutsame Aufgaben werden in den rechtlichen Vorgaben enummerativ aufgelistet. Sie enthalten Themen wie z. B. die Verabschiedung des Budgets, die Aufstellung eines Entwicklungsplanes und Investitionsprogramme. Beschlüsse über kommunale Gebühren und weitere öffentliche Einnahmen werden getroffen, soweit sie gesetzlich dazu ermächtigt sind. Die Rolle des Bürgermeisters ist in Art. 40 ff. LLSG RS geregelt. Ihm kommt eine Doppelfunktion dahingehend zu, dass er einerseits die Gemeinde vertritt und andererseits Träger exekutiver Macht ist. Er führt die Verwaltung und ist verantwortlich für ihre Arbeit. Die Wahlen sind allgemein und direkt und auf eine Mandatsperiode von 4 Jahren ausgerichtet. Art. 43 LLSG RS benennt enummerativ Aufgaben des Bürgermeisters, zu denen die Erarbeitung der Jahresbilanz des ökonomischen Planes und eines Entwicklungsplanes zählen. Er führt die Gemeindepolitik in Übereinstimmung mit den Gemeinderatsbeschlüssen und die Gesetze der Republik aus. Seine Vertretungsfunktion nach außen schließt auch den Abschluss von Verträgen im Namen der Gemeinde ein.[1577]

Regelungen zu den kommunalen Organen finden sich in Art. 12 – 23 LLSG FÖD für die Föderation, die ebenfalls das Verhältnis zwischen Bürgermeister und Rat thematisieren. Entscheidungsgremium ist der Rat, der über enummerativ aufgeführte Kompetenzen verfügt, wie bspw. die Annahme des kommunalen Budgets, in gesetzlichem Rahmen Festlegungen hinsichtlich kommunaler Steuern zu treffen, oder auch Entscheidungen über die Durchführung eines Referendums. Art. 14 LLSG FÖD legt die

---

[1575] COUNCIL OF EUROPE: Report, o. A., S. 7.

[1576] Die Situation ist von komplexen Strukturen gekennzeichnet, gleichzeitig wirken Faktoren wie eine unzureichende Finanzausstattung zur Zahlung angemessener Löhne der Zielerreichung entgegen. Vgl. COUNCIL OF EUROPE / CONGRESS OF LOCAL AND REGIONAL AUTHORITIES (CLRAE): Democracy, 2006, S. 11.

[1577] Als Besonderheit kennt das LLSG der Republika Srpska die Möglichkeit der Einleitung einer Initiative zur Abberufung des Bürgermeisters (Art. 30 LLSG), welche seitens des Gemeinderates getroffen werden kann.

exekutive Macht in die Hände der Verwaltungsleitung, bzw. in Städten in die Hände des Bürgermeisters. Die Zuständigkeiten des Bürgermeisters sind in Art. 15 LLSG FÖD geregelt. Das Gesetz legt hierbei ausdrücklich fest, dass das Verhältnis zwischen Rat und Bürgermeister durch Respekt und Kooperation gekennzeichnet sein soll.

Art. 8 Nr. 1 ECKS
Jede Verwaltungsaufsicht über die kommunalen Gebietskörperschaften darf nur in der Weise und in den Fällen ausgeübt werden, die durch die Verfassung oder das Gesetz vorgesehen sind.

Art. 8 Nr. 2 ECKS
Jede Verwaltungsaufsicht über die Tätigkeit der kommunalen Gebietskörperschaften darf in der Regel nur bezwecken, die Einhaltung der Gesetze und Verfassungsgrundsätze sicherzustellen. Die Verwaltungsaufsicht kann jedoch bei Aufgaben, deren Durchführung den kommunalen Gebietskörperschaften übertragen wurde, eine Kontrolle der Zweckmäßigkeit durch die übergeordneten Behörden umfassen.

Das Gesetz zu Lokaler Selbstverwaltung der Republika Srpska unterscheidet bei der Kontrolle zwischen eigenem und delegiertem Wirkungskreis. Einschlägige Vorschriften treffen die Art. 83 bis 92 LLSG RS. Eine besondere Stellung kommt dem Bürgermeister zu, der für die Gesetzmäßigkeit aller Beschlüsse verantwortlich ist, die er dem Rat vorschlägt (Art. 43 LLSG RS). Gleichzeitig initiiert er die Überprüfung von Gemeinderatsbeschlüssen durch das zuständige Gericht, wenn er sie für verfassungs- oder gesetzeswidrig hält.

Auch die Föderation Bosnien und Herzegowina trifft in Art. 47 - 49 LLSG FÖD allgemeine Prinzipien der Kontrolle über die lokalen Selbstverwaltungseinheiten. Ausübungsbefugt sind Kantone und die Föderation im Rahmen gesetzlicher Vorgaben. Auch hier findet eine Trennung zwischen eigener und delegierter Wahrnehmung von Aufgaben statt.[1578]

Die Regelungen beider Entitäten sind in zweifacher Hinsicht von besonderem Interesse:

1. Faktisch wird mit Regelungen zu kommunaler Kontrolle, welche im Hinblick auf Recht- und Zweckmäßigkeit wohl an die Europäische Charta der Kommunalen Selbstverwaltung angelehnt sind, eine nicht zu unterschätzende Abweichung vom System der Arbeiterselbstverwaltung mit zentraler Ausrichtung vorgenommen. Es findet ein Bruch mit langjähriger Verwaltungskultur statt, der einen bedeutenden Wendepunkt darstellen kann.[1579]

[1578] Allerdings wird kritisiert, dass in der Föderation durch die überlappenden Aufsichts- und Kontrollstrukturen mangelnde Transparenz zu befürchten ist. COUNCIL OF EUROPE / CONGRESS OF LOCAL AND REGIONAL AUTHORITIES: Democracy, 2006, S. 11.

[1579] Angesichts der strengen Reglementierung der Verfahren der Verwaltungskontrolle empfiehlt der Congress of Local and Regional Authorities in seinem Empfehlungsentwurf den Entitäten, die Ausübung dieser Kontrolle zu beobachten. COUNCIL OF EUROPE / CONGRESS OF LOCAL AND REGIONAL AUTHORITIES OF EUROPE (CLRAE): Empfehlungsentwurf, 2006, S. 4.
Insbesondere wird auf die aufwändigen Regelungen zur Kontrolle verwiesen und die Frage der Praktikabilität aufgeworfen COUNCIL OF EUROPE / CONGRESS OF LOCAL AND REGIONAL AUTHORITIES: Democracy, 2006, S. 9 / 10.

2. Bereits bei der Anbindung von kommunaler Kontrolle an die lokale Governancediskussion in Deutschland und Frankreich wurde auf die Ergänzung der bestehenden Kontrollmöglichkeiten durch die Öffentlichkeit und Medien hingewiesen. In Bosnien und Herzegowina zeigen die beschriebenen Umfragewerte das mangelnde Vertrauen der Bürger. Denkbar sind Meldemöglichkeiten oder Anlaufstellen für Bürger, um Korruptionsfälle zu melden und um auf diese Weise die lokale Öffentlichkeit einzubinden. Vor dem Hintergrund, dass häufig veraltete Wege des Einbringens eigener Anliegen in die gemeindlichen Organe vorhanden sind und dass bisher mangelnde Regelungen, Missmut und Uninformiertheit der Bürger über Formen der Mitsprache[1580] bestanden, sollten aktiv Möglichkeiten verbesserter Transparenz, welche auch dem Kontrollaspekt lokaler Öffentlichkeit entsprechen, geschaffen werden.[1581]

Art. 9 Nr. 1 ECKS
Die kommunalen Gebietskörperschaften haben im Rahmen der nationalen Wirtschaftspolitik Anspruch auf angemessene Eigenmittel, über die sie in Ausübung ihrer Zuständigkeiten frei verfügen können.

Art. 9 Nr. 2 ECKS
Die Finanzmittel der kommunalen Gebietskörperschaften müssen in angemessenem Verhältnis zu den durch die Verfassung oder das Gesetz vorgesehenen Zuständigkeiten stehen.

In der Republika Srpska garantiert die Verfassung in Art. 103 eine Ausstattung mit Ressourcen. Einzelgesetzlich finden sich Regelungen in Kapitel IV Art. 63 des LLSG RS zu Vermögen und Finanzausstattung der Gemeinden. Bewegliches und unbewegliches Vermögen, welches für die Finanzierung der grundlegenden Aufgaben / Funktionen erforderlich ist, wird den Gemeinden als Eigentum übertragen. Eigentum der Gemeinden sind die Objekte kommunaler Infrastruktur bzw. Objekte, welche aus dem Budget der Selbstverwaltungseinheit finanziert oder auf dem Weg der Selbstbeteiligung der Bürger erstellt werden. Vermögen entsteht auch da, wo die Selbstverwaltungseinheit für Einrichtungen die Rechtsnachfolge angetreten hat. Das Verfahren zur Übertragung des Vermögens erfolgt nicht durch das LLSG RS, selbst, sondern müsste durch sondergesetzliche Regelungen vorgenommen werden.
Art. 64 LLSG RS regelt Fragen der Finanzierung. Es erfolgt eine Zuweisung der Mittel analog den Zuständigkeiten per Gesetz. Die lokalen Selbstverwaltungseinheiten werden bei Fragen der Zuteilung der Mittel konsultiert.

In der Föderation Bosnien und Herzegowina hatte das vorangegangene Gesetz zu Lokaler Selbstverwaltung i. S. des Art. 9 Nr. 1 LLSG FÖD bereits Regelungen getroffen. Es bestand nichtsdestoweniger eine Ungleichheit zwischen den Funktionen der Kommunen und deren Finanzierung. Die aktuelle Situation ist insbesondere von einer

---

[1580] ZLOKAPA, Z.: Istorijski, 2005, S. 12.

[1581] Das LLSG FÖD ist an dieser Stelle sehr weitgehend, indem Beschwerdemöglichkeiten bereits im Gesetz zu Lokaler Selbstverwaltung festgelegt werden. Vgl. § 46 LLSG FÖD. Auf den Gesichtspunkt der Transparenz wird in Art. 39 LLSG FÖD gesondert eingegangen, wobei insbesondere Regelungen zur Öffentlichkeit von Sitzungen getroffen werden, Transparenz wird als Instrument effektiver politischer Aufsicht betrachtet.

Heterogenität zwischen den Kantonen gekennzeichnet. Die Finanzierung war außerhalb der Kontrolle oder Einflusssphäre der kommunalen Ebene.[1582] Neu bieten die Art. 33 – 38 LLSG FÖD Anknüpfungspunkte, da in ihnen das Recht der Gemeinden auf eigene Einnahmen festgelegt wird (Art. 33 LLSG FÖD).

Art. 9 Nr. 3 ECKS
Die Finanzmittel der kommunalen Gebietskörperschaften müssen zumindest teilweise aus kommunalen Steuern und Gebühren stammen, bei denen sie das Recht haben, den Hebesatz im gesetzlichen Rahmen festzusetzen.

Art. 9 Nr. 4 ECKS
Die Finanzierungssysteme, auf denen die Mittel beruhen, die den kommunalen Gebietskörperschaften zur Verfügung stehen, müssen ausreichend vielfältig und dynamisch gestaltet sein, damit diese soweit wie praktisch möglich in die Lage versetzt werden, mit der tatsächlichen Entwicklung der Kosten für die Ausübung ihrer Zuständigkeiten Schritt zu halten.

Art. 9 Nr. 5 ECKS
Der Schutz der finanziell schwächeren kommunalen Gebietskörperschaften erfordert die Einführung von Finanzausgleichsverfahren oder gleichwertigen Maßnahmen, die zum Ausgleich der Auswirkungen ungleicher Verteilung der möglichen Finanzierungsquellen und der Kostenlasten bestimmt sind. Derartige Verfahren oder Maßnahmen dürfen die Entscheidungsfreiheit der kommunalen Gebietskörperschaften in ihrem eigenen Verantwortungsbereich nicht schmälern.

Art. 9 Nr. 6 ECKS
Die kommunalen Gebietskörperschaften werden auf geeignetem Weg zu der Frage angehört, in welcher Weise ihnen umverteilte Mittel zugeteilt werden sollen.

Art. 9 Nr. 7 ECKS
Soweit möglich werden Zuweisungen an die kommunalen Gebietskörperschaften nicht zur Finanzierung bestimmter Vorhaben vorgesehen. Die Gewährung von Zuweisungen darf die grundsätzliche Freiheit der kommunalen Gebietskörperschaften, die Politik in ihrem eigenen Zuständigkeitsbereich zu bestimmen, nicht beeinträchtigen.

Die Steuern wurden seitens der Entitäten eingezogen, ohne dass Kommunen Einfluss auf Höhe der Steuersätze und die Modalitäten der Einziehung hatten. In der Praxis bestand kein adäquater Kreislauf zwischen lokalen Diensten, Veranschlagungsmodalitäten und Erträgen.[1583]

Das Gesetz der Republika Srpska trifft in Art. 67 LLSG RS umfassende Regelungen, um einen Ausgleich zwischen den Gebietskörperschaften herbeizuführen. Maßgeblicher Bezugspunkt ist der jeweilige Entwicklungsstand der Gemeinde. Eigene Mittel werden ergänzt, damit Aufgaben erfüllt werden können. Die Zuweisungen sollen stabil gehalten werden, um den Gemeinden Planungssicherheit zu ermöglichen. Die Regeln

[1582] USAID: Governance, 2003, S. 9 ff.
[1583] USAID: Governance, 2003, S. 7 ff.
[1583] USAID: Governance, 2003, S. 17 ff.

für die Redistribution der Mittel fußen auf objektiven Kriterien, die vom Parlament festgelegt werden.
Ausgehend von Art. 63 LLSG RS, der vorschreibt, dass die Übertragung einer neuen Funktion begleitet wird durch die Zuweisung des erforderlichen Vermögens, regelt Art. 64 LLSG RS, dass Mittel entsprechend den Zuständigkeiten durch Gesetz zugeteilt werden. Die Übertragung erfolgt nach dem Grundsatz der Konnexität insofern, dass die Mittel der Aufgabe folgen. Die Lokale Selbstverwaltungseinheit wird bei Fragen der Zuteilung der Mittel konsultiert sowie bei Änderungen des Gesetzes, das die Zuteilung der Mittel regelt. Nach Art. 66 LLSG RS haben die lokalen Selbstverwaltungseinheiten ein Recht auf eigene Finanzquellen, die durch Gesetz bestimmt werden und über die sie im Rahmen ihrer Zuständigkeiten selbst verfügen können. Dies umfasst lokale Steuern und Gebühren, deren Hebesätze / Zinsfuß sie festlegen können. Lokale Gebühren sind ebenso vorgesehen wie Beiträge, Erschließungsbeiträge und Pachtgebühr sowie sonstige Einnahmen, wie Einnahmen aus Bußgeldern (Art. 65 LLSG RS).
Regelungen zu Finanzierungssystemen und Eigentum werden in der Föderation Bosnien und Herzegowina in Art. 33 bis Art. 38 LLSG FÖD getroffen. Hierin wird das Recht der Gemeinden auf eigene Einnahmen festgelegt und die Proportionalität finanzieller Mittel zu den Kompetenzen thematisiert. Art. 34 LLSG FÖD legt fest, dass mit jeder Übertragung von Funktionen ein adäquater Ausgleich durch Finanzmittel zu erfolgen hat.[1584]

Art. 10 Nr.1 ECKS
Die kommunalen Gebietskörperschaften sind bei der Ausübung ihrer Zuständigkeiten berechtigt, zusammenzuarbeiten und im Rahmen der Gesetze Verbände zu bilden, um Aufgaben von gemeinsamem Interesse durchzuführen.

Art. 10 Nr. 2 ECKS
Das Recht der kommunalen Gebietskörperschaften, einer Vereinigung zum Schutz und zur Förderung ihrer gemeinsamen Interessen anzugehören, und ihr Recht, einer internationalen Vereinigung kommunaler Gebietskörperschaften anzugehören, werden von jedem Staat anerkannt.

Art. 10 Nr. 3 ECKS
Die kommunalen Gebietskörperschaften sind berechtigt, im Rahmen der vom Gesetz vorgegebenen Bedingungen mit den kommunalen Gebietskörperschaften anderer Staaten zusammenzuarbeiten.

Was die interkommunale Zusammenarbeit anbelangt, ist als erster Gesichtspunkt zu berücksichtigen, dass die Kooperationen limitiert sind durch die Grenzen der Entitäten.[1585]
In der Föderation Bosnien und Herzegowina ermächtigen die Art. 50 und 51 LLSG FÖD die Kommunen zu interkommunaler Kooperation und ermöglicht horizontale Go-

[1584] Den Anforderungen des Art. 9 Nr. 5 ECKS wird in der Praxis noch nicht entsprochen. Die Verteilung der Steuern ist noch nicht zufriedenstellend geregelt, was insbesondere die Verteilung der Mehrwertsteuer betrifft. COUNCIL OF EUROPE / CONGRESS OF LOCAL AND REGIONAL AUTHORITIES (CLRAE): Democracy, 2006, S. 11 / 12.
[1585] COUNCIL OF EUROPE / CONGRESS OF LOCAL AND REGIONAL AUTHORITIES (CLRAE): Democracy, 2006, S. 12.

vernanceaspekte, Art. 52 LLSG FÖD bis 56 beziehen sich auf Kooperationen und Beziehungen der Kommunen in vertikaler Perspektive. An dieser Stelle verbindet sich Lokale Governance in horizontaler und vertikaler Sicht. Art. 50 LLSG FÖD regelt das grundlegende Recht der Selbstverwaltungseinheiten zur Kooperation. Art. 51 LLSG FÖD formuliert darüber hinaus, dass die Gemeinden um ihre gemeinsamen Interessen zu schützen und Lokale Selbstverwaltung voranzubringen, Vereinigungen auf Staatesebene bzw. auf Ebene der Föderation beitreten können. Was die Vertretung kommunaler Interessen auf höherstufiger Ebene anbelangt, bestehen in Bosnien und Herzegowina zur Zeit zwei getrennte, miteinander kooperierende Vereinigungen: Zum einen die „Association of Municipalities and Cities of the Federation of Bosnia and Hercegovina"[1586] und die „Association of Municipalities and Cities of the Republika Srpska"[1587]. In der Republika Srpska entscheidet nach Art. 30 LLSG RS der Gemeinderat über die Mitgliedschaft der Gemeinden in der Vereinigung der Städte und Gemeinden.
Die Stellung der beiden Kommunalverbände ist nach derzeitigem Stand im Bereich des Lobbying und der Entwicklung ausbaufähig. Dies ist offensichtlich angesichts der Besonderheiten des politischen Systems in Bosnien und Herzegowina. So bestehen innerhalb der Föderation Bosnien und Herzegowina unterschiedliche Gesetze in den Kantonen, was zulasten der Übersichtlichkeit der Gesetzeslage führt. In einem weiteren Schritt macht dies die kommunale Interessenvertretung und die Teilhabe an staatlichen Willensbildungsprozessen sehr komplex. Auch haben die Kantone innerhalb des politisch-administrativen Systems eine herausgehobene formale Machtposition inne, so dass generell gilt, dass die Schaffung und Institutionalisierung von Verfahren der Beteiligung ein Prozess ist, der nur in mittel- bis langfristigem Zeitraum zufriedenstellend zu bewältigen ist.[1588]
Auf internationaler Ebene ist die Entwicklung eines Netzwerkes nationaler Assoziationen lokaler Gebietskörperschaften in Südosteuropa[1589] bedeutsam. Mittlerweile umfasst NALAS fünfzehn Vereinigungen lokaler Gebietskörperschaften in den südosteuropäischen Ländern, die vom Stabilitätspakt umfasst sind.[1590]

[1586] www.sogfbih.ba - (03.09.2006).
[1587] www.alvrs.ba - (03.09.2006).
[1588] Zur Weiterentwicklung von Local Government Associations vgl. auch die Handreichung von United Nations und Europarat, UNITED NATIONS (UN) / COUNCIL OF EUROPE [Toolkit, o. A.].
[1589] Informationen zu NALAS unter www.NALAS-SEE.org - (03.12.2006).
[1590] COUNCIL OF EUROPE: Democracy, 2005, S. 12 ff.

3.4 Implikationen zur Entwicklung Lokaler Governance und Kommunaler Selbstverwaltung für Bosnien und Herzegowina

Die vorangegangenen Ausführungen zu Lokaler Governance haben gezeigt, dass die historische Entwicklung der Verwaltung mehrere Wurzeln hat: Die osmanische Tradition, die Zeit der österreich - ungarischen Okkupation und die jugoslawische Tradition einer Arbeiterselbstverwaltung. Heute existieren Vorgaben über das Dayton-Abkommen zur Demokratisierung, wobei Dayton den Gesichtspunkt einer Stabilisierung nach den Kriegsereignissen als vorderstes Ziel verfolgte. Die Ausführungen der zentralen Probleme des politisch-administrativen Systems, der kommunalen Aufgabenerfüllung, der Effizienz bei gleichzeitigem Aufbau demokratischer Strukturen, haben gleichzeitig die Erforderlichkeit des Aufbaus funktionierender zivilgesellschaftlicher Strukturen deutlich gemacht.

In einem zweiten Schritt wurden die Schwierigkeiten der kommunalen Ebene in Bosnien und Herzegowina detailliert erörtert und die Ausführungen haben die nunmehr eingeführten Gesetze der Entitäten zu Lokaler Selbstverwaltung entlang der Inhalte der Europäischen Charta der Kommunalen Selbstverwaltung strukturiert. Mehrere Aspekte sind von herausragender Bedeutung:

1 Verzahnung der gefundenen gesetzlichen Regelungen mit dem lokalen politischen und politisch – administrativen System: Die Regelungen der Gesetze zu Lokaler Selbstverwaltung ermöglichen der Bürgerschaft umfangreiche Angebote zur Partizipation und eröffnen den Bürgern Zugang zum institutionellen lokalen System. Speziell im Bereich von Referenden, Informationsangeboten etc. verhelfen die Gesetze den Bürgern zu einem guten Zugang. Der Bereich der Bürgerpartizipation ist durch eine starke Angebotsausrichtung geprägt, womit eine Bewegung bürgerschaftlichen Engagements in Gang gesetzt werden soll. Des Weiteren geben die Regelungen zu kommunalen Zuständigkeiten den Handlungsrahmen für die Gemeinden vor und normieren ihre Pflichten zur Erfüllung der Aufgaben der Daseinsvorsorge. Modernisierung der Dienste, Effizienz und Bereitstellung von qualitativ hochwertigen Leistungen hat hohe Priorität, um die Versorgung zu sichern und Vertrauen der Bürger zu lokalen Einrichtungen zu schaffen.

2 Rechtliche Implikationen: Mit den gefundenen Regelungen ist in den Entitäten ein Gerüst rechtlicher Rahmenbedingungen entstanden, welches die Gemeinden als Teil des demokratischen Staatsaufbaus betrachtet. In der jetzigen Situation ist es dringlich, die Implementation der Gesetze voranzutreiben[1591]. Die Übereinstimmung rechtlicher Vorgaben mit den Gesetzen zu Kommunaler Selbstverwaltung ist zeitnah sicherzustellen. Mindestens ebenso bedeutsam ist die Konkretisierung der Bestimmungen zu Kommunaler Selbstverwaltung im Hinblick auf ihre rechtliche Substanz. Hier hat die bosnische Rechtslehre die Aufgabe, ein übergeordne-

[1591] Hierzu gehören insbesondere eine Reiche von Durchführungsregelungen und die Festlegung von Verwaltungsverfahren vgl. COUNCIL OF EUROPE / CONGRESS OF LOCAL AND REGIONAL AUTHORITIES OF EUROPE (CLRAE): Empfehlungsentwurf, 2006, S. 2.
Das LSG-Gesetz der Föderation sieht beispielsweise in Art. 58 einen zeitlichen Rahmen von sechs Monaten nach Inkrafttreten des Gesetzes vor, innerhalb dessen die Föderation und die Kantone ihre Gesetze mit dem vorliegenden Gesetzestext zu harmonisieren haben und die Kompetenzen und Verantwortlichkeiten auf die lokalen Einheiten übergeben.

tes Verständnis von Kommunaler Selbstverwaltung zu entwickeln. Vor diesem Hintergrund wäre es ratsam, auf Staatsebene in der Verfassung Bosnien und Herzegowinas eine Regelung zu Lokaler Selbstverwaltung aufzunehmen, um die Entwicklung und Bestimmung Kommunaler Selbstverwaltung übergreifend zu gewährleisten.

3 Herausforderungen für partizipative Lösungsansätze: Partizipative Lösungen stehen vor der Herausforderung, die ethnische oder parteiliche Strukturierung partikularer Interessen als dominanten Modus gegenwärtiger sozialer Wirklichkeit zu überwinden.[1592] Dies gilt für die einzelne Gemeinde, könnte andererseits gerade in kleinteiligeren Strukturen, wie den Ortsgemeinschaften, besonders relevant werden.

4 Die Beurteilung der Ortsgemeinschaften: Eine Beurteilung einzelner Regelungen, wie beispielsweise der Ortsgemeinschaften ist zum jetzigen Zeitpunkt noch nicht umfassend möglich.[1593] Es bleibt abzuwarten, wie sich diese im Verhältnis zu ethnienzentrierten bzw. parteipolitisch motivierten Belangen stellen.[1594]

5 Der Schwerpunkt der Entwicklungen liegt auf den Elementen Lokaler Governance in horizontaler Ausrichtung.
Für die vertikale Orientierung Lokaler Governance müssen die Strukturen der Umsetzung der rechtlichen Regelung noch stärker vorangebracht werden. Dies gilt in ähnlicher Weise für die Funktionen der kommunalen Spitzenverbände.

Abb. 16 verdeutlicht den Schwerpunkt bosnischer Entwicklung, der in den Gesetzen zu Lokaler Selbstverwaltung auf bürgerschaftliche Partizipation gesetzt wird.

[1592] Für die Situation in Bosnien und Herzegowina ist fraglich, inwieweit traditionelle normative Orientierungen aus sozialistischer Zeit nachwirken oder sog. „soziokulturelle Kapitalien" fruchtbar gemacht werden könnten. Grundlegend zu gesellschaftlichen Hintergründen der Transformationsprozesse MEYER, G.: Lebenswelten, 1999, S. 329 ff.

[1593] Positive Würdigung als experimentelles Element vgl. COUNCIL OF EUROPE / CONGRESS OF LOCAL AND REGIONAL AUTHORITIES: Democracy, 2006.

[1594] Neuere Arbeiten erörtern neben der häufig genannten gruppenspezifischen Zugehörigkeit ethnonationaler Identifikation themen- / sachbezogene Kategorien, wie sie durch die administrativen Einheiten transportiert werden bzw. sich nach und nach aus sich herausbildender partikularer Interessenvertretung im „Mikrokosmos Stadt" ergeben. VETTERS, L.: Power, 2007.

Abb. 16 - Bürgerschaftliche Partizipation, Lokale horizontale Governance, Elemente Kommunaler Selbstverwaltung in Bosnien und Herzegowina

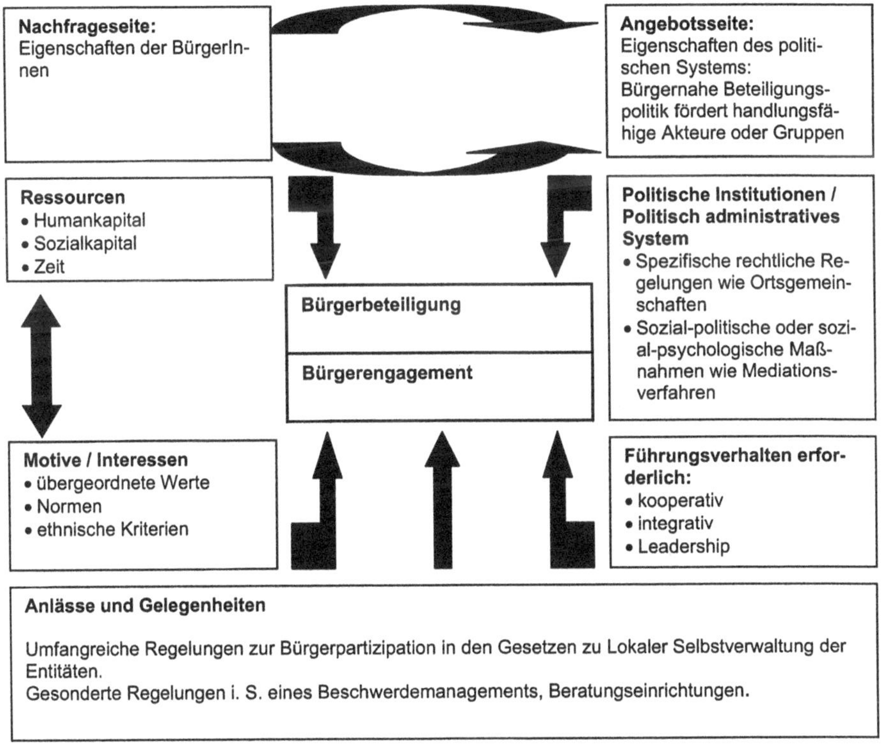

Quelle: Weiterentwicklung und Anpassung der Abbildung GABRIEL. O.: Bürgergemeinde, 2002, S. 165.

Die Implementation der Gesetze wird von den Gemeinden noch ein hohes Maß an Engagement erfordern, um ihre Statuten und örtlichen Satzungen an die neue Rechtslage anzupassen.[1595] Zivilgesellschaftliches bzw. bürgerliches Engagement hat als Prozess „bottom – up" zu wirken, um ein kompaktes System Lokaler Governance zu kreieren und um die rechtlichen Regelungen mit „Leben" auszufüllen.

[1595] Die Gemeinden der Föderation haben nach Art. 58 LLSG FÖD ihre örtlichen Statuten innerhalb eines Zeitraumes von 12 Monaten nach Inkrafttreten des Gesetzes anzupassen.

IV Schlussbetrachtung und Ausblick in Thesen

Die vorliegende Arbeit hat sich mit der Frage beschäftigt, wie ein dynamisches verwaltungswissenschaftliches Konzept Kommunaler Selbstverwaltung in Anbindung an Modelle Lokaler Governance entworfen werden kann. Beide Paradigmen stehen vor dem Hintergrund der zunehmenden Verflechtung der kommunalen mit der europäischen Ebene im Zuge des fortschreitenden europäischen Integrationsprozesses. Zunächst wurden inhaltliche Referenzpunkte Lokaler Governance dargestellt, welche anhand der nationalstaatlichen Entwicklung in Frankreich und Deutschland nachvollzogen wurden. Im Ergebnis wurde durch die Kombination eines politikwissenschaftlichen Ansatzes, wie dem Governanceansatz, mit rechtswissenschaftlichen Modellen Kommunaler Selbstverwaltung eine Zusammenschau ermöglicht.
Die für die Arbeit formulierte Ausgangsthese ist, dass sich für die Betrachtung der Bedeutung der kommunalen Ebene im europäischen Gesamtsystem der Blickwinkel auf Kommunale Selbstverwaltung nationaler Prägung ändern und erweitern muss. Die Argumentation zeigt, dass es zu einer inhaltlichen Verschiebung und Betonung von und auf Elemente kommt, wie sie im Rahmen der Governanceansätze aktuell sind. Die Darstellung der Ansätze und die Erörterung des Zusammenspiels zwischen Kommunaler Selbstverwaltung und Lokaler Governance innerhalb des europäischen Gesamtsystems führen zu den nachfolgenden Thesen.

1 Thesen zur konzeptionellen Entwicklung Lokaler Governance in horizontaler Beziehung

These 1 Zur Entwicklung horizontaler Lokaler Governance in Frankreich

Lokale Governance ist in Frankreich funktional sowohl horizontal als auch vertikal orientiert. Drei Entwicklungen prägen maßgeblich Lokale Governance in horizontaler Perspektive: Zum einen findet im lokalen politisch-administrativen System der einzelnen Kommunen gegenwärtig durch bürgerschaftlich partizipative Komponenten, wie z. B. die Möglichkeit von Referenden, eine Erweiterung statt. Die repräsentative Demokratie erfährt eine – umstrittene – Ergänzung. Dies verdeutlicht einen tiefgreifenden Wandel: Territoriale Strukturen und Prozesse werden auch gedanklich geöffnet für Wechselbeziehungen mit der gesellschaftlichen, bürgerschaftlichen Umwelt. Die Reduzierung des kommunalen politischen Raumes auf Interaktionen zwischen staatlichen Einheiten und Bürgermeister als zentralem Akteur wurde stark relativiert. Es ist davon auszugehen, dass sich dieser Trend auch im Rahmen künftiger Stadtpolitik verstetigt. Der zweite Gesichtspunkt betrifft kommunale Kooperationen. Aufgrund der historisch gewachsenen kleinteiligen territorialen Struktur Frankreichs mit nahezu 36.000 Kommunen bestehen aufwändige Kooperationsstrukturen, welche seit 1999 einer Vereinfachung zugeführt werden. Die Kooperationsstrukturen entfalten ihre Wirkung auch im Sinne stadträumlicher Entwicklung bzw. in Agglomerationsstrukturen in enger Anbindung an die Diskussion eines „Regional Governance“. Der dritte relevante Bereich horizontaler Lokaler Governance findet sich im Bereich der Steuerung des politisch–administrativen Systems. Die Rollen der einzelnen Akteure, Bürgermeister und Rat wurden thematisiert mit dem Befund einer weiterhin dominierenden Rolle des Bürgermeisters. Governance zeigt sich innerhalb des lokalen Systems auch in Frankreich in einer verstärkten Inkorporierung bürgerschaftlichen Engagements mit verbesserten Möglichkeiten bürgerschaftlicher Beteiligung.

These 2 Zur Entwicklung Lokaler horizontaler Governance in Deutschland

Lokale Governance zeigt sich vielfältig und sowohl in horizontaler als auch in vertikaler Ausformung. In horizontaler Sicht gewinnt Lokale Governance in einer Reihe von Weiterentwicklungen an Bedeutung. Erstens zeigt sich Lokale Governance in einem Fortschreiten und Weiterentwickeln von Modellen und Konzeptionen wie der Dienstleistungskommune und als Öffnung für eine erweiterte umweltbezogene Steuerungs- oder Governancebewegung. Die Bezogenheit auf die Umwelt zeigt sich unter dem Blickwinkel einer gewährleistenden Position („Gewährleistungskommune") der Gemeinde gegenüber den Bürgern, andererseits im Rahmen von Reformbewegungen, wie der Bürgerkommune. Die künftige Entwicklung wird sowohl den kommunaleigenen, als auch den gesellschaftlichen, bürgerschaftlichen Steuerungs- und Governanceanspruch stärker betonen.
Zweitens zeigt sich horizontale Lokale Governance im Bereich kommunaler Kooperation zwischen Gemeinden in Deutschland, die in ihren Wirkungen neben mehrkommunalen auch regionalräumliche Bezüge über die beteiligten Gebietskörperschaften hinaus entwickeln kann.

These 3 Aus These 1 und These 2 abgeleitete Entwicklung transnationaler Lokaler Governance in horizontaler Perspektive

Vergleicht man die Entwicklung von horizontaler Lokaler Governance in Deutschland und Frankreich, zeigen sich Divergenzen aufgrund unterschiedlicher historischer Entwicklungen und nationaler Parameter. Inhaltliche Konvergenzen ergeben sich bei Trends zur Einbeziehung der Bürger in kommunale Entscheidungs- und Entwicklungsprozesse. In beiden Ländern ergibt sich die Frage, wie der demokratische Einfluss kommunaler Vertreter sichergestellt werden kann bzw. wie das Verhältnis von repräsentativer Demokratie zu direkter Demokratie austariert werden kann.

2 Thesen zur konzeptionellen Entwicklung Kommunaler Selbstverwaltung in horizontaler Sichtweise

These 4 Zur Entwicklung Kommunaler Selbstverwaltung in Frankreich in horizontaler Sichtweise

Die lokale Ebene stand in Frankreich lange Zeit im Schatten dominierender zentralstaatlicher Politik, obwohl über Mechanismen, wie Ämterkumulierung zwischen lokaler und zentraler Ebene eine enge Anbindung besteht. Allein die Logik dieser Argumentation zeigt bereits, welche Bedeutung Zugang zu Staatlichkeit innewohnte. Eine Stärkung der Kommunalen Selbstverwaltung fand in Frankreich ab 1982 statt und findet sich augenblicklich im Rahmen der staatlich initiierten zweiten Dezentralisierungsreform ab 2002 wieder, die auf das lokale politische System insgesamt zielt. Auch die Ratifizierung der Europäischen Charta der Kommunalen Selbstverwaltung des Europarates im Jahr 2006 ist als Bekenntnis zum Dezentralisierungsprozess und zur Stärkung kommunaler Selbstverwaltungsstrukturen im Nationalstaat zu werten.
Gleichzeitig wird eine Relativierung der kommunalen Gestaltungsspielräume diskutiert, welche sich aus der Zunahme kommunaler Aufgabenerfüllung in Form kommunaler Kooperationen ergibt, für die ein demokratisches, legitimatorisches Defizit angemahnt wird, da die durch die Verfassung vorgesehene Stellung des Rates durch die „Aufgabenwanderung" auf die Kooperationsformen unterwandert wird. Die kommunale Aufgabenstruktur ist von umfangreichen Verflechtungsbeziehungen zwischen Staat und Gebietskörperschaften und zwischen den territorialen Gebietskörperschaften geprägt. Es bestehen weitreichende Abstimmungsprozesse in unterschiedlichen Politikbereichen, insgesamt relativiert sich stetig die hierarchische Prägung seit der Abschaffung der Tutelle und der damit einhergehenden Änderung der Rolle des Präfekten.

These 5 Zur Entwicklung Kommunaler Selbstverwaltung in Deutschland in horizontaler Sichtweise

Kommunale Selbstverwaltung in horizontaler Perspektive unterliegt in Deutschland einem Wandel. Konzeptionell handelt es sich um die Relativierung der Bedeutung des örtlichen bzw. territorialen Bezugs. Die horizontale Bedeutung Kommunaler Selbstverwaltung erfährt durch die Betonung von Mehr-Örtlichkeit in horizontaler Dimension, wie sie durch die Governancediskussion transportiert wird eine Ergänzung. In juristischer Hinsicht äquivalent treten Fragen in den Vordergrund nach interkommunaler Kooperation, was einen mehrörtlichen Wirkungskreis der Gemeinden betont, bis hin zu regionalen Bezügen kommunalen Handelns.
Eine maßgebliche Herausforderung Kommunaler Selbstverwaltung stellt darüber hinaus die Frage dar, wie mit einer befürchteten Relativierung des kommunalen Steuerungsvermögens aufgrund der steigenden Inkorporierung Dritter aus Wirtschaft und / oder Gesellschaft umgegangen werden kann. Es ist nicht unmittelbar die Beteiligung Privater, sondern vielmehr die Frage, wie demokratische Legitimation bei privater Beteiligung - sei es nun über vertragliche Regelungen oder in Kooperationen in Netzwerken - sichergestellt und dem kommunalen Steuerungsanspruch des Grundgesetzes

genügt werden kann. Die Frage des Verhältnisses von partizipativer zu repräsentativer Demokratie ist an den Regelungen des Grundgesetzes zu messen, das eine starke Stellung repräsentativer Demokratie vorgibt. Zwei Argumente sind konzeptionell hervorzuheben: Einerseits das nachhaltige Verständnis der Kommunalen Selbstverwaltung als politisch verfasste, institutionalisierte Einheit mit eigener demokratischer Legitimation. Zweitens eine Weiterentwicklung demokratischer Legitimation und ein Verständnis derselben als aus mehreren Teilelementen bestehend, wie repräsentative Demokratie, ergänzt durch Demokratiekonzepte, wie kooperative oder assoziative Demokratie.

These 6 Aus These 4 und These 5 abgeleitete Entwicklung transnationaler Kommunaler Selbstverwaltung in horizontaler Hinsicht

Die Regelungen in Frankreich und Deutschland zu kommunaler Selbstverwaltung sind sehr heterogen, verbindend ist die Festlegung von Selbstverwaltungsregelungen in der Verfassung oder auch das Unterlassen des Gesetzgebers, einzelne Aufgaben im Rahmen der Verfassung zu benennen. Gemeinsam ist beiden die Ratifizierung der Europäischen Charta der Kommunalen Selbstverwaltung des Europarates und deren Inkorporierung in den nationalen Rechtskreis. Insbesondere die Umsetzung der Europäischen Charta der Kommunalen Selbstverwaltung in nationales Recht im vergangenen Jahr durch einen Gründungsstaat der Union wie Frankreich, ist als Beitrag zu einer zunehmenden Herausbildung europäischer Kommunalrechtsentwicklung zu sehen. Eine transnationale Dynamik Kommunaler Selbstverwaltung entsteht durch Initiativen wie die Festlegungen im Verfassungsvertrag, weitergetragen in den Reformvertrag. Wichtiger Schritt ist zunächst, dass die Entwicklungen zu einer formalen Anerkennung der kommunalen Ebene im europäischen Kontext führen, auch wenn aus der augenblicklich diskutierten Regelung des Reformvertrages keine konkrete Schutznorm für nationale Regelungen kommunaler Selbstverwaltung entstanden ist. Mit Kommunaler Selbstverwaltung verbundene Prinzipien, wie das Subsidiaritätsprinzip, werden durch Institutionen, wie den Ausschuss der Regionen, vorangebracht. Aktuelle Initiativen wie das Subsidiaritätsnetz des Ausschusses der Regionen bieten Möglichkeiten der Subsidiaritätsprüfung unter Einbeziehung kommunaler Akteure und helfen auf diese Weise den kommunalen Handlungsspielraum auf lokaler Ebene zu wahren.
Fragen der Legitimation und Formen der Demokratie generieren sich ausnahmslos auf allen Ebenen des politischen Systems. Für die kommunale Ebene kann die Anbindung an eine moderne Gemeinwohlkonzeption unter Aufnahme bürgerschaftlicher Faktoren entweder in Anknüpfung an die bestehende Lehre oder über eine neue Konzeption gestaltet werden. In der nationalen deutschen Tradition findet sich Gemeinwohl in klassischen Lehren Kommunaler Selbstverwaltung und ließe sich argumentativ über ein Stufenmodell unterschiedlicher Gemeinwohlverantwortung begründen. In Frankreich müsste bei vorliegender Nicht–Hierarchität der Gebietskörperschaften und Werten wie der Démocratie de Proximité der Gedanke einer gemeinschaftlichen, kooperativen Gemeinwohlsphäre, in welche die Gebietskörperschaften Beiträge leisten, verstärkt Fuß fassen.

3 Thesen zur konzeptionellen Entwicklung Lokaler Governance in vertikaler Beziehung

These 7 Zur Entwicklung vertikaler Lokaler Governance in Frankreich

Augenfällig ist die vertikale Orientierung der Kommunen in Frankreich in dem Maße, in dem sie sich dem Zentralstaat zuwenden und in dem sie an zentralstaatlich eingeleitete Reformen gebunden sind. Governance hatte seine Rolle als Teil des zentralstaatlichen französischen Steuerungsparadigmas. In der lokalen Sphäre ist ein Schwerpunkt vertikaler Lokaler Governance der Bereich (über-) kommunaler Abstimmungsprozesse. Interkommunale Zusammenarbeit markiert die Schnittstelle zwischen vertikaler und horizontaler Lokaler Governance. Die Bezeichnung der Aufgabenerledigung durch die zahlreichen Kooperationsstrukturen auf einer „Meso-Ebene“ hätte unter funktionalen Gesichtspunkten ihre Berechtigung. Zu beachten ist allerdings, dass die Kooperationsstrukturen nicht als Gebietskörperschaften mit Selbstverwaltungscharakter agieren.

Auch die Nicht-Hierarchisierung der Gebietskörperschaften Gemeinde, Departement und Région trägt eine eigenständige Dynamik der Kooperation in sich, welche zunächst als horizontal eingestuft werden kann. Dessen ungeachtet bestehen Instrumente wie „chef de file“, die eine Führungsrolle einzelner Gebietskörperschaften bis hin zu einer „schleichenden Hierarchisierung“ zwischen den Gebietskörperschaften vermuten lassen.
Das kommunale Verbandswesen ist in Frankreich im Vergleich zur deutschen Tradition relativ schwach ausgeprägt. Dominierender Modus der Interessenvermittlung ist die durch die Mandate bzw. Ämterkumulierung getragene Präsentation kommunaler Interessen auf höheren Ebenen und in politischen Gremien.

These 8 Zur Entwicklung vertikaler Lokaler Governance in Deutschland

Vertikale, ebenenübergreifende Lokale Governance findet sich im Bereich kommunaler Verbandsstrukturen innerhalb des nationalen Systems und traditionell in Form von Fragen zur kommunalen Beteiligung an Planungsverfahren und verbandlicher Beteiligung. Verbandliche Interessenvermittlung hat eine langjährige Tradition und findet sowohl auf Bundes- als auch auf Landesebene in Form politischer Einflussnahme statt, wobei die Verbände eine mehrfache, sowohl nach Innen als auch nach Außen vermittelnde Funktion innehaben. Für das Verbandswesen wäre – angesichts der Inhalte der Governancediskussion - eine Erweiterung denkbar, die sich an der Inkorporierung von privaten Interessen wie Nutzer- oder Verbrauchervereinigungen für Bereiche öffentlicher Wirtschaft orientieren könnte. Eine weitere Möglichkeit wären Beiräte oder Ausschüsse, in denen demokratisch legitimierte Ratsmitglieder mitarbeiten.

4 Thesen zur konzeptionellen Entwicklung Kommunaler Selbstverwaltung in vertikaler Sichtweise

These 9 Zur Entwicklung Kommunaler Selbstverwaltung in Frankreich in vertikaler Sichtweise

Die vertikale Sichtweise der Repräsentation von Zielen der lokalen Gebietskörperschaften wird durch die beschriebene Ämterkumulierung verdeutlicht. So werden kommunale Interessen in Parlament, Senat und staatliche Stellen hinein vermittelt. Die Beurteilung der Ämterkumulierung ist in gleichem Maße problematisch, wie das System selbst intransparent ist. Die Rückbindung auf die Kommunale Selbstverwaltung und deren nachdrückliche Wahrung und Vertretung, wie sie dem kommunalen Verbandswesen in Deutschland eigen ist und die Verpflichtung auf Ziele, wie die Eigenständigkeit kommunaler Aufgabenerfüllung, ist im französischen System der Interessenvermittlung bzw. Interessenrepräsentation weniger stark in ihrer politischen Funktion gegeben. Eine vertikale Sichtweise bezieht sich in Frankreich klassisch auf das Verhältnis zwischen Kommune und Staat. Die entstehende Form Kommunaler Selbstverwaltung ist eine in hohem Maße „gewährte" Form der Selbstverwaltung, die sich stetig fortentwickelt, in ihrer Dynamik jedoch in hohem Maße staatsbezogen und funktionalen Argumenten verhaftet bleibt.

These 10 Zur Entwicklung Kommunaler Selbstverwaltung in Deutschland in vertikaler Sicht

Die Diskussion hinsichtlich Lokaler Governance und Kommunaler Selbstverwaltung in vertikaler Sicht, kann in nationalem Rahmen an die bereits in den 70-er Jahren geführte Diskussion, d. h. in Teilen an die angeführten Argumente zugunsten eines Funktionalen Modells Kommunaler Selbstverwaltung anschließen. Die Teilhabe an höherstufigen Politikprozessen durch kommunale Interessenverbände oder einzelne Kommunen, sollte gleichwohl nicht unter dem Gesichtspunkt einer Kompensation für entstehende kommunale Beschränkungen diskutiert werden. Teilhabe ersetzt nicht die eigenständige Aufgabenerledigung einer Gemeinde. Der Begriff einer Kompensation ist aus diesem Grunde nur eingeschränkt nützlich. Deutlich wird, dass die Kommunen in Deutschland öffentlich – institutionelle Interessen wahrnehmen. Die Wahrnehmung der Interessen durch die Verbände lässt sich über die Regelungen des Grundgesetzes - insbesondere die Regelungen der kommunalen Organisationshoheit - auch im klassischen Modell Kommunaler Selbstverwaltung argumentativ begründen. Auch funktionale Gesichtspunkte münden in eine Empfehlungen zur Stärkung kommunaler Verbände. Durch die Neuaustarierung im Zuge der Föderalismusreform wurde in Deutschland eine stärkere Trennung der Ebenen und eine Betonung der Kommunen als Teil der Länder vorgenommen.

Ein Trend zu einer Entflechtung unter finanzbezogenen Gesichtspunkten zeichnet sich ab. Eine weitergehende Anerkennung und Förderung des kommunalen Verbandswesens und der Optionen zu einer gestärkten institutionalisierten Interessenvertretung ist in nationalem Rahmen – denkbar wäre eine schon seit langem diskutierte Ergänzung des Artikel 28 Abs. 2 GG um ein kommunales Beteiligungsrecht gewesen - ausgeblieben.

These 11 Aus These 9 und These 10 abgeleitete Entwicklung transnationaler Kommunaler Selbstverwaltung in vertikaler Sicht

Die vertikale Orientierung der Kommunen erfährt auf europäischer Ebene eine Stärkung im Zusammenhang mit einer Stärkung des Ausschusses der Regionen und seiner Rolle bei der Subsidiaritätsprüfung oder Beteiligungsmöglichkeiten im Zusammenhang mit dem Weissbuch Europäisches Regieren. Der Teilhabe an europäischen Prozessen durch kommunale Interessenverbände sollte allerdings auch hier nicht unter dem Gesichtspunkt einer „Kompensation“ diskutiert werden.
Für die Entwicklung Kommunaler Selbstverwaltung in vertikaler Perspektive dürfte aus französischer Sicht von Interesse sein, in welchem Umfang eine Stärkung des Engagements in den Verbänden auf europäischer Ebene vorgenommen wird. Lediglich zwei territoriale Gebietskörperschaften (Regionen) und ein kommunales Büro haben Außenstellen in Brüssel. Gleichzeitig sind die Kommunen Teil der internationalen Verbändestruktur und die Städte engagieren sich in hohem Maße in nationalen und transnationalen Verbänden wie Eurocities. Es liegt nahe, dass das Engagement auf europäischer Ebene in Verbänden zunimmt, wenn sich für die Verbände Einflussmöglichkeiten auf europäischer Ebene ergeben. Das Engagement würde demnach den institutionellen und organisatorischen Möglichkeiten folgen („strategy follows structure“), ohne dass dies zu einer Verdrängung der klassischen französischen Einflusswege führen müsste.
Konvergenzen zeigen sich in vertikaler Hinsicht zwischen Deutschland und Frankreich in identischen Problemlagen, wie der Stadt - Umland Thematik, der Organisation der Leistungserbringung, unter repräsentativen oder partizipativen demokratischen Parametern, bzw. in sektoralen Zusammenhängen. Dies gilt auch für Bereiche der Umsetzung politischer Programme oder Förderfragen. Die vertikale Verflechtung ist in Frankreich größer, was nicht zuletzt an der Handlungsform staatlicher Politik – Vertragsvereinbarungen bzw. Städteverträge - liegt. Das Engagement der Kommunen in Netzwerken in europäischem Kontext wiederum löst sich von der Ebenenperspektive und ist häufig themenbezogen, so dass durch Austausch Lernprozesse stattfinden.

Da beide Länder bereits zum jetzigen Zeitpunkt in Städtenetzen engagiert sind, ist davon auszugehen, dass das Engagement weiter steigt. Gründe hierfür sind, dass keine Änderung institutioneller Arrangements für ein Engagement erforderlich sind, durch die Europäische Kommission Anreizstrukturen geschaffen werden und u. U. den Bürgern zügig sichtbare und konkrete Ergebnisse des kommunalen Handelns vermittelt werden können.

These 12 Gemeinsame Ansatzpunkte einer Weiterentwicklung von Kommunaler Selbstverwaltung und Lokaler Governance

Neben einem ausnahmslos erstrebenswerten Blick auf die Art und Weise der Aufgabenerledigung auf kommunaler Ebene, auf Strukturen, Lösungsansätze und Besonderheiten, lassen sich Anknüpfungspunkte für eine gemeinsame Ausrichtung und Weiterentwicklung Kommunaler Selbstverwaltung finden. Unter normativen Gesichtspunkten wird eine Diskussion von und über Werte geführt. Besonders deutlich wird dies für die Fragen partizipativer Demokratie, welche sowohl in Deutschland als auch in Frankreich geführt wird, der Notwendigkeit der Sicherstellung demokratischer Legitimation, die Einbindung der Bürger in politische Prozesse und die Transparenz dieser Prozesse.

Lokale Governance verändert das Verhältnis von lokalem politisch-administrativem System zur Gesellschaft. Kommunale Selbstverwaltung nationaler Prägung wird zunehmend mit einer Gewährleistungskomponente oder mit Sachaufgabenbezug betont. Gewinnbringend ist eine Anbindung von Lokaler Governance an Kommunale Selbstverwaltung mit folgender Argumentation:

Auch wenn im Rahmen der Diskussion um Leistungstiefe und Gewährleistung eine Auslagerung von ursprünglich kommunalen Aufgaben an Private stattfindet, bleibt die Wahrnehmung der Aufgabe im öffentlichen Raum.[1596] Für die kommunale Wahrnehmung einer Aufgabe im öffentlichen Raum vor dem Hintergrund moderner Sozialstaatlichkeit sollten für das lokale politische System öffentliche Prinzipien zur Geltung kommen. In Anerkennung eines verfassungsrechtlich und gesetzlich normierten Steuerungsanspruches der Kommunen müsste eine stärkere Betonung auf Begrifflichkeiten wie „regeln" oder „gestalten" liegen. Eigene Angelegenheiten zu regeln und sie zu gestalten wird in den Kommunen künftig weniger von Subordination geprägt sein. Legitimation des Handelns entsteht durch „regeln" und „gestalten" dessen, was die Kommune zu leisten hat und was sie leisten kann. Sie soll die Anwendung von öffentlichen Prinzipien aus der kommunalen Sphäre heraus sicherstellen. In normativem Bezug hat sie die Aufgabe, eine Bezogenheit gesellschaftlicher oder ökonomischer Akteure auf das lokale Gemeinwohl herzustellen.[1597] Insofern findet an dieser Stelle auch eine Anbindung an das klassische rechtsstaatliche Paradigma statt.

Insbesondere sollte der Umgang mit kommunaler und gesellschaftlicher Verantwortung in eine Konzeption von Gemeinwohl münden, die sich auf unterschiedliche Ebenen bezieht, und die im Sinne einer europäischen Gemeinwohlkonzeption kompatibel ist mit nationalen Grundannahmen und den jeweiligen staatstraditionellen Werten des Gemeinwohls.

[1596] Zur Anbindung an den Begriff des „öffentlichen Raumes" grundlegend MASTRONARDI, P.: Verfassungslehre, 2007, S. 149.

[1597] In abstrakter Hinsicht führt dies zu der Frage, unter welchen Handlungsbedingungen und Entscheidungskontexten ein Wechsel von Partikularinteressen zu Gemeinwohlorientierung für den lokalen öffentlichen Raum möglich ist.

5 Thesen zu Lokaler Governance und Kommunaler Selbstverwaltung in Bosnien und Herzegowina

These 13 Zur historischen Entwicklung und zu bosnischen Traditionen lokaler Selbstverwaltungsstrukturen

Die historische Entwicklung fußt in Bosnien und Herzegowina auf osmanischer Tradition, österreichischer Okkupation und auf den Jahren des Sozialismus im ehemaligen Jugoslawien in der Tradition der Arbeiterselbstverwaltung. Mit diesen Traditionen wurde gebrochen. Mit der Mitgliedschaft im Europarat unterzeichnete Bosnien und Herzegowina die Europäische Charta der Kommunalen Selbstverwaltung und verpflichtete sich, die in der Charta der Kommunalen Selbstverwaltung enthaltenen Grundsätze umzusetzen.
Mit dem Erlass von Gesetzen zu Lokaler Selbstverwaltung wurde dieser Wandel formaljuristisch und über demokratische Verfahren vollzogen. Interessanterweise leben einzelne Elemente, wie die Tradition der früheren Ortskanzleien „in neuem Kleide", als Teil lokaler Selbstverwaltungsstrukturen fort. Auf diese Weise entsteht ein spezifischer Weg Lokaler Selbstverwaltung für Bosnien und Herzegowina.

These 14 Zur Realisierung Lokaler Governance

Unter dem Gesichtspunkt Lokaler Governance werden mit zunehmender Implementierung der Gesetze zu Kommunaler Selbstverwaltung mittelfristig neue Strukturen - zunächst eines Lokalen Government - entstehen, das sich durch Etablierung und Positionierung gegenüber Kantonen, Entitäten, Staat oder auch privaten Akteuren zunächst noch institutionalisieren muss. Die Entstehung eigener lokal-gouvernementaler Kapazitäten muss sich stetig entwickeln und sich neben der vertikalen Perspektive auch horizontal entfalten.
Formal wurden durch die Gesetze weitreichende Möglichkeiten geschaffen, um im Sinne eines Angebots an jeden Bürger Lokale Governance i. S. bürgerschaftlichen Engagements und bürgerschaftlicher Partizipation und Selbstorganisation entstehen zu lassen. Die Annahme dieser Angebote ist Voraussetzung und gleichzeitig Zeichen für eine aktive Bürgerschaft, die erforderlich ist, um überhaupt Lokale Governance als stimmiges Konzept, als Kombination von Government und Lokaler Governance, einzubringen.

These 15 Zur gesetzlichen Realisierung Kommunaler Selbstverwaltung und Lokaler Governance in Bosnien und Herzegowina

Die gesetzlichen Regelungen der Entitäten zu Kommunaler Selbstverwaltung sind in enger Anbindung an die Europäische Charta der Kommunalen Selbstverwaltung entstanden. Die kommunalen Kompetenzen sind als „Kompetenzgebung“ im Rahmen der Gesetze verwirklicht. Auffallend sind die umfangreichen Regelungen zu kommunalen Kompetenzen im Planungs- und Wohnungsbaubereich.

Mindestens ebenso bedeutsam wie die genannten Argumente im Zusammenhang mit Governance ist die Konkretisierung der Bestimmungen zu Kommunaler Selbstverwaltung bezüglich ihrer rechtlichen Substanz. Hier hat die bosnische Rechtslehre die Aufgabe, ein übergeordnetes und kohärentes Verständnis von Kommunaler Selbstverwaltung zu entwickeln. Eine Regelung zu Lokaler Selbstverwaltung auf Staatsebene wäre der bisherigen Regelung auf Entitätsebene vorzuziehen.

Wurden bisher Aussagen zu Konvergenzen zwischen Frankreich und Deutschland getroffen, dann fand dies stets vor dem Hintergrund seit Jahren bestehender lokaler Demokratieprozesse statt und nicht allein auf Grundlage der gesetzlichen Regelungen. Aufgrund der noch weitgehend ausstehenden Implementation der Gesetze zu Kommunaler Selbstverwaltung in Bosnien und Herzegowina sind vergleichende Aussagen daher problematisch. Referenzpunkt für einen Vergleich könnte mittelfristig die Europäische Charta der Kommunalen Selbstverwaltung sein, bzw. deren Bezogenheit auf lokale und horizontale Gesichtspunkt von Governance und Kommunaler Selbstverwaltung.

V VERZEICHNISSE

1 Literaturverzeichnis*

A

AARS, JACOB / FIMREITE, ANNE LISE [Government, 2005]: Local Government and Governance in Norway: Stretched Accountability in Network Politics, in: Scandinavian Political Studies, Vol. 28, No. 3/2005, S. 239 – 256.

ABROMEIT, HEIDRUN / WOLF, SEBASTIAN [Treaty, 2005]: Will the Constitutional Treaty Contribute to the Legitimacy of the European Union, European Integration Online Papers (EIOP), Vol. 9, No. 11/2005. http://eiop.or.at/eiop/texte/2005-011a.htm - (27.08.2005).

AD-HOC-AG DES UAK WUF [Handreichung, 2007]: Handreichung zum Monti-Paket, Stand 23.06.2007. http://www.dstgb.de/index_inhalt/homepage/kommunalreport/inhalt/download_handreichung_fuer_die_kommunen_zum_monti_paket/monti_paket_handreichung.pdf - (13.06.2007).

ADRIAN, ULRIKE / HEGER, JOHANNES / COBURGER – BECKER, CLAUDIA (Hrsg.) [Handbuch, 2006]: Handbuch Kommunalpolitik. Handbuch für die kommunale Praxis, Stuttgart: Kohlhammer DGV, 2006.

AGENDA TRANSFER / AGENTUR FÜR NACHHALTIGKEIT GMBH [Beschlüsse, 2006]: Kommunale Beschlüsse zur Aufstellung einer Lokalen Agenda 21 in Deutschland, Juli 2006. http://www.agendaservice.de - (05.07.2007).

ALBIN, SILKE [Subsidiaritätsprinzip, 2006]: Das Subsidiaritätsprinzip in der EU. Anspruch und Rechtswirklichkeit, in: Neue Zeitschrift für Verwaltungsrecht (NVWZ), 6/2006, S. 629 – 635.

ALMOND, MARK [Dayton, 1999]: Dayton und die Neugestaltung Bosnien-Herzegowinas, in: MELCIC, Dunja (Hrsg.): Der Jugoslawien-Krieg, Handbuch zu Vorgeschichte, Verlauf und Konsequenzen, Opladen/Wiesbaden: Westdeutscher Verlag, 1999, S. 447 – 454.

AMBROSIUS, GEROLD [Entwicklung, 2002]: Die historische Entwicklung der öffentlichen Daseinsvorsorge in Deutschland unter aktueller europäischer Perspektive, in: HRBEK, RUDOLF / NETTESHEIM, MARTIN (Hrsg.): Europäische Union und mitgliedstaatliche Daseinsvorsorge, Baden – Baden: Nomos, 2002, S. 15 – 32.

-: [Gemeinwohl, 2006]: Europäisches Gemeinwohl – einige wenige Vorbemerkungen, in: AMBROSIUS, GEROLD / SCHMITT-EGNER, PETER (Hrsg.): Europäisches Gemeinwohl – Historische Dimension und aktuelle Bedeutung, Wissenschaftliche Konferenz, Universität Siegen, 24. – 25. Juni 2004, Baden – Baden: Nomos, 2006.

-: [Dienstleistungen, 2006]: Öffentliche Dienstleistungen und Gemeinwohl in der europäischen Vorsorgepolitik, in: AMBROSIUS, GEROLD / SCHMITT-EGNER, PETER (Hrsg.): Europäisches Gemeinwohl – Historische Dimension und aktuelle Bedeutung, Wissenschaftliche Konferenz, Universität Siegen, 24. – 25. Juni 2004, Baden – Baden: Nomos, 2006.

---

* Die einzelnen Publikationen werden in den Fußnoten der Arbeit mit einem in Klammern gesetzten Hauptwort / Stichwort des Titels der Publikation und der Jahreszahl der Veröffentlichung nach einem auf das Literaturverzeichnis bezogenem Kurzbeleg - Verfahren zitiert.

Dokumente europäischer Institutionen, Interessenverbände, Diskussions- oder Arbeitspapiere von Forschungsinstituten sind im Literaturverzeichnis ausgewiesen. Lediglich ergänzend bietet Anlage 1 ein Verzeichnis der verwendeten Angebote des WWW, das sich auf die in der Arbeit genannten Einrichtungen, Institute, staatliche Stellen und Verbände sowie die europäischen Institutionen bezieht.

AMELN, RALF VON [Entstehung, 1995]: Die Entstehung des Ausschusses der Regionen: Die Festlegungen der Modalitäten für die Auswahl der Mitglieder in den EU-Staaten, in: TOMUSCHAT, CHRISTIAN (Hrsg.): Mitsprache der dritten Ebene in der Europäischen Integration, Bonn: Europa - Union Verlag, 1995, S. 39 – 54.

-: [Position, 1996]: Die Position der Kommunen, in: EUROPÄISCHES ZENTRUM FÜR FÖDERALISMUS-FORSCHUNG (EZFF) (Hrsg.): Regionen und Gemeinden in der EU und die Regierungskonferenz 1996, Occasional Papers No. 13, Tübingen: Selbstverlag, 1996.

-: [Rolle, 2004]: Zur Rolle der Kommunen in der europäischen Integration, in: PITSCHAS, RAINER / ZIEKOW, JAN (Hrsg.): Kommunalwirtschaft im Europa der Regionen. Vorträge auf dem Speyerer Wirtschaftsforum vom 25. bis 27. September 2002 an der Deutschen Hochschule für Verwaltungswissenschaften Speyer, Berlin: Duncker und Humblot, 2004, S. 19 – 32.

AMMON, GÜNTHER / HARTMEIER, MICHAEL [Zentralismus, 1996]: Zentralismus und Föderalismus – die zwei prägenden Strukturprinzipien der europäischen Raumordnung, in: AMMON, GÜNTHER (Hrsg.): Föderalismus und Zentralismus: Europas Zukunft zwischen dem deutschen und dem französischen Modell, Baden - Baden: Nomos, 1996.

ANDERHEIDEN, MICHAEL [Gemeinwohl, 2006]: Gemeinwohl in Republik und Union, Tübingen: Mohr Siebeck, 2006.

ANDJELIC, NEVEN [Bosnia – Herzegovina, 2003]: Bosnia-Herzegovina. The end of a legacy, London: Frank Cass, 2003.

ANDREW, CAROLINE / GOLDSMITH, MICHAEL [Government, 1998]: From Local Government to Local Governance – and Beyond?, in: International Political Science Review, Vol. 19, No. 2/1998, S. 101 – 117.

ANHEIER, HELMUT K. / THEN, VOLKER [Einleitung, 2004]: Einleitung, in: ANHEIER, HELMUT K. / THEN, VOLKER (Hrsg.): Zwischen Eigennutz und Gemeinwohl. Neue Formen und Wege der Gemeinnützigkeit, Gütersloh: Verlag Bertelsmann Stiftung, 2004, S. 11 – 25.

ARNIM, HANS HERBERT VON [Gemeinwohl, 2003]: Gemeinwohl im modernen Verfassungsstaat am Beispiel der Bundesrepublik Deutschland, in: ARNIM, HANS HERBERT VON / SOMMERMANN, KARL-PETER (Hrsg.): Gemeinwohlgefährdung und Gemeinwohlsicherung. Vorträge und Diskussionsbeiträge auf der 71. Staatswissenschaftlichen Fortbildungstagung vom 12. bis 14. März 2003 an der Deutschen Hochschule für Verwaltungswissenschaften Speyer, Berlin: Duncker und Humblot, 2003, S. 63 – 88.

ARBEIT, UTE / RÖBER, MANFRED [Governance, 2006]: Public Governance als neues Steuerungsparadigma für Großstadtverwaltungen? Moderne Steuerung von Metropolen, eine Analyse am Beispiel von Berlin und London, in: KLEINFELD, RALF / PLAMPER, HARALD / HUBER, ANDREAS (Hrsg.): Regional Governance: Steuerung, Koordination und Kommunikation in regionalen Netzwerken als neue Form des Regierens, Göttingen: V & R unipress, 2006, S. 267 – 279.

ARTICUS, STEPHAN [Europa, 2006]: Ein starkes Europa braucht starke Städte, in: Der Städtetag, 06/2006, S. 9.

-: [Städtetag, 2007]: Der Deutsche Städtetag, in: MANN, THOMAS / PÜTTNER, GÜNTER (Hrsg.): Handbuch der kommunalen Wissenschaft und Praxis, Band 1, Grundlagen der Kommunalverfassung, Berlin: Springer, 3. Auflage, 2007, S. 937 – 944.

ASSOCIATION DES MAIRES DE GRANDES VILLES (APFV) (Ed.) [Rapport, 2006]: Rapport 2006.
http://www.grandesvilles.org/IMG/pdf_RA2006.pdf - (14.06.2007).

ASSOCIATION DES PETITES VILLES DE FRANCE (APVF) (Ed.) [Décentralisation, 2002]: Décentralisation, Fichier 3, Consultation des maires 2002 (résultats complets).
http://apvf.asso.fr/themes/themes.asp - (02.09.2006).

-: [Décentralisation, 2003]: Une décentralisation pour des competences clarifiées, un territoire plus equilibre, une action publique plus efficace. Manifeste pour une décentralisation plus ambitieuse. Déclaration adoptée par le Bureau de l´APVF, Mardi, 16 septembre 2003.
www.apvf.asso.fr - (21.03.2005).

-: [Avenir, 2004]: Avenir de la Décentralisation: Les Cahiers des doleances des Maires des Petites Villes, Paris, 2004.
www.apvf.asso.fr/fichiers_communs/html/dosiers/AnalyseCamembert.pdf - (21.03.2005).

ASSOCIATION DES PETITES VILLES DE FRANCE (APVF) (Ed.) [Villes, 2004]: Petites villes, intercommunalité et décentralisation: Lecons et perspectives. Résultats de l´enquete réalisée par l´APVF auprès des maires des petites villes, Paris, Mai-Juin 2004.
www.apvf.asso.fr - (21.03.2005).

ASSOCIATION FRANCAISE DU CONSEIL DES COMMUNES ET REGIONS D´EUROPE (AFCCRE) [Newsletter, 2006]: Newsletter No. 18/2006.
www.afccre.org/fr/article.asp?id=1309 - (20.08.2006).

AUSSCHUSS DER REGIONEN (AdR) [Demokratie, 1999]: Die regionale und lokale Demokratie in der Europäischen Union, AdR-Studien E-1/99, CdR 222/98, Brüssel, 1999.

-: / **KOMMISSION FÜR INSTITUTIONELLE FRAGEN** [Initiativstellungnahme, 1999]: Initiativstellungnahme: Stellungnahme des Ausschusses der Regionen zum Subsidiaritätsprinzip. Für eine echte Subsidiaritätskultur! Ein Appell des Ausschusses der Regionen, Amtsblatt Nr. C 198 vom 14.07.1999.
http://ris.bka.gv.at/ - (25.04.2006).

-: [CONST 0/12, 2002]: Stellungnahme des Ausschusses der Regionen vom 21. November 2002, CONST 0/12: Die Rolle der Regionen und Kommunen im europäischen Aufbauwerk.
http://corregistry.cor.eu.int/CORregistryDocument.aspx?identifier=cdr237-2002_fin_ac&language=DE&text=kommunale%20selbstverwaltung - (11.06.2006).

-: [Europa, 2003]: Ein bürgernahes Europa: Die Vorschläge des Ausschusses der Regionen für den Europäischen Konvent, Luxemburg: Amt für Amtliche Veröffentlichungen der Europäischen Gemeinschaften, 2003.

-: [Geschäftsordnung, 2004]: Geschäftsordnung des Ausschusses der Regionen, CdR 1 / 2004.
http://www.cor.europa.eu/document/de/int_reg_de.pdf - (15.01.2007).

-: [Auswahl, 2004]: Die Auswahl der AdR - Mitglieder. Verfahren in den Mitgliedstaaten. AdR-Studien I – 1/2004, Brüssel: 2004.
http://www.cor.eu.int/document/presentation/selection_de.pdf - (21.12.2005).

-: [CONST-019, 2004]: Stellungnahme des Ausschusses der Regionen vom 17. November 2004 zu dem Vertrag über eine Verfassung für Europa, CONST-019, 22. November 2004.
http://coropinions.cor.eu.int - (25.08.2005).

-: [Informationsvermerk 2004]: Informationsvermerk über die Errichtung eines Netzes über die Subsidiaritätskontrolle durch den AdR, CdR 175/2004 (EN).

-: [Stellungnahme, 2004]: Stellungnahme des Ausschusses der Regionen vom 16. November 2005 zum Thema „Leitlinien für die Anwendung und Kontrolle der Grundsätze der Subsidiarität und der Verhältnismäßigkeit, CdR 220/2004 fin.

-: [CONST-024, 2005]: Stellungnahme des Ausschusses der Regionen vom 07. Juli 2005 zum Thema „Stand des Dezentralisierungsprozesses in der Europäischen Union und Bedeutung der kommunalen und regionalen Selbstverwaltung im Verfassungsvertrag, CONST–024.
http://coropinions.cor.eu.int - (25.08.2005).

-: [CONST-032, 2005]: Stellungnahme des Ausschusses der Regionen vom 13. Oktober 2005 zum Thema „Phase des Nachdenkens: Struktur, Themen und Rahmen für eine Bewertung der Debatte über die Europäische Union“, CONST-032, 2005.
www.cor.eu.int - (10.11.2006).

-: [CONST-022, 2005]: Stellungnahme des Ausschusses der Regionen vom 16. November 2005 zum Thema „Leitlinien für die Anwendung und Kontrolle der Grundsätze der Subsidiarität und der Verhältnismäßigkeit. CONST-022, 21. November 2005.
http://www.cor.eu.int - (10.11.2006).

-: [Bericht, 2006]: Bericht über den ersten Test des AdR Subsidiaritätsnetzwerkes: Zusammenfassung DI/CdR5/2006.

AUSSCHUSS DER REGIONEN (AdR) / FACHKOMMISSION FÜR KONSTITUTIONELLE FRAGEN UND REGIEREN IN EUROPA, [Initiativstellungnahme, 2006]: Initiativstellungnahme: Stellungnahme des Ausschusses der Regionen zum Thema Stand des Dezentralisierungsprozesses in der Europäischen Union und Bedeutung der kommunalen und regionalen Selbstverwaltung im Verfassungsvertrag, Amtsblatt Nr. C 031 vom 07/02/2006, S. 0001 – 0005, 2006.
http://ris.bka.gv.at/ - (25.04.2006).

-: / FACHKOMMISSION FÜR KONSTITUTIONELLE FRAGEN UND REGIEREN IN EUROPA [Vermerk, 2006]: Vermerk für die Präsidiumsmitglieder des Ausschusses der Regionen, 95. Präsidiumssitzung des Ausschusses der Regionen vom 07. Juli 2006, Punkt 11 b) der Tagesordnung. Zusammenarbeit mit den europäischen Regional- und Lokalverbänden, 2006.
http://www.cor.europa.eu/document/activities/r_cdr191-2006_pt11b_nb_de.pdf - (24.02.2007).

-: [Aktionsplan, 2006]: Aktionsplan AdR-RGRE 2006-2007.
http://www.cor.europa.eu/document/activities/CEMR_de.pdf - (24.02.2007).

-: [Stellungnahme, KOM, 2006]: Stellungnahme des Ausschusses der Regionen vom 11. Oktober 2006 zum Erweiterungspaket 2005 2005/ELAR/001 und zur Mitteilung der Kommission: "Der westliche Balkan auf dem Weg in die EU: Konsolidierung der Stabilität und Steigerung des Wohlstands" KOM(2006) 27 endg.
http://cor.eu.int - (10.11.2006).

:- [Stellungnahme, CONST-IV-04, 2006]: Stellungnahme des Ausschusses der Regionen vom 12. Oktober 2006 zum Thema „Die Einführung von Europäischen Territorialpakten: Vorschlag zur Überprüfung der dreiseitigen Verträge und Vereinbarungen. CONST-IV-04.
http://www.cor.europa.eu - (10.11.2006).

AUTEXIER, CHRISTIAN (Hrsg.) [Verfassungsgesetz, 2003]: Verfassungsgesetz Nr. 2003-276 vom 28. März 2003, Constitution du 4 octobre 1958, modifiée en dernier lieu par la loi constitutionnelle no. 2005-204 du 1er mars 2005.
http://www.jura.uni-sb.de/BIJUS/constitution58/ - (07.04.2006).

B

BACHOFER, ALFRED [Rathaus, 2001]: Vom Rathaus zum Bürgerhaus, in: LANGFELD, GABRIELE (Hrsg.): Bürgergesellschaft konkret: Initiativen und Erfahrungen in Nürtingen. Bürgerorientierte Kommunen in Deutschland, Gütersloh: Verlag Bertelsmann Stiftung, 2001, S. 47 ff.

BADURA, PETER [Rechtfertigung, 1999]: Zur Rechtfertigung des föderalistischen Prinzips und zum Subsidiaritätsprinzip, in: GESELLSCHAFT FÜR RECHTSPOLITIK TRIER (Hrsg.): Bitburger Gespräche, Jahrbuch 1999 / II (Nr. 36), S. 53 – 63.

BAER, SUSANNE [Schlüsselbegriffe, 2004]: Schlüsselbegriffe, Typen und Leitbilder als Erkenntnismittel und ihr Verhältnis zur Rechtsdogmatik, in: HOFFMANN-RIEM, WOLFGANG / SCHMIDT-AßMANN, EBERHARD (Hrsg.): Methoden der Verwaltungsrechtswissenschaft, Baden - Baden: Nomos, 2004, S. 223 – 252.

BALDERSHEIM, HARALD / WOLLMANN, HELLMUT [Assessment, 2006]: An Assessment of the Field of Comparative Local Government Studies and a Future Research Agenda, in: BALDERSHEIM, HARALD / WOLLMANN, HELLMUT (Eds.): The Comparative Study of Local Government and Politics. Overview and Synthesis, Opladen: Barbara Budrich Publishing, 2006, S. 109 – 131.

BAMBEY, WOLFGANG [Diskussion, 1995]: Diskussion zu den Referaten von Siegfried Magiera und Günter Püttner, in: GRUPP, KLAUS / RONELLENFITSCH, MICHAEL (Hrsg.): Kommunale Selbstverwaltung in Deutschland und Europa / Symposium zum 65. Geburtstag von Prof. Dr. Willi Blümel, Berlin: Duncker und Humblot, 1995, S. 29 und S. 59 (Diskussionsbeitrag).

BANDEMER, STEPHAN VON / BLANKE, BERNHARD / HILBERT, JOSEF, [Staatsaufgaben, 1995]: Staatsaufgaben – von der „schleichenden Privatisierung" zum „aktivierenden Staat", in: BEHRENS, FRITZ / HEINZE, ROLF G: / HILBERT, JOSEF, (Hrsg.): Den Staat neu denken. Reformperspektiven für die Landesverwaltungen, Berlin: Sigma, 1995, S. 41 – 65.

BANNER, GERHARD [Kirchturmshorizont, 1998]: Über den Kirchturmshorizont hinaus: Überlokale Zusammenarbeit. Von der Ordnungskommune zur Dienstleistungs- und Bürgerkommune, in: LANDESZENTRALE FÜR POLITISCHE BILDUNG BADEN WÜRTTEMBERG (Hrsg.): Der Bürger im Staat, Ausgabe 04 / 1998. www.lpb.bwue.de/aktuell/bis/4_98/bis498c.htm - (21.12.2005).

-: [Modernisierung, 2002]: Modernisierung: In Zukunft Tagesgeschäft der Führung, in: BOGUMIL, JÖRG (Hrsg.): Kommunale Entscheidungsprozesse im Wandel. Theoretische und empirische Analysen, Opladen: Leske und Budrich, 2002, S. 75 – 90.

-: [Führung, 2006]: Führung und Leistung der Kommune, in: Deutsche Zeitschrift für Kommunalwissenschaften, (DfK) 45. Jg. 2006/II, S. 57 – 70.

BANOVIC, DRAGICA [Verfassung, 2005]: Die Verfassung Bosnien und Herzegowinas, in: Osteuropa-Recht, Band 51 / 2005, Berlin: Berliner Wissenschaftsverlag, Heft 4, S. 333 – 351.

BARKER, ERNEST [Development, 1966]: The Development of Public Services in Western Europe 1660 – 1930, Hamdon: Archon Books, 1966.

BARTELT, SANDRA [Europafähigkeit, 2005]: Die Europafähigkeit des Grundgesetzes und die Föderalismuskommission, in: Die Öffentliche Verwaltung, Heft 21, 11/2005, S. 894 – 902.

BAUER, MICHAEL W. / PITSCHEL, DIANA [Europäisierung, 2006]: Europäisierung als Erklärung von Dezentralisierung und Regionalisierung in Mittel- und Osteuropa, in: EUROPÄISCHES ZENTRUM FÜR FÖDERALISMUS-FORSCHUNG (EZFF) (Hrsg.): Jahrbuch des Föderalismus 2006, Föderalismus, Subsidiarität und Regionen in Europa, Baden – Baden: Nomos, 2006, S. 44 – 56.

BAUSBACK, WINFRIED [Partnership, 2006]: Public Private Partnership im deutschen Öffentlichen Recht und im Europarecht. Spannungsfeld zwischen Daseinsvorsorge, Liberalisierung und Risikomanagement, in: Die Öffentliche Verwaltung, Heft 21, 11/2006, S. 901 – 907.

BECHEV, DIMITAR / ANDREEV, SVETLOZAR [Aspects, 2005]: Top-Down vs Bottom-Up Aspects of the EU Institution-Building Strategies in the Western Balkans, South East European Studies Programme (SEESP), Occasional Paper No. 3/05, 2005.
http://www.sant.ox.ac.uk/esc/esc-lectures/bechev_andreev.pdf - (07.08.2007).

BECK, ULRICH / GRANDE, EDGAR [Europa, 2004]: Das kosmopolitische Europa: Gesellschaft und Politik in der Zweiten Moderne, Frankfurt am Main: Suhrkamp, 2004.

BECKER, PETER [Kompetenzordnung, 2005]: Die vertikale Kompetenzordnung im Verfassungsvertrag, in: JOPP, MATHIAS / MATL, SASKIA (Hrsg.): Der Vertrag über eine Verfassung für Europa. Analysen zur Konstitutionalisierung der EU, Baden – Baden: Nomos, 2005, S. 187 – 208.

BECQUART-LECLERCQ, JEANNE [Selbstverwaltung, 1994]: Frankreich – Gibt es im zentralistischen Frankreich überhaupt kommunale Selbstverwaltung?, in: WEHLING, HANS-GEORG (Hrsg.): Kommunalpolitik in Europa, Stuttgart: Kohlhammer, 1994.

-: [Frankreich, 1994]: Frankreich, in: Der Bürger im Staat, Kommunalpolitik in Europa, Heft 3 – 4, Sept. 1994, S. 203 – 215.

BELLONI, ROBERTO [Society, 2000]: Building Civil Society in Bosnia – Herzegovina, Human Rights Working Papers, Number 2, 12 January 2000.
http://www.du.edu/humanrights/workingpapers/papers/02-belloni-01-00.pdf - (17.09.2006).

BENZ, ARTHUR [Konfrontation, 1997]: Von der Konfrontation zur Differenzierung und Integration – Zur neueren Theorieentwicklung in der Politikwissenschaft, in: BENZ, ARTHUR / SEIBEL, WOLFGANG (Hrsg.): Theorieentwicklung in der Politikwissenschaft, eine Zwischenbilanz, 1. Aufl., Baden – Baden: Nomos, 1997, S. 9 – 32.

-: [Governance, 2004]: Governance – Modebegriff oder nützliches sozialwissenschaftliches Konzept, in: BENZ, ARTHUR (Hrsg.): Governance – Regieren in komplexen Regelsystemen. Eine Einführung. Governance. Band 1, Wiesbaden: VS, 2004.

BENZ, ARTHUR [Institutionentheorie, 2004]: Institutionentheorie und Institutionenpolitik, in: BENZ, ARTHUR / SIEDENTOPF, HEINRICH / SOMMERMANN, KARL-PETER (Hrsg.): Institutionenwandel in Regierung und Verwaltung. Festschrift für Klaus König zum 70. Geburtstag, Berlin: Duncker und Humblot, 2004, S. 19 – 32.

-: [Governance, 2005]: Governance in Mehrebenensystemen, in: SCHUPPERT, GUNNAR FOLKE: Governance - Forschung: Vergewisserung über Stand und Entwicklungslinien, Baden - Baden: Nomos, 2005, S. 95 – 120.

-: / BENZ, ANGELIKA [Dezentralisierungspolitik, 1987]: Dezentralisierungspolitik in Frankreich – Teilstudie im Rahmen des Projektes „Wohlfahrtsstaatliche Entwicklung und föderalstaatliche Reaktion". Forschungsinstitut für öffentliche Verwaltung bei der Hochschule für Verwaltungswissenschaften Speyer, Speyer, 1987.

-: / **EBERLEIN, BURKARD** [Regions, 1998]: Regions in European Governance: The Logic of Multi-Level Interaction. European University Institute, Working Paper RSC No. 98/31,1998.

BERGMANN, JAN [Staatswerdung, 2005]: Staatswerdung durch Konstitutionalisierung? – Zur neuen EU-Verfassung, in: VBl. BW, 04/2005, S. 121 – 128.

BERGMANN, TINA / VETTER, RAINER [Zusammenarbeit, 2006]: Interkommunale Zusammenarbeit und Vergaberecht. Eine differenzierte Betrachtung, in: Neue Zeitschrift für Verwaltungsrecht, 05/2006, S. 497 – 500.

BERNSDORFF, NORBERT [Methode, 2006]: Die Methode der „offenen Koordinierung" – Politiksteuerung aus Sicht der Europäischen Verfassung, in: DERRA, HANS-JÖRG (Hrsg.): Freiheit, Sicherheit und Recht. Festschrift für Jürgen Meyer zum 70. Geburtstag, Baden - Baden: Nomos, 2006, S. 325 – 337.

BERTELSMANN STIFTUNG [Transformation, 2006] (Ed): Bertelsmann Transformation Index 2006, 2006.
http://www.bertelsmann-transformation-index.de/ bzw.
http://www.bertelsmann-transformation-index.de/fileadmin/pdf/en/2006/EasternCentralAndSoutheasternEurope/BosniaHerzegovina.pdf - (19.10.2006).

BEYERLE, HUBERT [Bosnien – Herzegovina, 2005]: Bosnien und Herzegowina: unklare Verantwortlichkeiten und wirtschaftliche Konsequenzen, in: Südosteuropa Mitteilungen, 45. Jahrgang, 04 – 05 / 2005, S. 114 – 129.

BICKEL, MARKUS [Studien, 2005]: Studien zur länderbezogenen Konfliktanalyse: Bosnien und Herzegowina. Friedrich – Ebert – Stiftung: Berlin, 2005.
http://library.fes.de/pdf-files/id/03442.pdf - (20.10.2006).

BIEBER, FLORIAN [Nations, 2004]: Nations in Transit 2004, Bosnia-Herzegovina.
http://www.freedomhouse.org/ (jeweils die aktuellen Jahresberichte).

-: [Nations, 2006]: Nations in Transit 2006, Bosnia-Herzegovina.
http://www.freedomhouse.hu/nitransit/2006/bosnia2006.pdf - (19.10.2006).

BIEBER, ROLAND [Verbreiterung, 1994]: Verbreiterung und Vertiefung? Das Subsidiaritätsprinzip im Europäischen Gemeinschaftsrecht, in: EVERS, TILMANN (Hrsg.): Chancen des Föderalismus in Deutschland und Europa, Baden - Baden: Nomos, 1994, S. 161 – 171.

-: [Subsidiarität, 1997]: Subsidiarität im Sinne des Vertrages über die Europäische Union, in: NÖRR, KNUT WOLFGANG / OPPERMANN, THOMAS (Hrsg.): Subsidiarität: Idee und Wirklichkeit: Zur Reichweite eines Prinzips in Deutschland und Europa, Tübingen: Mohr, 1997, S. 165 – 184.

-: [Demokratie, 1998]: Demokratie und Entscheidungsfähigkeit in der künftigen Europäischen Union, in: BERTELSMANN STIFTUNG FORSCHUNGSGRUPPE EUROPA (Hrsg.): Systemwandel in Europa – Demokratie, Subsidiarität, Differenzierung, Gütersloh: Verlag Bertelsmann Stiftung, 1998, S. 11 – 26.

-: [Verfassungsfrage, 2001]: Verfassungsfrage und institutionelle Reform, in: BRUHA, THOMAS / HESSE, JOACHIM JENS / NOWAK, CARSTEN (Hrsg.): Welche Verfassung für Europa, Baden - Baden: Nomos, 2001, S. 111 – 125.

-: [Ko – Existenz, 2006]: Zur Ko - Existenz von Referenden und parlamentarischer Demokratie – Das Beispiel der Ratifizierungsverfahren zur Europäischen Verfassung, in: KADELBACH, STEFAN (Hrsg.): Europäische Verfassung und direkte Demokratie, Baden - Baden: Nomos, 2006, S. 57 – 79.

BIEHL, DIETER [Begründung, 1987]: Begründung eines dezentralisierten Föderalismus, in: KONRAD ADENAUER STIFTUNG (Hrsg.): Dezentralisierung des politischen Handelns, Melle: Knodt, 1987, S. 20 ff.

BIELZER, LOUISE [Perzeption, 2003]: Perzeption, Grenzen und Chancen des Subsidiaritätsprinzips im Prozess der Europäischen Einigung. Eine international vergleichende Analyse aus historischer Perspektive, Münster: Lit Verlag, 2003.
Zugl.: Münster (Westf.), Univ., Diss., 2001.

BIRNER, URSULA [Regionalisierung, 1982]: Regionalisierung und Dezentralisierung in Frankreich. Die Entwicklung faktischer Dezentralisierung auf der regionalen Ebene, Konstanz: Hartung-Gorre, 1982.

BLANKE, HERMANN-JOSEF [Ausschuss, 2002]: Der Ausschuss der Regionen. Normative Ausgestaltung, politische Rolle und verwaltungsorganisatorische Infrastruktur, Tübingen, EUROPÄISCHES ZENTRUM FÜR FÖDERALISMUS-FORSCHUNG (EZFF), Occasional Papers Nr. 25, Selbstverlag, 2002.

BLATTER, JOACHIM [Governance, 2005]: *Metropolitan* Governance in Deutschland: Normative, utilitaristische, kommunikative und dramaturgische Formen der politischen Steuerung, in: OEBBECKE, JANBERT (Hrsg.): Nicht–normative Steuerung in dezentralen Systemen, Stuttgart: Franz Steiner, 2005, S. 35 – 77.

BLICKLE, PETER [Kommunalismus, 2005]: Kommunalismus. Die Wahrnehmung durch Hugo Preuß, in: MÜLLER, CHRISTOPH (Hrsg.): Gemeinde, Stadt, Staat: Aspekte der Verfassungstheorie von Hugo Preuß, Baden - Baden: Nomos, 2005, S. 43 – 63.

BLÜMEL, WILLI [Wesensgehalt, 1983]: Wesensgehalt und Schranken des kommunalen Selbstverwaltungsrechts, in: MUTIUS, ALBERT VON (Hrsg.): Selbstverwaltung im Staat der Industriegesellschaft. Festgabe zum 70. Geburtstag von Georg Christoph von Unruh, Heidelberg: R.v.Deckers Verlag, 1983, S. 265 – 303.

-: [Diskussion, 1995]: Diskussion zu den Referaten von Siegried Magiera und Günter Püttner, in: GRUPP, KLAUS / RONELLENFITSCH, MICHAEL: (Hrsg.) Kommunale Selbstverwaltung in Deutschland und Europa / Symposium zum 65. Geburtstag von Prof. Dr. Willi Blümel, Berlin: Duncker und Humblot, 1995, S. 58, (Diskussionsbeitrag).

-: [Mitwirkung, 1997]: Mitwirkung der kommunalen Gebietskörperschaften und ihrer Spitzenverbände an der Gesetzgebung, in: LÜDER, KLAUS (Hrsg.): Staat und Verwaltung. Fünfzig Jahre Hochschule für Verwaltungswissenschaften Speyer, Berlin: Duncker und Humblot, 1997, S. 331 – 345.

-: [Demokratisierung, 2004]: „Demokratisierung der Planung" oder rechtsstaatliche Planung?, in: GRUPP, KLAUS / RONELLENFITSCH, MICHAEL (Hrsg.): Beiträge zum Planungsrecht 1959 – 2000 von Willi Blümel, Berlin: Duncker und Humblot, 2004, S. 97 – 122.

BLUME, WILHELM VON [Kommunalpolitik, 1912]: Kommunalpolitik, in: LABAND, PAUL / WACH, ADOLF / WAGNER, ADOLF (Hrsg.): Handbuch der Politik, Band I, Leipzig, Berlin: Rothschild, 1912, S. 224 – 233.

BODINEAU, PIERRE / VERPEAUX, MICHEL [Histoire, 1997]: Histoire de la décentralisation, Paris: Presse Universitaires de France, 1997.

-: [Coopération, 1998]: La coopération locale et régionale, Paris: Presses Universitaires de France, 1998.

BÖCKENFÖRDE, ERNST – WOLFGANG [Diskussion, 1995]: Diskussion zu den Referaten von Siegfried Magiera und Günter Püttner, in: GRUPP, KLAUS / RONELLENFITSCH, MICHAEL (Hrsg.): Kommunale Selbstverwaltung in Deutschland und Europa / Symposium zum 65. Geburtstag von Prof. Dr. Willi Blümel, Berlin: Duncker und Humblot, 1995, S. 59 (Diskussionsbeitrag).

BÖHME, ROLF [Erwartungen, 2004]: Erwartungen aus kommunaler Sicht. Neuordnung der bundesstaatlichen Ordnung – Reform ohne die Kommunen?, in: HENNEKE, HANS-GÜNTER (Hrsg.): Künftige Funktionen und Aufgaben der Kreise im sozialen Bundesstaat, Professorengespräch 2004 des Deutschen Landkreistages am 15. und 16. März 2004 im Landkreis Saarlouis, Stuttgart: Boorberg, 2004, S. 49 – 58.

BÖHRET, CARL / KONZENDORF, GOTTFRIED [Sein, 1995]: Mehr Sein als Scheinen: Der funktionale Staat, in: BEHRENS, FRITZ / HEINZE, ROLF G. / HILBERT, JOSEF (Hrsg.): Den Staat neu denken – Reformperspektiven für die Landesverwaltungen, Berlin: Sigma, 1995, S. 17 – 40.

-: / **JANN, WERNER / KRONENWETT, EVA** [Innenpolitik, 1979]: Innenpolitik und politische Theorie. Ein Studienbuch. Handlungsspielräume und Bedeutung des Staates, Opladen: Westdeutscher Verlag, 3. Auflage, 1979.

BÖNKER, FRANK / WOLLMANN, HELLMUT [Role, 2004]: The Changing Role of Local Governments in the German Welfare State, Nov. 2004.
http://www2.hu-berlin.de/verwaltung/down/GermanWelfareState.rtf - (16.01.2005).

BÖRZEL, TANJA [Governance, 2005]: European Governance. Markt, Hierarchie oder Netzwerk?, in: SCHUPPERT, GUNNAR FOLKE / PERNICE, INGOLF / HALTERN, ULRICH (Hrsg.): Europawissenschaft, Baden - Baden: Nomos, 2005, S. 613 – 642.

BÖTTCHER, WINFRIED / KRAWCZYNSKI, JOHANNA [Subsidiarität, 2002]: Subsidiarität für Europa, Münster: LIT Verlag, 2002.

BOGDANDY, ARMIN VON [Föderalismus, 1999]: Supranationaler Föderalismus als Wirklichkeit und Idee einer neuen Herrschaftsform: Zur Gestalt der Europäischen Union nach Amsterdam, Baden – Baden: Nomos, 1999.

-: / **BAST, JÜRGEN / WESTPHAL, DIETRICH** [Kompetenzordnung, 2006]: Die vertikale Kompetenzordnung im Entwurf des Verfassungsvertrages, in: ZULEEG, MANFRED (Hrsg.): Die neue Verfassung der Europäischen Union, Baden – Baden: Nomos, 2006, S. 21 – 35.

BOGNER, WALTER [Organisationseinheiten, 2007]: Mehrstufige kommunale Organisationseinheiten, in: MANN, THOMAS / PÜTTNER, GÜNTER (Hrsg.): Handbuch der kommunalen Wissenschaft und Praxis, Band 1, Grundlagen der Kommunalverfassung, Berlin: Springer, 3. Auflage, 2007, S. 245 - 269.

BOGUMIL, JÖRG [Formen, 2001]: Neue Formen der Bürgerbeteiligung – Ist die kooperative Demokratie auf dem Vormarsch?, in: Der Städtetag, Heft 6 / 2001, S. 31 – 36.
http://www.fernuni-hagen.de/POLAD/Projekt.htm - (08.08.2006).

-: [Entscheidungsprozesse, 2002]: Kommunale Entscheidungsprozesse im Wandel: Stationen der politik- und kommunalwissenschaftlichen Debatte, in: BOGUMIL, JÖRG (Hrsg.).: Kommunale Entscheidungsprozesse im Wandel. Theoretische und empirische Analysen, Opladen: Leske und Budrich, 2002, S. 7 – 54.

-: [Staatsaufgaben, 2003]: Staatsaufgaben im Wandel, in: BREIT, GOTTHARD / MASSING, PETER (Hrsg.): Der Staat: Ideengeschichtliche Grundlagen, Wandel der Aufgaben, Stellung des Bürgers, Schwalbach: Wochenschau, 2003, S. 42 – 62.

-: [Kommune, 2005]: Kommune / Kommunale Selbstverwaltung, in: Akademie für Raumforschung und Landesplanung, Handwörterbuch der Raumordnung, S. 515 – 521.

-: [Verwaltungsmodernisierung, 2006]: Verwaltungsmodernisierung und die Logik der Politik. Auswirkungen des Neuen Steuerungsmodells auf das Verhältnis von Kommunalpolitik und Kommunalverwaltung, in: Deutsche Zeitschrift für Kommunalwissenschaften, (DfK) 45. Jg. 2006/II, S. 13 – 24.

-: / **HOLTKAMP, LARS** [Bürgerkommune konkret, 2002]: Bürgerkommune konkret, vom Leitbild zur Umsetzung. Ein Leitfaden für die kommunale Praxis erarbeitet für den Arbeitskreis Bürgergesellschaft und Aktivierender Staat der Friedrich – Ebert – Stiftung, Bonn: Friedrich-Ebert-Stiftung, 2002.

-: / **HOLTKAMP, LARS** [Bürgerkommune Zusammenspiel, 2002]: Die Bürgerkommune als Zusammenspiel von repräsentativer, direkter und kooperativer Demokratie. Erste Ergebnisse einer explorativen Studie, polis Nr. 55 / 2002, http://www.fernuni-hagen.de/POLINST - (08.08.2006).

-: / **HOLTKAMP, LARS**: [Bürgerkommune, 2005]: Bürgerkommune, in: BLANKE, BERNHARD (Hrsg.): Handbuch zur Verwaltungsreform, Wiesbaden: VS, 3. Auflage, 2005, S. 128 – 136.

-: / **KUHLMANN, SABINE** [Verwaltungsmodernisierung, 2004]: Zehn Jahre Verwaltungsmodernisierung. Ansätze einer Wirkungsanalyse, in: JANN, WERNER (Hrsg.): Status-Report Verwaltungsreform: Eine Zwischenbilanz nach zehn Jahren, Berlin: Sigma, 2004, S. 51 – 74.

-: / **HOLTKAMP, LARS / SCHWARZ, GUDRUN** [Reformmodell, 2003]: Das Reformmodell Bürgerkommune. Leistungen – Grenzen – Perspektiven, Berlin: Sigma, 2003.

BOHNER, ULRICH [Entstehung, 2003]: Entstehung und Bedeutung der Europäischen Charta der kommunalen Selbstverwaltung, in: KNEMEYER, FRANZ LUDWIG (Hrsg.): Kommunale Selbstverwaltung in Ost und West, Symposion "Europa Kommunal - der Beitrag Europas für die Verfassung der Kommunen. Die Bedeutung Lokaler Demokratien angesichts der Ausdehnung Globaler Strukturen", des Kommunalwissenschaftlichen Forschungszentrums Würzburg am 21.6.2002 in Würzburg, 2003, S. 19 – 37.

BOOCKMANN, HARTMUT [Stadt, 1986]: Die Stadt im späten Mittelalter, München: Beck, 1986.

BRAGA, SEVOLD [Methode, 1983]: Zur Methode der rechtsvergleichenden Arbeit, in: LÜKE, GERHARD / RESS, GEORG / WILL, MICHAEL (Hrsg.): Rechtsvergleichung, Europarecht und Staatenintegration. Gedächtnisschrift für Léontin-Jean Constantinesco, Köln, Berlin, Bonn, München: Carl Heymanns, 1983, S. 99 – 108.

BREETSCH, SEBASTIAN / DUVAL, MARTIN [Entwicklung, 2004]: Entwicklung der Reformleitbilder in Deutschland, in: STOCK, ALEXANDER / KEGELMANN, JÜRGEN (Hrsg.): Kommunalpolitik der Zukunft: Partnerschaftlich und professionell, Stuttgart: ibidem, 2004, S. 14 – 32.

BREMEIER, WOLFRAM / BRINCKMANN, HANS / KILLIAN, WERNER [Beteiligungsmanagement, 2006]: Beteiligungsmanagement bei interkommunaler Zusammenarbeit. Public Corporate Governance als Teil von Good Regional Governance, in: KLEINFELD, RALF / PLAMPER, HARALD / HUBER, ANDREAS (Hrsg.): Regional Governance, Steuerung, Koordination und Kommunikation in regionalen Netzwerken als neue Form des Regierens, Band 1, Osnabrück: V&R, 2006, S. 117 – 131.

-: [Governance, 2006]: Public Governance kommunaler Unternehmen, Vorschläge zur politischen Steuerung ausgegliederter Aufgaben auf der Grundlage einer empirischen Erhebung, Düsseldorf: Edition Hans-Böckler-Stiftung, Nr. 173, 2006.

BRETSCHNEIDER, MICHAEL / DEUTSCHES INSTITUT FÜR URBANISTIK (DIfU) [Hauptaufgaben, 2007]: Hauptaufgaben der Stadtentwicklung und Kommunalpolitik in Groß- und Mittelstädten 2006, Ergebnisse einer Panelbefragung, DIfU-Impulse, Bd. 2/2007.

BROHM, WINFRIED [Eigenständigkeit, 1986]: Die Eigenständigkeit der Gemeinden, in: Die Öffentliche Verwaltung (DÖV), Heft 10, 05/1986, S. 376 – 405.

-: [Diskussion, 1995]: Diskussion zu den Referaten von Siegfried Magiera und Günter Püttner, in: GRUPP, KLAUS / RONELLENFITSCH, MICHAEL; (Hrsg.): Kommunale Selbstverwaltung in Deutschland und Europa / Symposium zum 65. Geburtstag von Prof. Dr. Willi Blümel, Berlin: Duncker und Humblot, 1995, S. 58.

BRUMMER, KLAUS [Konfliktbearbeitung, 2005]: Konfliktbearbeitung durch internationale Organisationen, Wiesbaden: VS-Verlag, 2005.
Zugl.: Erlangen-Nürnberg, Univ., Diss., 2004.

BRUNN, GERHARD [Einigung, 2004]: Die Europäische Einigung 1945 bis heute, Bonn: bpb, 2004.

BRUSIS, MARTIN [Bosnien–Herzegowina, 2004]: Bosnien-Herzegowina, in: WEIDENFELD, WERNER (Hrsg.): Die Staatenwelt Europas, Bonn: bpb, 2004, S. 71 – 77.

-: [Dimension, 2005]: Die soziale Dimension im Verfassungsvertrag, in: WEIDENFELD, WERNER (Hrsg.): Die Europäische Verfassung in der Analyse, Gütersloh: Verlag Bertelsmann Stiftung, 2005, S. 183 – 194.

BUDÄUS, DIETRICH [Gewährleistung, 2004]: Die Gewährleistung der Daseinsvorsorge durch Public Private Partnership, in: KIRCHHOFF, ULRICH / TRILLING, GERHARD (Hrsg.): Öffentliche Wirtschaft, Sozialwirtschaft und Daseinsvorsorge im Wandel. Zum Spannungsfeld von europäischer Wettbewerbsordnung und Allgemeininteresse, Festschrift für Helmut Cox, Regensburg: Transfer Verlag, 2004, S. 23 – 37.

BÜNGER, KLAUS / HÖRETH, MARCUS / JANOWSKI, CORDULA [Zuständigkeiten, 2005]: Die Zuständigkeiten der Union, in: HÖRETH, MARCUS / JANOWSKI, CORDULA / KÜHNHARDT, LUDGER (Hrsg.): Die Europäische Verfassung. Analyse und Bewertung ihrer Strukturentscheidungen, Baden - Baden: Nomos, 2005, S. 93 – 126.

BULL, HANS PETER [Verwaltungsrecht, 2000]: Allgemeines Verwaltungsrecht, 6. Aufl., Heidelberg: Müller, 2000.

BUNDESMINISTERIUM FÜR FAMILIE, SENIOREN FRAUEN UND JUGEND (Hrsg.) [Engagement, 2005]: Freiwilliges Engagement in Deutschland 1999 – 2004. Ergebnisse der repräsentativen Trenderhebung zu Ehrenamt, Freiwilligenarbeit und bürgerschaftlichem Engagement, München, 2005.
http://www.bmfsfj.de/RedaktionBMFSFJ/Arbeitsgruppen/Pdf-Anlagen/freiwilligen-survey-langfassung,property=pdf,bereich=,rwb=true.pdf - (20.06.2007).

BUNDESMINISTERIUM FÜR VERKEHR, BAU UND STADTENTWICKLUNG (BMVBS) / BUNDESAMT FÜR BAUWESEN UND RAUMORDNUNG (BBR): kommKOOP - Erfolgreiche Beispiele interkommunaler Kooperationen. Dokumentationen des MORO-Wettbewerbs 2005/2006.
http://www.bbr.bund.de/nn_23566/DE/Veroeffentlichungen/Sonderveroeffentlichungen/Downloads/kommKOOP/DL__kommKOOP,templateId=raw,property=publicationFile.pdf/DL_kommKOOP.pdf - (13.06.2007).

BUNDESRAT [Drucksache 463 / 06]: Beschluss des Bundesrates, Föderalismusreform-Begleitgesetz, Drucksache 463 / 06 (Beschluss) vom 07.07.2006.
http://dip.bundestag.de/btd/16/008/1600814.pdf - (12.08.2006).

BUNDESVEREINIGUNG DER KOMMUNALEN SPITZENVERBÄNDE [Stellungnahme Dialog, o. A.]: Stellungnahme der Bundesvereinigung der kommunalen Spitzenverbände zur Arbeitsunterlage der Kommission: Ständiger und systematischer Dialog mit den Verbänden der Gebietskörperschaften über die Politikgestaltung
www.kommon.de - (19.10.2006).

-: [Stellungnahme, o. A.]: Stellungnahme zum Weißbuch zu Dienstleistungen von allgemeinem Interesse, Köln.
www.dstgb.de - (19.10.2006).

-: [Anhörungsrechte, 2004]: Schreiben vom 16.12.2004, Anhörungsrechte der Kommunen im Gesetzgebungsverfahren des Bundes, Kommission von Bundestag und Bundesrat zur Modernisierung der bundesstaatlichen Ordnung, Arbeitsunterlage 0112.
http://www.bundesrat.de/nn_8364/DE/foederalismus/bundesstaatskommission/unterlagen/AU-112,templateId=raw,property=publicationFile.pdf/AU-112.pdf - (20.07.2007).

-: [Stellungnahme, 2006]: Stellungnahme zur Anhörung „Überprüfung der Arbeitsweise und Wirkung der europäischen Vergaberichtlinien" im Europäischen Parlament am 20. April 2006.
www.kommunale-spitzenverbaende.de - (30.11.2006).

BURGER, ROLAND [Kontinentalverschmelzung, 2003]: Kontinentalverschmelzung? Die europäische Frage und die Zukunft der EU, in: Merkur – Deutsche Zeitschrift für europäisches Denken, 57 Jahrgang, Heft 3 / 2003, S. 197 – 199.

BURGI, MARTIN [Kommunalrecht, 2006]: Kommunalrecht, München: C. H. Beck, 2006.

BURMEISTER, JOACHIM [Neukonzeption, 1977]: Verfassungstheoretische Neukonzeption der kommunalen Selbstverwaltung, München: Vahlen, 1977.

BURTH, HANS-PETER [Analyse, 2000]: Eine metatheoretische Analyse politikwissenschaftlicher Steuerungstheorie, in: DRUWE, ULRICH / KÜHNEL, STEFFEN / KUNZ, VOLKER (Hrsg.): Kontext, Akteur und strategische Interaktion. Untersuchungen zur Organisation politischen Handelns in modernen Gesellschaften, Opladen: Leske und Budrich, 2000, S. 163 – 185.

-: / **GÖRLITZ, AXEL** [Steuerung, 2001]: Politische Steuerung in Theorie und Praxis. Eine Integrationsperspektive, in: BURTH, HANS-PETER / GÖRLITZ, AXEL (Hrsg.): Politische Steuerung in Theorie und Praxis, Baden – Baden: Nomos, 2001, S. 7 – 16.

BUß, ANNETTE [Machtgefüge, 2002]: Das Machtgefüge in der heutigen Kommunalverfassung. Zur Machtverteilung zwischen Vertretungskörperschaft und Hauptverwaltungsorgan bei Urwahl der Bürgermeister, Baden – Baden: Nomos, 2002.
Zugl.: Gießen, Univ., Diss. 2000.

C

CALIC, MARIE – JANINE [Krieg, 1996]: Krieg und Frieden in Bosnien-Hercegovina, Frankfurt am Main: Suhrkamp, 1996.

-: [Perspektiven, 2006]: Düstere Perspektiven. Der Westen beschönigt die Lage auf dem Balkan, in: Internationale Politik (IP), 08/2006, S. 86 – 95.

CALLIES, CHRISTIAN [Subsidiaritätsprinzip, 2002]: Subsidiaritätsprinzip und Solidaritätsprinzip, in: BLICKLE, PETER / HÜGLIN, THOMAS / WYDUCKEL, DIETER (Hrsg.): Subsidiarität als rechtliches und politisches Ordnungsprinzip in Kirche, Staat und Gesellschaft, Berlin: Duncker und Humblot, 2002, S. 371 – 400.

CALLIES, CHRISTIAN [Verfassung, 2004]: Die Verfassung der EU im Kontext der Erweiterung – Eine Einführung anhand von drei Szenarien, in: CALLIES, CHRISTIAN / ISAK, HUBERT (Hrsg.): Der Konventsentwurf für eine EU-Verfassung im Kontext der Erweiterung, Baden - Baden: Nomos, 2004, S. 9 – 27.

CAMPAGNA, NORBERT [Modernisierung, 2001]: Die Moralisierung der Demokratie. Alexis de Tocqueville und die Bedingungen der Möglichkeit einer liberalen Demokratie, Cuxhaven: Dartford, 2001.

CATHALY-STELKENS, ANNE [Selbstverwaltung, 1996]: Kommunale Selbstverwaltung und Ingerenz des Gemeinschaftsrechts: Insbesondere am Beispiel Frankreichs und Deutschlands, Baden – Baden: Nomos, 1996.
Zugl.: Saarbrücken, Univ., Mag., 1995.

CENTAR ZA PROMOCIJU CIVILNOG DRUSTVA (CPCD) / USAID (Eds.) [Analiza, 2005]: Analiza stanja lokalne uprave i samouprave u BiH, Sarajevo, 2005.
[Übersetzung aus der bosnischen Sprache Übersetzungsbüro A. Galic, vereidigte Gerichtsdolmetscherin, Stuttgart].

CENTRE MARC BLOCH / HANS-BÖCKLER-STIFTUNG / HUMBOLDT-UNIVERSITÄT (Eds.) [Budgets, 2005]: „Participatory Budgets in a European Comparative Approach. Field studies, graphics, tables, quantitative analysis, methodological background. Volume II (Documents)", Berlin, 2005. www.buergerhaushalt-europa.de - (03.03.2007).

CHANDLER, J.A. (Ed.) [government, 1993]: Local government in liberal democracies: an introductory survey, London: Routledge, 1993.

CHARDON, MATTHIAS [Misstrauen, 2005]: Art. 23 GG als "institutionalisiertes Misstrauen": Zur Reform der europapolitischen Beteiligung der Länder in den Beratungen der Bundesstaatskommission, in: EUROPÄISCHES ZENTRUM FÜR FÖDERALISMUS-FORSCHUNG (EZFF): Jahrbuch des Föderalismus 2005, Föderalismus, Subsidiarität und Regionen in Europa, Baden – Baden: Nomos, 2005, S. 135 – 149.

CHAVRIER, GÉRALDINE [Experimentation, 2004]: L´Experimentation locale: Vers un État subsidiaire?, in: MARCOU, GÉRARD / WOLLMANN, HELLMUT (Eds.): Réforme de la décentralisation, réforme de l´État, Régions et Villes en Europe, Annuaire 2004 des collectivités locales, Paris: CNRS Editions, 2004, S. 43 – 52.

CHEVALLIER, JACQUES [Gouvernance, 2003]: La Gouvernance, un nouveau paradigme étatique?, in: Revue francaise d´administration publique, N° 105/106, 2003, S. 203 – 217.

CHIRAC, JACQUES [Mai, 2005]: 29 mai 2005, in: Le Monde, 31 mai 2005.

CLARKE, SUSAN E. [Evolution, 2003]: Evolution dans les paysages de la gouvernance locale, in: HOFFMANN-MARTINOT, VINCENT / SORBETS, CLAUDE (Eds.): Démocratie locales en changement, Paris: Pedone, 2003, S. 83 – 108.

COLE, ALISTAIR [Decentralization, 2006]: Decentralization in France: Central Steering, Capacity Building and Identity Construction, in: French Politics, 04/2006, S. 31 – 57.

COLLINS, SHARON [Crisis, 2003]: Beyond the „Crisis of Representation"? A Case Study of Innovation in French Local Government, in: MILNER, SUSAN / PARSONS, NICK (Eds.): Reinventing France – State and Society in the Twenty-First Century, Palgrave Macmillan, 2003.

COMITE DIRECTEUR SUR LA DEMOCRATIE LOCALE ET REGIONALE, (CDLR) [Draft, 2007]: Projet de questionnaire aux Etats Membres sur la cooperation intercommunale, in: COUNCIL OF EUROPE / EUROPEAN COMMITTEE ON LOCAL AN REGIONAL DEMOCRACY, COMMITTEE OF EXPERTS ON THE LEGAL FRAMEWORK AND INSTITUTIONAL STRUCTURE OF LOCAL AND REGIONAL GOVERNMENT, Draft Report on Inter-Municipal Co-operation, Strasbourg, 2007.
http://www.coe.int/t/e/legal_affairs/local_and_regional_democracy/main_bodies/sub-committees/lr-fs/LR-FS(2007)6Bil.pdf - (14.07.2007).

COMMISSION NATIONALE DE LA COOPERATION DECENTRALISEE (CNCD) [CNCD, 2006]: La CNCD: Un Partenariat renouvelé entre l´Etat et les Collectivités Territoriales.
www.diplomatie.gouv.fr/cndc - (15.12.2006).

COMMISSION POUR L´AVENIR DE LA DECENTRALISATION [Rapport, 2000]: Rapport au Premier Ministre, Refonder l´action publique locale, Paris: La documentation Francaise, 2000.
http://lesrapports.ladocumentationfrancaise.fr/BRP/004001812/0000.pdf - (10.07.2007).

COUNCIL OF EUROPE [Statute, 1949]: Statute, London, 05.V.1949.
http://conventions.coe.int/Treaty/EN/Treaties/Html/001.htm - (14.07.2007).

COUNCIL OF EUROPE [Charta, 1985]: Europäische Charta der kommunalen Selbstverwaltung, Straßburg, 1985. Amtliche Übersetzung. http://conventions.coe.int/Treaties/Html/122.htm - (26.08.2006).

-: [Report, o. A.]: Explanatory report on the European Charter of Local Self Government, ETS 122. http://conventions.coe.int/Treaty/EN/Reports/HTML/122.htm - (14.07.2007).

-: [Information, 2004]: Information Document: Bosnia and Herzegovina: Compliance with obligations and commitments and implementation of the post-accession co-operation programme. Seventh Report, (March – May 2004) SG/Inf (2004)17.
http://www.reliefweb.int/library/documents/2004/coe-bih-18jun.pdf - (05.07.2007).

-: [Bosnia, 2005]: Bosnia and Hercegovina: Compliance with obligations and commitments and implementation of the post-accession co-operation programme. SG/Inf (2005) 21, 03. November 2005.
http://www.coe.ba/pdf/ENG_11rep_SG-Inf(2005)21.doc - (10.08.2006).

-: [Information, 2006]: Information Documents – Bosnia and Hercegovina: Compliance with obligations and commitments and implementation of the post-accession co-operation programme. SG/Inf (2006) 16.
http://www.coe.ba/pdf/REV_2006sginf16_BiH_Update_on_Developments1.eng.pdf - (05.03.2007).

-: [Democracy, 2005]: Strengthening local democracy and developing cross-border co-operation in South-Eastern-Europe. The Council of Europe´s contribution to a comprehensive strategy for stabilisation, democratisation and reconciliation in the region, Strasbourg, 08. November 2005.
http://www.coe.int/t/e/legal_affairs/local_and_regional_democracy/documentation/library/transfrontier_cooperation/tfc_strengthening_local_democracy.pdf - (14.07.2007).

-: [Liste, 2007]: Liste der Erklärungen zum Vertrag Nr. 122, Stand 14.07.2007.
http://conventions.coe.int/Treaty/Commun/ListeDeclarations.asp?NT=122&CM=1&DF=&CL=GER&VL=1 – (14.07.2007).

-: / **CONGRESS OF LOCAL AND REGIONAL AUTHORITIES OF EUROPE (CLRAE)** [Report, 2000]: Monitoring Report 2000 (CG/CP) (6) 29 rev E, Report on local and regional democracy in Bosnia and Hercegowina, 2 March 2000.
www.coe.int/clrae/_5._texts/3._reports_country_by_country/bosnia-herzegovina - (15.04.2004).

-: / **CONGRESS OF LOCAL AND REGIONAL AUTHORITIES OF EUROPE (CLRAE)** [Recommendation, 2000]: Recommendation 78 (2000) on local and regional democracy in France, Straßburg.
https://wcd.coe.int - (26.07.2006).

-: / **CONGRESS OF LOCAL AND REGIONAL AUTHORITIES OF EUROPE (CLRAE)** [Empfehlung 2000]: Empfehlung 79 (2000) betreffend die Finanzmittel der Gemeinden im Verhältnis zu ihren Kompetenzen: Ein konkreter Subsidiaritätstest.
https://wcd.coe.int - (27.07.2006).

-: / **CONGRESS OF LOCAL AND REGIONAL AUTHORITIES OF EUROPE (CLRAE)** [Session, 2001]: Eigth Session, Recommendation 103 (2001) on local and regional democracy in Bosnia and Hercegovina, 2001.

COUNCIL OF EUROPE / CONGRESS OF LOCAL AND REGIONAL AUTHORITIES OF EUROPE (CLRAE) [Empfehlung, 2002]: Empfehlung 113 (2002) betreffend die Beziehungen zwischen Bürgern, Gemeindeparlament und Exekutive in der Gemeindedemokratie (der institutionelle Rahmen der Gemeindedemokratie).
https://wcd.coe.int - (27.07.2006).

-: / **CONGRESS OF LOCAL AND REGIONAL AUTHORITIES OF EUROPE (CLRAE)** [Empfehlung, 2005]: Empfehlung 182 (2005) über die Mitwirkung der Bevölkerung an den Gemeindefragen und –wahlen,. https://wcd.coe.int - (10.03.2007).

-: / **CONGRESS OF LOCAL AND REGIONAL AUTHORITIES OF EUROPE (CLRAE)** [Empfehlungsentwurf, 2006]: Empfehlungsentwurf betreffend Gemeinde- und Regionaldemokratie in Bosnien und Herzegowina, CG (13) 30 REC vom 13. Oktober 2006.
https://wcd.coe.int/ - (20.05.2007).

-: / **CONGRESS OF LOCAL AND REGIONAL AUTHORITIES (CLRAE)** [Democracy, 2006]: Local and regional democracy in Bosnia and Herzegovina, Explanatory Memorandum, CG(13)30 part2, 23. october 2006 .https://wcd.coe.int/ - (20.05.2007).

-: / **STÄNDIGE VERTRETER DER AUßENMINISTER** [Aktionsplan, 2005]: CM (2005) 80 final, 17. Mai 2005, Aktionsplan.
http://www.coe.int/t/dcr/summit/20050517_plan_action_DE.asp - (27.07.2006).

-: / **VENICE COMMISSION** [Constitution, 2001]: Constitution of the Republika Srpska as of 26 September 2001, CDL (2002) 95 vom 21. Juni 2002.
http://venice.dctnet.coe.int/docs/2002/CDL(2002)095-e.html - (16.04.2004).

-: / **VENICE COMMISSION** [Amendments, 2004]: Draft amendments to the Constitution of the Federation of Bosnia and Herzegovina, Opinion 276 / 2004, CDL (2004) 013 vom 02. März 2004.
http://www.venice.coe.int/docs/2004/CDL(2004)013-e.html - (11.06.2004).

-: / **VENICE COMMISSION** [Opinion draft amendments, 2004]: Opinion on the draft amendments to the Constitution of the Federation of Bosnia and Herzegovina, Opinion 276 / 2004, CDL-AD(2004)014 vom 27. März 2004.
http://www.venice.coe.int/docs/2004/CDL(2004)014-e.html - (16.04.2004).

:- / **VENICE COMMISSION** [Opinion new draft amendments, 2004]: Opinion on the new draft Amendment to the Constitution of the Federation of Bosnia and Hercegovina concerning local government, Opinion 276/2004 vom 11. Oktober 2004.
http://venice.coe.int/docs/2004/CDL-AD(2004)032-e.asp - (19.09.2006).

:- / **VENICE COMMISSION** [Opinion, 2006]: Preliminary opinion on the draft amendments to the Constitution of Bosnia and Herzegovina, Opinion 375/2006 vom 07. April 2006.
http://venice.coe.int/docs/2006/CDL/(2006)027-e.asp - (19.09.2006).

COUNCIL OF EUROPEAN MUNICIPALITIES AND REGIONS (CEMR / CCRE) [White Paper, 1999]: White Paper on consultation procedures of local and regional authorities in Europe. The representative organisation of local and regional authorities in Europe, o. A., 1999.
http://www.ccre.org/bases/T_599_12_3524.doc - (10.08.2007)

-: [Structures, o. A.]: Local and regional structures in Europe,.
http://www.ccre.org/bases/T_599_28_3524.pdf - (05.09.2006).

-: [Impact, o. A.]: The Impact of Demographic Change on Local and Regional Government.
http://www.ccre.org/bases/T_599_36_3524.pdf - (19.10.2006).

COX, HELMUT [Strukturwandel, 2005]: Strukturwandel der öffentlichen Wirtschaft unter dem Einfluss der Marktintegration und europäischer Wettbewerbsordnung. Zum Paradigmenwechsel in Theorie und Praxis der öffentlichen Wirtschaft, Berlin: BWV, 2005.

COX, MARTIN / KAUS, GERALD [Befugnisse, 2003]: Nach den Bonner Befugnissen, offener Brief an Lord Ashdown, in: KOHL, CHRISTINE / SOLIOZ, CHRISTOPHE / DZIHIC, VEDRAN (Hrsg.): Südosteuropäischer Dialog. Balkan Diskurs Nr. 1, Bosnien–Herzegowina: 8 Jahre nach Dayton – Krisen, Kritik und Perspektiven, Wien, Sarajevo, Sofia et al.: Neuer Wissenschaftlicher Verlag, 2003, S. 17 – 23.

CREVEL, PHILIPPE / WAGNER, NORBERT [Dezentralisierung, 2003]: Dezentralisierung in Frankreich – ein großes Vorhaben der Regierung Raffarin, Auslandsinformation der Konrad Adenauer Stiftung, 5/2003, S. 58 – 78.
www.kas.de/publikationen/2003/1903_dokument.html - (14.12.2006).

CRONAUGE, ULRICH [Rolle, 1988]: Die Rolle der Kommunalpolitik im föderalen Staatsaufbau, in: KLEIN, PETER (Hrsg.): Die Stadt – La Commune, Bonn: Vorwärts Verlag, 1988, S. 88 – 106.

CROOK, RICHARD, C. [Governance, o. A.]: Strengthening democratic governance in conflict torn societies: civic organisations, democratic effectiveness and political conflict, Institute of Development Studies (IDS) Working Paper 129.
http://www.ids.ac.uk/ids/bookshop/wp/wp129.pdf - (17.09.2006).

CZERNY, WOLFGANG [Partizipation, 1996]: Die Partizipation der bayerischen kommunalen Spitzenverbände an Entscheidungen öffentlich-rechtlicher Institutionen, Frankfurt am Main, Berlin, Bern: Lang, 1996.
Zugl.: Augsburg, Univ., Diss., 1995.

D

DÄUBLER, WOLFGANG [Privatisierung, 1980]: Privatisierung als Rechtsproblem, Neuwied, Darmstadt: Luchterhand, 1980.

DAMMEYER, MANFRED [Regionen, 2006]: Regionen und Gemeinden in der Europäischen Union, in: KLEINFELD, RALF / PLAMPER, HARALD / HUBER, ANDREAS (Hrsg.): Regional Governance, Steuerung, Koordination und Kommunikation in regionalen Netzwerken als neue Form des Regierens, Band 2, Osnabrück: V&R, 2006, S. 229 – 240.

D'ATENA, ANTONIO [Supranationalität, 2007]: Supranationalität und unterstaatliche Einheiten, in: GROTE, RAINER / HÄRTEL, INES / HAIN, KARL-E. / SCHMIDT, THORSTEN I. / SCHMITZ, THOMAS / SCHUPPERT, GUNNAR FOLKE (Hrsg.): Ordnung der Freiheit. Festschrift für Christian Starck zum siebzigsten Geburtstag, Tübingen: Mohr Siebeck, 2007, S. 523 – 533.

DE BARROS, FRANCOISE [Local, 2004].: From the Local to the National. Local Governance and the Genesis of the "Social Mix" Policy from the 1950s to the 1990s, in: French Politics, 2 / 2004, S. 61 – 80.

DECKER, FRANK [Demokratie, 2001]: Demokratie und Demokratisierung in der Europäischen Union, in: ANHELM, FRITZ ERICH (Hrsg.): Europa – in welcher Verfassung? Orientierungen auf dem Weg zur Finalität des europäischen Einigungsprozesses, Rehburg-Loccum: Bertelsmann, 2001, S. 29 – 45.

DELCAMP, ALAIN / TULARD, MARIE-JOSÉ [Décentralisation, 2003]: Une décentralisation à la recherche d'un second souffle, in: DELCAMP, ALAIN / LOUGHLIN, JOHN (Eds.): La décentralisation dans les Etats de l'Union européenne, La documentation francaise, 2003.

DEUTSCHER BUNDESTAG [Bericht, 2000]: Bericht der Enquete–Kommission „Zukunft des Bürgerschaftlichen Engagements". Bürgerschaftliches Engagement: auf dem Weg in eine zukunftsfähige Bürgergesellschaft, Drucksache 14 / 8900 vom 03.06.2000.
http://www.bundestag.de/parlament/gremien/kommissionen/archiv14/enga/enga_leb.html - (02.03.2007).

-: [Drucksache 16/358, 2006]: Antrag der Abgeordneten Katrin Kunert, Heidrun Bluhm, Dr. Dagmar Enkelmann und der Fraktion DIE LINKE, Drucksache 16/358 vom 12.01.2006.
http://dip.bundestag.de/btd/16/003/1600358.pdf - (20.07.2007).

-: [Gesetzentwurf, 16/813, 2006]: Gesetzentwurf der Fraktionen der CDU / CSU und SPD, Entwurf eines Gesetzes zur Änderung des Grundgesetzes, Drucksache 16 / 813 vom 07.03.2006.
http://dip.bundestag.de/btd/16/008/1600813.pdf - (12.08.2006).

-: [Antrag, 2006]: Antrag der Fraktionen der CDU/CSU, SPD und FDP. Einsetzung einer gemeinsamen Kommission zur Modernisierung der Bund-Länder-Finanzbeziehungen. Drucksache 16/3885 vom 14.12.2006.
http://dip.bundestag.de/btd/16/038/1603885.pdf - (10.03.2007).

DEUTSCHER BUNDESTAG / WISSENSCHAFTLICHE DIENSTE DES DEUTSCHEN BUNDESTAGES [Konnexitätsprinzip, 2004]: Konnexitätsprinzip. Der aktuelle Begriff, Nr. 08/2004 vom 03.05.2004.
http://www.bundestag.de/bic/analysen/index.html - (20.05.2006).

-: / **WISSENSCHAFTLICHE DIENSTE DES DEUTSCHEN BUNDESTAGES** [Föderalismusreform, 2006]: Föderalismusreform, Grundgesetzänderung – Synopse, Dokumentation, 2006.
HTTP://WWW.BUNDESTAG.DE/BIC/ANALYSEN/2006/FOEDERALISMUSREFORM_2006.PDF - (14.07.2007).

DEUTSCHER STÄDTETAG (Hrsg.) [Städte, 2003]: Städte sind Zukunft: Vorträge, Aussprachen und Ergebnisse der 32. ordentlichen Hauptversammlung des Deutschen Städtetages vom 13. bis 15. Mai 2003 in Mannheim, Köln: Deutscher Städtetag, 2003.

-: [Städte, 2006]: Was die deutschen Städte von Europa erwarten. Forderungen des Deutschen Städtetages anlässlich der deutschen EU – Ratspräsidentschaft, Berlin, Köln: Drei Kronen, 2006.

-: [Finanzlage 2007]: Aktuelle Finanzlage der Städte – Rückblick auf 2006 und Prognose für 2007, Berlin, 2007.
http://www.staedtetag.de/imperia/md/content/pressedien/2007/7.pdf - (20.03.2007).

DEUTSCHER STÄDTE – UND GEMEINDEBUND (Hrsg.) [Dokumentation 36, 2004]: DStGB – Dokumentation Nr. 36, Kommunale Auftragsvergabe, Grundlagen, Vergabeverfahren, Rechtsschutz, 03/2004. http://www.dstgb.de/vis/home/dokumentationen_zum_vergaberecht/dstgb_dokumentation_kommunale_auftragsvergabe/index.html - (25.03.2007).

-: (Hrsg.) [Dokumentation 48, 2005]: DStGB Dokumentation Nr. 48. Kommunalfinanzen in struktureller Schieflage. Datenreport Kommunalfinanzen 2005. Fakten, Trends, Einschätzungen. http://www.dstgb.de/index_inhalt/homepage/artikel/inhalt/dokumentationen/nr_48_kommunalfinanzen_in_strukturell er_schieflage/doku48_kommunalfinanzen_gesamt.pdf - (21.12.2005).

-: (Hrsg.) [Dokumentation 51, 2005]: DStGB – Dokumentation Nr. 51, Interkommunale Zusammenarbeit – Praxisbeispiele, Rechtsformen und Anwendung des Vergaberechts, Verlagsbeilage „Stadt und Gemeinde INTERAKTIV", 10 / 2005.

-: (Hrsg.) [Dokumentation 53, 2005] DStGB Dokumentation Nr. 53, Bewertung des Koalitionsvertrages zwischen CDU, CSU und SPD aus kommunaler Sicht, 11 / 2005.

-: (Hrsg.) [Dokumentation 61, 2006]: DStGB – Dokumentation Nr. 61, Vergaberecht 2006, Aktuelle Neuerungen und kommunale Forderungen, Verlagsbeilage „Stadt und Gemeinde INTERAKTIV", 05 / 2006.

-: [Positionspapier, 2006]: Positionspapier des Deutschen Städte- und Gemeindebundes zum Grünbuch „Europäische Transparenzinitiative" KOM (2006) 194.
www.dstgb.de - (09.02.2007).

-: [Erwartungen, 2007]: Zehn Erwartungen der Städte und Gemeinden zur Föderalismusreform II, Kommission von Bundestag und Bundesrat zur Modernisierung der Bund-Länder-Finanzbeziehungen, Kommissionsdrucksache 004, Berlin, 2007.
http://www.bundestag.de/parlament/gremien/foederalismus2/drucksachen/kdrs004.pdf - (03.08.2007).

DEUTSCHES INSTITUT FÜR URBANISTIK (DIfU) (Hrsg.) [Verwaltungsmodernisierung, 2005]: Verwaltungsmodernisierung in deutschen Kommunalverwaltungen – Eine Bestandsaufnahme, Berlin: 2005.

-: (Hrsg.) [Partnership, 2005): Public Private Partnership. Eine aktuelle Bestandsaufnahme in Bund, Ländern und Kommunen, Berlin, 2005.
http://www.ppp-bund.de/aktuelle_arbeiten.htm - (31.07.2006).

DIZDAREVIC, SRDAN [State, 2005]: The Unfinished State?, in: SOLIOZ, CHRISTOPHE / VOGEL, TOBIAS K. (Hrsg.): Dayton and Beyond: Perspectives on the Future of Bosnia and Herzegovina, Baden - Baden: Nomos, 2005, S. 37 – 44.

DÖRING, THOMAS [Ordnung, 1999]: Marktwirtschaftliche Ordnung und föderativer Staatsaufbau, in: MÜCKL, WOLFGANG (Hrsg.): Subsidiarität: Gestaltungsprinzip für eine freiheitliche Ordnung in Staat, Wirtschaft und Gesellschaft, Paderborn, München, Wien: Schöningh, 1999, S. 63 – 93.

DONAIS, TIMOTHY [Economy, 2005]: The Political Economy of Peacebuilding in Post – Dayton Bosnia, London, New York: Routledge, 2005.

DOSE, NICOLAI [Trends, 2003]: Trends und Herausforderungen der politischen Steuerungstheorie, in: GRANDE, EDGAR / PRÄTORIUS, RAINER (Hrsg.): Politische Steuerung und neue Staatlichkeit, Baden - Baden: Nomos, 2003, S. 19 – 58.

DREIER, HORST, in: DREIER, HORST (Hrsg.): Grundgesetz Kommentar, Band II. Tübingen: Mohr Siebeck, 1998, Art. 28 GG, S. 536, Rdn. 108.

DREIER, VOLKER [Faktor, 1997]: Der kommunalpolitische Faktor im europäischen Integrationsprozess, Strukturen, Entwicklungen, Modelle, Vergleiche, in: PLATZER, HANS WOLFGANG (Hrsg.): Europa als kommunale Aufgabe: Grundlagen, Praxisfelder, Perspektiven, Frankfurt / Main: VAS, 1997, S. 81 – 109.

DRUWE, ULRICH / KUNZ, VOLKER (Hrsg.) [Rational Choice, 1994]: Rational Choice in der Politikwissenschaft. Grundlagen und Anwendung, Opladen: Leske und Budrich, 1994.

DÜSTERDIEK, BERND [Kooperationen, 2006]: Kooperationen nicht blockieren! Interkommunale Zusammenarbeit und Vergaberecht, in: Stadt und Gemeinde INTERAKTIV, Nr. 7-8/2006, S. 280 – 282.

DUHAMEL, OLIVIER / DE MOOR, ANNE / POLLMEIER, CHRISTIANE / VILLANOVA, PERE / VERNET, JAUME / PORTELLI, MARIANGELA (Eds.) [Constitution, 1992]: La Constitution Francaise, Paris: Presse Universitaires de France, 1992.

DURAND, CAMILLE [Situation, 1988]: Zur finanziellen Situation französischer Kommunen, in: KLEIN, PETER (Hrsg.): Die Stadt – La Commune, Bonn: Vorwärts Verlag, 1988, S. 160 – 170.

DZAJA, SRECKO M. [Konfessionalität, 1984]: Konfessionalität und Nationalität Bosniens und der Herzegowina. Voremanzipatorische Phase 1463 – 1804, München: R. Oldenbourg, 1984.

-: [Bosnien – Herzegowina, 1994]: Bosnien-Herzegowina in der österreichisch-ungarischen Epoche (1878 – 1918). Die Intelligentsia zwischen Tradition und Ideologie, München: R. Oldenbourg, 1994.

DZIHIC, VEDRAN [Nation–Building, 2005]: Nation-Building in Bosnien und Herzegowina, in: REITER, ERICH / JUREKOVIC, PREDRAG (Hrsg.): Bosnien und Herzegowina – Europas Balkanpolitik auf dem Prüfstand, Baden - Baden: Nomos, 2005, S. 15 – 32.

-: [Dayton, 2006]: Zwischen Dayton und Brüssel. Bosnien – Herzegowina zehn Jahre nach Kriegsende – Ein Land auf der Suche nach sich selbst, in: S+F (Sicherheit und Frieden), Heft 2 / 2006, S. 55 – 112.

E

EBERLEIN, BURKARD [Abschied, 1997]: Abschied vom Unitarismus? Regionale Innovationspolitik und „Technopole" in Frankreich, Opladen: Leske und Budrich, 1997.
Zugl. Konstanz, Univ., Diss., 1996.

EFENDIC, ADNAN [Specifics, 2004]: Specifics of Government Expenditure in Bosnia and Herzegovina, in: KRESO, SEAD / HADERI, SULO / MEYER, DIETMAR / WENZEL, HEINZ-DIETER (Eds.): Acceding to the European Union: New Members and Candidates, Fourth European Doctoral Seminar, 16th – 19th September 2004, Sarajevo, Bosnia and Hercegovina, Bamberg: Berg, 2004, S. 285 – 296.

EFLER, MICHAEL [Bürgerinitiative, 2006]: Die Europäische Bürgerinitiative: Rechtliche Möglichkeiten für die Einführung unterhalb der Verfassungsebene, Democracy International, 2006.

EHLERS, JOACHIM [Geschichte, 1987]: Geschichte Frankreichs im Mittelalter: Stuttgart, Berlin, Köln, Bonn, Mainz: Kohlhammer, 1987.

EICHENER, VOLKER [Entscheidungssystem, 2000]: Das Entscheidungssystem der Europäischen Union. Institutionelle Analyse und demokratietheoretische Bewertung, Opladen: Leske und Budrich, 2000.

-: [System-Entwicklung, 2001]: System-Entwicklung und Entscheidungsprozesse der Europäischen Union: Zentralisierung versus Differenzierung, in: TÖMMEL, INGEBORG (Hrsg.): Europäische Integration als Prozess von Angleichung und Differenzierung, Opladen: Leske und Budrich, 2001.

EINEM, CASPAR [Konventsmethode, 2006]: Die Konventsmethode, Schlussfolgerungen nach zwei Erfahrungen, in: DERRA, HANS-JÖRG (Hrsg.): Freiheit, Sicherheit und Recht. Festschrift für Jürgen Meyer zum 70. Geburtstag, Baden - Baden: Nomos, 2006, S. 27 – 47.

-: [Verfassung, 2006]: Europäische Verfassung: Einige rückblickende und vorwärts gerichtete Überlegungen, in: Journal für Rechtspolitik, Band 14, 2006, Heft 1, S. 1 - 3.

EISING, RAINER / KOHLER-KOCH, BEATE [Interessenpolitik, 2005]: Interessenpolitik im europäischen Mehrebenensystem, in: EISING, RAINER / KOHLER-KOCH, BEATE (Hrsg.): Interessenpolitik in Europa, Baden-Baden, Nomos, 2005.

ELLWEIN, THOMAS [Selbstverwaltung, 1998]: Kommunale Selbstverwaltung am Ende dieses Jahrhunderts. Ist das politische Konzept noch tragbar?, in: ELLWEIN, THOMAS / OEBBECKE, JANBERT (Hrsg.): Ein Cappenberger Gespräch, 2. Oktober 1997, Köln: Grote, 1998, S. 18 – 38.

ENGEL, CHRISTIAN [Europa, 1998]: Das „Europa der Regionen" seit Maastricht, in: BORKENHAGEN, FRANZ H. U. (Hrsg.) Europapolitik der deutschen Länder. Bilanz und Perspektiven nach dem Gipfel von Amsterdam, Opladen: Leske und Budrich, 1998, S. 151 – 180.

ENGEL, GERHARD [Struktur, 2003]: Struktur und Umsetzung der EKC in den Mitgliedsstaaten des Europarats und die Kontrolle durch den Kongreß der Gemeinden und Regionen Europas, in: KNEMEYER, FRANZ LUDWIG (Hrsg.): Kommunale Selbstverwaltung in Ost und West, Symposion "Europa Kommunal - der Beitrag Europas für die Verfassung der Kommunen. Die Bedeutung Lokaler Demokratien angesichts der Ausdehnung Globaler Strukturen", des Kommunalwissenschaftlichen Forschungszentrums Würzburg am 21.6.2002 in Würzburg, Baden – Baden: Nomos, 2003, S. 37 – 60.

EPPLER, ANNEGRET [Ausschuss, 2005]: Der Ausschuss der Regionen im Jahr 2004 – zukünftiger Mittelpunkt eines „Netzwerks" zwischen EU-Institutionen und Regionen?, in: EUROPÄISCHES ZENTRUM FÜR FÖDERALISMUS-FORSCHUNG (EZFF) (Hrsg.): Jahrbuch des Föderalismus 2005, Föderalismus, Subsidiarität und Regionen in Europa, Baden – Baden: Nomos, 2005, S. 620 – 632.

ESTEL, DENISE [Bundesstaatsprinzip, 2006]: Bundesstaatsprinzip und direkte Demokratie im Grundgesetz, Baden - Baden: Nomos, 2006.
Zugl.: Leipzig, Univ., Diss., 2005.

EUROCITIES [Mobility, 2007]: Eurocities for Sustainable Urban Mobility. Strength through diversity, 2007.
http://www.eurocities.org/uploads/load.php?file=PP_Mob_UrbanMobility07-BCAR.pdf - (02.08.2007).

EUROPABÜRO DER BAYERISCHEN KOMMUNEN / EUROPABÜRO DER BADEN – WÜRTTEMBERGISCHEN KOMMUNEN / EUROPABÜRO DER SÄCHSISCHEN KOMMUNEN [Regieren, o. A.]: Europäisches Regieren, Weißbuch der Europäischen Kommission, Stellungnahme der Kommunalen Spitzenverbände Baden-Württembergs, Bayerns und Sachsens.
www.ebbk.de/stellungnahmen/europaeisches_regieren_gemeinsam%20stellungnahme.pdf - (16.08.2005).

-: [Ausschuss, 25/2005]: Aus dem Ausschuss der Regionen, Subsidiarität: Elektronisches Kontrollnetzwerk nimmt Gestalt an, in: Brüssel Aktuell 25/2005.

-: [Ausschuss, 33/2005,]: Aus dem Ausschuss der Regionen, Subsidiarität: Kontrollnetzwerk startet mit 21 Teilnehmern, in: Brüssel Aktuell 33/2005.

-: [Ausschuss, 2006]: Aus dem Ausschuss der Regionen, Subsidiaritätskontrollnetzwerk: Bericht über den ersten Test vorgelegt, in: Brüssel Aktuell 04/2006.

-: [Netzwerk, 2006]: Das elektronische Netzwerk des Ausschusses der Regionen zur Subsidiaritätskontrolle, in: Brüssel Aktuell, 26/2006.

-: [Spitzenverbände, 2007]: Kommunale Spitzenverbände Baden-Württembergs führen Gespräche mit Europäischem Parlament, EU-Kommission und Ständiger Vertretung in Brüssel, in: Brüssel Aktuell, 4/2007, S. 2 ff

-: [Nahverkehr, 2007]: Städtischer Nahverkehr: Stellungnahmen zu den Vorschlägen der EU-Kommission, in: Brüssel Aktuell, 14/2007, S. 7 - 8.

-: [Ausschuss, 2007]: Aus dem Ausschuss der Regionen, Kommunen als Berater für EU-Gesetzgebung gesucht, in: Brüssel Aktuell, 19/2007, S. 9.

EUROPABÜRO DER BAYERISCHEN KOMMUNEN / EUROPABÜRO DER BADEN – WÜRTTEMBERGISCHEN KOMMUNEN / EUROPABÜRO DER SÄCHSISCHEN KOMMUNEN [Juni-Gipfel, 2007]: Juni-Gipfel in Brüssel: Vom „Verfassungsvertrag" zum Reformvertrag, in: Brüssel Aktuell, 19/2007, S. 2 – 4.

EUROPABÜRO DES DEUTSCHEN STÄDTETAGES (Hrsg.) [Jahresbericht, 2004]: 2. Jahresbericht des Europabüros des Deutschen Städtetages 2003/2004, Juni 2004.
http://www.staedtetag.de/imperia/md/content/verschiede/11.pdf - (10.01.2006).

EUROPÄISCHER KONVENT [375/1/02, 2002]: Bericht des Vorsitzenden der Gruppe V „ergänzende Zuständigkeiten" an die Mitglieder des Konvents, 04. November 2002, CONV 375/1/02.
http://register.consilium.eu.int/pdf/en/02/cv00/00375-r1en2.pdf - (10.03.2007).

-: [CONV 518/03, 2003]: Arbeitspapier des Präsidiums an den Konvent. Die regionale und lokale Dimension in Europa, 29. Januar 2003, CONV 518/03.
http://register.consilium.eu.int/pdf/en/03/cv00/cv00518en03.pdf - (10.03.2007).

EUROPÄISCHER KONVENT [CONV 520/03, 2003]: Vermerk des Sekretariats an den Konvent. Beitrag der sechs Beobachter des AdR an den Konvent - „Die Rolle der regionalen und lokalen Behörden bei der Europäischen Integration", 30. Januar 2003, CONV 520/03, CONTRIB 216.
http://register.consilium.eu.int/pdf/en/03/cv00/cv00520en03.pdf - (10.03.2007).

-: [CONV 523/03]: Informatorischer Vermerk des Sekretariats für den Konvent. Zusammenfassung der Beratungen der Kontaktgruppe „Regionale und lokale Gebietskörperschaften", 31.Januar 2003, CONV 523/03
http://register.consilium.eu.int/pdf/en/03/cv00/cv00523en03.pdf - (10.03.2007).

-: [CONV 530/03]: Beitrag von Erwin Teufel - „Die regionalen und lokalen Gebietskörperschaften im Verfassungsvertrag" vom 04.02.2003 – CONTRIB 223, CONV 530/03.
http://register.consilium.eu.int/pdf/en/03/cv00/cv00530en03.pdf - (10.03.2007).

-: [CONV 548/03]: Synthesebericht über die Plenartagung am 06./07.02.2003, CONV 548/03.
http://register.consilium.eu.int/pdf/en/03/cv00/cv00548en03.pdf - (10.03.2007).

-: [CONV 579/03]: Vermerk des Präsidiums an den Konvent: Entwurf von Protokollen über die Anwendung der Grundsätze der Subsidiarität und der Verhältnismäßigkeit und die Rolle der einzelstaatlichen Parlamente in der Europäischen Union, 27. Februar 2003, CONV 579/03.
http://european-convention.eu.int/docs/Treaty/CV00579.EN03.pdf - (10.03.2007).

-: [CONV 610/1/03]: Übermittlungsvermerk des Sekretariats für den Konvent zu den Reaktionen auf den Entwurf eines Protokolls über die Anwendung der Grundsätze der Subsidiarität und der Verhältnismäßigkeit – Analyse, 13. März 2003, CONV 610/1/03.
http://register.consilium.eu.int/pdf/en/03/cv00/cv00610-re01en03.pdf - (10.03.2007).

-: [CONV 724/1/03]: Berichtigte Fassung, Entwurf der Verfassung, Band I, überarbeiteter Text von Teil 1, 28. Mai 2003, CONV 724/1/03.
http://european-convention.eu.int/docs/Treaty/cv00724-re01.de03.pdf - (27.06.2006).

-: [797/1/03]: Übermittlungsvermerk des Präsidiums für den Konvent Text von Teil I und II der Verfassung, 12. Juni 2003, CONV 797/1/03 Rev. 1, Band 1.
http://european-convention.eu.int/docs/Treaty/cv00797-re01.en03.pdf - (10.03.2007).

:- Der Präsident [Bericht, 2003]: Mündlicher Bericht an den Europäischen Rat in Thessaloniki von V. Giscard d´Estaign, Thessaloniki, 20. Juni 2003.
http://european-convention.eu.int/docs/speeches/9606.pdf - (19.10.2006).

EUROPÄISCHER RAT [Erklärung, 2005]: Erklärung der Staats- und Regierungschefs der Mitgliedstaaten der Europäischen Union zur Ratifizierung des Vertrags über eine Verfassung für Europa (Tagung des Europäischen Rates am 16. / 17. Juni 2005).
http://www.consilium.europa.eu/cms3_applications/Applications/newsRoom/related.asp?BID=76&GRP=8871&LANG=1&cmsId=347 - (24.08.2006).

-: [Schlussfolgerungen, 2006]: 15. / 16. Juni 2006: Schlussfolgerungen des Vorsitzes, Europäischer Rat, 10633/1/06 REV 1, 17. Juli 2006.
www.consilium.europa.eu/ueDocs/cms_Data/docs/pressData/de/ec/90120.pdf - (14.07.2006).

-: [Übermittlungsvermerk, 2007]: Übermittlungsvermerk, Europäischer Rat in Brüssel, 21./22. Juni 2007, Schlussfolgerungen des Vorsitzes.
www.eu2007.de/de/News/Press_Releases/June/0621ERAnkündigung.html - (05.07.2007).

EUROPÄISCHES PARLAMENT / AUSSCHUSS FÜR KONSTITUTIONELLE FRAGEN [Bericht / Lamassoure, 2002]: Bericht über die Abgrenzung der Zuständigkeiten zwischen der Europäischen Union und den Mitgliedstaaten, (2001/2024(INI)), endg. A5-0133/2002 (Lamassoure – Bericht).
http://www.europarl.europa.eu/sides/getDoc.do?pubRef=-//EP//NONSGML+REPORT+A5-2002-0133+0+DOC+PDF+V0//DE - (10.03.2007).

-: / **AUSSCHUSS FÜR KONSTITUTIONELLE FRAGEN** [Bericht / Napolitano, 2002]: Bericht über die Rolle der regionalen und lokalen Gebietskörperschaften im europäischen Aufbauwerk, (2002/2141(INI)), endg. A5-0427/1001, (Napolitano – Bericht).
http://www.europarl.europa.eu/omk/omnsapir.so/calendar?APP=PDF&TYPE=PV2&FILE=p0030114EN.pdf&LANGUE=EN - (10.03.2007).

-: / **GENERALDIREKTION WISSENSCHAFT** [Arbeitsdokument, 2002]: Arbeitsdokument. Das Neue Europa: Regieren in einer Union mit bis zu 30 Mitgliedstaaten, Reihe konstitutionelle Angelegenheiten, AFCO 101 EN, 2002. http://www.uni-mannheim.de/edz/pdf/dg4/AFCO101_DE.pdf - (20.06.2007).

EUROPAMINISTERKONFERENZ DER LÄNDER (EMK) [Europaministerkonferenz, 2005]: 41. Europaministerkonferenz der Länder am 26. Oktober 2005 in Berlin, TOP 2, Europäischer Reformprozess – Europäischer Verfassungsvertrag.
www.europaminister.de - (24.08.2006).

EU SPECIAL REPRESENTATIVE FOR BOSNIA AND HERZEGOWINA [Report, 2005]: Report to the European Parliament by the EU Special Representative for BiH, November 2005.
www.ohr.int/other-doc/hr-reports/default.asp?content_id=36026 - (15.09.2006).

F

FABER, ANNE [Approaches, 2001]: New Approaches to Integration Theory and Change in the EU, in: TÖMMEL, INGEBORG (Hrsg.): Europäische Integration als Prozess von Angleichung und Differenzierung, Opladen: Leske und Budrich, 2001.

-: [Integration, 2005]: Europäische Integration und politikwissenschaftliche Theoriebildung, Wiesbaden: VS, 2005. Zugl.: Osnabrück, Univ., Diss., 2003.

FAGAN, ADAM [Society, 2005]: Civil Society in Bosnia Ten Years after Dayton, in: International Peacekeeping, Vol. 12, No. 3, Autumn 2005, S. 406 – 419.

FEHRENBACH, ELISABETH [Napoleon, 1997]: Napoleon und die Expansion der Französischen Revolution, in: SPECKER, HANS EUGEN (Hrsg.): Einwohner und Bürger auf dem Weg zur Demokratie. Von den antiken Stadtrepubliken zur modernen Kommunalverfassung, Stuttgart: Kommissionsverlag W. Kohlhammer, 1997, S. 161 – 171.

FENSKE, HANS [Denken, 1993]: Politisches Denken im 20. Jahrhundert., in: LIEBER, HANS–JOACHIM (Hrsg.): Politische Theorien von der Antike bis zur Gegenwart, Bonn: bpb, 2. Aufl., 1993, S. 657 – 880.

FISCH, RUDOLF / BECK, DIETER [Verfahren, 2001]: Entscheidungsunterstützende Verfahren in der Administration, in: SOMMERMANN, KARL-PETER / ZIEKOW, JAN (Hrsg.): Perspektiven der Verwaltungsforschung. Beiträge zur Wissenschaftlichen Arbeitstagung aus Anlaß des 25-jährigen Bestehens des Forschungsinstituts für öffentliche Verwaltung vom 8. bis 10. Oktober 2001 in Speyer, Berlin: Duncker und Humblot, 2002, S. 103 – 125.

-: / **STROHM, KLAUSPETER** [Wandel, 2000]: Wandel in der Kontinuität? Überlegungen zum Begriff Gemeinwohl, in: ARNIM, HANS HERBERT VON / BRINK, STEFAN (Hrsg.): Gemeinwohl und Verantwortung, Festschrift für Hans Herbert von Arnim, Berlin: Duncker und Humblot, 2004, S. 73 – 78.

FISCHER, JOSEPH MARTIN [Staatenverbund, 2000]: Vom Staatenverbund zur Föderation – Gedanken über die Finalität der europäischen Integration, Rede am 12. Mai 2000 in der Humboldt-Universität in Berlin.
http://www.auswaertiges-amt.de/www/de/infoservice/download/pdf/reden/2000/r000512a.pdf
- (02.05.2006).

-: [Rede, 2000]: Rede des Bundesministers des Auswärtigen im belgischen Parlament am 14. November 2000 in Brüssel
http://www.auswaertiges-amt.de/www/de/infoservice/download/pdf/reden/2000/r001114f.pdf
- (02.05.2006).

FISCHER, KLEMENS H. [Entwicklung, 2005]: Die Entwicklung des europäischen Vertragsrechts. Von den Römischen Verträgen bis zur EU-Verfassung, Baden - Baden, Bern: Stämpfli, Nomos, Manz, 2005.

FLIGSTEIN, NEIL / MC NICHOL, JASON [Terrain, 1997]: The Institutional Terrain of the European Union. Seminar and Workshop on Advanced Issues in Law and Policy of the European Union, NAFTA and the WTO, Harvard Law School, Jean Monnet Working Paper No. 3/1997, Cambridge, 1997.

FLYNN, BRENDAN [Subsidiarity, 2005]: Reformed Subsidiarity in the Constitution for Europe. Can it deliver on expectations? European Institute of Public Administration (EIPA), Working Paper 2005 / W / 07.
http://www.eipa.nl/en/publications/show/&tid=1775 - (22.05.2007).

FOLLESDAL, ANDREAS [Theory, 2002]: The Fascinating Political Theory of The White Paper on Governance, Advanced Research on the Europeanisation of the Nation-State (arena).
www.arena.uio.no/events/conference2002/documents/Follesdal.doc - (05.07.2005).

-: [Theories, 2004]: Legitimacy Theories of the European Union, arena – Center for European Studies, Oslo, ARENA Working Paper WP 04/15.
www.arena.uio.no/publications/working-papers2004/papers/04-15xml - (14.12.2006).

-: / **HIX, SIMON** [Deficit, 2002]: Why There is a Democratic Deficit in the EU: A Response to Majone and Moravcsik, European Governance Papers (EUROGOV), No. C-05-02.
http://www.connex-network.org/europgov/pdf/egp-connex-C-05-02.pdf - (10.06.2006).

FORSCHUNGSVERBUND ESSLINGEN 2030 (Hrsg.) [Stadt, 2003]: Stadt 2030 - Bürger sein heute – Bürger sein 2030, 2003.
http://www.esslingen.de/servlet/PB/show/1180788/kurz_esslingen_2030.pdf - (10.01.2006).

FOURNIER, AUGUST [Bosnien, 1909]: Wie wir zu Bosnien kamen. Eine historische Studie, Wien: Verlag von Christoph Reisser´s Söhne, 1909.

FRAENKEL, ERNST [Deutschland, 1991]: Deutschland und die westlichen Demokratien, Frankfurt am Main: Suhrkamp, 1991.

FRANKE, THOMAS / HEINZ, WERNER [EU-Aktivitäten, 1997]: EU-Aktivitäten deutscher Städte und Gemeinden - Ergebnisse einer DIFU - Umfrage, Berlin: DIFU, 1997.

FRANZIUS, CLAUDIO [Funktionen, 2006]: Funktionen des Verwaltungsrechts im Steuerungsparadigma der Neuen Verwaltungsrechtswissenschaft, in: Die Verwaltung, Heft 3 / 2006, S. 335 – 373.

FRANZÖSISCHE BOTSCHAFT (Hrsg.) [Gesetz, 2003]: Gesetz zur Dezentralisierung: Neue Kompetenzen für die Gebietskörperschaften und Stärkung der Demokratie vor Ort.
www.botschaft-frankreich.de - (05.03.2003).

FRENZ, WALTER [Selbstverwaltung, 1996]: Kommunale Selbstverwaltung und europäische Integration, in: HOFFMANN, MARKUS / KROMBERG, CHRISTIAN / ROTH, VERENA (Hrsg.): Kommunale Selbstverwaltung im Spiegel von Verfassungsrecht und Verwaltungsrecht, Rostock: Boorberg, 1996, S. 9 – 28.

FRERE, ERIC [Vergleich, 1998]: Vergleich der Kommunen in Deutschland und Frankreich: Historische Entwicklungen, rechtliche Rahmenbedingungen und öffentliche Finanzstrukturen im föderalen und zentralen System, Wiesbaden: Dt. Univ. Verlag, 1998.
Zugl.: Bochum, Univ., Diss., 1997.

FREY, BIRGIT / KLEINFELD, RALF [Interessen, 1997]: Organisierte Interessen und das Neue Steuerungsmodell, in: BOGUMIL, JÖRG / KIßLER, LEO (Hrsg.): Verwaltungsmodernisierung und lokale Demokratie. Risiken und Chancen eines Neuen Steuerungsmodells für lokale Demokratie, Baden – Baden: Nomos, 1997.

FRIEDMAN, FRANCINE [Bosnia, 2004]: Bosnia and Herzegovina. A polity on the brink, London, New York: Routledge, 2004.

FRISCHMUTH, BIRGIT [PPP, 2006]: PPP – von der Pilotphase zur Beschaffungsroutine, in: Der Städtetag, 03/2006, S. 6 – 9.

FRÖHNER, KARL [Selbstverwaltung, 1958]: Die bürgerschaftliche Selbstverwaltung. Handbuch für das gemeindliche Ehrenamt, Stuttgart: Jahrbuch Verlag, 1958.

FROMONT, MICHEL [Kommunalverfassung, 1988]: Die französische Kommunalverfassung, in: ERICHSEN, HANS-UWE (Hrsg.): Kommunalverfassungen in Europa, Köln: DGV, 1988.

FROTSCHER, WERNER [Selbstverwaltung, 1983]: Selbstverwaltung und Demokratie, in: MUTIUS, ALBERT VON (Hrsg.): Selbstverwaltung im Staat der Industriegesellschaft. Festgabe zum 70. Geburtstag von Georg Christoph von Unruh, Heidelberg: R.v.Deckers, 1983, S. 127 – 144.

-: / **PIEROTH, BODO** [Verfassungsgeschichte, 2005]: Verfassungsgeschichte, München: Beck, 5. Auflage, 2005.

FUCHS, DIETER [Modelle, 2004]: Modelle der Demokratie: Partizipatorische, Liberale und Elektronische Demokratie, in: KAISER, ANDRE / ZITTEL, THOMAS (Hrsg.): Demokratietheorie und Demokratieentwicklung, Festschrift für Peter Graf Kielmansegg, Wiesbaden: VS, 2004, S. 19 – 54.

FÜHRLBECK, THOMAS [Staatsfinanzierung, 2005]: Staatsfinanzierung in Frankreich, VdH-Seminar in Berlin, (o.A.), 2005.
http://www.gg-v.com/deutsch/themen/downloads/GGV_SEM_VdH_2005.pdf - (15.06.2007).

FÜRST, DIETRICH [Governance, 2006]: Regional Governance – ein Überblick, in: KLEINFELD, RALF / PLAMPER, HARALD / HUBER, ANDREAS (Hrsg.): Regional Governance, Steuerung, Koordination und Kommunikation in regionalen Netzwerken als neue Form des Regierens, Band 1, Osnabrück: V&R, 2006, S. 37 – 59.

G

GABRIEL, KARL [Bosnien-Herzegowina, 2003]: Bosnien-Herzegowina 1878: Der Aufbau der Verwaltung unter FZM Herzog Wilhelm von Württemberg und dessen Biographie, Frankfurt am Main, Berlin, Bern: Peter Lang, 2003.

GABRIEL, OSCAR W. [Bürgerbeteiligung, 1989]: Bürgerbeteiligung an der Kommunalpolitik, in: GABRIEL, OSCAR W. (Hrsg.): Kommunale Demokratie zwischen Politik und Verwaltung, München: Minerva, 1989.

-: [Bürgergemeinde, 2002]: Die Bürgergemeinde als neues Leitbild der Kommunalpolitik – Anspruch und Wirklichkeit, in: SCHUSTER, WOLFGANG (Hrsg): Die regierbare Stadt, Stuttgart: DGV, 2002, S. 139 – 169.

-: / WALTER-ROGG, MELANIE [Bürgerbegehren, 2006]: Bürgerbegehren und Bürgerentscheide – Folgen für den kommunalpolitischen Entscheidungsprozess, in: Deutsche Zeitschrift für Kommunalwissenschaften, (DfK) 45. Jg. 2006/II, S. 39 – 56.

GASSER, ADOLF [Gemeindefreiheit, 1983]: Gemeindefreiheit als Rettung Europas. Grundlinien einer ethischen Geschichtsauffassung, Nachdruck der 2. Auflage, Basel, 1947 mit dem Nachwort von Adolf Gasser, München, 1983, in: MENTZ, ULRICH (Hrsg.): Gemeindefreiheit in Europa: Der steinige Weg zu mehr Selbstverwaltung in Europa, Baden - Baden: Nomos, 2004, S. 43 – 221.

GASTER, JENS [Subsidiaritätsprinzip, 1998]: Das Subsidiaritätsprinzip im Gemeinschaftsrecht, in: TIMMERMANN, HEINER (Hrsg.): Subsidiarität und Föderalismus in der Europäischen Union, Berlin: Duncker und Humblot, 1998, S. 19 – 40.

GENERAL FRAMEWORK AGREEMENT FOR PEACE (GFAP) [Dayton, 1995]: Dayton Peace Accord.
http://www.ohr.int/dpa/default.asp?content_id=379 - (08.05.2004).

-: [Annex 4, 1995]: Annex 4 – Constitution of Bosnia and Herzegowina.
http://www.ohr.int/dpa/default.asp?content_id=372 - (28.03.2004).

-: [Annex 10, 1995]: Annex 10 - Agreement on Civilian Implementation.
http://www.ohr.int/dpa/default.asp?content_id=366 - (28.03.2004).

GENERALSEKRETARIAT FÜR EUROPÄISCHE ANGELEGENHEITEN [Generalsekretariat, o. A.]: Generalsekretariat für europäische Angelegenheiten im Überblick, o. A.
http://www.sgae.gouv.fr/presentation/docfiles/textesofficiels/present_sgae_de.pdf - (15.06.2007).

GENSCHEL, PHILIPP / ZANGL, BERNHARD [Zerfaserung, 2007]: Die Zerfaserung von Staatlichkeit, in: Aus Politik und Zeitgeschichte, Neue Formen der Staatlichkeit, APuZ , 20-21/2007 vom 14. Mai 2007, S.10 - 19.

GERSTLBERGER, WOLFGANG / KNEIßLER, THOMAS [Reformierung, 2000]: Reformierung von Verwaltung und Politik im Kontext der kommunalen Verwaltungsmodernisierung, in: ZIELINSKI, HEINZ (Hrsg.): Die Modernisierung der Städte.: Verwaltung und Politik zwischen Ökonomisierung und Innovation, Wiesbaden: DUV, 2000, S. 151 – 174.

GIERING, CLAUS [Europa, 1997]: Europa zwischen Zweckverband und Superstaat. Die Entwicklung der politikwissenschaftlichen Integrationstheorie im Prozess der europäischen Integration, Bonn: Europa Union Verlag, 1997.

-: [Reformkonvent, 2003]: Der Reformkonvent vor der Bewährungsprobe, Generalüberholung statt Facelifting, in: Internationale Politik, Nr. 1, Januar 2003, S. 31 – 41.

GILBERT, C. (o. A.) [Aspekte, 1988]: Historische, juristische und ökonomische Aspekte der französischen und deutschen Kommunalpolitik, in: KLEIN, PETER (Hrsg.): Die Stadt – La Commune, Bonn: Vorwärts Verlag, 1988, S. 14 – 47.

-: [Kommunalpolitik, 1988]: Kommunalpolitik beider Länder im Vergleich, in: KLEIN, PETER (Hrsg.): Die Stadt – La Commune, Bonn: Vorwärts Verlag, 1988, S. 66 – 88.

GISCARD D´ESTAIGN, VALÉRY [Bericht, 2004]: Bericht an den Europäischen Rat von Thessaloniki, 20. Juni 2003, in: MARHOLD, HARTMUT (Hrsg.): Europa auf dem Weg zur Verfassung. Valéry Giscard d´Estaings Reden und Beiträge als Präsident des europäischen Verfassungskonvents, Baden - Baden: Nomos, 2004.

GISCARD D´ESTAIGN, VALÉRY [Bericht, 2003]: Bericht an den Europäischen Rat von Thessaloniki, 20. Juni 2003,
http://european-convention.eu.int/docs/speeches/9606.pdf - (19.10.2006).

GLASSER, MATHEW / JOKAY, CHARLES [Note, 2000]: Advisory Note on Regulatory Framework and Institutional Issues: Municipal Borrowing in Bosnia and Herzegovina, Final Report, RTI International, January 2000.
http://www.rti.org/pubs/mun-borr-bh-mdg.pdf - (05.03.2007).

GNEIST, RUDOLF [Verwaltung, 1869]: Verwaltung, Justiz, Rechtsweg, Staatsverwaltung und Selbstverwaltung nach englischen und deutschen Verhältnissen, Berlin: Springer, 1869.

GÖHRING, ARMIN LUDWIG [Experimentierklauseln, 2003]: Experimentierklauseln im Kommunalrecht – Rechtsprobleme im Spannungsfeld zwischen Regelungswut und „laisser faire", 2003.
http://deposit.ddb.de/cgi-bin/dokserv?idn=969187041&dok_var=d1&dok_ext=pdf&filename=969187041.pdf
- (20.07.2007).
Zugl.: Würzburg, Univ., Diss., 2003.

GÖLER, DANIEL / JOPP, MATHIAS [Verfassungskrise, 2006]: Die europäische Verfassungskrise und die Strategie des „langen Atems", in: integration, 02/2006, S. 91 – 105.

GOETZ, KLAUS H. [Auswirkungen, 2004]: Auswirkungen der europäischen Integration in vergleichender Perspektive, in: SIEDENTOPF, HEINRICH (Hrsg.): Der Europäische Verwaltungsraum – Beiträge einer Fachtagung. Fachtagung des Forschungsinstituts für öffentliche Verwaltung bei der Deutschen Hochschule für Verwaltungswissenschaften Speyer in Verbindung mit der Deutschen Sektion des Internationalen Instituts für Verwaltungswissenschaften vom 21. – 23. Oktober 2002. Schriftenreihe der Deutschen Sektion des Internationalen Instituts für Verwaltungswissenschaften, Band 29, Baden - Baden: Nomos, 2004, S. 141 – 149.

GOLDSMITH, MIKE [Community, 2006]: From Community to power and back again?, in: BALDERSHEIM, HARALD / WOLLMANN, HELLMUT (Eds.): The Comparative Study of Local Government and Politics: Overview and Synthesis, Opladen: Leske und Budrich, 2006, S. 11 – 31.

-: [Autonomy, 1995]: Autonomy and City Limits, in: JUDGE, DAVID / STOKER, GERRY / WOLMANN, HARALD (Eds.): Theories of Urban Politics, London: Sage, 1995, S. 228 - 252.

GOTTO, BERNHARD [Kommunalpolitik, 2006]: Nationalsozialistische Kommunalpolitik. Administrative Normalität und Systemstabilisierung durch die Augsburger Stadtverwaltung 1933 – 1945, München: Oldenbourg, 2006.

GRAUHAN, ROLF–RICHARD [Verwaltung, 1970]: Politische Verwaltung: Auswahl und Stellung der Oberbürgermeister als Verwaltungschefs deutscher Großstädte, Freiburg im Breisgau: Rombach, 1970.
Zugl.: Konstanz, Univ., Habil., 1970.

GRAVIER, JEAN–FRANCOIS [Paris, 1972]: Paris et le désert francais en 1972, Flammarion, 1972.

GREMION, PIERRE [Pouvoir, 1976]: Le Pouvoir Périphérique. Bureaucrates et notables dans le système politique francais, Paris: Edition du Seuil, 1976.

GRETSCHMANN, KLAUS [Gewährleistungsstaat, 2005]: Gewährleistungsstaat für Europa, oder Europa als Gewährleistungsstaat, in: SCHUPPERT, GUNNAR FOLKE (Hrsg.): Der Gewährleistungsstaat – Ein Leitbild auf dem Prüfstand, Baden – Baden: Nomos, 2005, S. 189 – 200.

GRIMM, DIETER [Staat, 1993]: Der Staat in der kontinentaleuropäischen Tradition, in: VOIGT, RÜDIGER (Hrsg.): Abschied vom Staat – Rückkehr zum Staat?, Baden - Baden: Nomos, 1993, S. 27 – 50.

-: [Europa, 1995]: Braucht Europa eine Verfassung? Vortrag gehalten in der Carl Friedrich von Siemens Stiftung am 19. Januar 1994, München: Carl Friedrich von Siemens Stiftung, 1995.

-: [Vertrag, 1997]: Vertrag oder Verfassung, in: GRIMM, DIETER (Hrsg.):Zur Neuordnung der Europäischen Union: Die Regierungskonferenz 1996/97, Baden - Baden: Nomos, 1997, S. 9 – 32.

-: [Verfassung, 2001]: Die Verfassung und die Politik: Einsprüche in Störfällen, München: Beck, 2001.

-: [Staat, 2003]: Bitte keinen europäischen Staat durch die Hintertür, in: Die Zeit, Heft 17/2003, http://www.zeit.de/2003/17/Eu-Zukunft?page=all - (03.05.2006).

GROMES, THORSTEN / MOLTMANN, BERNHARD / SCHOCH, BRUNO [Demokratie-Experimente, 2004]: Demokratie-Experimente in Nachbürgerkriegsgesellschaften. Bosnien und Herzegowina, Nordirland und Kosovo im Vergleich. HSFK-Report (Hessische Stiftung Friedens- und Konfliktforschung)., 9/2004, 2004.

GROSSE - HÜTTMANN, MARTIN [Subsidiaritätsprinzip, 1996]: Das Subsidiaritätsprinzip in der EU – Eine Dokumentation mit einer Einführung zum Bedeutungsgehalt und zur Rezeption dieses Prinzips, Tübingen: EUROPÄISCHES ZENTRUM FÜR FÖDERALISMUS-FORSCHUNG, 1996.

-: [Konvent, 2005]: Der Konvent zur Zukunft der Europäischen Union. Leitbilder, Kontroversen und Konsenslinien der europäischen Verfassungsdebatte, in: BECKMANN, KLAUS (Hrsg.): Eine Verfassung für Europa, Tübingen: Mohr Siebeck, 2. Aufl., 2005, S. 207 – 234.

GROSSER, ALFRED / GOGUEL, FRANCOIS [Politik, 1980]: Politik in Frankreich. Paderborn, München, Wien, Zürich: Schöningh, 1980.

GROTE, JÜRGEN R. / GBIKPI, BERNARD [Government, 2002]: From Democratic Government to Participatory Governance, in: GROTE, JÜRGEN R. / GBIKPI, BERNARD (Eds.): Participatory Governance. Political and Societal Implications, Opladen: Leske und Budrich, 2002, S. 17 – 34.

GRZYWATZ, BERTHOLD [Stadt, 2003]: Stadt, Bürgertum und Staat im 19. Jahrhundert. Selbstverwaltung, Partizipation und Repräsentation in Berlin und Preußen 1806 bis 1918, Berlin: Duncker und Humblot, 2003. Zugl.: Berlin, Freie Univ., Habil., 2003.

GSÄNGER, MATTHIAS [Handeln, 2000]: Politisches Handeln und politischer Prozess, in: HEINELT, HUBERT / MÜHLICH, EBERHARD (Hrsg.): Lokale „Agenda 21"-Prozesse: Erklärungsansätze, Konzepte und Ergebnisse, Opladen: Leske und Budrich, 2000, S. 101 – 118.

GUALINI, ENRICO [Mehrebenen-Governance, 2006]: Mehrebenen-Governance und neue Formen von Territorialität, in: KLEINFELD, RALF / PLAMPER, HARALD / HUBER, ANDREAS (Hrsg.): Regional Governance, Steuerung, Koordination und Kommunikation in regionalen Netzwerken als neue Form des Regierens, Band 1, Osnabrück: V&R, 2006, S. 61 – 81.

GUERARD, STEPHANE (Démocratie, 2004]: La démocratie locale en question, in: Revue du Droit Public, No. 5, Septembre-Octobre 2004, S. 1291 – 1326.

GUÉROT, ULRICKE [Europa, 2003]: Europa wird neu verfasst. Schafft der Konvent den Durchbruch?, in: Internationale Politik, Nr. 4, April 2003, S. 41 – 49.

H

HAAS, ERNST B. [Europe, 1968]: The Uniting of Europe. Political, Social and Economic Forces 1950 – 1957, Stanford University Press, 1968.

HABERMANN, GERD (Hrsg.) [Freiheit, 2005]: Freiheit oder Gleichheit. Ein Alexis de Tocqueville Brevier, Bern: h.e.p. Verlag, 2005.

HABERMAS, JÜRGEN [Modelle, 1972]: Drei normative Modelle der Demokratie: Zum Begriff deliberativer Politik, in: MÜNKLER, HERFRIED (Hrsg.): Die Chancen der Freiheit – Grundprobleme der Demokratie, München: Piper, 1972, S. 11 – 24.

HADZIAHMETOVIC, AZRA [Economy, 2006]: The economy of Bosnia – Herzegovina - ten years on, in: bosnia report december – march 2006, new series no. 49 – 50.
www.bosia.org.uk/bosrep/report_format.cfm?articleID=854&reportid=170 - (12.07.2006).

HAGEMANN, SARA [Reform Treaty]: The EU Reform Treaty: easier signed than ratified?, in: European Policy Center (EPC), Policy Brief, July 2007.
http://www.epc.eu/TEWN/pdf/1005541228_The%20EU%20Reform%20Treaty.pdf - (30.07.2007).

HAINDL, JOHANNES [Bosnia, 2005]: Bosnia and Herzegovina: Political Order and International Enlargement, in: Südosteuropa Mitteilungen, 04 – 05 / 2005, S. 78 – 82.

HALTERN, ULRICH [Janusgesicht, 2005]: Das Janusgesicht der Unionsbürgerschaft, in: Swiss Political Science Review, 11 (1), S. 87 – 117.

HANSEN, KARIN [Government, 2005]: Representative Government and Network Governance – In Need of "Co-governance": Lessons from Local Decision Making on Public Schools in Denmark, in: Scandinavian Political Studies, Vol. 28 – No. 3, 2005, S. 219 – 237.

HARTMANN, CLAUS PETER [Verfassungsgeschichte, 2003]: Französische Verfassungsgeschichte der Neuzeit (1450 – 2002). Ein Überblick, Berlin: Duncker und Humblot, 2003.

HAßDENTEUFEL, GREGOR [Subsidiaritätsprinzip, 2004]: Das Subsidiaritätsprinzip in der Europäischen Verfassung, in: European Law Reporter: ELR, Nr. 9 / 2004, S. 322 – 332.

HAUPT, CHRISTIAN / JUREKOVIC, PREDRAG [Ziele, 2005]: Ziele, Befürchtungen und Optionen der Akteure in Bosnien und Herzegowina, in: REITER, ERICH / JUREKOVIC, PREDRAG (Hrsg.): Bosnien und Herzegowina – Europas Balkanpolitik auf dem Prüfstand, Baden - Baden: Nomos, 2005, S. 181 – 230.

HAUS, MICHAEL / EGNER, BJÖRN / HEINELT, HUBERT [Bürgermeister, 2005]: Direkt gewählte Bürgermeister und neue Formen des Regierens, in: BOGUMIL, JÖRG / HEINELT, HUBERT (Hrsg.): Bürgermeister in Deutschland. Politikwissenschaftliche Studien zu direkt gewählten Bürgermeistern, Wiesbaden: VS, 2005, S. 201 – 264.

HAUSER, DIRK [Betätigung, 2004]: Wirtschaftliche Betätigung von Kommunen – Beschränkung durch Verfassung, Gemeindeordnung und Wettbewerbsrecht, Stuttgart: DCC-Kästl, 2004.
Zugl.: Tübingen, Eberh.-Karls-Univ., Inaugural-Diss., 2004.

HAYDER, ROBERTO [Governance, 2002]: Philosophie der Governance, in: HENNEKE, HANS-GÜNTER (Hrsg.): Kommunale Perspektiven im zusammenwachsenden Europa. Professorengespräch 2002 des Deutschen Landkreistages am 21. und 22. März in Metzingen/Landkreis Reutlingen, Stuttgart: Boorberg, 2002, S. 114 – 127.

-: [Weissbuch, 2002]: Das Weissbuch „Europäisches Regieren" der EU-Kommission, in: Zeitschrift für Gesetzgebung (ZG), 17. Jahrgang, 01/2002, S. 49 – 58.

HEBERLEIN, HORST [Europapolitik, 1992]: Kommunale Europapolitik, in: Bayerische Verwaltungsblätter, BayVBl., 1992, Heft 14, S. 417.

-: [Schutz, 1993]: Der Schutz der kommunalen Selbstverwaltung in der europäischen Integration, in: Bayerische Verwaltungsblätter, BayVBl, 1993, Heft 22, S. 676 – 680.

-: [Europa, 1995]: Europa der Kommunen, Stuttgart, München, Berlin: Boorberg, 1995.

HEFFTER, HEINRICH [Selbstverwaltung, 1969]: Die deutsche Selbstverwaltung im 19. Jahrhundert. Geschichte der Ideen und Institutionen, 2. Aufl., Stuttgart, K. F. Koehler, 1969.

HEGEL, GEORG FRIEDRICH [Staat, 1983]: Der geschichtliche Staat als Verkörperung der sittlichen Vernunft, in: HOERSTER, NORBERT (Hrsg.): Klassische Texte der Staatsphilosophie, München: dtv, 1983, S. 238 – 252.

HEILSHORN, TORSTEN [Gebietsbezug, 2003]: Gebietsbezug der Kommunalwirtschaft, Stuttgart, München, Hannover: Boorberg, 2003.
Zugl.: Freiburg, Albert-Ludwig Univ., Diss., 2002.

HEINELT, HUBERT [Policies, 2002]: Achieving Sustainable and Innovative Policies through Participatory Governance in a Multi – Level Context: Theoretical Issues, in: HEINELT, HUBERT / GETIMIS, PANAGIOTIS / KAFKALAS, GRIGORIS / SMITH, RANDALL / SWYNGEDOUW, ERIK (Eds.): Participatory Governance in Multi – Level – Context. Concepts and Experience, Opladen: Leske und Budrich, 2002.

-: [Governance, 2004]: Governance auf lokaler Ebene, in: BENZ, ARTHUR (Hrsg.): Governance – Regieren in komplexen Regelsystemen. Eine Einführung. Governance, Band 1, Wiesbaden: VS, 2004, S. 30 – 44.

-: / MAYER, MARGIT [Politikforschung, 2001]: Lokale Politikforschung in Deutschland – Entwicklungen und Besonderheiten im internationalen Vergleich, in: SCHRÖTER, ECKHARD (Hrsg.): Empirische Policy- und Verwaltungsforschung. Lokale, nationale und internationale Perspektiven, Opladen: Leske und Budrich, 2001, S. 63 – 76.

-: / KERROUCHE, ÉRIC / EGNER, BJÖRN [Government, 2006]: From Government to Governance at the Local Level – Some Considerations based on Data Surveys with Mayors and Chief Executive Officers, in: HOFFMANN-MARTINOT, VINCENT / WOLLMANN, HELLMUT (Eds.): State and Local Government Reforms in France and Germany. Divergence and Convergence, Wiesbaden: VS, 2006, S. 207 – 230.

HEINZ, WERNER (DIFU) [Partnership, 2005]: Public Private Partnership: Principles, Opportunities and Risks, lecture given at AER CENTURIO INTERREG III Conference of the Assembly of European Regions in Ponta Delgada, May 2005.
www.difu.de/english/occasional/06-preuss_circular.pdf - (14.09.2006).

HEINZE, ROLF G. / OLK, THOMAS [Bürgerengagement, 2001]: Bürgerengagement in Deutschland – Zum Stand der wissenschaftlichen und politischen Diskussion, in: HEINZE, ROLF G. / OLK, THOMAS (Hrsg.): Bürgerengagement in Deutschland. Bestandsaufnahmen und Perspektiven, Opladen: Leske und Budrich, 2001, S. 11 – 26.

HEISTER–NEUMANN, ELISABETH [Föderalismusreform, 2006]: Föderalismusreform und kommunale Selbstverwaltung, in: NST – Nachrichten, Band 34, 4 / 2006, S. 86 – 89.

HELLERMANN, JOHANNES [Daseinsvorsorge, 2000]: Örtliche Daseinsvorsorge und gemeindliche Selbstverwaltung: zum kommunalen Betätigungs- und Gestaltungsspielraum unter den Bedingungen europäischer und staatlicher Privatisierungs- und Deregulierungspolitik, Tübingen: Mohr Siebeck, 2000.

HENNEKE, HANS-GÜNTER [Organisation, 1998]: Organisation kommunaler Aufgabenerfüllung: Optimierungspotentiale im Spannungsfeld von Demokratie und Effizienz, Stuttgart: Boorberg, 1998.

-: [Kommunen, 1998]: Die Kommunen in der Finanzverfassung des Bundes und der Länder, 3. Aufl., Wiesbaden: Kommunal – und Schul-Verl., 1998.

-: [Schutz, 2002]: Verfassungsrechtlicher Schutz der Gemeindeverbände vor gesetzlichem Aufgabenentzug im monistischen und dualistischen Aufgabenmodell, in: ZG, 01/2002, S. 72 – 103.

-: [Anforderungen, 2003]: Anforderungen an eine Kommunalverfassung der Zukunft, in: Der Landkreis, 12 / 2003, S. 762 – 767.

-: [Folgen, 2004]: Folgen des unmittelbaren Aufgabendurchgriffs des Bundes auf die Kommunen – dargestellt am Beispiel der Grundsicherung und der Leistungen für Unterkunft und Heizung für Transferleistungsempfänger, in: Der Landkreis, Feb. / März 2004, S. 141 – 165.

-: [Finanzgarantien, 2004]: Landesverfassungsrechtliche Finanzgarantien der Kommunen im Spiegel der Rechtsprechung, in: Der Landkreis, 74. Jahrgang, Feb. / März 2004, S. 167 – 221.

-: [Daseinsvorsorge, 2004]: Öffentliche Daseinsvorsorge in der europäischen Diskussion: Länderbericht Deutschland, in: SIEDENTOPF, HEINRICH. (Hrsg.). Der Europäische Verwaltungsraum. Beiträge einer Fachtagung, Fachtagung des Forschungsinstituts für Öffentliche Verwaltung an der Deutschen Hochschule für Verwaltungswissenschaften Speyer in Verbindung mit der Deutschen Sektion des Internationalen Instituts für Verwaltungswissenschaften vom 21. bis 23. Oktober 2002 in Speyer, Baden – Baden: Nomos, 2004, S. 117 – 135.

-: [Interessenvertretung, 2006]: 100 Jahre organisierte Interessenvertretung, in: HENNEKE, HANS-GÜNTER / MEYER, HUBERT (Hrsg.): Kommunale Selbstverwaltung zwischen Bewahrung, Bewährung und Entwicklung, Festgabe für Gernot Schlebusch zum 65. Geburtstag, Stuttgart, München, Hannover et. al.: Boorberg, 2006, S. 263 – 299.

HENNEKE, HANS-GÜNTER [Finanzrecht, 2006]: Finanzrecht in der Reform, in: HENNEKE, HANS-GÜNTER / PÜNDER, HERMANN / WALDHOFF, CHRISTIAN (Hrsg.): Recht der Kommunalfinanzen. Abgaben, Haushalt, Finanzausgleich, München: C. H. Beck, 2006, S. 59 – 70.

-: [Funktionen, 2007]: Funktionen und Aufgaben der kommunalen Spitzenverbände im europäisierten Bundesstaat, in: MANN, THOMAS / PÜTTNER, GÜNTER (Hrsg.): Handbuch der kommunalen Wissenschaft und Praxis, Band 1, Grundlagen der Kommunalverfassung, Berlin: Springer, 3. Auflage, 2007, S. 981 – 1014.

HERB, KARLFRIEDRICH / HIDALGO, OLIVER [Tocqueville, 2005]: Alexis de Tocqueville, Frankfurt, New York: Campus Verlag, 2005.

HERBEL, ILONA C. [Bürgerbeteiligung, 2003]: Unmittelbare Bürgerbeteiligung an Sachentscheidungen auf Landes- und Kommunalebene in Baden-Württemberg, Heidelberg: Dr. Kovac, 2003.
Zugl.: Mannheim, Univ., Diss., 2003.

HÉRITIER, ADRIENNE [Paper, 2001]: The White Paper on European Governance: A Response to Shifting Weights in Inter-institutional Decision Making. The Paper is a part of contributions to the Jean Monnet Working Paper No. 6/01 Symposium: Mountain or Molehill? A Critical Appraisal of the Commission White Paper on Governance.
www.jeanmonnetprogram.org/paper/01/011301.rtf - (31.05.2005).

-: [Modes, 2002]: New Modes of Governance in Europe: Policy Making without Legislating? IHS Political Science Series: 2002, No. 81.
http://www.ihs.ac.at/publications/pol/pw_81.pdf - (26.02.2004).

HERTEL, WOLFRAM [Formen, 2000]: Formen des Föderalismus. Die Beispiele der USA, Deutschlands und Europas, in: VITZTHUM, WOLFGANG GRAF (Hrsg.): Europäischer Föderalismus: Supranationaler, subnationaler und multiethnischer Föderalismus in Europa, Berlin: Duncker und Humblot, 2000.

HERTZOG, ROBERT [Ordnung, 2000]: Die bundesstaatliche Ordnung als Strukturprinzip und Gestaltungsaufgabe: Zur Parallelität der deutschen und europäischen Föderalismusdiskussion, in: BÜTTNER, THIES (Hrsg.): Finanzverfassung und Föderalismus in Deutschland und Europa, Baden – Baden: Nomos, 2000, S. 9 – 38

-: [Etablissement, 2004]: Le difficile établissement d'une démocratie locale en Europe de l'Est: quelques problèmes d'application de la Charte européenne de l'autonomie locale, in: COHEN-JONATHAN, GÉRARD (Ed.): Libertés, justice, tolérance. Mélanges en hommage au Doyen Gérard Cohen-Jonathan, Bruxelles: Bruylant, 2004, 2 volumes, S. 959 - 979.

-: / **RENZSCH, WOLFGANG** [Thesen, 1991]: Zehn Thesen zur Entwicklung und Lage des deutschen Föderalismus, in: HESSE, JOACHIM JENS / RENZSCH, WOLFGANG (Hrsg.): Föderalstaatliche Entwicklung in Europa, 1. Auflage, Baden – Baden: Nomos, 1991.

-: / **SHARPE, LAURENCE J.** [Government, 1991]: Local Government in International Perspective: Some Comparative Observations, in: HESSE, JOACHIM JENS (Ed.): Local Government and Urban Affairs in International Perspective: Analyses of 20 Western Industrialised Countries, Baden - Baden: Nomos, 1991.

-: / **WRIGHT, VINCENT** [Europe, 1996]: Federalizing Europe: The Path to Adjustment, in: HESSE, JOACHIM JENS / WRIGHT, VINCENT (Eds.) Federalizing Europe? The Costs, Benefits and Preconditions of Federal Political Systems, New York: Oxford University Press, 1996.

HETTLING, MANFRED [Bürgerlichkeit, 2004]: „Bürgerlichkeit" und Zivilgesellschaft. Die Aktualität einer Tradition, in: JESSEN, RALPH / REICHARDT, SVEN / KLEIN, ANSGAR (Hrsg.): Zivilgesellschaft als Geschichte. Studien zum 19. und 20. Jahrhundert, Wiesbaden: VS, 2004, S. 45 – 65.

HEUSER, ANNETTE [Verfassungsprozess, 2005]: Der Verfassungsprozess in der öffentlichen Wahrnehmung und die Rolle der Zivilgesellschaft, in: WEIDENFELD, WERNER (Hrsg.): Die Europäische Verfassung in der Analyse, Gütersloh: Verlag Bertelsmann Stiftung, 2005, S. 26 – 33.

HIERZINGER, ROLAND / POLLAK, JOHANNES (Hrsg.) [Leitbilder, 2001]: Europäische Leitbilder, Baden – Baden: Nomos, 2001.

HILL, HERMANN [Governance, 2005]: Good Governance – Konzepte und Kontexte, in: SCHUPPERT, GUNNAR FOLKE (Hrsg.): Governance-Forschung: Vergewisserung über Stand und Entwicklungslinien, Baden - Baden: Nomos, 2005, S. 220 – 255.

HILL, HERMANN [Governance, 2006]: Urban Governance – Zum Wohl der Kommune, in: DEUTSCHES INSTITUT FÜR URBANISTIK (DIFU) (Hrsg.): Brennpunkt Stadt. Lebens- und Wirtschaftsraum, gebaute Umwelt, politische Einheit. Festschrift für Heinrich Mäding zum 65. Geburtstag, DIfU, 2006, S. 155 – 173.

-: [Verwaltungsmodernisierung, 2006]: Nachhaltige Verwaltungsmodernisierung, Deutsches Forschungsinstitut für öffentliche Verwaltung Speyer, FÖV 30, Discussion Papers, 2006.
http://www.foev-speyer.de/publikationen/pubdb.asp?reihen_id=3 - (15.04.2007).

HILZ, WOLFRAM [Subsidiaritätsprinzip, 1998]: Subsidiaritätsprinzip und EU–Gemeinschaftsordnung. Anspruch und Wirklichkeit am Beispiel des Maastricht-Prozesses, Opladen: Leske und Budrich, 1998.

HIMMELMANN, GERHARD [Staat, 2003]: Was bedeutet der Staat für den Bürger und der Bürger für den Staat?, in: BREIT, GOTTHARD / MASSING, PETER (Hrsg.): Der Staat: Ideengeschichtliche Grundlagen, Wandel der Aufgaben, Stellung des Bürgers, Schwalbach: Wochenschau, 2003, S. 91 – 115.

HOBE, STEPHAN / BIEHL, DIRK / SCHROETER, NICOLAI [Einflüsse, 2003]: Europarechtliche Einflüsse auf das Recht der deutschen kommunalen Selbstverwaltung, Stuttgart, Berlin, Weimar: Boorberg, 2003.

HOEFFEL, DANIEL [Rapport, 2003]: Rapport fait au nom de la commission des Lois constitutionelles, de législation, du suffrage universel, du Règlement et d´administration générale (1) sur le projet de loi organique modifié par l´Assemblée Nationale, relatif au référendum local, Rapport N° 407, Sénat, Session Extraordinaire, 2002-2003.

HÖLSCHEIDT, SVEN [Ratifizierung, 2006]: Ratifizierung des Verfassungsvertrages durch die Mitgliedstaaten, in: KADELBACH, STEFAN (Hrsg.): Europäische Verfassung und direkte Demokratie, Baden – Baden: Nomos, 2006, S. 17 – 33.

HÖLSCHEIDT, SVEN [Europatauglichkeit, 2006]: Europatauglichkeit des Grundgesetzes, in: DERRA, HANS-JÖRG (Hrsg.): Freiheit, Sicherheit und Recht. Festschrift für Jürgen Meyer zum 70. Geburtstag, Baden - Baden: Nomos, 2006, S. 207 – 224.

HÖRETH, MARCUS: [Commission, 2001]: The European Commission´s White Paper on Governance: A "Tool-Kit" for closing the legitimacy gap of EU policymaking? ZEI Discussion Papers: 2001, C 94.
http://aei.pitt.edu/198/ - (07.03.2007).

- / JANOWSKI, CORDULA [Leben, 2005]: Das demokratische Leben der Union, in: HÖRETH, MARCUS / JANOWSKI, CORDULA / KÜHNHARDT, LUDGER (Hrsg.): Die Europäische Verfassung. Analyse und Bewertung ihrer Strukturentscheidungen, Baden - Baden: Nomos, 2005, S. 223 - 240.

-: **/ JANOWSKI, CORDULA / KÜHNHARDT, LUDGER** (Hrsg.) [Verfassung, 2005]: Die Europäische Verfassung. Analyse und Bewertung ihrer Strukturentscheidungen, Baden - Baden: Nomos, 2005.

HOFFMANN, FRITZ [Schicksal, 1982]: Das Schicksal der Bosniendeutschen in 100 Jahren von 1878 – 1978, Göppingen: O. Hartmann Verlag, 1982.

HOFFMANN-MARTINOT, VINCENT [Zentralisierung, 1999]: Zentralisierung und Dezentralisierung in Frankreich, in: CHRISTADLER, MARIELUISE / UTERWEDDE, HENRIK (Hrsg.): Länderbericht Frankreich: Geschichte, Politik, Wirtschaft, Gesellschaft, Opladen: Leske und Budrich, 1999.

-: [democracy, 2000]: The fragmented democracy of French big cities, in: GABRIEL, OSCAR W. / HOFFMANN-MARTINOT, VINCENT / SAVITCH, HANK V. (Hrsg.): Urban Democracy, Opladen: Leske und Budrich, 2000, S. 261 – 314.

-: [Republic, 2002]: The French Republic, one and divisible? Paper presented at the Conference "Reforming Local Government: Closing the Gap between Democracy and Efficiency, 26-27 September 2002, University of Stuttgart, Institut for Social Science, 2002.
www.uni-stuttgart.de/soz/avps/r/g/paper/france-hoffmann-martinot.pdf - (22.01.2005).

-: [Republic, 2003]: The French Republic, one yet divisible?, in: KERSTING, NORBERT / VETTER, ANGELIKA (Eds.): Reforming Local Government in Europe, Closing the Gap between Democracy and Efficiency. Opladen: Leske und Budrich, 2003, S. 157 – 182.

-: [Europa, 2003]: Europa – seine Traditionen und seine notwendige Entwicklung zur subsidiären und dezentralen politischen Willensbildung in den Kommunen, in: BWGZ, 02/2003, 72 – 78.

HOFFMANN-MARTINOT, VINCENT / SELLERS, JEFFEREY M. [Conclusion, 2005]: Conclusion: The Metropolitanization of Politicis, in: HOFFMANN-MARTINOT, VINCENT / SELLERS, JEFFEREY M. (Eds.): Metropolitanization and Political Change, Wiesbaden: VS, 2005, S. 425 ff.

HOFFMANN–RIEM, WOLFGANG [Finanzkontrolle, 2001]: Finanzkontrolle der Verwaltung durch Rechnungshof und Parlament, in: SCHMIDT–AßMANN, EBERHARD / HOFFMANN-RIEM, WOLFGANG (Hrsg.): Verwaltungskontrolle, Baden – Baden: Nomos, 2001, S. 73 – 89.

-: [Verwaltungskontrolle, 2001]: Verwaltungskontrolle – Perspektiven, in: SCHMIDT–AßMANN, EBERHARD / HOFFMANN-RIEM, WOLFGANG (Hrsg.): Verwaltungskontrolle, Baden – Baden: Nomos, 2001, S. 325 – 367.

-: [Methoden, 2004]: Methoden einer anwendungsorientierten Verwaltungsrechtswissenschaft, in: SCHMIDT-AßMANN, EBERHARD / HOFFMANN-RIEM, WOLFGANG (Hrsg.): Methoden der Verwaltungsrechtswissenschaft, Baden - Baden: Nomos, 2004, S. 9 – 72.

-: [Governance, 2005]: Governance im Gewährleistungsstaat – Vom Nutzen der Governance-Perspektive für die Rechtswissenschaft, in: SCHUPPERT, GUNNAR FOLKE (Hrsg.): Governance - Forschung: Vergewisserung über Stand und Entwicklungslinien, Baden - Baden: Nomos, 2005, S. 195 – 222.

HOFFSCHULTE, HEINRICH [Globalisierung, 2003]: Globalisierung der Lokalen Demokratie. Die Bedeutung Kommunaler Selbstverwaltung in der aktuellen Verfassungsdebatte der Europäischen Union, in der Globalisierungsdebatte und in der Debatte um eine "Weltcharta der Lokalen Selbstverwaltung" der UNO, in: KNEMEYER, FRANZ LUDWIG (Hrsg.): Kommunale Selbstverwaltung in Ost und West, Symposion "Europa Kommunal - der Beitrag Europas für die Verfassung der Kommunen. Die Bedeutung Lokaler Demokratien angesichts der Ausdehnung Globaler Strukturen", des Kommunalwissenschaftlichen Forschungszentrums Würzburg am 21.6.2002 in Würzburg, 2003, S. 84 – 117.

HOFFSCHULTE, HEINRICH [Konvent, 2003]: Der Europäische Konvent kurz vor dem Abschluss der Arbeiten: Durchbruch für die Kommunen?, in: Europa Kommunal, 03/2003, S. 85 – 88.

-: [Zusammenfassung, 2003]: Zusammenfassung AK Kommunalpolitik / Bundestag, Berlin, 11. März 2003. http://www.staedtebund.at/alt_eu-konvent/Kommunen_zum_Verfassungsentwurf.pdf - (06.03.2007).

-: [Rolle, 2004]: Rolle und Stellung der Kommunen im Verfassungsentwurf der Europäischen Union, Burgwedel: Winkler & Stenzel, 2004.

-: [Selbstverwaltung, 2004]: Die kommunale Selbstverwaltung im Verfassungsentwurf der Europäischen Union, in: SIEDENTOPF, HEINRICH (Hrsg.): Der Europäische Verwaltungsraum – Beiträge einer Fachtagung, Fachtagung des Forschungsinstituts für Öffentliche Verwaltung an der Deutschen Hochschule für Verwaltungswissenschaften Speyer in Verbindung mit der Deutschen Sektion des Internationalen Instituts für Verwaltungswissenschaften vom 21. bis 23. Oktober 2002 in Speyer, Baden - Baden: Nomos, 2004, S. 233 - 244.

-: [Selbstverwaltung, 2005]: Kommunale Selbstverwaltung im Entwurf des Europäischen Verfassungsvertrages. Die Ergebnisse des „Konvents zur Zukunft Europas" von 2002/2003 (und der Regierungskonferenz 2004), in: Deutsches Verwaltungsblatt (DVBl.), 15. Feb. 2005, S. 203 – 211.

-: [Stellungnahme, 2006]: „Polis" und lokale Demokratie im „Urban Millennium": Stichworte einer Fortsetzung des UNO-Dialogs über Dezentralisierung und die Rolle der Kommunen, Konrad-Adenauer-Stiftung, Welt-HABITAT-Tag 2006, Stellungnahmen.
www.politik-fuer-kommunen.de - (25.06.2007).

HOFMANN, MARIO / SCHOLL, DITTMAR [Bürgerwille, 2000]: Bürgerwille in der modernisierten demokratischen Kommune, in: ZIELINSKI, HEINZ (Hrsg.): Die Modernisierung der Städte: Verwaltung und Politik zwischen Ökonomisierung und Innovation, Wiesbaden: DUV, 2000, S. 75 – 93.

HOLTKAMP, LARS [Formen, 2005]: Neue Formen kommunaler Bürgerbeteiligung – Netzwerkeuphorie und Beteiligungsrealität, in: OEBBECKE, JANBERT (Hrsg.): Nicht–normative Steuerung in dezentralen Systemen, Stuttgart: Franz Steiner Verlag, 2005, S. 15 – 34.

-: [Reform, 2005]: Reform der Kommunalverfassungen in den alten Bundesländern – eine Ursachenanalyse, in: BOGUMIL, JÖRG / HEINELT, HUBERT (Hrsg.): Bürgermeister in Deutschland. Politikwissenschaftliche Studien zu direkt gewählten Bürgermeistern, Wiesbaden: VS, 2005, S. 13 – 32.

HOLTKAMP, LARS [Kommunalpolitik, 2006]: Kommunalpolitik zwischen Konkordanz- und Konkurrenzdemokratie – Ausmaß, Ursachen und Probleme des Parteieneinflusses, in: Deutsche Zeitschrift für Kommunalwissenschaften, (DfK); 45. Jg. 2006/II, S. 70 – 84.

HOLZINGER, KATHARINA / KNILL, CHRISTOPH [Faktoren, 2003]: Faktoren des Steuerungswandels: Das Zusammenspiel von Ideen, Bedingungen und Mustern politischer Steuerung, in: HOLZINGER, KATHARINA / KNILL, CHRISTOPH / LEHMKUHL, DIRK (Hrsg.): Politische Steuerung im Wandel: Der Einfluss von Ideen und Problemstrukturen, Opladen: Leske und Budrich, 2003, S. 7 – 30.

HOOGHE, LIESBET. [Mobilisation, 1995]: Subnational Mobilisation in the European Union. EUI Working Paper, Florenz. RSC No. 95/6,1998.

-: **/ MARKS, GARY** [Types, 2001]: Types of Multi–Level Governance, European Integration Online Papers (EioP) Vol. 5 (2001) No. 11.
http://eiop.or.at/eiop/texte/2001-011a.htm - (27.08.2005).

-: **/ MARKS, GARY** [State, 2003]: Unraveling the Central State, But How? Types of Multi-Level Governance. IHS Political Science Series: 2003, No. 87.
http://aei.pitt.edu/archive/00000530/ - (29.02.2004).

HOPPENSTEDT, KARSTEN [Daseinsvorsorge, o. A.]: Kommunale Daseinsvorsorge in Europa, o. A.
http://www.cdu-hannover-land.de/karsten-hoppenstedt/europa/KommunaleDaseinsvorsorgeEuropa.pdf - (24.07.2007).

HORN, LUTZ [Zusammenarbeit, 2006]: Interkommunale Zusammenarbeit im Spannungsfeld zwischen Organisationshoheit und Vergaberecht, in: PITSCHAS, RAINER / ZIEKOW, JAN (Hrsg.): Vergaberecht im Wandel, Vorträge auf dem 4. Speyerer Wirtschaftsforum vom 29. bis 30. September 2004 an der Deutschen Hochschule für Verwaltungswissenschaften Speyer, Berlin: Duncker und Humblot, 2006, S. 193 – 204.

HORNSTEIN TOMIC, CAROLINE [Bosnien, 2005]: Bosnien und Herzegowina zehn Jahre nach Dayton. Der steinige Weg vom „verhinderten“ zum selbsttragenden Staat, in: KONRAD ADENAUER STIFTUNG (KAS) (Hrsg.): Auslandsinformationen, 11/2005, S. 43 – 56.

HORNUNG, WALTER MAXIMILIAN [System, 1998]: Das System der französischen Kommunalaufsicht in rechtsvergleichender Perspektive, 1998.
Zugl.: Regensburg, Univ., Diss., 1998.

HOWARTH, DAVID [Government, 2003]: French Subnational Government and the European Union: The Relocation and Reformulation of Governance and the Restructuring of Policy Networks, in: MILNER, SUSAN / PARSONS, NICK (Hrsg.): Reinventing France – State and Society in the Twenty-First Century, Palgrave Macmillan, 2003.

HRBEK, RUDOLF [Auswirkungen, 1997]: Die Auswirkungen der EU-Integration auf den Föderalismus in Deutschland, in: Aus Politik und Zeitgeschichte, B 24 / 97 vom 6. Juni 1997; S. 12 – 21.

-: [Arbeitsteilung, 1998]: Wie sollen sich Arbeitsteilung, Subsidiarität und regionale Beteiligung nach Amsterdam entwickeln?, in: BERTELSMANN STIFTUNG EUROPA (Hrsg.): Systemwandel in Europa – Demokratie, Subsidiarität, Differenzierung, Gütersloh: Verlag Bertelsmann Stiftung, 1998, S. 27 – 40.

-: [Regionen, 2005]: Die Regionen im Verfassungsvertrag – eine gestärkte Stellung im EU-System, in: JOPP, MATHIAS / MATL, SASKIA (Hrsg.): Der Vertrag über eine Verfassung für Europa. Analysen zur Konstitutionalisierung der EU, Baden – Baden: Nomos, 2005, S. 169 – 186.

HUBER, PETER M. [Reform, 2005]: Reform der Kompetenzen (Gesetzgebungskompetenzen, Organe, Bundesrat), in: STIFTUNG GESELLSCHAFT FÜR RECHTSPOLITIK (Hrsg.): Bitburger Gespräche Jahrbuch 2005/I, S. 27 – 47.

-: [Stellungnahme, 2006]: Stellungnahme vom 16. Oktober 2006 zum Antrag der Fraktion DIE LINKE, BT. – Drucks. 16 / 358, Verbindliches Mitwirkungsrecht der kommunalen Spitzenverbände bei der Erarbeitung von Gesetzentwürfen und Verordnungen sowie im Gesetzgebungsverfahren.
http://www.bundestag.de/ausschuesse/a04/anhoerungen/anhoerung_02/Stellungnahmen/Stellungnahme_03.pdf - (20.07.2007).

HÜBNER, ULRICH / CONSTANTINESCO, VLAD [Einführung, 1994]: Einführung in das französische Recht, München: Beck, 1994.

HUNT, M.C. / CHANDLER, J.A. [France, 1993] : France, in: CHANDLER, J.A. (Ed.): Local government in liberal democracies: an introductory survey, London, New York: Routledge, 1993.

HURRELMANN, ACHIM [Verfassung, 2005]: Verfassung und Integration in Europa. Wege zu einer supranationalen Demokratie, Frankfurt / New York: Campus Verlag, 2005.

HYLTOFT, CHRISTIAN [Arbeit, 1989]: Die Arbeit des Europarats-Ausschusses für lokale Strukturen, in: KNEMEYER, FRANZ - LUDWIG (Hrsg.): Die Europäische Charta der kommunalen Selbstverwaltung: Entstehung und Bedeutung; Länderberichte und Analysen, Baden - Baden: Nomos, 1989, S. 49 – 58.

I

INITIATIVE FÜR DAS EUROPÄISCHE BÜRGERBEGEHREN / EUROPEAN CITIZENS INITIATIVE [Element, 2007]: Weltweit erstes Element transnationaler Demokratie, Presseerklärung, Berlin, 2007.
http://www.eu-buergerbegehren.org/wp/download/070625-presseinformation.pdf - (10.08.2007).

IMAMOVIC, MUSTAFA [Bosnien-Herzegowina, 1999]: Bosnien-Herzegowina bis 1918, in: MELCIC, DUNJA (Hrsg.): Der Jugoslawien-Krieg, Handbuch zu Vorgeschichte, Verlauf und Konsequenzen, Opladen/Wiesbaden: Westdeutscher Verlag, 1999, S. 64 – 87.

INTERNATIONAL MEDIATOR IN BOSNIA AND HERZEGOVINA [Years, 2004]: Ten Years of Mediation in Bosnia and Herzegovina, Final Report 1995 – 2004, Berlin, Sarajevo: (o.A.), 2004.

ISENSEE, JOSEF [Subsidiaritätsprinzip, 2001]: Subsidiaritätsprinzip und Verfassungsrecht. Eine Studie über das Regulativ des Verhältnisses von Staat und Gesellschaft. Nachtrag: Die Zeitperspektive 2001, Subsidiarität – das Prinzip und seine Prämissen, 2. Auflage, Berlin: Duncker und Humblot, 2001.

ISENSEE, JOSEF [Subsidiarität, 2002]: Subsidiarität – das Prinzip und seine Prämissen, in: BLICKLE, PETER / HÜGLIN, THOMAS / WYDUCKEL, DIETER (Hrsg.): Subsidiarität als rechtliches und politisches Ordnungsprinzip in Kirche, Staat und Gesellschaft, Berlin: Duncker und Humblot, 2002, S. 129 – 177.

JACHTENFUCHS, MARKUS [Union, 1997]: Die Europäische Union: Ein Gebilde sui generis?, in: WOLF, KLAUS DIETER (Hrsg.) Projekt Europa im Übergang? Probleme, Modelle und Strategien des Regierens in der Europäischen Union, Baden - Baden: Nomos, 1997.

-: [Democracy, 1997]: Democracy and Governance in the European Union. European Integration Online Papers (EIoP), Vol. 1, 1997, Nr. 2.
http://eiop.or.at/eiop/texte/1997-002a.htm - (19.10.2006).

-: [Konstruktion, 2002]: Die Konstruktion Europas. Verfassungsideen und institutionelle Entwicklung, Baden - Baden: Nomos, 2002.

-: / **KOHLER-KOCH, BEATE** [Regieren, 1996]: Regieren im dynamischen Mehrebenensystem, in: JACHTENFUCHS, MARKUS / KOHLER-KOCH, BEATE (Hrsg.): Europäische Integration, Opladen: Leske und Budrich, 1996, S. 15 - 46.

-: / **KOHLER-KOCH, BEATE** [Governance, 2004]: Governance in der Europäischen Union, in: BENZ, ARTHUR (Hrsg.): Governance – Regieren in komplexen Regelsystemen, Band 1, Wiesbaden: VS, 2004.

JAHN, EGBERT [Staaten, 1996]: Osteuropäische Staaten und ihre Integration ins gesamteuropäische Mehrebenensystem, in: KÖNIG, THOMAS (Hrsg.): Das europäische Mehrebenensystem, Frankfurt / Main, New York, Campus Verlag, 1996, S. 46 – 69.

JAKIR, ALEKSANDAR [Entstehung, 2004]: Entstehung und Untergang der „jugoslawischen Idee“, in: VOGT, MARCUS JURIJ (Hrsg.): Zerfall Jugoslawiens – Konfliktfeld Bosnien und Herzegowina – Perspektive Europa, Sarajevo, 2004, S. 11 – 36.

JAKUBOWSKI, PETER [Kooperation, 2004]: Neue Kooperation und effiziente Verfahren – Ein Beitrag zur Stärkung der kommunalen Selbstverwaltung, in: HILL, HERMANN (Hrsg.): Kommunale Selbstverwaltung – Zukunfts- oder Auslaufmodell? Beiträge der 72. Staatswissenschaftlichen Fortbildungstagung vom 24. bis 26. März 2004 an der Deutschen Hochschule für Verwaltungswissenschaften Speyer, Berlin: Duncker und Humblot, 2004, S. 111 - 130.

JANN, WERNER [Instrumente, 2004]: Instrumente, Resultate und Wirkungen – Die deutsche Verwaltung im Modernisierungsschub?, in: JANN, WERNER (Hrsg.): Status-Report Verwaltungsreform: Eine Zwischenbilanz nach zehn Jahren, Berlin: Sigma, 2004, S. 9 – 22.

-: [Governance, 2005]: Governance als Reformstrategie – Vom Wandel und der Bedeutung verwaltungspolitischer Leitbilder, in: SCHUPPERT, GUNNAR FOLKE (Hrsg.): Governance-Forschung: Vergewisserung über Stand und Entwicklungslinien, Baden - Baden: Nomos, 2005, S. 21 – 44.

-: / **WEGRICH, KAI**: [Governance, 2004]: Governance und Verwaltungspolitik, in: BENZ, ARTHUR (Hrsg.): Governance – Regieren in komplexen Regelsystemen, Band 1, Wiesbaden: VS, 2004, S. 193 – 214.

JARAUSCH, KONRAD [Zeitgeschichte, 2004]: Zeitgeschichte zwischen Nation und Europa. Eine transnationale Herausforderung, in: Aus Politik und Zeitgeschichte, B 39 / 2004, S. 3 – 11.

JEAMBAR, DENIS [Mai, 2005]: Mai 59, mai 68, mai 2005, in: L´Express, 30.05.2005, S. 6 / 7.

JENSON, JANE / SAINT-MARTIN, DENIS [Europe, 2003]: Is Europe still sui generis? Signals from the White Paper on European Governance. Paper prepared for the Eighth Biennial International Conference, European Union Studies Associations, 27–29 March 2003, Nashville, TN.
http://www.fas.umontreal.ca/POL/cohesionsociale/publications/workingpapers/collnotesderecherche/8%20jenson%20stmartin.pdf - (20.01.2006).

JIMÉNEZ, ANTONIA M. RUIZ / GÓRNIAK, JAROSLAW JÓZEF JAROSLAW / KOSIC, ANKICA: [Identities, 2004]: European and National Identities in EU´s Old and New Member States: Ethnic, Civic, Instrumental and Symbolic Components, European Integration Online Paper (EIoP), Vol. 8, 2004, No. 11. http://eiop.or.at/eiop/texte/2004-011a.htm - (04.05.2006).

JOERGES, CHRISTIAN [Recht, 1996]: Das Recht im Prozess der europäischen Integration. Ein Plädoyer für die Beachtung des Rechts durch die Politikwissenschaft und ihre Beteiligung an rechtlichen Diskursen, in: JACHTENFUCHS, MARKUS / KOHLER-KOCH, BEATE (Hrsg.): Regieren im dynamischen Mehrebenensystem, Opladen: Leske und Budrich, 1996.

-: [Gesetz, 2001]: "Ökonomisches Gesetz" - "Technische Realisation" – „Stunde der Exekutive": Rechtshistorische Anmerkungen zum Weissbuch der Kommission über Regieren in Europa, – KOM(2001) 428 v. 25.7.2001. www.jeanmonnetprogram.or/papers/01 - (31.05.2005).

-: [Law, 2002]: The Law in the Process of Constitutionalizing Europe, ARENA Conference on Democracy and European Governance; Theory and Practice in the Debate on the Future of Europe, Oslo, March 4 – 5, 2002 (24. Feb. 2002), Arena Report No 5/2002.
http://www.arena.uio.no/events/Conference2002/documents/Joerges.doc - (08.05.2007).

-:/ BRAAMS, BEATE / EVERSON, MICHELLE [Wende, 2007]: Die Europäische Wende zu „Neuen Formen des Regieren" (New Modes of Governance) – Rechtsprobleme eines politischen Konzepts, TransState Working Papers, No 55, 2007.
http://www.sfb597.uni-bremen.de/homepages/joerges/arbeitspapierBeschreibung.php?ID=66&SPRACHE=de&USER=joerges - (24.07.2007).

JOHN-KOCH, MONIKA [Aspekte, 2005]: Organisationsrechtliche Aspekte der Aufgabenwahrnehmung im modernen Staat, Berlin: Duncker und Humblot, 2005.
Zugl.: Speyer, Dt. Hochschule für Verwaltungswissenschaften, Diss., 2002 / 2003.

JONES, COLIN [Frankreich, 1995]: Frankreich – Eine illustrierte Geschichte, Frankfurt, New York: Campus Verlag, 1995.

K

KADELBACH, STEFAN [Verwaltungskontrolle, 2001]: Verwaltungskontrollen im Mehrebenen-System der Europäischen Gemeinschaft, in: SCHMIDT-AßMANN, EBERHARD / HOFFMANN–RIEM, WOLFGANG (Hrsg.): Verwaltungskontrolle, Baden – Baden: Nomos, 2001, S. 205 – 247.

KAHL, WOLFGANG [Staatsaufsicht, 2000]: Die Staatsaufsicht: Entstehung, Wandel und Neubestimmung unter besonderer Berücksichtigung der Aufsicht über die Gemeinden, Tübingen: Mohr Siebeck, 2000.

KALTENBORN, JENS [Schutz, 1996]: Der Schutz der kommunalen Selbstverwaltung im Recht der Europäischen Union, Baden - Baden: Nomos, 1996.
Zugl.: Gießen, Univ., Diss., 1996.

KARAPETROVIC, RANKO / SRKALOVIC, ELMIR [Problemi, 2005]: Distribucija nadleznosti i kljucni problemi u funkcionisanju lokalne uprave i samouprave, in: Centar za Promociju Civilnog Drustva (CPCD) / USAID (Eds.): Analiza stanja lokalne uprave i samouprave u BiH, Sarajevo, 2005, S. 26 – 33.
[Übersetzung aus der bosnischen Sprache Übersetzungsbüro A. Galic, vereidigte Gerichtsdolmetscherin, Stuttgart].

KASPER, ANDREAS [Regionalkreise, 2006]: Regionalkreise als Zukunftsmodell für die Stadt-Umland-Kooperation, in: Die Öffentliche Verwaltung, Juni 2006, Heft 14, S. 589 – 597.

KELLER, STEPHAN [Kommunen, 2006]: Die Kommunen im Verhältnis zu Bund und Ländern, in: BORCHARD, MICHAEL / MARGEDANT, UDO (Hrsg.): Der deutsche Föderalismus im Reformprozess, Konrad Adenauer Stiftung, Sankt Augustin, 2006, S. 101 – 116.

KEMPER, STEPHAN / SCHMALS, KLAUS [Steuerungsinstrumente, 2000]: Steuerungsinstrumente der sozialintegrativen Stadtentwicklung, Dortmund, 2000.
http://www.schader-stiftung.de/docs/steuerungsinstrumente.pdf - (20.07.2007).

KEMPF, UDO [System, 1975]: Das politische System Frankreichs, Opladen: Westdeutscher Verlag, 1975.

-: [System, 1997]: Das politische System Frankreichs, in: ISMAYR, WOLFGANG (Hrsg.): Die politischen Systeme Westeuropas, Opladen: Leske und Budrich, 1997.

-: [System, 2007]: Das politische System Frankreichs, 4. Auflage, Wiesbaden: VS Verlag, 2007.

KENIS, PATRICK / SCHNEIDER, VOLKER [Kontrolle, 1996]: Verteilte Kontrolle: Institutionelle Steuerung in modernen Gesellschaften, in: KENIS, PATRICK / SCHNEIDER, VOLKER (Hrsg.): Organisation und Netzwerk: Institutionelle Steuerung in Wirtschaft und Politik, Frankfurt/Main: Campus, 1996, S. 9 – 44.

KERN, KRISTINE [Städtenetzwerke, 2001]: Transnationale Städtenetzwerke in Europa, in: SCHRÖTER, ECKHARD (Hrsg.): Empirische Policy- und Verwaltungsforschung. Lokale, nationale und internationale Perspektiven, Opladen: Leske und Budrich, 2001, S. 95 – 116.

KERSTING, NORBERT / VETTER, ANGELIKA [Democracy, 2003]: Democracy versus efficiency? Comparing local government reforms across Europe, in: KERSTING, NORBERT / VETTER, ANGELIKA (Eds.): Reforming Local Government in Europe, Closing the Gap between Democracy and Efficiency. Opladen: Leske und Budrich, 2003, S. 11 – 28.

KEVENHÖRSTER, PAUL [Kontrolle, 1981]: Kontrolle der Aufgabenerfüllung, in: PÜTTNER, GÜNTER (Hrsg.): Handbuch der kommunalen Wissenschaft und Praxis, 2. Auflage, Heidelberg: Springer Verlag, 1981, S. 441 – 454.

KGST [Verwaltungscontrolling, 1994]: Verwaltungscontrolling im Neuen Steuerungsmodell. KGST-Bericht 15/1994, Köln: KGST, 1994.

-: [Verhältnis, 1996]: Das Verhältnis von Politik und Verwaltung im Neuen Steuerungsmodell. KGST-Bericht 10/1996, Köln: KGST, 1996.

KIEFER, ANDREAS [Verfassungsvertrag, 2005]: Der Verfassungsvertrag für Europa und die Vorbereitung auf seine Anwendung: Initiativen von REG LEG im Jahr 2004, in: EUROPÄISCHES ZENTRUM FÜR FÖDERALISMUS-FORSCHUNG (EZFF) (Hrsg.): Jahrbuch des Föderalismus 2005, Föderalismus, Subsidiarität und Regionen in Europa, Baden – Baden: Nomos, 2005.

KIESER, ALFRED (Hrsg.) [Organisationstheorien, 1993]: Organisationstheorien. Stuttgart, Berlin, Köln: Kohlhammer Verlag, 1993.

KILIAN, WERNER / RICHTER, PETER / TRAPP, JAN HENDRIK [Einleitung, 2006]: Einleitung, in: KILIAN, WERNER / RICHTER, PETER / TRAPP, JAN HENDRIK (Hrsg.): Ausgliederung und Privatisierung in Kommunen. Empirische Befunde zur Struktur kommunaler Aufgabenwahrnehmung, Berlin: Edition Sigma, 2006, S. 9 – 24.

KIRCHHOF, FERDINAND [Maßnahmen, 1996]: Empfehlen sich Maßnahmen, um in der Finanzverfassung Aufgaben- und Ausgabenverantwortung von Bund, Ländern und Gemeinden stärker zusammenzuführen? Gutachten D für den 61. Deutschen Juristentag, München: Beck, 1996.

-: [Anforderungen, 2005]: Anforderungen an die Föderalismusreform im Drei-Ebenen-Verwaltungsaufbau von Bund, Ländern und Kommunen, in: HENNEKE, HANS GÜNTER (Hrsg.): Föderalismusreform in Deutschland. Bestandsaufnahme der Kommissionsarbeit und Umsetzungsperspektiven, Stuttgart: Boorberg, 2005, S. 42 – 52.

KJAER, ANNE METTE [Governance, 2004]: Governance. Key concepts in the social sciences, Cambridge: Polity Press, 2004.

KJELLBERG, FRANCESCO [Values, 1995]: The Changing Values of Local Government, in: The ANNALS of The American Academy of Political and Social Science, Volume 540, July 1995, S. 41 – 50.

KLAGES, HELMUT [Selbstverwaltung, 1983]: Selbstverwaltung und menschliche Selbstverwirklichung, in: MUTIUS, ALBERT VON (Hrsg.): Selbstverwaltung im Staat der Industriegesellschaft. Festgabe zum 70. Geburtstag von Georg Christoph von Unruh, Heidelberg: R.v.Deckers Verlag, 1983, S. 43 – 49.

KLEIN, HANS HUGO [Diskussion, 1995]: Diskussion zu den Referaten von Siegfried Magiera und Günter Püttner, in: GRUPP, KLAUS / RONELLENFITSCH, MICHAEL (Hrsg.): Kommunale Selbstverwaltung in Deutschland und Europa / Symposium zum 65. Geburtstag von Prof. Dr. Willi Blümel, Berlin: Duncker und Humblot, 1995, S. 48 (Diskussionsbeitrag).

KLEINDIEK, RALF [Modernisierung, 2001]: Modernisierung von Staat und Verwaltung in Deutschland, in: SIEDENTOPF, HEINRICH (Hrsg.): Modernisierung von Staat und Verwaltung. Dokumentation zum 8. Deutsch-Französischen Verwaltungskolloquium der Deutschen Hochschule für Verwaltungswissenschaften Speyer und der Ecole Nationale d´Administration in Strasbourg, Speyer: Dt. Hochschule für Verwaltungswissenschaften, Speyer, 2001, S. 18 – 27.

KLEINFELD, RALF / NENDZA, ACHIM [Reform, 2005]: Die Reform deutscher Gemeindeverfassungen unter besonderer Berücksichtigung der Entwicklung in Nordrhein-Westfalen und in den neuen Bundesländern. http://data.sozialwiss.uni-osnabrueck.de/~kleinfeld/feu-kleinfeld-nendza - (03.07.2005).

KLENK, TANJA / NULLMEIER, FRANK [Governance, 2004]: Public Governance als Reformstrategie, Düsseldorf: Hans Böckler Stiftung, 2004.

KLIMANT, JÖRN [Funktionen, 1992]: Funktionen, Probleme und Arbeitsweise der Kommunalaufsicht: Eine Untersuchung unter besonderer Berücksichtigung der Rechtslage in Schleswig-Holstein, Pfaffenweiler: Centaurus Verlag, 1992.
Zugl.: Kiel, Univ., Diss., 1992.

KNAUFF, MATTHIAS [Gewährleistungsstaat, 2004]: Der Gewährleistungsstaat: Reform der Daseinsvorsorge, Berlin: Duncker und Humblot, 2004.
Zugl.: Würzburg, Julius –Maximilians – Univ., Diss., 2003 / 2004.

KNAUS, MARTIN / MARTIN, FELIX [Despoten, 2003]: Wohlwollende Despoten, in: KOHL, CHRISTINE / SOLIOZ, CHRISTOPHE / DZIHIC, VEDRAN (Hrsg.): Südosteuropäischer Dialog. Balkan Diskurs Nr. 1, Bosnien–Herzegowina: 8 Jahre nach Dayton – Krisen, Kritik und Perspektiven, Wien, Sarajevo, Sofia: Neuer Wissenschaftlicher Verlag, 2003.

KNEMEYER, FRANZ–LUDWIG [Dezentralisierung, 1976]: Dezentralisierung als Mittel vertikaler Gewaltenteilung überholt?, in: DVBl., 15. Mai / 1. Juni 1976, S. 380 – 384.

-: [Gewährleistung, 1983]: Verfassungsrechtliche Gewährleistung des Selbstverwaltungsrechts, in: MUTIUS, ALBERT VON (Hrsg.): Selbstverwaltung im Staat der Industriegesellschaft. Festgabe zum 70. Geburtstag von Georg Christoph von Unruh, Heidelberg: R.v.Deckers Verlag, 1983, S. 209 – 226.

-: [Selbstverwaltung, 2000]: Kommunale Selbstverwaltung neu denken, in: DVBl vom 15.06.2000, S. 876 - 882.

- : [Entstehung, 2005]: Entstehung der Charta der kommunalen Selbstverwaltung: Ein langer, aber letztendlich erfolgreicher Weg, in: Europa kommunal, 4/2005, S. 123 – 125.

KNEMEYER, FRANZ–LUDWIG [Staatsaufsicht, 2007]: Die Staatsaufsicht über die Gemeinden und Kreise (Kommunalaufsicht), in: MANN, THOMAS / PÜTTNER, GÜNTER (Hrsg.): Handbuch der kommunalen Wissenschaft und Praxis, Band 1, Grundlagen der Kommunalverfassung, Berlin: Springer, 3. Auflage, 2007, S. 217 – 244.

KOCH, CHRISTIAN [Ebene, 2002]: Die kommunale Ebene im europäischen Verfassungsverband – Verankerung und Entwicklungslinien nach Maßgabe des EG-Vertrages und der Grundrechte-Charta der Europäischen Union, in: PITSCHAS, RAINER / KOCH, CHRISTIAN (Hrsg.): Staatsmodernisierung und Verwaltungsrecht in den Grenzen der europäischen Integrationsverfassung, Baden - Baden: Nomos, 2002, S. 123 – 173.

KOCKA, JÜRGEN [Zivilgesellschaft, 2004]: Zivilgesellschaft in historischer Perspektive, in: JESSEN, RALPH / REICHARDT, SVEN / KLEIN, ANSGAR (Hrsg.): Zivilgesellschaft als Geschichte. Studien zum 19. und 20. Jahrhundert, Wiesbaden: VS, 2004, S. 29 – 44.

KÖNIG, KLAUS [Gouvernanz, 1998]: Gute Gouvernanz als Steuerungs- und Wertkonzept des modernen Verwaltungsstaates, in: JANN, WERNER (Hrsg.): Politik und Verwaltung auf dem Weg in die transindustrielle Gesellschaft, Baden - Baden: Nomos, 1998, S. 227 – 252.

KOHLER–KOCH, BEATE [Governance, 2005]: Network governance within and beyond an enlarged European Union, in: VERDUN, AMI / CROCI, OSVALDO (Eds.): Institutional and Policy–Making Challenges in the Wake of Eastern Enlargement, Manchester: Manchester University Press, 2005, S. 35 – 53.

KOLB, ANGELA [Entwicklungen, 2006]: Aktuelle Entwicklungen der europarechtlichen Vorgaben für die kommunale Daseinsvorsorge, in: Landes- und Kommunalverwaltung (LKV), Heft 3, 16/2006, S. 97 – 102.

KOMMISSION DER EUROPÄISCHEN GEMEINSCHAFTEN: [Vorschlag 1998]: Vorschlag für eine Verordnung (EG) des Rates über den Europäischen Fonds für regionale Entwicklung, KOM/98/0131 endg. -Amtsblatt Nr. C 176 vom 09/06/1998, S. 0035, KOM (1998) 131 endg. 18.03.1998.
http://eur-lex.europa.eu/LexUriServ/LexUriServ.do?uri=CELEX:51998PC0131(02):DE:HTML - (25.03.2007)

-: [Mitteilung, 2001]: Mitteilung der Kommission. Leistungen der Daseinsvorsorge in Europa (2001/C 17/04) vom 19.01.2001, Amtblatt der Europäischen Gemeinschaften C 17/4.
http://eur-lex.europa.eu/LexUriServ/site/de/oj/2001/c_017/c_01720010119de00040023.pdf - (14.06.2007).

-: [Communication, 2001]: Communication de la Commission. Les services d´intérêt général en Europe (2001/ C 17/04), 19.01.2001, Journal officiel des Communautés Européennes C 17/4.
http://eur-lex.europa.eu/LexUriServ/site/fr/oj/2001/c_017/c_01720010119fr00040023.pdf - (30.07.2007).

-: [Regieren, 2001]: Europäisches Regieren. Ein Weißbuch. Kom (2001) 428 endgültig.
http://europa.eu.int/eur-lex/de/com/cnc/2001/com2001_0428de01.pdf - (21.12.2005).

-: [White Paper Report 4c, 2001]: White Paper on European Governance: Report by Working Group 4c on „Multi-Level Governance: Linking and networking the various regional and local levels", 05/01.
http://europa.eu.int/comm/governance/areas/group10/report_en.pdf - (21.12.2005).

-: [White Paper Report 3b, 2001]: White Paper on European Governance: Report by Working Group 3b on: "Decentralisation. Better involvement of national, regional and local actors, June 2001.
http://europa.eu.int/comm/governance/areas/group7/report_en.pdf - (21.12.2005).

-: [Framework, 2002]: A framework for target-based tripartite contracts and agreements between the Community, the States and regional and local authorities. COM (2002) 709 final.
http://europa.eu.int/comm/governance/docs/comm_contrat_en.pdf - (21.12.2005).

-: [Commission, 2002/2003]: Commission working paper: Ongoing and systematic policy dialogue with local-government associations. (o. A.).
http://ec.europa.eu/regional_policy/consultation/permanentdialogue_en.pdf - (06.07.2007).

-: [Report, 2003]: Report from the Commission on European governance, Luxembourg, Europäische Gemeinschaften, 2003.
http://ec.europa.eu/governance/docs/comm_rapport_en.pdf - (06.07.2007).

-: [Bericht, 2003]: Bericht der Kommission über Europäisches Regieren, Europäische Gemeinschaften, Luxemburg, 2003.
http://ec.europa.eu/governance/docs/comm_rapport_de.pdf - (06.07.2007).

KOMMISSION DER EUROPÄISCHEN GEMEINSCHAFTEN [Grünbuch, 2003]: Grünbuch zu Dienstleistungen von allgemeinem Interesse vom 21.05.2003, KOM(2003) 270 endg.
http://eur-lex.europa.eu/LexUriServ/site/de/com/2003/com2003_0270de01.pdf - (03.03.2007).

-: [Study, 2003]: "Feasibility Study" - Report from the Commission to the Council on the preparedness of Bosnia and Herzegovina to negotiate a Stabilisation and Association Agreement with the European Union. COM(2003) 692.
http://www.delbih.ec.europa.eu/en/whatsnew/report-692.pdf - (03.03.2007).

-: [Arbeitsunterlage, 2003]: Arbeitsunterlage der Kommission. Ständiger und systematischer Dialog mit den Verbänden der Gebietskörperschaften über die Politikgestaltung, o. A.
http://ec.europa.eu/regional_policy/consultation/permanentdialogue_de.pdf - (20.07.2007).

-: [Mitteilung, 2003]: Mitteilung der Kommission: Dialog mit den Verbänden der Gebietskörperschaften über die Politikgestaltung der Europäischen Union vom 19.12.2003, KOM (2003) 811 endg.
http://www.rgre.de/pdf/pol_dialog.pdf - (03.03.2007).

-: [Commission, 2004]: Commission staff working document: SEC(2004) 1153. Report on European Governance (03-04).
http://europa.eu.int/comm/governance/docs/rapport_gouvernance_2003-2004_en.pdf
- (21.12.2005).

-: [Mitteilung, 2004]: Mitteilung der Kommission an das Europäische Parlament, den Rat, den Europäischen Wirtschafts- und Sozialausschuss und den Ausschuss der Regionen. Weissbuch zu Dienstleistungen von allgemeinem Interesse, KOM (2004) 374 endg. Öffentliche Diskussion zum Grünbuch / Dokumente zum Weissbuch.
http://ec.europa.eu/services_general_interest/index_de.htm - (08.08.2006).

-: [Delegation, 2004]: The European Commission´s Delegation to Bosnia & Hercegovina - the population of Bosnia and Hercegovina wants one public broadcaster and a single economic space, 2004.
www.delbih.cec.eu.int/en/worddocuments/word283.htm - (30.03.2006).

-: [Economy, 2004]: European Economy, The Western Balkans in Transition, Occasional Paper No. 5, January 2004.
http://ec.europa.eu/economy_finance/publications/occasional_papers/2004/ocp5en.pdf
- (17.09.2006).

-: [Grünbuch, 2004]: Grünbuch zu Öffentlich-Privaten Partnerschaften und den gemeinschaftlichen Rechtsvorschriften für öffentliche Aufträge und Konzessionen, 30.04.2004, KOM(2004) 327.
http://europa.eu.int/comm/internal_market/publicprocurement/ppp_de.htm - (14.09.2005).

-: [Mitteilung, 2004]: Mitteilung der Kommission an das Europäische Parlament, den Rat, den Europäischen Wirtschafts- und Sozialausschuss und den Ausschuss der Regionen. Weißbuch zu Dienstleistungen von allgemeinem Interesse, KOM(2004) 374 endg.
http://eur-lex.europa.eu/LexUriServ/site/de/com/2004/com2004_0374de01.pdf - (03.03.2007).

-: [Bericht, SEK, 2005]: Bericht der Kommission „bessere Rechtsetzung 2004" gemäß Artikel 9 des Protokolls über die Anwendung der Grundsätze der Subsidiarität und der Verhältnismäßigkeit (12. Bericht), SEK(2005) 341.
http://ec.europa.eu/governance/better_regulation/documents/sec_2005_0364_en.pdf
- (10.03.2007).

-: [Bericht, KOM, 2005]: Bericht der Kommission „bessere Rechtsetzung 2004" gemäß Artikel 9 des Protokolls über die Anwendung der Grundsätze der Subsidiarität und der Verhältnismäßigkeit (12. Bericht), KOM(2005) 98 endg.
http://eur-lex.europa.eu/LexUriServ/site/de/com/2005/com2005_0098de01.pdf - (03.03.2007).

-: [Mitteilung, 2005]: Mitteilung der Kommission an den Rat, das Europäische Parlament, den Europäischen Wirtschafts- und Sozialausschuss und den Ausschuss der Regionen: Der Beitrag der Kommission in der Zeit der Reflexion und danach: Plan D für Demokratie, Dialog und Diskussion, KOM (2005) 494 endg. http://ec.europa.eu/commission_barroso/wallstrom/pdf/communication_planD_de.pdf - (25.11.2006).

-: [Gemeinschaftsrahmen, 2005]: Gemeinschaftsrahmen für staatliche Beihilfen, die als Ausgleich für die Erbringung öffentlicher Dienstleistungen gewährt werden, (2005/C 297/04), Amtsblatt der Europäischen Union vom 29.11.2005.
http://www.dstgb.de/index_inhalt/homepage/kommunalreport/inhalt/download_handreichung_fuer_die_kommunen_zum_monti_paket/gemeinschaftsrahmen.pdf - (13.06.2007).

KOMMISSION DER EUROPÄISCHEN GEMEINSCHAFTEN [Entscheidung, 2005]: Entscheidung der Kommission vom 28. November 2005 über die Anwendung von Artikel 86 Abs. 2 EG-Vertrag auf staatliche Beihilfen, die bestimmten mit der Erbringung von Dienstleistungen von allgemeinem wirtschaftlichem Interesse betrauten Unternehmen als Ausgleich gewährt werden, (2005/842/EG), Amtsblatt der Europäischen Union vom 29.11.2005. http://www.dstgb.de/index_inhalt/homepage/kommunalreport/inhalt/download_handreichung_fuer_die_kommunen_zum_monti_paket/freistellungsentscheidung.pdf - (13.06.2007).

-: [Communication, 2006]: Communication from the Commission: The Western Balkans on the road to the EU: Consolidating stability and raising prosperity, Brüssel, 27.01.2006, COM(2006) 27 final. www.dei.gov.ba/en/pdf/com2006EN.pdf - (20.07.2006).

-: [Grünbuch, 2006]: Grünbuch Europäische Transparenzinitiative, 03.05.2006, KOM(2006) 194 endgültig. http://ec.europa.eu/transparency/eti/docs/gp_de.pdf - (13.07.2007).

-: [Auslegungsfragen, 2006]: Mitteilung der Kommission zu Auslegungsfragen in Bezug auf das Gemeinschaftsrecht, das für die Vergabe öffentlicher Aufträge gilt, die nicht oder nur teilweise unter die Vergaberichtlinien fallen, (2006/C179/02), Amtsblatt der Europäischen Union vom 01.08.2006. http://eur-lex.europa.eu/LexUriServ/site/de/oj/2006/c_179/c_17920060801de00020007.pdf - (03.03.2007).

-: [Commission, 2006]: Commission Staff Working Document. Bosnia and Herzegovina 2006 Progress Report, SEC(2006) 1384, 08.11.2006. http://ec.europa.eu/enlargement/pdf/key_documents/2006/Nov/bih_sec_1384_en.pdf - (10.11.2006).

-: [Mitteilung, 2006]: Mitteilung der Kommission an das Europäische Parlament und den Rat. Erweiterungsstrategie und wichtigste Herausforderungen für den Zeitraum 2006 – 2007 mit Sonderbericht über die Fähigkeit der EU zur Integration neuer Mitglieder. KOM(2006) 649 endg. http://ec.europa.eu/enlargement/pdf/key_documents/2006/Nov/com_649_strategy_paper_de.pdf - (10.11.2006).

-: [Commission, 2007]: Commission Staff Working Document. SEC(2007) 360 vom 21.03.2007. Accompanying document to the Communication from the Commission, Follow-up to the Green Paper "European Transparency Initiative". Results of the Commission Consultation on the Green Paper "European Transparency Initiative, (COM(2006) 194 final, {COM(2007) 127 final}. http://ec.europa.eu/civil_society/docs/DTS_360_EN.pdf - (13.07.2007).

-: [Mitteilung, 2007]: Mitteilung der Kommission. KOM(2007) 127 endg. Folgemaßnahmen zu dem Grünbuch „Europäische Transparenzinitiative", {SEK(2007) 360}.

-: [Vorbereitung, 2007]: Vorbereitung des Grünbuches zum städtischen Nahverkehr. Sitzungsdokument für die Teilnehmer. Auftaktveranstaltung „Städtischer Nahverkehr: Probleme, Lösungen und Verantwortlichkeiten", Brüssel, 31. Januar 2007. http://www.rgre.de/pdf/vorber_gruenbuch_nahverkehr.pdf - (02.08.2007).

-: [Bericht, 2007]: Bericht – Anzeiger für staatliche Beihilfen, Frühjahrsausgabe 2007 vom 28.06.2007, KOM(2007) 347 endg. http://ec.europa.eu/comm/competition/state_aid/studies_reports/2007_spring_de.pdf - (20.07.2007).

-: [Leitfaden, 2007]: Leitfaden. Die städtische Dimension der Gemeinschaftspolitik im Zeitraum 2007-2013. http://ec.europa.eu/regional_policy/sources/docgener/guides/urban/index_de.htm#down - (02.08.2007).

KOMMUNALE SPITZENVERBÄNDE BADEN - WÜRTTEMBERGS, BAYERNS UND SACHSENS [Stellungnahme, 2005]: Stellungnahme zum Weissbuch Europäisches Regieren der Europäischen Kommission. http://www.ebbk.de/stellungnahmen/europeaisches_regieren-Gemeinsame%20Stellungnahme.pdf - (25.12.2005).

KONRAD ADENAUER STIFTUNG (KAS) [Bericht, 2006]: Bericht Position und Perspektiven der Kommunalen Selbstverwaltung in Bosnien und Herzegowina" vom 27. – 29. Oktober 2006, Jahorina, 2006. www.kas.de/proj/home/pub/411/year-2007/dokument_id-9498/index.html - (08.02.2007).

KOOIMAN, JAN [Governance, 2006]: Governing as Governance, in: SCHUPPERT, GUNNAR FOLKE (Hrsg.): Governance-Forschung: Vergewisserung über Stand und Entwicklungslinien, Baden – Baden: Nomos, 2. Auflage, 2006, S. 149 – 171.

KOPP, REINHOLD [Föderalismus, 1992]: Föderalismus – demokratische Struktur für Deutschland und Europa, in: BOHR, KURT (Hrsg.): Föderalismus - Demokratische Struktur für Deutschland und Europa, München: Beck`sche Verlagsbuchhandlung, 1992, S. 163 – 200.

KOSLOWSKI, PETER [Gemeinwohl, 1999]: Gemeinwohl des Staates und der kleineren Gemeinschaften: Die Gliederung des Gemeinwohls, in: KOSLOWSKI, PETER (Hrsg.): Das Gemeinwohl zwischen Universalismus und Partikularismus. Zur Theorie des Gemeinwohls und der Gemeinwohlwirkung von Ehescheidung, politischer Sezession und Kirchentrennung, Stuttgart / Bad-Cannstadt: frommann-holzboog, 1999, S. 1 – 16.

KRABBE, WOLFGANG R. [Stadt, 1989]: Die deutsche Stadt im 19. und 20. Jahrhundert, Göttingen: Vandenhoeck und Ruprecht, 1989.

KRÄTKE, MICHAEL [Europagipfel, 2007]: Nach dem Europagipfel. Das große EU-Theater, in: WOZ, die Wochenzeitung, 05.07.2007.
http://www.woz.ch/artikel/2007/nr26/international/15145.html - (05.07.2007).

KRAJISNIK, MILENKO [Finansiranje, 2005]: Finansiranje lokalne uprave i njena imovina, in: Centar za Promociju Civilnog Drustva (CPCD) / USAID (Eds.): Analiza stanja lokalne uprave i samouprave u BiH, Sarajevo, 2005, S. 33 – 45.
[Übersetzung aus der bosnischen Sprache Übersetzungsbüro A. Galic, vereidigte Gerichtsdolmetscherin, Stuttgart].

KREMENOVIC, OSTOJA [Selbstverwaltung, 2000]: Kommunale Selbstverwaltung in der Republika Srpska. International Conference on Globalization – Sustainable Development – Local Government: Challenges of the 21 th Century, 2000.
www.kas.de/upload/kommunalpolitik/konferenz_09_2000/kremenovic.pdf - (14.12.2006).

KRONISCH, JOACHIM [Aufgabenverlagerung, 1993]: Aufgabenverlagerung und gemeindliche Aufgabengarantie, Baden - Baden: Nomos, 1993.

-: [Finanzausstattung, 2003]: Die primäre Finanzausstattung der Kommunen – Gebühren, Beiträge und Steuern - Die rechtliche Perspektive, in: WALLERATH, MAXIMILIAN (Hrsg.): Kommunale Finanzen im Bundesstaat, Baden – Baden: Nomos, 2003. S. 145 – 157.

KÜHNE, ARMIN / DUKIC, DANIJELA / DJURIC, SLAVISA (Municipal Development Project) [Governance, 2005]: Local Governance in Transition: A view on the Bosnian Case. Paper prepared for the EGPA Conference 2005: Reforming the Public Sector – What about the Citizens? (Version 23. August 2005), Doboj, 2005.
http://www.mdp.ba/text/Paper_Kuehne_misic_djuri.pdf - (20.05.2007).

KÜHNHARDT, LUDGER [Einleitung, 2005]: Einleitung. Auf dem Weg zum europäischen Verfassungspatriotismus, in: HÖRETH, MARCUS / JANOWSKI, CORDULA / KÜHNHARDT, LUDGER (Hrsg.): Die Europäische Verfassung. Analyse und Bewertung ihrer Strukturentscheidungen, Baden - Baden: Nomos, 2005, S. 19 – 48.

KUHLMANN, SABINE [Evaluation, 2004]: Evaluation lokaler Verwaltungspolitik: Umsetzung und Wirksamkeit der Neuen Steuerungsinstrumente in den deutschen Kommunen, in: PVS: 45, Heft 3, Sept. 2004, S. 370 – 394.

-: [Verwaltungsreform, 2004]: Lokale Verwaltungsreform in Deutschland und Frankreich: Dezentralisierung, Demokratisierung, Ökonomisierung (First Draft), 2004.
http://www.uni-konstanz.de/bogumil/kuhlmann/Download/Literatur.pdf - (29.10.2006).

-: [Kommunen, 2006]: Kommunen zwischen Staat und Markt: Lokalmodelle und –reformen im internationalen Vergleich, in: Deutsche Zeitschrift für Kommunalwissenschaften, (DfK) 45. Jg. 2006/II, S. 81 – 102.

L

LACHAUME, JEAN-FRANCOIS [Commune, 1997]: La commune. L´approche juridique de la commune, Paris: Librairie Générale de Droit et de Jurisprudence, 1997, S. 1 – 10.

LÄUFER, THOMAS (Hrsg.) [Vertrag, 1998]: Vertrag von Amsterdam. Texte des EU-Vertrages und des EG-Vertrages, Bonn: Bundeszentrale für politische Bildung / Europa Union Verlag, 1998.

-: (Hrsg.) [Verfassung, 2005]: Verfassung der Europäischen Union. Verfassungsvertrag vom 29. Oktober 2004. Protokolle und Erklärungen zum Vertragswerk, Bonn: bpb, 2005.

LAFFAN, BRIGID [Union, 1997]: The European Union: A Distinctive Model of Internationalisation? European Online Papers (EIOP) Vol. 1 (1997).
http://www.eiop.or.at/eiop/texte/1997-018a.htm - (05.05.2006).

LANDFRIED, CHRISTINE [Bürgerinnen, 2006]: Wo bleiben die Bürgerinnen und Bürger in der Europäischen Union? Anforderungen an die Demokratie jenseits des Nationalstaats, in: BRUHA, THOMAS / NOWAK, CARSTEN (Hrsg.): Die Europäische Union: Innere Verfasstheit und globale Handlungsfähigkeit, Baden - Baden: Nomos, 2006, S. 89 – 106.

LANDSBERG, GERD [Städte- und Gemeindebund, 2007]: Der Deutsche Städte- und Gemeindebund, in: MANN, THOMAS / PÜTTNER, GÜNTER (Hrsg.): Handbuch der kommunalen Wissenschaft und Praxis, Band 1, Grundlagen der Kommunalverfassung, Berlin: Springer, 3. Auflage, 2007, S. 963 – 981.

-: / ZIMMERMANN, UWE [Verfassung, 2004]: Eine Verfassung für Europa. Entwicklung der Europäischen Union am Wendepunkt?, in: Stadt und Gemeinde INTERAKTIV, 59. Jahrgang, Nr. 1 – 2/2004.

LANDTAG BADEN – WÜRTTEMBERG [Konnexitätsprinzip, 2004]: Konnexitätsprinzip als Grundlage politischen Handelns, Stellungnahme des Finanzministeriums, Drucksache 13/3248, 22.07.2004.

LANGE, STEFAN / BRAUN, DIETMAR [Differenzierung, 1999]: Gesellschaftliche Differenzierung und politische Steuerung, FernUniversität Hagen, Hagen o. A., 4/99.

LANGEWIESCHE, DIETMAR [Stadtbürger, 1997]: Stadtbürger – Staatsbürger: Interessenpolitik im 19. Jahrhundert, in: SPECKER, HANS EUGEN (Hrsg.): Einwohner und Bürger auf dem Weg zur Demokratie. Von den antiken Stadtrepubliken zur modernen Kommunalverfassung, Stuttgart: Kommissionsverlag W. Kohlhammer, 1997, S. 162 – 174.

LAUX, EBERHARD [Selbstverwaltung, 1983]: Kommunale Selbstverwaltung als politisches Prinzip. Wege der Diskussion, in: MUTIUS, ALBERT VON (Hrsg.): Selbstverwaltung im Staat der Industriegesellschaft. Festgabe zum 70. Geburtstag von Georg Christoph von Unruh, Heidelberg: R.v.Deckers Verlag, 1983, S. 51 – 78.

LECHELER, HELMUT [Subsidiaritätsprinzip, 1993]: Das Subsidiaritätsprinzip: Strukturprinzip einer Europäischen Union, Berlin: Duncker und Humblot, 1993.

LEFÈVRE, CHRISTIAN [Zusammenarbeit, 2000]: Intraregionale Zusammenarbeit zwischen Kernstädten und ihrem Umland in Frankreich, in: HEINZ, WERNER (Hrsg.): Stadt und Region: Kooperation oder Koordination? Ein internationaler Vergleich, 1. Aufl., Stuttgart, Berlin, Köln: W. Kohlhammer Dt. Gemeindeverlag, 2000.

LE GALÈS, PATRICK [Gouvernement, 1995]: Du gouvernement des villes à la gouvernance urbaine, in: Revue Francaise de Science Politique, No. 1 / 1995, S. 57 – 95.

LEIDINGER, AMBROSIUS [Entwicklungstendenzen, 1991]: Entwicklungstendenzen und Anforderungen an die kommunale Selbstverwaltung, in: BLÜMEL, WILLI / HILL, HERMANN (Hrsg.): Die Zukunft der kommunalen Selbstverwaltung: Vorträge und Diskussionsbeiträge der 58. Staatswissenschaftlichen Fortbildungstagung 1990 der Deutschen Hochschule für Verwaltungswissenschaften Speyer, Berlin: Duncker und Humblot, 1991.

LEINEN, JOSEF [Notwendigkeit, 2001]: Die politische Notwendigkeit einer europäischen Verfassung, in: SCHIRM, MAGDA (Hrsg.): Eine Verfassung für Europa? Thesen zur aktuellen Debatte, Frankfurt am Main: VAS, 2001, S. 13 – 21.

LEIPZIG CHARTA zur nachhaltigen europäischen Stadt, 24. Mai 2007.
http://www.eu2007.de/de/News/download_docs/Mai/0524-AN/075DokumentLeipzigCharta.pdf - (22.07.2007).

LEITERMANN, WALTER [Sitzung, 2003]: Sitzung des Europäischen Hauptausschusses des RGRE in Aarhus: Unmut über den Konvent, in: Europa Kommunal, 01/2003, S. 36.

LELOUP, FABIENNE / MOYART, LAURENCE / PECQUEUR, BERNARD [Gouvernance, 2004]: La gouvernance territoriale comme nouveau mode de coordination territoriale? 4ème journée de la proximité. Proximité, réseaux et coordination, 17 et 18 Juin 2004.

LEXIQUE PEDAGOGIQUE [Institutions, 2003]: Institutions et vie politique, in: La documentation Francaise, Paris, 2003, S. 167 – 170.

LIBBE, JENS / TRAPP, JAN HENDRIK (DIFU) [Gemeinwohlsicherung, 2005]: Gemeinwohlsicherung als Herausforderung – kommunale Steuerungspotentiale in differenzierten Formen der Aufgabenwahrnehmung. Eine Positionsbestimmung, Berlin: DIfU, 2005.
www.networks-group.de/veroeffentlichungen - (22.09.2006).

LÖWER, WOLFGANG in: MÜNCH, INGO VON / KUNIG, PHILIP (Hrsg.): Grundgesetz-Kommentar, Band 2, 3. Aufl., München: Beck, 1995, S. 317, Nr. 82.

LOHSE, FRANK [Aufgaben, 2005]: Kommunale Aufgaben, kommunaler Finanzausgleich und Konnexitätsprinzip, Baden – Baden: Nomos, 2005.
Zugl.: Leipzig, Univ., Diss., 2005.

LOVAN, ROBERT W. / MURRAY, MICHAEL / SHAFFER, RON [Governance, 2005]: Participatory Governance. Planning, conflict mediation and public decision-making in civil society, Aldershot, Burlington: Ashgate Publishing, 2005.

LUCHAIRE, YVES [Commune, 1995]: La Commune dans la société francaise, Paris, Economica, 1995.

LÜDER, KLAUS [Verwaltungskontrolle, 2001]: Verwaltungskontrolle aus sozial- und verwaltungswissenschaftlicher Perspektive, in: SCHMIDT–AßMANN, EBERHARD / HOFFMANN–RIEM, WOLFGANG (Hrsg.): Verwaltungskontrolle, Baden – Baden: Nomos, 2001, S. 45 – 59.

M

MAAS, C. [Entfaltung, 2004]: Die verfassungsrechtliche Entfaltung kommunaler Finanzgarantien. Anwendungs- und Durchsetzungsprobleme im Spannungsfeld juristisch - finanzwissenschaftlicher Interpretation am Beispiel Niedersachsens, Baden - Baden: Nomos, 2004.
Zugl.: Hannover, Univ., Diss., 2004.

MABILEAU, ALBERT [Stadt, 1993]: Die Stadt im lokalen System Frankreichs: eine ambivalente Integration, in: Frankreich – Jahrbuch 1993, Opladen: Leske und Budrich, 1993, S. 63 – 72.

-: [Kommunalpolitik, 1996]: Kommunalpolitik und –verwaltung in Frankreich: das „lokale System" Frankreichs, Basel, Boston, Berlin: Birkhäuser, 1996.

MÄNNLE, URSULA [Grundlagen, 1997]: Grundlagen und Gestaltungsmöglichkeiten des Föderalismus in Deutschland, in: Aus Politik und Zeitgeschichte B 24/97, 1997, S. 3 – 11.

MAGER, WOLFGANG [Frankreich, 1980]: Frankreich vom Ancien Régime zur Moderne: Wirtschafts-, Gesellschafts- und politische Institutionengeschichte 1630 bis 1830, Stuttgart, Berlin, Köln, Mainz: Kohlhammer, 1980.

MAGNETTE, PAUL [Governance, 2001]: European Governance and Civic Participation: Can the EU be politicised? This Paper is part of contributions to the Jean Monnet Working Paper No. 6/01 Symposium: Mountain or Molehill? A Critical Appraisal of the Commission White Paper on Governance, 2001.
http://www.jeanmonnetprogram.org/papers/01/010901.rtf - (21.12.2005).

- / NICOLAIDIS, KALYPSO [Convention, 2004]: The European Convention: Bargaining in the Shadow of Rhetoric, in: West European Politics, Vol. 27, No. 3, May 2004, pp. 381 – 404.

MAGIERA, SIEGFRIED [Föderalismus, 1994]: Föderalismus und Subsidiarität als Rechtsprinzipien der Europäischen Union, in: SCHNEIDER, HEINRICH / WESSELS, WOLFGANG (Hrsg.): Föderale Union – Europas Zukunft, Analysen, Kontroversen, Perspektiven, München: Beck, 1994, S. 71 – 98.

-: [Selbstverwaltung, 1995]: Kommunale Selbstverwaltung in der Europäischen Union, in: GRUPP, KLAUS / RONELLENFITSCH, MICHAEL (Hrsg.): Kommunale Selbstverwaltung in Deutschland und Europa: Symposium zum 65. Geburtstag von Univ. – Prof. Willi Blümel, Berlin: Duncker und Humblot, 1995.

-: [Diskussion, 1995]: Diskussion zu den Referaten von Siegfried Magiera und Günter Püttner, in: GRUPP, KLAUS / RONELLENFITSCH, MICHAEL (Hrsg.): Kommunale Selbstverwaltung in Deutschland und Europa / Symposium zum 65. Geburtstag von Prof. Dr. Willi Blümel, Berlin: Duncker und Humblot, 1995, S. 63 (Diskussionsbeitrag).

MANGIAMELI, STELIO [Role, 2006]: The Role of Regional and Local Government in European Governance, in: BLANKE, HERMANN-JOSEF / MANGIAMELI, STELIO (Eds.): Governing Europe under a constitution. The hard road from the European Treaties to a European Constitutional Treaty, Berlin, Heidelberg: Springer, 2006, S. 457 – 481.

MARCOU, GÉRARD [Bilan, 2002]: Bilan et avenir de la déconcentration, in: MARCOU, GÉRARD / DE BRUYCKER, PHILIPPE (Eds.): Annuaire 2002 des collectivités locales, Paris: CNRS Editions, 2002, S. 25 – 49.

-: [Rechtsetzung, 2004]: Europäische Rechtsetzung und mitgliedstaatliche Beteiligung: Länderbericht Frankreich, in: SIEDENTOPF, HEINRICH (Hrsg.): Der Europäische Verwaltungsraum – Beiträge einer Fachtagung. Schriftenreihe der Deutschen Sektion des Internationalen Instituts für Verwaltungswissenschaften, Band 29, Baden - Baden: Nomos, 2004, S. 79 – 89.

MARHOLD, HARTMUT [Strukturen, 2000]: Föderale Strukturen für Europa? Aktuelle Beiträge zur Debatte in Frankreich, in: EUROPÄISCHES ZENTRUM FÜR FÖDERALISMUS-FORSCHUNG (EZFF) (Hrsg.): Occasional Papers Nr. 23, 2000.

MARKERT, THOMAS [Beitrag, 2003]: Der Beitrag der Venedig – Kommission, in: VITZTHUM, WOLFGANG GRAF (Hrsg.): Bosnien–Herzegowina im Horizont Europas. Demokratische und föderale Elemente der Staatswerdung in Südosteuropa, Berlin: Duncker und Humblot, 2003, S. 87 – 107.

MASTRONARDI, PHILIPPE [Verfassungslehre, 2007]: Verfassungslehre. Allgemeines Staatsrecht als Lehre vom guten und gerechten Staat, Bern, Stuttgart, Wien: Haupt, 2007.

MARTI, URS [Wirkungsgeschichte, 2004]: Tocquevilles Wirkungsgeschichte in Europa, in: HERB, KARLFRIEDRICH / HIDALGO, OLIVER (Hrsg.): Alter Staat – Neue Politik. Tocquevilles Entdeckung der modernen Demokratie, Baden - Baden: Nomos, 2004.

MARTINI, ALEXANDER [Gemeinden, 1998]: Gemeinden in Europa. Einwirken der Europäischen Gemeinschaft auf die deutschen Gemeinden und Schutz der kommunalen Selbstverwaltung im Gemeinschaftsrecht, Stuttgart, Köln: W. Kohlhammer / Deutscher Gemeindeverlag, 1998.

-: / MÜLLER, WOLFGANG [Schutz, 1993]: Der Schutz der kommunalen Selbstverwaltung in der europäischen Integration durch nationales Verfassungsrecht und gemeinschaftsrechtliche allgemeine Grundsätze, in: Bayerische Verwaltungsblätter, Heft 6, 03/1993.

MATZERATH, HORST [Nationalsozialismus, 1981]: Die Zeit des Nationalsozialismus, in: PÜTTNER, GÜNTER (Hrsg.): Handbuch der kommunalen Wissenschaft und Praxis, 2. Auflage, Heidelberg: Springer Verlag, 1981, Band 1, S.100 – 113.

MAURER, ANDREAS [Reformvertrag, 2007]: Vom Verfassungs- zum Reformvertrag. Die Ratifikationsverfahren zum EU-Verfassungsvertrag und die Verhandlungen zum Mandat der Regierungskonferenz 2007. Diskussionspapier der Forschungsgruppe EU-Integration, Stiftung Wissenschaft und Politik, Deutsches Institut für Internationale Politik und Sicherheit, Berlin, 2007.
http://www.swp-berlin.org/common/get_document.php?asset_id=4205 - (03.08.2007).

MAURER, HARTMUT [Grundlagen, 1995]: Verfassungsrechtliche Grundlagen der kommunalen Selbstverwaltung, in: DVBl., Heft 19 vom 01.10.1995, S. 1037 – 1046.

-: [Grundlagen, 1996]: Verfassungsrechtliche Grundlagen der kommunalen Selbstverwaltung, in: SCHOCH, FRIEDRICH (Hrsg.): Selbstverwaltung der Kreise in Deutschland: Bestand und Perspektiven der kreislichen Selbstverwaltung, Köln, Berlin, Bonn: Heymanns, 1996, S. 1 – 25.

MAY, JOHANNA [Stadtregiment, 2000]: Vom obrigkeitlichen Stadtregiment zur bürgerlichen Kommunalpolitik. Entwicklungslinien der hannoverschen Stadtpolitik von 1699 bis 1824, Hannover: Verlag Hahnsche Buchhandlung, 2000.

MAYER, FRANZ [Staat, 1975]: Staat – Verfassung – Recht – Verwaltung, in: GROTHUSEN, KLAUS – DETLEV (Hrsg.): Jugoslawien. Südosteuropa – Handbuch, Band 1, Göttingen: Vandenhoeck & Ruprecht, 1975.

MAYNTZ, RENATE [Steuerung, 2001]: Politische Steuerung, in: SCHADER STIFTUNG (Hrsg.): Politische Steuerung in der Stadtentwicklung: Das Programm „Die soziale Stadt" in der Diskussion, Darmstadt: Schader Stiftung, 2001.

-: [Governance-Theorie, 2004]: Governance-Theorie als fortentwickelte Steuerungstheorie? MPIfG Working Paper 04/1, März 2004.
http://www.mpi-fg-koeln.mpg.de/pu/workpap/wp04-1/wp04-1.html - (21.12.2005).

MAZAN, STEPHAN [Prinzip, 1996]: Das föderative Prinzip in der Europäischen Union. Insbesondere die föderativen Strukturelemente des Europäischen Gemeinschaftsrechtes, Zürich: Schulthess Polygraphischer Verlag AG, 1996.
Zugl.: Zürich, Univ., Diss., 1996.

MCCARTHY, ROSARIE E. [Committee, 1997]: The Committee of the Regions: an advisory body´s tortuous path to influence, in: Journal of European Public Policy 4:3 September 1997: S. 439 - 454.

MELCHIOR, JOSEF [Understandings, 2005]: National and European Understandings of Democracy: The Case of Austria and the EU, European Integrion online Papers (EIoP) Vol. 9 (2005) No. 4.
http://eiop.or.at/texte/2005-004a.htm - (04.05.2006).

MENGER, CHRISTIAN FRIEDRICH [Entwicklung, 1983]: Entwicklung der Selbstverwaltung im Verfassungsstaat der Neuzeit, in: MUTIUS, ALBERT VON (Hrsg.): Selbstverwaltung im Staat der Industriegesellschaft. Festgabe zum 70. Geburtstag von Georg Christoph von Unruh, Heidelberg: R.v.Deckers Verlag, 1983, S. 25 – 40.

MENTZ, ULRICH [Weg, 2004]: Der steinige Weg zu mehr Selbstverwaltung in Europa. Die Entwicklung der Gemeindefreiheit in Europa nach dem Zweiten Weltkrieg, in: MENTZ, ULRICH / GASSER, ADOLF (Hrsg.): Gemeindefreiheit in Europa: Der steinige Weg zu mehr Selbstverwaltung in Europa, Baden - Baden: Nomos, 2004, S. 9 – 42.

MEYER, GERD [Lebenswelten, 1999]: Kleine Lebenswelten im Sozialismus. Ein ambivalentes Erbe für die politischen Kulturen in Ostmitteleuropa, in: BUSCH, ANDREAS / MERKEL, WOLFGANG (Hrsg.): Demokratie in Ost und West, Festschrift für Klaus von Beyme, Frankfurt am Main: Suhrkamp, 1999, S. 310 – 331.

MEYER, HUBERT [Kommunalrecht, 2002]: Kommunalrecht, Baden – Baden: Nomos, 2002.

-: [Funktional- und Gebietsreformen, 2007]: Funktional- und Gebietsreformen in den Bundesländern – Chancen und Risiken für die kommunale Selbstverwaltung, in: Der Landkreis vom 15.01.2007, S. 78 – 87.

MEYER, JÜRGEN [Elemente, o. A.]: Demokratische Elemente im Verfassungsprozess, in: PALMER, CHRISTOPH – E. (Hrsg.): Europa in guter Verfassung, Staatsministerium Baden - Württemberg. (o. Jahr).

MIETZSCH, OLIVER [Interessenvertretung, 1998]: Institutionalisierte Interessenvertretung der Regionen und Kommunen in der EU, in: Aus Politik und Zeitgeschichte, B 25-26 / 1998, S. 34 – 39.

MILDNER, KIRK [Economy, 2005]: The Economy of Bosnia and Herzegovina Ten Years after the Dayton Agreement, in: Südosteuropa Mitteilungen, 45. Jahrgang, 04 – 05 / 2005, S. 94 – 101.

MILICEVIC, NEDO [State, 2001]: The state and problems of local self–government in Bosnia and Herzegovina, in: South–East Europe Review, No. 2 / 2001, S. 55 – 74.

MILJKO, ZVONKO [Föderalismuserfahrung, 2003]: Föderalismuserfahrung und Bosnien–Herzegowina, in: VITZTHUM, WOLFGANG GRAF / WINKELMANN, INGO (Hrsg.): Bosnien–Herzegowina im Horizont Europas. Demokratische und föderale Elemente der Staatswerdung in Südosteuropa, Berlin: Duncker und Humblot, 2003, S. 31 – 41.

MINISTER FÜR BUNDES- UND EUROPAANGELEGENHEITEN IM GESCHÄFTSBEREICH DES MINISTERPRÄSIDENTEN DES LANDES NORDRHEIN – WESTFALEN [EU-Programme, 2006]: EU-Programme für Kommunen. EU-Förderung 2007 – 2013, Düsseldorf, 2006.

MINISTERE DE L´INTERIEUR, DE LA SECURITE ET DES LIBERTES LOCALES / DIRECTION GENERALE DES COLLECTIVITES LOCALES (DGCL) [Collectivités, 2005]: Les Collectivités locales en chiffres 2005.
www.dcgl.interieur.gouv.fr./publication - (18.03.2005).

MINISTERE DE L'INTERIEUR ET DE L'AMENAGEMENT DU TERRITOIRE / DIRECTION GENERALE DES COLLECTIVITES LOCALES (DGCL) [Collectivités, 2007]: Les Collectivités locales en chiffres 2007. http://www.dgcl.interieur.gouv.fr/Publications/CL_en_chiffres_2007/03_chapitre_1.pdf - (30.05.2007).

MINISTERE DE L'INTERIEUR ET DE LA SECURITE PUBLIQUE / DIRECTION GENERALE DES COLLECTIVITES LOCALES [Donne, 1992]: Une nouvelle donne pour les collectivités territoriales. La loi d'orientation relative a l'administration territoriale de la République, Paris: Syros, 1992.

-: [L'intercommunalité]: L'intercommunalité après al loi du 12 juillet 1999, version actualisée le 2 juillet 2001. http://www.colloc.minefi.gouv.fr/colo_otherfiles_intercom/telecharger/guideinterco.pdf - (03.08.2007).

MIOVCIC, ZDRAVKO [Administration, 2004]: Public Administration Reform in BH by Extensive International Assistance – Lessons (not) learned, in: FRIEDRICH EBERT STIFTUNG (Hrsg.): Reforming Local Public Administration, Efforts and Perspectives in South-East European Countries, Zagreb, 2004.

-: [Analiza, 2005]: Analiza stanja lokalne uprave i samouprave u BiH, in: Centar za Promociju Civilnog Drustva (CPCD) / USAID (Eds.): Analiza stanja lokalne uprave i samouprave u BiH, Sarajevo, 2005.
[Übersetzung aus der bosnischen Sprache Übersetzungsbüro A. Galic, vereidigte Gerichtsdolmetscherin, Stuttgart].

MITTENDORF, VOLKER / REHMET, FRANK [Bürgerbegehren, 2002]: Bürgerbegehren und Bürgerentscheide: Wirkungsaspekte auf kommunale Willensbildungs- und Entscheidungsvorbereitungsprozesse in Deutschland und der Schweiz, in: BOGUMIL, JÖRG (Hrsg.): Kommunale Entscheidungsprozesse im Wandel. Theoretische und empirische Analysen, Opladen: Leske und Budrich, 2002, S. 219 – 238.

MITTLER, GERNOT [Reform, 2005]: Reform der Finanzverfassung, in: STIFTUNG GESELLSCHAFT FÜR RECHTSPOLITIK (Hrsg.): Bitburger Gespräche Jahrbuch 2005/I, S. 48 – 57.

MÖLLERS, CHRISTOPH [Policy, 2001]: Policy, Politics oder Politische Theorie? This Paper is part of contributions to the Jean Monnet Working Paper No. 6/01 Symposium: Mountain or Molehill? A Critical Appraisal of the Commission White Paper on Governance.
www.jeanmonnetprogram.org/papers/01/011101.rtf - (01.06.2005).

MOERSCH, WOLFRAM [Leistungsfähigkeit, 2001]: Leistungsfähigkeit und Grenzen des Subsidiaritätsprinzips: Eine rechtsdogmatische und rechtspolitische Studie, Berlin: Duncker und Humblot, 2001.

MOSER-STARRACH, SONJA [B-H., 2002]: B-H and the Council of Europe, in: bosnian institut (Ed.): bosnia report january – may 2002, new series no. 27 – 28.
www.bosia.org.uk/bosrep/report_format.cfm?articleID=854&reportid=153 - (12.07.2006).

-: [Engagement, 2004]: Engagement des Europarates in Bosnien und Herzegowina, in: VOGT, MARCUS JURIJ (Hrsg.): Zerfall Jugoslawiens – Konfliktfeld Bosnien und Herzegowina – Perspektive Europa, Sarajevo, 2004, S. 147 – 171.

MÜCKL, STEFAN [Konnexitätsprinzip, 2006]: Konnexitätsprinzip in der Verfassungsordnung von Bund und Ländern, in: HENNEKE, HANS-GÜNTER / PÜNDER, HERMANN / WALDHOFF, CHRISTIAN (Hrsg.): Recht der Kommunalfinanzen. Abgaben, Haushalt, Finanzausgleich, München: C. H. Beck, 2006, S. 33 – 58.

MÜLLER, CHRISTOPH [Problem, 2005]: Zum Problem der Souveränität: Hugo Preuß, Hans Kelsen, Max Weber, in: MÜLLER, CHRISTOPH (Hrsg.): Gemeinde, Stadt, Staat: Aspekte der Verfassungstheorie von Hugo Preuß, Baden - Baden: Nomos, 2005.

MÜLLER-BRANDECK-BOCQUET, GISELA / MOREAU, PATRICK [Frankreich, 2000]: Frankreich – eine politische Landeskunde. Beiträge zu Politik und Landeskunde, 2. Auflage, Opladen: Leske und Budrich, 2000.

MÜLLER-GRAF, PETER-CHRISTIAN [Kompetenzen, 2004]: Die Kompetenzen in der Europäischen Union, in: WEIDENFELD, WERNER (Hrsg.): Die Europäische Union. Politisches System und Politikbereiche, Bonn: bpb, 2004, S. 141 – 166.

MÜNCH, RICHARD [Grundzüge, 1999]: Grundzüge und Grundkategorien der staatlichen und gesellschaftlichen Entwicklung Frankreichs, in: CHRISTADLER, MARIELUISE / UTERWEDDE, HENRIK (Hrsg.): Länderbericht Frankreich: Geschichte, Politik, Wirtschaft, Gesellschaft, Opladen: Leske und Budrich, 1999.

MURAWSKI, KLAUS–PETER [Steuerung, 2002]: Politische Steuerung im Dialog, in: SCHUSTER, WOLFGANG (Hrsg.): Die regierbare Stadt, Stuttgart: DGV, 2002, S. 61 – 75.

MUTIUS, ALBERT VON [Aufgabenerfüllung, 1983]: : Örtliche Aufgabenerfüllung. Traditionelles, funktionales oder neues Selbstverwaltungsverständnis, in: MUTIUS, ALBERT VON (Hrsg.): Selbstverwaltung im Staat der Industriegesellschaft. Festgabe zum 70. Geburtstag von Georg Christoph von Unruh, Heidelberg: R.v.Deckers Verlag, 1983, S. 227 – 264.

N

NASCHOLD, FRIEDER / BOGUMIL, JÖRG [Modernisierung, 2000]: Modernisierung des Staates. New Public Management in deutscher und internationaler Perspektive, Opladen: Leske und Budrich, 2000.

-: / **OPPEN, MARIA / WEGENER, ALEXANDER** [Spitzeninnovationen, 1998]: Kommunale Spitzeninnovationen, Konzepte, Umsetzung, Wirkungen in internationaler Perspektive, Berlin: Edition Sigma, 1998.

NEGRIER, EMMANUEL [Powershift, 2003]: A French Urban Powershift? The Political Construction of Metropolization, in: French Politics, 02/July 2003, S. 175 – 199.

NELLES, WILFRIED [Bürgerinitiativen, 1984]: Bürgerinitiativen, in: VOIGT, RÜDIGER (Hrsg.): Handwörterbuch zur Kommunalpolitik, Opladen: Westdeutscher Verlag, 1984, S. 78 – 80.

NÉMERY, JEAN-CLAUDE [Organisation, 2003]: La nouvelle organisation decentralisée de la République Francaise, in: NEMERY, JEAN-CLAUDE (Hrsg.): Décentralisation et intercommunalité en France et en Europe, L´Harmattan, 2003, S. 9 – 30.

-: [Réforme, 2004]: Réforme de la décentralisation et transferts de compétences, in: MARCOU, GÉRARD / WOLLMANN, HELLMUT (Eds.): Réforme de la décentralisation, réforme de l´État, Régions et villes en Europe, Annuaire 2004 des collectivités locales, Paris: CNRS Editions, 2004, S. 67 – 85.

NEUMANN, PETER [Bürgerbegehren, 2007]: Bürgerbegehren und Bürgerentscheid, in: MANN, THOMAS / PÜTTNER, GÜNTER (Hrsg.): Handbuch der kommunalen Wissenschaft und Praxis, Band 1, Grundlagen der Kommunalverfassung, Berlin: Springer, 3. Auflage, 2007, S. 353 – 380.

NEYER, JÜRGEN [Herrschaft, 2002]: Politische Herrschaft in nicht-hierarchischen Mehrebenensystemen, in: Zeitschrift für Internationale Beziehungen 9/1, 2002, S. 9 – 38.

NICOLAYSEN, GERT [EU-Mitgliedstaaten, 2006]: EU-Mitgliedstaaten: Ein neues verfassungsrechtliches Verhältnis?, in: BRUHA, THOMAS / NOWAK, CARSTEN (Hrsg.): Die Europäische Union: Innere Verfasstheit und globale Handlungsfähigkeit, Baden - Baden: Nomos, 2006, S. 17 – 56.

NIERHAUS, MICHAEL [Selbstverwaltung, 2003]: Die kommunale Selbstverwaltung, in: SACHS, MICHAEL (Hrsg.): Kommentar Grundgesetz, 3. Aufl., München: Beck, 2003.

-: [Anspruch, 2005]: Verfassungsrechtlicher Anspruch der Kommunen auf finanzielle Mindestausstattung, in: NIERHAUS, MICHAEL (Hrsg.): Kommunalfinanzen. Beiträge zur aktuellen Debatte. KWI-Arbeitshefte 9, Berlin: Universitätsverlag Potsdam, 2005, S. 9 – 24.
www.uni-potsdam.de/u/kwi/index.htm - (10.10.2006).

NOWAK, MANFRED [Dayton, 2005]: Has Dayton failed?, in: SOLIOZ, CHRISTOPHE / VOGEL, TOBIAS K. (Hrsg.): Dayton and Beyond: Perspectives on the Future of Bosnia and Herzegovina, Baden - Baden: Nomos, 2005.

NUTZENBERGER, KLAUS M. [Weiterentwicklung, 2002]: Weiterentwicklung auf sicherer Grundlage. Das neue Europabüro des DStGB in Brüssel, in: Stadt und Gemeinde INTERAKTIV, 06/2002.

O

OEBBECKE, JANBERT [Steuerung, 2005]: Nicht–normative Steuerung in dezentralen Systemen – Versuch einer Bilanz des Nassauer Gesprächs, in: OEBBECKE, JANBERT (Hrsg.): Nicht–normative Steuerung in dezentralen Systemen, Stuttgart: Franz Steiner Verlag, 2005, S. 7 – 14.

OECD (Organisation for Economic Co-operation and Development) [Guidelines, 2005]: OECD Guidelines on Corporate Governance of State-Owned Enterprises, OECD Publishing, 2005.
www.oecd.org/document/22/0,2340,en_2649_37439_37441942_1_1_137439,00.html
- (08.02.2007).

ÖHLINGER, THEO [Gemeinschaftsverfassung, 2004]: Gemeinschaftsverfassung und Staatsverfassung. Die Auswirkungen einer EU-Verfassung auf das nationale Verfassungsrecht, in: BUSEK, ERHARD / HUMMER, WALDEMAR (Hrsg.): Etappen auf dem Weg zu einer europäischen Verfassung, Wien, Köln, Weimar: Böhlau, 2004, S. 75 – 111.

OELLERS-FRAHM, KARIN [Bosnia-Herzegovina, 2005]: Restructuring Bosnia-Herzegovina: A Model with Pit-Falls, in: BOGDANDY, ARMIN VON / WOLFRUM, RÜDIGER (Eds.): Max Planck Yearbook of United Nations Law, Volume 9, 2005, S. 179 – 224.

OETER, STEFAN [Demokratie, 2006]: Demokratie im europäischen Verfassungsverbund. Überlegungen zum Entwurf eines Verfassungsvertrages für Europa, in: ZULEEG, MANFRED (Hrsg.): Die neue Verfassung der Europäischen Union, Baden – Baden: Nomos, 2006, S. 69 – 91.

OLDIGES, MARTIN [Gemeinde, 2005]: Die Gemeinde im übertragenen Wirkungskreis, in: STERN, KLAUS / GRUPP, KLAUS (Hrsg.): Gedächtnisschrift für Joachim Burmeister, Heidelberg: C.F.Müller Verlag, 2005, S. 269 – 288.

OLK, THOMAS [Sozialstaat, 2001]: Sozialstaat und Bürgergesellschaft, in: HEINZE, ROLF G. / OLK, THOMAS (Hrsg.): Bürgerengagement in Deutschland. Bestandsaufnahmen und Perspektiven, Opladen: Leske und Budrich, 2001, S. 29 – 68.

OLSCHIES, WOLF [System, 2004]: Das politische System Bosnien – Hercegovinas, in: ISMAYR, WOLFGANG: Die politischen Systeme Osteuropas, Opladen: Leske und Budrich, 2. Auflage, 2004, S. 739 – 770.

OLSEN, JOHAN P. [Citizens, 2003]: Citizens, public administration and the search for theoretical foundations, arena, Advanced Research on the Europeanisation of the Nation-State, ARENA Working Papers 20/03. http://www.arena.uio.no/publications/working-papers2003/papers/03_20.xml - (08.08.2006).

OPPENHEIMER, FRANZ [Staat, 1912]: Staat und Gesellschaft, in: LABAND, PAUL / WACH, ADOLF / WAGNER, ADOLF (Hrsg.): Handbuch der Politik, Band I, Leipzig, Berlin: Rothschild, 1912, S. 112 – 120.

ORAISON, ANDRÉ [Reconnaissance, 2004]: La reconnaissance de la « democratie participative » par l´article additionnel 72-1 de la Constitution, in: Revue du Droit Public, No. 3, Mai – Juin 2004, S. 633 – 659.

ORANGE, GÉRALD [Administration, 2006]: French Territorial Administration and Changes in Public Management, in:, HOFFMANN-MARTINOT, VINCENT / WOLLMANN, HELLMUT (Eds.): State and Local Government Reforms in France and Germany. Divergence and Convergence, Wiesbaden: VS, 2006, S. 111 – 124.

OSCE [Democratization, 2004]: Democratization Department Public Opinion Research. Presentation to NGO Council – Sarajevo 25 May 2004.
www.oscebih.org/documents/109-eng.pdf - (14.06.2004).

OSSENBÜHL, FRITZ [Energierechtsreform, 1998]: Energierechtsreform und kommunale Selbstverwaltung, Köln, Berlin, Bonn: Carl Heymanns, 1998.

P

PALMER, CHRISTOPH-E. [Europäer, 2004]: Der Europäer Erwin Teufel im Konvent – Sein Einsatz für ein wertebezogenes Europa, in: PALMER, CHRISTOPH–E. (Hrsg.): Europa in guter Verfassung, Staatsministerium Baden - Württemberg, 2004.

PAMME, HILDEGARD [Dienstleistungsunternehmen, 2000]: „Global denken, lokal handeln“ im „Dienstleistungsunternehmen Stadt“? Lokale Agenda 21 und Neues Steuerungsmodell – Chancen und Widersprüche, in: HEINELT, HUBERT / MÜHLICH, EBERHARD (Hrsg.): Lokale „Agenda 21“–Prozesse: Erklärungsansätze, Konzepte und Ergebnisse, Opladen: Leske und Budrich, 2000, S. 119 – 140.

-: [Selbstverwaltung, 2004]: Kommunale Selbstverwaltung, in: vorgänge, Zeitschrift für Bürgerrechte und Gesellschaftspolitik, Heft 2 / 2004, S. 91 – 99.

PAPADOPOULOS, YANNIS [Governance, 2004]: Governance und Demokratie, in: BENZ, ARTHUR (Hrsg.): Governance – Regieren in komplexen Regelsystemen, Band 1, Wiesbaden: VS, 2004, S. 215 – 237.

PEACE IMPLEMENTATION COUNCIL / PIC SB Political Directors [Declaration, 2007]: Declaration by the Steering Board of the Peace Implementation Council (June 19, 2007). http://www.ohr.int/pic/default.asp?content_id=39997 - (03.07.2007).

PEJANOVIC, MIRKO [Selbstverwaltung, 2000]: Lokale Selbstverwaltung und Demokratisierung der Gesellschaft in Bosnien und Herzegowina nach dem Daytoner Abkommen. International Conference – Globalization, Sustainable Development, Local Government: Challenges of the 21 th. Century, Berlin, 13. und 14.09.2000. www.kas.de/upload/kommunalpolitik/Konferenz_09__2000/pejanovic.pdf - (18.04.2006).

-: [Powers, o. A.]: Legislative and Executive Powers in the System of Local Self Government in Bosnia-Herzegovina (ohne weitere Angaben).

-: [Self-Government, 2006]: Local Self-Government: A Must for Democracy, Civil Society and EU Integration, in: FISCHER, MARTINA (Ed.): Peacebuilding and Civil Society in Bosnia-Herzegovina. Ten Years after Dayton, Münster: Lit-Verlag, 2006, S. 215 – 229.

PERNICE, INGOLF [Verfassungsfrage, 2001]: Die Verfassungsfrage aus rechtswissenschaftlicher Sicht, in: BRUHA, THOMAS / HESSE, JOACHIM JENS / NOWAK, CARSTEN (Hrsg.): Welche Verfassung für Europa, Baden - Baden: Nomos, 2001, S. 19 – 40.

-: [Constitution, 2004]: The Draft Constitution of the European Union. A Constitutional Treaty at a Constitutional Moment?, in: PERNICE, INGOLF / MADURO, MIGUEL POIARES (Eds.): A Constitution for the European Union: First Comments on the 2003-Draft of the European Convention, Baden - Baden: Nomos, 2004, S. 13 - 21.

PERNTHALER, PETER [Subsidiaritätsprinzip, 2002]: Das Subsidiaritätsprinzip und die Ausgliederung öffentlicher Aufgaben, in: BLICKLE, PETER / HÜGLIN, THOMAS / WYDUCKEL, DIETER (Hrsg.): Subsidiarität als rechtliches und politisches Ordnungsprinzip in Kirche, Staat und Gesellschaft, Berlin: Duncker und Humblot, 2002, S. 179 – 198.

PETERSON, JOHN [Networks, 2003]: Policy Networks. IHS Political Science Series: 2003, No. 90. http://www.ihs.ac.at/publications/pol/pw_90.pdf - (26.02.2004).

PETRITSCH, WOLFGANG / SOLIOZ, CHRISTOPHE [Schicksal, 2003]: Das Schicksal von Bosnien und Herzegowina, in: KOHL, CHRISTINE / SOLIOZ, CHRISTOPHE / DZIHIC, VEDRAN (Hrsg.): Südosteuropäischer Dialog. Balkan Diskurs Nr. 1, Bosnien–Herzegowina: 8 Jahre nach Dayton – Krisen, Kritik und Perspektiven, Wien, Sarajevo, Sofia: Neuer Wissenschaftlicher Verlag, 2003, S. 43 – 54.

PETZOLD, WOLFGANG [Beitrag, 2006]: Welchen Beitrag leistet die EU-Regionalpolitik zu Good Regional Governance? Außer Spesen nichts gewesen?, in: KLEINFELD, RALF / PLAMPER, HARALD / HUBER, ANDREAS (Hrsg.): Regional Governance, Steuerung, Koordination und Kommunikation in regionalen Netzwerken als neue Form des Regierens, Band 2, Osnabrück: V&R, 2006, S. 201 – 211.

PIELOW, JOHANN-CHRISTIAN [Frankreich, 2002]: Frankreich – Service Public, in: HRBEK, RUDOLF / NETTESHEIM, MARTIN (Hrsg.): Europäische Union und mitgliedstaatliche Daseinsvorsorge, Baden – Baden: Nomos, 2002, S. 155 – 173.

PIEROTH, BODO [Grundgesetz, 2004], in: JARASS, HANS D. / PIEROTH, BODO (Hrsg.): Grundgesetz für die Bundesrepublik Deutschland. Kommentar, 7. Aufl., München: Beck, 2004, S. 670 ff.

PITSCHAS, RAINER [Dezentralisierung, 2001]: Dezentralisierung und Good Governance – Zivilgesellschaftliche Entwicklung im Konflikt mit dem effizienten Staat, in: THOMI, WALTER / STEINICH, MARKUS / POLTE, WINFRIED (Hrsg.): Dezentralisierung in Entwicklungsländern. Jüngere Ursachen, Ergebnisse und Perspektiven staatlicher Reformpolitik, Baden - Baden, Nomos, 2001, S. 125 – 151.

-: [Staats- und Verwaltungsmodernisierung, 2002]: Staats- und Verwaltungsmodernisierung als Wertkonzept des europäischen Rechts- und Sozialstaats, in: PITSCHAS, RAINER / KOCH, CHRISTIAN (Hrsg.): Staatsmodernisierung und Verwaltungsrecht in den Grenzen der europäischen Integrationsverfassung, Baden - Baden: Nomos, 2002, S. 13 – 25.

-: [Verantwortungskooperation, 2002]: Verantwortungskooperation zwischen Staat und Bürgergesellschaft. Vom hierarchischen zum partnerschaftlichen Rechtsstaat am Beispiel des Risikoverwaltungsrechts, in: SOMMERMANN, KARL-PETER / ZIEKOW, JAN (Hrsg.): Perspektiven der Verwaltungsforschung. Beiträge zur Wissenschaftlichen Arbeitstagung aus Anlass des 25-jährigen Bestehens des Forschungsinstituts für öffentliche Verwaltung vom 8. bis 10. Oktober 2001 in Speyer, Berlin: Duncker und Humblot, 2002, S. 223 – 270.

PITSCHAS, RAINER [Daseinsvorsorge, 2004]: Kommunale Daseinsvorsorge im europäischen Binnenmarkt. Grenzen der Liberalisierung kommunaler Dienstleistungen in der europäischen Wettbewerbsgesellschaft, in: PITSCHAS, RAINER / ZIEKOW, JAN (Hrsg.): Kommunalwirtschaft im Europa der Regionen. Vorträge auf dem Speyerer Wirtschaftsforum vom 25. bis 27. September 2002 an der Deutschen Hochschule für Verwaltungswissenschaften Speyer, Berlin: Duncker und Humblot, 2004, S. 33 – 48.

-: [Rechtsprobleme, 2005]: Rechtsprobleme der Kommunalorganisation und kommunale Gebietsentwicklung, in: RONGE, VOLKER (Hrsg.): Kommunalrecht und Kommunalpraxis in Deutschland und Korea. Eine vergleichende Betrachtung, Trier: WVT, 2005, S. 27 – 38.

-: [Publicness, 2006]: New Publicness and Local Governance in the Era of Decentralisation – The Example of Germany, in: PITSCHAS, RAINER (Hrsg.): Trusted Governance due to Public Value Management. Public Governance in Europe between Economization and Common Weal: A Value-Based Concept of Public Administration, Frankfurt am Main, Berlin, Bern et al.: Peter Lang, 2006, S. 101 – 115.

PÖSCHEL, JOSEF [Entwicklung, 2005]: Zur wirtschaftlichen Entwicklung. Wirtschaftsaufschwung in Bosnien und Herzegowina unter schwierigen Rahmenbedingungen, in: REITER, ERICH / JUREKOVIC, PREDRAG (Hrsg.): Bosnien und Herzegowina – Europas Balkanpolitik auf dem Prüfstand, Baden - Baden: Nomos, 2005, S. 147 – 159.

POGGI, GIANFRANCO [Development, 1995]: The Development of the Modern State: A Sociological Introduction, Stanford California: Stanford Univ. Press, 1995.

POHL, HANS [Wurzeln, 1983]: Wurzeln und Anfänge der Selbstverwaltung, dargestellt am Beispiel der Städte, in: MUTIUS, ALBERT VON (Hrsg.): Selbstverwaltung im Staat der Industriegesellschaft. Festgabe zum 70. Geburtstag von Georg Christoph von Unruh, Heidelberg: R.v.Deckers Verlag, 1983, S. 3 – 23.

PONTIER, JEAN–MARIE [Collectivités, 2003]: Collectivités territoriales. Le role des collectivités territoriales dans la construction européenne, in: La Revue administrative, No. 333, 2003, S. 273 – 281.

PRESSEDIENST DES DEUTSCHEN BUNDESTAGES [Ausschuss, 2006]: Ausschuss für die Angelegenheiten der Europäischen Union: Die Zukunft der europäischen Verfassung ist weiter ungewiss, 16.03.2006. http://www.europa-web.de/europa/03euinf/04AUS_BU/defrverfassung.htm - (18.04.2006).

PREUSS, HUGO [Selbstverwaltung, 1912]: Die kommunale Selbstverwaltung in Deutschland, in: LABAND, PAUL / WACH, ADOLF / WAGNER, ADOLF (Hrsg.): Handbuch der Politik, Band I, Leipzig, Berlin: Rothschild, 1912, S. 198 – 218.

PRIDDAT, BIRGER [Ordnung, 2006]: Irritierte Ordnung. Moderne Politik. Politische Ökonomie der Governance. Wiesbaden: VS, 2006.

PRIGGE, ROLF [Kooperation, 2006]: Regionale Kooperation aus der Sicht der größten deutschen Städte, in: KLEINFELD, RALF / PLAMPER, HARALD / HUBER, ANDREAS (Hrsg.): Regional Governance, Steuerung, Koordination und Kommunikation in regionalen Netzwerken als neue Form des Regierens, Band 1, Osnabrück: V&R, 2006, S. 133 – 144.

PRSP [development, 2004]: Mid-term development strategy of Bosnia and Herzegovina 2004 – 2007 (PRSP), March 2004. www.imf.org/external/pubs/ft/scr/2004/cr04114.pdf - (10.06.2004).

PRUD'HOMME, RÉMY [Government, 2006]: Local Government Organization and Finance: France, in: SHAW, ANWAR (Ed.): Local Governance in Industrial Countries, Washington: World Bank, 2006, S. 84 – 115.

PUCHALA, DONALD J. [Order, 1974]: Internal Order and Peace: An Integrated Europe in World Affairs, in: IONESCU, GHITA. (Ed.): Between Sovereignity and Integration, London: Croom Helm, 1. Auflage, 1974, S. 164 – 180.

PÜNDER, HERMANN / WALDHOFF, CHRISTIAN [Finanzrecht, 2006]: Kommunales Finanzrecht in der Verfassungsordnung von Bund und Ländern, in: HENNEKE, HANS-GÜNTER / PÜNDER, HERMANN / WALDHOFF, CHRISTIAN (Hrsg.): Recht der Kommunalfinanzen. Abgaben, Haushalt, Finanzausgleich, München: C. H. Beck, 2006, S. 1 – 24.

PÜTTNER, GÜNTER [Verantwortlichkeit, 1981]: Verantwortlichkeit und Kontrollpflicht, in: PÜTTNER, GÜNTER (Hrsg.): Handbuch der kommunalen Wissenschaft und Praxis, 2. Auflage, Heidelberg: Springer Verlag, 1981, S. 435 – 441.

-: [Verwaltungslehre, 2000]: Verwaltungslehre. Ein Studienbuch, 3. Aufl., München: Beck, 2000.

-: [Konzept, 2002]: Das grundlegende Konzept der Daseinsvorsorge. Kommunale Daseinsvorsorge – Begriff, Geschichte, Inhalte, in: HRBEK, RUDOLF / NETTESHEIM, MARTIN (Hrsg.): Europäische Union und mitgliedstaatliche Daseinsvorsorge, Baden – Baden: Nomos, 2002, S. 33 – 64.

-: [Daseinsvorsorge, 2003]: Daseinsvorsorge: Eine Idee mit Zukunft?, in: KIRCHHOFF, ULRICH / TRILLING, GERHARD (Hrsg.): Öffentliche Wirtschaft, Sozialwirtschaft und Daseinsvorsorge im Wandel. Zum Spannungsfeld von europäischer Wettbewerbsordnung und Allgemeininteresse, Festschrift für Helmut Cox, Ravensburg: Transfer Verlag, 2003, S. 1 – 10.

-: [Zukunft, 2005]: Die Zukunft der kommunalen Selbstverwaltung in Deutschland, in: STERN, KLAUS / GRUPP, KLAUS (Hrsg.): Gedächtnisschrift für Joachim Burmeister, Heidelberg: C.F.Müller Verlag, 2005, 301 – 309.

-: [Gemeinwohl, 2006]: Das europäische Gemeinwohl und die zukünftige europäische Verfassung, in: AMBROSIUS, GEROLD / SCHMITT-EGNER, PETER (Hrsg.): Europäisches Gemeinwohl – Historische Dimension und aktuelle Bedeutung, Wissenschaftliche Konferenz, Universität Siegen, 24. – 25. Juni 2004, Baden – Baden: Nomos, 2006.

-: [Verhältnis, 2007]: Zum Verhältnis von Demokratie und Selbstverwaltung, in: MANN, THOMAS / PÜTTNER, GÜNTER (Hrsg.): Handbuch der kommunalen Wissenschaft und Praxis, Band 1, Grundlagen der Kommunalverfassung, Berlin: Springer, 3. Auflage, 2007, S. 381 – 390.

PÜTZ, MARCO [Governance, 2006]: Regional Governance i. d. räumlichen Planung, in: KLEINFELD, RALF / PLAMPER, HARALD / HUBER, ANDREAS (Hrsg.): Regional Governance, Steuerung, Koordination und Kommunikation in regionalen Netzwerken als neue Form des Regierens, Band 2, Osnabrück: V&R, 2006, S. 39 - 52.

PUGH, MICHAEL [Transformation, 2005]: Transformation in the Political Economy of Bosnia since Dayton, in: International Peacekeeping, Vol. 12, No.3, Autumn 2005, S. 448 – 462.

Q/R

RACK, REINHARD / FRAISS, DANIELA [Verfassung, 2003]: Eine Verfassung für Europa. Verlauf und Ergebnisse der Arbeiten des Konvents über die Zukunft Europas 2002/3, Graz: Leykam, 2003.

RADOJCIC, NIKOLA [Darstellungen, 1960]: Die wichtigsten Darstellungen der Geschichte Bosniens, in: BERNATH, MATHIAS (Hrsg.): Südostforschungen, internationale Zeitschrift für Geschichte, Kultur und Landeskunde Südosteuropas, Band XIX, 1960, S. 146 - 163.

RADOVANOVIC, NIKOLA [Bosnia, 2005]: Bosnia and Herzegovina and the „Dayton Process", in: Südosteuropa Mitteilungen, 45. Jahrgang, 04 – 05 / 2005, S. 68 – 73.

RAT DER EUROPÄISCHEN UNION: [Aktion, 2002]: Amtsblatt der Europäischen Gemeinschaft, L 70/7 v. 13.03.2002. Gemeinsame Aktion des Rates vom 11. März 2002 betreffend die Ernennung des EU – Sonderbeauftragten in Bosnien und Herzegowina (2002/211/GASP).
http://europa.eu.int/eur-lex/pri/de/oj/dat/2002/l_070/l_07020020313de00070007.pdf - (20.05.2007).

-: [Beschluss, 2006]: Beschluss des Rates vom 30. Januar 2006 über die Grundsätze, Prioritäten und Bedingungen der Europäischen Partnerschaft mit Bosnien und Herzegowina und zur Aufhebung des Beschlusses 2004/515/EG. Amtsblatt der Europäischen Union vom 07.02.2006, (2006/55/EG).
http://eur-lex.europa.eu/LexUriServ/site/de/oj/2006/l_035/l_03520060207de00190031.pdf - (14.07.2007).

RAT DER GEMEINDEN UND REGIONEN EUROPAS (RGRE) [Stellungnahme, o. A.]: Stellungnahme des RGRE, Arbeitsunterlage der Europäischen Kommission über den „Ständigen und systematischen Dialog mit den europäischen und nationalen Gebietskörperschaftsverbänden bei der Ausarbeitung der Politiken".
www.rgre.de - (21.05.2003).

RAT DER GEMEINDEN UND REGIONEN EUROPAS / EUROPÄISCHE SEKTION DER WELTUNION DER KOMMUNEN [Satzung, 2006]: Satzung des Rates der Gemeinden und Regionen Europas, angenommen vom Hauptausschuss des RGRE vom 23. Oktober 2006, Sevilla.
http://www.ccre.org/docs/statutes_ccre_de.DOC - (15.06.2007).

RAUE, JULIA [Instrumente, 2004]: Instrumente des Europarats zur Einflussnahme auf die Verfassungsentwicklungen seiner neuen Mitgliedstaaten, Bamberg, Difo – Druck, 2005.
Zugl.: St. Gallen, Univ., Diss. (Nr. 2991), 2004.

REHS, ALEXANDER [Dayton, 2006]: Von Dayton nach Brüssel – Bosnien und Herzegowina auf dem Wege staatlicher und europäischer Integration, in: Jahrbuch des Föderalismus 2006, Föderalismus, Subsidiarität und Regionen in Europa, Baden – Baden: Nomos, 2006, S. 430 – 446.

REICH, DIETMAR O. [Einfluss, 2001]: Zum Einfluss des Europäischen Gemeinschaftsrechts auf die Kompetenzen der deutschen Bundesländer, in: EuGRZ, Heft 1 – 3, Feb. 2001, S. 1 – 13.

REINERMANN, HEINRICH [Politik- und Verwaltungsmanagement, 1998]: Neues Politik- und Verwaltungsmanagement: Leitbild und theoretische Grundlagen, in: REINERMANN, HEINRICH / RIDLEY, F. F. / THOENIG, JEAN – CLAUDE (Hrsg.): Neues Politik- und Verwaltungsmanagement in der kommunalen Praxis – ein internationaler Vergleich, Interne Studie Nr. 158/1998 der KONRAD ADENAUER STIFTUNG, S. 17 – 160.

RENGELING, WERNER [Garantie, 1990]: Die Garantie der kommunalen Selbstverwaltung im Zeichen der europäischen Integration, in: HOPPE, WERNER / SCHINK, ALEXANDER (Hrsg.) Kommunale Selbstverwaltung und europäische Integration, Köln: Deutscher Gemeindeverlag, 1990, S. 25 – 49.

RENNERT, KLAUS, in: UMBACH, DIETER / CLEMENS, THOMAS (Hrsg.): Grundgesetz. Mitarbeiterkommentar und Handbuch. Band 1, Heidelberg: C.F.Müller, 2002, S. 1647.

REPUBLIQUE FRANCAISE [Avis, 2005]: Avis et Rapports du Conseil Economique et Social. Communes, Intercommunalité, quels devenirs? Rapport présenté par M. Pierre-Jean Rozet, 2005.

REUTTER, WERNER [Spitzenverbände, 2001]: Kommunale Spitzenverbände und Demokratie, in: ZIMMER, ANNETTE / AKTIVE BÜRGERGESELLSCHAFT E.V. (Hrsg.): Verbände und Demokratie in Deutschland, Opladen: Leske und Budrich, Band 5, 2001, S. 135 – 157.

RHODES, R.A.W. [Governance, 1997]: Understanding Governance. Policy Networks, Governance, Reflexitivity and Accountability, Buckingham, Philadelphia: Open University Press, 1997.

RIDLEY, F. / BLONDEL, J. [Administration, 1969]: Public Administration in France, London: Routledge and Kegan, 1969.

RIEDERLE, MANFRED W. [Spitzenverbände, 1995]: Kommunale Spitzenverbände im Gesetzgebungsverfahren - ihre rechtliche Stellung am Beispiel des Freistaats Bayern, Heidelberg: Müller, 1995.
Zugl.: Augsburg, Univ., Diss., 1994.

RIHAL, HERVÉ [Statut, 2003]: Le Statut Constitutionnel des Collectivités Territoriales issu de la Loi Constitutionnelle du 28 mars 2003: Entre Innovation et Complexité, in: Revue francaise d´administration publique Nr. 105/106, 2003, S. 219 - 234.

RIKER, WILLIAM H. [Federalism, 1996]: European Federalism. The Lessons of Past Experience, in: HESSE, JOACHIM JENS / WRIGHT, VINCENT (Eds.): Federalizing Europe? The Costs, Benefits and Preconditions of Federal Political Systems, New York: Oxford University Press, 1996, S. 9 – 25.

RISSE, THOMAS / LEHMKUHL, URSULA [Governance, 2007]: Governance in Räumen begrenzter Staatlichkeit, in: Aus Politik und Zeitgeschichte, Neue Formen der Staatlichkeit, APuZ, 20-21/2007 vom 14. Mai 2007, S. 3 - 9.

RÖBER, MANFRED [Bürgerhaushalt, 2006]: Der „Bürgerhaushalt" – ein Instrument zur Demokratisierung der Haushaltsplanung? Konzept, Verlauf und Ergebnisse eines Pilotprojekts im Bezirk Lichtenberg von Berlin, in: DEUTSCHES INSTITUT FÜR URBANISTIK (DIfU) (Hrsg.): Brennpunkt Stadt. Lebens- und Wirtschaftsraum, gebaute Umwelt, politische Einheit. Festschrift für Heinrich Mäding zum 65. Geburtstag, DIfU, 2006, S. 455 – 466.

RODENSTEIN, MARIANNE [Thesen, 1974]: Thesen zum Wandel der kommunalen Selbstverwaltung, in: EMENLAUER, RAINER / GRYMER, HERBERT / KRÄMER-BADONY, THOMAS / (Hrsg.): Die Kommune in der Staatsorganisation, Frankfurt: Suhrkamp, 1. Auflage, 1974, S. 35 – 71.

ROGGEMANN, HERWIG [Verfassung, 1979]: Die Verfassung der SFR Jugoslawien, Berlin: Berlin Verlag, 1979, S. 125 – 290.

ROHDE, CLAUDIA-SIMONE [Gemeinderat, 2002]: Der Gemeinderat als Kontrollorgan. Informationsrechte und Akteneinsicht in Baden - Württemberg, Heidelberg: Verlag Dr. Kovac, 2003.
Zugl.: Heidelberg, Univ., Diss., 2002.

ROLLER, GERHARD [Mitwirkung, 1998]: Die Mitwirkung der deutschen Länder und der belgischen Regionen an EG-Entscheidungen. Eine rechtsvergleichende Untersuchung am Beispiel der Umweltpolitik, in: AöR 1998, S. 21 - 59.

RONELLENFITSCH, MICHAEL [Daseinsvorsorge, 2003]: Daseinsvorsorge als Rechtsbegriff – Aktuelle Entwicklungen im nationalen und europäischen Recht, in: BLÜMEL, WILLI / DOEHRING, KARL / KLEIN, HANS H. (Hrsg.): Ernst Forsthoff. Kolloquium aus Anlaß des 100. Geburtstags von Prof. Dr. Dr. h. c. Ernst Forsthoff, Baden-Baden: Nomos, 2003, S. 53 – 114.

-: [ÖPNV, 2005]: Der ÖPNV nach der Altmark–Entscheidung des EuGH, in: GESELLSCHAFT FÜR ÖFFENTLICHE WIRTSCHAFT (Hrsg.) Öffentliche Dienstleistungen zwischen Eigenerstellung und Wettbewerb, Band 22, Berlin: Refera, 2005, S. 109 – 124.

ROTERS, WOLFGANG [Mitwirkung, 1975]: Kommunale Mitwirkung an höherstufigen Entscheidungsprozessen. Zur zukünftigen Rolle der kommunalen Selbstverwaltung im politisch - administrativen System der Bundesrepublik Deutschland. 1. Aufl., Stuttgart: Kohlhammer, 1975.

-: [Beteiligung, 1981]: Die Beteiligung der Kommunen an höherstufigen Entscheidungsprozessen, in: PÜTTNER, GÜNTER (Hrsg.): Handbuch der kommunalen Wissenschaft und Praxis, 2. Auflage, Heidelberg: Springer Verlag, 1981, Band 1, S. 288 – 296.

ROTH, DIETER [Demokratie, 2004]: Partizipative Demokratie, in: ARNIM, HANS HERBERT VON / BRINK, STEFAN (Hrsg.): Gemeinwohl und Verantwortung, Festschrift für Hans Herbert von Arnim, Berlin: Duncker und Humblot, 2004, S. 761 – 778.

RÜHLE, HEIDE [Auslaufmodell, o. A.]: Auslaufmodell Daseinsvorsorge? Öffentliche Dienste zwischen europäischem Binnenmarkt und Gemeinwohlorientierung, o. A..
http://www.heide-ruehle.de/heide/artikel/609/doc/paper_ruehle_auslaufmodell_daseinsvorsorge.pdf
- (20.07.2007).

RÜLKE, STEFFEN [Venedig – Kommission, 2003]: Venedig-Kommission und Verfassungsgerichtsbarkeit: Eine Untersuchung über den Beitrag des Europarates zur Verfassungsentwicklung in Mittel- und Osteuropa, Köln, Berlin, Bonn: Heymanns, 2003.
Zugl.: Göttingen, Georg – August – Univ., Diss., 2002.

RUFFERT, MATTHIAS [Einwirkungen, 2007]: Unions- und gemeinschaftsrechtliche Einwirkungen auf die kommunale Selbstverwaltung, in: MANN, THOMAS / PÜTTNER, GÜNTER (Hrsg.): Handbuch der kommunalen Wissenschaft und Praxis, Band 1, Grundlagen der Kommunalverfassung, Berlin: Springer, 3. Auflage, 2007, S. 1077 – 1102.

RUGE, KAY [Dialog, 2003]: Systematischer Dialog zwischen kommunalen Verbänden und EU, in: Der Landkreis, 12 / 2003, S. 756 – 757.

S

SACK, DETLEF [Liberalisierung, 2006]: Liberalisierung und Privatisierungen in den Kommunen – Steuerungsanforderungen und Folgen für Entscheidungsprozesse, in: Deutsche Zeitschrift für Kommunalwissenschaften, (DfK) 45. Jg. 2006/II, S. 25 – 39.

SADRAN, PIERRE [Démocratie, 1996]: La démocratie locale, in: Les Cahiers Francais – Collectivités locales en France, 1996.

SALLER, RAYMOND [Möglichkeiten, 1999]: Möglichkeiten und Grenzen der Beteiligung der Kommunen und Regionen an den Entscheidungen der Europäischen Union, Würzburg: Ergon Verlag, 1999.

SAMARA, CHRYSSANTHE [Stellung, 1995]: Die verfassungsrechtliche Stellung der griechischen kommunalen Selbstverwaltung im Rahmen der europäischen Integration, Konstanz: Hartung-Gorre, 1995.

SANNWALD, RÜDIGER [Ordnung, 2004]: Verfassungsmäßige Ordnung in den Ländern, in: SCHMIDT-BLEIBTREU, BRUNO / KLEIN, FRANZ (Hrsg.): Kommentar zum Grundgesetz, 10. Aufl., Neuwied: Luchterhand, 2004.

SARKOZY, NICOLAS: [Ensemble, 2007]: Ensemble tout devient possible, Paris, 14. April 2007. http://www.ccre.org/docs/sarkozy_lettre_a_afccre.pdf - (13.06.2007).

SAUBERZWEIG, DIETER [Entwicklungstendenzen, 1991]: Entwicklungstendenzen und Anforderungen an die kommunale Selbstverwaltung, in: BLÜMEL, WILLI / HILL, HERMANN (Hrsg.): Die Zukunft der kommunalen Selbstverwaltung: Vorträge und Diskussionsbeiträge der 58. Staatswissenschaftlichen Fortbildungstagung 1990 der Deutschen Hochschule für Verwaltungswissenschaften Speyer, Berlin: Duncker und Humblot, 1991, S. 51 – 58.

SAUNDERS, CHERYL [Arrangements, 1996]: The Constitutional Arrangements of Federal Systems – A sceptical View from Outside, in: HESSE, JOACHIM JENS / WRIGHT, VINCENT (Eds.): Federalizing Europe? The Costs, Benefits and Preconditions of Federal Political Systems, New York: Oxford University Press, 1996, S. 46 – 70.

SCHAAL, GARY S. [Vertrauen, 2004]: Vertrauen, Verfassung und Demokratie. Über den Einfluss konstitutioneller Prozesse und Prozeduren auf die Genese von Vertrauensbeziehungen in modernen Demokratien, Wiesbaden: VS Verlag, 2004.

SCHÄFER, THOMAS [Selbstverwaltung, 1998]: Die deutsche kommunale Selbstverwaltung in der Europäischen Union, Stuttgart: Kohlhammer, 1998.

SCHAFFARZIK, BERT [Handbuch, 2002]: Handbuch der Europäischen Charta der Kommunalen Selbstverwaltung, Stuttgart, Boorberg, 2002.

-: [Schutz, 2007]: Der Schutz der kommunalen Selbstverwaltung im europäischen Mehrebenensystem, in: MANN, THOMAS / PÜTTNER, GÜNTER (Hrsg.): Handbuch der kommunalen Wissenschaft und Praxis, Band 1, Grundlagen der Kommunalverfassung, Berlin: Springer, 3. Auflage, 2007, S. 269 - 291.

SCHARPF, FRITZ W.: [Verhandlungssysteme, 1988]: Verhandlungssysteme, Verteilungskonflikte und Pathologien der politischen Steuerung, in: SCHMIDT, MANFRED G. (Hrsg.): Staatstätigkeit. International und historisch vergleichende Analysen. PVS - Sonderheft, 19 / 1988, S. 61 – 87.

-: [Handlungsfähigkeit, 1992]: Die Handlungsfähigkeit des Staates am Ende des Zwanzigsten Jahrhunderts, in: KOHLER-KOCH, BEATE: Staat und Demokratie in Europa, Opladen: Leske und Budrich, 1992, S. 93 – 115.

-: [Optionen, 1994]: Optionen des Föderalismus in Deutschland und Europa, Frankfurt / Main, New York: Campus, 1994.

-: [Introduction, 1997]: Introduction: the problem-solving capacity of multi-level governance, in: Journal of European Public Policy, December 1997, S. 521 – 538.

-: [Regieren, 1999]: Regieren in Europa: effektiv und demokratisch? Frankfurt / Main, New York: Campus, 1999.

-: [Notes, 2000]: Notes toward a theory of multilevel governing in Europe. MPIfG Discussion Paper 00/5, 2000. http://www.mpi-fg-koeln.mpg.de/pu/mpifg_dp/dp00-5.pdf - (03.03.2007).

-: [Governance, 2001]: European Governance: Common Concerns vs. the Challenge of Diversity. This Paper is a part of contributions to the Jean Monnet Working Paper No. 6/01 Symposium: Mountain or Molehill? A Critical Appraisal of the Commission White Paper on Governance. http://www.jeanmonnetprogram.org/papers/01/010701.rtf - (21.12.2005).

-: [Diversité, 2002]: La diversité légitime: Nouveau Défi de l´ intégration européenne, in : Revue francaise de science politique, Vol 52, no. 5 – 6, octobre – décembre 2002, S. 609 – 639:

-: [Legitimationskonzepte, 2004]: Legitimationskonzepte jenseits des Nationalstaats. MPIfG Paper 04/06, Nov. 2004. http://www.mpi-fg-koeln.mpg.de/pu/workpap/wp04-6/wp04-6.html - (21.12.2005).

SCHARPF, FRITZ W. [Recht, 2006]: Recht und Politik in der Reform des deutschen Föderalismus, in: Politische Vierteljahresschrift (PVS – Sonderheft 2006), 2006, S. 306 – 332.

-: [Problem, 2006]: Problem Solving Effectiveness and Democratic Accountability in the EU, Institut für Höhere Studien (IHS), Wien: o. A., 2006.
http://www.ihs.ac.at/publications/pol/pw_107.pdf - (14.07.2007).

SCHAUER, HANS [Identität, 1997]: Nationale und europäische Identität. Die unterschiedlichen Auffassungen in Deutschland, Frankreich und Großbritannien, in: Aus Politik und Zeitgeschichte, B 10/97, 1997, S. 3 - 13.

SCHAUSBERGER, FRANZ [Ausschuss, 2006]: Der Ausschuss der Regionen im Jahr 2005 – gefragter Partner in einer kritischen Phase, in: EUROPÄISCHES ZENTRUM FÜR FÖDERALISMUS-FORSCHUNG (EZFF) (Hrsg.): Jahrbuch des Föderalismus 2006, Föderalismus, Subsidiarität und Regionen in Europa, Baden – Baden: Nomos, 2006, S. 579 – 594.

SCHEELE, ULRICH [Privatisierung, 1993]: Privatisierung von Infrastruktur. Möglichkeiten und Alternativen, Köln: HBS Bund-Verlag, 1993.

SCHEUNER, ULRICH [Grundbegriffe, 1981]: Grundbegriffe der Selbstverwaltung, in: PÜTTNER, GÜNTER (Hrsg.): Handbuch der kommunalen Wissenschaft und Praxis, 2. Auflage, Heidelberg: Springer, 1981, Band 1, S. 7 – 22.

SCHIEDER, SIEGFRIED [Verfasstheit, 2004]: In guter Verfasstheit? Nutzen und Nachteil eines europäischen Verfassungsvertrages, in: Aus Politik und Zeitgeschichte, B 17 / 2004, S. 13 – 20.

SCHILD, JOACHIM [Nizza, 2000]: Über Nizza hinaus. Deutsch-französische Debatten über die Zukunft der EU. Aktuelle Frankreich-Debatten, deutsch-französisches Institut Ludwigsburg, 2000.

-: [Positionen, 2002]: Französische Positionen in der ersten Phase des EU-Konvents, Raum für deutsch-französische Gemeinsamkeiten? Stiftung Wissenschaft und Politik Studie, Berlin: SWP, 2002.

-: [Politik, 2006]: Politik, in: SCHILD, JOACHIM / UTERWEDDE, HENRIK: Frankreich. Politik, Wirtschaft, Gesellschaft, 2. Auflage, Wiesbaden: VS, 2006.

SCHIMA, BERNHARD [Subsidiaritätsprinzip, 1994]: Das Subsidiaritätsprinzip im Europäischen Gemeinschaftsrecht, Wien: Manz, 1994.
Zugl.: Wien, Univ., Diss., 1995.

SCHLENVOIGT, GEORG [Stellungnahme, 2006]: Schriftliche Stellungnahme zum Antrag der Fraktion DIE LINKE vom 14.10.2006. Öffentliche Anhörung des Innenausschusses des Deutschen Bundestages zum Antrag: Verbindliches Mitwirkungsrecht der kommunalen Spitzenverbände bei der Erarbeitung von Gesetzesentwürfen und Verordnungen sowie im Gesetzgebungsverfahren BT-Drucksache 16/358, Innenausschuss A-Drs. 16(4)166 A Neu.
http://www.bundestag.de/ausschuesse/a04/anhoerungen/anhoerung_02/Stellungnahmen/Stellungnahme_02.pdf - (20.07.2007).

SCHLIESKY, UTZ [Mehrebenensystem, 2003]: Die künftige Gestalt des europäischen Mehrebenensystems – Die Stellung von Ländern und Kommunen im Entwurf eines Vertrages über eine Verfassung für Europa, in: NdsVBl., 03/2003, S. 57 – 66.

-: [Engagement, 2004]: Bürgerschaftliches Engagement in der repräsentativen Demokratie – rechtliche und gesellschaftliche Rahmenbedingungen auf kommunaler Ebene, in: Der Landkreis, 06/2004, S. 422 – 428.

SCHMIDT A., VIVIEN [European Union, 2003]: The European Union. Democratic Legitimacy in a Regional State? IHS Political Science Series: 2003, No. 91.
http://aei.pitt.edu/archive/00000882/ - (26.02.2004).

-: [Europeanization, 2004]: Europeanization of National Democracies: The Differential Impact on Simple and Compound Polities, in: politique européenne. Reformer l'Europe: La Convention européenne, Nr. 13, printemps 2004, S. 113 – 144.

SCHMIDT, JÜRGEN [Wirtschaftlichkeit, 2006]: Wirtschaftlichkeit in der öffentlichen Verwaltung, Berlin: Erich Schmidt Verlag, 7. Aufl., 2006.

SCHMIDT, MANFRED G. [Demokratietheorie, 2003]: Die „komplexe Demokratietheorie" nach drei Jahrzehnten, in: MAYNTZ, RENATE / STREEK, WOLFGANG (Hrsg.): Die Reformierbarkeit der Demokratie. Innovation und Blockaden, Festschrift für Fritz W. Scharpf, Frankfurt, New York: Campus Verlag, 2003, S. 151 – 173.

SCHMIDT–AßMANN, EBERHARD [Verwaltungskontrolle, 2001]: Verwaltungskontrolle - Einleitende Problemskizze -, in: SCHMIDT-AßMANN, EBERHARD / HOFFMANN–RIEM, WOLFGANG (Hrsg.): Verwaltungskontrolle, Baden – Baden: Nomos, 2001, S. 9 – 44.

-: [Entwicklungen, 2006]: Entwicklungen der verfassungsgerichtlichen Rechtsprechung, in: HENNEKE, HANS-GÜNTER / MEYER, HUBERT (Hrsg.): Kommunale Selbstverwaltung zwischen Bewahrung, Bewährung und Entwicklung, Stuttgart, München, Hannover: Boorberg, 2006, S. 59 – 82.

SCHMIDT–EICHSTAEDT, GERD [Kommunen, 1994]: Die Kommunen zwischen Autonomie und (Über-)- Regelung durch Bundes- und Landesrecht sowie durch EG-Normen, in: ROTH, ROLAND / WOLLMANN, HELLMUT (Hrsg.): Kommunalpolitik. Politisches Handeln in den Gemeinden, Opladen: Leske und Budrich, 1994, S. 95 - 121.

SCHMIDT-JORTZIG, EDZARD [Stellungnahme, 2006]: Schriftliche Stellungnahme vom 12.10.2006 zum Antrag der Fraktion DIE LINKE: „Verbindliches Mitwirkungsrecht der kommunalen Spitzenverbände bei der Erarbeitung von Gesetzentwürfen und Verordnungen sowie bei Gesetzgebungsverfahren" (BT-Drs. 16/358).
http://www.bundestag.de/ausschuesse/a04/anhoerungen/anhoerung_02/Stellungnahmen/Stellungnahme_01.pdf - (20.07.2007).

SCHMITT-EGNER, PETER [Gemeinwohl, 2006]: Wie ist (Europäisches) Gemeinwohl erforschbar? Theoretische und methodische Anmerkungen zu einer heuristischen Debatte, in: AMBROSIUS, GEROLD / SCHMITT-EGNER, PETER (Hrsg.): Europäisches Gemeinwohl – Historische Dimension und aktuelle Bedeutung, Wissenschaftliche Konferenz, Universität Siegen, 24. – 25. Juni 2004, Baden – Baden: Nomos, 2006.

SCHMITTER, PHILIPPE C. [Interessenvermittlung, 1979]: Interessenvermittlung und Regierbarkeit, in: ALEMAN, ULRICH VON / HEINZE, ROLF G. (Hrsg.): Verbände und Staat, Opladen: Westdeutscher Verlag, 1979, S. 92 – 113.

-: [European Union, 2001]: What is there to legitimize in the European Union ....and how might this be accomplished? IHS Political Science Series: 2001, No. 75.
http://www.ihs.ac.at/publications/pol/pw_75.pdf - (05.03.2007).

SCHMITT VON SYDOW, HELMUT [Governance, 2002]: Governance im europäischen Mehrebenensystem, in: MAGIERA, SIEGFRIED / SOMMERMANN, KARL-PETER (Hrsg.): Verwaltung und Governance im Mehrebenensystem der Europäischen Union. Vorträge und Diskussionsbeiträge auf dem 2. Speyerer Europa-Forum vom 26. bis 28. März 2001 an der Deutschen Hochschule für Verwaltungswissenschaften Speyer, Berlin: Duncker und Humblot, 2002.

SCHNEIDER, HEINRICH [Zukunft, 2004]: Die Zukunft der europäischen Integration, in: BUSEK, ERHARD / HUMMER, WALDEMAR (Hrsg.): Etappen auf dem Weg zu einer europäischen Verfassung, Wien, Köln, Weimar: Böhlau, 2004, S. 185 – 199.

SCHNEIDER, MATTHIAS WERNER [Einfluß, 2004]: Kommunaler Einfluß in Europa. Die Einflussnahme der Kommunen beim Europarat als Modell für die Europäische Union, Frankfurt am Main, Berlin, Bern: Peter Lang, 2004.

SCHOCH, FRIEDRICH [Selbstverwaltung, 1999]: Kommunale Selbstverwaltung und Europarecht, in: HENNEKE, HANS-GÜNTER (Hrsg.): Kommunen und Europa – Herausforderungen und Chancen, Professorengespräch 1999 des Deutschen Landkreistages am 18. und 19. März 1999 im Landkreis Südwestpfalz, Stuttgart: Boorberg, 1999, S. 11 – 37.

-: [Sicherung, 2004]: Die Sicherung der kommunalen Selbstverwaltung als Föderalismusproblem, in: HENNEKE, HANS-GÜNTER (Hrsg.): Künftige Funktionen und Aufgaben der Kreise im sozialen Bundesstaat, Professorengespräch 2004 des Deutschen Landkreistages am 15. und 16. März 2004 im Landkreis Saarlouis, Stuttgart: Boorberg, 2004, S. 33 – 48.

-: [Schutz, 2004] Schutz der kommunalen Selbstverwaltung durch das finanzverfassungsrechtliche Konnexitätsprinzip, in: ARNIM, HANS HERBERT VON / BRINK, STEFAN (Hrsg.): Gemeinwohl und Verantwortung, Festschrift für Hans Herbert von Arnim, Berlin: Duncker und Humblot, 2004, S. 411 – 427.

SCHOCH, FRIEDRICH [Stand, 2006]: Stand der Dogmatik, in: HENNEKE, HANS-GÜNTER / MEYER, HUBERT (Hrsg.): Kommunale Selbstverwaltung zwischen Bewahrung, Bewährung und Entwicklung, Stuttgart, München, Hannover et. al.: Boorberg, 2006, S. 11 – 57.

SCHÖBEL, NORBERT [Ausschuß, 1995]: Der Ausschuß der Regionen, in: HRBEK, RUDOLF (Hrsg.): Die Anwendung des Subsidiaritätsprinzips in der Europäischen Union - Erfahrungen und Perspektiven: Beiträge einer Tagung des Europäischen Zentrums für Föderalismus-Forschung in Zusammenarbeit mit dem Staatsministerium Baden-Württemberg, 18. - 20. Mai 1995, Baden - Baden: Nomos, 1995.

SCHÖBER, PETER: [Selbstverwaltung, 1991]: Kommunale Selbstverwaltung: Die Idee der modernen Gemeinde, Stuttgart, Berlin, Köln: Kohlhammer, 1991.

-: [Selbstverwaltung, 1999]: Die kommunale Selbstverwaltung in der Staats- und Gemeindelehre, in: DRECHSLER, WOLFGANG (Hrsg.): Die selbstverwaltete Gemeinde: Beiträge zu ihrer Vergangenheit, Gegenwart und Zukunft in Estland, Deutschland und Europa, Berlin: Duncker und Humblot, 1999, S. 51 – 66.

SCHOHAJ, RENATE / KOMAN, A. [Daseinsvorsorge, 2005]: Daseinsvorsorge – Dienstleistungen von allgemeinem Interesse. Eine Zusammenfassung der aktuellen Diskussion nach Veröffentlichung des Grünbuchs der Europäischen Kommission mit Fallbeispielen, Wien: Littera, 2005.

SCHOLZ, RUPERT, in: MAUNZ, THEODOR / DÜRING, GÜNTER (Hrsg.): Grundgesetz Kommentar. Art. 28 Abs. 2 GG., München: Beck, Loseblatt, Aug. 2005, Nr. 60.

SCHRADER, CHRISTIAN [Spitzenverbände, 2004]: Die kommunalen Spitzenverbände und der Schutz der kommunalen Selbstverwaltungsgarantie durch Verfahren und Gestaltung, Baden - Baden: Nomos, 2004.
Zugl.: Trier, Univ., Diss., 2003 / 2004.

SCHRÖTER, ECKHARD [Verwaltungsreformen, 2001]: Staats- und Verwaltungsreformen in Europa: Internationale Profile und nationale Profile, in: SCHRÖTER, ECKHARD (Hrsg.): Empirische Policy- und Verwaltungsforschung. Lokale, nationale und internationale Perspektiven, Opladen: Leske und Budrich, 2001, S. 415 – 446.

SCHÜTTE, CHRISTIAN: [Verwaltungsrechtswissenschaft, 2006]: Progressive Verwaltungsrechtswissenschaft auf konservativer Grundlage. Zur Verwaltungsrechtslehre Ernst Forsthoffs, Berlin: Duncker und Humblot, 2006.
Zugl.: Freiburg, Univ., Diss., 2004 / 2005.

SCHULTZE, RAINER-OLAF [Föderalismus, 1996]: Föderalismus, in: NOHLEN, DIETER (Hrsg.): Wörterbuch Staat und Politik, Bonn: bpb, 1996, S. 155 – 164.

- : [Gemeinwohl, 1996]: Gemeinwohl, in: NOHLEN, DIETER (Hrsg.): Wörterbuch Staat und Politik, Bonn: bpb, 1996, S. 193 – 198.

SCHULZ, DANIEL [Verfassung, 2004]: Verfassung und Nation – Formen politischer Institutionalisierung in Deutschland und Frankreich, Wiesbaden: VS, 2004.

SCHULZ-NIESWANDT, FRANK [Daseinsvorsorge, 2004]: Soziale Daseinsvorsorge und Unionsbürgerschaft, Köln, 2004.
http://www.uni-koeln.de/wiso-fak/soposem/snw/pdf/daseinsvorsorge.pdf - (05.08.2007)

SCHULZE–FIELITZ, HELMUTH [Selbstverwaltung, 1998]: Die kommunale Selbstverwaltung zwischen Diversifizierung und Einheit der Verwaltung, in: HENNEKE, HANS-GÜNTER (Hrsg.): Organisation kommunaler Aufgabenerfüllung: Optimierungspotentiale im Spannungsfeld von Demokratie und Effizienz, Stuttgart: Boorberg, 1998, S. 223 - 261.

SCHUMANN, HANS-GERD [Funktion, 1983]: Die soziale und politische Funktion lokaler Eliten. Methodologische Anmerkungen zum Forschungsstand, in: KIRCHGÄSSNER, BERNHARD / SCHADT, JÖRG (Hrsg.): Kommunale Selbstverwaltung – Idee und Wirklichkeit, Sigmaringen: Thorbecke, 1983, S. 30 – 39.

SCHUMANN, WOLFGANG [System, 1994]: Das politische System der Europäischen Union als Rahmen für Verbandsaktivitäten, in: EICHENER, VOLKER / VOELZKOW, HELMUT (Hrsg.): Europäische Integration und verbandliche Interessenvermittlung, Marburg: Metropolis, 1994, S. 71 ff.

SCHUMPETER, JOSEPH A. [Kapitalismus, 1993]: Kapitalismus, Sozialismus und Demokratie, Tübingen, Basel: UTB, 7. Auflage, 1993.

SCHUPPERT, GUNNAR FOLKE: [Gesetz, 1998]: Das Gesetz als zentrales Steuerungsinstrument des Rechtsstaates, in: SCHUPPERT, GUNNAR FOLKE (Hrsg.): Das Gesetz als zentrales Steuerungsinstrument des Rechtsstaates, Baden - Baden: Nomos, 1998, S. 105 – 156.

-: [Verwaltungswissenschaft, 2000]: Verwaltungswissenschaft. Verwaltung, Verwaltungsrecht, Verwaltungslehre, Baden – Baden: Nomos, 2000.

-: [Staat, 2001]: Der moderne Staat als Gewährleistungsstaat, in: SCHRÖTER, ECKHARD (Hrsg.): Empirische Policy- und Verwaltungsforschung. Lokale, nationale und internationale Perspektiven, Opladen: Leske und Budrich, 2001, S. 399 – 414.

-: [Möglichkeiten, 2003]: Möglichkeiten und Grenzen der Privatisierung von Gemeinwohl, in: ARNIM, HANS HERBERT VON / SOMMERMANN, KARL-PETER (Hrsg.): Gemeinwohlgefährdung und Gemeinwohlsicherung. Vorträge und Diskussionsbeiträge auf der 71. Staatswissenschaftlichen Fortbildungstagung vom 12. bis 14. März 2003 an der Deutschen Hochschule für Verwaltungswissenschaften Speyer, Berlin: Duncker und Humblot, 2003, S. 269 – 301.

- [Gemeinwohl, 2004]: Gemeinwohl und Staatsverständnis, in: ANHEIER, HELMUT K. / THEN, VOLKER (Hrsg.): Zwischen Eigennutz und Gemeinwohl. Neue Formen und Wege der Gemeinnützigkeit, Gütersloh: Verlag Bertelsmann Stiftung, 2004, S. 25 – 60.

-: [Regieren, 2004]: Bürokratisches Regieren – eine governancetheoretische Perspektive –, in: VOßKUHLE, ANDREAS (Hrsg.): Entbürokratisierung und Regulierung. Jahrestagung der Deutschen Sektion des Internationalen Instituts für Verwaltungswissenschaften vom 18. bis 19. November 2004 in Bonn, Baden – Baden: Nomos, 2006, S. 6 – 40.

-: [Gewährleistungsstaat, 2005]: Der Gewährleistungsstaat – modisches Label oder Leitbild sich wandelnder Staatlichkeit?, in: SCHUPPERT, GUNNAR FOLKE (Hrsg.): Der Gewährleistungsstaat – Ein Leitbild auf dem Prüfstand, Baden – Baden: Nomos, 2005, S. 11 – 52.

-: [Governance, 2005]: Governance im Spiegel der Wissenschaftsdisziplinen, in:. SCHUPPERT, GUNNAR FOLKE (Hrsg.): Governance-Forschung: Vergewisserung über Stand und Entwicklungslinien, Baden - Baden: Nomos, 2005, S. 371 – 465.

-: [Europeanization, 2006]: The Europeanization of National Governance Structures in the Context of the Transformation of Statehood, in: SCHUPPERT, GUNNAR FOLKE: (Hrsg.): The Europeanisation of Governance, Baden – Baden: Nomos, 2006, S. 9 – 58.

-: [Rivalität, 2006]: Rivalität und Symbiose. Sind Städte und Nationalstaaten koexistierende oder konkurrierende Governancezentren?, Einige historische und aktuelle Befunde, in: Internationale Politik (IP), Heft 11/2006, S. 38 – 43.

SCHWAB, SIEGFRIED [Selbstverwaltung, 1988]: Kommunale Selbstverwaltung heute. Neubestimmung der Angelegenheiten der örtlichen Gemeinschaft? Pfaffenweiler: Centaurus Verlag, 1988.

SCHWARTING, GUNNAR [Beteiligungs-Controlling, 2000]: Beteiligungs-Controlling in der Kommunalverwaltung, in: Finanzwirtschaft, JG. 56, 2000, S. 65 – 71.

-: [Liberalisierung, 2001]: Liberalisierung im öffentlichen Sektor – Einige Gedanken zur aktuellen Diskussion, in: Finanzwirtschaft, Jg. 55, 2001, S. 199 – 202.

-: [Experimentierklausel, 2003]: Von der Experimentierklausel zur Standardöffnung – ein neuer Weg der Vorbereitung von Rechtsvorschriften? Vortrag anlässlich des 10. deutsch-französischen Verwaltungskolloquiums am 16./17.6.2003 an der Ecole Nationale d´Administration Strasbourg, 2003.
http://www.hfv-speyer.de/lba/schwarting/aufsatz8.pdf - (03.08.2007).

-: [Städtetag, 2005]: Der Deutsche Städtetag wird 100: Die organisierte Interessenvertretung der Kommunen im 20. Jahrhundert, in: Die Öffentliche Verwaltung, 06/2005, Heft 11, S. 458 – 465.
http://www.hfv-speyer.de/lba/schwarting/GeschichteDSTD%C3%96V.pdf - (04.08.2007).

-: [Risikomanagement, 2006]: Haushaltspolitisches Risikomanagement: Von der Analyse zur vorausschauenden Gestaltung, in: Die Öffentliche Verwaltung, Nov. 2006, Heft 22, S. 947 – 951.

SCHWARTING, GUNNAR [Haushaltskonsolidierung, 2006]: Haushaltskonsolidierung in Kommunen, Leitfaden für Rat und Verwaltung, Berlin: Erich Schmidt, 2006.

-: [Beteiligungsmanagement, 2006]: Beteiligungsmanagement und –controlling in der Kommunalverwaltung – einige wenig beachtete Aspekte –
www.hfv-speyer.de/lba/schwarting/Aufsatz9.pdf - (17.07.2006).

SCHWEIZER, STEFAN [Steuerung, 2003]: Politische Steuerung selbstorganisierter Netzwerke, Baden - Baden: Nomos, 2003.

SCHWINTOWSKI, HANS–PETER / ORTLIEB, BIRGIT [PPP, 2006]: PPP zwischen Markt und Regulierung – ein Diskussionsbeitrag zum Grünbuch der Europäischen Kommission, in: BUDÄUS, DIETRICH (Hrsg.): Kooperationsformen zwischen Markt und Staat. Theoretische Grundlagen und praktische Ausprägungen von Public Private Partnership, Baden – Baden: Nomos, 2006, S. 198 - 214.

SEEGER, SARAH / EMMANOUILIDIS, JANIS A. [Ausweg, 2007]: Ausweg oder Labyrinth? Analyse und Bewertung des Mandats für die Regierungskonferenz, in: Bertelsmann Forschungsgruppe Politik, CAP Analyse, 05/2007.
HTTP://WWW.CAP-LMU.DE/PUBLIKATIONEN/2007/CAP-ANALYSE-2007-05.PHP - (30.07.2007).

-: **EMMANOUILIDIS, JANIS A.** [Reform, 2007]: Die Reform nimmt Gestalt an. Analyse und Bewertung des EU-Verfassungsgipfels, in: Bertelsmann Forschungsgruppe Politik: Bilanz der deutschen EU-Ratspräsidentschaft. Analyse und Bewertung des Centrums für angewandte Politikforschung, CAP Analyse, 06/2007, S. 6 – 15.
http://www.cap-lmu.de/publikationen/2007/cap-analyse-2007-06.php - (24.07.2007).

SEGALLA, PATRICK [Daseinsvorsorge, 2006]: Kommunale Daseinsvorsorge. Strukturen kommunaler Versorgungsleistungen im Rechtsvergleich, Wien, New York: Springer, 2006.
Zugl.: Wien, Univ., Diss., 2006.

SEJFIJA, ISMET [Civil Sector, 2006]: From the "Civil Sector" to "Civil Society"? Progress and Prospects, in: FISCHER, MARTINA (Ed.): Peacebuilding and Civil Society in Bosnia-Herzegovina. Ten Years after Dayton, Münster: Lit-Verlag, 2006, S. 125 – 140.

SHAW, ANWAR [Framework, 2006]: A Comparative Institutional Framework for Responsive, Responsible, and Accountable Local Governance, in: SHAW, ANWAR (Ed.): Local Governance in Industrial Countries, Washington: World Bank, 2006, S. 1 – 36.

SHAW, JO [Treaty, 2005]: What happens if the Constitutional Treaty is not Ratified?, in: PERNICE, INGOLF / ZEMANEK, JIRI (Eds.): A Constitution for Europe: The IGC, the Ratification Process and Beyond, Baden - Baden: Nomos, 2005, S. 77 – 97.

SILVA, CARLOS NUNES [Partnership, 2004]: Public Private Partnership and Urban Governance: Towards a New Concept of local Government?, in: BARLOW, MAX / WASTL-WALTER, DORIS (Eds.): New challenges in local and regional administration, Aldershot, Burlington: Ashgate Publishing, 2004, S. 73 – 85.

SIMON, PETER [Kommunen, 2003]: Europas Kommunen auf dem Weg zu einer gemeinsamen Verfassung, in: Der Landkreis, 12 / 2003, S. 754 – 755.

-: [Garantie, 2006]: Wo bleibt Garantie der kommunalen Selbstverwaltung in Europa, wenn die Verfassung endgültig scheitert?, in: Gemeindetag Baden-Württemberg (BWGZ), 16 / 2006, S. 633 – 638.

SINNING, HEIDI [Weg, 2001]: Auf dem Weg zur Stärkung der lokalen Demokratie – Anforderungen an bürgerorientierte Kommunen, in: LANGFELD, GABRIELE (Hrsg.): Bürgergesellschaft konkret: Initiativen und Erfahrungen in Nürtingen. Bürgerorientierte Kommunen in Deutschland, Gütersloh: Verlag Bertelsmann Stiftung, 2001, S. 29 - 46.

SINTOMER, YVES / HERZBERG, CARSTEN / RÖCKE, ANJA (Eds.) [Budgets, 2005]: Participatory budgets in a european comparative approach. Perspectives and chances of the cooperative state at the municipal level in Germany and Europe. Volume II (Documents). Field studies, graphics, tabels, quantitative analysis, methodological background, Hans Böckler Stiftung: Berlin, 2005.
http://www.buergerhaushalt-europa.de/documents/Volumen_zwei_Endbericht_Buergerhaushalt_Europa4.pdf
- (02.08.2007).

SIRJACQUES-MANFRASS, FRANCOISE [Frankreich, 1998]: Frankreich im Spannungsfeld zwischen Integration, Zentralstaat und Regionalismus, in: TIMMERMANN, HEINER (Hrsg.): Subsidiarität und Föderalismus in der Europäischen Union, Berlin: Duncker und Humblot, 1998, S. 101 – 110.

SOCRATES, JOSE [Presentation, 2007]: Presentation of the Programme of the Portuguese Presidency, Speech of Prime Minister José Sócrates to the European Parliament, Strasbourg, 11th July 2007.
http://www.eu2007.pt/NR/rdonlyres/3C6F79D7-77C4-45C7-B880-AB26A092FAA3/0/PM_ParlamentoEuropeuversãoinglesa.pdf - (11.07.2007).

SOLIOZ, CHRISTOPHE [Kunst, 2003]: Die Kunst des Möglichen, in: KOHL, CHRISTINE / SOLIOZ, CHRISTOPHE / DZIHIC, VEDRAN (Hrsg.): Südosteuropäischer Dialog. Balkan Diskurs Nr. 1, Bosnien–Herzegowina: 8 Jahre nach Dayton – Krisen, Kritik und Perspektiven, Wien, Sarajevo, Sofia et al.: Neuer Wissenschaftlicher Verlag, 2003, S. 27 – 39.

-: [Bosnia, 2004]: Bosnia´s EU integration process, in: European Balkan Observer, Vol. 2, Nr. 2, October 2004, S. 13 – 19.
http://www.christophsolioz.ch/papers/2004/doc/ebo/42004.pdf - (17.09.2006).

-: [Points, 2005]: Turning Points in Post-War Bosnia. Ownership Process and European Integration, Baden – Baden: Nomos, 2005.

-: [Integration, 2006]: Europäische Integration und die Verfassungsdebatte in Bosnien und Herzegowina: Die Rolle des Europarates, in: Südosteuropa Mitteilungen, 03 / 2006, S. 96 – 108.

-: [Verfassungsdebatte, 2006]: Die Verfassungsdebatte in Bosnien: Die Rolle des Europarates, Center for European Integration Strategies. Working Paper Series, No. 1 / 2006.
www.chrisophsolioz.ch/papers/2006/doc/ceiswpsno1.pdf - (20.09.2006).

SOMMERMANN, KARL-PETER [Verwaltung, 2002]: Verwaltung und Governance im Mehrebenensystem der Europäischen Union: Resümee und Perspektiven, in: MAGIERA, SIEGFRIED / SOMMERMANN, K.ARL-PETER (Hrsg.): Verwaltung und Governance im Mehrebenensystem der Europäischen Union. Vorträge und Diskussionsbeiträge auf dem 2. Speyerer Europa-Forum vom 26. bis 28. März 2001 an der Deutschen Hochschule für Verwaltungswissenschaften Speyer, Berlin: Duncker & Humblot, 2002.

-: [Gemeinwohl, 2003]: Nationales und europäisches Gemeinwohl, in: ARNIM, HANS HERBERT VON / SOMMERMANN, KARL-PETER (Hrsg.): Gemeinwohlgefährdung und Gemeinwohlsicherung. Vorträge und Diskussionsbeiträge auf der 71. Staatswissenschaftlichen Fortbildungstagung vom 12. bis 14. März 2003 an der Deutschen Hochschule für Verwaltungswissenschaften Speyer, Berlin: Duncker und Humblot, 2003, S. 201 – 223.

-: [Rechtssetzung, 2004]: Europäische Rechtsetzung und mitgliedstaatliche Beteiligung, in: SIEDENTOPF, HEINRICH (Hrsg.): Der Europäische Verwaltungsraum – Beiträge einer Fachtagung. Fachtagung des Forschungsinstituts für Öffentliche Verwaltung an der Deutschen Hochschule für Verwaltungswissenschaften Speyer in Verbindung mit der Deutschen Sektion des Internationalen Instituts für Verwaltungswissenschaften vom 21. bis 23. Oktober 2002 in Speyer, Baden - Baden: Nomos, 2004, S. 69 – 78.

-: [Kommunen, 2005]: Kommunen und Föderalismusreform, in: STIFTUNG GESELLSCHAFT FÜR RECHTSPOLITIK (Hrsg.): Bitburger Gespräche, Jahrbuch 2005/I, S. 59 – 76.

-: [Demokratiekonzepte, 2005]: Demokratiekonzepte im Vergleich, in: BAUER, HARTMUT (Hrsg.): Verfassungsentwicklung in Europa, Tübingen: Mohr Siebeck, 2005, S. 191 – 221.

SONNENBERGER, HANS JÜRGEN / AUTEXIER, CHRISTIAN [Einführung, 2000]: Einführung in das französische Recht, Darmstadt: Wissenschaftliche Buchgesellschaft, 3. Aufl., 2000.

SORENSEN, EVA / TORFING, JACOB [Anchorage, 2005]: The Democratic Anchorage of Governance Networks, in: Scandinavian Political Studies, Vol. 28, No. 3 / 2005, S. 195 – 218.

SOZIALDEMOKRATISCHE FRAKTION IM EUROPÄISCHEN PARLAMENT [Positionspapier, 2005]: Positionspapier der SPE-Fraktion "Zukunft der Daseinsvorsorge in Europa". Antworten auf das Weissbuch der Europäischen Kommission zu Dienstleistungen von allgemeinem Interesse sowie auf aktuelle europäische Initiativen zur Zukunft von öffentlichen und privaten Dienstleistungen, Brüssel, 2005.
http://www.socialistgroup.eu/gpes/media/documents/13984_13983_future_services%20_general_interest_in_europe_de_050413_2005421_1357.pdf - (24.07.2007).

STAAK, MAGNUS [Entwicklungstendenzen, 1991]: Entwicklungstendenzen und Anforderungen an die kommunale Selbstverwaltung, in: BLÜMEL, WILLI / HILL, HERMANN (Hrsg.): Die Zukunft der kommunalen Selbstverwaltung: Vorträge und Diskussionsbeiträge der 58. Staatswissenschaftlichen Fortbildungstagung 1990 der Deutschen Hochschule für Verwaltungswissenschaften Speyer, Berlin: Duncker und Humblot, 1991, S. 69 – 76.

STAATSMINISTERIUM BADEN – WÜRTTEMBERG [Baden - Württemberg, 2006]: Baden – Württemberg in Europa. Bericht an den Landtag von Baden – Württemberg über die Europapolitik der Landesregierung im Jahre 2005 / 2006, 2006.

STADELMAIER, MARTIN [Entwicklungen, 1999]: Entwicklungen der staatlichen und kommunalen Verwaltungen vor dem Hintergrund der Europäischen Union, in: SIEDENTOPF, HEINRICH (Hrsg.): Europäische Integration / Modernisierung des Staates, Dokumentation zum 6. Deutsch–Französischen Verwaltungskolloquium der Deutschen Hochschule für Verwaltungswissenschaften Speyer und der Ecole Nationale d´Administration (ENA) in Straßburg am 17. und 18. Juni 1999, Speyerer Arbeitshefte 127, 1999, S. 79 – 86.

ST. BERNHARDT, BÉLA [Neuorganisation, 2000]: Neuorganisation der staatlichen Aufgabenerfüllung. Anspruch und Leistungsfähigkeit des New Public Management, Baden - Baden: Nomos, 2000.
Zugl.: Darmstadt, TU., Diss., 2000.

STEINDORFF, LUDWIG [Aufbruch, 1999]: Zwischen Aufbruch und Repression: Jugoslawien 1945 - 1966, in: MELCIC, DUNJA (Hrsg.): Der Jugoslawien-Krieg, Handbuch zu Vorgeschichte, Verlauf und Konsequenzen, Opladen / Wiesbaden: Westdeutscher Verlag, 1999, S. 191 – 207.

STEINER, CHRISTIAN / ADEMOVIC, NEDIM [Kompetenzstreitigkeiten, 2003]: Kompetenzstreitigkeiten im Gefüge von Dayton, in: VITZTHUM, WOLFGANG GRAF / WINKELMANN, INGO (Hrsg.): Bosnien–Herzegowina im Horizont Europas. Demokratische und föderale Elemente der Staatswerdung in Südosteuropa, Berlin: Duncker und Humblot, 2003, S. 109 – 147.

STERN, KLAUS [Verfassungsgarantie, 1981]: Die Verfassungsgarantie der kommunalen Selbstverwaltung, in: PÜTTNER, GÜNTER (Hrsg.): Handbuch der kommunalen Wissenschaft und Praxis, 2. Auflage, Heidelberg: Springer Verlag, 1981, Band 1, S. 204 – 228.

-: [Europäische Union, 1996]: Europäische Union und kommunale Selbstverwaltung, in: NIERHAUS, MICHAEL (Hrsg.): Kommunale Selbstverwaltung: europäische und nationale Aspekte, Berlin: Duncker und Humblot, 1996, S. 23 – 44.

-: [Revitalisierung, 2004]: Revitalisierung der deutschen bundesstaatlichen Ordnung im europäischen Kontext, in: NdsVBl., 12 / 2004, S. 321 – 328.

STEWART, KENNEDY [Governance, 2006]: Designing good urban governance indicators: the importance of citizen participation and its evaluation in Greater Vancouver, in: Cities: the international quarterly on urban policy, No. 23 (June 2006), 2006, S. 196 – 204.

STOCK, ALEXANDER [Governance, 2005]: Local Modern Governance. Ansätze für ein kommunalpolitisches Management, Stuttgart: ibidem, 2005.
Zugl.: Witten / Herdecke, Univ., Diss., 2005.

STOJANOVIC, IGOR [Ucesce, 2005]: Ucesce, gradana, in: Centar za Promociju Civilnog Drustva (CPCD) / USAID (Eds.): Analiza stanja lokalne uprave i samouprave u BiH, Sarajevo, 2005, S. 65 – 72.
[Übersetzung aus der bosnischen Sprache Übersetzungsbüro A. Galic, vereidigte Gerichtsdolmetscherin, Stuttgart].

STOLLEIS, MICHAEL [Europa, 2005]: Rechtlich verfasstes Europa, in: ZULEEG, MANFRED / SAVAT, MARJOLAINE / DEROSIER, JEAN-PHILIPPE (Hrsg.): Eine Verfassung für ein Europa mit 25 Mitgliedstaaten: Vielfalt und Einheit zugleich, Baden - Baden: Nomos, 2005, S. 31 – 38.

STONE SWEET, ALEX / SANDHOLTZ, WAINE [Integration, 1997]: European Integration and supranational Governance, in: JOURNAL OF EUROPEAN PUBLIC POLICY, September 1997, S. 297 – 317.

STUBER, KERSTIN / URLINGER, JULIA [Europabüro, 2007]: Das Europabüro der bayerischen Kommunen in Brüssel präsentiert sich, in: Der Bayerische Bürgermeister, 06/2007, S. 222 – 226.

SUCESKA, AVDO [Rechtsstellung, 1968]: Die Rechtsstellung der Bevölkerung in den Städten Bosniens und der Herzegowina unter den Osmanen, in: Südosteuropa Jahrbuch: Die Stadt in Südosteuropa. Struktur und Geschichte, München: Verlag Rudolf Trofenik, 1968.

T

TAICLET, ANNE-FRANCE [Governance, 2006]: Governance, expertise and competitive politics: the case of territorial development policies in France, in: BENZ, ARTHUR / PAPADOPOULOS, YANNIS (Eds.): Governance and Democracy. Comparing national, European and international experiences, London, New York: Routledge, 2006, S. 63 – 80.

TAURAS, OLAF [Ausschuss, 1997]: Der Ausschuss der Regionen: Institutionalisierte Mitwirkung der Regionen in der EU, Münster: Agenda Verlag, 1997.

TETTINGER, PETER [Europarecht, 2005]: Europarecht und Kommunale Selbstverwaltung, in: STERN, KLAUS / GRUPP, KLAUS (Hrsg.): Gedächtnisschrift für Joachim Burmeister, Heidelberg: C.F.Müller Verlag, 2005, S. 439 – 458.

TEUFEL, ERWIN [Gebietskörperschaften, 2006]: Regionale und lokale Gebietskörperschaften in der künftigen EU: Europa „von unten nach oben" denken und bauen, in: Europa Kommunal, 03/2006, S. 91 – 92.

THADDEN, RUDOLF VON [Kommunen, 2003]: Die Kommunen und die deutsch-französischen Beziehungen: Ein dichtes Netzwerk, in: Europa Kommunal, 1/2003, S. 3 – 5.

THIES, MARTIN [Situation, 1995]: Zur Situation der gemeindlichen Selbstverwaltung im europäischen Einigungsprozess: Unter besonderer Berücksichtigung des EG-Vertrages über staatliche Beihilfen und der EG-Umweltpolitik, Frankfurt am Main, Berlin, Bern: Lang, 1995.
Zugl.: Göttingen, Univ., Diss., 1995.

THOENIG, JEAN-CLAUDE [Politik- und Verwaltungsmanagement, 1998]: Neues Politik- und Verwaltungsmanagement: Reformbilanz in Frankreich, in: REINERMANN, Heinrich / RIDLEY, F. / THOENIG, Jean-Claude (Hrsg.): Neues Politik - und Verwaltungsmanagement in der kommunalen Praxis – ein internationaler Vergleich, Interne Studie Nr. 158/1998 der Konrad Adenauer Stiftung, S. 197 – 232.

THOENIG, JEAN-CLAUDE: [Government, 2006]: Modernizing Sub-National Government in France: Institutional Creativity and Systemic Stability, in: HOFFMANN-MARTINOT, VINCENT / WOLLMANN, HELLMUT (Eds.): State and Local Government Reforms in France and Germany. Divergence and Convergence, Wiesbaden: VS, 2006, 39 – 58.

TÖMMEL, INGEBORG [Interessenartikulation, 1994]: Interessenartikulation und transnationale Politikkooperation im Rahmen der EU, in: EICHENER, VOLKER / VOELZKOW, HELMUT (Hrsg.): Europäische Integration und verbandliche Interessenvermittlung, Marburg: Metropolis, 1994, S. 263 – 282.

-: [Entfaltung, 2001]: Die Entfaltung des EU-Systems als Prozess von Angleichung und Differenzierung, in: TÖMMEL, INGEBORG. (Hrsg.): Europäische Integration als Prozess von Angleichung und Differenzierung, Opladen: Leske und Budrich, 2001.

-: [Reform, 2006]: Die Reform der Strukturpolitik der EU - Eine Reform europäischer Governance?, in: KLEINFELD, RALF / PLAMPER, HARALD / HUBER, ANDREAS (Hrsg.): Regional Governance, Steuerung, Koordination und Kommunikation in regionalen Netzwerken als neue Form des Regierens, Band 2, Osnabrück: V&R, 2006, S. 183 – 200.

TOLKSDORF, DOMINIK [Ratspräsidentschaft, 2007]: Die deutsche Ratspräsidentschaft und Südosteuropa – zwischen Kosovo-Statusentscheidung und Fortführung des Beitrittsprozesses, in: Bertelsmann Forschungsgruppe Politik (Hrsg.): Bilanz der deutschen EU-Ratspräsidentschaft. Analyse und Bewertung des Centrums für angewandte Politikforschung, CAP Analyse, 06/2007, S. 46 – 53.
http://www.cap-lmu.de/publikationen/2007/cap-analyse-2007-06.php - (24.07.2007).

TOMERIUS, STEPHAN [Betätigung, 2004]: Örtliche und überörtliche wirtschaftliche Betätigung kommunaler Unternehmen. Zum aktuellen Diskussionsstand über die rechtlichen Möglichkeiten und Grenzen in Literatur und Rechtsprechung, netWORKS – Papers, Heft 6, 2004.

-: / **BREITKREUZ, TILMAN** [Selbstverwaltungsrecht, 2003]: Selbstverwaltungsrecht und „Selbstverwaltungspflicht" – Verfassungsrechtliche Überlegungen zur Rolle von Art. 28 Abs. 2 S. 1 GG bei der Privatisierung kommunaler Aufgaben, in: DVBl. vom 01.04.2003, S. 427 – 435.

TOMUSCHAT, CHRISTIAN [Ausschuss, 1995]: Der Ausschuss der Regionen als Verfassungsorgan der Europäischen Gemeinschaft, in: TOMUSCHAT, CHRISTIAN (Hrsg.): Mitsprache der dritten Ebene in der Europäischen Integration, Bonn: Europa-Union Verlag, 1995, S. 9 – 22.

TOCQUEVILLE, ALEXIS DE [Régime, 1983]: L'Ancien Régime et la Révolution, Galimard, 1967, erste Ausgabe 1856, Teilabdruck HERICHON, EMMANUEL (Hrsg.): La décentralisation, Paris: Hatier, 1983, S. 9 - 10.

TREFFER, GERD [Selbstverwaltung, 2003]: Kommunale Selbstverwaltung und Dezentralisierung in Frankreich: Mehr Macht den Regionen, in: Europa Kommunal, 1/2003, S. 8 – 12.

TRENZ, HANS-JÖRG [Zivilgesellschaft, 2005]: Zivilgesellschaft und Öffentlichkeit im europäischen Integrationsprozess: normative Desiderate und empirische Interdependenzen in der Konstitution einer europäischen Herrschaftsordnung, in: FINKE, BARBARA / KNODT, MICHELE (Hrsg.): Europäische Zivilgesellschaft. Konzepte, Akteure, Strategien, Wiesbaden: VS, 2005, S. 55 – 78.

TRUMAN, DAVID [Groups, 1970]: Interest Groups and the Nature of the State, in: ZEITLIN, MAURICE (Ed.): American Society, Studies of the social and political economy of the United States, Markham Publishing Company, 1970, S. 317 – 337.

-: [Process, 1971]: The Governmental Process: Political Interests and Public Opinion, New York: Alfred A. Knopf, 2. Auflage, 1971.

TRUMPP, EBERHARD [Verwaltungsreform, 2006]: Verwaltungsreform – Chance und Herausforderung für die Landkreise in Baden – Württemberg, in: HENNEKE, HANS-GÜNTER / MEYER, HUBERT (Hrsg.): Kommunale Selbstverwaltung zwischen Bewahrung, Bewährung und Entwicklung, Festgabe für Gernot Schlebusch zum 65. Geburtstag, Stuttgart, München, Hannover: Boorberg, 2006, S. 209 – 230.

TRUTE, HANS-HEINRICH / DENKHAUS, WOLFGANG / KÜHLERS, DORIS [Governance, 2004]: Governance in der Verwaltungsrechtswissenschaft, in: Die Verwaltung, Berlin: Duncker und Humblot, 2004, S. 451 – 475.

TÜMMERS, HANS J. [System, 2006]: Das politische System Frankreichs. Eine Einführung, München: C. H. Beck, 2006.

U

UNITED NATIONS (UN) [Commission, 2004]: Economic Commission for Europe, Committee on Environmental Policy, environmental performance reviews, Bosnia and Herzegovina, UN: New York, Geneva: 2004.

UNITED NATIONS (UN) / COUNCIL OF EUROPE [Toolkit, o. A.]: Toolkit: Towards a modern Local Government Association.
http://www.coe.int/t/e/legal_affairs/local_and_regional_democracy/Main_Bodies/CentreExpertise/Toolkit%20on%20LGAs.pdf - (15.07.2007).

USAID [Governance, 2003]: Local Governance Assessment and Policy Recommendations, November 2003.
http://www.usaid.ba/local%20governance%assessment%20final.doc - (18.06.2004).

-: [Poll, 2003]: Public Opinion Poll in Bosnia and Herzegovina, Banja Luka, November 2003.
www.usaid.ba/demo_and_gov_2003DemocracySurvey - (16.06.2004).

UTERWEDDE, HENRIK [Kommunen, 1991]: Kommunen in Frankreich und Deutschland – Einführung in die kommunale Selbstverwaltung in Frankreich und der Bundesrepublik Deutschland, Bonn: Gemini Verlag, 1991.

-: [Privatisierungspolitik, 1996]: Privatisierungspolitik in Frankreich. Eine Zwischenbilanz, deutsch-französisches Institut Ludwigsburg, aktuelle Frankreichanalysen, Nr. 4, 1996.

-: [Jakobinismus, 2000]: Frankreichs gezähmter Jakobinismus: Regionen im zentralisierten Staat, in: EUROPÄISCHES ZENTRUM FÜR FÖDERALISMUS-FORSCHUNG (EZFF) (Hrsg.): Jahrbuch des Föderalismus 2000, Baden - Baden: Nomos, 2000.

-: [Dezentralisierungsreform, 2003]: Dezentralisierungsreform in Frankreich: Auf dem Weg zur bürgernahen Republik?, in: EUROPÄISCHES ZENTRUM FÜR FÖDERALISMUS-FORSCHUNG (EZFF) (Hrsg.): Jahrbuch des Föderalismus 2003, Baden - Baden: Nomos, 2003.

UTERWEDDE, HENRIK [Frankreich, 2004]: Wie reformfähig ist Frankreich?, in: Dokumente – Zeitschrift für den deutsch-französischen Dialog, Heft 1, Feb. 2004.

-: [Kompetenzen, 2005]: Kompetenzen der Gebietskörperschaften nach der Dezentralisierungsreform 2004. Präsentiert im Rahmen der Tagung „Deutsch - französische Verwaltungszusammenarbeit und Dezentralisierung in Frankreich. Hintergründe und Folgen der aktuellen Staatsreform" vom 23. bis 25. Februar 2005 in Speyer, 2005.

-: SCHILD, JOACHIM / UTERWEDDE, HENRIK: Frankreich. Politik, Wirtschaft, Gesellschaft, 2. Auflage, Wiesbaden: VS, 2006.

V

VAILLANT, J. [Principe, 2003]: Du principe de subsidiarité comme principe fondateur du fédéralisme, in: Allemagne d'aujourd'hui Nr. 164, avril – juin 2003.

VERBAND DEUTSCHER VERKEHRSUNTERNEHMEN (VdV) [Grünbuch, 2007]: Grünbuch der EU-Kommission zur städtischen Mobilität. VDV-Stellungnahme im Rahmen der Vorbereitungsphase zum Grünbuch, 25. April 2007. http://www.vdv.de/medienservice/stellungnahmen_entry.html?nd_ref=4002 - (02.08.2007).

VERNET, DANIEL [L'objective, 2000]: L' objective et la methode, in: Le Monde, 13.05.2000.

VERPEAUX, MICHEL [Origines, 2002]: Les origines, in: Les collectivités locales en France, La documentation francaise, Paris, 2002, S. 5 – 12.

VETTERS, LARISSA [Power, 2007]: The Power of Administrative Categories: Emerging Notions of Citizenship in the Divided City of Mostar, in: Ethnopolitics, vol. 6, no. 2, Special Issue on Governance in Ethnically Mixed Cities.

-: [Politics, 2007]: Mastering the politics of scale – Contemporary place-making projects among Mostar's politico-administrative and economic elites. Draft prepared for the 1st CEU Sociology & Social Anthropology Graduate Conference "Activism and the state of neoliberalism", Budapest, 22. - 23. June 2007.

VIERLING, MICHAEL [Verwaltungsmodernisierung, 2004]: Aktuelle Verwaltungsmodernisierung in Frankreich und Deutschland: Zur Bedeutung der Verwaltungskulturen, in: ALBERTIN, LOTHAR / ASHOLT, WOLFGANG (Hrsg.): Frankreich Jahrbuch 2003. Politik, Wirtschaft, Gesellschaft, Geschichte, Kultur, Wiesbaden: VS, 2004.

VINEN, RICHARD [Fifth Republic, 2003]: The Fifth Republic as parenthesis? Politics since 1945, in: DOYLE, WILLIAM / MCMILLAN, JAMES (Eds.): The Short Oxford History of France. Modern France 1880-2002, Oxford: Oxford University Press, 2003, S. 74 – 102.

VITZTHUM, WOLFGANG GRAF / KÄMMERER, JÖRN AXEL (Hrsg.) [Bürgerbeteiligung, 2000]: Bürgerbeteiligung vor Ort. Defizite, Formen und Perspektiven bürgerschaftlichen Engagements in den Kommunen. Robert Bosch Stiftung, Stuttgart: Boorberg, 2000.

VOGELGESANG, KLAUS / LÜBKING, UWE / ULBRICH, INA-MARIA [Kommunalaufsicht, 1998]: Die Kommunalaufsicht. Aufgaben – Rechtsgrundlagen – Organisation, Berlin: Erich Schmidt Verlag, 1998.

-: **/ LÜBKING, UWE / ULBRICH, INA-MARIA** [Selbstverwaltung, 2005]: Kommunale Selbstverwaltung. Rechtsgrundlagen – Organisation – Aufgaben – Neue Steuerungsmodelle, 3. Aufl., Berlin: Erich Schmidt, 2005.

W

WACKERMANN, GABRIEL [Frankreich, 1989]: Frankreich – Ein wirtschafts- und sozialgeographischer Überblick, in: LANDESZENTRALE FÜR POLITISCHE BILDUNG BADEN - WÜRTTEMBERG (Hrsg.): Frankreich, Stuttgart: Kohlhammer Verlag, 1989.

WAHL, RAINER [Diskussion, 1995]: Diskussion zu den Referaten von Siegfried Magiera und Günter Püttner, in: GRUPP, KLAUS / RONELLENFITSCH, MICHAEL (Hrsg.): Kommunale Selbstverwaltung in Deutschland und Europa / Symposium zum 65. Geburtstag von Prof. Dr. Willi Blümel, Berlin: Duncker und Humblot, 1995, S. 55 (Diskussionsbeitrag).

WAIBEL, GERHARD [Gemeindeverfassungsrecht, 1985]: Gemeindeverfassungsrecht Baden – Württemberg, Stuttgart, Berlin, Köln: Kohlhammer, 1985.

-: [Gemeindeverfassungsrecht, 1999]: Gemeindeverfassungsrecht in Baden-Württemberg, Stuttgart, Berlin, Köln: Kohlhammer, 4 Auflage, 1999.

WALLACE, HELEN [Governance, 1994]: European Governance in Turbulent Times, in.: BULMER, SIMON / SCOTT, ANDREW (Eds.): Economic and Political Integration in Europe: Internal Dynamics and Global Context, Oxford: Blackwell Publishers, 1994, S. 87 – 96.

WALTER-ROGG, MELANIE [Areas, 2005]: Metropolitan Areas and Political Impact in Germany, in: HOFFMANN-MARTINOT, VINCENT / SELLERS, JEFFEREY M. (Eds.): Metropolitanization and Political Change, Wiesbaden: VS, 2005, S. 83 – 118.

WALTHER, MANFRED [Subsidiarität, 2002]: Subsidiarität und Flexibilität. Überlegungen zum „Dezentralisierungspotential" des Subsidiaritätsprinzips in der Europäischen Union, in: BLICKLE, PETER / HÜGLIN, THOMAS / WYDUCKEL, DIETER (Hrsg.): Subsidiarität als rechtliches und politisches Ordnungsprinzip in Kirche, Staat und Gesellschaft, Berlin: Duncker und Humblot, 2002.

WASCHKUHN, ARNO [Subsidiarität, 1995]: Was ist Subsidiarität? Ein sozialphilosophisches Ordnungsprinzip: Von Thomas von Aquin bis zur Civil Society, Opladen: Westdeutscher Verlag, 1995.

WEBER, BRUNO [Subsidiaritätsprinzip, 2004]: Subsidiaritätsprinzip und Solidaritätsprinzip als Grundpfeiler bei der Organisation menschlichen Zusammenlebens, in: KOPETZ, HEDWIG / MARKO, JOSEF / POIER, KLAUS (Hrsg.): Soziokultureller Wandel im Verfassungsstaat, Band 1: Allgemeine Staats- und Verfassungslehre, rechtswissenschaftliche Analyse, politisches System in Theorie und Praxis. Wien, Köln, Graz: Böhlau, 2004, S. 197 – 208.

WEBER, MAX [Politik, 1919]: Politik als Beruf. Geistige Arbeit als Beruf. Vier Vorträge vor dem Freistudentischen Bund. Zweiter Vortrag, München, Leipzig: Duncker und Humblot, 1919.

WEBER-PANARIELLO, PHILIPPE A. [Parlamente, 1995]: Nationale Parlamente in der Europäischen Union. Eine rechtsvergleichende Studie zur Beteiligung nationaler Parlamente an der innerstaatlichen Willensbildung in Angelegenheiten der Europäischen Union im Vereinigten Königreich, Frankreich und der Bundesrepublik Deutschland. Baden-Baden: Nomos, 1995.
Zugl. Zürich, Univ., Diss., 1995.

WEGENER, ALEXANDER [Kriterien, 2002]: Die Kriterien zu Good Governance, in: PRÖHL, MARGA (Hrsg.): Good Governance für Lebensqualität vor Ort: Internationale Praxisbeispiele für Kommunen, Gütersloh: Verlag Bertelsmann Stiftung, 2002, S. 16 – 115.

-: / ARBEIT, UTE [Kommunalfinanzen, o. A.]: Kommunalfinanzen in Europa. Strukturen europäischer Gemeindefinanzierung.
www.kommunaler-wettbewerb.de/kofi - (14.12.2006).

WEHLING, HANS GEORG (Hrsg.) [Kommunalpolitik, 1994]: Kommunalpolitik in Europa, Stuttgart, Berlin, Köln: Kohlhammer, 1994.

-: [Spielräume, 2003]: Spielräume kommunaler Gemeinwohlsorge, in: ARNIM, HANS HERBERT VON / SOMMERMANN, KARL-PETER (Hrsg.): Gemeinwohlgefährdung und Gemeinwohlsicherung. Vorträge und Diskussionsbeiträge auf der 71. Staatswissenschaftlichen Fortbildungstagung vom 12. bis 14. März 2003 an der Deutschen Hochschule für Verwaltungswissenschaften Speyer, Berlin: Duncker und Humblot, 2003, S. 227 – 239.

WEILEMANN, PETER R. [Anlauf, 2007]: „Ein neuer Anlauf – Vom Verfassungs- zum Reformvertrag" Der Gipfel der Staats- und Regierungschefs vom 21.-22. Juni 2007. Europabüro der Konrad Adenauer Stiftung, Juni 2007.
http://www.kas.de/db_files/dokumente/laenderberichte/7_dokument_dok_pdf_11221_1.pdf - (03.08.2007).

WEINBERGER, BRUNO [Spitzenverbände, 1981]: Die kommunalen Spitzenverbände - Der Deutsche Städtetag, in: PÜTTNER, GÜNTER (Hrsg.): Handbuch der kommunalen Wissenschaft und Praxis, Berlin, Heidelberg, New York: Springer, Bd. 2, 2. Auflage, 1981.

WEINBERGER, OTA [Rechtsstaat, 1997]: Preface / Vorwort, Rechtsstaat / Herrschaft des Rechts, in: KRAWIETZ, WERNER / PATTARO, ENRICO / ERH-SOON TAY, ALICE (Hrsg.): Rule of Law. Political and Legal Systems in Transition, Berlin: Duncker und Humblot, 1997, S. VII – XI.

WELZ, CHRISTIAN / ENGEL, CHRISTIAN [Traditionsbestände, 1993]: Traditionsbestände politikwissenschaftlicher Integrationstheorien: Die Europäische Gemeinschaft im Spannungsfeld von Integration und Kooperation, in: BOGDANDY, ARMIN VON. (Hrsg.): Die Europäische Option. Eine Interdisziplinäre Analyse über Herkunft, Stand und Perspektiven der europäischen Integration, Baden - Baden: Nomos, 1993.

WERNER-JENSEN, ALMA [Planungshoheit, 2006]: Planungshoheit und kommunale Selbstverwaltung, Baden – Baden: Nomos, 2006.
Zugl.: Heidelberg, Univ., Diss., 2006.

WESSELS, WOLFGANG [Europäische Union, 1996]: Europäische Union – Entwicklung eines politischen Systems, in: OHR, RENATE (Hrsg.): Europäische Integration. – Stuttgart, Berlin, Köln: Kohlhammer, 1996, S. 19 - 45.

WICHMANN, JÜRGEN [Subsidiarität, 1998]: Subsidiarität – Genese eines Begriffes von der christlichen Sozialethik bis zum Vertrag von Maastricht, in: TIMMERMANN, HEINER (Hrsg.): Subsidiarität und Föderalismus in der Europäischen Union, Berlin: Duncker und Humblot, 1998, S. 7 – 18.

WIETHE-KÖRPRICH, HEINRICH [Daseinsvorsorge, 2005]: Kommunal verantwortete Daseinsvorsorge im Spannungsfeld zwischen nationalem und EU-Recht, in: BIRK, HANS-JÖRG / KUNIG, PHILIP / SAILER, WOLFGANG (Hrsg.): Zwischen Abgabenrecht und Verfassungsrecht, Hans-Joachim Driehaus zum 65. Geburtstag, Herne, Berlin: Verlag Neue Wirtschafts-Briefe, 2005, S. 626 – 632.

WILLKE, HELMUT [Systemtheorie, 1993]: Systemtheorie entwickelter Gesellschaften. Dynamik und Riskanz moderner gesellschaftlicher Selbstorganisation, Weinheim, München: Juventa, 2. Aufl., 1993.

-: [Supervision, 1997]: Supervision des Staates, Frankfurt am Main: Suhrkamp, 1997.

WIND, MARLENE [Commission, 2001]: The Commission White Paper – Bridging the Gap between the governed and the governing. This Paper is part of contributions to the Jean Monnet Working Paper No. 6/01 Symposium: Mountain or Molehill? A Critical Appraisal of the Commission White Paper on Governance.
http://www.jeanmonnetprogram.org/papers/01/012401.rtf - (21.12.2005).

WINDFUHR, MICHAEL [Einfluß, 1999]: Der Einfluß von NGOs auf die Demokratie, in: BUSCH, ANDREAS / MERKEL, WOLFGANG (Hrsg.): Demokratie in Ost und West, Festschrift für Klaus von Beyme, Frankfurt am Main: Suhrkamp, 1999, S. 520 – 548.

WINKEL, OLAF [Bürgerkommune, 2003]: Bürgerkommune und New Public Management in der kommunalen Selbstverwaltung, in: Deutsche Zeitschrift für Kommunalwissenschaften, (DfK), 42/2003/1, S. 99 – 118.

WINKLER, GÜNTHER [Europarat, 2005]: Der Europarat und die Verfassungsautonomie seiner Mitgliedstaaten. Eine europarechtliche Studie mit Dokumenten und Kommentaren, veranschaulicht durch die Aktionen des Europarates gegen die Verfassungsreform von Liechtenstein, Wien, New York: Springer, 2005.

WITTINGER, MICHAELA [Europarat, 2005]: Der Europarat: Die Entwicklung seines Rechts und der „europäischen Verfassungswerte“, Baden – Baden: Nomos, 2005.
Zugl.: Saarbrücken, Univ. des Saarlandes, Habil., 2004/2005.

WNENDT, WERNER [Rolle, 2005]: Die zukünftige Rolle der Internationalen Gemeinschaft in Bosnien und Herzegowina, in: REITER, ERICH / JUREKOVIC, PREDRAG (Hrsg.): Bosnien und Herzegowina – Europas Balkanpolitik auf dem Prüfstand, Baden - Baden: Nomos, 2005, S. 75 – 86.

WÖHRLING, JEAN-MARIE [Place, 1982]: La place et le rôle de la commune dans l´organisation administrative, in: IRI (Hrsg.): Introduction dans les structures administratives de la france ainsi que de la république federale allemande et le role des communes. Luxemburg, Nr. 1/1982.

WOHLFAHRT, NORBERT / ZÜHLKE, WERNER [Ende, 2005]: Ende der kommunalen Selbstverwaltung. Zur politischen Steuerung im Konzern Stadt, Hamburg: VSA Verlag, 2005.

WOHLTMANN, MATTHIAS [Weichenstellungen, 2003]: Neue europäische Weichenstellungen zu den rechtlichen Rahmenbedingungen der kommunalen Daseinsvorsorge, in: Der Landkreis, 12 / 2003, S. 746 – 753.

WOLF, GUIDO [Zuschauerdemokratie, 2001]: Von der Zuschauerdemokratie zur Bürgergesellschaft, in: LANGFELD, GABRIELE (Hrsg.): Bürgergesellschaft konkret: Initiativen und Erfahrungen in Nürtingen. Bürgerorientierte Kommunen in Deutschland, Gütersloh: Verlag Bertelsmann Stiftung, 2001, S. 17 – 28.

WOLF, KLAUS DIETER [Standards, 2002]: Contextualizing Normative Standards for Legitimate Governance beyond the State, in: GROTE, JÜRGEN R. / GBIKPI, BERNARD (Eds.): Participatory Governance. Political and Societal Implications, Opladen: Leske und Budrich, 2002, S. 35 – 51.

WOLLMANN, HELLMUT [Typus, 2004] : Wird der deutsche Typus kommunaler Selbstverwaltung den Druck von EU-Liberalisierung, New Public Management und Finanzkrise überleben?, in: SIEBEL, WALTER (Hrsg.): Die europäische Stadt, Baden – Baden: Nomos, 2004, S. 359 – 369.

-: [Doppelstruktur, 2004]: Die Doppelstruktur der Stadt als politische Kommune und zivilgesellschaftliche Bürgergemeinde, in: vorgänge, Zeitschrift für Bürgerrechte und Gesellschaftspolitik, Heft 1 / 2004, S. 20 – 28

-: [Community, o. A.]: The local community and its three "faces" in historical and comparative perspective: heading for "re-emergence"?
http://www2.hu-berlin.de/verwaltung/Down/LocalCommunity3Faces.rtf - (30.11.2006).

-: [Transformation, 2004]: Transformation der Regierungs- und Verwaltungsstrukturen in postkommunistischen Ländern: Zwischen „(Re)Politisierung" und „Entpolitisierung", in: BENZ, ARTHUR / SIEDENTOPF, HEINRICH / SOMMERMANN, KARL-PETER (Hrsg.): Institutionenwandel in Regierung und Verwaltung. Festschrift für Klaus König zum 70. Geburtstag, Berlin: Duncker und Humblot, 2004, S. 575 – 592.

-: [Systems, 2004]: European local government systems under the triple impact of „traditional" reforms, NPM-led modernisation and revolutionary rupture: Convergence of divergence? Discussion Paper, 2004, Political Science Department of the University of Oslo.
http://www2.hu-berlin.de/verwaltung/down/1%20Local_gov_refors.rtf - (21.12.2005).

-: [Draft report, 2005]: Draft report – Country Report on France. The local government system (collectivités territoriales / locales) in France, Berlin, 2005.
http://www2.hu-berlin.de/verwaltung/down - (15.12.2006).

-: [Reformen o. A.]: Reformen der kommunalen Politik- und Verwaltungsebene in *Großbritannien, Schweden* und *Frankreich*. Ansätze, Verläufe und Ergebnisse. (o. A.)
http://www2.hu-berlin.de/verwaltung/down/ - (15.12.2006).

-: [Planungssysteme, 2006]: Städtebauliche Planungssysteme in England, Frankreich und Schweden zwischen Konvergenz und Divergenz, in: DEUTSCHES INSTITUT FÜR URBANISTIK (DIfU) (Hrsg.): Brennpunkt Stadt. Lebens- und Wirtschaftsraum, gebaute Umwelt, politische Einheit. Festschrift für Heinrich Mäding zum 65. Geburtstag, DIfU, 2006, 293 – 309.

-: / **BOUCKAERT, GEERT** [Organisation, 2006]: State Organisation in France and Germany between Territoriality and Functionality, in: HOFFMANN-MARTINOT, VINCENT / WOLLMANN, HELLMUT (Eds.): State and Local Government Reforms in France and Germany. Divergence and Convergence, Wiesbaden: VS, 2006, S. 11 – 39.

WORLD BANK (ED.) [Bosnia, 2006]: Bosnia and Hercegovina: Addressing Fiscal Challenges and Enhancing Growth Prospects. A Public Expenditure and Institutional Review, Sept. 2006, Report No. 36156-BiH.
http://siteresources.worldbank.org/INTBOSNIAHERZ/Resources/361930-1158952005259/English_PEIR_StatisticalAnnex.pdf - (20.07.2007).

WORTMANN, ROLF [Governance, 2006]: Regional Governance – Legitimationsprobleme einer neuen Form des Regierens, in: KLEINFELD, RALF / PLAMPER, HARALD / HUBER, ANDREAS (Hrsg.): Regional Governance, Steuerung, Koordination und Kommunikation in regionalen Netzwerken als neue Form des Regierens, Band 2, Osnabrück: V&R, 2006, S. 305 – 315.

X/Y/Z

ZIEBILL, OTTO [Verwaltung, 1954]: Bürgerschaftliche Verwaltung, Stuttgart, Köln: Kohlhammer, 1954.

ZIEKOW, JAN [Anwendung, 2006]: Die Anwendung des landesverfassungsrechtlichen Konnexitätsprinzips bei bundes- oder gemeinschaftsrechtlichen Beeinflussungen des Bestands kommunaler Aufgaben, in: Die Öffentliche Verwaltung, 12 / 2006, S. 489 – 497.

ZIELINSKI, HEINZ [Modernisierungsprozesse, 2000]: Lokalpolitische Modernisierungsprozesse in Wissenschaft und Praxis. Politikwissenschaftliche Anmerkungen, in: ZIELINSKI, HEINZ (Hrsg.): Die Modernisierung der Städte: Verwaltung und Politik zwischen Ökonomisierung und Innovation, Wiesbaden: DUV, 2000., S. 195 – 214.

ZIMMERMANN, UWE [EU-Ratsgipfel, 2007]: EU-Ratsgipfel und Europäischer Reformvertrag – Mehr kommunale Rechte in Europa, unveröffentlicht, 2007, S. 4.

ZIMMERMANN–STEINHART, PETRA [Frankreich, 2005]: Frankreich im Jahr 2004: auf dem Weg zu mehr Dezentralisierung?, in: EUROPÄISCHES ZENTRUM FÜR FÖDERALISMUS-FORSCHUNG (EZFF) (Hrsg.): Jahrbuch des Föderalismus 2005, Baden - Baden: Nomos, 2005, S. 363 - 374.

-: [Dezentralisierung, 2006]: Dezentralisierung in Frankreich, Acte II – Mehr Aufgaben, weniger Handlungsspielraum für die Gebietskörperschaften, in: EUROPÄISCHES ZENTRUM FÜR FÖDERALISMUS-FORSCHUNG (EZFF) (Hrsg.): Jahrbuch des Föderalismus 2006, Föderalismus, Subsidiarität und Regionen in Europa, Baden – Baden: Nomos, 2006, S. 336 – 344.

ZIMPER, DANIELA [Einflussmöglichkeiten, 2005]: Einflussmöglichkeiten der Gemeinden in Europa, Wien: Manz, 2005.
Zugl.: Wien, Univ., Diss., 2005.

ZLOKAPA, ZDRAVKO [Istorijski, 2005]: Istorijski i socijalni background, in: Centar za Promociju Civilnog Drustva (CPCD) / USAID (Eds.): Analiza stanja lokalne uprave i samouprave u BiH, Sarajevo, 2005, S. 12 – 17.
[Übersetzung aus der bosnischen Sprache - Übersetzungsbüro A. Galic, vereidigte Gerichtsdolmetscherin, Stuttgart].

-: [Samouprave, 2005]: Pravni okvir lokalne samouprave, in: Centar za Promociju Civilnog Drustva (CPCD) / USAID (Eds.): Analiza stanja lokalne uprave i samouprave u BiH, Sarajevo, 2005, S. 17 – 26.
[Übersetzung aus der bosnischen Sprache - Übersetzungsbüro A. Galic, vereidigte Gerichtsdolmetscherin, Stuttgart].

ZOLLER, ALEXANDRA [Subsidiaritätsprinzip, 2005]: Das Subsidiaritätsprinzip im Europäischen Verfassungsvertrag und seine innerstaatliche Umsetzung in Deutschland, in: EUROPÄISCHES ZENTRUM FÜR FÖDERALISMUS-FORSCHUNG (EZFF): Jahrbuch des Föderalismus 2005, Föderalismus, Subsidiarität und Regionen in Europa, Baden – Baden: Nomos, S. 270 – 289.

-: / **DERPA, ULRICH**: [Zukunft, 2006]: Die Zukunft der EU – Verfassung – Möglichkeiten und Perspektiven, in: **SANDER, GERALD G. / VLAD, MONICA (Hrsg.):** Quo vadis, Europa? Europas Verfassung und künftige Erweiterungen, Hamburg: Kovac, 2006, S. 63 – 78.

ZULEEG, MANFRED [Verfassung, 2001]: Die bestehende und die zukünftige Verfassung der Europäischen Union, in: SCHIRM, MAGDA (Hrsg.): Eine Verfassung für Europa? Thesen zur aktuellen Debatte, Frankfurt am Main: VAS, 2001, S. 22 – 27.

2 Rechtsprechungsverzeichnis

Gericht	Fundstelle		vom (Datum)
BVerfGE	79 / 127 II		23.11.1988
BVerfGE	79 / 106 I		23.11.1988
BVerfGE	83 / 60 II		30.10.1990
BVerfGE	86 / 148 II (215, 218 ff)		27.05.1992
BVerfGE	89 / 155 II		12.10.1993
BVerfGE	2 BvR 445/91		26.10.1994
EuGH	„Parking Brixen“	2005/C-458/03	13.10.2005
EuGH	„Stadt Halle“	2005/C-26/03	11.01.2005
EuGH	„Altmark Trans“	2003/C-280/00	24.07.2003
EuGH	„Teckal“	1998/C-107/98	18.11.1999

3 Quellenverzeichnis (landesspezifisch, chronologisch)

BOSNIEN UND HERZEGOWINA

DAYTON PEACE ACCORD (GENERAL FRAMEWORK), 1995
http://www.ohr.int/dpa/default.asp?content_id=379 - (08.05.2004).

CONSTITUTION OF BOSNIA AND HERZEGOVINA – Annex 4 Dayton General Framework for Peace, 1995.
http://www.ohr.int/dpa/default.asp?content_id=372 - (15.09.2006).

CONSTITUTION OF THE FEDERATION OF BOSNIA AND HERZEGOWINA: "Official Gazette" of the Federation of Bosnia and Herzegovina, 1/94, 13/97, 13/97, 16/02, 22/02, 52/02, 60/02, 18/03, 63/03.
www.ohr.int/ohr-dept/legal/oth-legist/doc/fbih-constitution.doc - (15.05.2004).

CONSTITUTION OF REPUBLIKA SRPSKA: „Official Gazette" of Republika Srpska 6 / 92, 8 / 92, 15 / 92, 19 / 92, 21 / 92, 28 / 94, 8 / 96, 13 / 96, 15 / 96, 16 / 96, 21 / 96.
http://www.ohr.int/ohr-dept/legal/oth-legist/doc/rs-constitution.doc - (15.09.2006).

GESETZ ZU LOKALER SELBSTVERWALTUNG (Republika Srpska)
Lokalne Samouprave, Sluzbeni glasnik RS, broj, 16/05.
Amtsblatt der Republika Srpska vom 18. November 2004, No. 101.

GESETZ ZU LOKALER SELBSTVERWALTUNG (Föderation Bosnien und Herzegowina)
Lokalne Samouprave u Federacije Bosne i Hercegovine,
Nacelima Lokalne Samouprave u Federacije Bosne i Hercegovine,
Amtsblatt der Föderation Bosnien und Herzegowinas vom 30.08.2006, S. 5087 – 5092.

DEUTSCHLAND

Grundgesetz für die Bundesrepublik Deutschland, vom 23. Mai 1949 (BGBl. S. 1), zuletzt geändert durch Gesetz vom 28. August 2006 (BGBl. I S. 2034).

DEUTSCHER BUNDESTAG: Geschäftsordnung des Deutschen Bundestages in der Fassung der Bekanntmachung vom 2. Juli 1980, BGBl. I S. 1237, zuletzt geändert laut Bekanntmachung vom 26. September 2006 (BGBl. I S. 2210), BGBL, 2006, Teil 1, Nr. 45, Bonn, 10. Okt. 2006.

Gesetz über die Zusammenarbeit von Bund und Ländern in Angelegenheiten der Europäischen Union vom 12. März 1993 (BGBl. I, S. 313, 1780) zuletzt geändert durch das Föderalismusreform-Begleitgesetz vom 05.September 2006 (BGBl, Teil I, S. 2098).

Geschäftsordnung des Bundesrates in der Fassung der Bekanntmachung vom 26. November 1993 (Bundesgesetzblatt Teil I, S. 2007) zuletzt geändert durch Beschluss des Bundesrates vom 22. September 2006 (Bundesgesetzblatt Teil I, S. o. A.) (Bundesratsdrucksache 652/06 (Beschluss)).

Vereinbarung zwischen der Bundesregierung und den Regierungen der Länder über die Zusammenarbeit in Angelegenheiten der Europäischen Union in Ausführung von § 9 des Gesetzes über die Zusammenarbeit von Bund und Ländern in Angelegenheiten der Europäischen Union (Bund-Länder-Vereinbarung) vom 29. Oktober 1993, Bundesanzeiger Nummer 226 vom 2. Dezember 1993, Seite 10425, ergänzt durch Vereinbarung vom 8. Juni 1998, Bundesanzeiger Nummer 123 vom 8. Juli 1998, S. 9433.

Gesetz über die Elektrizitäts- und Gasversorgung, BGBl I 1998, 730 vom 24. April 1998.

Gesetz über die Region Hannover vom 05. Juni 2001, Nds. GVBl. Nr. 16 vom 15.06.2001

Gesetz über die Elektrizitäts- und Gasversorgung vom 07. Juli 2005 (Energiewirtschaftsgesetz EnWG), BGBl 2005/1970 (3621).

Gesetz zur Beschleunigung der Umsetzung von Öffentlich Privaten Partnerschaften und zur Verbesserung gesetzlicher Rahmenbedingungen für Öffentlich Private Partnerschaften vom 01. September 2005, Bundesgesetzblatt Jahrgang 2005 Teil I Nr. 56, Bonn, 07. September 2005, S. 2676 – 2681.

Gesetz über die Ausweitung und Stärkung der Rechte des Bundestages und des Bundesrates in Angelegenheiten der Europäischen Union, vom 17. November 2005, Bundesgesetzblatt 2005, Teil I, Nr. 72, Bonn, 25. November 2005, Gesetz vom 17. November 2005.

BESCHLUSS DES BUNDESRATES: [Drucksache 463 / 06]: Beschluss des Bundesrates, Föderalismusreform-Begleitgesetz, Drucksache 463 / 06 (Beschluss) vom 07.07.2006.

BUNDESMINISTERIUM DES INNEREN (Hrsg.): Gemeinsame Geschäftsordnung der Bundesministerien (GGO) in der Fassung vom 01. Dezember 2006.

EUROPÄISCHE UNION (CHRONOLOGISCHE REIHENFOLGE)

Richtlinie 80/723/EWG der Europäischen Kommission vom 25. Juni 1980 über die Transparenz der finanziellen Beziehungen zwischen den Mitgliedstaaten und den öffentlichen Unternehmen sowie über die finanzielle Transparenz innerhalb bestimmter Unternehmen, ABL. L 195 vom 29.07.1980.

Richtlinie 92/43/EWG des Rates vom 21.05.1992 zur Erhaltung der natürlichen Lebensräume sowie der wildlebenden Tiere und Pflanzen, Amtsblatt L 206 vom 22.07.1992, S. 7 - 50.
(Fauna – Flora – Habitat).

Richtlinie 96/92/EG des Europäischen Parlaments und des Rates betreffend gemeinsame Vorschriften für den Elektrizitätsbinnenmarkt vom 19. Dezember 1996. Abl. L 027 vom 30.01.1997, S. 0020.

Charta der Grundrechte der Europäischen Union. (2000/C 364/01), Amtsblatt der Europäischen Gemeinschaften vom 18.12.2000, C 361.

Richtlinie 2003/54/EG des Europäischen Parlaments und des Rates vom 26. Juni 2003 über gemeinsame Vorschriften für den Elektrizitätsbinnenmarkt und zur Aufhebung der Richtlinie 96/92/EG. Amtsblatt der Europäischen Union, Abl. L 176/37 vom 15.07.2003.

Richtlinie 2004/17/EG des Europäischen Parlaments und des Rates vom 31. März 2004 zur Koordinierung der Zuschlagserteilung durch Auftraggeber im Bereich der Wasser-, Energie und Verkehrversorgung sowie der Postdienste, Abl. L 134/1 vom 30.04.2004.

Richtlinie 2004/18/EG des Europäischen Parlaments und des Rates vom 31. März 2004 über die Koordinierung der Verfahren zur Vergabe öffentlicher Bauaufträge, Lieferaufträge und Dienstleistungsaufträge, Abl L 134/114 vom 30.04.2004.

Verfassung der Europäischen Union: Verfassungsvertrag vom 29. Oktober 2004. Amtsblatt der Europäischen Union, C 310 vom 16. Dezember 2004. (2004/C310/01)

Protokoll über die Anwendung der Grundsätze der Subsidiarität und der Verhältnismäßigkeit, abgedruckt in: LÄUFER, THOMAS (Hrsg.): Verfassung der Europäischen Union. Verfassungsvertrag vom 29. Oktober 2004. Protokolle und Erklärungen zum Vertragswerk. Bonn: bpb, 2005, S. 221 – 224.

Richtlinie der Kommission 2006/111/EG vom 16. November 2006 über die Transparenz der finanziellen Beziehungen zwischen den Mitgliedstaaten und den öffentlichen Unternehmen sowie über die finanzielle Transparenz innerhalb bestimmter Unternehmen, Abl. L 318/17 vom 17.11.2006.

EUROPARAT

COUNCIL OF EUROPE: Europäische Charta der kommunalen Selbstverwaltung, Straßburg, 1985. (Amtliche Übersetzung.)
http://conventions.coe.int/Treaties/Html/122.htm - (26.08.2006).

FRANKREICH (CHRONOLOGISCHE REICHENFOLGE)

Loi n° 67-1253 du 30 décembre 1967. Loi d´Orientation Foncière (LOF). Publication au JORF du 3 janvier 1968.

Loi n° 71-588 du 16 juillet 1971. Loi sur les fusions et regroupements de communes. Publication au JORF du 18 juillet 1971.

Loi n° 77-825 du 22 juillet 1977. Loi complétant les dispositions du code des communes relatives à la coopération intercommunale. Publication au JORF du 23 juillet 1977.

Loi n° 82-213 du 2 mars 1982. Loi relative aux droits et libertés des communes, des départements et des régions. Publication au JORF du 3 mars 1982.

Loi n° 82-1169 du 31 décembre 1982. Loi relative à l'organisation administrative de Paris, Marseille, Lyon et des établissements publics de coopération intercommunale. Publication au JORF du 1 er Janvier 1983

Loi d´orientation n° 92-125 du 6 février 1992 relative à l´administration territoriale de la République, Publication au JORF du 8 février 1992.

Loi d´orientation n° 95-115 du 4 février 1995. Loi d´orientation pour l´aménagement et le développement du territoire, Publication au JORF du 5 février 1995.

Loi n° 99-586 du 12 juillet 1999 relative au renforcement et à la simplification de la coopération intercommunale, Publication au JORF du 13 juillet 1999.

Loi organique n° 2000-294 du 05 avril 2000 relative aux incompatibilités entre mandats électoraux, J.O n°. 82 du 06 avril 2000, S. 5238.

Loi n° 2000-295 du 5 avril 2000 relative à la limitation du cumul des mandats électoraux et des fonctions électives et à leurs conditions d´exercice, J.O n°. 82 du 6 avril 2000, S. 5239.

Loi n° 2000-1208 du 13 décembre 2000 relative à la solidarité et au renouvellement urbains (1). Publication au JORF du 14 décembre 2000.

Loi n° 2002-276 du 27 février 2002 relative à la démocratie de proximité (1), J.O n° 50 du 28 février 2002, S. 3808 texte n° 1.

Loi constitutionelle n° 2003-276 du 28 mars 2003 relative à l`organisation décentralisée de la République (1), J.O n° 75 du 29 mars 2003, S. 5568.

Loi organique n° 2003-704 du 1er août 2003 relative à l'expérimentation par les collectivités territoriales (1). J.O n° 177 du 2. août 2003, S. 13217.

Loi organique n° 2003-705 du 1er août 2003 relative au référendum locale (1), J.O n° 177 du 2 août 2003, S. 13218.

Loi organique n° 2004-758 du 29 Juillet 2004 prise en application de l´article 72-2 de la Constitution relative à l´autonomie financière des collectivités territoriales (1). J.O n° 175 du 30 juillet 2004, S. 13561.

Loi n° 2004-809 du 13 août 2004 relative aux libertés et responsabilités locales, J.O n° 190 du 17 août 2004, S. 14545.

Sénat – n° 92, Session Ordinaire de 2004-2005. Annexe au procès-verbal de la séance du 1er décembre 2004. Projet de Loi - autorisant l´approbation de la Charte européenne de l´autonomie locale, adoptée à Strasbourg le 15 octobre 1985.
http://www.senat.fr/leg/pj104-092.html - (20.09.2006).

Assemblée Nationale – Texte adopte n° 601 vom 30. Juni 2006, Projet de Loi autorisant l´approbation de la Charte européenne de l´autonomie locale, adoptée à Strasbourg le 15 octobre 1985.
www.assemblee-nationale.fr/12/pdf/ta/ta0601.pdf - (20.09.2006).

Loi 2006 – 823 du 10 juillet 2006 autorisant l´approbation de la Charte européenne de l´autonomie locale, adoptée à Strasbourg le 15 octobre 1985, J.O n° 159 du 11 juillet 2006, S. 10335.

4 Verzeichnis wahrgenommener Angebote des WorldWideWeb

Organisation / Institution	Adresse	Kurzbeschreibung
Europäische Union (alphabetisch)		
Ausschuss der Regionen	www.cor.europa.eu	Ausschuss der Regionen
	http://coropinions.cor.europa.eu/COROpinions.aspx	Stellungnahmen des Ausschusses der Regionen
	http://www.cor.europa.eu/document/de/avis_chrono_de.pdf	Chronologische Darstellung der Stellungnahmen (2002 – 2006)
	http://subsidiarity.cor.europa.eu/	Ausschuss der Regionen zum Subsidiaritätsnetz
Europäische Kommission	http://europa.eu.int/	Homepage der Europäischen Kommission
	http://www.european-referendum.org/41.html	Ratifizierung des Entwurfs des Verfassungsvertrages in den Nationalstaaten
	http://europa.eu.int/constitution/ratification_en.htm	Ratifizierung des Entwurfs des Verfassungsvertrages in den Nationalstaaten
	http://ec.europa.eu/governance	Aktuelle Daten und Diskussion zu Europäischer Governance
	http://europa.eu.int/comm/internal_market/publicprocurement/	öffentlich – private Partnerschaften
	http://europa.eu.int/comm/regional_policy/consultation	Dialog mit kommunalen Verbänden und Vereinigungen
	http://ec.europa.eu/comm/competition/index_de.html	Wettbewerbsrecht
	www.delbih.cec.eu.int/en/	Europäische Kommission in Bosnien – Herzegowina
	http://europa.eu.int/constitution/futurum/documents/offtext/doc151201_de.htm	Informationsportal zur Verfassungsentwicklung
	http://europa.eu.int/roadtoconstitution/chronology/index_de.htm	Chronologische Darstellung der Verfassungsentwicklung
	http://ec.europa.eu/prelex/rech_simple.cfm?CL=de	Dokumentenrecherche
	http://europa.eu.int/rapid/start/	Pressemitteilungen der Institutionen
	http://europa.eu.int/youreurope	Internetportal für Bürger
Europäischer Konvent	www.european-convention.eu.int	Homepage zum Verfassungskonvent

Organisation / Institution	Adresse	Kurzbeschreibung
Europäische Union (alphabetisch, Fortsetzung)		
Europäisches Parlament	www.2.europarl.eu.int	Homepage des Europäischen Parlaments
	www.europarl.europa.eu/comparl/conv/documents/mep_contributions_en.htm	Beiträge der Parlamentsmitglieder zum Verfassungsvertrag
	www.europarl.de/export/system/galleries/downloads/medienservice_jan2005.pdf	Parlament und Verfassungsvertrag
	http://www.europarl.de/europa/vorstellung/grundrechtecharta.html	Vorstellung der Grundrechtecharta, Inhalte, Zielsetzungen
Europäischer Rat	www.consilium.europa.eu/	Europäischer Rat
	www.eu2007.de	Deutsche Ratspräsidentschaft
	www.eu2007.pt	Ratspräsidentschaft Portugal

Organisation / Institution	Adresse	Kurzbeschreibung
Europarat		
Europarat	http://www.coe.int	Homepage
	http://www.coe.int/T/E/CLRAE/	Congress of Local and Regional Authorities of Europe (CLRAE) des Europarates, Monitoring des CLRAE
	http://www.venice.coe.int	Venedig-Kommission
	http://www.loreg.org	Recherchemöglichkeit auf Server des Europarates
	http://conventions.coe.int/Treaty/Commun/Cherche-Sig.asp?NT=122&CM=10&DF=4/19/2006&CL=ENG	Stand der Unterzeichnung und Ratifikation der ECKS
	http://www.coe.ba/	Arbeit des Europarates in Bosnien und Herzegowina

Organisation / Institution	Adresse	Kurzbeschreibung
Deutschland		
Auswärtiges Amt	www.auswaertiges-amt.de/diplo/de/EU-P/P-Programm.pdf	Informationen zur deutschen Ratspräsidentschaft
Bundesministerium für Bauwesen	http://www.bmvbs.de/Bauwesen/Bauwirtschaft-,1521/Public-Private-Partnership-PPP.htm	Informationen zu Public Private Partnership
Bundesrat	http://www.bundesrat.de/cln_050/nn_8350/DE/foederalismus/bundesstaatskommission/unterlagen/unterlagen-node.html?__nnn=true	Föderalismusreform
Bundestag	http://www.bundestag.de/	Homepage des Deutschen Bundestages
	http://www.bundestag.de/ausschuesse/a06/foederalismusreform/index.html	Föderalismusreform, Dokumentation der Arbeitsinhalte der Föderalismuskommission
	http://www.bundestag.de/ausschuesse/a06/foederalismusreform/Drucksachen/index.html	Drucksachen zur Föderalismusreform
	http://www.bundestag.de/parlament/kommissionen/modern/	Kommission zur Modernisierung der bundesstaatlichen Ordnung

Organisation / Institution	Adresse	Kurzbeschreibung
Frankreich		
Assemblée des départements de France	www.departement.org . www.adf-cedi.org	Vereinigung der Départements Frankreichs
Botschaft Frankreich	http://www.botschaft-frankreich.de/	Informationen zur Dezentralisierung
Centre d'analyse stratégique	http://www.strategie.gouv.fr/	Homepage des Centre d´analyse stratégique.
Commissariat Générale du plan	http://www.plan.gouv.fr/	Das Commissariat Générale du plan ist nicht mehr aktiv, vgl. Centre d´analyse stratégique
Conseil Constitutionnel	www.conseil-constitutionnel.fr -	Homepage des Verfassungsrates
Ministère de l´Intérieur, de la sécurité et des libertés locales / DGCL	www.dcgl.interieur.gouv.fr./	Ministerium des Innern - umfangreiche Informationen zu kommunalen Finanzen
Ministère du Logement et de la Ville	http://www.ville.gouv.fr/politique-de-la-ville/conseil-national-des-villes.htm - (10.08.2007) und Zusammenstellung zum Conseil National des Villes http://www.ville.gouv.fr/infos/cnv/membres.html	Information zu Kooperationsbeziehungen Staat – dezentrale Akteure

Organisation / Institution	Adresse	Kurzbeschreibung
Ebene der Nationalstaaten		
Secrétariat général des affaires européenne /	www.sgae.gouv.fr	Homepage des Generalsekretariat für europäische Angelegenheiten
Senat	www.senat.fr	Homepage des Senats
	http://carrefourlocal.senat.fr	Informationen für spezifisch kommunale Belange
Institutionen subnationaler Interessenvertretung		
Kommunale Interessenvertretung in Deutschland		
Deutscher Landkreistag	www.kreise.de/landkreistag/deutsch.htm	Homepage des Landkreistages • Information, Tätigkeit, • Stellungnahmen Link zu den Landkreisverbänden der Flächenstaaten.
Deutscher Städte- und Gemeindebund	www.dstgb.de	Homepage des Deutschen Städte- und Gemeindebundes • aktuelle Informationen, • Stellungnahmen
Städtetag	www.staedtetag.de	Homepage des Städtetages • Tätigkeit, Information, • Stellungnahmen
Rat der Gemeinden und Regionen Europas	www.rgre.de	Rat der Gemeinden und Regionen Europas (RGRE) - deutsche Sektion

Organisation / Institution	Adresse	Kurzbeschreibung
Internetangebote von Institutionen auf Ebene der Länder		
Baden – Württemberg	www.eu-konvent-bw.de	Seite zur Arbeit des Konvents
Europabüro der Baden-Württembergischen Gemeinden	http://www.europabuero-bw.de	Homepage, allgemeine Tätigkeiten der Geschäftsstelle
Europabüro der bayerischen Gemeinden	www.ebbk.de	Homepage, allgemeine Tätigkeiten der Geschäftsstelle

Organisation / Institution	Adresse	Kurzbeschreibung
Internetangebote Frankreich		
Gebietskörperschaftliche Interessenvertretung in Frankreich		
AdCF Assemblée des Communautés de France	www.adcf.org www.intercommunalites.com -	Vereinigung der Communautés, umfangreiches Material zu interkommunaler Kooperation
AFCCRE Association Francaise du Conseil des Communes et Régions d´Europe	www.afccre.asso.fr http://www.afccre.org/fr/default.asp	Homepage der Association Francaise du Conseil des Communes et Régions d´Europe,
AMF Association des Maires de France	www.amf.asso.fr	Homepage der Vereinigung der französischen Bürgermeister
AMGVF Association des Maires de Grandes Villes de France	www.grandesvilles.org	Homepage der Vereinigung der Bürgermeister der französischen Großstädte
AMRF Association des Maires Ruraux de France	www.amrf.asso.fr	Homepage French Association of Rural Mayors
AMVB Association des Maires des Villes et Banlieues de France	http://www.ville-et-banlieue.org	Homepage und Informationsportal
APVF Association des Petites Villes de France	www.apvf.asso.fr/	Homepage der kleineren Gemeinden Frankreichs, aktuelle Themen / Umfragen in den Gemeinden
ARF Association des Régions de France	http://www.arf.asso.fr/	Vereinigung der Regionen Frankreichs
FMVM Fédération des Maires des Villes Moyennes	http://www.villesmoyennes.asso.fr/	Vereinigung der mittelgroßen Städte zwischen 20.000 und 100.000 Einwohnern
Europäische Verbandlichkeit		
CCRE (CCMR) Conseil des Communes et Régions d´Europe	www.ccre.org	Conseil des Communes et Régions d´Europe (CCRE), deutsche Sektion vgl. RGRE
RGRE Rat der Gemeinden und Regionen	www.rgre.de	Informationsportal, insbesondere Förderprogramme, Städtepartnerschaften

Forschungseinrichtungen und ihre Downloadoptionen (alphabetisch)		
ARENA Universität Oslo	www.arena.uio.no/	Advanced Research on the Europeanisation of the Nation-State (ARENA) University of OSLO
CAP Universität München	www.cap.lmu.de	Centrum für angewandte Politikforschung, Universität München
CEIS	www.ceis-eu.org	Center for European Integration Strategies
CSO Paris	http://www.cso.edu/home.asp	Centre de Sociologie des Organisations
FOEV Speyer	http://foev.dhv-speyer.de/home/home.asp	Deutsches Forschungsinstitut für öffentliche Verwaltung Speyer Forschungsberichte, Discussion Papers.
DFI Ludwigsburg	www.dfi.de/	Deutsch – französisches Institut Ludwigsburg, Fachbibliothek
DHV Speyer	www.dhv-speyer.de	Deutsche Hochschule für Verwaltungswissenschaften Speyer
DIFU Berlin	www.difu.de	Deutsches Institut für Urbanistik (DIFU) Berlin
EIOP	http://eiop.or.at/	European Integration Online Papers (EIOP) – Portal unterschiedlicher Anbieter von Online – Publikationen
EIPA Maastricht	www.eipa.nl	European Institute of Public Administration
EUROGOV	http://www.connex-network.org/	European Governance Papers (EUROGOV), MZES, University of Mannheim
EUSA Pittsburgh	http://aei.pitt.edu/	European Union Studies Association (EUSA)
IDS Brighton	http://ids.ac.uk/	Institute of development studies
IHS	http://www.ihs.ac.at/	IHS Political Science Series (IHS)
Jean Monnet Programm	www.jeanmonnetprogram.org/	Jean Monnet Programm
Juristisches Internet Projekt Saarbrücken	http://www.jura.uni-sb.de	Universität Saarbrücken Rechtsnormen, Rechercheportal
KWI **Kommunalwissenschaftliches Institut** Universität Potsdam	http://www.uni-potsdam.de/u/kwi/publ/kwi-ah.htm#8	Downloadoptionen
MPIFG Köln	http://www.mpi-fg-koeln.mpg.de/	Max Planck Institut für Gesellschaftsforschung (MPIfG)
NETWORKS	http://www.networks-group.de	Forschungsverbund netWORKS
Notre Europe	http://www.notre-europe.asso.fr/	Think Tank, Forschungs- und Studieneinrichtung (Dokumentationen, Literatur)
SFB **Universität Bremen**	www.sfb597.uni-bremen.de	Sonderforschungsbereich der Universität Bremen, Working – Papers
UNDP	www.undp.org/ www.undp.org/oslocentre/docs04/userguide.pdf	United Nations Development Programme, Entwicklung von Governanceindikatoren
ZEI	www.zei.de	Zentrum für Europäische Integrationsforschung, ZEI Discussion Papers (ZEI)

Praxisbeispiel Bosnien und Herzegowina		
Organisation / Institution	**Adresse**	**Kurzbeschreibung**
Bosnische Behörden (alphabetisch)		
Association of local authorities of Republik of Srpska	www.alvrs.com/	Verband kommunaler Interessenrepräsentation in der RS
Association of Cities and Municipalities of FBiH	www.sogfbih.ba - (03.09.2006	Verband kommunaler Interessenrepräsentation in der Föderation Bosnien und Herzegowina
Ministerrat	http://www.dei.gov.ba/en/	Informationen zur Anbindung an die Europäische Union
Regierung Bosnien und Herzegowinas	www.dei.gov.ba	Regierung Bosnien und Herzegowinas
Internationale Organisationen (alphabetisch)		
Büro des Hohen Repräsentanten	www.ohr.int/ http://www.eusrbih.org/	Arbeit des Hohen Repräsentanten, Gesetzestexte
ESI	www.esiweb.org	European Stability Initiative
Europäische Kommission	www.delbih.cec.eu.int/en/ http://ec.europa.eu/enlargement/	Europäische Kommission in Bosnien und Herzegowina - Erweiterungspolitik der Union
Europarat	http://www.coe.ba/	Büros des Europarates in Bosnien und Herzegowina, Tätigkeitsschwerpunkte
Freedomhouse	http://www.freedomhouse.org	Sachinformation zur Entwicklung in Transformationsländern, jährliche Berichte zum Fortgang der Demokratisierungs-prozesse
ICG International Crisis Group	www.crisisweb.org	NGO, Feldanalyse und Politikberatung
International Monetary Fund	http://www.imf.org/	länderbezogene statistische Informationen
OSCE	www.osce.org www.oscebih.org/	Arbeit der OSCE in Bosnien und Herzegowina und Tätigkeitsschwerpunkte
PRSP	www.imf.org/	Entwicklungsstrategien für Bosnien und Herzegowina 2004 – 2007
RTI	http://www.rti.org/	Informationen zu internationaler Projektarbeit
Stabilitätspakt für Südosteuropa	http://www.stabilitypact.org/	Dokumente zu Zielsetzung und Kooperation der Internationalen Gemeinschaft zur Krisenintervention in Südosteuropa
UNHCR	http://www.unhcr.ba	Sachinformation, insbesondere aktuelle Rückkehrerstatistik für Bosnien und Herzegowina
USAID	http://www.usaid.ba/	Sachinformation, Kommunale Entwicklungsprogramme
Weltbank	www1.worldbank.org/publicsector http://info.worldbank.org/governance/kkz2004maps.html	Arbeit der Weltbank in Bosnien und Herzegowina, Governance und Bekämpfung von Korruption

Kommunen
Stadträumliche Entwicklung / Programme
www.wohnregion-bonn.de www.masterplan-ruhr.de http://www.metropolregion-hbg.de http://www.staedteregion-aachen.de www.stadtentwicklung.berlin.de http://urbact.eu/
Bürgerschaftliches Engagement und Kommunalpolitik
www.adels.org www.arbes-bw.de www.bayern.de/Politik/Initiativen/Verwaltung/engagement/ www.b-b-e.de/netzwerk.html www.buergerengagement.de www.buergernaher-bundesstaat.de www.buergerorientierte-kommune.de/ www.bundonline.de www.demografische-forschung.org www.destatis.de www.esslingen.de www.forum-seniorenarbeit.de www.gemeinsam-aktiv.de www.kommon.de. www.kommunalweb.de/ www.mehr-demokratie.de www.nuertingen.de/buergerundsoziales/buergerengagement/index.html www.stadt2030.de www.statistikportal.de www.vie-publique.fr/. www.wegweiser-buergergesellschaft.de www.wir-tun-was.de www.zukunftsradar2030.de
Städtenetzwerke
www.eurocities.com http://www.ucue.org/ www.eurometrex.org www.polis-online.org http://www.globalcitiesdialogue.org http://www.iclei-europe.org http://www.energie-cites.org http://www.ecomaires.com http://www.arcmanche.com http://www.fncc.fr/ www.NALAS-SEE.org

5 Verzeichnis sonstiger Medien (Audio, Podcast etc.)

Anhörungen zur Föderalismusreform vom 15.05.2006:
http://www.bundestag.de/parlament/gremien/foederalismus/audio/01/index.html - (24.07.2006).

HENNECKE, HANS-GÜNTHER [Statement, 2006]: Statement im Rahmen der Anhörung zur Föderalismusreform vom 15.05.2006.
http://www.bundestag.de/parlament/gremien/foederalismus/audio/01/1505_04_henneke.mp3
- (29.07.2006).

MÖLLERS, CHRISTOPH [Statement, 2006]: Statement im Rahmen der Anhörung zur Föderalismusreform vom 15.05.2006.
http://www.bundestag.de/parlament/gremien/foederalismus/audio/01/1505_08_moellers.mp3
- (29.07.2006).

KIRCHHOF, FERDINAND (Statement, 2006]: Statement im Rahmen der Anhörung zur Föderalismusreform vom 15.05.2006.
http://www.bundestag.de/parlament/gremien/foederalismus/audio/01/1505_06_kirchhof.mp3
- (29.07.2006).

SCHARPF, FRITZ W. [Statement, 2006]: Statement im Rahmen der Anhörung zur Föderalismusreform vom 15.05.2006.
http://www.bundestag.de/parlament/gremien/foederalismus/audio/01/1505_12_scharpf.mp3
- (29.07.2006).

SCHWARZ-SCHILLING, CHRISTIAN: [Interview, 2003]: Interview: Kampf gegen die Korruption in Bosnien-Herzegowina, Deutschlandfunk – Interview am Morgen, 03. Januar 2003.
www.zeit.de/politik/dlf/interview_030103 - (22.06.2006).

Speyerer Schriften zur Verwaltungswissenschaft

Herausgegeben von Rainer Pitschas

Band 1 Rainer Pitschas: Trusted Governance due to Public Value Management. Public Governance in Europe between Economization and Common Weal: A Value-Based Concept of Public Administration. 2006.

Band 2 Dieter Puschke: Sozialverwaltung im aktivierenden Staat. Die Reform der Sozialverwaltung zwischen Aufgabenkomplexität, bundesstaatlichen Rahmenbedingungen und Effizienzanforderungen am Beispiel des Landesamtes für Soziales, Jugend und Versorgung in Rheinland-Pfalz. 2006.

Band 3 Khac Anh Dang: Personalentwicklung im öffentlichen Dienst durch Aus- und Fortbildung. Ein Beitrag zur Reform des öffentlichen Dienstes in Vietnam unter Berücksichtigung der deutschen Erfahrungen. 2007.

Band 4 Cong Xu: Betriebliche Altersversorgung in der Bundesrepublik Deutschland und der Volksrepublik China im Vergleich. 2008.

Band 5 Rainer Pitschas / Harald Walther: Mediation im Verwaltungsverfahren und Verwaltungsprozess. Beiträge der „Speyerer Mediationsinitiative". 2008.

Band 6 Jofat Julio Manuel Manzaneda Medina: Probleme und Perspektiven kommunaler Bürgerbeteiligung in Bolivien. Unter Berücksichtigung der deutschen Erfahrungen mit der Bürgergesellschaft. 2008.

Band 7 Roland Seib: Staatsreform und Verwaltungsmodernisierung in Entwicklungsländern. Der Fall Papua-Neuguinea im Südpazifik. 2009.

Band 8 Petra Pfisterer: Kommunale Selbstverwaltung und Lokale Governance vor dem Hintergrund des europäischen Integrationsprozesses. 2009.

www.peterlang.de